Mensonges d’État

44, quai Henri IV – 75004 Paris
ISBN : 978-2-38094-680-2
Dépôt légal : avril 2025

Imprimé en France par la société SEVEN
91942 COURTABŒUF
N° d'impression : 002553

Mensonges d'État

Une autre histoire de la Ve République

Sous la direction de Yvonnick Denoël et Renaud Meltz

Chronos

Introduction

« J'assume parfaitement de mentir pour protéger mon président. » Sibeth Ndiaye a le mérite de la franchise lorsqu'elle proclame qu'elle dénoue délibérément le pacte qui régit les rapports entre les gouvernants et les citoyens dans une démocratie libérale. Ce contrat repose sur la publicité des décisions et la sincérité de ses acteurs. Il est vrai que la condamnation du mensonge demeure implicite dans la Constitution de la Ve République. Elle proclame dès son article 3 que « la souveraineté nationale appartient au peuple qui l'exerce par ses représentants » ; les délibérations du Parlement qui « contrôle l'action du gouvernement » sont publiques et publiées au Journal officiel. La notion de publicité est partout, dans la Constitution ; celle de sincérité, nulle part, ou presque.

À quoi bon délibérer et décider en pleine lumière si la sincérité n'est pas requise ? Seule exception : les comptes des administrations publiques qui doivent être « réguliers et sincères ». Comme si le mensonge, la dissimulation, le travestissement ne pouvaient se loger que dans les réalités chiffrées, qui seraient le seul horizon de la vérité. Comme si la sincérité était un devoir du citoyen, dans sa déclaration fiscale ou son témoignage, mais pas du gouvernement. Le mensonge sous serment constitue une infraction pénale. Le citoyen qui dépose devant les commissions parlementaires jure en levant la main droite de dire « la vérité, toute la vérité, rien que la vérité ». Un magistrat doit répondre de parjure. Mais un président, un ministre peut mentir dans l'exercice de ses fonctions sans risquer d'autre peine que celles délivrées par le tribunal médiatique. Or l'opinion est parfois tolérante au mensonge. « Les Guignols de l'info », en représentant Jacques Chirac en « super-menteur » pendant la campagne de 2002, ne l'ont pas empêché d'être élu président de la République…

Est-ce à dire que la notion de mensonge d'État se réduit à celle du secret, longtemps justifiée par la raison d'État ? Si le mensonge politique n'est pas l'envers parfait de la vérité (l'erreur, par exemple, ne relève pas de ce livre), les notions de sincérité, d'authenticité, d'exactitude, ne concernent pas seulement la morale privée ou la science, mais aussi la vie politique. Suite à une décision du Conseil constitutionnel de 2005, entérinée six mois plus tard par le règlement de l'Assemblée nationale, le débat parlementaire obéit désormais au principe « de clarté et de sincérité ». Ces notions apparaissent moins souvent dans la France laïque que dans des nations plus imprégnées de religion, comme aux États-Unis, où l'injonction morale est ancrée dans la culture politique. Le mensonge sous serment de Bill Clinton sur une liaison extraconjugale a conduit le président à la lisière de l'*impeachment*.

La question des *fake news* suscite une floraison de publications sur les conditions de leur régulation dans le régime médiatique actuel. La propagande en période de guerre, qui fait déroger les démocraties libérales à leur règle ordinaire, a intéressé les historiens. Mais un angle mort demeure : la vulnérabilité de notre vie sociale et politique à une large gamme de mensonges d'État qui profite du caractère trop implicite du pacte de *publicité sincère* au fondement de nos institutions. Faute de penser la vérité en matière politique, on s'est habitué au poison. Aucun ouvrage d'histoire ou de sciences politiques n'a récemment affronté la question du mensonge d'État afin de penser sa nature et de documenter ses effets. Ce livre veut réparer cette lacune pour la période la plus contemporaine : celle de notre Ve République.

Mensonge, secret et vérité : que peut-on et que doit-on savoir en démocratie ?

Philosophes et politistes s'émeuvent non sans raison du relativisme du temps présent, qui voit fleurir l'expression « post-vérité ». La frontière entre « opinion » et « vérité de fait », pour reprendre l'expression de Hannah Arendt[1], distinction reprise à son compte par Myriam Revault d'Allonnes[2], pose question : qu'est-ce que la vérité, que peut-on savoir en dehors des sciences de la nature, en matière sociale et politique ? Quelles sont les conditions pour permettre d'approcher et de partager ce type de vérité ? Nous proposons de distinguer ce qui relève de la véracité en matière sociale de la vérité mathématique, et l'exigence de publicité de la soif de transparence.

Le mensonge d'État contre l'exigence de véracité, sinon de vérité (mathématique)

Il ne s'agit pas de fonder naïvement une science exacte de la politique comme en rêvaient les socialistes utopiques ou Auguste Comte, mais de s'accorder sur un horizon de vérité dans le monde social, en admettant ses limites langagières. Ce livre n'a pas la naïveté de traquer des mensonges comme autant de fautes morales, équivalentes à des erreurs algébriques – nous ne croyons pas davantage, du reste, que les sciences exactes produisent une vérité « pure », le scientisme s'avérant comme une tentation perpétuelle du savoir scientifique d'affirmer un monopole sur la vérité. De fait, les sciences de la nature ne sont pas les mathématiques. Le philosophe et historien des sciences Thomas Kuhn a montré que les sciences n'échappent pas à l'histoire[3].

Nous admettons une forme de relativité de la vérité pour les sociétés humaines, sans négliger les zones grises : l'habileté de la

1. Hannah Arendt, « Vérité et politique », *La crise de la culture*, Gallimard, 1972.
2. Myriam Revault d'Allonnes, *La faiblesse du vrai. Ce que la post-vérité fait à notre monde commun*, Seuil, 2018.
3. *La structure des révolutions scientifiques* (1962).

communication, l'ambiguïté qui tient compte de la maturité historique de l'auditoire (le fameux « je vous ai compris » du général de Gaulle), le secret et le flou parfois utiles à la négociation. L'exigence de publicité ne signifie pas que la vérité, en matière politique, se dévoilerait grâce à une formule magique de circulation parfaite d'une information univoque. L'informatisation de la société et l'accès facilité des citoyens aux données ne favorisent pas mécaniquement le débat public. On perçoit en outre les limites populistes ou puritaines de la revendication à la « transparence ».

La publicité, sinon la transparence

L'exigence de publicité peut se retourner contre le projet moderne, libéral, visant à soumettre la décision politique à l'intelligence collective. Le partage de l'information politique, qui préjuge d'une communauté rationnelle, a laissé place à un soupçon systématique de manipulation par les « élites » qui entendraient se soustraire à la critique, trancher en secret, et dissimuler les véritables décideurs. Ce soupçon confine au complotisme lorsqu'il aboutit à la conviction que le pouvoir est toujours ailleurs que dans les institutions officielles et que la décision procède de circuits occultes. Par ailleurs, l'exigence libérale de publicité des informations nécessaires à la délibération collective peut se tromper de cible et compromettre une non moins légitime aspiration au secret, notamment dans la sphère privée[1]. On pense à la traque des informations mues par des considérations commerciales (le trafic par les Gafam des données aux fins de publicité privée), politiques (l'affaire Benjamin Griveaux, candidat à la mairie de Paris, par exemple) ou sécuritaires (la traque de l'information permettant d'anticiper tout acte de menace interne ou externe, de la délinquance au terrorisme).

1. Marie Goupy, « Secret, politique et philosophie », *Rue Descartes*, vol. 98, n° 2, 2020, p. 1-13.

Quelle est la frontière légitime entre la publicité et le secret en démocratie libérale ? À la fin du XVIIIe siècle déjà, le libéral Benjamin Constant contestait le devoir absolu de véracité proclamé par Kant. Le bien général de la nation, en particulier sa défense contre un danger extérieur, justifie-t-il le mensonge ? Apparaît alors la raison d'État, qui se substitue à la rationalité démocratique. Si Sibeth Ndiaye a justifié avec aplomb le mensonge politique dans l'intérêt d'une personne, serait-ce le président de la République, faut-il dénier aussi catégoriquement le droit au mensonge au nom de la raison d'État ? La question a été tranchée une première fois, en démocratie libérale sous la IIIe République. La société française, avec l'affaire Dreyfus, a mis en balance le sort d'un individu avec l'autorité d'un groupe, d'une institution. Finalement, il n'a pas paru souhaitable de préserver l'Armée, en dépit de son rôle essentiel dans la survie nationale, en accablant un innocent. Lorsque la culpabilité de Dreyfus s'est avérée une erreur judiciaire, elle est apparue à l'opinion comme ce qu'elle était : un mensonge d'État…

Si les droits de l'individu demeurent sacrés, en démocratie libérale, ceux de l'humanité tout entière ne peuvent pas davantage être bafoués : ce sont les intérêts de l'humanité, voire de la planète, qu'il faut défendre contre la raison d'État. Cette étrange tension entre le plus petit et l'universel nous conduit à considérer qu'il faut écarter tout mensonge d'État au bénéfice de l'intérêt, fût-il généralisé à l'échelle d'une nation. Cet ouvrage, sur la base d'une large gamme de situations historiques récentes, qui permet de passer en revue tous les types de mensonges et leurs acteurs, prend nettement position. Au terme de l'exercice, il nous apparaît plus encore qu'à ses débuts, au risque d'être considérés comme naïfs, que le mensonge n'affaiblit pas seulement la démocratie libérale, mais l'État lui-même. Il n'est pas seulement condamnable mais inefficace, et se retourne contre l'institution, sinon contre la personne, qui l'utilise.

Du secret légitime au mensonge : la classification de l'information et ses abus

Le mensonge ne se confond pas avec le secret : l'État organise légitimement des restrictions à la curiosité du public. Les lois des 17 juillet 1978 et 3 janvier 1979 ont consacré le « secret des délibérations gouvernementales ». Il est admis que des administrations comme le renseignement opèrent secrètement ; que d'autres, comme la diplomatie, ne rendent des comptes qu'après un délai qui permet de ménager des susceptibilités étrangères ou de s'adapter à des régimes non démocratiques. Ces secrets légitimes, dans ces administrations particulières, favorisent des glissements vers des mensonges, dès lors qu'il ne s'agit plus de protéger ses agents et leurs activités, mais de dissimuler par omission (une modalité, plus qu'un type de mensonge), pour tromper le public ou le maintenir dans l'ignorance.

De nombreux sujets, souvent liés à la Défense, mais parfois à la pollution industrielle « classique » (amiante) ou nucléaire, sont protégés par la loi qui limite l'information du public. Le législateur vise pourtant un équilibre qui permette de satisfaire l'exigence de publicité sans menacer la sûreté. La loi de 2006 relative à la transparence et à la sécurité en matière nucléaire (loi TSN) a ainsi reconnu le droit du public à une information fiable et accessible et mis en place l'Autorité de sûreté nucléaire (ASN), administration indépendante chargée de contrôler le respect de la réglementation des installations et transports de matières nucléaires. Au niveau local, des commissions locales d'information (CLI), pour rompre avec l'autoritarisme de l'État en matière nucléaire et la rétention de l'information, régulent désormais le conflit par la transparence. Cette façon de normaliser le nucléaire civil, qui conduit les militants à s'acculturer aux institutions de la sûreté pour accéder aux informations, n'empêche pas de limiter l'information sur l'atome militaire. La loi de 2008 stipule en son article L. 213-2 que la communication d'une archive publique « susceptible d'entraîner la diffusion d'informations permettant de concevoir, fabriquer, utiliser ou localiser des armes nucléaires, biologiques, chimiques ou toutes autres armes ayant des effets directs ou indirects de destruction d'un niveau analogue» est prescrite à titre perpétuel. Cette entorse au principe libéral qui a inspiré la rédaction du code du patrimoine en 2008 n'aurait pas posé de problème si son usage n'avait été instrumentalisé bien au-delà de la protection des secrets relevant de la prolifération, pour dissimuler les ratés de l'histoire de la dissuasion française. Car il y a la loi, et son usage.

Quatre types de mensonges d'État : l'intentionnalité en partage

La notion de mensonge, qui vient de *mens* (l'esprit), suppose l'intentionnalité. Le mensonge n'est pas l'erreur ou un imprévu qui échappe à la volonté : il relève d'une décision délibérée, qui précède l'action. Aussi bien, le mensonge politique, dans ce livre, a d'abord à voir avec l'intention de tromper. Pas nécessairement par cynisme ou intérêt personnel : l'intention peut être vertueuse. Souvent, les responsables invoquent l'irrationalité du public, son incapacité à gérer ses émotions. Le chef de la sécurité biologique justifie la décision de ne pas évacuer les îles voisines de Moruroa, lors du premier essai nucléaire français dans le Pacifique qui tourne mal, par la crainte de susciter une panique aux effets pire que les maux qui menacent les habitants…

Les non-dits font-ils partie du mensonge ? Ils tronquent l'information et contreviennent au devoir de publicité. L'omission, comme l'assertion fausse, relève du mensonge. Cela ne fait plus débat après de nombreuses affaires de santé publique. L'affaire du sang contaminé par le virus du sida, sciemment distribué à des hémophiles laissés dans l'ignorance du risque, puis de leur statut sérologique, a conduit la justice à condamner des cadres du Centre national de la transfusion sanguine pour « tromperie sur les qualités substantielles d'un produit ». Le tribunal a retenu la catégorie de « tromperie » pour traduire la notion de mensonge par omission. Le silence organisé, qui empêche délibérément la diffusion de l'information, relève du sujet, comme tout ce qui empêche la publicité d'une chose vraie dont la connaissance ne mettrait pas en péril la collectivité, mais des intérêts particuliers. Un cas limite : la notion de « mise en danger d'autrui consciente bien que non intentionnelle ». Telle est la notion forgée par la juge Marie-Odile Bertella-Geffroy lorsqu'elle a dû qualifier l'homicide dans l'affaire du sang contaminé. Un mensonge non pas voulu, mais toléré : c'est la zone grise qui permet au mensonge d'État de prospérer.

Nous distinguons dans ce livre quatre cas de figure où le mensonge se conçoit respectivement en ennemi de la sincérité (il travestit des faits), de la publicité (il cache des informations), de la connaissance (il organise l'ignorance ou empêche la science de progresser) et de la conscience collective (il organise l'oubli et fictionnalise le passé national).

Mensonge contre sincérité : du silence au travestissement

L'exécutif dispose de plusieurs outils pour travestir la vérité, notamment en matière diplomatique et militaire. Le plus simple est l'omission. Le silence de l'État a longtemps occulté des agissements que ni le Parlement ni l'opinion ne pouvaient discuter faute d'en être informés. Ainsi du recours aux mercenaires comme outil militaire à l'appui de la politique africaine de la Ve République, ou l'inaction face aux otages français, dont personne ne sait rien. Lorsque le silence n'est pas possible, des instruments rhétoriques permettent de dissimuler des réalités au public. L'interdiction de la sélection à l'université, promulguée par la loi Faure en réponse à Mai 1968, est contournée par la loi du 12 juillet 1971 qui institue le numerus clausus dans les études de médecine, sans utiliser l'un ou l'autre de ces termes : le texte évoque la limite de « capacité de formation » des étudiants. La livraison d'armes à des régimes sous embargo de l'ONU est rendue possible en transformant des armes offensives en « armes défensives ». L'euphémisation est une autre modalité de ce type de mensonge, par exemple lorsque le gouvernement et les armées évoquent la « neutralisation » de « cibles ennemies » pour qualifier les éliminations de terroristes par les services secrets.

Mensonge contre publicité : l'occultation

L'occultation peut employer des outils légaux pour empêcher le public d'accéder à l'information. Le secret-défense, lorsqu'il est appliqué déloyalement, empêche les contre-pouvoirs d'exercer leur contrôle sur l'exécutif, que ce soit le Parlement, la justice, ou l'opinion publique. Les historiens y sont confrontés dans le régime de communication des archives régaliennes : les lois successives ont limité l'accès à des dossiers sensibles comme la torture pendant la guerre d'Algérie ou certains agissements des services de renseignement, comme le sabordage du *Rainbow Warrior* qui a coûté la vie à un photographe.

La statistique permet de dissimuler une information désagréable pour le pouvoir en place : l'ampleur du chômage, de l'inflation, des contestations. L'outil statistique permet aussi de justifier une politique de restriction de moyens au détriment de l'École et de l'Hôpital en instrumentalisant les chiffres ou en occultant certaines données pourtant disponibles grâce à l'Insee (sans compter la commande d'audits à des cabinets privés...). C'est parfois une partie de l'État lui-même qui se plaint de ne pas disposer de statistiques telles les données concernant les atteintes à la laïcité à l'école : le Haut Conseil à l'intégration et le Sénat réclament des chiffres que l'administration de l'Éducation nationale ne fournit pas.

Dans la plupart des cas, ce n'est pas tant la législation qui s'avère trop restrictive, que son application par les services, l'administration obéissant ou devançant des instructions de l'exécutif – ce qui ouvre la question des acteurs des mensonges d'État, par-delà les têtes des administrations publiques, à commencer par les ministres.

Avant de détailler ces niveaux de responsabilité, il est juste de mentionner la catégorie d'acteurs la plus large : la communauté nationale…

Mensonge contre le réel : de l'oubli à la fiction, le roman national

Le mot mensonge a longtemps été féminin. Selon certains étymologistes, son changement de genre au XVIIe siècle s'est opéré par rapprochement avec le mot « songe ». Aussi bien, les deux termes sont couramment rapprochés depuis la fin du Moyen Âge. On les fait rimer, on les associe en proverbe : « tous les songes sont mensonges ». Sur le plan politique, ce rapprochement fait sens. L'amnésie organisée et sa variante judiciaire, l'amnistie, sont-elles des mensonges ? L'oubli obligatoire, ce drôle de commandement, accompagne une longue tradition de réconciliation nationale[1]. Comme si le passé qu'on voulait effacer n'était qu'un mauvais rêve. L'édit de Nantes commande, pour rétablir la paix civile, « que la mémoire de toutes choses passées d'une part et d'autre […] demeurera éteinte et assoupie, comme de choses non advenues ». Henri IV défend à tous ses sujets « d'en renouveler la mémoire ». La charte de 1814 exige la même dissipation du passé, en son article 11 : « Toutes recherches des opinions et votes émis jusqu'à la restauration sont interdites. Le même oubli est commandé aux tribunaux et aux citoyens. »

Cette négation du réel par l'oubli commandé ne concerne pas seulement les temps prédémocratiques. D'une certaine façon, les amnisties qui ont suivi la Seconde Guerre mondiale, notamment l'élargissement de criminels nazis au nom de la réconciliation franco-allemande, décidé par de Gaulle, relèvent du même mensonge par omission. L'opinion accepte alors que soient graciés deux des pires chefs de la Gestapo, Oberg et Knochen, qui ont organisé la traque

1. Benjamin Stora, *La gangrène et l'oubli. La mémoire de la guerre d'Algérie*, La Découverte, 2005 ; Michel De Waele, Stephan Martens (dir.), *Mémoire et oubli. Controverses de la Rome antique à nos jours*, Presses universitaires du Septentrion, 2015.

des Juifs et des résistants. Adenauer l'avait déjà réclamé à Pierre Mendès France ; de Gaulle accède à cette demande quelques semaines avant de signer le traité de l'Élysée[1]. La grâce, ici, commande l'oubli des crimes nazis, ce qui revient d'une certaine façon à les nier. Pour mieux fonder l'avenir des relations franco-allemandes ? Dans ces trois moments, édit de Nantes, qui clôt les guerres de Religion, charte de 1814, qui termine le cycle des guerres civiles et révolutionnaires, amnistie qui termine le cycle de guerres entre la France et l'Allemagne, le passé réel est effacé pour permettre l'avenir. Raphaëlle Branche a montré comment l'amnistie décidée dès 1962, en empêchant toute poursuite judiciaire contre les auteurs de torture en Algérie ou d'assassinat de manifestants à Paris, a conditionné la mémoire collective et le rapport intime des anciens combattants et, finalement, empêché l'intégration de cette histoire à la conscience nationale[2]. Il faut attendre la loi désignant comme telle la « guerre » d'Algérie, en 1999, pour que se lézarde le silence engendré par ce déni, favorisé il est vrai par d'autres silences, ceux des poilus puis des déportés avec lesquels ont grandi les combattants nés dans les années 1940-1950[3].

L'oubli plus ou moins organisé favorise la transfiguration du passé, et ces fictions qu'on appelle mythologie ou « roman national ». Au nom de la concorde, le passé est revisité. Des récits officiels font bon marché de la vérité : on pense, à la Libération, au mythe de la France résistante ou de la ville de Paris libérée par elle-même. Cette fiction, qui repeint des pans entiers de notre histoire, concerne aussi bien d'anciennes composantes de la France impériale, tel le Cameroun décolonisé, qui efface de sa mémoire les années de lutte qui courent de 1958 à 1971, tandis que le gouvernement interdit en France le pamphlet de Mongo Beti qui revient sur cette décolonisation douloureuse.

---

1. Jean-Marc Dreyfus, *L'impossible réparation. Déportés, biens spoliés, or nazi, comptes bloqués, criminels de guerre*, Flammarion, 2015.
2. Raphaëlle Branche, *La torture et l'armée pendant la guerre d'Algérie, 1954-1962*, Gallimard, 2001.
3. Raphaëlle Branche, *Papa, qu'as-tu fait en Algérie ?*, La Découverte, 2020.

Ce procédé d'occultation d'un mensonge (soit un mensonge au deuxième degré), rarement employé, se retrouve en 1995 lorsque le tribunal de grande instance de Paris interdit aux éditions Plon et au docteur Claude Gubler de poursuivre la diffusion du livre *Le grand secret* qui dévoile l'histoire du cancer de François Mitterrand.

Bien plus près de nous, sous la présidence Sarkozy, la France du XXIe siècle a salué la France des colonies avec la loi du 23 février 2005 sur les rapatriés. Dans son article premier, la Nation exprime « sa reconnaissance aux femmes et aux hommes qui ont participé à l'œuvre accomplie par la France dans les anciens départements français d'Algérie, au Maroc, en Tunisie et en Indochine ainsi que dans les territoires placés antérieurement sous la souveraineté française », au risque d'effacer les guerres coloniales, les exactions de l'administration française, etc. La pointe extrême de ce processus conduit à imposer ce roman national à l'école, puisque l'article 4 de la loi promulgue : « Les programmes scolaires reconnaissent en particulier le rôle positif de la présence française outre-mer, notamment en Afrique du Nord, et accordent à l'histoire et aux sacrifices des combattants de l'armée française issus de ces territoires la place éminente à laquelle ils ont droit. »

Ce travestissement occulte des vérités dérangeantes venues du passé. Non moins périlleuse pour la démocratie, et proche de cette fiction collective : l'organisation de l'ignorance. Les chercheurs ont mis du temps à conceptualiser ce type de mensonge, dans la lignée de l'ouvrage pionnier de l'historien du tabac Robert Proctor, qui a forgé le mot d'agnotologie[1].

Mensonge contre connaissance : la fabrique de l'ignorance

Invisibiliser un problème sanitaire, organiser l'ignorance : l'État se fait parfois complice de cette stratégie des intérêts privés à l'orée d'une controverse scientifique, au détriment de la santé publique ou

1. Robert N. Proctor, Londa Schiebinger (ed.), *Agnotology. The Making and Unmaking of Ignorance*, Stanford University Press, 2008.

de l'environnement. La liste est longue, que l'on pense au tabac, aux boues rouges, aux algues vertes, ou au chlordécone, aux Antilles. Dans le meilleur des cas, le gouvernement occulte, dissimule des éléments à la connaissance du public, qui l'obligeraient à remettre en cause un modèle productiviste, qu'il concerne l'agriculture ou l'industrie. Un contrat implicite entre les producteurs privés et le gouvernement fait prévaloir les intérêts des premiers sur celui de la collectivité nationale voire au-delà, la pollution ne s'arrêtant pas aux frontières. Les ventes d'armes relèvent de la même logique.

Les producteurs de bananes ou d'aluminium, les éleveurs de porcs bretons ou les fabricants d'armes, privés ou publics, reçoivent l'aide de l'État dans leurs efforts pour organiser l'ignorance au nom de la lutte contre le chômage, voire de l'existence pure et simple d'une filière. Que faire, lorsque la rentabilité des betteraviers devenus accros aux néonicotinoïdes n'est permise que par le recours à des intrants toxiques ? Le choix d'une énergie comme le nucléaire, qui a offert une ressource à un prix concurrentiel pour l'industrie française et réduit la dépendance de la France aux pays exportateurs de ressources fossiles, a conduit le gouvernement à orchestrer l'ignorance et la confusion sur la question et à laisser la presse documenter la contamination provoquée par le nuage de Tchernobyl, sans l'aide de ses services…

C'est ainsi que la fabrique de l'ignorance amène progressivement la société civile à s'organiser pour produire de la connaissance et disposer de ses propres experts face à la parole lacunaire, obscure, voire mensongère de l'État. C'est le cas dans des questions comme le nucléaire : la catastrophe de Tchernobyl a suscité la création de la CRIIRAD (Commission de recherche et d'information indépendantes sur la radioactivité). L'épidémie de sida, favorisée par le silence de l'État, constitue un cas particulier de mensonge par omission : le silence, la science non faite et les connaissances non diffusées ne procèdent pas tant d'intérêts privés ou de conflits d'intérêts que d'une carence générale de la santé publique, trop peu soucieuse de prévention, et de pudeurs et tabous liés à la sexualité, à l'instar du voile de gêne qui entourait des maladies vénériennes comme la syphilis. La situation, au début de l'épidémie de sida, est aggravée par les stéréotypes qui stigmatisent des groupes sociaux discriminés : hommes gay, travailleurs du sexe, toxicomanes. Dans ce cas encore, la science non faite favorise la constitution d'une expertise non financée par les pouvoirs publics : des associations créées pour pallier les carences de l'État développent leurs propres connaissances et méthodes d'information du public.

Les stratégies qui impliquent l'État et les industriels ou d'autres agents privés, pour occulter notamment une vérité sanitaire ou environnementale, de l'habile verdissement (*greenwashing*) à l'assertion grossièrement mensongère, engagent la question des acteurs du mensonge d'État et de l'imbrication des responsabilités.

Les acteurs du mensonge d'État… et leurs victimes

Ces acteurs se trouvent à tous les niveaux hiérarchiques et territoriaux de l'État, certaines administrations ayant probablement, par leurs fonctions, leur histoire et leur culture, une propension particulière au mensonge. Le choix de circonscrire notre étude à la Ve République tient à la place particulière qu'occupe l'exécutif, le président de la République au premier chef. Sa centralité institutionnelle expose sa parole publique, ses actes, et donne une importance singulière au mensonge d'État.

Le pouvoir exécutif au centre du livre

Une attention spécifique est consacrée aux acteurs gouvernementaux et aux spécialistes de la communication publique qui ont proliféré pour organiser les arrangements avec la vérité, ces *spin doctors* qui font l'interface entre les médias et l'arène politique. Le livre écrit l'histoire de leur action, toujours plus spécialisée et déconnectée du fond des enjeux politiques depuis l'élection de Valéry Giscard d'Estaing en 1974. Ils apparaissent comme des sous-traitants du mensonge, qui allègent la conscience des acteurs politiques en prenant en charge leur communication.

Par-delà ce premier cercle, ces communicants qui touchent aux décideurs les plus en vue sans payer le prix politique ni judiciaire de leurs actions, ce sont les exécutants administratifs qui font les frais du mensonge caractérisé. Dans le cas du sang contaminé, les cadres du CNTS ont été condamnés par les tribunaux tandis que les membres du gouvernement concernés, dont le Premier ministre Laurent Fabius, ont bénéficié d'un non-lieu. Ce mensonge n'est pourtant pas resté sans conséquence politique : l'épisode a conduit à la création de la Cour de justice de la République qui permet depuis 1993 de juger des membres de l'exécutif dans l'exercice de leur fonction.

Certains acteurs du mensonge d'État bénéficient d'une obscurité qui s'étend jusqu'à leur désignation. Les mots, flous, participent de l'occultation, tels les « barbouzes », agents réguliers mais secrets de l'État, ou les mercenaires stipendiés pour une mission inavouable. D'autres, au titre vague, comme le conseiller Jacques Foccart, hantent non sans raison la mémoire des débuts de la Ve : sa silhouette se détache dans plus d'un chapitre de ce livre... Parmi les acteurs liés à l'exécutif, au statut délibérément mal déterminé pour mieux les dérober au regard du public, nous passons en revue les commissions. Elles peuvent avoir moins de pouvoir qu'il ne le semble : la commission consultative de sécurité, présidée par le physicien Francis Perrin (1901-1992), malgré l'autorité de ce nom, ne parvient pas à imposer la construction des abris qu'elle recommande pour les habitants des îles voisines de Moruroa[1]. À l'inverse, elles ont parfois plus de pouvoir qu'il serait souhaitable. La commission PEON (pour la production d'électricité d'origine nucléaire) constitue un cas typique de subordination du politique aux experts.

1. SHD, GR 13 R 150/1, PV des questions soulevées au cours de la mission DIRCEN/OPS, le 17 février 1966, annexe F, « Questions relatives à l'OPP ».

L'exécutif ne se réduit pas au gouvernement : les ministres trouvent des relais locaux pour mentir, sur ordre, ou de leurs propres initiatives. Dans les mensonges environnementaux, algues vertes ou boues rouges par exemple, les collectivités régionales et locales collaborent à l'invisibilisation du problème par crainte de la mauvaise publicité dont souffrirait leur territoire.

Enfin, l'État ne se réduit pas à l'exécutif. Ce livre raconte comment la justice, dans ses différents avatars, se soumet parfois à l'injonction gouvernementale et ment sur ordre ; et comment, au contraire, elle aide parfois au dévoilement du mensonge. La 17e chambre correctionnelle de Paris, en donnant tort à Maurice Papon qui a porté plainte contre Jean-Luc Einaudi et l'expression de « massacre » employé dans un livre, en 1991, puis une tribune dans *Le Monde,* en 1998, à propos de la répression policière opérée sous ses ordres, fissure prudemment le mensonge d'État : « dès lors que l'on admet que la version officielle des événements de 1961 semble avoir été inspirée largement par la raison d'État – admissible, au demeurant, au regard de la situation de l'époque –, et que l'extrême dureté de la répression d'alors doit appeler, de nos jours, des analyses différentes, qui n'excluent pas nécessairement l'emploi du mot "massacre", on ne saurait faire grief à un historien, auquel on ne conteste finalement pas le sérieux et la qualité de sa recherche, d'avoir manqué de circonspection lorsque, dans une formule conclusive, il qualifie rudement les faits et désigne sèchement un responsable ». La Justice précède de quatorze années la reconnaissance du président de la République, qui déclare le 17 octobre 2012 : « Le 17 octobre 1961, des Algériens qui manifestaient pour le droit à l'indépendance ont été tués lors d'une sanglante répression. La République reconnaît avec lucidité ces faits. »

Enfin, certaines institutions de l'État comme la Cour des comptes luttent par nature contre la tentation de l'ignorance, et c'est parfois le public, les médias, qui ignorent l'information produite.

Les destinataires

Le mensonge d'État profite de la complicité d'une partie des acteurs non publics : les planteurs antillais pour le chlordécone, les industriels de l'aluminium pour les boues rouges, les médecins pour le numerus clausus, etc. Dans quelle mesure l'opinion publique, formule commode pour désigner une réalité hétérogène et labile, se fait-elle complice du mensonge d'État ? Ce qui est défense habile de l'intérêt général pour l'un est dissimulation au service d'intérêts privés pour un autre.

Notre rapport au passé religieux de la vie politique peut alimenter une forme de nostalgie pour une vérité univoque, liée à la révélation divine – sans parler de la vieille espérance républicaine en une vérité qui s'imposerait simplement pour le bien de tous, comme si les intérêts particuliers pouvaient se dissoudre dans un bien commun. Comment se résoudre à une vérité politique perpétuellement en construction, éclatée ? Parfois, l'opinion nationale est soudain unifiée par un péril extérieur, que ce soit une menace pour la sécurité ou pour la réputation de la nation, qui rend plus admissible la dissimulation, la tromperie envers l'extérieur. La dissimulation du rôle de la DGSE dans l'explosion du *Rainbow Warrior* montre qu'un mensonge d'État peut être bien accueilli par la communauté nationale, portée par réflexe à se solidariser envers une action menée à l'étranger. L'ampleur des mensonges diplomatiques, d'un gouvernement à un autre, y compris entre alliés, a été spectaculairement documentée par les WikiLeaks dans les années 2010 : il ne semble pas que ces révélations de mensonge à destination de l'étranger aient nui à ceux qui les ont produits. L'exigence démocratique s'évanouit face aux ennemis ou aux régimes qui ne se fondent pas sur la vérité ; mais ne doit-elle pas se maintenir face à sa propre communauté nationale ?

Comment et par qui ce livre a-t-il été écrit ?

C'est le moment de dire un mot des auteurs et de leur méthode. L'équipe mêle historiens du contemporain et journalistes d'investigation. Ce livre ne cherche pas à faire sensation. Mais il fait des révélations. Nous avons choisi les historiens selon leur spécialité et leur rigueur, leur ténacité pour débusquer les archives les plus récemment accessibles, leur pugnacité pour réclamer des dérogations lorsque les délais de consultation des sources publiques ne sont pas échus, mais aussi pour leur aptitude à contourner les lacunes des traces écrites en allant interroger les témoins ou chercher des fonds d'archives privées. L'ouvrage mobilise également, pour certains sujets, des journalistes d'investigation. Les universitaires et les journalistes réunis ici partagent la même rigueur. Aucune affirmation gratuite, aucune rumeur rapportée mais un travail de croisement des sources, profitant des recherches des uns et des autres.

Prenons l'exemple de la notice consacrée aux irradiés du Pacifique. C'est un cas d'école de progrès de la connaissance sur plusieurs générations, mêlant savoir académique, militantisme et journalisme, mais aussi décisions politiques de déclassification des sources, autant de contributions nécessaires pour faire la lumière sur ce qui a été caché et démonter des mensonges dans toute l'amplitude du terme : intentionnalité, choix de mentir impliquant plusieurs acteurs et plusieurs générations de décideurs. On en savait déjà beaucoup sur les essais nucléaires français en Polynésie grâce à plusieurs générations de travaux, impliquant : des historiens de la Polynésie (Jean-Marc Regnault), des militants (Bruno Barrillot) qui se sont battus pour arracher de l'information et qui ont fini par obtenir, avec des associations de vétérans, en Polynésie comme dans l'Hexagone, quelques précieuses déclassifications dans les archives militaires, en 2013. Cette conquête devait elle-même beaucoup au journaliste Vincent Jauvert qui avait profité d'une (éphémère) ouverture des fonds du Service historique de la Défense, en 1998, sous le gouvernement Jospin. Ses révélations avaient permis aux associations de pister les documents à faire déclassifier prioritairement par une procédure devant la justice.

Ces déclassifications de 2013 ont permis à leur tour au journaliste Tomas Statius appuyé par un ingénieur spécialiste du génie mécanique et de la sécurité des armes nucléaires, de proposer de nouvelles modélisations des retombées sur les îles polynésiennes. L'écho médiatique de cette mise en scène, contestant les évaluations du CEA, a conduit le gouvernement de Polynésie française à demander des comptes à l'État. Une table ronde, tenue en juillet 2021, a arraché le principe de déclassifications réclamées depuis des années. Le processus s'est mis en branle à l'automne 2021, permettant la publication d'un ouvrage collectif pour profiter de ces archives mais aussi élargir le questionnement sur l'ampleur du mensonge[1]. Les déclassifications et les révélations continuent, à bon rythme côté militaire, bien plus lentement côté CEA. On lira ici la « confession » d'un des responsables du service mixte de contrôle biologique, le docteur Le Guen, qui donne des informations inédites sur le premier tir dans le Pacifique.

On voit combien d'acteurs venus de plusieurs mondes, militants, historiens, journalistes, politiques, ont dû se mobiliser pour changer le régime de communication des sources et documenter un mensonge d'État. Le même État qui, au début de la Ve République, a organisé le mensonge sur ses essais permet désormais aux historiens et à l'ensemble des citoyens de se saisir des archives régaliennes qui décrivent ce mensonge. En l'occurrence, le gouvernement apporte la seule réponse possible aux maux du mensonge. Aussi bien ce livre se veut un éloge d'une presse libre, indépendante, lente au besoin. Une presse d'opinion, qui admet la diversité des intérêts, leurs antagonismes parfois, hiérarchie mouvante des priorités qui commande les choix collectifs. Une presse qui ne génère pas elle-même la pire forme du mensonge : le langage creux, qui tue l'esprit de curiosité.

1. Renaud Meltz, Alexis Vrignon (dir.), *Des bombes en Polynésie. Les essais nucléaires français dans le Pacifique*, Vendémiaire, 2022.

Le mensonge d'État ne peut se justifier que dans l'état de guerre, qui suspend la relation d'égalité entre citoyens, lorsque l'autre est un ennemi qu'il est légitime de tromper. On pourrait renverser la logique et affirmer que le mensonge, en rompant la capacité d'échange, ruine l'état de paix et favorise la guerre. On en revient à Hobbes : le mensonge politique dénoue le contrat social et empêche la paix civile.

Renaud Meltz

Bibliographie

Soraya Boudia, Emmanuel Henry, *Politiques de l'ignorance,* La vie des idées/PUF, 2022.

Sébastien-Yves Laurent (dir.), *Le secret de l'État. Surveiller, protéger, informer. XVIIe-XXIe siècle,* Nouveau Monde, 2023.

Myriam Revault d'Allonnes, *La faiblesse du vrai. Ce que la post-vérité fait à notre monde commun*, Seuil, 2018.

I

Les mensonges des présidents

Un président ne devrait pas mentir...

« Dans les yeux, je la conteste. » La réplique de François Mitterrand face à Jacques Chirac, lors de leur débat télévisé entre les deux tours de l'élection présidentielle en 1988, est devenue culte. Le président sortant répondait à l'interpellation de son Premier ministre devenu challenger : « Pouvez-vous contester ma version des choses en me regardant dans les yeux ? » Chose aussitôt faite, toutefois avec un regard fuyant... Devant des millions de téléspectateurs-électeurs, l'un des deux candidats à la magistrature suprême aura menti aux Français. À moins que l'un comme l'autre n'aient biaisé avec la vérité, mentant à tour de rôle.

Le contexte initial, c'est l'attentat de la rue de Rennes, à Paris, en septembre 1986, visant un magasin Tati et faisant 7 morts et 55 blessés. Il est rapidement attribué au Hezbollah libanais, du moins à l'une de ses branches, le « Comité de solidarité avec les prisonniers politiques arabes et du Proche-Orient ». Il s'agit pour ce dernier de punir la France qui détient alors plusieurs terroristes en prison, mais aussi pour son soutien à l'Irak, alors en guerre contre l'Iran. Chargé de l'enquête, le juge d'instruction Gilles Boulouque souhaite entendre un membre de l'ambassade iranienne à Paris, Wahid Gordji, qui aurait pu apporter un soutien, au moins moral, à défaut de logistique, aux auteurs de l'attentat. Gordji refuse de comparaître et se barricade au sein de son ambassade, entraînant la rupture des relations diplomatiques entre les deux pays.

Se greffe à cette histoire la prise d'otages, en mai 1985, de quatre Français au Liban – le journaliste Jean-Paul Kauffmann, le sociologue Michel Seurat, les diplomates Marcel Carton et Marcel Fontaine – par le Hezbollah. Ils seront libérés dans la dernière ligne droite de la présidentielle 1988, quatre jours après la passe d'armes Mitterrand-Chirac. Parmi les conditions de leur retour en France figurait le retour en Iran de Wahid Gordji. Ce qui avait été fait quatre mois plus tôt, après un simulacre d'audition par la justice française, sans retenir la moindre charge contre lui.

François Mitterrand avait donc tort de reprocher à Jacques Chirac d'avoir laissé filer un terroriste qui n'en était pas un[1]. Mais il avait raison à propos de la libération d'un autre détenu bien plus emblématique, l'authentique terroriste Anis Naccache – condamné à perpétuité pour l'assassinat, en juillet 1980, de l'ancien Premier ministre iranien Chapour Bakhtiar, en exil à Paris. Ironie de l'histoire, il ne sera renvoyé en Iran qu'en juillet 1990, par un décret de grâce présidentielle signé… Mitterrand. Le très pasquaïen Jean-Charles Marchiani, négociateur initial du deal au nom de la chiraquie, se sera dévoué pour assurer à l'Élysée le service après-vente auprès du président finalement réélu, en lui demandant d'honorer la promesse initiale de Chirac sur la libération de Naccache. Le dessous des cartes sera finalement dévoilé dans le troisième tome de *La décennie Mitterrand*, livre des journalistes Pierre Favier et Michel Martin-Roland, qui ont obtenu la confession de Marchiani.

La Ve République n'a pas attendu l'improbable tandem Mitterrand-Chirac pour être saisie par la problématique d'un président menteur. Le général de Gaulle aura inventé ce que l'historien Jean-Pierre Azéma qualifiera de « mensonge patriotique »[2], comme son fameux « Paris libéré par lui-même », en août 1944, un tantinet

1. « Vous en êtes là et c'est triste pour votre personne et votre fonction, c'est indigne de vous. Je n'ai jamais libéré de terroriste. Je me souviens comment vous m'avez expliqué qu'il fallait libérer Gordji. »
2. *Historia*, juillet-août 2006.

exagéré, mais excellent coup de bluff permettant de flatter une certaine idée de la France, puis de s'asseoir à la table des nations ayant gagné la guerre. Tout comme le mythe de la vraie France dont le cœur battait à Londres.

Plus problématique, son tout aussi célèbre discours d'Alger, en juin 1958, une fois désigné à l'Élysée (voir chap. 4) : « Je déclare qu'à partir d'aujourd'hui, la France considère que, dans toute l'Algérie, il n'y a qu'une seule catégorie d'habitants : il n'y a que des Français à part entière. » On connaît la suite : indépendance de l'Algérie à peine quatre ans après. Le général confiera plus tard au journaliste André Passeron : « Imaginez qu'en 1958, quand je suis revenu au pouvoir, je dise sur le forum qu'il fallait que les Algériens prennent eux-mêmes leur gouvernement, mais il n'y aurait plus eu de De Gaulle dans la minute même ! »

Son successeur, Georges Pompidou, n'aura guère l'occasion de raconter des mensonges. On lui reprochera un manque de transparence sur son état de santé, sur le cancer qui handicapera la fin de son mandat présidentiel. Le même reproche sera fait à François Mitterrand.

Passons au locataire suivant de l'Élysée, Valéry Giscard d'Estaing, dont la fin de mandat sera polluée par l'affaire des diamants offerts par Jean-Bedel Bokassa, dictateur de la Centrafrique renversé en 1979 avec l'aide de l'armée française. Pour sa défense, VGE ne démentira jamais formellement avoir reçu les diamants en question (ainsi que des défenses d'éléphant), minorant simplement la valeur de ces offrandes dans un communiqué officiel de la présidence de la République.

La double présidence de Jacques Chirac est polluée par son ancienne fonction de maire de Paris : l'affaire des emplois fictifs. Le président en exercice se contentera de tenter de dégonfler cet authentique scandale de la vie politique – l'usage des moyens municipaux de la capitale à des fins partisanes ou amicales – en usant de quelques expressions qui feront sa réputation, comme « pschitt » ou « abracadanbrantesque », suggérées par son principal conseiller, Dominique de Villepin, s'inspirant de Rimbaud dans le second cas. Défense classique et légitime d'un prévenu mis en cause pénalement, cherchant à minorer les faits. Ce qui ne l'empêchera pas d'être condamné à deux ans de prison avec sursis en 2011, une fois achevé son bail à l'Élysée, sans toutefois passer par la case prison.

Le rapport de Jacques Chirac avec la vérité, caricaturé en son temps en président « super-menteur » par « Les Guignols de l'info » sur Canal Plus, est un vrai point d'interrogation. L'impétrant proclamait en avril 1988, dans l'hebdomadaire *Le Point*: « Le mensonge est une pratique détestable contre laquelle nos démocraties occidentales sont largement protégées grâce, notamment, aux médias. » Douze ans plus tard, il s'emportera sur France 3 après la publication par *Le Monde* d'un entretien post mortem de Jean-Claude Méry, faux facturier de la mairie de Paris : « Je suis indigné par le procédé, indigné par le mensonge. » Mais c'est davantage l'ancien maire que le président de la République qui aura jonglé avec maestria avec la vérité.

Avec le quinquennat de Nicolas Sarkozy, on passe au niveau supérieur. Il peut être considéré comme le plus grand « baratineur » de la Ve République. Avec ce bémol : c'est moins le président en exercice que le candidat récurrent (aux présidentielles de 2007 et 2012, à la présidence puis à la primaire de l'UMP en 2016) qui est en cause. Mais tout de même : si le locataire de l'Élysée s'est à peu près bien tenu le temps de son mandat, le candidat à la fonction aura parfois raconté n'importe quoi durant une dizaine d'années.

Passons rapidement sur sa promesse de campagne d'une retraite dans un monastère en cas d'élection à la présidence de la République, afin de mieux « habiter la fonction ». On sait ce qu'il en sera : soirée bling-bling au Fouquet's puis vacances sur le yacht de l'homme d'affaires Vincent Bolloré. Il y a plus monastique.

Le candidat en campagne est capable de se surpasser. Ainsi en novembre 2014, ambitionnant la présidence de l'UMP (qu'il transformera en LR), tapant à bras raccourcis sur la gauche, surfant sur le thème de l'insécurité lors d'un meeting à Toulouse : « On était dans une situation où Jospin avait dit à une dame qui avait peur dans le métro : Madame, vous n'avez pas peur, vous avez l'impression d'avoir peur. » La citation est non seulement apocryphe, mais tronquée. À la base, un propos de Daniel Vaillant, en février 2002, alors ministre de l'Intérieur du gouvernement Jospin, sous la troisième cohabitation : « Il n'y a pas de sentiment d'insécurité sans insécurité réelle, même s'il peut y avoir un sentiment d'insécurité qui dépasse l'insécurité réelle. » On comprend qu'il tente alors de ménager la chèvre et le chou. Non content de tronquer, voire de travestir la citation, Sarkozy l'attribue à Jospin. Quant à la scène du métro, elle sort directement de l'imagination de son cerveau fertile. Un pur mensonge, une pseudo-anecdote peaufinée, affinée, répétée *ad nauseam* de meeting en meeting, pour produire davantage d'effet auprès des militants. La rubrique Désintox du quotidien *Libération* détaillera en son temps l'escroquerie intellectuelle, que le site Huffington Post résumera ainsi : « Se tromper une fois, c'est une erreur ; se tromper à chaque fois, c'est un mensonge. »

Nicolas Sarkozy se flattait d'être le meilleur rempart contre l'extrême droite. De fait, lors de ses deux candidatures présidentielles, le FN (aujourd'hui RN) n'avait pu se qualifier au second tour. Mais pas de quoi proclamer en meeting : « À chaque fois qu'il a fallu choisir entre nous et la gauche, Marine Le Pen a choisi la gauche ! » Alors que la présidente d'extrême droite, lors de la présidentielle 2012, avait publiquement annoncé son vote blanc au second tour, renvoyant Nicolas Sarkozy et François Hollande dos à dos. Un mensonge de plus.

Plus technique est cette promesse faite à des ouvriers d'EDF en casques de chantier en avril 2004, alors que Sarkozy est ministre des Finances : « On ne viendra pas à la privatisation, c'est clair, simple et net ; il n'y aura pas de privatisation d'EDF et de Gaz de France, c'est clair, c'est simple et c'est net. » Un an plus tard, 15 % du capital de l'électricien public était mis en Bourse. Une mini-privatisation, tout de même. Dans un autre registre, Nicolas Sarkozy s'est un jour flatté d'avoir revitalisé l'emploi à Metz, localité visée par la suppression de

5 000 postes au sein de l'armée française. Pour compenser cette perte, « ils m'ont demandé de transférer une administration. Je leur ai dit, je vais faire mieux, je vais vous faire Beaubourg à Metz. Un an après, un million et demi de visiteurs ! » En réalité, la décision d'implanter en Moselle une antenne du musée d'art contemporain remonte à 2003, la première pierre étant posée en 2006, Nicolas Sarkozy n'y étant strictement pour rien. Quand il prononce cette phrase en 2014, deux hypothèses : soit il est définitivement fâché avec les dates, soit il falsifie volontairement l'histoire. La liste des contre-vérités de Nicolas Sarkozy est si longue qu'elle lui vaudra en 2015 le prix du « meilleur menteur en politique » de l'année 2014[1].

Avec François Hollande puis Emmanuel Macron, on bascule plutôt dans la réécriture, sous l'angle le plus flatteur possible, des indicateurs macro-économiques de la France. Pas de gros mensonges, donc, plutôt de petits ou grands arrangements avec la réalité, car on n'est jamais mieux servi que par soi-même. Mais pour débusquer le faux, il faut désormais entrer dans la technique. Exemple avec François Hollande, dans un entretien à *L'Obs* en octobre 2016, dans la dernière ligne droite de son mandat avant de renoncer à concourir à sa réélection : « 500 000 personnes qui avaient cotisé plus de quarante-deux années sont parties à la retraite dès 60 ans et non à 62 ans. » On le sait, ceux qui ont dû commencer à travailler tôt, dès 16 ou 18 ans, sans avoir la chance de faire des études, doivent cotiser bien plus longtemps que les bac + 5 avant de pouvoir bénéficier d'une pension. Mais le chiffre mentionné par Hollande est doublement faux : il n'est que de 260 000 au moment où il s'exprime, les 500 000 visant non pas les carrières longues mais les métiers pénibles pouvant bénéficier d'une retraite anticipée. On est ici davantage dans l'approximation que dans le mensonge, mais à trop vouloir s'autojustifier…

1. Prix créé par le politologue Thomas Guénolé.

Emmanuel Macron, communicant en diable, est orfèvre en la matière. Au printemps 2022, en pleine campagne pour sa réélection, il proclame : « Grâce aux réformes menées (sous son premier quinquennat, ndr), notre industrie a pour la première fois recréé des emplois. » Les statistiques disent l'inverse : 38 000 emplois industriels supprimés depuis 2017. Mais Macron joue alors avec les mots : l'industrie française passe son temps à supprimer des emplois depuis un demi-siècle, mais il peut lui arriver d'en créer de temps en temps. Tout est question de solde, fatalement négatif.

Les présidents de la République, tout comme n'importe quel ministre ou décideur public, sont désormais scrutés, dans les médias ou réseaux sociaux, par de multiples services de *fact-checking* (vérification des faits, dans la langue de Molière) ou démêlage du vrai du faux. Ils ne peuvent plus raconter n'importe quoi, notamment en matière financière, sanitaire ou environnementale, sans être pris sur le fait. Donnons la parole, pour finir, à Jacques Chirac, ce grand sachant en la matière. On lui doit cette autre formidable citation : « Faites attention, la statistique est toujours la troisième forme du mensonge ! » Une façon d'embellir ou de noircir un bilan politique. Mais celle-ci provient initialement de l'écrivain Mark Twain : « Il y a trois sortes de mensonges. Les mensonges, les sacrés mensonges et les statistiques. »

Renaud Lecadre

Bibliographie

Jean-Pierre Azéma, « Le mensonge patriotique du général de Gaulle », *L'Histoire*, n° 311, juillet 2006.

Pierre Favier, Michel Martin-Roland, *La décennie Mitterrand*. t. 3, *Les défis (1988-1991)*, Paris, Seuil, 1996.

La santé des présidents

4 février 1965, début de conférence de presse présidentielle. Un journaliste se lève et demande au général de Gaulle : « Monsieur le Président, [...] comment vous portez-vous ? »

La réplique deviendra célèbre : « Je vais vous répondre tout de suite. Je ne vais pas mal, mais rassurez-vous, un jour, je ne manquerai pas de mourir ! » Réponse typiquement gaullienne, qui permet de faire diversion.

La question se pose en effet. Âgé de 73 ans, le président a subi l'année précédente une opération de la prostate, menée dans le plus grand secret. Selon le témoignage du commissaire André Ducret, en charge de la sécurité rapprochée du président, publié dans *De Gaulle inattendu*, « seuls sont dans le secret avec moi M. Burin des Roziers[1] et M. Foccart ; je ne devais en aucun cas prévenir ni M. Papon mon préfet, ni M. Frey mon ministre. » Ambiance garantie quand Roger Frey, ministre de l'Intérieur, sera finalement mis au courant. Pour mieux garder le secret, on réquisitionne un demi-étage de Cochin, dans le pavillon d'orthopédie, en prétextant une opération secrète du roi du Cambodge. L'affaire peut sembler anecdotique. Mais elle montre qu'on ne pouvait pas savoir avec certitude quel était alors l'état de santé réel du général ; en apparence un homme solide, mais qui avait déjà connu des « pépins » de santé sérieux.

On ne l'apprendra que bien plus tard, grâce à un livre d'entretiens du Dr Paul Milliez avec le journaliste Igor Barrère, appelé au chevet du général lors d'un malaise la nuit du 11 mars 1955 : « Du fait de la maladie ou de son traitement, un puissant personnage risque d'avoir des réactions dangereuses pour son pays. Il y a au moins un cas où j'ai porté un diagnostic très grave pour un très grand chef d'État. Après avoir beaucoup hésité, je n'ai rien révélé. Moralement, quelle perturbation ! Je n'ai dit la vérité qu'à son médecin habituel, et celui-ci n'a pas cru devoir la révéler à son tour au malade. S'il l'avait fait, l'histoire

1. Secrétaire général de l'Élysée.

du monde en eût été changée, car il est hors de doute que le dirigeant en question se serait retiré du combat politique – ce qui aurait été grave pour son pays. » Il s'agissait bien de Charles de Gaulle, mais ignorait-il réellement tout de son état ? D'après le témoignage d'Alain de Boissieu, gendre du général, celui-ci se savait atteint de sérieux problèmes circulatoires. Son père et deux de ses frères sont morts d'une rupture d'anévrisme. Pour autant, il ne voyait le médecin qu'une fois l'an et ne prenait aucun médicament. Eût-il été rappelé à Matignon en 1958 si sa pathologie avait été publique ? Le mépris fataliste de son état était dans la manière gaullienne. Il est vrai qu'il avait connu bien d'autres dangers et menaces auparavant.

La question de la transparence médicale se pose avec encore plus d'acuité s'agissant de son successeur, Georges Pompidou : avec lui nous passons du mensonge par omission au mensonge par assertion.

L'agonie publique de Georges Pompidou

Arrivé au pouvoir en 1969, il incarne a priori une « bonne nature », qui apprécie les activités au grand air et la bonne chère. Pourtant, dès l'été 1972, il apparaît fatigué. Pendant l'hiver qui suit, il multiplie les grippes. En 1973, il devient évident pour son entourage que quelque chose ne va pas. Il grossit à vue d'œil, son visage s'épaissit. Un jour de découragement, son état de santé lui fait même envisager un passage au quinquennat. Fin mai 1973, après une rencontre à Reykjavik avec le président américain Nixon, remontant dans son avion, il fait un faux pas, commenté à l'envi par la presse américaine. La presse française commence prudemment à s'interroger sur son état. Le président multiplie les sautes d'humeur, un effet secondaire probable de la cortisone qui fait aussi gonfler son visage. Franz-Olivier Giesbert brise le tabou dans *Le Nouvel Observateur* du 9 juin : « Tout le monde sait aujourd'hui que le président de la République est malade, et qu'il ne s'agit pas d'une petite grippe. [...] Il peut après tout être victime de quelque trouble passager. Il suffirait de le dire. » Oui mais voilà :

Georges Pompidou refuse de s'exprimer sur le sujet. Il arrive à donner le change pendant l'automne. Mais début 1974, l'inquiétude revient, plus forte encore. Le 7 février est publié un communiqué du professeur Jean Vignalou : « Le Président de la République souffre d'une infection grippale avec fièvre variant entre 38 et 39 degrés. Il devra garder la chambre durant quelques jours. » Un vrai mensonge d'État. En réalité, Pompidou est de moins en moins présent à l'Élysée et gouverne de plus en plus depuis son domicile, voyant très peu de collaborateurs à part Édouard Balladur, secrétaire général de l'Élysée. Le discours rassurant des médecins contribue à faire croire au président qu'il peut guérir et qu'une démission n'est pas à l'ordre du jour. Il décède le 3 avril 1974, au lendemain d'une communication absurde, encore destinée à rassurer. Le président est mort chez lui mais ministres et collaborateurs assurent qu'il était à l'Élysée (où le drapeau n'était jamais baissé) : il s'agit de maintenir la fiction d'une continuité de l'exercice lucide du pouvoir.

Georges Pompidou était atteint de la maladie de Waldenström, un cancer hématologique. Dès janvier 1972, à l'occasion d'examens à l'hôpital d'Ivry, le président aurait su la vérité. Avait-il le droit de la cacher aux Français ? Tout le monde a droit au respect de sa vie privée, y compris un président. En revanche, un peuple qui choisit démocratiquement son dirigeant est en droit de savoir si ce dernier est bien apte à exercer les plus hautes fonctions. Après la mort de Georges Pompidou, la presse a beaucoup souligné le courage et la dignité du président. Certes. Mais on ne peut pas nier qu'un grand pays doté d'une Constitution présidentialiste (comme la France) a besoin d'être gouverné par un leader en pleine possession de ses moyens. Quel qu'ait été le dévouement de Georges Pompidou, il est évident que les derniers mois de son calvaire l'ont empêché de gouverner normalement, et qu'on a tout fait pour le cacher. Un accident sans lendemain ? Encore une fois, l'histoire bégaie…

La maladie secrète de François Mitterrand

Pour les Français, jusqu'en septembre 1992, le président François Mitterrand était un homme en bonne santé. Ce n'est que le 11 septembre 1992, après une opération à l'hôpital Cochin, que l'Élysée a annoncé qu'il souffrait d'un cancer qui venait d'être détecté. La fin de son deuxième mandat s'en est trouvée affectée. Mais la cohabitation, de 1993 à 1995, a de facto allégé sa charge de travail et il est resté jusqu'au bout aux commandes, menant en parallèle un « combat honorable » contre la maladie. Voilà pour l'histoire officielle.

Mais le 16 janvier 1996, huit jours après le décès de l'ancien président de la République, son ancien médecin Claude Gubler fait paraître *Le grand secret*. Le livre lance une vraie bombe : le président a menti à tout le monde pendant quatorze ans. Il savait dès la fin 1981 qu'il était atteint d'un cancer. Tous ses bulletins de santé ont été falsifiés.

Gubler raconte ainsi la « scène originelle » du diagnostic et sa question au président :

> « Que dois-je dire à Danielle ? »
> La réponse du président tombe comme un couperet :
> « Rien.
> – Qui dois-je avertir ? Qui peut m'aider dans votre entourage familial ?
> – Personne. »
> Je suis pris au piège, plongé dans un mensonge dont je ne sortirai que quinze ans plus tard. Le règne du mensonge généralisé s'instaure. Les médecins mentent, puisque nous finissons par annoncer à notre malade que ses chances de survie sont de cinq ans, alors que le pronostic oscille entre trois ans au mieux et trois mois si l'organisme ne répond pas au traitement. Le malade a décidé lui aussi de mentir, d'abord à lui-même, ce qui est humain, ensuite aux autres, puisqu'il m'annonce en décembre, au moment

> où je dois rédiger le deuxième bulletin de santé : « De toute façon on ne peut rien révéler. C'est un secret d'État. » Et il ajoute pour que tout soit bien clair entre nous : « Vous êtes lié par ce secret. »

Il sera bien gardé, malgré quelques rumeurs floues. Gubler accompagne discrètement son illustre malade dans ses voyages officiels, lui administre seul ses traitements et intervient pour tous les pépins de santé inopinés.

La tournure des événements donne raison au président qui semble déjouer toutes les statistiques. Il n'avait que trois ans à vivre ? Le voilà qui achève son septennat, semblant se jouer de la maladie. S'il n'avait effectué qu'un mandat, le mensonge d'État, réel, nous semblerait bénin. Au nom de quoi exiger de Mitterrand, après qu'il a postulé deux décennies durant aux plus hautes fonctions, qu'il les abandonne à peine conquises ? Mais il y a eu un deuxième mandat.

Avant de décider de se représenter à l'élection de 1988, le président ne demande même pas l'avis de ses médecins et n'hésite pas à déclarer lors d'une interview : « Je sais que je suis en mesure de le faire parce que j'ai sans doute hérité de ma famille une bonne santé. » Les premières années semblent à nouveau lui donner raison. Mais à compter de 1992, la situation devient incontrôlable : il lui faut désormais assumer la maladie, et faire comme si elle était récente. À partir de 1994, François Mitterrand reste la plupart du temps allongé à l'Élysée, dans un état d'épuisement qui l'empêche d'accomplir ses missions de chef d'État, selon Gubler : « En novembre 1994, j'estimais que François Mitterrand n'était plus capable d'assumer ses fonctions. Il ne remplissait plus le mandat pour lequel les Français l'avaient élu. […] Il ne travaillait plus car rien ne l'intéressait, sauf sa maladie. » Sur le moment, les proches de l'ex-président contestent ces affirmations. Mais avec le temps, les nombreux livres de témoignages et biographies consacrés à François Mitterrand et sa fin de règne donneront raison à Gubler.

En attendant, on préfère sanctionner le messager. Le tribunal de grande instance de Paris interdit, jeudi 18 janvier, aux éditions Plon et au docteur Claude Gubler de poursuivre la diffusion du livre, distribué depuis la veille à environ 40 000 exemplaires. On comprend que le livre fasse scandale, d'autant que le timing de la publication, en plein deuil national, était contestable.

Mais l'interdiction totale d'un livre est rarissime en droit français. La justice l'estime justifiée par la violation du secret professionnel et par « une intrusion particulièrement grave dans l'intimité de la vie privée familiale du président François Mitterrand ». En mai 2004 la Cour européenne des droits de l'homme cassera cette décision, estimant que le secret médical souffre une exception dans le cas de savoir si un président est capable de gérer l'État.

La mise en garde du Dr Gubler reste actuelle : « Les exemples de Pompidou et de Mitterrand démontrent que le mensonge d'État existe et que rien ne peut y remédier. Il n'y a pas de solution toute prête au problème que pose la dissimulation de la vérité par le pouvoir dans ce domaine. »

Tout est sous contrôle…

Après François Mitterrand, chaque président fait à sa guise. Jacques Chirac refuse tout simplement de communiquer sur sa santé, au nom du droit à la vie privée. Le 2 septembre 2005, en raison de maux de tête et de troubles de la vision, il est transféré au Val-de-Grâce. Il vient de faire un AVC. Le risque de séquelles est élevé. Les communiqués des médecins militaires ne convainquent pas, pas plus que la bonne humeur surjouée du patient à sa sortie, le 9 septembre. On ignore encore dans quel état il achève son mandat.

En 2011, appelé à témoigner dans le procès des emplois de la mairie de Paris, l'ex-chef de l'État produit un certificat du professeur Lyon-Caen, attestant qu'il n'a « plus l'entière capacité de participer aux audiences ». Il souffre alors de pertes de mémoire, ne reconnaît pas toujours les gens et peine à s'exprimer en public. Des spécialistes évoquent une démence vasculaire consécutive à son AVC. Quid alors de sa capacité à rester en fonctions entre 2005 et 2007 ? On en est réduit aux conjectures.

Se voulant un contre-modèle, le ministre-candidat puis président Sarkozy aime se mettre en scène comme un sportif accompli, qui alterne course à pied et randonnée à vélo, tout offert aux objectifs de paparazzis complices… Jusqu'à ce que, en juillet 2009, alors qu'il est en résidence à Versailles, il soit pris d'un malaise pendant un footing, effectué il est vrai en plein soleil, par une température de 30 degrés. Le président passe vingt-quatre heures au Val-de-Grâce. Il fera une déclaration qui se veut sincère et rassurante à la presse. Et on le verra moins à l'entraînement, désormais.

La relative jeunesse des trois derniers présidents français rend plus lointaines ces préoccupations. François Hollande se veut un président normal. Cela tombe bien : il produit des résultats d'examens… normaux. Emmanuel Macron, le plus jeune de tous, ne manque pas d'énergie. Mais l'accumulation des crises successives est tout de même éprouvante, admet son entourage à l'approche de la présidentielle de 2022, pour justifier son peu d'implication dans la campagne. Rien de bien grave a priori.

Pas d'inquiétude, donc ? Mais la question institutionnelle reste entière. Comment s'assurer à l'avenir qu'un candidat aux plus hautes fonctions soit apte au « job » ? Comment en finir avec les bulletins de santé falsifiés, qui ne suscitent plus que la méfiance ? À quel moment un président en exercice devrait-il dévoiler une éventuelle maladie, et où fixer le seuil du renoncement ? Le très proche entourage de Pompidou et de Mitterrand a visiblement été incapable de leur parler franchement sur ces sujets. Sans compter les scénarios encore inédits. Que se passerait-il si un président en exercice faisait une attaque cérébrale et devenait hémiplégique ? Cela s'est vu dans d'autres pays. On ne parle même pas de troubles psychologiques plus ou moins graves qui peuvent frapper. Aucun texte constitutionnel n'exige du président une parfaite aptitude physique et mentale. Rien n'est prévu. Faut-il vraiment attendre un nouveau cas grave pour réfléchir aux garde-fous ?

Ce dossier délicat pose la question de l'équilibre à trouver entre publicité et secret, entre droit à la vie privée du président et droit du public de savoir comment il est gouverné. Comment, à l'avenir, empêcher le mensonge, fût-il par omission ? La question mérite un débat public et approfondi.

Yvonnick Denoël

Bibliographie

Édouard Balladur, *La tragédie du pouvoir. Le courage de Georges Pompidou*, Fayard, 2013.

Yannick Dehée, Catherine Trouiller (dir.), préface de Julian Jackson, *De Gaulle inattendu*, Nouveau Monde éditions, 2020.

Fondation de Gaulle, *De Gaulle et la médecine*, 1995.

Claude Gubler, Michel Gonod, *Le grand secret*, Éditions du Rocher, 2005.

Paul Milliez, *Médecin de la liberté. Entretiens avec Igor Barrère*, Seuil, 1980.

Stanis Perez, *La santé des dirigeants français. De François Ier à nos jours*, Nouveau Monde éditions, 2016.

Vie privée, enfants cachés : secrets ou mensonges ?

Les présidents ont droit comme tout le monde à une vie privée, mais ce droit n'est pas sans limites, comme on l'a vu à propos de la santé. Affaires extraconjugales ou familiales, réelles ou fantasmées, font parfois le sel des ouvrages journalistiques, mais elles ne nous importent guère ici, pour autant qu'elles restent sans conséquence sur la conduite de l'État. Le fait que VGE, Mitterrand et Chirac aient multiplié les relations extraconjugales et l'aient plus ou moins bien caché ne relève pas en soi du mensonge d'État. Mais quand la sphère privée recèle des vulnérabilités, exploitables par des puissances étrangères ou des opposants politiques, elles conduisent à des mensonges publics, pas toujours sans conséquence.

Le 10 mai 1974, un face-à-face télévisé oppose les deux candidats à la présidentielle ayant franchi le premier tour, sous la houlette des journalistes Alain Duhamel et Jacqueline Baudrier. L'histoire a retenu de ce débat une petite phrase de Giscard à son adversaire : « Vous n'avez pas, monsieur Mitterrand, le monopole du cœur. » Elle lui a permis de marquer des points sur le terrain du social, où il était en position défavorable. Mais personne, ou presque, n'a relevé une autre pique, plus personnelle, destinée à déstabiliser le candidat socialiste. Giscard le regarde froidement dans les yeux : « Monsieur Mitterrand, [...] vous avez noté les résultats de la ville de Clermont-Ferrand. Clermont-Ferrand est une ville qui a une des plus grandes usines de France, et qui a une municipalité socialiste. C'est une ville qui vous connaît bien, et qui me connaît bien, et qui donc sait ce que je suis et ce que je représente. Eh bien, vous avez noté comme moi que Clermont-Ferrand m'a donné plus de voix qu'à vous. » Pourquoi insister particulièrement sur cette ville ? Beaucoup pensent que l'usine dont il est question est celle de Michelin. Mais les rares proches du socialiste au courant de sa vie privée pensent plutôt à l'usine Pingeot, sous-traitant de Michelin. Pingeot, la famille d'une certaine Anne, jeune amante cachée de François Mitterrand. Par cette allusion cryptée, Giscard entend signifier à son adversaire qu'il *sait*. Non qu'il veuille forcément tout « déballer », d'autant qu'il se doute que son adversaire est au courant de ses propres frasques et de sa situation matrimoniale complexe : quand Georges Pompidou est décédé, précipitant l'élection présidentielle, Giscard était sur le point de divorcer. Il a dû faire marche arrière et négocier avec Anne-Aymone pour qu'elle reprenne son rôle d'épouse... À cette époque, la seule chose qui compte, c'est que les apparences soient sauves. Par un coup bas bien préparé en amont du débat, Giscard a voulu déstabiliser son adversaire, prendre l'ascendant. François Mitterrand tente de conserver un masque impassible, il est seul ou presque à savoir qu'Anne Pingeot est alors enceinte. D'un enfant qui représentera quelques années plus tard un véritable défi pour l'Élysée.

Lors du « match retour », le débat qui opposera les deux candidats à quelques jours de l'élection de 1981, François Mitterrand se garde d'exploiter directement certaines aventures galantes du président sortant. Il en est pourtant une qui influe visiblement sur la politique extérieure de la France. En 1975, la photographe de presse Marie-Laure de Decker, amie très intime du président, l'a convaincu d'intervenir pour faire libérer Françoise Claustre, une ethnologue prisonnière au Tibesti du rebelle tchadien Hissène Habré. Giscard s'est investi de façon obsessionnelle dans cette mission, faisant appel à la médiation du chef d'État libyen, le colonel Kadhafi. Lequel semble ensuite avoir recueilli nombre d'éléments embarrassants sur Giscard, notamment en accueillant l'empereur déchu de Centrafrique Jean-Bedel Bokassa. Le 23 mars 1981, dans une interview à RTL, Kadhafi affirme que Bokassa est détenteur de « très dangereux secrets personnels concernant ses relations » avec Giscard. Et ajoute hypocritement : « Pour nous, pas question de nous immiscer dans cette affaire. Nous n'avons pas l'intention d'en tirer profit. »

Françoise Claustre a été libérée en 1977. Mais *Le Canard enchaîné* note que cette affaire a eu des effets dévastateurs : « Bourdonnante, inopérante, incohérente, abracadabrante, la politique giscardienne au Tchad aboutit à un complet fiasco. Elle change de protégé comme de chemise. Elle soutient Hissène Habré, le ravisseur de Madame Claustre, qu'elle combattait la veille, pour le lâcher le lendemain. Finalement, en janvier 1981, Kadhafi rafle les mises et évince la France du Tchad. Le camouflet laisse Giscard encore plus gêné qu'humilié. [...] il souffre d'un complexe Kadhafi, disent de hauts fonctionnaires du Quai d'Orsay. Il donne l'impression que le "loup du désert" a barre sur lui, l'obnubile, le paralyse[1]. » Le colonel Kadhafi représente donc à la fois un obstacle à la politique africaine de la France ET une menace pour la réputation de VGE. Ce qui peut expliquer que, dès 1978, le SDECE français projette sur ordre élyséen de le renverser, en collaboration avec les services secrets égyptiens, le président Sadate ayant accueilli au Caire un groupe d'opposants libyens. En septembre 1979,

1. *Les dossiers du Canard*, n° 1, « Giscard, la monarchie contrariée », avril 1981.

Kadhafi échappe de peu à un attentat à Benghazi, fomenté par les services français et égyptiens[1]. Impossible bien sûr de démêler la part de géopolitique et de relations privées dans cet épisode, où la menace venait de l'étranger. Mais si elle venait de l'intérieur, jusqu'où pourrait aller un président français doté de moyens considérables pour occulter des éléments de sa vie privée ?

On en a une idée avec le successeur de VGE, François Mitterrand, qui se montre intransigeant pour protéger le secret autour de sa fille Mazarine. Fin 1982, l'Élysée apprend que Carbone 14, une impertinente radio libre parisienne, prépare une émission sur le président et les femmes. Alerté, le ministre de l'Intérieur met les Renseignements généraux sur le coup. Le soir même, policiers des RG et enquêteurs de la PJ se postent aux alentours de la station de radio. Ils sont vite doublés par plusieurs hommes de la cellule des gendarmes de l'Élysée dirigée par Christian Prouteau et son fidèle capitaine Paul Barril. Selon les journalistes Ariane Chemin et Géraldine Catalano, « se croyant seuls, les gendarmes investissent le bâtiment avant de se hisser sur le toit des pirates des ondes. Ils cisaillent quelques câbles, sabotent l'émetteur, avant de se fondre dans la nuit. Il faudra tout le doigté de Joseph Franceschi, dévoué secrétaire d'État à la Sécurité, pour étouffer l'affaire... ».

Mais le secret n'est pas facile à tenir. L'écrivain exalté Jean-Edern Hallier, furieux de n'avoir reçu aucun poste en récompense de son soutien au candidat socialiste, menace de révéler dans un livre l'existence de sa fille Mazarine. Le président, ulcéré par ce chantage, demande alors qu'il soit mis sur écoute. Ordre est donné par le secrétaire général de l'Élysée, Jean-Louis Bianco, à Louis Schweitzer, directeur de cabinet du Premier ministre. En toute illégalité, vingt lignes des écoutes administratives, pratiquées dans les sous-sols des Invalides, sont affectées à l'opération. Chaque matin, un motard de l'armée dépose à l'Élysée les transcriptions écrites des écoutes de la

1. Cf. Roger Faligot, Jean Guisnel, Rémi Kauffer, *Histoire politique des services secrets français*, La Découverte, 2012.

veille. Bientôt, tout l'entourage de l'écrivain est mis sur écoute par la cellule élyséenne, y compris le bistrot où il prend son petit déjeuner, ses éditeurs et même l'actrice Carole Bouquet… parce qu'elle est alors la compagne du producteur Jean-Pierre Rassam, ami de l'écrivain. Espionner pour bâillonner… Les éditeurs qui envisagent de publier le manuscrit sulfureux de Jean-Edern Hallier reçoivent la visite des gendarmes de l'Élysée, pour les convaincre que ce ne serait pas une bonne idée. Qu'à cela ne tienne : Jean-Edern décide de relancer *L'Idiot international*, éphémère journal de son cru. L'Élysée, la Défense, les services des impôts sont mobilisés pour empêcher la parution. On fait saisir par les Impôts auprès des messageries de presse (NMPP) les recettes du premier numéro. On dissuade les imprimeurs. La DST intimide le bailleur de fonds, qui est aussi directeur administratif du journal. Le directeur artistique reçoit des menaces téléphoniques contre ses enfants. À bout de nerfs et de ressources, Jean-Edern finira par renoncer.

Que le président Mitterrand ait voulu protéger le secret entourant l'existence de sa fille est compréhensible. Mais les moyens illégaux déployés par la cellule de l'Élysée, sur fonds publics, font de cette histoire privée un mensonge d'État. Les procédés sont en flagrante contradiction avec l'attachement à la liberté de la presse affiché par le candidat, puis président, socialiste… et qui fut globalement respectée par ailleurs. On peut parler ici d'une privatisation des moyens de l'État, en l'absence de tout contrôle ou contre-pouvoir.

Plus près de nous, Nicolas Sarkozy s'est indigné qu'un « cabinet noir » (selon lui chiraquien) ait adressé à son épouse Cécilia des photos volées d'une liaison supposée, puis ait fait fuiter dans la presse des photos d'elle avec Richard Attias. Mais lui-même a ensuite incité des journalistes à révéler la liaison que le président Hollande, alors en couple avec la journaliste Valérie Trierweiler, entretenait avec l'actrice Julie Gayet. Les photos à l'origine du scandale furent prises par un paparazzo de l'agence Bestimage, dirigée par Mimi Marchand… une proche de Nicolas Sarkozy et Carla Bruni. Toujours en activité,

Mimi Marchand veille depuis 2017 sur l'image du couple Macron dans la presse people, malgré divers ennuis judiciaires. Un rôle de *spin doctor* un peu particulier, qui montre que la vie privée des présidents est devenue un élément central de la communication politique.

Yvonnick Denoël

Bibliographie

Ariane Chemin, Géraldine Catalano, *Une famille au secret*, Stock, 2005.
Jean-Michel Décugis, Pauline Guéna, Marc Leplongeon, *Mimi*, Grasset, 2018.

Une Opex à but privé : les diamants de Bokassa

Valéry Giscard d'Estaing (VGE) disait aimer l'Afrique. Elle ne le lui a pas rendu… Chasse, cadeau, vengeance, corruption : l'affaire des diamants de Bokassa empoisonna son mandat présidentiel et provoqua, de l'aveu même de VGE, son échec à l'élection présidentielle de 1981. « L'Afrique est terre de poisons », note l'ancien président dans ses Mémoires. Il en fit l'expérience à ses dépens.

« L'affaire des diamants »

« Il faut laisser les choses basses mourir de leur propre poison », assène le jeune président français le 27 novembre 1979, sur Antenne 2 où il est invité à s'expliquer. Un peu plus d'un mois plus tôt, le 10 octobre, *Le Canard enchaîné* a publié en une : « Quand Giscard empochait les diamants de Bokassa ». Le quotidien reproduit en page intérieure le fac-similé d'une note de 1973, signée par le chef d'État de la République centrafricaine, qui commandait au Comptoir national du diamant une plaquette de 30 carats destinée à Valéry Giscard d'Estaing. On peut y lire cette directive de Bokassa datée d'avril 1973 : « Veuillez remettre à Mme Dimitri, secrétaire à la présidence de la République, une plaquette de 30 carats environ, destinée à M. Giscard d'Estaing, ministre des Finances de la République française. » Le rédacteur en chef du journal va plus loin et affirme que les opérations militaires visant à destituer Bokassa avaient également pour objectif de saisir les archives privées et officielles de l'ambassade de France à Bangui et de faire disparaître les documents compromettants pour le président français. Le scandale éclate. Le président publie un communiqué maladroit qui ne fait qu'accentuer les soupçons d'une partie de l'opinion publique. Celle-ci ne comprend pas la réaction de leur président et est choquée par une affaire de diamants alors qu'elle subit de plein fouet la crise économique.

Le scandale ne s'arrête pas là. Chaque semaine, le journal satirique dévoile de nouvelles informations et fait durer l'affaire. Il affirme ainsi que la plaquette de diamants a une valeur d'un million de francs et que d'autres pierres précieuses lui ont été offertes lors de ses déplacements dans la capitale centrafricaine entre 1970 et 1975. Pire, le président français ne serait pas le seul bénéficiaire, ses cousins François et Jacques, son frère Olivier et plusieurs personnalités proches du pouvoir auraient reçu des cadeaux similaires. Or, la loi dispose que seul le président est dispensé de déclarer en douane les cadeaux qu'il a reçus à l'étranger, et en 1973 VGE n'était encore que ministre et de surcroît des Finances donc tuteur de l'administration des Douanes.

Le président français choisit d'abord d'ignorer la polémique. Le 19 novembre 1979, *L'Express* publie un sondage indiquant que 74 % des sondés souhaitent que « le président s'explique complètement à la télévision ». VGE ne peut plus invoquer la confiance des Français, face au scandale que suscitent ces révélations, il est obligé de prendre la parole ce 27 novembre 1979 afin de se justifier. Pourtant, il s'y refuse et assène : « À la valeur de ce que j'aurais reçu, j'oppose un démenti catégorique et, j'ajoute, méprisant. » Certes, le président de la République admet le cadeau mais il en conteste sa valeur. Sa défense est jugée mauvaise et le doute s'installe. Le président a-t-il menti ? C'est en tout cas ce que prétend celui que VGE qualifiait jadis de « cher parent », l'empereur Jean-Bedel Bokassa.

Un an plus tard, le 16 septembre 1980, *Le Canard enchaîné* relance l'affaire en publiant un entretien téléphonique avec l'ancien empereur centrafricain. Il affirme « avoir remis à quatre reprises des diamants au couple présidentiel » et ajoute : « Vous ne pouvez pas imaginer ce que j'ai remis à cette famille-là. » Qui croire ? Qu'est-ce qui a conduit deux présidents, compagnons de chasse, à se déchirer de la sorte ? Cette affaire a un goût de vengeance. L'ancien empereur a été déposé de son trône le 20 septembre 1979, soit un mois avant les révélations du Canard enchaîné... Mensonge ou vengeance ? Le contexte de ce scandale est très trouble.

Une relation chaotique avec la France

Alors qu'il n'était encore que ministre de l'Économie et des Finances, Valéry Giscard d'Estaing se prend de passion pour la chasse aux élans de Derby et effectue quelques séjours en République centrafricaine où l'antilope est endémique. Il y retourne à deux reprises durant son septennat, en 1976 et 1978. Il y fait la connaissance du fantasque président centrafricain, le maréchal Jean-Bedel Bokassa, en mars 1975. Ce dernier a pris le pouvoir dix ans plus tôt avant de se faire sacrer « empereur ». Il entretient des relations quasi filiales avec de Gaulle, puis Pompidou et VGE. Mais ces relations sont en dents de scie. Ainsi, à l'annonce de la prise de pouvoir par Bokassa, de Gaulle fut très irrité et le surnomma le « soudard ».

Au début de sa gouvernance, Bokassa souffle le chaud et le froid avec la France. Après avoir fait l'apologie du général de Gaulle et obtenu une augmentation de crédits de coopération et le stationnement de troupes françaises à Bangui, il crée des difficultés aux coopérants et aux entreprises françaises en jouant de la concurrence. En pleine guerre froide, il décide de renouer des liens avec la Chine et les pays du bloc socialiste en se disant « non aligné », « socialiste » mais aussi « libéral » lorsqu'il veut défendre de Gaulle pendant les manifestations de Mai 1968. Sous Pompidou il expulse les coopérants et décide en 1971 de frapper sa propre monnaie, de ne plus être lié au franc CFA et de ne plus passer par la BEAC (Banque des États d'Afrique centrale). Si l'un des ambassadeurs de France évoque la folie de Bokassa, son alcoolisme et ses comportements douteux, cette politique de mise en concurrence des partenaires semble fonctionner. En effet, Paris accepte une augmentation des crédits de coopération dès que Bokassa se rapproche trop de certains pays (Roumanie, URSS, Libye).

La provocation de trop

Néanmoins, en 1979 Paris le prend au mot et donne du crédit à ses menaces de renversement d'alliances. Après avoir clamé sa volonté de doter son pays de l'arme atomique, Bokassa tente de se rapprocher du colonel Mouammar Kadhafi. Pour Paris, ces déclarations et ces rapprochements diplomatiques sont trop risqués. L'homme fort de Bangui devient bien trop infréquentable. En janvier et avril 1979, la répression sanglante d'une insurrection de lycéens et d'étudiants qui refusaient de porter un uniforme obligatoire, sorti d'une usine détenue par des proches de Bokassa et dont le prix était exorbitant, achève de ternir son image en France. À l'été 1979, Paris lui coupe les vivres et lui demande d'abdiquer au profit d'un conseil de régence. VGE décide de déclencher une opération destinée à renverser cet électron libre.

Après avoir en partie financé le sacre de l'empereur autoproclamé Bokassa Ier en décembre 1977, la France finit par le détrôner en septembre 1979 lors de l'opération « Caban » (pour Centrafrique-Bangui) et réinstalle son cousin David Dacko – renversé quatorze ans plus tôt – au pouvoir avec l'opération « Barracuda ». Néanmoins, et contrairement à ce qu'indiquait le journaliste du *Canard enchaîné* sur la destruction des archives ou leur mise à l'abri par les membres du SDECE (Service de documentation extérieure et de contre-espionnage), les historiens Géraldine Faes et Stephen Smith nuancent ce scénario du nettoyage de pièces compromettantes. C'est donc un mois après cette opération militaire que *Le Canard enchaîné* publie les documents qui mettent en cause VGE.

Une affaire au parfum de vengeance

La Direction de la surveillance du territoire (DST) trouve rapidement le nom de l'informateur du *Canard*. Il s'agirait de Roger Delpey. Un ancien d'Indochine, écrivain et journaliste qui a rencontré à plusieurs reprises Jean-Bedel Bokassa, même depuis sa chute et son exil en Côte d'Ivoire. Roger Delpey est arrêté à Paris. La perquisition de son logement permet de découvrir des feuilles en blanc signées par Bokassa. Pour VGE c'est la preuve que les documents du *Canard* étaient des faux.

Roger Delpey est aussi proche des milieux nationalistes de l'extrême droite. L'hypothèse du coup politique émerge. D'autant que Jean-Marie Le Pen invite parfois Bokassa à son domaine de Montretout et que ce dernier n'a jamais caché ses accointances envers le Front national comme le révéla sa fille Marie-France Bokassa. D'ailleurs, lorsqu'en 1985 l'ex-empereur décide d'écrire ses Mémoires (qui seront interdites et saisies), il est aidé par Roger Holeindre, un des membres fondateurs du Front national.

Bokassa cherche sa revanche. Il donne une interview à la veille du second tour de l'élection présidentielle, et reconnaît qu'il le fait dans le but d'empêcher la réélection de VGE. Il déclare avoir offert des diamants de 10 à 20 carats à VGE, en présence de témoins, à quatre occasions en huit ans. Avant de reconnaître : « Je règle mes comptes avec ceux qui ont provoqué ma chute. »

VGE ne le nie pas mais minimise et affirme que les diamants reçus n'étaient que de petites pierres. En pleine campagne électorale, le 10 mars 1981, il déclare qu'il « n'y a aucun mystère dans l'affaire des diamants » et que « le produit de ces cadeaux a été versé à des œuvres humanitaires centrafricaines [...] la Croix-Rouge centrafricaine, une maternité, une pouponnière et une mission ». En effet, d'après une enquête du journal *Le Point*, les diamants ont été vendus pour une somme de 114 977 francs remise à des œuvres de bienfaisance centrafricaines. Pourtant le scandale est trop fort. Le 10 mai, François Mitterrand l'emporte.

Jean-Bedel Bokassa passe le reste de sa vie à ressasser sa haine contre VGE. À la trahison politique s'ajoute une rancœur intime. Bokassa est persuadé que son épouse Catherine a cédé aux avances de VGE…

Sonia Le Gouriellec

Bibliographie

Didier Bigo, *Pouvoir et obéissance en Centrafrique*, Karthala, 1988.

Roger Delpey, *Le blanc et le noir. Le hold-up du siècle*, Jacques Grancher, 1991.

Géraldine Faes, Stephen Smith, *Bokassa Ier, un empereur français*, Calmann-Lévy, 2000.

Vincent Hugeux, « 1. Bokassa, un Ubu bien de chez nous », in Vincent Hugeux (dir.), *Tyrans d'Afrique. Les mystères du despotisme postcolonial*, Perrin, 2021, p. 34-81.

Francis Zamponi, « Les diamants de Bokassa, ou la vengeance du "garde-chasse" de la République », in Roger Faligot et Jean Guisnel (dir.), *Histoire secrète de la Ve République*, La Découverte, 2007, p. 171-173.

L'affaire des avions renifleurs

Bras armé de l'État dans le domaine pétrolier, en particulier en Afrique, la société publique Elf Aquitaine, acteur à part entière de la « Françafrique », a financé bien des actions clandestines à l'époque gaullienne. Sous Giscard, ce véritable État dans l'État a pourtant tremblé sur ses bases, victime d'une colossale escroquerie (du moins en apparence) baptisée par *Le Canard enchaîné* « l'affaire des avions renifleurs ». Une escroquerie visiblement acceptée en connaissance de cause par ses victimes et camouflée par le chef de l'État.

À la base de cette affaire, on trouve un curieux personnage : Jean Violet. Pendant la guerre il a adhéré au MSR, le Mouvement social révolutionnaire d'Eugène Deloncle, qui soutenait la collaboration. Emprisonné à la Santé fin 1944 pour « intelligence avec l'ennemi », il a été libéré trois jours plus tard. Neuf mois après, les poursuites contre lui étaient abandonnées. Dans les années 1950, on le retrouve en avocat d'affaires, proche de l'ex-président du Conseil Antoine Pinay et bien connu dans les réseaux anticommunistes européens. Il voit défiler à sa table des personnalités du monde des affaires, de la politique (comme le dirigeant de la Démocratie chrétienne italienne Giulio Andreotti ou le patron du CSU allemand Franz Josef Strauss), mais aussi du Vatican. Par l'entremise de Pinay, Violet est devenu un « honorable correspondant » du SDECE, le service de renseignement extérieur français. Il est « traité » exclusivement par les directeurs généraux du service ou par leurs adjoints directs, jusqu'à ce qu'Alexandre de Marenches, nommé à sa tête en 1970, interrompe cette collaboration.

Pendant la guerre d'Algérie, Violet manœuvre pour convaincre les délégués à l'ONU de pays d'Amérique latine de rejeter les motions tiers-mondistes condamnant la France. Il obtient de rejoindre à titre officieux la délégation du Vatican à l'ONU, aux côtés du père Dubois, que des responsables de services européens considèrent alors comme un membre important des « espions du Vatican ». Les deux hommes sont proches de l'Opus Dei, qui devient de plus en plus influente en Amérique latine.

En tant qu'avocat, Jean Violet prend pour clients deux personnages, a priori fort éloignés de ses activités. Aldo Bonassoli, un agriculteur italien autodidacte (devenu réparateur de télévision et pionnier des effets vidéo), et Alain de Villegas, un aristocrate belge, affirment à la fin des années 1960 avoir développé un procédé qui permettrait de détecter des nappes phréatiques par un simple survol aérien. Le procédé vaudrait aussi pour détecter des nappes de pétrole. À l'époque du premier choc pétrolier, ce n'est pas une mince promesse… Violet veut proposer à Elf de mettre la main sur cette invention. Il utilise pour cela ses réseaux du SDECE, mais aussi Antoine Pinay, qui a l'oreille du président Giscard d'Estaing. Des tests ont lieu avec un avion équipé de l'appareil des inventeurs au-dessus de sites déjà connus des ingénieurs d'Elf. L'appareil détecte tous les gisements!

Le 28 mai 1976 à Zurich, le patron d'Elf, Pierre Guillaumat, signe un contrat avec Philippe de Weck, président de la prestigieuse Union des banques suisses (UBS), agissant curieusement au nom des inventeurs. Elf acquiert l'exclusivité du procédé pour un an moyennant 400 millions de francs. Me Violet a prévu en cas de conflit une clause d'arbitrage par un juge indépendant: qui de plus irréprochable pour cela qu'Antoine Pinay?

Le président Giscard autorise pour l'occasion Guillaumat à faire fi des obligations de contrôle administratif et financier. Il lui demande expressément de ne pas évoquer ce projet en présence du Premier ministre Jacques Chirac... Son remplaçant, Raymond Barre, nommé en août 1976, sera, lui, au courant, de même que le ministre des Armées. Le SDECE est laissé hors du coup, charge à la Sécurité militaire de protéger la confidentialité de l'opération.

En décembre 1976, un gisement est détecté dans le Gers. Un forage débute deux mois plus tard. Sans résultat probant. À chaque fois que les équipes d'Elf émettent des doutes sur les forages en cours, Violet évoque calmement la possibilité de casser le contrat et sous-entend qu'il n'y aura pas de difficulté à trouver un partenaire américain.

Une nouvelle réunion est programmée à Zurich en juin 1977. Dans une lettre au Premier ministre en date du 31 mai 1977, citée par Pierre Péan, Guillaumat évoque: « Un pas de plus, que nous espérons décisif, vers la mise à disposition de notre pays, à travers moi-même et l'ERAP [Entreprise de recherches et d'activités pétrolières], d'une invention extraordinaire, par une puissance internationale bienveillante, dont les contours ne nous sont pas encore clairement connus. Les personnalités qui nous accueilleront les 11 et 12 juin seront, outre M. de Weck et le président Pinay, des représentants de l'Église catholique – qui semble jouer un rôle important dans cette affaire. » En effet, le jour venu sont présents à la réunion le père Dubois (ancien compagnon de Violet à l'ONU) et l'abbé Marmier, qui se trouve être le confesseur du banquier de Weck ! Présence qui suggère de façon implicite soit un soutien du Vatican, soit un intérêt financier pour une faction de l'Église.

Un deuxième contrat est signé en juin 1977, puis un troisième en 1978. Au total, plus d'un milliard de francs sont engagés. Lors de la signature près de Zurich on retrouve Pinay, Violet, les pères Dubois et Marmier. Le Premier ministre français Raymond Barre a confirmé au nouveau patron d'Elf Albin Chalandon, un peu sceptique, tout l'intérêt du président pour ce projet. Pourtant les polytechniciens d'Elf ne comprennent toujours rien à ce que leur racontent les inventeurs. Ils n'ont même pas le droit d'ausculter leurs appareils… La même année 1978, le patron du SDECE Alexandre de Marenches prévient le président d'Elf, le ministre de l'Industrie Giraud et Giscard d'Estaing que l'affaire est tordue et montée par un « escroc international » (Violet). En avril 1979, Jules Horowitz, scientifique du CEA, discute avec Bonassoli et établit que les appareils sont truqués. Les inventeurs ont l'habitude de démontrer l'efficacité de leur appareil en faisant apparaître sur l'écran un objet placé derrière un mur. Le professeur y dispose une règle. L'image de celle-ci apparaît effectivement, mais Jules Horowitz avait pris soin au préalable de la casser. Or elle apparaît droite sur l'écran ! Le 22 juillet, les accords entre Elf et les inventeurs sont rompus. La société pétrolière récupère 500 millions de francs mais enregistre tout de même une perte de 750 millions de francs.

Bien entendu, Bonassoli n'a pas pu tenir en haleine autant d'experts à lui seul ; il lui a fallu des complicités au sein d'Elf pour décoder des informations sur certains gisements français. Le plus remarquable est l'absence de sanctions, à tous les niveaux. On demande au SDECE d'interrompre ses investigations. La Cour des comptes produit un rapport, aussitôt enterré et qui restera introuvable. Alain de Villegas et Aldo Bonassoli ont utilisé une petite partie de l'argent reçu. Où est passé le reste ? Pierre Péan, qui enquête sur cette affaire en 1983 dans *Le Canard enchaîné* et publie ensuite le livre *V*, affirme : « Des acteurs importants de cette tragi-comédie sont persuadés qu'une partie de l'argent serait allée vers les caisses électorales d'un parti alors au pouvoir. » En bref, on serait en présence d'une fausse escroquerie : le sommet de l'État aurait laissé faire en connaissance de cause.

Valéry Giscard d'Estaing s'est défendu de toute responsabilité, sans convaincre. La thèse de Péan n'est pas forcément fausse à 100 %, mais elle néglige le contexte international de l'affaire. Les fonds versés par Elf l'ont été principalement à Fisalma, une société domiciliée au Panama, sans rapport avec Villegas et Bonassoli, dont les gestionnaires étaient Jean Violet et le président Philippe de Weck. Il n'est guère courant de voir le président d'un grand établissement bancaire comme UBS assumer personnellement de hautes responsabilités dans une telle affaire. Peut-être pensait-il servir une autorité morale irréprochable ? Notons que De Weck sera nommé en 1989 vice-président de la banque… du Vatican, à la réputation sulfureuse.

Dès lors, nous sommes réduits à poser de simples questions. La présence de Violet, d'Antoine Pinay et des pères Dubois et Marmier peut-elle s'expliquer si leurs réseaux ne trouvaient pas un intérêt direct dans cette affaire ? On peut penser bien sûr au financement de la lutte clandestine anticommuniste et aux activités clandestines du Vatican de l'autre côté du rideau de fer, gourmandes en fonds secrets. Par ailleurs, le journaliste espagnol Jesus Ynfante, auteur d'une enquête sur l'assassinat de Jean de Broglie en 1976, affirme que l'Opus Dei a financé le parti giscardien des Républicains indépendants (dont de Broglie était trésorier) pour la campagne présidentielle de 1974. Ce parti aurait donc contracté une dette envers l'Opus Dei, dont Violet était proche… Est-il possible que l'affaire des avions renifleurs ait fourni l'occasion de la rembourser ?

Il est peu probable qu'on ait jamais le fin mot de l'affaire, puisque la justice n'a pu faire son travail dans cette affaire, que le rapport de la Cour des comptes a été enterré (Valéry Giscard d'Estaing étant dispensé de témoigner sur instruction de son successeur) et que la plupart des témoins ont disparu. Seules certitudes : le sommet de l'État français a bien ordonné qu'Elf engage des fonds considérables dans cette affaire extravagante, en écartant toutes les diligences et vérifications d'usage. Bien que l'État, actionnaire, ait été lésé, il s'est obstiné à empêcher toute enquête sérieuse : un cas d'école de mensonge par dissimulation. La thèse d'une simple escroquerie est donc un joli conte de fées.

Yvonnick Denoël

Bibliographie

Yvonnick Denoël, *Les espions du Vatican. De la Seconde Guerre mondiale à nos jours*, Nouveau Monde éditions, 2021 (rééd. Chronos, 2023).

Pierre Péan, *V, enquête sur l'affaire des « avions renifleurs » et ses ramifications proches ou lointaines*, Fayard, 1984.

Jesus Ynfante, *Un crime sous Giscard. L'affaire de Broglie, l'Opus Dei/Matesa*, La Découverte, 1981.

L'argent caché

C'est sans doute culturel : l'évocation de leur patrimoine personnel et familial embarrasse encore plus les dirigeants français que celle de leur vie privée, au point de multiplier les cachotteries et les arrangements avec la vérité. Et quand on aborde leurs relations amicales fortunées, tout est permis pour dissuader les curieux.

Le péché mignon du patrimoine

Juin 1979. *Le Canard enchaîné* publie la feuille d'impôts de Valéry Giscard d'Estaing, président-candidat : c'est une première. On découvre des revenus mobiliers et fonciers supérieurs au traitement du président, mais personne ne pensait ce dernier dans le besoin ; la véritable bombe se trouve dans le produit des investissements en actions : 181 962 francs pour la seule année 1978. Tenu au courant par sa fonction de toutes les grandes décisions qui peuvent influencer les cours de Bourse des valeurs françaises et étrangères, le président français achète et vend donc tranquillement des paquets d'actions, comme un vulgaire boursicoteur. Quelques mois plus tard, on apprend que son épouse n'est pas en reste. Le mensonge implicite est évident : comment croire que les investissements boursiers du couple présidentiel soient exempts de tout délit d'initié ?

Un grand classique des petits et gros mensonges présidentiels, c'est la déclaration de patrimoine. Lorsque François Mitterrand arrive à l'Élysée en 1981, aucune règle n'impose aux présidents de rendre public leur patrimoine. Il décide cependant d'instaurer la pratique. Dans un communiqué, il détaille : une maison rue de Bièvre, 10 hectares de pinède à Latché, un terrain dans la Nièvre et quelques avoirs financiers… Il « oublie » une maison à Gordes, qu'il aurait revendue alors que la propriété est simplement transférée à des proches, et se garde bien de donner la valeur totale du patrimoine, 12 millions de francs, qui pourrait choquer certains électeurs socialistes. Une loi de mars 1988 impose désormais la publication du patrimoine de chaque nouveau président au *Journal officiel*. Le président réélu renouvelle l'exercice mais déclare ses biens immobiliers… à leur valeur d'acquisition !

À son tour, Jacques Chirac doit se plier à l'exercice en 1995. Il est officiellement propriétaire d'un château à Bity, possède une maison en Corrèze et un appartement rue de Seine à Paris. En ajoutant ses avoirs financiers et sa collection de meubles anciens et d'art premier, son patrimoine officiel dépasse les 8 millions de francs. Mais, comme son prédécesseur, il sous-estime la valeur des biens immobiliers. En 2002, son patrimoine déclaré est de 1,7 million d'euros (11,3 millions de francs), soit une hausse de 25 % pendant son premier mandat. Mais pour lui aussi la presse estime ses biens nettement sous-évalués. En quittant l'Élysée, il publiera une dernière déclaration qui, en dépit de la hausse de l'immobilier, traduit une baisse nette de son patrimoine. Il faut dire que l'appartement rue de Seine a fait l'objet d'une donation à sa fille Claude en 2004. D'autre part ses avoirs bancaires ont fondu. C'est très surprenant de la part d'un homme logé et nourri par la République qui, en cumulant son indemnité de président et ses multiples retraites, a perçu au total quand il était président près de 2,9 millions d'euros de rémunérations ! Ajoutons à ce tableau que, mis en cause dans l'affaire des billets d'avion payés en liquide, entre 1992 et 1995, le chef de l'État explique avoir utilisé un reliquat de fonds secrets conservés de l'époque où il était à Matignon… ce qui revient à revendiquer qu'il aurait fraudé le fisc ! Sans doute une autre explication aurait été plus embarrassante encore. En toute hypothèse, le chef de l'État a donc menti, au moins par omission, dans sa déclaration patrimoniale à son entrée à l'Élysée.

Nicolas Sarkozy, pendant la campagne présidentielle de 2007, refuse de communiquer sur son patrimoine. La presse s'y intéresse, d'autant qu'il a acquitté en 2006 un ISF correspondant à un patrimoine supérieur à 1,1 million d'euros, mais rien l'année précédente, ce qui signifie que ce même patrimoine était alors estimé à moins de 750 000 euros ! Le candidat peine à expliquer comment son patrimoine aurait progressé en un an de plus de 50 % et, pour couper court aux questions, demande au patron de la direction générale des Impôts d'attester que sa déclaration fiscale est régulière, ce qui est fait promptement. Une fois président, Nicolas Sarkozy annoncera une estimation de son patrimoine à 2,1 millions d'euros… sans doute inférieure à la réalité selon la presse. Par exemple, il ne fait pas mention de ses montres de collection, au nombre de six au minimum, ni de sa collection de timbres rares dont il a été plusieurs fois question dans les portraits qui lui sont consacrés.

L'opacité semble la chose la mieux partagée du monde politique : en mars 2007, François Hollande et sa compagne Ségolène Royal sont épinglés par *Le Canard enchaîné* pour avoir estimé leur patrimoine à 933 000 euros, ne payant ainsi qu'un faible ISF. Selon le calcul du Palmipède, la valeur réelle de leurs biens était le double de celle déclarée.

Lors de sa nomination comme ministre en 2014, Emmanuel Macron déclare à la HATVP un patrimoine net de… 196 000 euros.

C'est fort surprenant pour quelqu'un qui, entre 2008 et 2012, a touché plusieurs millions d'euros de rémunération de la banque Rothschild. En 2016, il reconnaîtra avoir entièrement revu sa déclaration et devoir payer l'ISF, rétroactivement au titre de 2013 et 2014, puis annuellement depuis 2015.

Les petits et grands arrangements avec les déclarations de patrimoine s'apparentent à une sorte de sport national et il ne semble pas que les électeurs en tiennent rigueur aux intéressés. Mais si c'est une chose de s'arranger avec les faits lorsqu'on est candidat, c'en est une autre quand on est président…

Affaires de famille

Dans ses Mémoires, le fils du général de Gaulle, Philippe, explique que sa carrière militaire a été freinée, au moins jusqu'en 1969, par la volonté paternelle d'écarter tout soupçon de népotisme. Plusieurs locataires de l'Élysée n'ont pas eu les mêmes scrupules, plaçant des membres de leur famille à des fonctions officielles en dépit d'évidents conflits d'intérêts. En la matière, le mensonge consiste à nier ou minorer l'intervention présidentielle en affirmant contre l'évidence que les personnes nommées doivent le poste uniquement à leurs qualités propres.

Devenu ministre des Finances en 1969, Valéry Giscard d'Estaing n'hésite pas à nommer son père (alors âgé de 76 ans) administrateur d'Air France, en contravention avec la règle qui interdit de nommer quiconque administrateur d'une entreprise publique au-delà de 70 ans. En 1970, c'est au tour de François Giscard d'Estaing, cousin et ancien condisciple de Valéry à l'ENA, d'être nommé à la direction de la Banque française du commerce extérieur, organisme dont Valéry assume la tutelle. Un autre cousin, Jacques Giscard d'Estaing, devient en 1975 président de la Société des mines de l'Aïr au Niger et en 1976 administrateur de Framatome, constructeur de centrales nucléaires.

En nommant à ses côtés son fils Jean-Christophe à la cellule africaine de l'Élysée en 1982, François Mitterrand s'est inscrit dans le droit fil de la pratique giscardienne. Certes, son fils avait sillonné l'Afrique en tant que journaliste pour l'AFP dans les années 1970… mais comment croire que sa nomination à l'Élysée ne soit pas le fait du prince ? Par son activisme, qui lui vaut le sobriquet de « papamadi », il supplante rapidement Guy Penne comme véritable « patron » de la cellule africaine : les chefs d'État préfèrent l'avoir comme interlocuteur en raison de son lien intime avec le président français.

L'affaire Mistral, du nom d'un missile sol-air commercialisé par Matra, éclabousse le fils du président. En janvier 1989, une note de la DGSE révèle qu'à l'automne 1988 la société Matra a été approchée par un officier congolais pour acquérir le missile non pas pour le compte du Congo, mais pour une probable réexportation vers un pays sous embargo. L'enquête de la DGSE établit que l'argent est venu d'Afrique du Sud. L'autorisation de vente a été accordée, avec un zèle inhabituel et sans vérifications minutieuses, par la commission interministérielle pour les exportations de matériel de guerre (CIEMG). Il a bien fallu pour cela un appui politique de poids.

En mars 1989, l'affaire sort dans *L'Événement du jeudi*. Un communiqué de l'Élysée affirme que Jean-Christophe Mitterrand, ayant découvert l'affaire en début d'année, a alerté le président et qu'une enquête a été confiée au ministère de la Défense. Mais l'intermédiaire commercial qui a monté le dossier, Thierry Miallier, placé en détention préventive pendant deux mois et demi, se dit prêt à livrer à la presse l'historique complet de l'opération avec les montants et les personnes impliquées. Il déclare qu'une partie des commissions qu'il a reçues a été versée à un parti politique français. Dans le cas où il serait amené à comparaître, il entend citer comme témoin… Jean-Christophe Mitterrand. L'affaire Mistral sera discrètement enterrée : un beau cas de mensonge par occultation.

Après le sommet de la Baule, en 1990, Jean-Christophe Mitterrand est prié par son père de désormais s'abstenir de tout contact « sensible ».

On le retrouve dans une dernière affaire, celle de l'Angolagate : un vaste trafic d'armes au bénéfice de l'Angola. En 2009, il sera condamné à deux ans de prison avec sursis et 375 000 euros d'amende pour recel d'abus de biens sociaux. Il avait touché 2,6 millions de dollars pour avoir servi d'intermédiaire à l'homme d'affaires Pierre Falcone, une somme justifiée selon lui par la rémunération de *« conseils »*.

La pratique de nomination d'un rejeton présidentiel ne disparaît pas complètement, mais elle devient de moins en moins tolérable pour l'opinion publique. Le 8 octobre 2009, les médias annoncent que Jean Sarkozy, 23 ans, fils du président et conseiller général des Hauts-de-Seine depuis mars 2008, est pressenti pour accéder à la présidence de l'EPAD (établissement public chargé d'attribuer les marchés immobiliers de la Défense). L'Élysée explique que le jeune homme est parfaitement qualifié et a gagné seul ses galons d'élu alors qu'il doit l'investiture de son parti à la bienveillance paternelle. La nouvelle fait scandale et est commentée dans le monde entier. Devant le trouble suscité, y compris chez les électeurs de droite, cette candidature est abandonnée le 22 octobre.

Les cadeaux entretiennent l'amitié ?

Encore plus inavouable que le népotisme, le mélange entre amitié et argent s'avère souvent radioactif. Quand de riches hommes d'affaires accompagnent l'ascension d'un homme d'État, faut-il s'étonner qu'ils en attendent des retombées, une fois leur poulain parvenu aux plus hautes fonctions ? Impossible bien sûr de l'avouer crûment, ce qui amène à des démentis et des protestations plus ou moins crédibles.

Roger-Patrice Pelat s'est lié avec François Mitterrand pendant la guerre, quand tous les deux étaient en détention dans le même stalag allemand. Devenu un richissime homme d'affaires, Pelat fréquente assidûment l'Élysée après 1981, très à son aise avec les conseillers, et se mêlant de divers dossiers. François Mitterrand apprécie l'expertise de son vieil ami, dont il admire le talent en affaires. En 1953,

Roger-Patrice Pelat a créé Vibrachoc, société spécialisée dans les mécanismes antivibratoires pour l'industrie. Son directeur général de 1953 à 1955 était un certain Robert Mitterrand, frère de François. Le rachat de Vibrachoc par le groupe public Alsthom en 1982 a de quoi émouvoir. Une enquête du juge Jean-Pierre dévoilée par *Le Point* en 1993 révèle que cette société a rémunéré entre 1972 et 1980 les services d'un avocat nommé… Mitterrand, François, pour des sommes allant de 17 000 à 72 000 francs annuels. À partir de 1981 et jusqu'en 1989, Vibrachoc a également rémunéré Gilbert Mitterrand pour des prestations que le directeur financier de la société décrit comme « fictives ». Dès lors, le simple fait pour l'Élysée d'avoir incité Alsthom à reprendre la société pose problème. Au départ, le groupe public n'est pas très chaud et valorise le dossier à un niveau bas (entre 30 et 60 millions de francs), compte tenu de la mauvaise santé de Vibrachoc. Sous la pression, la transaction se fera au prix de 110 millions de francs : Alsthom a obéi à la « raison d'État ».

Enfin, vient s'ajouter la tempête médiatique et judiciaire de l'affaire Pechiney, un délit d'initié à l'occasion du rachat de la société American Can Company par Pechiney, qui a permis à Pelat de faire une belle opération en Bourse. La mort, en mars 1989, de Roger-Patrice Pelat rend sans le vouloir un fier service au président. Si ce dernier n'est pas directement en cause sur le dossier Pechiney, il n'est en revanche pas possible d'éluder sa responsabilité dans le « renvoi d'ascenseur » qu'a constitué le rachat de Vibrachoc.

Le 12 février 1989, François Mitterrand est l'invité de l'émission « 7 sur 7 » et interrogé sur Patrice Pelat, impliqué dans l'affaire Pechiney. Après avoir rappelé l'historique de leur amitié, le président affirme devant Anne Sinclair : « S'il se révèle qu'il a commis une faute, j'estimerai que je ne peux lui préserver la même qualité d'amitié. » Or ce jour-là le président sait parfaitement ce qu'il en est. Il ment avec une sincérité désarmante.

Le successeur de François Mitterrand, Jacques Chirac, a eu lui aussi des amis sulfureux ou au minimum intéressés. Il y a une amitié, sans doute réelle, avec Rafiq Hariri. Pivot de la politique proarabe de la France, ce dernier a vu son groupe immobilier gâté par Jacques Chirac sur le territoire français. En retour il lui a prodigué de nombreuses faveurs matérielles, qui ont été soit cachées au public, soit minorées. Premier ministre du Liban, Hariri a effectué 18 visites à Paris, dont 14 sous la présidence Chirac. *Le Figaro* a qualifié Jacques Chirac de « l'homme de Hariri ». Comment s'étonner dès lors qu'après avoir quitté l'Élysée le couple Chirac ait été hébergé par la famille Hariri dans un appartement de 396 m^2 quai Voltaire, avec vue imprenable sur la Seine et le musée du Louvre ? Le couple Chirac explique que c'est à titre « provisoire »... Un provisoire qui durera de 2007 à fin 2015 ! Le loyer étant estimé à 10 000 euros par mois, cela représente au total un cadeau de près d'un million d'euros. De l'art de minorer des cadeaux princiers...

Une autre amitié embarrassante pour Jacques Chirac se situe du côté de l'archipel nippon. À l'automne 1996, la cellule des affaires réservées de la DGSE, en charge des affaires financières, travaille sur une banque japonaise à la réputation controversée, la Tokyo Sowa Bank (TSB), proche des milieux mafieux. Selon un rapport du chef de poste à Tokyo la TSB aurait versé l'équivalent de 300 millions de francs sur un compte ouvert au nom de... Jacques Chirac ! L'homme d'affaire et banquier Shoichi Osada a rencontré Jacques Chirac, quand ce dernier était maire de Paris. En 1986, Chirac alors Premier ministre nomme son ami Osada consul honoraire de France. Après son échec à la présidentielle de 1988, Jacques Chirac multiplie les séjours au Japon. Osada ne recule devant rien pour le combler : yachts, palaces, dîners avec le gratin de la finance japonaise, combats de sumo et facilitation d'amitiés féminines.

Mais Osada est arrêté en mai 2000 pour faillite frauduleuse. Chirac prétend ne le connaître que depuis les années 1990, ce qui est un mensonge maladroit. Le patron de la cellule des affaires réservées de la DGSE, Gilbert Flam, lui-même socialiste, réactive les investigations sur le « compte japonais de Chirac » à l'insu de sa hiérarchie. Un autre officier du service le dénonce auprès des chiraquiens. La direction de la DGSE reçoit l'ordre d'étouffer l'affaire discrètement. Flam sera remis à la disposition de la magistrature, son corps d'origine. Après l'élection présidentielle, le patron de la DGSE, lui aussi, sera remercié.

Jusqu'où peut-on aller pour étouffer une affaire ? Début 2003, Gilbert Flam, devenu vice-procureur au parquet de Paris, traverse le boulevard Beaumarchais dans les clous quand il est heurté de plein fouet par une Volkswagen. La voiture est assurée par un groupe japonais qui travaille en principe uniquement pour Toyota. Quant au conducteur, il écope d'une simple amende de 600 euros. Gilbert Flam n'en a pas fini avec les ennuis puisque son nom apparaîtra dans les listings bidonnés de l'affaire Clearstream, aux côtés d'autres personnalités honnies des chiraquiens.

Jacques Chirac, convoqué par la justice française après son départ de l'Élysée pour s'expliquer sur son supposé compte japonais, a refusé de venir témoigner, invoquant l'article 67, alinéa 1 de la Constitution qui affirme qu'un président n'est pas responsable des actes accomplis dans l'exercice de ses fonctions. L'existence même d'un compte au nom de Chirac à la Tokyo Sowa Bank reste controversée. En revanche les nombreuses faveurs dont le président a bénéficié de la part du sulfureux Osada étaient bien réelles.

S'il s'est beaucoup opposé à Jacques Chirac quand il ambitionnait de lui succéder, Nicolas Sarkozy a quelques points communs avec son prédécesseur : il ne déteste pas l'argent ni les amis fortunés. On trouve beaucoup d'affairistes dans le parcours du président. On pense bien sûr au couple Balkany, rattrapés par la justice après des décennies d'acrobaties que Nicolas Sarkozy a feint d'ignorer, mais aussi à Thierry Gaubert, l'ancien collaborateur (de Neuilly à Bercy) oublié pour cause d'ennuis judiciaires. Les connaisseurs le présentent comme l'ex-« tiroir-caisse du clan Sarkozy ». Gaubert a été condamné pour une affaire d'escroquerie dans l'utilisation du 1 % logement, à dix mois de prison avec sursis. Dans le volet financier de l'affaire Karachi il a été condamné en juin 2020 à quatre ans de prison dont deux ferme. Mis en cause dans une affaire de fraude fiscale et de blanchiment de fraude fiscale, il a aussi été condamné en appel à dix-huit mois d'emprisonnement et 300 000 euros d'amende. Enfin, il a reçu sur un compte offshore aux Bahamas de l'argent de Ziad Takieddine, dont la justice soupçonne qu'il provenait de Libye (voir plus bas)... Sarkozy devenu président a plus que pris ses distances avec son ex-collaborateur... quant à l'entourage de Nicolas Sarkozy, c'est tout juste s'il se souvient vaguement de lui.

La justice n'ayant pas encore tranché, on peut passer (provisoirement) sur le dossier Kadhafi car il n'est pas possible de statuer sur les démentis du clan Sarkozy : le dictateur libyen et son entourage ont affirmé avoir financé à hauteur de plusieurs dizaines de millions d'euros la campagne présidentielle de 2007 du candidat Sarkozy. Il existe de nombreux témoignages, indices et circonstances troublants, mais l'enquête judiciaire ayant été bouclée récemment il faut attendre le procès qui permettra d'y voir plus clair (voir l'article consacré à cette affaire au chapitre 5).

Reste le dossier du Qatar... L'attribution de la Coupe du monde de football 2022 par un vote de la FIFA a fait couler beaucoup d'encre. Neuf jours avant ce vote inattendu, un déjeuner à l'Élysée le 23 novembre 2010 aurait changé la donne. Y assistaient notamment le président Sarkozy, le président de l'UEFA Michel Platini et le futur émir Tamim Ben Hamad Al Thani. Selon une enquête de l'émission « Complément d'enquête » et la cellule d'investigation de Radio France, le président aurait alors proposé au Qatar le rachat du Paris Saint-Germain, la vente d'avions de combat Rafale ainsi que différents contrats concernant les investissements qataris dans l'Hexagone en échange du soutien français et celui de la fédération européenne représentée par Platini. En 2019, le Parquet national financier (PNF) a décidé de l'ouverture d'une information judiciaire, après trois années d'enquête préliminaire.

Après son départ de l'Élysée, révèle Mediapart, l'ancien président a profité comme consultant du soutien de l'État du Qatar, mais aussi d'entreprises ayant bénéficié de l'attribution de la Coupe du monde à Doha. La justice devra dire si ces libéralités constituent une récompense de l'activisme du président français autour de la Coupe du monde en 2010. Dernière question troublante : il semble que les Qataris aient émis le projet d'une rémunération directe et secrète de Nicolas Sarkozy en récompense des services rendus. Un document dévoilé par le site Blast, signé par Nasser Al Khelaifi, le patron qatari du PSG, et adressé en juillet 2011 (juste après l'acquisition du PSG) au directeur de cabinet du prince héritier (l'actuel émir du Qatar), indique qu'un montant de 15 millions d'euros devait être transféré « à Son Excellence le Président Nicolas Sarkozy en récompense de son soutien à l'État du Qatar pour l'organisation du Mondial 2022 et de l'acquisition du club de Paris Saint-Germain »[1]. Le document ne prouve pas que le projet de versement ait été mis à exécution. Un autre document, daté du 24 novembre 2009, est tout aussi troublant : un ordre de paiement portant la signature du ministre de l'Économie et des Finances indique que 6 millions d'euros d'argent liquide devaient être remis à… Carla Bruni-Sarkozy, l'épouse du président de la République française[2] ! Là encore, rien ne prouve que le projet de paiement ait été mis à exécution. Mais si le document est authentique, comment expliquer une telle demande ?

Christian Chesnot et Georges Malbrunot ont documenté dans plusieurs ouvrages les liaisons dangereuses entre élites françaises et le Qatar. Dans *Qatar, les secrets du coffre-fort*, ils écrivent : « À l'automne 2009 la première dame a été invitée à inaugurer un centre médical à Doha. Les autorités qatariennes l'auraient largement remerciée pour sa venue. »

Les accusations de paiement du couple présidentiel par le Qatar, pour extravagantes qu'elles puissent paraître, ne peuvent rester en

1. Thierry Gadault et Bernard Nicolas, « Qatar connection : la liste des cadeaux de l'émir à Nicolas Sarkozy, Claude Guéant et Michel Platini », Blast info, 24 septembre 2019.
2. Thierry Gadault et Bernard Nicolas, « Qatar connection : les documents qui visent Carla Bruni-Sarkozy, BHL et Laurent Platini », Blast info, 24 septembre 2019.

l'état. Elles auraient aisément pu faire l'objet de plaintes en diffamation[1] ou même de simples démentis. Puisque tel n'a pas été le cas, il serait bon que le Parquet national financier élucide la question dans le cadre de l'enquête en cours sur l'attribution de la Coupe du Monde.

L'accumulation d'affaires financières touchant plusieurs présidents de la Ve République et leur entourage proche, pour la plupart avérées et pour les plus récentes en cours d'examen par la justice, a un effet délétère sur l'opinion. Elle met au jour une somme de petits et grands mensonges mobilisés au fil du temps pour nier ou étouffer les scandales qui couvaient. Comment dès lors s'étonner des réactions épidermiques des Français sur les sujets de politique économique et sociale et du succès croissant des discours populistes ?

Yvonnick Denoël

Bibliographie

Nicolas Beau, Olivier Toscer, *L'incroyable histoire du compte japonais de Jacques Chirac*, Les Arènes, 2008.

Christian Chesnot, Georges Malbrunot, *Qatar, les secrets du coffre-fort*, Michel Lafon, 2013.

Yvonnick Denoël, Jean Garrigues (dir.), *Histoire secrète de la corruption sous la Ve République*, Nouveau Monde éditions, 2014.

Stephen Smith, Antoine Glaser, *Ces messieurs Afrique*, Calmann-Lévy, 1994.

1. Thierry Gadault indique que Nicolas Sarkozy et Carla Bruni-Sarkozy n'ont pas souhaité répondre aux journalistes de Blast, n'ont pas réagi à la publication des articles les incriminant et n'ont pas poursuivi la publication en diffamation. Parmi les personnalités mises en cause dans les articles de Blast aux côtés du couple présidentiel comme cibles des largesses qataries, Bernard-Henri Levy a poursuivi la publication en diffamation. Il a été débouté le 29 juin 2022 par la cour d'appel de Paris et ne s'est pas pourvu en cassation.

2

Les « menteurs » du président

Entourages et conseillers en communication : des professionnels du mensonge ?

Les termes utilisés pour évoquer l'entourage des hommes d'État en charge de leur communication sont multiples. Parmi ceux qui sont le plus fréquemment utilisés, signalons notamment ceux de « conseiller en communication », de « communicant » et de « spin doctor ». On trouve parfois, notamment sous la plume de journalistes, des termes un peu moins flatteurs, à l'instar de « gourou », d'« éminence grise » ou d'« homme de l'ombre », bien que ces deux derniers ne soient pas réservés uniquement à des professionnels de la communication. Si l'étymologie du terme anglais *spin doctor* signifie « faire tourner », c'est-à-dire donner de l'effet aux faits afin de les présenter à l'opinion sous un angle plus favorable, la mission qui leur est assignée dépasse parfois le cadre de la communication politique. Interface entre la sphère médiatique et l'arène politique, le communicant appartient à l'entourage officiel ou officieux de la personne qu'il conseille et doit façonner l'image de son patron en présentant son action sous le meilleur jour. Par ailleurs, le communicant doit être capable de déceler les signes avant-coureurs d'attaques dirigées contre son patron et de les désamorcer avant qu'elles n'éclatent au grand jour. Sa réactivité doit donc être totale. Pour autant, ces conseillers peuvent-ils être considérés comme des professionnels du mensonge ? Ne faut-il pas plutôt voir chez eux une certaine faculté à travestir les faits ?

Sous la Ve République, il convient de distinguer deux périodes dans l'histoire des communicants. Durant la première, de 1958 à 1974, la communication est assurée par des conseillers qui ne sont pas des spécialistes de la communication mais plutôt de fins connaisseurs des questions politiques au sens large, comme Jacques Foccart dans l'entourage du général de Gaulle ou Pierre Juillet et Marie-France Garaud lorsque Georges Pompidou est à l'Élysée. La seconde période, de 1974 à nos jours, est marquée par une prise en main de la communication par des spécialistes de l'opinion ou de la publicité. La campagne présidentielle de Valéry Giscard d'Estaing en 1974 peut être considérée comme un tournant dans la professionnalisation de la communication politique, ce dont témoigne le rôle joué par Bernard Rideau et Xavier Gouyou-Beauchamps dans l'entourage du nouveau chef de l'État.

Bien que gaulliste, Michel Bongrand se heurte au refus du général de Gaulle à qui il avait proposé de diriger sa campagne pour l'élection présidentielle de 1965, ce qui l'amène à rejoindre le staff de campagne de Jean Lecanuet. Le chef de l'État ne voit pas les méthodes de communication importées des États-Unis d'un bon œil et prend ses distances avec le « marketing politique ». Dans un premier temps, de Gaulle rejette les conseils d'Alain Peyrefitte et de Jacques Foccart qui lui recommandent d'utiliser le temps d'antenne qui est octroyé à chaque candidat pour faire campagne, avant d'annoncer qu'il prendra la parole à quelques jours du premier tour de scrutin. Sa mise en ballottage le pousse finalement à descendre dans l'arène médiatique et à réaliser une série de trois entretiens avec le journaliste Michel Droit (13, 14, 15 décembre 1965), au cours desquels il présente une image plus chaleureuse et manie l'ironie et le sens de la formule à bon escient. Au cours de ces quelques semaines, Jacques Foccart conseille le général de Gaulle sur le choix de son costume, le port ou non de ses lunettes à la télévision, sur les formules à utiliser et le convainc de faire plusieurs prises de ses interviews jusqu'à trouver le ton juste. Toutefois, force est de constater que l'on est alors encore loin des éléments de langage distillés méticuleusement par les communicants professionnels et leurs discours préfabriqués.

L'arrivée de Georges Pompidou à l'Élysée en 1969 marque une inflexion, avec la mise en place d'un service de presse entièrement rénové sous la responsabilité de Denis Baudouin. Pourtant, c'est Marie-France Garaud qui fait figure d'éminence grise et filtre les journalistes qui rencontrent le chef de l'État. Elle profite de ses rencontres avec eux pour leur transmettre un message ou diffuser une rumeur. Le Premier ministre Jacques Chaban-Delmas en fait par exemple les frais lorsqu'il est la cible d'attaques liées aux révélations du *Canard enchaîné*[1] sur sa feuille d'impôts. À partir du moment où la conseillère apprend que son patron est atteint d'une maladie grave, elle multiplie les actions en coulisses pour le protéger. Elle s'arrange ainsi pour que les images diffusées par l'ORTF du sommet de Reykjavik entre Nixon et Pompidou (31 mai 1973) ne montrent pas un président trop bouffi par son traitement médical et de surcroît engoncé dans son manteau, d'où le choix de plans larges[2]. De même, à Alain Peyrefitte qui s'étonne du visage boursouflé du chef de l'État au retour d'un voyage en Afrique, elle raconte que, redoutant la cuisine locale, il a emmené son cuisinier avec lui et qu'en fin de compte, il a été obligé de déjeuner et de dîner deux fois[3]. Enfin, lors de la campagne présidentielle de 1974, elle n'hésite pas avec l'aide de Pierre Juillet et Jacques Chirac – alors ministre de l'Intérieur – à laisser fuiter aux journalistes que les sondages sont de moins en moins favorables au candidat gaulliste Jacques Chaban-Delmas, ce qui conduit à « l'appel des 43 »[4]. La diffusion de mensonges ou tout au moins le fait de prendre une certaine liberté avec la vérité font donc partie du savoir-faire des entourages.

1. *Le Canard enchaîné*, 3 novembre 1971 et 19 janvier 1972.
2. Olivier Faye, *La conseillère*, Fayard, 2021, p. 115-116.
3. Catherine Nay, *Souvenirs, souvenirs…*, t. 1, Robert Laffont, coll. « Pocket », 2021, p. 197.
4. Jérôme Pozzi, « L'appel des 43 et le mouvement gaulliste : manœuvre politique, relève générationnelle et fronde des godillots », *Parlement[s]*, n° 7, octobre 2007, p. 109-120.

Pourtant, le conseiller en communication est parfois étranger à certaines initiatives. Il en est ainsi lorsque Valéry Giscard d'Estaing décide au matin du 24 décembre 1974, sans l'aval de son communicant Bernard Rideau, de prendre le petit déjeuner avec des éboueurs. En effet, c'est Philippe Sauzay, chef de cabinet du président, qui descend en personne avenue de Marigny pour inviter trois éboueurs maliens à entrer à l'Élysée. Derrière cet acte d'empathie qui devait permettre d'atténuer l'image de grand bourgeois de VGE – de même que quelques mois plus tard ses dîners chez des « Français moyens » – les images du petit déjeuner avec des éboueurs qui ont gardé leur passe-montagne sur la tête semblent quelque peu surréalistes et le « coup de com » est raté. L'alternance de 1981 marque le retour à une communication plus encadrée et maîtrisée.

À partir de 1984, François Mitterrand s'appuie sur le tandem de communicants Gérard Colé et Jacques Pilhan, le « sorcier de l'Élysée »[1]. Adepte de la « stratégie du désir », ce dernier considère que la parole présidentielle doit se faire rare, afin de susciter l'attente des médias et de l'opinion. Ainsi, il vaut mieux moins en dire plutôt que de mentir. Ce principe n'empêche pas François Mitterrand de demander à son médecin personnel, le docteur Gubler, de falsifier ses bulletins de santé. Toutefois, il est peu vraisemblable que les communicants du chef de l'État aient été mis dans la confidence de ce mensonge. En revanche, la préparation de l'émission télévisée qui se déroule à la Sorbonne le 3 septembre 1992, dans le cadre de la campagne du référendum de Maastricht, relève de la mise en scène. Avant le face-à-face entre François Mitterrand et Philippe Séguin, la première partie de l'émission consiste en un débat entre le chef de l'État et un échantillon représentatif de quatorze Français partisans ou adversaires du traité. Jacques Pilhan est alors à la manœuvre en amont afin que les « nonistes » choisis par la Sofres ne soient pas trop vindicatifs et que François Mitterrand, à défaut de les convaincre, puisse les

1. François Bazin, *Jacques Pilhan, le sorcier de l'Élysée*, Perrin, 2011.

séduire[1]. Ainsi, plus qu'un véritable échantillon représentatif, il s'agit d'un panel ciblé de citoyens qui doit permettre de montrer l'image d'un président qui sait écouter et discuter avec ses contradicteurs. Pour Jacques Pilhan, il convient donc de travestir la réalité plutôt que de mentir.

La campagne présidentielle de 1995 et notamment la rivalité à droite entre Édouard Balladur et Jacques Chirac est le théâtre de petits mensonges entre ces deux « amis de trente ans ». En aparté, Chirac confie à ses proches : « Je vais vous étonner par ma démagogie. » De son côté, la déclaration de candidature d'Édouard Balladur prononcée le 18 janvier 1995 depuis son bureau, avec pour toile de fond les dorures de Matignon, donne l'image de quelqu'un qui serait déjà le chef de l'État avant que les électeurs n'aient pu se rendre aux urnes. N'ayant pas sollicité pour l'occasion les conseils d'un spécialiste en communication, il apparaît comme trop solennel, alors que le recours à un spin doctor aurait pu lui permettre de présenter une image différente. Cette maladresse de départ se retrouve par la suite dans sa campagne à l'occasion par exemple d'un déplacement en province. Ainsi, le 25 mars 1995, à un mois du premier tour de scrutin et alors que les intentions de vote en faveur du Premier ministre en exercice diminuent de jour en jour, celui-ci doit se rendre dans les Bouches-du-Rhône. Pris dans un épais brouillard, l'hélicoptère avec à son bord Édouard Balladur est contraint d'atterrir en pleine campagne. Le candidat Balladur se dirige alors vers la route départementale pour faire de l'auto-stop. Une dame s'arrête, il monte à bord du véhicule et la conductrice le dépose dans le village provençal de Maillane où il doit inaugurer le musée Frédéric Mistral. Quelques jours plus tard, la supercherie est dévoilée. La conductrice est la cousine de Georges Tron, alors directeur de campagne d'Édouard Balladur. Cette opération de communication ratée dont l'objectif initial était de rendre le candidat Balladur plus populaire suscite les railleries du camp chiraquien.

---

1. François Bazin, *op. cit.*, p. 376-380.

De son côté, Jacques Chirac, conseillé par Jean-Michel Goudard, Bernard Brochand, et par sa fille Claude, montre un nouveau visage, moins raide devant les caméras et plus proche des Français en accord avec la thématique de la « fracture sociale » et le slogan de « La France pour tous ». Il s'affiche comme l'homme du changement et fait passer son rival Édouard Balladur pour un conservateur. Mensonge ou réelle conversion chiraquienne ? L'entourage de Chirac donne à voir un homme neuf et rassembleur aux électeurs, alors qu'il se présente pour la troisième fois à l'élection présidentielle. Une fois élu président, Jacques Chirac demande à Jacques Pilhan – qui lui a fourni quelques conseils clandestins pendant la campagne, à la demande de François Mitterrand – de devenir son conseiller en communication, ce que l'intéressé accepte.

L'arrivée à l'Élysée de Nicolas Sarkozy (2007-2012), puis celle de ses successeurs, François Hollande (2012-2017) et Emmanuel Macron (2017-...), marque un tournant dans l'histoire de la communication politique. Dorénavant, les entourages instrumentalisent beaucoup plus la vie privée de leur patron que par le passé, afin de mettre en œuvre un « storytelling ». Maîtriser les ressorts de la peopolisation devient un élément incontournable du savoir-faire des spin doctors. La mise en scène correspond à une volonté de transparence et à un besoin de savoir des sociétés contemporaines dans lesquelles, à l'instar des pays anglo-saxons, la frontière entre la vie publique et la vie privée des responsables politiques tend à disparaître. Par ailleurs, cette tendance est en partie liée à l'évolution des vecteurs utilisés par les communicants pour diffuser leur message, notamment à la montée en puissance des réseaux sociaux et l'omniprésence des chaînes d'information en continu. Ainsi, Nicolas Sarkozy a beau s'appuyer sur son fidèle conseiller en communication Franck Louvrier, il est pour ainsi dire son propre communicant. Il change les codes de la communication par la surabondance de la parole présidentielle, en multipliant les effets d'annonces et en adoptant un style plus décontracté. Sur la forme, comme sur le fond, le style tranche avec celui de Jacques Chirac. L'omniprésence médiatique est à présent la règle. Qualifié par ses adversaires d'hyper-président, force est de constater que Nicolas Sarkozy est avant tout un hyper-communicant pour lequel la communication compte plus que l'action. La victoire de François Hollande, qui se présente comme un « président normal » – en opposition à Nicolas Sarkozy – ne parvient pas à enrayer la spirale du mélange des genres entre sphères privée et publique. Conseillé par Gaspard Gantzer – issu de la promotion Léopold Sédar Senghor (2002-2004) de l'ENA, comme Emmanuel Macron –, François Hollande accepte que certaines de ses visites en province soient retransmises en direct sur l'application Periscope de Twitter. Toutefois, les réactions instantanées des internautes, parfois moqueuses et assassines, obligent l'entourage du chef de l'État à les bloquer en urgence. Par ailleurs, la présence de Gaspard Gantzer ne permet pas d'éviter des maladresses, comme la photographie de son patron avec un casque de moto vissé sur la tête en première page de *Closer* (10 janvier 2014) ou la publication du livre des journalistes du *Monde* Gérard Davet et Fabrice Lhomme (*Un président ne devrait pas dire ça*, Stock, 2016) qui suscitent la polémique.

Afin d'éviter de telles déconvenues, Emmanuel Macron entend incarner un nouveau modèle de communication, plus vertical qu'horizontal. Après les années Sarkozy et Hollande, le jeune président souhaite verrouiller la communication de l'Élysée afin de recrédibiliser la parole présidentielle. Cette mission incombe à Sibeth Ndiaye, conseillère presse du président, qui n'hésite pas à déclarer le 12 juillet 2017 : « J'assume parfaitement de mentir pour protéger le président. » En effet, l'intéressée occupe une place centrale dans l'entourage du chef de l'État et distille à doses homéopathiques la parole présidentielle aux journalistes. Toutefois, la volonté originelle de verticalité macronienne se transforme rapidement en une communication de crise face à un contexte inflammable lié au mouvement des Gilets jaunes, puis à l'épidémie de Covid-19 et enfin à la réforme des retraites.

Les communicants et conseillers des hommes politiques sont plus des faiseurs d'opinion qui choisissent au gré des circonstances de prendre une certaine liberté avec la vérité que des professionnels du mensonge. Toutefois, il ne faut pas oublier que c'est celui qui les sollicite, en l'occurrence l'homme politique, qui a le dernier mot et décide ou pas de suivre leurs conseils. En outre, on pourrait s'interroger sur le fait de savoir si l'homme politique a besoin de recourir aux services d'un spin doctor pour basculer dans le mensonge ? Sur ce point, certains hommes politiques se débrouillent très bien seuls. Comme l'affirmait Charles Pasqua : « Les promesses des hommes politiques n'engagent que ceux qui les écoutent. » Ainsi, les communicants sont plus utiles pour faire passer le mensonge via des éléments de langage qui ont été définis en amont que pour concevoir des mensonges en tant que tels.

Jérôme Pozzi

Bibliographie

Christian Delporte, *La France dans les yeux. Une histoire de la communication politique de 1930 à nos jours*, Flammarion, 2007.
Jérôme Pozzi, *De l'attachée de presse au conseiller en communication. Pour une histoire des spin doctors*, PUR, 2019.
Philippe Riutort, *Sociologie de la communication politique*, La Découverte, 2020.
Christian Salmon, *Storytelling. La machine à fabriquer des histoires et à fabriquer les esprits*, La Découverte, 2007.

Le lobbying : de l'influence au mensonge

Définition du lobbying, selon Roger Lenglet : « Duper l'opinion et plier les autorités publiques aux intérêts des grands groupes » privés. Diagnostic de l'association Anticor[1] : « Pathologie de la démocratie ». Fonction du métier : convaincre les gouvernements et parlementaires au nom de causes très particulières, baratiner, sans se faire prendre en flagrant délit de mensonge. C'est dire si la frontière est étroite et le sujet

1. Association contre la corruption, pour l'éthique en politique.

sensible. Jongler avec la vérité relève d'une profession, celle de lobbyiste, fort bien rémunérée. Mais quand les pouvoirs publics prennent, et reprennent, ses arguments biaisés pour argent comptant seraient-ils complices, voire receleurs, d'un arrangement avec la vérité ?

Des lobbyistes en bonne santé

En mars 2021, les laboratoires Servier étaient condamnés, en tant que personne morale, à une amende de 2,7 millions d'euros pour « tromperie aggravée » – mentir n'est pas en soi un délit pénal. C'est la désormais célèbre affaire du Mediator, un médicament contre le diabète à l'origine, mais dont l'effet en a fait l'un des médicaments les plus prescrits aux personnes souhaitant perdre du poids pendant plus de trente ans (de 1976 à 2009), en dépit des contre-indications, avec des risques de lésions cardiaques ou de tensions artérielles. 1 500 à 2 000 morts plus tard, les pouvoirs publics se décidèrent à siffler la fin de la partie. C'est pourquoi l'Agence nationale de sécurité du médicament (l'ANSM, succédant à l'AFSSAPS) est également condamnée en mars 2021 à 300 000 euros d'amende, pour avoir « gravement failli dans sa mission de police sanitaire ».

Durant tout ce temps, que de lobbying de Servier auprès des pouvoirs publics ou médicaux ! L'enquête pénale a permis de découvrir lors d'une perquisition un fichier nommé « Base Olympe », comprenant plus de 1 000 noms issus du microcosme politico-médical, ainsi que l'existence d'un « Cercle Hippocrate » permettant de recevoir des sommités à dîner. Aucune corruption là-dedans, mais un très fâcheux mélange des genres. Jacques Servier, fondateur toulousain du laboratoire décédé en 2014, bien avant la tenue du procès, a un jour confessé à l'historien Jacques Marseille[1] : « Si j'habite à Paris depuis longtemps, c'est pour la seule raison que, dans notre pays, il faut constamment intriguer dans la capitale. »

1. Dans *Le médicament et la vie*, Perrin, 2007.

La procédure pénale aura ainsi permis de pointer quelques relations singulières entre le laboratoire et d'anciens ou futurs ministres de la Santé, comme Philippe Douste-Blazy ou Roselyne Bachelot. Même si l'ancienne sénatrice UMP (aujourd'hui LR) Marie-Thérèse Hermange, un temps poursuivie pour avoir édulcoré un rapport parlementaire sur le Mediator, à la suite du lobbying intensif de Servier, a été finalement relaxée.

Difficile de ne pas faire le parallèle avec le chlordécone aux Antilles françaises. C'est un pesticide destiné à éradiquer le charançon, un coléoptère particulièrement coriace nuisant à la productivité des bananeraies martiniquaises. Mais aussi un authentique poison chimique, qui va polluer les sols et eaux antillais durant des siècles – sept mille ans, selon un géologue. Interdit aux États-Unis dès 1975, compte tenu de sa dangerosité, la France attendra 1993 avant de le proscrire formellement, le lobby des planteurs antillais obtenant vaille que vaille quelques années de sursis. De la toxicité du lobbying… Sur place, un slogan créole résume l'ambiance : *« Yo sen fouté dè santé en nou ! »*

Pour finir, en ce qui concerne le domaine de la santé, penchons-nous sur le tabagisme, ou plus prosaïquement des recettes fiscales de la cigarette – 15 milliards d'euros encaissés par Bercy chaque année. Régulièrement, son service des douanes se félicite de la saisie de cigarettes de contrebande, qui privent l'État de recettes fiscales. Sauf que la contrefaçon ne pèse que 0,2 % du marché parallèle. L'essentiel du manque à gagner pour l'État français (3 milliards d'euros par an) relève de ventes transfrontalières. Ce sont les fumeurs du nord de la France qui vont faire leurs emplettes en Belgique, ceux du sud à Andorre, deux pays où la fiscalité du tabac est bien moins lourde. Moralité : l'État est au minimum schizophrène et au maximum menteur quand il prétend assujettir les fumeurs français.

Et pourtant, le lobby du tabac a depuis toujours persuadé les pouvoirs publics français de modifier leur angle de tir. Avec quels arguments plus ou moins frelatés ? Il existe une solution pour mettre un terme à ces trafics transfrontaliers : la traçabilité des paquets de cigarettes, dès leur sortie d'usine, à l'aide d'une petite vignette permettant de suivre leur parcours. C'est une recommandation de l'Organisation mondiale de la santé (l'OMS, dépendant de l'ONU). Ce traçage permettrait de pointer le rôle des multinationales du tabac dans l'alimentation massive des pays à faible fiscalité, puis de les contraindre à limiter leurs livraisons à Andorre à la seule consommation locale. Mais la Commission européenne, paraissant prendre un malin plaisir à justifier sa désastreuse réputation de foire aux lobbys, tentera d'associer l'industrie du tabac à cette traçabilité, via un système initialement mis au point par Philip Morris, leader mondial du secteur. Quand l'OMS prônait un organisme indépendant, au motif qu'on ne confie pas au renard la garde du poulailler. Bref, que d'arrangements avec la vérité en coulisses… Si les lobbyistes ne mentent pas ouvertement – professionnalisme oblige –, les pouvoirs publics, acceptent trop volontiers de gober leurs demi-vérités ou semi-mensonges. Le cardiologue Olivier Milleron a dénoncé, dans une tribune publiée par *Libération*, « la manipulation de nos systèmes démocratiques par une industrie cynique et toxique ».

À la porte des monuments

En matière environnementale, le lobbying est tout aussi féroce, le rapport avec la vérité tout aussi singulier. Lors du premier quinquennat d'Emmanuel Macron, le porte-parole de son gouvernement, Benjamin Griveaux, répétait en boucle dans les médias : « Nous avons voté la fin de l'exploitation des hydrocarbures dès le début du mandat » présidentiel. Il était ici question de gisements sur sol français, pas des exploitations pétrolières ou gazières du groupe Total à travers le monde. Cette phrase était factuellement fausse. Elle jouait sur les ambiguïtés de la loi de Nicolas Hulot, alors ministre de l'Environnement, partiellement vidée de sa substance par le lobby du carbone, comme le résumera l'association Les Amis de la Terre : « C'est une loi passoire qui ne prévoit qu'une seule chose, ne plus octroyer de nouveaux permis d'exploration. Par contre, tous les permis d'exploitation qui existaient déjà peuvent être prolongés jusqu'en 2040 et même au-delà. » En termes de « fin », on aura vu mieux.

Signe des temps et du réchauffement climatique, les problématiques environnementales sont désormais l'un des principaux domaines d'intervention du lobbying. Jusqu'à la caricature, comme le relève l'association Anticor : « Certaines situations sont parfois comiques, avec des parlementaires de bords opposés défendant le même amendement, avec la même faute d'orthographe, comme cela s'est produit sur l'épandage de pesticides par drones. Les sujets ultra-complexes sont propices à ce travail prémâché par les lobbys. »

Selon la Haute Autorité pour la transparence de la vie politique (HATVP), chargée de la tenue et du contrôle d'un « répertoire des représentants d'intérêts » auprès du gouvernement et du Parlement, les matières économiques et écologiques concentrent à elles seules le tiers de l'industrie du lobbying, devant la santé et l'agriculture, la culture ou les droits des femmes arrivant en dernier. Tous les prétextes sont bons : la crise sanitaire liée au Covid fut ainsi l'occasion pour l'industrie chimique de plaider le report de l'interdiction des sacs en plastique, sous prétexte qu'ils seraient plus hygiéniques que le papier, et limiteraient donc la propagation du virus. La manœuvre aura finalement échoué, mais qui ne tente rien n'a rien…

Autre signe des temps, les lobbys n'hésitent plus à frapper à la porte des deux monuments de l'État de droit : le Conseil d'État et le Conseil constitutionnel. Le premier admet désormais des « contributions extérieures » avant de statuer sur un litige. C'est ainsi que l'Union française des industries pétrolières (UFIP) a pu faire valoir son point de vue sur une loi de Nicolas Hulot, ministre de l'Environnement lors du premier quinquennat d'Emmanuel Macron, au sommet de la chaîne judiciaire. Le second, quant à lui, admet désormais ce qu'il qualifie pudiquement de « portes étroites », mais qui n'est rien d'autre que la permission accordée aux lobbys de fournir une contribution écrite avant toute grande décision. La technicité des sujets abordés favorise cet entrisme au plus haut niveau, les lobbys ayant les moyens financiers de rémunérer d'éminents spécialistes avides d'arrondir leurs fins de mois pour mieux convaincre les pouvoirs publics. Dans l'affaire du Roundup, herbicide commercialisé par le géant américain de la chimie Monsanto, *Le Monde* a démontré que la firme avait elle-même rédigé l'étude tentant de nier sa dangerosité, avant de la faire signer par un scientifique extérieur, réputé neutre.

« Est-ce bien utile de savoir qui a réservé un restaurant ? »

Au sein de l'Union européenne, cette vaste foire aux lobbys, leurs dépenses annuelles dépassent le milliard d'euros (3 milliards aux États-Unis, mère patrie du lobbying). Total, une des toutes premières entreprises françaises, aura ainsi dépensé en 2018 à elle seule 1,5 million d'euros en lobbying en vue d'influencer les pouvoirs publics à propos de la fiscalité des biocarburants à base de la très controversée huile de palme, que le pétrolier raffine dans son usine de la Mède (Bouches-du-Rhône). En 2013, British American Tobacco (BAT, l'un des leaders du secteur) fut pointé du doigt pour avoir invité 53 parlementaires au restaurant Chez Françoise, à deux pas de l'Assemblée nationale. Pour contrer la polémique, BAT se contenta d'une réponse technique : « Le coût par participant à ce déjeuner a été de 104 euros, inférieur au seuil de 150 euros à partir duquel un député est tenu par le code de déontologie de l'Assemblée d'en faire la déclaration. »

La loi Sapin II sur la transparence de la vie politique, adoptée en décembre 2016, consacrait un gros chapitre prometteur sur le lobbying : « Les citoyens sauront qui est intervenu et à quel niveau auprès des décideurs publics pour améliorer, corriger ou modifier une réforme, et avec quels arguments. » On croirait relire Jean-Jacques Rousseau, pour qui « rien n'est plus dangereux que l'influence des intérêts privés dans la sphère publique ». Las : quatre mois plus tard, à la veille de l'élection présidentielle, c'était la soupe à la grimace. Le décret d'application signé Michel Sapin vidait sa propre loi d'une partie de sa substance. La HATVP publia dans la foulée un rapport tout empreint de rancœur : « Exigences extrêmement réduites », « volonté du législateur affaiblie », « restriction excessive du dispositif » initial, « faiblesse du contenu des informations à dévoiler »…

Les lobbyistes inscrits au « répertoire des représentants d'intérêts » devaient simplement dévoiler « le type d'action » menée auprès des décideurs et « la catégorie de responsables publics » ciblés. Sans plus de précision. Le citoyen restera dans l'ignorance des invitations à Roland-Garros ou au Stade de France, la seule case à cocher étant très généralement intitulée « invitation à des événements, rencontres ou activités promotionnelles ». De l'art de légiférer pour rien ?

« Trop d'information nuit à l'information », avait proclamé le rapporteur du texte, le socialiste Sébastien Denaja : « Est-ce bien utile de savoir qui a réservé un restaurant ou que sais-je encore ? » Quatre ans plus tard, son homologue du Modem, Sylvain Waserman, faisant le bilan de la loi Sapin II, proclamera dans la même veine : « La recherche de l'"empreinte normative absolue" est un mythe qu'il faut déconstruire. » Dans cette histoire dans l'histoire, le lobby des lobbyistes aura été particulièrement efficace.

Il transformera l'essai avec la loi sur le secret des affaires, le microcosme du business convainquant les parlementaires de lui en donner la plus large des définitions : il vise désormais « toute information » qui serait « peu accessible » au commun des mortels, ayant une « valeur commerciale ». Et peu importe que cette valeur soit « effective ou potentielle ». Une loi scélérate, contre laquelle se sont insurgés en vain les médias et les ONG. Emmanuel Macron avait une première fois tenté de la faire adopter alors qu'il était ministre de l'Économie sous la présidence de François Hollande, avant de renoncer devant la bronca. Une directive européenne plus tard, il la fera finalement voter en 2018, une fois élu à l'Élysée, via une proposition de loi déposée par un député de sa majorité. Lors du débat parlementaire, seul François Ruffin, député LFI, osera mettre les pieds dans le plat : « L'idée vient de la Trade Secrets and Innovation Coalition », un lobby haut de gamme regroupant les principales firmes américaines (Dupont de Nemours, General Electric…) mais aussi celles de chez nous (Air Liquide, Michelin…). Manœuvre parfaitement orchestrée puis réussie.

Renaud Lecadre

Bibliographie

John Stauber, Sheldon Rampton, *L'industrie du mensonge : lobbying, communication, publicité et médias*, préface de Roger Lenglet, Agone, 2012.

L'obstruction d'accès aux archives du ministère des Armées : les tabous du chimique et de la guerre d'Algérie

En France, l'approche de l'ouverture générale des fonds d'archives des périodes historiques traumatiques provoque souvent des tensions administratives et politiques. En 1994, l'historienne Sonia Combe faisait un triste constat du processus de rétention des archives relatives à la Seconde Guerre mondiale et aux périodes précédentes dont celles de l'affaire Dreyfus. En dénonçant la manie bien française du secret et de l'appropriation de la mémoire de la Nation, elle posait la question fondamentale du fonctionnement démocratique des institutions, du respect du droit des archives et des conditions de l'écriture de l'histoire contemporaine en France.

Vingt-neuf ans plus tard, l'ouverture pourtant progressive des archives de la guerre d'Algérie (1954-1962) pose les mêmes problèmes. Au-delà du traumatisme que fut ce conflit pour la société française dans son ensemble, expliquant les réticences à en évoquer les événements les plus sensibles, l'obstruction de l'accès aux archives s'inscrit dans un mouvement général de réduction des libertés publiques au sein des démocraties occidentales en ce début de XXIe siècle. « Confrontés à des menaces nouvelles (des attentats terroristes, des troubles dans les banlieues, ou encore des épidémies, pour s'en tenir à quelques exemples), les États ont une dangereuse tendance à y répondre par des mesures de circonstance attentatoires aux libertés, mais spectaculaires, c'est-à-dire donnant à l'opinion publique l'impression d'une riposte adaptée – les suites du 11 septembre 2001, aux États-Unis et dans beaucoup d'autres pays se réclamant du libéralisme, l'illustrent jusqu'à la caricature». De telles mesures grignotent insidieusement les libertés et affaiblissent la vigilance des citoyens, «quand elles ne sont pas accueillies par eux avec soulagement», analyse fort justement Patrick Wachsmann, cité par Olivier Beaud. Depuis les attentats terroristes de 2015, la France placée sous état d'urgence – autre «héritage» de la guerre d'Algérie – a adopté deux lois le 30 octobre 2017 et le 30 juillet 2021 renforçant la sécurité intérieure et la lutte contre le terrorisme (loi SILT) puis de prévention des actes terroristes (PACTE)[1]. Ce contexte provoque de nouvelles obstructions d'accès aux archives de la Nation. Après l'apparition d'une nouvelle catégorie d'archives incommunicables dans la loi de 2008[2] pourtant libérale, puis l'adoption le 30 novembre 2011 par le Secrétariat général de la défense et de la sécurité nationale (SGDSN) d'une nouvelle instruction générale interministérielle 1300 sur le secret-défense très contraignante, s'ouvre une période de crise majeure. Entre 2019 et 2021, face à la fermeture des fonds contemporains du Service historique de la Défense (SHD), s'engage une véritable «bataille des archives» menée par des collectifs de chercheurs, d'archivistes et des associations. Gagnée à la faveur d'une décision du Conseil d'État le 2 juillet 2021, elle provoque l'adoption de mesures nouvelles contraignantes dans le cadre de la loi PACTE.

Le régime de l'accès aux archives

Le régime de l'accès aux archives est régi par la loi du 3 janvier 1979[3], une loi d'esprit libéral qui a favorisé l'accès aux documents historiques.

1. La loi n° 2021-998 du 30 juillet 2021 relative à la prévention d'actes de terrorisme (PACTE).
2. La loi n° 2008-696 du 15 juillet 2008 relative aux archives.
3. La loi n° 79-18 du 3 janvier 1979 sur les archives.

Ces dispositions sont modifiées par la loi du 15 juillet 2008, considérée comme favorable à la communicabilité, puisqu'elle pose en principe la libre communication des archives publiques (article L. 213-1 du code du patrimoine). Des exceptions sont prévues pour allonger le seuil de libre communicabilité des documents (art. L. 213-2), en fonction de leur nature (de vingt-cinq à cent ans). Fait nouveau, le code du patrimoine crée une nouvelle catégorie d'archives incommunicables : « Ne peuvent être consultées les archives publiques dont la communication est susceptible d'entraîner la diffusion d'informations permettant de concevoir, fabriquer, utiliser ou localiser des armes nucléaires, biologiques, chimiques ou toutes autres armes ayant des effets directs ou indirects de destruction d'un niveau analogue » (article L. 213-2, II). Les archives sensibles n'entrant pas dans ce cadre sont « communicables de plein droit [...] à l'expiration d'un délai de [...] [3°] cinquante ans à compter de la date du document ou du document le plus récent inclus dans le dossier, pour les documents dont la communication porte atteinte au secret de la défense nationale, aux intérêts fondamentaux de l'État dans la conduite de la politique extérieure, à la sûreté de l'État, à la sécurité publique, à la sécurité des personnes ou à la protection de la vie privée, à l'exception des documents mentionnés aux 4° et 5° ». C'est une avancée importante. Pour Olivier Beaud : « Les juristes insistent à juste titre sur l'expression "de plein droit" ajoutée par la loi du 15 juillet 2008 (modifiant la loi de 1979). Cette dernière expression signifie que l'Administration ne peut ajouter d'autres conditions, pas plus qu'elle ne pourrait intercaler une procédure entre la demande de l'usager et la satisfaction à apporter à sa demande. En d'autres termes, l'ajout exprès de cette disposition témoigne de la volonté de la loi de faire prévaloir la liberté d'accès en coupant court à toute intervention abusive de l'Administration. » Échaudé par le précédent de l'affaire Papon contre Jean-Luc Einaudi[1], marqué par le regroupement des

1. Deux archivistes avaient apporté une contribution importante à l'établissement des faits démontrant la responsabilité du préfet de Paris dans la répression de la manifestation du 17 octobre 1961.

services d'archives – auparavant sous la direction des états-majors des différentes armées – sous la tutelle du SHD rattaché aux services du Premier ministre, inquiet de l'ouverture prochaine des archives de la guerre d'Algérie, le ministère des Armées cherche à reprendre la main sur la communicabilité de ses fonds.

La bataille des archives

Le 30 novembre 2011, le SGDSN adopte une instruction générale interministérielle 1300 sur le secret-défense, imposant une déclassification formelle des documents avant leur communication[1]. Les contrevenants s'exposent à de lourdes sanctions juridiques. Ces dispositions ne sont pas appliquées partout de manière homogène. Les archivistes du SHD estiment que la loi de 2008 s'impose à ces dispositions réglementaires. Entre 2012 et 2019, de nombreux fonds sont communiqués librement. Avec l'élection d'Emmanuel Macron à la présidence de la République en mai 2017, la question algérienne revient sur le devant de la scène médiatique. Après des propos controversés pendant la campagne électorale sur la nature de la colonisation, le président une fois en exercice reconnaît le rôle de la France dans la torture et l'assassinat du mathématicien Maurice Audin en 1957[2]. En septembre 2018, l'association de soutien à l'armée française publie sous la plume du général Bruno Dary une lettre exprimant les fortes réticences des associations patriotiques face à cette annonce présidentielle. Une ouverture générale des fonds sur la guerre d'Algérie est pourtant envisagée au mois de juin 2019. Le décret est en attente de signature. Cette dynamique se brise durant l'automne. Le 2 décembre 2019, un décret est publié invoquant la protection du secret-défense pour prescrire une application nouvelle et plus res-

1. Arrêté du 30 novembre 2011 portant approbation de l'instruction générale interministérielle n° 1300 sur la protection du secret de la défense nationale, JORF n° 0279 du 2 décembre 2011.
2. Il rend visite à la famille Audin le 13 septembre 2018.

trictive de l'IGI 1300 retardant les recherches et les consultations d'archives. Dans le même temps, un officier-chercheur travaillant sur la guerre d'Algérie est perquisitionné à son domicile et sur son lieu de travail pour une suspicion de compromission du secret-défense. Cette bataille des archives dure dix-huit mois. Le 2 juillet 2021, après deux recours, le Conseil d'État juge cette instruction illégale et l'annule. Le ministère des Armées utilise alors un cavalier législatif pour créer une nouvelle catégorie d'archives ayant un délai de communication à discrétion de l'administration versante.

Des archives sans délai de communication

La loi n° 2021-998 du 30 juillet 2021 relative à la prévention d'actes de terrorisme et au renseignement comporte un article 25 qui modifie le code du patrimoine s'agissant de l'accès aux archives. Elle permet l'articulation des dispositions du code du patrimoine et du code pénal en matière d'accès aux archives classifiées. Désormais, tout document classifié est automatiquement déclassifié dès lors qu'il devient librement communicable de plein droit en application de l'article L. 213-2 du code du patrimoine, c'est-à-dire au terme d'un délai de cinquante ans s'agissant de la plupart des documents qui « portent atteinte au secret de la défense nationale », ou de cent ans s'agissant des documents « dont la communication est de nature à porter atteinte à des personnes impliquées dans des activités de renseignement ». Cette déclassification automatique s'applique également dès cinquante ans aux documents soumis auparavant au délai de communicabilité de soixante-quinze ans (documents relatifs aux affaires portées devant les juridictions, ou aux enquêtes menées par les services de la police judiciaire).

Le ministère des Armées renforce la protection de certaines catégories de documents d'archives, classifiés ou non, relevant du champ de la souveraineté nationale, de la défense ou de la sécurité nationale, dont la sensibilité subsiste malgré l'écoulement du temps. Le délai de communicabilité de ces documents et les mesures de classification dont ils peuvent faire l'objet peuvent être prolongés à l'issue d'un délai de cinquante ans. Apparaît ainsi une nouvelle catégorie d'archives ayant un délai de communication à discrétion de l'administration versante. Les catégories de documents sont au nombre de quatre : des archives relatives aux infrastructures présentant une très grande sensibilité ; des documents techniques qui « sont relatifs à la conception technique et aux procédures d'emploi des matériels de guerre et matériels assimilés mentionnés au second alinéa de l'article L. 2335-2 du code de la défense, désignés par un arrêté du ministre de la défense révisé chaque année » ; des documents qui révèlent « des procédures opérationnelles et des capacités techniques de services de renseignement », dont le délai de communicabilité est prolongé, le cas échéant, jusqu'à la date de la perte de leur « valeur opérationnelle » ; des documents qui sont relatifs à l'organisation, à « la mise en œuvre et à la protection des moyens de la dissuasion nucléaire ». Pour identifier ces documents, les services procèdent à un inventaire général des fonds avant communication. La loi maintient accessibles des documents non classifiés (ou ayant fait l'objet d'une déclassification formelle), qui, librement communicables ou ouverts par arrêté de dérogation générale avant l'entrée en vigueur de la loi, relèvent de ces nouvelles catégories. Quels sont les effets pour la recherche ?

Des recherches impossibles ?

L'accès aux archives permettant de documenter l'usage des armes chimiques en Algérie entre 1954 et 1962 fait ainsi l'objet d'obstructions légales. Les archives des sections de grottes, les comptes rendus d'opérations, les techniques et procédures de combat, le matériel utilisé et les vecteurs de diffusion des armes chimiques ne sont pas accessibles à la consultation, soit du fait de l'article L. 2013-2 II sur les archives incommunicables, soit à cause des nouvelles restrictions sur les procédures opérationnelles et sur le matériel. Cet arsenal permet bien de dissimuler les sujets sensibles. La déclassification « de plein droit » a vécu et l'administration du ministère des Armées a repris la main sur la communication de ses archives. Cela rend l'ouverture des archives les plus sensibles sur la guerre d'Algérie bien hypothétique et cela au détriment des droits fondamentaux des citoyens à avoir accès à leur propre histoire. Cette bataille-là n'en est sans doute qu'à ses débuts.

Christophe Lafaye

Bibliographie

Olivier Beaud, *Le savoir en danger. Menaces sur la liberté académique*, PUF, 2021 ; en particulier le chapitre 8, « Les historiens au cœur du conflit sur les archives : liberté de recherche contre secret-défense ».

Sonia Combe, *Archives interdites. Les peurs françaises face à l'histoire contemporaine*, Albin Michel, 1994.

Catherine Teitgen-Colly, Gilles Manceron, Pierre Mansat, *Les disparus de la guerre d'Algérie, suivi de La bataille des archives (2018-2021)*, L'Harmattan, 2021.

Patrick Wachsmann, *Les libertés publiques*, Dalloz, 2021.

Comment « mettre au pas » les médias ?

Du point de vue des gouvernants qui souhaitent imposer leur point de vue à l'opinion, les démocraties libérales présentent un handicap certain par rapport aux régimes autoritaires : la tendance de certains journalistes à ne pas reprendre tels quels les éléments de langage qu'on leur fournit. Maîtriser l'information, en particulier à la radio et à la télévision réputées plus influentes que la presse écrite, a toujours été au cœur des préoccupations du sommet de l'État sous la Ve République.

« Où est "ma" télévision ? »

Sous de Gaulle et Pompidou, les interventions de l'Élysée sur l'audiovisuel public sont directes. Dans son essai *Le mal français*,

Alain Peyrefitte raconte son arrivée à la tête du ministère de l'Information en avril 1962 : on lui présente une batterie de boutons de sonnette, avec le mode d'emploi : « Celui-ci, c'est pour faire venir l'huissier, cet autre votre chef de cabinet, et ceux-là le directeur de la RTF, le directeur des journaux parlés et télévisés, les directeurs des programmes [...] Tous les jours, vers cinq heures, vous les appellerez pour arrêter les grandes lignes du journal du soir. Vous pourrez aussi à tout moment leur donner des instructions par le téléphone intérieur. » L'anecdote a de quoi faire rêver les communicants d'aujourd'hui, qui s'échinent à séduire et convaincre des journalistes qu'ils considèrent blasés et insolents.

La présidence Giscard fait souffler un vent de liberté sur la radio et la télévision – du moins en apparence. L'ORTF est éclaté en entreprises autonomes (Radio France, TF1, Antenne 2, FR3), ce qui laisse espérer une information pluraliste. Mais les présidents de ces sociétés sont soigneusement choisis pour leur dévouement au pouvoir en place. La censure laisse place à l'autocensure, tout aussi efficace. En octobre 1979, le présentateur du 20 heures de TF1 Roger Gicquel est ainsi placardisé pour avoir osé évoquer à l'antenne l'affaire des diamants de Bokassa[1]. En décembre 1980, arrivant à Luxembourg pour une réunion européenne, le président Giscard interpelle ses collaborateurs : « Où est "ma" télévision ? » Tout est dit.

Même à la tête des grandes radios privées, le pouvoir giscardien fait nommer des proches, soit via une société actionnaire, soit en faisant valoir le poids de la régie publicitaire Havas (alors détenue par l'État), qui représente une part majoritaire des publicités diffusées sur les antennes de RTL, Europe 1 ou RMC. L'Élysée favorise également le rachat d'Europe 1 par l'industriel de l'armement Matra, dont le patron Jean-Luc Lagardère a cette devise : « Quand on travaille pour l'État, il faut savoir s'écraser. » En 1980, le même Lagardère mettra la main sur le groupe Hachette avec le soutien du pouvoir.

---

1. Voir chapitre 1.

Ce verrouillage de l'information n'empêche pas l'arrivée au pouvoir de François Mitterrand, qui lance un nouveau mouvement de libéralisation de l'audiovisuel : légalisation des radios locales privées, création d'une Haute Autorité de l'audiovisuel, création de chaînes de télévision privées, Canal +, la Cinq et TV6. Pour autant, cela ne doit pas occulter l'éviction d'un président d'Antenne 2 jugé trop indépendant, Pierre Desgraupes, ou l'attribution de la présidence de Canal + à un proche du chef de l'État, André Rousselet. Plusieurs journalistes réputés giscardiens comme Alain Duhamel, Jean-Marie Cavada ou Étienne Mougeotte sont évincés, tandis que d'autres, familiers du « Prince », montent en grade. Des années 1980 reste la mémoire d'émissions d'actualité comme « Droit de réponse », « 7 sur 7 », « L'heure de vérité » ou encore « La marche du siècle », dans lesquelles la liberté de ton et de débat est réelle, ainsi que d'émissions en clair sur Canal + comme « Nulle part ailleurs », où les humoristes tiennent la dragée haute aux ministres.

Jacques Chirac s'est signalé dès 1987, alors qu'il était Premier ministre, en privatisant TF1 au bénéfice du groupe Bouygues, avant de faire réattribuer feu la Cinq au magnat de la presse Robert Hersant et la 6e chaîne à la Lyonnaise des Eaux : trois groupes qui ne lui étaient pas exagérément hostiles… De fait, c'est de l'audiovisuel public que viendront les flèches les plus meurtrières : on pense notamment à l'épisode de la « cassette Méry ». Jean-Claude Méry, financier occulte du RPR poursuivi dans le cadre de l'enquête sur le financement des HLM de la Ville de Paris, a enregistré avant sa mort une confession-vidéo affirmant entre autres choses avoir remis 5 millions de francs en espèces à Jacques Chirac en octobre 1986. En septembre 2000, *Le Monde* en retranscrit un verbatim de deux pleines pages et France 3 en diffuse de larges extraits dans la nouvelle émission « Pièces à conviction ». Le président qualifie au cours d'un entretien télévisé avec Élise Lucet ce témoignage d'« abracadabrantesque », et refuse d'ajouter quoi que ce soit. Il peine à comprendre que les règles du jeu ont changé.

Les nouvelles armes des « enfants de la télé »

Les présidents suivants sont des « enfants de la télé », familiers du petit écran et d'un univers de chaînes thématiques à foison. Ils évoluent dans un univers où la politique s'expose dans les émissions d'*infotainment*, où les *punchlines* et le *storytelling* supplantent les programmes politiques, et où il faut parler de sa vie privée. Depuis l'époque de Nicolas Sarkozy, les candidats à la présidence ne refusent plus de la mettre en scène de façon contrôlée, en une de *Paris Match* notamment. Mais cette instrumentalisation présente un gros inconvénient : elle lève un tabou et fait de leur vie privée un sujet journalistique légitime. Sans percevoir cette contradiction, les présidents voient rouge dès qu'il est question de leur couple ou de leur vie amoureuse. Ce sera le cas de Nicolas Sarkozy lors de l'exposition de ses déboires conjugaux avec sa femme Cécilia.

Après son premier sommet du G8 en Allemagne (juin 2007), le nouveau président Sarkozy s'entend demander lors d'une interview avec Patrick Poivre d'Arvor, alors présentateur du 20 heures de TF1, si son excitation pendant l'événement n'exprimait pas celle d'un « petit garçon en train de rentrer dans la cour des grands ». Le président ne lui pardonnera jamais cette insinuation. L'année suivante, PPDA est limogé malgré ses bonnes audiences. Il ne cessera d'attribuer cette décision à la pression présidentielle. Il est vrai que TF1 a déjà recruté en 2007 l'ex-chef de cabinet de Sarkozy, Laurent Solly, et nommé le conseiller du président Patrick Buisson à la tête de la chaîne Histoire. Pour remplacer Poivre d'Arvor, TF1 choisit Laurence Ferrari, dont plusieurs journalistes, comme Renaud Revel, affirment qu'elle a eu une liaison avec le président. Une « ex » de Sarkozy, la chroniqueuse du *Figaro* Anne Fulda, confie à Renaud Revel : « En restant dix-huit mois aux côtés de Nicolas Sarkozy, j'ai gagné un billet d'humeur dans *Le Figaro* quand d'autres, qui l'ont fréquenté deux mois, ont hérité d'un JT. » Elle oublie de préciser qu'à l'époque de son histoire avec Nicolas Sarkozy, ce dernier n'était pas encore président. Peu nous importe ici la réalité des relations entre Ferrari et Sarkozy : le simple fait de devoir pour partie sa nomination à la tête du premier JT français aux recommandations du président est en soi problématique et alimente le soupçon de partialité.

Avec l'État comme unique actionnaire, l'audiovisuel public est exposé aux fureurs présidentielles. Le 22 octobre 2007, alors en plein vol pour une visite d'État au Maroc, le président Sarkozy découvre l'annonce… par le 19/20 de France 3 que le juge d'instruction Patrick Ramaël vient d'émettre cinq mandats d'arrêt envers de hauts responsables marocains, accusés d'avoir participé sur le territoire français à l'enlèvement, la séquestration et la mort de l'opposant Mehdi Ben Barka en 1965. Lorsque l'avion présidentiel se pose, les Marocains sont furieux, d'autant qu'il leur aurait été promis quelques années auparavant qu'ils n'entendraient plus parler de cette affaire. Le dîner d'État est annulé, de même que les contrats qui devaient être signés lors de cette visite. On peut convenir que le moment de ce « scoop » n'était pas optimal pour la diplomatie française.

Les représailles vont s'abattre sur France Télévisions. À l'époque, les dirigeants de TF1 militent pour qu'il soit mis fin à la publicité sur les chaînes de l'audiovisuel public. Sans avoir informé sa ministre ni le président de France Télévisions, le président va justement annoncer lors de sa première conférence de presse, le 8 janvier 2008, qu'il souhaite faire étudier la suppression totale de la publicité sur les chaînes publiques. Il s'agit d'un cadeau en or pour TF1 – et pour M6 par la même occasion. Les chaînes privées peuvent en effet espérer récupérer une grande partie des spots publicitaires de France Télévisions. Pour l'entreprise publique, ce sont 830 millions d'euros de recettes qui pourraient disparaître. La rumeur annonce le départ prochain de son patron, Patrick de Carolis. Une commission, placée sous la direction de Jean-François Copé, est créée pour identifier les pistes de financement alternatives. Lorsqu'elle remet son rapport, le président annonce qu'il entend nommer lui-même le prochain patron de France Télévisions ! Comme au temps de l'ORTF gaulliste. Il sera contraint de reculer sur ce point.

À la même époque, Pierre Louette, le patron de l'AFP, reçoit des coups de fil multiples des lieutenants du président, qui lui reprochent de ne pas assez valoriser l'action et la parole présidentielles. Il ne peut que répondre que « l'AFP n'a pas vocation à devenir une machine à diffuser des communiqués ». L'idée est même lancée par le Premier ministre de privatiser l'AFP, ce qui déclenche une vive protestation des personnels et une pétition très suivie. Cette fois encore, l'idée sera abandonnée.

Radio France est également souvent dans le viseur de l'Élysée. En 2009, après la parution d'un livre de Pierre Péan sur Bernard Kouchner[1], le journaliste de France Inter Benoît Collombat met en ligne des rapports controversés que la société de Bernard Kouchner aurait facturés pour des sommes record à Omar Bongo et Denis Sassou Nguesso, les dirigeants gabonais et congolais. L'Élysée s'en indigne. Peu de temps après, le dirigeant de Radio France, Jean-Paul Cluzel, est limogé et remplacé par Jean-Luc Hees. Lequel confie la direction de France Inter à Philippe Val, un proche de Carla Bruni, épouse de Nicolas Sarkozy. Deux humoristes de France Inter, considérés comme trop insolents, Stéphane Guillon et Didier Porte, sont également remerciés.

Pendant la campagne présidentielle de 2012, le candidat socialiste François Hollande a pris grand soin de se démarquer des excès d'interventionnisme sarkoziens, notamment dans sa fameuse tirade « moi président », pendant le débat d'entre-deux-tours : « Moi président de la République, je n'aurai pas la prétention de nommer les directeurs des chaînes de télévision publique, je laisserai ça à des instances indépendantes. »

Pourtant, les médias ne le laissent pas indifférent. Le présentateur du 20 heures de France 2, David Pujadas, va en faire les frais.

1. *Le monde selon K*, Fayard, 2009.

La pugnacité dont a fait preuve la rédaction de France TV envers le président Sarkozy va aussi s'exercer envers le président Hollande. Une nouvelle émission, « Cellule de crise », présentée par Pujadas, réalise son premier numéro après l'attentat contre *Charlie Hebdo* de janvier 2015. L'enquête montre que les pouvoirs publics ont mis du temps à prendre la mesure de la situation, ce qui a permis aux frères Kouachi de s'enfuir. La veuve du policier chargé de la protection de Charb, le directeur du journal satirique, livre un témoignage dévastateur sur les dysfonctionnements du service de protection des personnalités (SDLP) et le dispositif policier insuffisant autour de la rédaction. Elle interpelle sèchement le ministre de l'Intérieur, Bernard Cazeneuve, qui refuse de répondre. Comprenant l'impact probable de cette émission en préparation, les services de l'État se referment, refusent les tournages et invitations de responsables policiers. On ne veut pas laisser dire que l'État a sous-estimé la menace terroriste. Après bien des hésitations de la direction, le reportage est diffusé le 3 janvier 2016. La préfecture de police de Paris est furieuse. Le ministère de l'Intérieur refuse aux équipes de « Cellule de crise » d'enquêter sur les récents attentats de novembre : une fois mais pas deux. Conséquence, faute de parole publique en contrepoint, la nouvelle enquête de « Cellule de crise » diffusée en novembre 2016 sera encore plus dévastatrice sur les dysfonctionnements constatés pendant les attentats du Bataclan.

Pujadas et son entourage font désormais l'objet de critiques publiques de la part de Michel Field, le nouveau directeur de l'information. Le fauteuil du 20 heures est clairement en balance. Mais, surprise, le 11 mai 2017 le JT de Pujadas dépasse pour la première fois celui de TF1 en audience. Son équipe pense qu'il va sauver sa tête… Qu'à cela ne tienne : le présentateur se voit signifier son éviction le 17 mai. La rédaction de France 2 est en feu. Pour calmer la colère des journalistes, Delphine Ernotte devra sacrifier son directeur de l'information quelques jours plus tard, sans revenir sur l'éviction de Pujadas.

Le secret des affaires

Lorsqu'il devient ministre de l'Économie en 2014, Emmanuel Macron dépose un projet de loi pour soutenir la croissance au sein duquel un amendement prévoit de sanctionner la publication d'informations touchant au secret des affaires par des peines de prison et de lourdes amendes. De quoi dissuader les lanceurs d'alerte et les journalistes d'investigation travaillant sur les grandes entreprises. Un collectif de journalistes et de personnalités se constitue, baptisé « Informer n'est pas un délit », et recueille 500 000 signatures de soutien. L'amendement est retiré à la fin de l'année.

Début 2015, le ministre Emmanuel Macron est mis en difficulté par Élise Lucet devant les caméras de « Cash Investigation » : est-il normal que le géant pharmaceutique Sanofi-Aventis reçoive annuellement 125 millions d'euros de crédit d'impôt de recherche, tout en préparant la fermeture de trois usines et la délocalisation vers l'étranger de 1 800 emplois, pour augmenter les dividendes aux actionnaires ? Embarrassé, il promet de faire pression pour que ce plan soit abandonné.

Avril 2016 : Bruxelles adopte une directive « Secret des affaires » (qui s'impose à tous les États de l'Union), résultat d'un vaste lobbying des milieux économiques. Sa transposition en droit français se fait en juillet 2018, par le vote d'une loi également baptisée « Secret des affaires », encore plus restrictive que la directive. Elle érige le secret en règle et la publication d'informations en exception. Est définie comme protégeable toute information non encore publique revêtant une valeur commerciale et qui fait l'objet de « mesures de protection raisonnables de la part de son détenteur pour en protéger le caractère secret ». Très vite, cette loi sert de prétexte aux agences publiques pour refuser aux associations ou aux journalistes l'accès à des documents sur des sujets de santé graves. C'est le cas dans l'affaire du Levothyrox, médicament prescrit pour les troubles de la thyroïde et dont la nouvelle formule a provoqué des effets secondaires graves, ou dans l'affaire dite des « implants mammaires », mis sur le marché sans contrôles suffisants.

La république des people

Manipuler les médias, c'est le rôle de la communicante « Mimi » Marchand. Ce personnage sulfureux mais influent (depuis la présidence de Nicolas Sarkozy) est à la fois patronne d'une agence de paparazzi, conseillère éditoriale de divers magazines à gros tirages mais aussi conseillère officieuse en communication, au service des époux Sarkozy puis du couple Macron, sans oublier quelques personnalités comme Xavier Niel. Ce dernier dit avoir présenté « Mimi » aux époux Macron qui se plaignaient d'être la cible des paparazzi. Elle se charge de les rendre « glamour » à coups d'exclusivités négociées avec *Paris Match*. Pendant la campagne de 2017, elle bénéficie d'une « exclusivité morale », selon le terme d'un conseiller, pour tout ce qui touche à la presse people. Les Macron installés à l'Élysée, on la verra même poser fièrement derrière le bureau présidentiel.

Gare aux photographes qui ne sont pas missionnés par sa société, Bestimage, et tentent de photographier le couple présidentiel. Ils sont rudement interceptés par un des « gardes du corps » du président, un certain Alexandre Benalla, qui parfois se laisse emporter par son élan et leur annonce qu'il les place en garde à vue ! En septembre 2017, le sujet devient incandescent : un reportage de « Complément d'enquête » consacré à Brigitte Macron révèle que les photos de la première dame qui sortent dans la presse sont retouchées. Emmanuel Macron ne pardonne pas ce qu'il estime être un affront à son épouse. Peu après, un numéro de « Cash Investigation » s'intéresse aux pratiques antisyndicales de Xavier Niel, ce qui aggrave le cas de France Télévisions. C'est dans ce contexte qu'intervient la sortie d'Emmanuel Macron : « L'audiovisuel public français, je vais vous dire ce que je pense très profondément, est une honte. C'est une honte pour nos concitoyens, c'est une honte en termes de gouvernance, c'est une honte en ce que j'ai pu voir ces dernières semaines de l'attitude des dirigeants. »

À l'automne 2017, l'État réclame à France Télévisions une économie de 200 millions d'euros sur le quinquennat, dont 50 millions d'euros dès 2018. La directrice Delphine Ernotte obtient l'appui du ministère de la Culture pour tenter d'adoucir la peine, mais l'Élysée reste inflexible. On envisage de faire porter le gros de l'effort financier sur les magazines d'information, qui pourraient devenir mensuels au lieu d'hebdomadaires, perdant dans l'opération trois quarts de leurs effectifs. La polémique monte dans les médias, contraignant la direction à reculer. En 2020, l'émission d'investigation « Pièces à conviction » sera supprimée par le nouveau directeur de l'information, Laurent Guimier, réputé « Macron-compatible ». En raison de sa popularité et de ses succès d'audience, « Cash Investigation » et son animatrice Élise Lucet semblent intouchables.

Le secret-défense

Fin 2018, le débat fait rage sur les ventes d'armes françaises à l'Arabie saoudite et leur utilisation supposée dans la guerre meurtrière du Yémen. La ministre des Armées Florence Parly affirme qu'à sa connaissance, les armes françaises ne sont pas utilisées contre des populations civiles. Valentine Oberti, reporter de l'émission « Quotidien », présentée par Yann Barthès sur TMC, se procure un rapport de la DRM (Direction du renseignement militaire) adressé à la tête de l'exécutif, qui établissait en avril de la même année que les matériels français sont bien utilisés par les armées saoudienne et émiratie contre des civils au Yémen. Fidèle aux pratiques de sa rédaction, Valentine Oberti se déplace sur un Salon que doit visiter la ministre et l'interpelle en lui montrant le document. L'entourage de la ministre tente de le lui prendre des mains. Le jour même, les responsables de l'émission sont menacés par le service communication du ministère d'une peine pouvant aller jusqu'à cinq ans de prison, si le document n'est pas restitué immédiatement. Le producteur de l'émission finit par désavouer sa journaliste, dont le sujet ne sera pas diffusé. Il faut dire que la chaîne TMC appartient au groupe Bouygues, qui bénéficie de marchés publics en Arabie saoudite et ne peut se fâcher avec l'État français pour toutes sortes de raisons. Le 15 février 2019, Valentine Oberti est convoquée dans les locaux de la DGSI et questionnée sur ses sources. En avril, d'autres membres de son équipe sont convoqués à leur tour.

Le site d'investigation Disclose publie à ce moment des éléments du rapport. Les patrons du site, Mathias Destal et Geoffrey Livolsi, sont à leur tour convoqués par la DGSI, ainsi que Benoît Collombat de France Inter. Ils sont accusés de « compromission du secret de la Défense nationale ». Cette fois l'affaire devient publique. En mai, la journaliste du *Monde* Ariane Chemin qui avait enquêté sur l'affaire Benalla est à son tour convoquée à la DGSI. Le quotidien du soir proteste. Bis repetita : fin 2022, Benoît Collombat et Geoffrey Livolsi sont à nouveau convoqués à la DGSI et mis en cause pour des soupçons d'atteinte au secret de la Défense nationale pour une enquête titrée « Transport aérien, soupçons de trafic d'influence dans l'armée », diffusée sur France Inter.

Les accusations de compromission du secret de la Défense nationale se multiplient et touchent également l'édition. Le journaliste Alex Jordanov, auteur du livre *Les guerres de l'ombre de la DGSI* (publié en 2019 par l'éditeur du présent ouvrage) a été entendu, le 27 février 2020, par des policiers de la Brigade de répression de la délinquance contre la personne (BRDP) de Paris dans le cadre d'une enquête ouverte pour « compromission du secret-défense ». Quelques jours auparavant, le domicile de cet auteur avait été « visité » (sans effraction) et une caméra miniature placée dans le couloir menant à son appartement. La loi du 30 octobre 2017 stipule qu'un parlementaire, un magistrat, un avocat ou un journaliste ne peut être l'objet « d'une technique de recueil de renseignement », « à raison de l'exercice de son mandat ou de sa profession ». Rien ne permet de prouver qui a posé cette caméra. Notons toutefois que la loi protège le domicile des journalistes, mais pas les couloirs qui y mènent… L'affaire rebondit le 22 juin 2022 quand le domicile d'Alex Jordanov est perquisitionné et le journaliste placé en garde à vue pendant quarante-huit heures dans les sous-sols de la DGSI, dans les conditions habituellement réservées aux suspects d'actes terroristes. L'enquête déploie des moyens considérables pour identifier les témoins anonymes de son livre, au sein du service.

Nous voici à l'ère du rapport de forces permanent. L'État, autrefois patron direct de l'audiovisuel, feint aujourd'hui de respecter l'indépendance des médias. De fait, le traitement de la vie politique y est parfois sans pitié. Mais sur certains sujets névralgiques, il entend poser des limites à la liberté de la presse. Pressions économiques sur l'audiovisuel public et privé, verrouillage de la presse people, secret des affaires et secret-défense constituent aujourd'hui la panoplie du sommet de l'État pour empêcher la couverture de certains sujets, exigence élémentaire de publicité en démocratie libérale. Cet arsenal est à la disposition de tout parti extrémiste qui viendrait à accéder au pouvoir : il aura beau jeu alors de plaider la continuité.

Yvonnick Denoël

Bibliographie

Jérôme Bourdon, *Haute fidélité. Pouvoir et télévision (1935-1994)*, Seuil, 1994.
Jean-Michel Decugis, Pauline Guéna, Marc Leplongeon, *Mimi*, Grasset, 2018.
Renaud Revel, *Les amazones de la République*, First, 2013.
Jean-Baptiste Rivoire, *L'Élysée (et les oligarques) contre l'info*, Les Liens qui libèrent, 2022.

3

Petits et grands mensonges du pouvoir gaulliste

Le putsch qui n'a jamais existé

Nul n'ignore qu'il y a eu, en avril 1961, un « pronunciamiento militaire » dirigé par « un quarteron de généraux en retraite » selon les mots fameux du général de Gaulle. Mais qui sait que ce putsch en Algérie s'est doublé d'une manipulation en métropole, un faux putsch destiné à tromper l'opinion publique ?

À Paris, le pouvoir sait en mars 1961 que des militaires complotent. Les rumeurs vont bon train. L'un des militaires les plus proches du général de Gaulle, son gendre le colonel Alain de Boissieu, écrit au Premier ministre le 30 mars : « De toute part, j'entends dire que quelque chose se prépare contre le Général… jusqu'à l'attentat[1]… » Le commissaire de police et historien Jacques Delarue l'écrira plus tard : « Pendant les premiers mois de 1961 nous parvenaient des échos quotidiens des "grenouillages" clandestins des colonels [futurs putschistes] qui s'agitaient, aidés de quelques autres et d'officiers de moindre grade. Ils cherchaient avec acharnement quelques généraux prêts à prendre leur tête pour un nouveau coup de force[2]. » La préfecture de police, qui a eu vent d'une réunion secrète de cadres de l'extrême droite activiste de la capitale, procède à une vague

1. Centre d'histoire de Sciences Po, Archives d'histoire contemporaine, Fonds Michel Debré, 2DE84, courrier du colonel Alain de Boissieu à Michel Debré, 30 mars 1961.
2. Jacques Delarue, *L'OAS contre de Gaulle*, Fayard, 1981.

d'arrestations jusqu'à la mi-avril, et arrête l'un de leurs chefs le 19, deux jours avant le putsch.

Au même moment, du chaudron algérois arrive un sérieux avertissement. Le Mouvement pour la communauté (MPC), une association animée par des militants gaullistes de choc, reçoit à son tour une série d'informations concordantes. Un putsch doit avoir lieu incessamment, d'ailleurs les premiers tracts appelant l'armée au pouvoir commencent à apparaître dans Alger, prélude habituel aux mouvements militaires. Le jeudi 20 à 19 h 40, Willy-Paul Romain, chef du service de presse du ministère de l'Intérieur, reçoit dans son bureau de la Place Beauvau la visite d'un informateur digne de foi qui l'informe qu'un coup de force « sera tenté à Alger par les généraux Challe, Salan, Zeller et Jouhaud. Et ce sera pour ce soir, demain ou probablement samedi 22[1] ». L'informateur donne la liste des soutiens civils dont les officiers rebelles pourront bénéficier à Paris. Le lendemain, dans les services de sécurité, on passe en état de vigilance et on téléphone sans arrêt vers l'Algérie. Ainsi, la nouvelle du putsch atteint le gouvernement cinq bonnes heures avant le moment officiellement retenu par l'histoire.

À Alger, les conjurés vont réveiller la ville par un fort déploiement militaire. À partir de 1 h 45 du matin, les téléphones chauffent entre Paris, Alger, les ministères et les préfectures. Et tout cela fonctionne parce que les parachutistes ont oublié de couper les lignes téléphoniques. Pendant plusieurs heures, au cours de la nuit, Paris sera en liaison avec Alger et saura donc minute par minute ce qui s'y passe.

Peu après 6 heures, le communiqué suivant est publié : « L'indiscipline de certains chefs et de certaines troupes a abouti ce matin à Alger à placer les pouvoirs civils et militaires dans l'impossibilité d'exercer leur commandement. La situation dans le reste de l'Algérie est calme. » Ce communiqué est une façon de couper l'herbe sous le pied des putschistes. C'est Paris qui annonce la nouvelle et pas les factieux d'Alger.

---

1. Yves Courrière, *Les feux du désespoir*, Fayard, 1971. Confirmé par téléphone à l'auteur par Willy-Paul Romain (2005).

Entre 6 h 30 et 8 heures, la surveillance est renforcée autour de l'Élysée et des différents ministères. Les départs d'avions ainsi que le trafic maritime de la métropole vers l'Algérie sont suspendus. Les gardiens de la paix et les inspecteurs sont mobilisés. Une opération de police a lieu dans la région parisienne. Une quarantaine d'activistes sont arrêtés. On y trouve un général, des militaires, des civils, des hauts fonctionnaires, des policiers… ce que l'on va appeler le « complot de Paris ». Cela confirme, s'il en était besoin, la connaissance qu'ont les policiers des activistes putschistes.

À 17 heures, l'état d'urgence est proclamé, et on annonce la présentation des généraux factieux devant un tribunal militaire, dès leur arrestation. À Paris, le préfet Papon est l'homme de la situation, avec la pleine confiance du gouvernement, et en province, les mesures de sécurité suffisent.

Le 23 avril est la journée la plus importante du putsch. Journée décisive qui voit l'arrivée de Salan à Alger, l'irruption des pieds-noirs jusque-là absents, le délitement progressif du putsch lui-même et bien sûr le célèbre discours du général de Gaulle sur le « quarteron de généraux en retraite ». Sans compter, naturellement, le non moins célèbre appel aux Parisiens de Michel Debré (« à pied ou en voiture ») suivi de l'invraisemblable nuit des « volontaires ».

Sur les Grands Boulevards, de Montparnasse au Quartier latin, aux Champs-Élysées, rue de Vaugirard, à l'Hôtel de Ville, dans les faubourgs, la vie soudain s'arrête. On n'entend plus, d'écho en écho, que la voix du Général. « Un pouvoir insurrectionnel s'est établi en Algérie sous la forme d'un pronunciamiento militaire… » « Ce pouvoir a une apparence : un quarteron de généraux en retraite… » Deux millions de téléviseurs sont scrutés par 10 millions d'éphémères téléspectateurs, attentifs et confiants dans l'autorité du chef.

« Je m'affirme en la légitimité française et républicaine qui m'a été conférée par la nation, que je maintiendrai quoi qu'il arrive, jusqu'au terme de mon mandat ou jusqu'à ce que viennent à me manquer soit les forces soit la vie, et que je prendrai les moyens de faire en sorte qu'elle demeure après moi.» La nation se sent mobilisée aux derniers mots du Général, l'appel pathétique de l'homme du 18 Juin : «Françaises, Français, aidez-moi!»

Le Premier ministre Michel Debré prend la parole à 23 h 45 : «Des renseignements nombreux, précis et concordants permettent au gouvernement de penser que les auteurs du coup d'État d'Alger envisagent à très brève échéance une action de surprise et de force sur la métropole, et en particulier sur la région parisienne. Des avions sont prêts à lancer ou à déposer des parachutistes sur divers aérodromes afin de préparer une prise du pouvoir.» La volonté de dramatiser est évidente.

Sauf que ce que dit Debré est faux. Les renseignements qui permettent de penser à un coup de force en métropole ne sont ni nombreux ni concordants. En fait, il n'y a pas le moindre indice d'une telle action, excepté un message capté de la radio putschiste d'Alger qui indique que «les cousins de province arriveront le lendemain matin à 5 heures en tenue légère», ce qui est un peu court pour lancer la population métropolitaine sur les routes. Il n'y a pas davantage d'indices sur des avions qui doivent venir d'Algérie.

«Je tiens à dire aux Français, et notamment aux habitants de la région parisienne, que le gouvernement a pris des mesures pour s'opposer à cette entreprise. Des ordres ont été donnés aux unités de repousser par tous les moyens, je dis bien par tous les moyens, cette folle tentative.»

Là encore, c'est inexact. Les militaires sont pour la plupart tranquilles. Dans la nuit, des vérifications de toutes sortes mettent en évidence l'absence de dispositif de défense de la capitale et des aéroports.

«Le gouvernement est certain que la population tout entière, qui fait confiance au général de Gaulle, non seulement réprouvera de tout son cœur cette aventure, mais aidera de toutes ses forces à la défense de la nation. [...] Dès que les sirènes retentiront, allez-y, à pied ou en voiture, convaincre ces soldats trompés de leur lourde erreur. Il faut que le bon sens vienne de l'âme populaire et que chacun se sente une part de la nation[1]. »

Depuis plusieurs heures, le général chef d'état-major explique pourtant que les putschistes n'ont pas les moyens de transport pour venir en métropole. Pour Constantin Melnik, le conseiller à la sécurité de Debré, « chiffres à l'appui, le général adjoint du chef d'état-major général [...] avait tranquillement démontré que les putschistes ne disposaient pas [...] de l'aviation de transport nécessaire [...] Quand, m'en remettant comme toujours aux techniciens, me fondant de surcroît sur les informations du SDECE, je développai la même argumentation, je ne fus pas plus écouté »[2].

Pourquoi un tel discours ? Michel Debré répondra à cette question, bien plus tard dans ses Mémoires: «Reste à émouvoir l'opinion. C'est une tâche indispensable. [...] Pendant les deux jours du 22 et du 23, il fallait faire la preuve d'une réaction si forte dans l'opinion que les chefs de l'insurrection en soient découragés[3]. »

Alors même que Debré fait son discours, le PCF lance un appel : « Pour écraser les factieux, la classe ouvrière, tout le peuple de France doivent avant tout compter sur leurs propres forces. » Le parti mobilise ses troupes.

Les gaullistes les plus motivés se sont précipités au ministère de l'Intérieur dès la fin du discours télévisé du général de Gaulle. Vers 22 heures, huit camions de CRS de Moselle arrivent de la porte de Pantin vers l'Hôtel de Ville. On va apprendre que 12 chars, 4 automitrailleuses, 2 jeeps et 2 camions ont quitté Rambouillet et se dirigent vers Paris par le pont de Saint-Cloud. C'est peu, mais l'annonce de leur arrivée tient la presse en haleine, laquelle ne pense pas à la faiblesse du dispositif visible.

La radio et la télé émettent toute la nuit. RMC (Radio Monte-Carlo), qui est la seule radio reçue directement en Algérie,

1. « L'appel du Premier ministre à la population », *Le Monde*, 25 avril 1961.
2. Constantin Melnik, interview avec l'auteur (1991).
3. Michel Debré, *Gouverner. Mémoires*, t. 3. *1958-1962*, Albin Michel, 1988.

réquisitionnée par le ministre de l'Information Louis Terrenoire, diffuse tous les quarts d'heure les discours de De Gaulle et Debré. L'Algérie sait que Paris bouge. C'est aussi cela l'action psychologique.

La Place Beauvau se remplit de volontaires. Les quelques gendarmes et CRS disponibles sont répartis autour de l'Élysée et dans les rues voisines. Trois compagnies de CRS sont disposées entre le Grand et le Petit-Palais pour barrer la route du pont Alexandre III... Vers une heure du matin, les blindés arrivent à grand renfort de grincements de chenilles et défilent devant la foule exaltée. Et surtout devant les caméras de la télévision qui vont retransmettre non-stop la défense héroïque de Paris. De Gaulle en uniforme et les blindés dans Paris, c'est la libération de Paris qui recommence !

Vers 5 h 30 les « milieux bien informés » font le point pour les journalistes : « Le péril n'est plus immédiat. À 20 heures, hier soir, les parachutistes étaient prêts sur les aérodromes. Des consignes, sous forme de messages personnels, étaient diffusées par radio à des complices des mutins à Mont-de-Marsan. Tout semblait imminent pour un coup de force. » La mobilisation populaire, qui aura duré officiellement jusqu'à 5 heures du matin avec des développements le lendemain, aura donc été entièrement de la poudre aux yeux.

En tout état de cause, douze blindés sans armes et quelques milliers de volontaires que l'on a tout aussi soigneusement évité d'armer, une section de commandos de marine et quelques centaines de policiers ne font pas vraiment le poids en cas d'investissement du quadrilatère « sacré » où se trouve la plus haute autorité de l'État. Lors de l'arrivée au pouvoir du général de Gaulle en 1958, Maurice Papon, nouveau préfet de police a mis en place un énorme dispositif. Cette nuit de 1961, le même Papon met en place un dispositif ridicule, essentiellement à visée médiatique. La comparaison entre les deux est édifiante : personne ne croit à un débarquement de parachutistes à Paris. Comment ne pas s'étonner aussi de l'absence totale de précautions prises autour des aérodromes de la région parisienne, ainsi qu'ont pu le constater les manifestants venus de toutes les banlieues souvent à l'appel du PCF[1] ?

Des manifestations populaires monstres sont organisées par l'opposition de gauche au premier rang de laquelle on trouve le parti communiste et la CGT qui organise une grève générale qui paralyse le pays. Sans compter des piquets armés dans les usines parfois avec la complicité des préfectures et du patronat. La mobilisation est totale… chez les civils !

À Alger, le putsch a rapidement échoué, en tout cas dans sa forme opérationnelle. Au total il mobilise 10 000 hommes, soit un peu moins de 3 % des effectifs de l'armée d'Algérie. Ces chiffres sont dérisoires. À la fin de la première journée, les chefs du putsch n'ont quasiment plus aucun atout en main… et Paris le sait.

Georges de Boissieu, l'aide camp du général Challe qui commande le putsch, se trouve être le cousin germain d'Alain de Boissieu, gendre du général de Gaulle. Et ils sont en liaison téléphonique presque constante. Alors que Georges de Boissieu arrive par avion dans la soirée du 25 pour apporter la reddition des putschistes, son avion est détourné, il est arrêté et mis au secret. Peu après, l'Élysée fait diffuser le communiqué suivant : « L'ex-général Maurice Challe a rendu compte au gouvernement du fait qu'il se tient à la disposition de la justice. »

Il n'y a donc plus de putsch, pourtant entre Paris et Alger, c'est désormais la guerre des mots plus que celle des actes. Une information de l'AFP tombe : « Les parachutistes ont tenté, ce matin, un coup de force contre la base de Mers el-Kébir et ont été repoussés, apprend-on de source autorisée. Un croiseur léger qui se trouvait au large de Mers el-Kébir a tiré des coups de semonce sur les détachements de parachutistes qui se sont présentés aux abords de la base. Les parachutistes se sont retirés peu après. Selon d'autres informations non confirmées

---

1. Réunion extraordinaire du comité central du PCF, enregistrement du 27/4/1961, Archives du Parti communiste français (APCF) : 4AV11/315, Jacques Duclos, 26 avril 1961. APCF : 2 NUM 4/12, Archives de direction, Réunions du secrétariat, 1959-1962.

officiellement, des soldats et des marins de la base auraient égalemant résisté aux parachutistes. »

À la une de *France-Soir* en date du mercredi 26 avril, ce surtitre : « La marine repousse les paras à Mers el-Kébir », et sur cinq colonnes : « Debré (à l'Assemblée nationale) : le sang peut être versé demain ». À l'intérieur, l'affrontement de Mers el-Kébir occupe une page entière. Toute la presse reproduit cette information, la France applaudit le sursaut loyaliste, réaction évidente au discours du général de Gaulle. D'ailleurs, c'est sûr, c'est une conséquence de la révolte des appelés du contingent, estime l'opinion publique.

Un peu plus tard, on apprendra qu'il n'y a pas eu de coups de canon. Mais quelle importance ? Et on oubliera le bidonnage. Mais d'où vient-il ? De l'Élysée ! En l'occurrence du capitaine de frégate Jean Brasseur-Kermadec, de l'état-major particulier du général de Gaulle[1]. La « source autorisée », Brasseur-Kermadec, n'a eu qu'à glisser l'information à la presse et notamment dans l'oreille grande ouverte du très gaulliste Pierre Lazareff, patron de *France-Soir* et de « Cinq colonnes à la une » pour que la fausse nouvelle devienne vraie.

À Matignon, peut-on ignorer la nature de l'information ? Michel Debré, à la tribune de l'Assemblée nationale, la reprend à son compte le 25 : « La marine a tiré pour ralentir l'entrée des troupes insurgées dans Mers el-Kébir. Un peu partout, il en sera de même, en Algérie comme en métropole, si les auteurs du coup d'État veulent poursuivre leurs ambitions. » L'essentiel est de rendre les putschistes de plus en plus dangereux à mesure qu'ils deviennent de plus en plus inoffensifs.

À 21 heures, à Alger, les putschistes font connaître par la radio à la population la démobilisation « de tous les soldats ayant effectué plus de dix-huit mois de service militaire, de ramener ainsi la durée du service militaire à dix-huit mois... Nous décidons la mobilisation de huit classes de jeunes Algériens, la reconstitution des unités territoriales ».

1. François Flohic, *Souvenirs d'outre-Gaulle*, Plon, 1979.

Comme si rien ne s'était passé, les fonctionnaires reprennent leur travail. À minuit quinze, le ministère de l'Information annonce la fin du putsch.

Le final de la communication sur le putsch a lieu le 26, à 20 heures, sur les antennes de la RTF. Le Premier ministre déclare pour ceux qui n'auraient pas saisi les enjeux de cette affaire : « Vous savez tous, Français qui m'écoutez, que ce succès est dû au général de Gaulle, à la confiance que le peuple lui apporte. Le général de Gaulle représente la légitimité de l'État : cela, chacun d'entre vous l'a compris. »

Le général de Gaulle avait annoncé dans son discours de la veille : « Devant le malheur qui plane sur la patrie et la menace qui pèse sur la République, ayant pris l'avis officiel du Conseil constitutionnel, du Premier ministre, du président du Sénat, du président de l'Assemblée nationale, j'ai décidé de mettre en œuvre l'article 16[1] de notre Constitution. À partir d'aujourd'hui, je prendrai, au besoin directement, les mesures qui me paraîtront exigées par les circonstances. Par là même, je m'affirme, en la légitimité française et républicaine que la nation m'a conférée, que je maintiendrai, quoi qu'il arrive, jusqu'au terme de mon mandat ou jusqu'à ce que viennent à me manquer soit les forces soit la vie, et que je prendrai les moyens de faire en sorte qu'elle demeure après moi. »

En 1960 déjà, le général de Gaulle avait souhaité utiliser l'article 16 dans l'affaire des barricades alors même que les événements d'Alger ne le nécessitaient pas[2]. Dès le début du putsch, il sollicite le Conseil constitutionnel au vu de la gravité de la situation. La seule question qui se pose est la suivante : les institutions vont-elles être empêchées de fonctionner ? Le Conseil en doute au point que son

1. Lorsque les institutions de la République, l'indépendance de la nation, l'intégrité de son territoire ou l'exécution de ses engagements internationaux sont menacées d'une manière grave et immédiate et que le fonctionnement régulier des pouvoirs publics constitutionnels est interrompu, le président de la République prend les mesures exigées par ces circonstances, après consultation officielle du Premier ministre, des présidents des assemblées ainsi que du Conseil constitutionnel.
2. Léon Noël, *De Gaulle et les débuts de la Ve République*, Plon, 1976.

président Léon Noël apporte un accord de principe conditionné précisément à la réponse à cette question : oui à l'article 16, mais seulement si cela est absolument nécessaire.

L'annonce officielle de la promulgation de l'article 16 est faite lors du discours télévisé du général de Gaulle, le 23 avril à 20 heures. Mais il y pense depuis le début du putsch et consulte dès la fin de la matinée du premier jour. Or il faut que la nation et le Conseil constitutionnel soient convaincus du bien-fondé de l'usage de cet article 16.

Ici, on ne peut qu'extrapoler, mais la fausse nuit du débarquement des parachutistes fournit précisément la raison légitime. Que serait-il arrivé s'il ne s'était rien passé ? D'une part, le putsch serait resté cantonné à l'Algérie et donc, par nature, les institutions de la République n'auraient été en rien menacées. Cela aurait été le même cas de figure que lors des Barricades : une fois de plus, impossible à appliquer. D'autre part, les Français, dans ces conditions, auraient-ils accepté – même en cas d'avis négatif du Conseil constitutionnel, avis purement consultatif – si le Général l'avait promulgué quand même et donc apparemment sans raison valable ? Surtout, quelle aurait été la réaction de la classe politique, et notamment de la gauche communiste et non communiste ?

La fin du putsch est aussi importante que son déclenchement. Selon le témoignage de Jacques Foccart, il est évident qu'au milieu de l'après-midi du 25 on sait à Paris que les carottes sont cuites à Alger. Mais, en même temps, ce même jour, à 15 h 30, Jacques Chaban-Delmas, à la tribune de l'Assemblée nationale, et Gaston Monnerville, à celle du Sénat, lisent le message du même général de Gaulle qui promulgue l'article 16 !

Michel Debré dans ses Mémoires donne un indice supplémentaire : « Le 25, [...] la fin de la tentative du coup de force est en vue. Un bref message du Général lu par Chaban-Delmas, puis une déclaration que je fais au Parlement se déroulent dans une atmosphère grave. C'est peu après mon retour à Matignon qu'un coup de téléphone m'apprend la reddition de Challe[1]. » Soit, si l'on comprend bien, en fin d'après-midi, à 17 ou 18 heures au plus, puisqu'il est difficile d'imaginer que Debré soit resté à l'Assemblée nationale beaucoup plus longtemps qu'après son discours.

Au plus tard vers 17 heures, l'appareil d'État est au courant. À 20 heures, pourtant, Terrenoire donne lecture à la radio et la télévision des directives du général de Gaulle, que tout le monde sait déjà inutiles… sauf la population. Le recours à l'article 16 est inutile, en tout cas peu légitime, et il n'a plus aucune utilité après le 26 avril. Il ne sera levé… qu'en septembre, soit cinq mois après la fin du putsch. Michel Debré justifie dans ses Mémoires son usage prolongé :

« L'application de l'article 16 est justifiée par la nécessité de mesures exceptionnelles. C'est en même temps la réplique personnelle du Général : il était visé par le coup de force et il est la sauvegarde du régime. Mais c'est la première fois que le président de la République s'apprête à prendre seul des décisions. Quel peut être dans ce cas le rôle du gouvernement et du Premier ministre ? De lui-même, le Général considère que rien ne peut être entrepris sans le Premier ministre qui doit être consulté[2]. »

L'article 16 a-t-il au moins servi contre des factieux ? Oui, si l'on s'en tient aux mesures effectives prises dans ce cadre. De fin avril à fin septembre, on en comptera seize. Elles ont trait à l'état d'urgence, aux sanctions disciplinaires à l'encontre des fonctionnaires civils ou des militaires, à la garde à vue des inculpés, aux affectations de magistrats, à quelques modifications de la procédure pénale et à la création d'un haut tribunal militaire.

En fait, l'après-putsch, en France métropolitaine, est surtout caractérisé par une gigantesque agitation sociale, notamment dans la fonction publique, dont les syndicats ont été dopés par la réussite exceptionnelle de la mobilisation et de la grève générale du 24 avril. Également, des jacqueries paysannes quasi insurrectionnelles

1. Michel Debré, *Gouverner. Mémoires*, t. 3. *1958-1962*, *op. cit.*
2. *Ibid.*

paralysent une partie du pays. Michel Debré, menacé par des milliers d'agriculteurs en colère, a lui-même des difficultés à voyager en province.

De Gaulle refusera longtemps de revenir aux conditions normales malgré les conseils de ses proches, comme en témoigne Bernard Tricot : « Bien qu'il eût cessé de prendre des décisions nouvelles en application de l'article 16, le président de la République fit la sourde oreille pendant plusieurs mois. Nous tentions de lui montrer que ce qui ne doit être qu'un ultime recours s'affaiblit à se prolonger, en même temps qu'il trahit une insuffisance durable de l'État. Ce fut longtemps en vain[1]. »

Enfin, le 29 septembre, le Général met fin à ce régime exceptionnel d'usage de l'article 16 de la Constitution et, symboliquement, en ouvrant la voie à l'élection au suffrage universel, clôt des années de complots, de conciliabules, de manœuvres et de manipulations pour s'installer au pouvoir et s'y maintenir.

Au-delà des faits, à quoi sert réellement l'article 16 dans la pensée gaulliste ? Une réponse intéressante vient des archives de Michel Debré. Le 1er juin 1961, le Premier ministre écrit au président de la République. Une longue note suivie de dix-huit pages d'annexes[2].

Il commence par une question et un constat :

« Après trois ans, comment procéder aux réformes, notamment dans deux directions : une rénovation administrative ; une action politique.

« Il faut d'abord le pouvoir.

« Un assez grand nombre de ces mesures peuvent être prises par la voie réglementaire normale, c'est-à-dire par des décrets – mais les plus importantes d'entre elles exigent des pouvoirs spéciaux : par conséquent, faute de délégation législative, l'emploi de l'article 16. »

---

1. Bernard Tricot, *Les sentiers de la paix. Algérie 1958-1962*, Plon, 1972.
2. Centre d'histoire de Sciences Po, Archives d'histoire contemporaine, Fonds Michel Debré, 2DE74, note de Michel Debré à Charles de Gaulle, 1er juin 1961.

Lucide, il reconnaît que « prendre au cours des semaines à venir une série de mesures en se fondant sur l'article 16, c'est provoquer des réclamations et créer peut-être un certain malaise. Vous pouvez passer outre à un avis défavorable du Conseil constitutionnel, mais il est assez difficile de laisser se multiplier les avis défavorables ». En bon manœuvrier, il préconise une méthode :

« Je me demande si l'on ne pourrait pas procéder comme cela a été fait en 1958 où les pleins pouvoirs ont été essentiellement employés, en une fois, par la grande ordonnance de 1958.

« Grouper en un "train" la plupart des dispositions qui exigent l'usage de l'article 16 permet de mieux les présenter comme essentielles à la réorganisation des pouvoirs publics.

« C'est pourquoi, je serais partisan de préparer toutes les réformes dont le principe serait retenu et de publier en même temps celles qui exigent le recours aux pouvoirs spéciaux qui sont les vôtres et ceux que le gouvernement peut prendre lui-même. »

Le train de mesures proposé par Debré ne sera pas adopté.

Sans faire, naturellement, abstraction de la solution à la guerre d'Algérie, dont les Français ont à juste titre crédité le Général, la légende gaullienne a été magnifiée par l'épisode du putsch et par son traitement.

Inventer un coup d'État sur Paris afin d'utiliser l'article 16 et, par son emploi prolongé, installer et légitimer la Ve République, c'était à la fois un mensonge et un coup de génie politique.

Pierre Abramovici

Bibliographie

Pierre Abramovici, *Le putsch des généraux. De Gaulle contre l'armée (1958-1961)*, Fayard, 2011.
Michel Debré, *Gouverner. Mémoires*, t. 3. *1958-1962*, Albin Michel, 1988.
Constantin Melnik, *1000 jours à Matignon. De Gaulle, les services secrets et l'Algérie*, Grasset, 1988 ; rééd. Nouveau Monde poche, 2010.
Christophe Nick, *Résurrection*, Fayard, 1994.
Maurice Vaïsse, *Alger, le putsch*, éditions Complexe, 1983.

Le SAC : mensonges d'État sur une « police parallèle »

Créé fin 1959, le Service d'action civique (SAC) fut le service d'ordre gaulliste des années 1960 et 1970[1]. Comptant plusieurs milliers d'adhérents, il assurait la protection des meetings et campagnes d'affichage du parti du Général puis de ses héritiers à une époque où la tension politique restait forte. Le mouvement obéissait à son parrain politique, Jacques Foccart, l'influent conseiller de De Gaulle puis de Georges Pompidou. L'organisation bénéficiait donc du soutien du pouvoir gaulliste qui fermait les yeux sur les dérives de ces gros bras (violences contre la gauche, exactions crapuleuses). Parmi les accusations dont ce service d'ordre (dissous en août 1982 par le gouvernement socialiste après la tuerie d'Auriol) faisait l'objet figure en bonne place celle d'avoir constitué une « police parallèle ». À en croire la presse d'opposition comme les partis de gauche et les syndicats de police hostiles au pouvoir, le SAC aurait infiltré les services policiers pour s'assurer de leur fidélité au régime et enterré des affaires gênantes. Le SAC se serait aussi livré à un travail clandestin de renseignement et de répression politique avec l'appui discret des autorités policières. Qu'en est-il réellement ? Si les ministres de l'Intérieur et les responsables policiers de l'époque sont restés dans le déni ou dans l'omission, et s'il convient de faire la part des exagérations militantes autour de ce sujet très fantasmé, le rapport de la commission d'enquête parlementaire de 1982 (et notamment des témoignages consultables à partir de 2013) permet d'affirmer que le SAC, en plus d'être un service d'ordre classique, a bien constitué partiellement une police parallèle.

« Il n'y a pas en France de police parallèle »

Depuis la guerre d'Algérie, où l'extrême droite avait cru identifier des membres du service d'ordre gaulliste derrière les commandos

1. François Audigier, *Histoire du SAC. La part d'ombre du gaullisme*, Stock, 2003 et *Histoire du SAC. Les gaullistes de choc, 1958-1969*, Perrin, 2021.

anti-OAS, jusqu'à l'affaire Ben Barka de l'automne 1965 où la gauche reparla du SAC en pensant que Jacques Foccart était impliqué dans la disparition de l'opposant marocain, le thème des polices barbouzardes a défrayé la chronique. À chaque fois, les responsables gouvernementaux niaient l'existence de polices parallèles, jouant de l'ironie pour accentuer la dénégation. Interpellé début 1966 à l'Assemblée, le ministre de l'Intérieur Roger Frey déclara : « J'affirme solennellement une fois pour toutes qu'il n'y a pas en France de police parallèle et qu'il faut que cessent ces calomnies odieuses, ces racontars déshonorants et ces histoires de barbouzes qui n'ont même plus le mérite d'être drôles, il faut que le pays sache qu'il n'y a en France que les forces régulières de la sûreté nationale, de la préfecture de police et de la gendarmerie nationale[1]. » Pas de mélange des genres comme insista plus tard, devant la commission d'enquête sur le SAC, l'ancien ministre de l'Intérieur Raymond Marcellin. « J'étais totalement opposé à ce que des policiers puissent appartenir au SAC. J'ai même dit à la tribune de l'Assemblée nationale : il est parfaitement inadmissible qu'un policier puisse faire partie d'un service d'ordre quel qu'il soit, et même à tous les chefs de la police de l'époque j'ai dit : si quelqu'un appartenant à vos services appartient aussi à un service d'ordre, ordonnez-lui de choisir[2]. » Pour le ministre, un policier ne devait militer dans aucune organisation politique, ce n'était pas « convenable » (Raymond Marcellin aurait même pu qualifier la situation d'incestueuse puisque l'organisation politique était en l'occurrence un service d'ordre, ce qui rendait le mélange des genres particulièrement choquant). Si le SAC ne fut pas impliqué en tant que tel dans les commandos anti-OAS puis dans les réseaux barbouzards de l'affaire Ben Barka, le mouvement a bien pénétré les forces de l'ordre et s'est bien livré à de l'espionnage politique dans les années 1960-1970.

---

1. Journal officiel des débats publics, Assemblée nationale, 6 mai 1966, p. 1137-1140 et p. 1142-1147.
2. *Rapport de la commission d'enquête sur les activités du Service d'action civique*, éditions Alain Moreau, 1982, t. 2, témoignage de Raymond Marcellin, p. 955.

Pénétration de la police

S'agissant des policiers au sein du SAC dans la période considérée, le rapport d'enquête suggère que 10 à 15 % des adhérents relevaient des forces de l'ordre, avec des variations importantes (entre un dixième des adhérents en Lorraine ou dans le Rhône à un tiers dans les Bouches-du-Rhône à la fin des années 1970). Une proportion sous-estimée car de nombreux policiers s'inscrivaient comme « fonctionnaires ». Les « années 1968 » furent favorables à la pénétration dans la police à la faveur du climat de lutte antisubversive contre la « chienlit ». L'exemple venait d'en haut. Plusieurs policiers siégèrent durant les années 1960 à la direction du service d'ordre. Son président, Paul Comiti, et son vice-président, Henri Djouder, pour être gorilles du Général, n'en restaient pas moins commissaires. D'autres membres du bureau appartenaient à la police comme Charles Mattei et Georges Seigneuret (responsable de la région parisienne dès 1967). C'était le cas de permanents tels Raoul Vincent (sécurité du siège) ou Claude Michenaud (fichier et administration). Georges Seigneuret, Claude Michenaud et Raoul Vincent restaient des fonctionnaires détachés et rémunérés par la Place Beauvau, ce qui supposait de l'État la reconnaissance du SAC comme organisation d'utilité publique... Des délégués départementaux et régionaux étaient policiers, comme Christian Campet à Bordeaux. Commissaire divisionnaire puis contrôleur général des services actifs de la police, il anima localement la campagne de Jacques Chaban-Delmas en 1974 et fut remplacé à sa mort par un autre policier, Roger Cabot, chef de la sécurité générale à la direction départementale des polices urbaines.

La plupart des policiers du SAC étaient des petits gradés et des gardiens de la paix. Toutes les forces de l'ordre étaient concernées. Les CRS comptaient beaucoup d'encartés selon le rapport d'enquête, entre le tiers (Bouches-du-Rhône) et le quart (Aube) des effectifs en 1980-1981. Le phénomène touchait aussi la DST selon le responsable syndicaliste de la FASP (syndicat policier marqué à gauche)

Jean Chaunac, qui évoquait dans le contre-espionnage une névrose de « l'ennemi intérieur » remontant au combat anticommuniste de l'après-guerre. Le SAC disposait de relais au sein des RG, tant à la direction centrale à Paris (Jean Malpel de la section des affaires politiques particulières) que dans les antennes départementales (Jean Pouzol dans les Yvelines). À partir de la guerre d'Algérie, le SAC avait pénétré les RG de la préfecture de police de Paris (PP) et précisément la deuxième section de la sous-direction de l'information chargée de l'étude des milieux politiques. Un de ses responsables, Jean Caille, fut présenté par la presse d'opposition comme le prototype du commissaire encarté. Même si l'intéressé nia son appartenance au SAC, l'ancien sous-directeur des RG à la PP, Jean Loupias, suggéra que « Petit Jean » court-circuitait les enquêtes sur les dérives du SAC. S'agissant de Philippe Massoni, chef de groupe de la direction des RG enquêtant sur les activités révolutionnaires de 1968 à 1976, il fut présenté comme l'homme de la liaison entre préfecture de police et SAC par le député communiste Louis Odru qui s'appuyait sur les enquêtes du journaliste James Sarazin, spécialiste du monde policier. Lors de son audition devant la commission, Philippe Massoni réfuta cette appartenance mais il est probable qu'il ait entretenu dans le cadre professionnel des relations privilégiées avec le service d'ordre.

Faute de disposer des registres du mouvement, établir l'appartenance d'un policier au SAC s'avère délicat à moins que la situation soit attestée lors d'un procès (commissaire lyonnais Charles Javilliey). Parfois, le doute n'est pas permis, à l'image du commissaire marseillais Raymond Mielot dont le cas fut rapporté devant la commission d'enquête par Guy Denis, ancien directeur du service régional de police judiciaire de Marseille entre 1965 et 1970. Selon lui, Raymond Mielot et son adjoint Lucien Galliani avaient tenté de le mettre en contact avec Gérard Kappé, chef du SAC marseillais[1]. Si certains

1. Archives de l'Assemblée nationale (AAN), Rapport de la commission d'enquête (RCE), 26 P 33, témoignage de Guy Denis, 8 mars 1982.

policiers suspectés n'avaient pas formellement adhéré, ils avaient gravité comme sympathisants, rendant quelques services.

Comment expliquer cette présence policière au sein du SAC? Comme l'indiquait la présence de fonctionnaires détachés, l'Intérieur favorisait cette situation qui ne prenait pas une dimension clandestine. Même si la présence d'agents de la force publique dans un service d'ordre militant peut surprendre, elle s'expliquait par le caractère quasi officiel du SAC dans les années 1959-1974. L'organisation, parrainée par Jacques Foccart, secrétaire général à la présidence de la République (et chargé en juin 1958 des relations avec la Direction générale de la Sûreté nationale), avait depuis la rentrée 1968 comme président d'honneur l'ancien Premier ministre Georges Pompidou. Sa proximité avec le régime expliquait le silence complice ou résigné des responsables qui acceptaient la mobilisation militante de policiers lors de campagnes d'affichage, voire interceptaient en amont les enquêtes sur des violences électorales impliquant des policiers encartés ayant parfois utilisé un matériel professionnel (matraques, talkies-walkies). Si les syndicalistes policiers (Bernard Deleplace et Gérard Monate, proches des socialistes) évoquaient les avantages matériels obtenus par les policiers concernés (avancements, congés, mutations), le phénomène procédait aussi d'autres motifs. L'institution policière et le service d'ordre partageaient la même culture d'autorité et les mêmes convictions anticommunistes renforcées par la guerre froide et les guerres coloniales. Selon le syndicaliste policier Jean Chaunac, les recrutements politiquement orientés de la guerre d'Algérie puis des années post-68 avaient facilité l'entrée de militants dans la police parisienne. « En 1973, on a créé le corps des enquêteurs, ce qui a permis d'intégrer 300 inspecteurs contractuels recrutés en 1968 pour lutter contre les menées subversives et gauchistes. Un grand nombre d'entre eux appartenaient au SAC[1]. » Les ministres gaullistes de l'Intérieur ont favorisé la promotion d'éléments qui leur

1. *Rapport de la commission d'enquête sur les activités du Service d'action civique*, *op. cit.*, t. 2, témoignage de Jean Chaunac, p. 846.

étaient politiquement favorables et s'y employèrent d'autant mieux que certains responsables de la Place Beauvau étaient amis de Jacques Foccart. Le journaliste du *Nouvel Observateur* Georges Chaffard citait l'exemple de Lucien Vochel[1]. Cet ancien résistant, passé par la préfectorale sous la IVe République, devint conseiller technique du ministre de l'Intérieur Roger Frey en décembre 1962 puis retrouva en avril 1967 la Place Beauvau comme directeur adjoint du cabinet du ministre Christian Fouchet. La pénétration de la police s'intensifia après Mai 68 et en réaction à cette crise. Ainsi, selon Bernard Deleplace, après les barricades, beaucoup de policiers encartés rejoignirent des brigades spéciales, comme celle des motocyclistes de Paris. « Il y eut vraiment à ce moment-là un grand recrutement, une très grande réorganisation. On sentait bien que dans chaque commissariat, il y avait deux ou trois types qui étaient en train de réorganiser, de tenir un discours tout à fait particulier, qui faisaient un important recrutement. C'est à ce moment-là que les "amis des commissariats" eurent plus encore qu'avant porte ouverte [...] On les retrouvait avec des ports d'armes, on savait après que c'était des gens qui servaient de liaison entre les chefs de la police et le SAC. On les voyait également ensuite dans des voitures avec matériel radio dans les manifestations et autre. »

Reste à déterminer si cette appartenance militante se limitait à une simple préférence politique ou si ces policiers du SAC ont fait profiter le service d'ordre d'informations confidentielles ou de techniques de maintien de l'ordre acquises dans leur métier. En quoi la présence de policiers au SAC présentait un intérêt pour le service d'ordre ? Plusieurs avantages : détourner vers le SAC des notes des RG, mener en toute discrétion des enquêtes officieuses sur la gauche *via* des filatures et le fichage de responsables de partis et de syndicats, monter des coups tordus (provocation, manipulation), obtenir la complaisance des forces de l'ordre en cas de dérapages, s'assurer la fidélité politique

1. *Le Nouvel Observateur*, 27 octobre 1969.

de la police lors d'une crise majeure et disposer de groupes rompus au maintien de l'ordre en cas de défaillance des services officiels. Lors des municipales de 1971, Pierre Waterloos, ancien secrétaire général du Syndicat national autonome des policiers en civil, tenta de porter plainte après que des policiers en civil membres du SAC eurent blessé des militants communistes lors d'une soirée d'affichage aux Andelys, dans l'Eure, pour le compte du candidat René Tomasini, secrétaire général UDR. Il se heurta au refus du commissariat puis du parquet[1].

La commission, à partir d'archives policières, démontra l'existence dans les années 1960 d'un partenariat informel entre le SAC et des antennes départementales des RG en matière de renseignement politique. Ce que le journaliste du *Canard enchaîné* Claude Angeli appelait un « compagnonnage pour l'information et le renseignement entre le SAC et la police[2] ». En septembre-octobre 1965, puis décembre 1966-janvier 1967, Henri Boucoiran, directeur des RG à l'Intérieur, recommanda des responsables SAC à ses chefs de services départementaux. Le policier, joint par téléphone, devait « faciliter la mission » de son interlocuteur du SAC, lui offrir « le meilleur accueil » et « lui faire bénéficier de sa connaissance des milieux politiques et sociaux du département ». La note précisait que ces échanges devaient « être traités avec discrétion dans un climat de confiance réciproque »[3]. Parmi ceux qui profitèrent de ces « accréditations », selon la formule du courrier, figuraient René Tiné (secrétaire général SAC), Jacques Lenain (vice-président) et des responsables locaux comme Jacques Calès, Claude Danesini, Jacques Nolle et Jean-François Guerner. Ces collaborations RG/SAC intervinrent chaque fois dans un contexte de précampagne : présidentielle de 1965, législatives de 1967. L'insistance avec laquelle Henri Boucoiran rappelait les consignes de

1. *Rapport de la commission d'enquête sur les activités du Service d'action civique*, *op. cit.*, t. 1, p. 155.
2. AAN, RCE, 26 P 48, témoignage de Claude Angéli, 31 mars 1982.
3. *Rapport de la commission d'enquête sur les activités du Service d'action civique*, *op. cit.*, t. 1, p. 412-419.

discrétion découlait de leur nature illégale. Si les RG entretiennent des relations avec les organisations politiques et syndicales, ils ne sont pas supposés mettre les services de l'État à la disposition de formations partisanes. Des documents de 1972 attestent une nouvelle collaboration entre la direction des RG et le SAC pour aider Pierre Debizet (responsable national du SAC après 1968) à écarter des éléments douteux au sein du service.

Mai 68

Cette collaboration allait-elle jusqu'à une répression combinée des adversaires politiques en période de crise ? À l'occasion, le SAC intervint aux côtés des forces de l'ordre, parfois en appui des CRS et gendarmes mobiles, plus souvent en recherche de renseignements. Le SAC organisa en mai 1968 des groupes d'action. À partir du 7 mai, selon le témoignage d'un ancien du SAC, Roger Abens[1], ces équipes prirent à revers des barricades du Quartier latin, rue Vaugirard puis boulevard Montparnasse. Les militants intervinrent contre les comités d'action lycéens (CAL) dans les lycées Balzac et Mallarmé. Dans la nuit du 10 au 11 mai, ils épaulèrent les CRS sur le boulevard Saint-Michel et la place Edmond-Rostand. Longtemps niée, cette collaboration fut confirmée par l'ancien responsable du SAC Charles Pasqua dans un numéro de 1998 de la revue de l'UNI, *Conflits actuels*. « C'est dans la nuit du 10 au 11 mai qu'a lieu le choc le plus dur entre gauchistes et forces de l'ordre qui reçoivent l'instruction de reconquérir les rues à partir de 2 heures du matin. Il faudra cinq heures pour réduire une émeute à laquelle nous assistons la rage au cœur puis en soutenant activement les policiers et les gendarmes. Nos militants se tiennent également prêts à défendre l'Élysée car le service de protection du Général, en dehors des hommes placés sous l'autorité

1. Roger Abens, *La nuit du pouvoir ou le 24 mai manqué*, Nouvelles éditions Debresse, 1968, p. 63-68.

de Comiti, nous apparaît peu sûr[1]. » Les gros bras s'approchaient des barricades le visage masqué et en criant des slogans gauchistes. Persuadés d'avoir affaire à des manifestants, les étudiants laissaient s'approcher ces nouveaux venus qui disloquaient alors la barricade. Ces supplétifs musclés furent-ils responsables du lourd bilan de cette nuit (400 blessés) ? Cette violence ne correspondait pas aux consignes de modération du ministre Christian Fouchet et du préfet de police Maurice Grimaud. Foccart, craignant un dérapage, fit cesser ces expéditions de police parallèle au profit de gardes statiques devant des bâtiments officiels (Assemblée nationale). Fin mai toutefois, le SAC envisagea à deux reprises de reprendre *manu militari* le contrôle de l'Odéon, un plan d'intervention fut soumis à l'approbation du chef de l'État qui préféra y renoncer[2]…

François Audigier

Bibliographie

François Audigier, *Histoire du SAC, les gaullistes de choc, 1958-1969*, Perrin, 2021

Le mensonge au cœur de l'État postcolonial au Cameroun

L'histoire du Cameroun ne rentre pas dans les grilles de lecture habituelles concernant les processus de décolonisation en Afrique subsaharienne francophone. Par ses modalités de lutte, plurielles et ambivalentes, elle se niche à l'ombre de la guerre d'Indochine et de la guerre d'Algérie. Toute une architecture de faux-semblants, d'évitements, de mensonges, est devenue la matrice d'un État fraîchement

1. Charles Pasqua, « Mai 68 : souvenirs de mon combat pour la République », *Conflits actuels, revue d'étude politique*, n° 2, printemps-été 1998, p. 75-81, ici p. 78.
2. Jacques Foccart, *Journal de l'Élysée*, t. 2. *Le Général en mai*, Fayard/Jeune Afrique, 1998, p. 296.

adoubé par la France, nation tutrice. Le pouvoir gaulliste réussit à placer à la tête du pays ceux-là mêmes qui ne voulaient pas au départ de l'indépendance. Le 1er janvier 1960, le Cameroun est le premier pays subsaharien francophone à y accéder (Guinée exceptée) mais au prix d'un double mensonge. Cette amnésie organisée porte sur la toute première guerre néocoloniale française qui fit couler le sang de 1958 à 1971, années de lutte animée par l'Union des populations du Cameroun (UPC), le seul mouvement de masse en Afrique francophone à porter haut l'idée d'indépendance comme promesse d'émancipation. Cette chape de plomb mémorielle inaugura une longue période de glaciation politique.

Nous partons de l'hypothèse qu'un mensonge d'État qui perdure n'est pas la simple somme d'actes individuels ou de déclarations publiques. Il inclut aussi un ensemble de non-dits et d'impensés. Il faut comprendre pourquoi il a fait système pendant cette période charnière de la décolonisation pour se perpétuer jusqu'à nos jours. Ce laboratoire de la Françafrique fut une coproduction des élites franco-camerounaises, car dans le néocolonialisme français – compris comme la continuité des dépendances coloniales sur une base contractuelle – le mensonge se sous-traite et se négocie. L'histoire de ce mensonge est celle d'une violence originelle qui a falsifié l'acte de naissance du Cameroun, inscrivant son présent politique dans une forme d'atonie démocratique et d'immobilisme. Le Cameroun n'a eu à sa tête que deux présidents en soixante ans, tous héritiers directs de la violence.

Le 11 novembre 1946, la France, affaiblie internationalement, se devait de prolonger ses mandats sur les anciennes possessions coloniales allemandes accordés par l'ancienne Société des Nations. Le prince Alexandre Douala Manga Bell affirma mensongèrement devant la quatrième commission de l'ONU que le projet d'accord de tutelle avait été soumis à la population du Cameroun et que celle-ci lui avait donné son entière approbation[1]. Ainsi, l'Assemblée générale avalisa la tutelle de la France sur le Cameroun et le Togo. Pour Ruben Um Nyobe, le leader nationaliste, la France cherchait à « appuyer l'incorporation du Cameroun dans l'empire colonial français[2] », manquant ainsi à son engagement de le gouverner dans le respect de sa particularité juridique. Ce mensonge inaugural allait faire système. Dans le contexte de l'après-guerre, toute une politique de faux-semblants se mit en place. Avec la visite inaugurale de De Gaulle le 8 octobre 1940, le Cameroun avait pris symboliquement une importance particulière dans le dispositif gaulliste. La sauvegarde de l'Empire était sous haute surveillance onusienne et passait par un train de mesures libérales. Profondément affaiblie par la Seconde Guerre mondiale, la France se trouvait contrainte juridiquement à les appliquer. Sans y consentir. Louis-Paul Aujoulat avait insisté dans sa tribune à l'ONU sur les promesses issues de la conférence de Brazzaville en 1944 : libéralisation du régime colonial, représentation politique des autochtones et développement économique et social du territoire. Loin d'apaiser les tensions, les ouvertures institutionnelles ne firent qu'attiser le contentieux colonial : représentation politique biaisée et inégale par deux collèges, profanation des procédures électorales par la fraude, maintien des pratiques issues du code de l'indigénat (officiellement aboli en 1946) et mise en tension des sociétés locales par la subordination des chefs à l'ordre colonial.

La liberté de se syndiquer provoqua un gigantesque appel d'air. Cette déferlante associative naquit de l'exacerbation des contradictions flagrantes d'un ordre colonial fracturé et faussement libéral. Le Cameroun n'avait jamais été juridiquement une colonie, mais ce territoire sous mandat puis sous tutelle internationale était *géré comme une colonie*. La spécificité du nationalisme camerounais porté par l'UPC

1. Thomas Deltombe, Manuel Domergue, Jacob Tatsitsa, *Kamerun ! Une guerre cachée aux origines de la Françafrique*, La Découverte, 2010, p. 67.
2. Joseph-Achille Mbembe, Ruben Um Nyobe, *Écrits sous maquis*, L'Harmattan, 1989, p. 104.

dès 1948 vient en partie de ce constat. Le roi était nu. Pour le gouvernement français, il fallait l'habiller.

Le repli stratégique du Rassemblement démocratique africain (RDA) d'Houphouët Boigny en 1950 négocié par le jeune ministre de la France d'outre-mer, François Mitterrand, avait inauguré la cooptation des élites politiques africaines par la France, avec des effets mitigés au Cameroun. Le populaire leader de l'UPC et vice-président du RDA, Ruben Um Nyobe, resta jusqu'au bout sur une ligne claire et lisible par tous les segments de la société : indépendance dans un délai bref et réunification avec la partie occidentale du Cameroun administrée par la Grande-Bretagne. L'UPC portait un projet global d'éducation politique cohérent qui transcendait les barrières ethniques et visait à l'émancipation des masses. Ruben Um Nyobe parvint à surmonter tous les obstacles dressés contre lui pour obtenir la tribune onusienne. Le mercenariat diplomatique mis en place par la France consistait à envoyer à New York des personnalités camerounaises pour soutenir la feuille de route parisienne et porter la contradiction. Cependant, elles ne représentaient guère les aspirations politiques des populations du Cameroun. Face au succès de l'UPC, l'administration coloniale tenta parallèlement de créer une offre politique concurrente. Ce fut un échec. Les premiers partis administratifs (BDC, USC) étaient principalement utilisés par les autochtones pour capter les ressources administratives et les faveurs de l'ordre colonial. De plus, un certain nombre d'entre eux épousaient les idées de l'UPC… tout en le combattant.

Les missions de visite de l'ONU devenaient un enjeu crucial pour les deux parties. L'UPC œuvrait à ce qu'elles prennent réellement langue avec la population locale – qu'elle estimait acquise à ses thèses –, hors des sentiers soigneusement balisés par l'administration. Du côté de l'administration coloniale, tout un mercenariat politique fut mobilisé afin de maintenir les faux-semblants et cacher les nombreux manquements aux engagements de développement économique et humain. L'UPC infiltrait tous les sites politiques, administratifs, associatifs, culturels. Presque partout, le mot d'ordre « indépendance » agissait comme une formule puissamment évocatrice, une promesse de « guérison sociale »[1].

Cette victoire idéologique se doubla pourtant d'une cinglante défaite politique. Les émeutes de mai 1955 furent un prétexte pour mettre hors la loi l'UPC. Les premières élections au suffrage universel de décembre 1956 opérèrent le grand basculement. Pris de revers par les ambitions de certains des dirigeants de l'Union nationale qui s'opposaient avec l'UPC à la loi-cadre Defferre, les dirigeants nationalistes échouèrent à réintégrer le jeu politique légal. Le choix de la lutte armée – sans aucun moyen pour espérer déstabiliser militairement l'ordre colonial – consistait alors à attirer l'attention de la communauté internationale sur la situation au Cameroun.

Sur fond de violence contre-insurrectionnelle, les thèmes upécistes d'indépendance et de réunification furent opportunément repris par une partie du corps politique adoubée par l'administration. Mais les membres du gouvernement héritèrent des ressources administratives dédiées au pillage et à la répression. Leur captation permettait de renforcer leur position hégémonique et de contrôler le système d'allocation des prébendes. Sans l'aval de Paris, le haut-commissaire Jean Ramadier décida en février 1958 de débarquer le Premier ministre André-Marie Mbida, jugé trop sectaire, au profit d'un nordiste musulman, Ahmadou Ahidjo, plus docile, plus à même de composer avec les élites du grand sud chrétien, afin de préparer une « indépendance dans l'interdépendance » selon la formule d'Edgar Faure. Ce fut le premier acte d'ingérence de la France dans le cadre d'un premier gouvernement africain présumé autonome et souverain. Restait alors à lever l'hypothèque Ruben Um Nyobe. Il fut assassiné dans le maquis le 13 septembre 1958, provoquant un profond traumatisme. Le lendemain, l'annonce de l'indépendance fut radiodiffusée. Quelques jours plus tard, les Guinéens furent les seuls à refuser de

1. Christophe Ralite, *Les processus de politisation au Cameroun : hommes et réseaux 1944-1962*, thèse de doctorat de 3e cycle en histoire, Université de Lyon 2, 2022.

joindre la Communauté française. Dans une note adressée au général de Gaulle, le Premier ministre français Michel Debré précisait en 1959 que la chose la plus importante au Cameroun était « d'éviter une indépendance à la guinéenne »[1]. Non seulement les autorités françaises refusaient la tenue d'élections pour légitimer le gouvernement Ahidjo, mais elles lui permettaient de rester au pouvoir après l'indépendance, sans la mise en place préalable d'une Constitution. Le 5 mai 1960, seul candidat, Ahidjo fut élu premier président de la République du Cameroun par l'Assemblée avec 89 voix pour, 2 contre et 7 abstentions. Comme prévu, il fut dispensé d'une élection au suffrage universel. L'UPC faillit à faire valoir ses arguments lors d'une ultime bataille juridique devant la quatrième commission de l'ONU. Elle perdit en janvier 1960 tous ses recours légaux. Tous les regards étaient tournés vers l'Algérie ; la répression de l'UPC fut ainsi invisibilisée.

Ce déni démocratique se doubla d'une campagne militaire extrêmement violente par les troupes régulières franco-camerounaises et les milices progouvernementales. Inspiré de la doctrine de guerre contre-révolutionnaire élaborée en Algérie, l'état-major français visait principalement à asphyxier les maquis en s'attaquant aux populations civiles soupçonnées de connivence. Au cours de l'été 1960, dans le Bamiléké principalement, les villages furent incendiés, les populations civiles soumises à une politique de terreur, déplacées ou massacrées. Les documents de travail concernant la redéfinition du statut temporaire du Cameroun montrent qu'en 1958 le mot d'ordre était de ne pas alerter l'opinion publique et internationale sur les opérations militaires et la répression en cours[2]. En 1960, le mensonge devenait alors

1. Centre d'histoire de Sciences Po, Archives d'histoire contemporaine, Fonds Michel Debré, DE 29, Personnelle, Lettre de M. Debré au général de Gaulle, du 7 janvier 1960.
2. D'après un document de travail établi en 1958 par le commandement supérieur des forces armées de la zone de défense AEF-Cameroun, l'entière responsabilité des opérations et de ses dérapages incombait au seul gouvernement camerounais dans le cadre de la proclamation de l'état d'urgence, alors même que la coopération militaire s'intensifiait et que les gendarmes français avaient la possibilité de « participer à des règlements de comptes camerounais ». Centre d'Histoire et d'Études des Troupes d'Outre-Mer (CHETOM),

une arme politique pour l'état-major français, ainsi que l'exigeaient les autorités françaises : « faire porter le chapeau aux autorités camerounaises », « user et abuser du drapeau camerounais » comme le préconisait Pierre Guillaumat[1]. De 1957 à 1971, cette guerre contre-insurrectionnelle causa – au bas mot – la mort de plusieurs dizaines de milliers de Camerounais.

En France, ce conflit fut remisé dans les oubliettes de l'histoire. Mongo Beti, romancier et essayiste, figure de la dissidence intellectuelle, publia en 1972 *Main basse sur le Cameroun. Autopsie d'une décolonisation*. À l'époque, la mémoire traumatique de la guerre d'Algérie et la censure postgaullienne ne permettaient pas à cette contre-histoire d'émerger. Le pamphlet de Mongo Beti passa en son temps presque inaperçu. Il doit principalement sa publicité au fait qu'il ait été interdit en France en 1972, pour finalement, après un long combat juridique, être remis sur les étals en 1976. La transition gaullienne de l'empire à l'État-nation inscrivait la France dans un nouvel espace transnational formel (la CEE) et informel (la Françafrique). Ce qui restait de l'empire fut soldé lors des accords d'Évian en 1962, au prix d'un effacement mémoriel durable de la première guerre néocoloniale française. Le 21 mai 2009, François Fillon, en visite officielle à Yaoundé, fut interrogé sur les « scories du passé » qu'il évoquait. La réponse fut sèche et sans appel : « Je dénie absolument que des forces françaises aient participé, en quoi que ce soit, à des assassinats au Cameroun. Tout cela, c'est de la pure invention ! Et naturellement, lorsque je parlais de scories ce n'est pas à ça que je pensais[2]. »

---

cote 15H51 D4, « Négociations franco-camerounaises », art. cité, 1958, *Remarques sur les trois documents concernant un nouveau statut du Cameroun*, p. 3.

1. Voir courrier du ministre des Armées Pierre Guillaumat daté du 9 décembre, adressé au haut-commissaire. Eugène-Jean Duval, *Le sillage militaire de la France au Cameroun. 1914-1964*, L'Harmattan, 2004, p. 243.

2. « La guerre du Cameroun, François Fillon et la "pure invention" (Yaoundé, mai 2009) », *Dailymotion*, http://www.dailymotion.com/video/xjpo4l_la-guerre-du-cameroun-francois-fillon-et-la-pure-invention-yaounde-mai-2009_news, consulté le 2 janvier 2013.

De son côté, « l'État-historien »[1] camerounais entendait imposer un récit unique des événements et rejetait toute idée de construction nationale qui ait pu concurrencer son idéologie d'union nationale. En 1961, Jean Ekwabi Ewane publia un manuel scolaire intitulé *Histoire du Cameroun de la préhistoire au 1er janvier 1960*. Il fut aussitôt interdit et retiré de la vente, car « faisant trop de place à l'UPC » selon Abel Eyinga[2]. Pendant plus de trente ans, les gouvernements successifs ont frappé d'interdit l'histoire de l'UPC, créant, d'après Achille Mbembe, une insécurité épistémologique[3]. Dans le cadre de la 16e conférence des chefs d'État africains, le discours de La Baule prononcé par François Mitterrand le 20 juin 1990 organisait à nouveaux frais le soutien de la France contre un processus de démocratisation. La fin de la guerre froide marquait une nouvelle étape dans cette politique de faux-semblants. Toutefois, la loi camerounaise de réhabilitation de 1991 amorça un début de libération de la parole et de renouveau historiographique dans les Universités. Paradoxalement, la question de la mémoire nationaliste devint encore plus saillante et clivante, parce qu'elle était susceptible de remettre en cause la légitimité de l'État postcolonial, dont chacun pouvait voir qu'elle visait à offrir aux despotes africains une nouvelle légitimité à travers la mise en scène de forces factices d'opposition, tout en modernisant les manipulations électorales.

Cette pathologie de la mémoire fracture encore la société camerounaise dans son ensemble. La guerre au Cameroun est sans images[4].

1. Dans la mesure où les tenants de l'État s'attribuent le monopole du discours sur l'histoire du Cameroun. Voir l'introduction d'Achille Mbembe dans Ruben Um Nyobe, *Écrits sous maquis*, L'Harmattan, 1985.
2. Abel Eyinga, *Introduction à la politique camerounaise*, Anthropos, 1978, p. 1.
3. Achille Mbembe indique que le « pouvoir des vivants » ne tient pas sa force du « langage des morts », mais de leur silence, aucune relation positive n'étant construite avec les figures politiques disparues. Achille Mbembe, « Pouvoir des morts et langage des vivants », *Politique africaine*, n° 22, juin 1986, p. 58.
4. Philippe Niorthe, « Cameroun, images d'une histoire sans images », *Écrire l'histoire. Histoire, Littérature, Esthétique*, n° 9, 10 juin 2012, p. 97-109 : https://doi.org/10.4000/elh.250, consulté le 27 mars 2020.

Aucun musée, lieu mémoriel ne relate ces tragiques événements. À de rares exceptions près, aucune rue, aucun édifice public ne porte les noms des leaders nationalistes. En contrepoint, un chauvinisme ethnique et prophétique s'est développé. Face aux manipulations de la mémoire officielle, des contre-récits tout aussi douteux ont émergé avec la généralisation d'Internet à partir des années 2000 et tendent à accentuer les replis identitaires et victimaires[1]. À défaut d'une identité nationale partagée, chaque partie protège son identité ethnique qu'elle érige en concurrente de la nationalité camerounaise. L'insurrection dans la partie anglophone du pays en 2016 en est une émanation.

Le 8 février 1959, une foule dense se massa derrière les barrières lors de l'inauguration par des officiels camerounais et français de la statue d'Eugène Jamot près de l'hôpital central à Yaoundé[2]. Comme ont pu le noter certains témoins, le monument fut érigé sur le lieu même où la troupe fit feu sur la foule quatre ans plus tôt. La masse des Camerounais présents ce jour-là était-elle venue pour célébrer la seule mémoire du célèbre docteur ? Pour beaucoup, les victimes des émeutes de mai 1955 devaient hanter les lieux ce jour-là. De nos jours, aucune stèle ne rappelle ces événements. La statue d'Eugène Jamot est toujours là, ainsi que ses fantômes. La commission mixte d'historiens mise en place par Emmanuel Macron en février 2023 sera-t-elle en mesure de lever les faux-semblants sur ce système de cannibalisation des mémoires ?

Brice Molo et Christophe Ralite

1. Brice Molo, « Faire face à la crise identitaire : une responsabilité sociale de l'historien dans la construction nationale camerounaise », *Práticas da História. Journal on Theory, Historiography and Uses of the Past* (13), 2021, p. 117-156.
2. Guillaume Lachenal, « Célébrer le passé, construire le futur : l'indépendance et le microcosme médical au Cameroun », *in* Odile Goerg, Jean-Luc Martineau, Didier Nativel (dir.), *Les indépendances en Afrique. L'événement et ses mémoires*, Presses universitaires Rennes, 2013.

Bibliographie

Jean-François Bayart, *L'État en Afrique. La politique du ventre*, Fayard, 1989.
Mongo Beti, *Main basse sur le Cameroun. Autopsie d'une décolonisation*, Maspero, 1972.
Thomas Deltombe, Manuel Domergue, Jacob Tatsitsa, *Kamerun ! Une guerre cachée aux origines de la Françafrique*, La Découverte, 2010.
Richard A. Joseph, *Le mouvement nationaliste au Cameroun : les origines sociales de l'UPC*, Karthala, 1986.
Joseph-Achille Mbembe, *La naissance du maquis dans le sud Cameroun 1920-1960. Histoire de l'usage de la raison en colonie*, Karthala, coll. « Hommes et sociétés », 1996
Christophe Ralite, *Les processus de politisation au Cameroun : hommes et réseaux 1944-1962*, thèse de doctorat de 3e cycle en histoire, Université de Lyon 2, 2022.

Affaires ultramarines : Lenormand et Pouvana'a

Ce sont deux parlementaires français, élus à l'Assemblée nationale pour représenter des territoires lointains : Maurice Lenormand en Nouvelle-Calédonie (1913-2006) et Pouvana'a a Oopa (1895-1977) en Polynésie française. À l'aube de la Ve République, alors que la guerre fait rage en Algérie et que les territoires d'Afrique subsaharienne obtiennent leur indépendance, ces deux députés, qui s'appuient sur des forces politiques nouvelles, remettent en cause l'ordre colonial qui persiste. Ils font face à l'administration du ministère de l'Outre-Mer, attachée à ses prérogatives anciennes, mais aussi à une partie des élites locales dont la prééminence sociale et économique repose sur la persistance de cet ordre colonial, synonyme de domination et de privilèges.

Dans les années 1950, Pouvana'a a Oopa et Maurice Lenormand accèdent au pouvoir par les urnes à la suite de l'accès à la citoyenneté de l'ensemble des populations polynésiennes et kanak qui, à partir de 1946, obtiennent enfin le droit d'être représentées et d'être élues. En 1958, la Ve République naissante voit dans les revendications d'autonomie – voire d'indépendance – exprimées sur ces territoires un séparatisme insupportable qui doit être à tout prix combattu.

En Polynésie comme en Nouvelle-Calédonie commence alors une période de fortes tensions politiques et sociales au cours de laquelle l'administration, loin de faire preuve de neutralité, est partie prenante d'une entreprise de déstabilisation des exécutifs animés par Pouvana'a a Oopa et Lenormand. Les pressions administratives tout comme la diffusion de fausses nouvelles sont alors légion. Le parallèle entre les deux hommes va plus loin, car ces deux députés, le premier en 1958, le second en 1963, sont traduits en justice, dans deux affaires distinctes, condamnés et déchus de leur mandat.

Dès leur condamnation, la véracité des faits qui leur ont été reprochés a été mise en doute, nourrissant l'idée qu'il s'agirait de procès politiques dont le but principal, sinon unique, serait de les écarter durablement des affaires publiques. Revenir sur les affaires Pouvana'a et Lenormand, c'est plonger dans un ordre colonial qui refuse de mourir dans les « confettis de l'Empire »[1].

Les premières années de la vie de Pouvana'a a Oopa et de Maurice Lenormand pourraient difficilement être plus dissemblables[2]. Le premier naît sur l'île de Huahine où il reçoit une éducation avant tout religieuse avant d'exercer différents métiers manuels dans l'agriculture, le commerce ou encore la menuiserie. Bien qu'il ne soit pas citoyen français, il se porte volontaire pour combattre en France lors de la Première Guerre mondiale : il apprend à connaître la métropole, prenant conscience des injustices et des inégalités qui marquent alors sa terre natale. Aux lendemains de la Seconde Guerre mondiale, l'ensemble des Polynésiens deviennent citoyens français et sont alors invités, pour la première fois, à élire un député. Après une première tentative infructueuse, Pouvana'a est élu en 1949 et fonde le Rassemblement démocratique des populations tahitiennes (RDPT).

1. Jean-Claude Guillebaud, *Les confettis de l'Empire*, Seuil, 1976.
2. Si aucune biographie de Maurice Lenormand n'existe à ce jour, Pouvana'a a Oopa a suscité un intérêt beaucoup plus important. Voir Jean-Marc Regnault, *Pouvana'a et de Gaulle. La candeur et la grandeur*, Api Tahiti, 2016 ; Bruno Saura, Valérie Gobrait, *Pouvanaa a Oopa. Père de la culture politique tahitienne*, Au vent des îles, 1997.

À l'inverse, rien ne prédisposait Maurice Lenormand à s'établir outre-mer. Originaire de Saône-et-Loire, il découvre la Nouvelle-Calédonie en 1934 à la faveur du service militaire et sa vie bascule. Marié à une Kanak, il se passionne pour les cultures locales et travaille un temps dans l'industrie minière. Après avoir repris des études de pharmacie à Paris, il s'installe définitivement en Nouvelle-Calédonie en 1946 où il noue des liens avec les Églises protestantes et catholique de l'archipel qui sont essentielles dans la politisation des populations kanak après la Seconde Guerre mondiale. Il accumule ainsi un capital politique qui lui permet d'être élu député en 1951, lors du premier scrutin où les électrices et les électeurs mélanésiens se voient pleinement reconnaître le droit de vote. Dans la foulée, il concourt à la création de l'Union calédonienne.

Or, dans les années 1950, un vent nouveau souffle sur les possessions coloniales françaises : la loi du 23 juin 1956 – dite loi-cadre Defferre – prévoit l'instauration dans chaque territoire d'outre-mer d'une assemblée représentative qui doit, entre autres prérogatives, élire un gouvernement local dont le responsable aura le titre de vice-président (la présidence restant assurée par le haut-commissaire nommé par Paris). Si l'essentiel des débats et des observations porte sur la situation dans les différents territoires africains, au grand désappointement des gouverneurs nommés par Paris, la nouvelle loi s'applique également en Nouvelle-Calédonie et en Polynésie française dont Maurice Lenormand et Pouvana'a a Oopa deviennent respectivement les vice-présidents[1].

Dans un contexte social et politique très tendu, deux facettes de l'ordre colonial sont visées[2]. Il y a d'abord le rapport à la métropole, alors marqué par différents mécanismes de domination institutionnelle ; se joue également le maintien ou la transformation de l'ordre social profondément inégalitaire issu de la colonisation. Ces tensions

1. Aimé Grimald, *Gouverneur dans le Pacifique*, Berger-Levrault, 1990.
2. Benoît Trépied, « La décolonisation sans l'indépendance ? Sortir du colonial en Nouvelle-Calédonie (1946-1975) », *Genèses*, n° 91, 2013, p. 7-27.

sont d'autant plus fortes que les responsables de la Ve République naissante tiennent à conserver ces territoires dans le giron de la France. L'État y voit des points d'appui précieux, des preuves manifestes d'une puissance à l'échelle mondiale. Ces territoires sont d'autant plus stratégiques que la Nouvelle-Calédonie regorge de nickel et que la Polynésie a été choisie en 1962 pour abriter le nouveau centre d'expérimentation nucléaire (193 essais y sont ainsi réalisés entre 1966 et 1996)[1].

En Polynésie, le RDPT de Pouvana'a représente avant tout les populations polynésiennes rurales des îles et atolls et entend mettre en œuvre un programme fiscal qui remette en cause certains avantages acquis par les élites urbaines proches du pouvoir colonial. Cette perspective suscite en 1958 des émeutes urbaines très dures et, tout au long de l'année, la situation politique demeure très tendue. De même, en Nouvelle-Calédonie, à la faveur des cérémonies du 18 juin 1958, un comité de vigilance représentant les intérêts des élites économiques tente de renverser le gouvernement de Maurice Lenormand par un coup de force explicitement inspiré des pratiques des pieds-noirs à Alger à la même période. Dans les deux territoires, la tension se cristallise autour des prérogatives des gouvernements issus de la loi-cadre Defferre que les partisans de l'ordre colonial voudraient les plus limitées possible de crainte que cela n'ouvre la voie à l'indépendance.

Cette question est d'autant plus brûlante qu'elle est explicitement posée par le référendum de septembre 1958 à l'occasion duquel chaque territoire d'outre-mer doit se prononcer sur son rapport à la métropole. En Polynésie et en Nouvelle-Calédonie, la position des deux leaders diverge. Pouvana'a fait campagne pour le « non » qui impliquerait, s'il était majoritaire, l'indépendance. En définitive, le « oui » l'emporte mais avec un score très faible par rapport aux autres territoires comparables. À l'inverse, l'Union calédonienne de Lenormand ne prône pas l'indépendance, mais accepte un statut de

1. Sarah Mohamed-Gaillard, *L'archipel de la puissance ? La politique de la France dans le Pacifique Sud de 1946 à 1998*, Peter Lang, 2010.

territoire d'outre-mer, considérant que l'essentiel de son combat politique doit porter sur l'évolution de la société coloniale locale. Dans chacun des deux cas, l'administration coloniale, sans considération de neutralité, pèse de tout son poids pour que le « oui » l'emporte le plus largement possible.

C'est dans ce contexte de prise de position radicale que les ennuis judiciaires de Pouvana'a commencent. Au plus fort des tensions à Papeete, une perquisition est organisée à son domicile et les forces de police déclarent avoir trouvé des engins incendiaires ainsi que des armes blanches : Pouvana'a est alors accusé d'avoir fomenté une émeute avec le projet d'incendier la ville. Son immunité parlementaire est promptement levée et, à l'issue d'un rapide procès, il est condamné à une peine de prison ferme assortie d'un exil en métropole et déchu de son mandat de député[1]. Gracié, il ne revient en Polynésie qu'en 1969 et reprend ses activités politiques après avoir été élu sénateur, se mobilisant notamment contre les essais nucléaires qui se déroulent dans l'archipel des Tuamotu depuis 1966.

Pour Maurice Lenormand, la controverse s'étire sur plusieurs années[2]. Il faut sans doute y voir la marque d'une assise politique plus large de l'Union calédonienne dans laquelle se reconnaissent non seulement une large part de l'électorat kanak mais aussi les classes urbaines pauvres souvent d'origine européenne qui adhèrent au mot d'ordre de remise en cause de la position dominante des élites économiques. Par ailleurs, Lenormand, député depuis 1951, a su plus sûrement que Pouvana'a nouer des liens avec la classe politique métropolitaine. Enfin, la décision de l'Union calédonienne d'appeler à voter « oui » en 1958 ne place pas Lenormand dans une position d'antagonisme définitif à l'égard du pouvoir gaulliste.

Une affaire survient néanmoins. En 1962, plusieurs attentats à l'explosif ont lieu à quelques jours d'intervalle à Nouméa : l'un d'eux

1. Voir le documentaire de Marie-Hélène Villierme, *L'élu du peuple - Pouvanaa te metua*, Tuatau Production, 2012.
2. « Did they fall, or were they pushed? », *Pacific Islands Monthly*, vol. 35, n° 5, 1964.

vise un local de l'Union calédonienne – le propre parti de Lenormand – et marque les esprits. Trois hommes, adhérents de fraîche date du parti, sont arrêtés et passent aux aveux : l'action aurait eu pour but de susciter l'émoi et de galvaniser l'opinion autour de l'Union calédonienne. Quant à Lenormand, il est accusé de ne pas avoir dénoncé le crime avant qu'il ne soit commis alors qu'il en aurait eu connaissance. Signe que l'accusation n'apparaît pas très étayée, une première demande de levée de l'immunité parlementaire est refusée en 1962. Ce n'est qu'en avril 1963, lors du procès en appel, que la procédure va à son terme : Maurice Lenormand est condamné à un an de prison avec sursis, peine suffisante pour que le Conseil constitutionnel le déchoie de son mandat en mars 1964.

Lenormand et Pouvana'a reprennent par la suite leurs activités politiques mais leur influence personnelle ne retrouvera jamais une ampleur similaire à ce qu'elle fut avant leur condamnation. Les sentences prononcées, la déchéance des mandats proclamée et, dans le cas de Pouvana'a, la prison en métropole, la reprise en main institutionnelle peut s'accomplir. Les institutions héritées de la loi-cadre de 1956 sont rigoureusement réformées pour conforter les prérogatives du haut-commissaire, et, plus généralement, le pouvoir gaulliste refusera toute demande émanant de ces territoires visant à obtenir davantage d'autonomie.

Les choses auraient pu en rester là et les manœuvres déloyales de la part de l'État dans ces territoires d'outre-mer rester à l'état de soupçon. Lenormand ne fera aucune tentative sérieuse, de son vivant, pour obtenir sa réhabilitation. Il en va différemment pour Pouvana'a. Très vite, celui-ci demande la révision du procès, sans succès. Une requête présentée par ses descendants en 1988 aboutit au même résultat. Ce n'est que bien plus tard, en 2009, que l'assemblée territoriale de Polynésie vote à l'unanimité une motion demandant la révision du procès, illustrant un contexte mémoriel où Pouvana'a n'apparaît plus comme un leader clivant mais comme le père fondateur de culture politique polynésienne. Cette initiative amène Christiane Taubira, alors garde des Sceaux, à saisir la commission de révision des condamnations pénales qui, décision fort rare, annule la condamnation de Pouvana'a au motif que de nouveaux témoignages de gendarmes ayant participé à l'enquête prouvent que les dépositions avaient été à l'époque fabriquées ou extorquées sous la contrainte[1].

À l'orée de la Vᵉ République, la reprise en main impériale s'est donc conclue par des preuves fabriquées qui constituent une déclinaison spécifique du mensonge d'État. Au nom du maintien d'une tutelle héritée de la période coloniale, les pouvoirs publics de l'époque se sont attachés à saper les revendications autonomistes voire indépendantistes en écartant des élus de la République. Par la suite, ce n'est que très imparfaitement et très progressivement que la situation coloniale évoluera en Nouvelle-Calédonie et en Polynésie française.

Alexis Vrignon

Bibliographie

Éric Conte (dir.), *Une Histoire de Tahiti des origines à nos jours*, Au vent des îles, 2019.

Sarah Mohamed-Gaillard, *L'Archipel de la puissance ? La politique de la France dans le Pacifique Sud de 1946 à 1998*, Peter Lang, 2010.

Jean-Marc Regnault, *Pouvana'a et de Gaulle : La candeur et la grandeur*, Api Tahiti, 2016.

Bruno Saura, *Histoire et mémoire des temps coloniaux en Polynésie française*, Aux vents des îles, 2017.

Benoît Trépied, « La décolonisation sans l'indépendance ? Sortir du colonial en Nouvelle-Calédonie (1946-1975) », *Genèses*, vol. 91, nº 2, 2013, pp. 7-27.

1. Sandrine Zientara-Logeay, « La réhabilitation de Pouvanaa Tetuaapua dit a Oopa », in *Les Cahiers de la Justice*, 2019/2, p. 323-336.

Mars/mai 1967 en Guadeloupe : massacre d'État dans un département d'outre-mer

Bien connus en Guadeloupe, mais ignorés dans l'Hexagone, les événements de Basse-Terre et Pointe-à-Pitre du printemps 1967 constituent l'un des exemples les plus sanglants de répression de manifestations-émeutes sous la Ve République. Au seuil de l'année 1967, cette ancienne colonie, devenue département d'outre-mer (DOM) en 1946, qu'un responsable métropolitain avait décrite peu de temps avant comme « l'homme malade des DOM », est un véritable chaudron. Le cyclone Inès, l'un des plus violents de l'histoire des Antilles, vient de dévaster l'archipel, mettant en lumière les insuffisances de la départementalisation, initiée vingt ans plus tôt. Sur place, le processus de reconstruction, sous l'autorité du préfet, fait beaucoup de mécontents. Les opposants au régime gaulliste s'insurgent contre l'attribution clientéliste des subventions et dénoncent des fraudes massives, couvertes par le préfet, lors des élections législatives de mars 1967. Galvanisés par les luttes anticoloniales dans les pays du tiers-monde, les partisans de l'indépendance nationale, encore inexistants dix ans auparavant, rencontrent une audience croissante au sein d'une partie de la jeunesse, en rupture avec la culture politique assimilationniste des Antilles. Dans ce climat conflictuel éclatent, au printemps 1967, une série de manifestations et d'émeutes qui seront écrasées dans le sang. Pendant près d'un demi-siècle, les silences et les mensonges d'État, autour de ce que les autorités métropolitaines ont longtemps pudiquement dénommé les « événements de 1967 en Guadeloupe », ont ainsi laissé libre cours, sur place, aux rumeurs, spéculations et instrumentalisations en tous genres, concernant notamment le nombre de victimes, dans une fourchette allant de 87 à 200 morts. La nomination en 2014 d'une commission indépendante de chercheurs par le ministère des Outre-mer, sous l'autorité de l'historien Benjamin Stora, a néanmoins commencé à lever le voile sur cet épisode tragique.

Reconstituer le « film des événements »

Tout commence le matin du 20 mars 1967 à Basse-Terre, chef-lieu de la Guadeloupe, lorsqu'un incident éclate en pleine rue entre un dénommé Vladimir Snrsky, propriétaire d'un magasin de chaussures, et un Guadeloupéen infirme qui exerce son métier de cordonnier ambulant. Le commerçant est accusé d'avoir lâché son berger allemand sur ce dernier pour le chasser de la devanture de son magasin. La rumeur d'un acte raciste se répand à travers la ville et un attroupement de jeunes se forme devant le magasin de chaussures. Pris de colère, ces derniers saccagent le magasin, renversent la voiture de son propriétaire au milieu de la rue, y mettent le feu puis la jettent à la mer. La virulence des émeutiers envers Snrsky ne s'explique pas uniquement par la rumeur de cet acte raciste mais tient aussi au fait que celui-ci se serait vanté d'être un ami personnel de Jacques Foccart, le puissant conseiller de Charles de Gaulle, issu d'une famille de blancs créoles de la région de Basse-Terre. Réfugié tchèque installé dans l'archipel depuis 1948, anticommuniste notoire, la rumeur l'accuse d'avoir orchestré des fraudes lors des récentes élections législatives de mars 1967 qui ont vu la victoire du camp gaulliste sur le camp communiste. Un télégramme, intercepté par les services postaux, est d'ailleurs brandi par la foule en guise de preuve.

Le jeune directeur de cabinet du préfet, Guy Maillard, est envoyé sur place pour canaliser la foule. Le commerçant échappe de justesse au lynchage et le préfet ordonne son exfiltration vers Porto Rico dans un hélicoptère de l'armée, tout en condamnant à la radio le coupable de cet « acte raciste » afin d'apaiser la colère populaire. Sans résultat, car les forces de l'ordre sont totalement dépassées. Le soir même, à Pointe-à-Pitre, une explosion se produit devant un magasin du frère de Snrsky. Pris de panique, le préfet en appelle en urgence à des renforts de métropole. Au petit matin, un escadron de gendarmerie mobile atterrit en Guadeloupe, alors qu'une armurerie de Basse-Terre vient tout juste d'être pillée. Des dizaines de jeunes, issus des quartiers populaires, se sont emparés d'armes à feu et de sabres. Des opérations de ratissage débutent l'après-midi même et ne parviennent à ramener le calme que le lendemain. Il y a de nombreux blessés parmi les émeutiers et les forces de l'ordre, mais aucun mort n'est à déplorer.

En mai 1967, le scénario se reproduit à Pointe-à-Pitre, mais le bilan s'avère cette fois-ci beaucoup plus lourd. Le 26 mai, une foule d'ouvriers du bâtiment manifeste sur la place principale de la ville, devant la chambre de commerce, où se déroulent des négociations salariales entre patrons et ouvriers sous l'égide du préfet. La rumeur d'une insulte raciste, prononcée à l'intérieur du bâtiment par un patron métropolitain envers des syndicalistes guadeloupéens, met le feu aux poudres. Les CRS, présents devant le bâtiment, essuient une pluie de projectiles. L'un d'eux est grièvement atteint à l'œil. C'est alors que ses collègues tirent, disent-ils, pour se dégager, tuant un manifestant âgé de 24 ans, Jack Nestor, membre du Groupe d'organisation nationale de la Guadeloupe (GONG), un groupuscule indépendantiste qui se trouve dans le collimateur des autorités. Les CRS sont débordés et l'escadron de gendarmerie mobile, qui est déjà intervenu à Basse-Terre deux mois plus tôt, est vite appelé en renfort. Or, ce jour-là, celui-ci s'apprêtait à quitter la Guadeloupe, après un séjour de deux mois dans des conditions matérielles éprouvantes. Furieux, les gendarmes mobiles se dirigent ainsi vers le centre-ville, où la situation est hors de contrôle. Comme à Basse-Terre, des armureries ont été pillées par des jeunes qui arpentent le centre-ville, fusils à l'épaule. Des métropolitains sont pris à partie, leurs voitures arrêtées, fouillées et détériorées. Des bâtiments publics sont incendiés et deux gendarmes criblés de plombs par des tireurs depuis les immeubles. Jusqu'au surlendemain, les forces de l'ordre quadrillent nuit et jour les rues de la ville, faisant feu sur les émeutiers, mais aussi sur de simples badauds, comme sur le jeune Solange Yvon Coudrieu qui est atteint d'une balle à la jambe, alors qu'aucun couvre-feu officiel n'a été décrété, contrairement à Basse-Terre deux mois auparavant.

« Décapiter le GONG »

Alors que le calme est revenu, aux termes de trois jours de guérilla urbaine, la communication préfectorale est soigneusement filtrée. Le bilan humain n'est ainsi officiellement pas dévoilé. Celui-ci s'avère pourtant très lourd. Le 28 mai, le préfet a adressé au ministre d'État en charge des DOM-TOM le télégramme suivant : « Le total actuellement connu est de sept morts mais je suis obligé de rappeler ce que j'ai dit dans mon télex n° 8 : possibilité autres victimes toujours non déclarées et par conséquent indécelables actuellement[1]. » Dans ces conditions, les autorités sont résolues à trouver un responsable. Ce sera le GONG, que le préfet va s'employer à « décapiter », pour reprendre une expression que lui attribue le journal *France Antilles* dans son édition du 13 juin. Depuis son arrivée dans le département en 1965, le préfet Pierre Bolotte est convaincu du danger que représentent les groupuscules indépendantistes. Avant de rejoindre son poste, il avait effectué une tournée des différents « services », à Paris, dont il était « rev[enu] persuadé qu'il y avait là à côté de Cuba et dans le système d'agitation politique et sociale de la Tricontinentale une menace directe contre les départements français de la Caraïbe et contre leur statut national[2] ». Or, la charte fondatrice du GONG se référait explicitement à la révolution cubaine.

Pierre Bolotte tente de « décapiter » le GONG une première fois, en avril 1967, en essayant de lui attribuer la responsabilité des émeutes de Basse-Terre. En dépit des doutes de la chancellerie, il parvient à convaincre le procureur général de la Guadeloupe de saisir la Cour de sûreté de l'État, juridiction d'exception initialement créée en 1963 pour juger les activistes pro-Algérie française de l'OAS. La tentative est cependant vite abandonnée car les résultats de l'enquête policière diligentée par Paris, après les émeutes de Basse-Terre, ne

1. Centre d'histoire de Sciences Po, PB 14, télégramme n° 1 du 28 mai 1967 à 9 h 00.
2. Centre d'histoire de Sciences Po, PB/14, Pierre Bolotte, *Mémoires d'un préfet*, 3 tomes dactylographiés, non publiés, 702 pages, s.d., p. 513.

vont pas dans le sens d'une saisine de la juridiction d'exception. Les émeutes de mai 1967 lui offrent une autre opportunité. Une seconde enquête policière est diligentée afin d'évaluer la responsabilité du GONG. Celle-ci échoue une nouvelle fois à démontrer l'implication directe du groupuscule indépendantiste dans le déclenchement et le déroulement des événements. Comme à Basse-Terre, ceux-ci s'apparentent à des rébellions urbaines spontanées comparables aux soulèvements de ghettos noirs étasuniens à la même époque. En aucun cas celles-ci ne peuvent être considérées comme le point de départ d'une insurrection armée, planifiée par une quelconque organisation. Mais, cette fois-ci, contre toute attente, la Cour de sûreté de l'État est déclarée compétente grâce à l'obstination du préfet, soutenu par Jacques Foccart, bien déterminé à exécuter les volontés présidentielles. Depuis 1964, le général de Gaulle avait fait de la lutte contre l'indépendantisme l'un des axes forts de sa politique antillaise : « Je vais crever l'abcès du séparatisme ou de ce qu'ils appellent l'autonomisme, parce que tous les comploteurs n'osent pas appeler les choses par leur nom ; ça suffit comme ça ces velléités d'indépendance ! » avait-il ainsi confié à son ministre Alain Peyrefitte à la veille d'un voyage officiel aux Antilles.

Dix-huit membres du GONG sont ainsi accusés de complot contre l'État, arrêtés et transférés en métropole. Mais, dans ces conditions, leur procès, qui se déroule en février-mars 1968, vire au fiasco pour le gouvernement. Outre le fait que les éléments à charge ne sont pas suffisants pour établir la capacité opérationnelle du GONG à porter atteinte à l'intégrité du territoire national, le procès met en lumière, sous le regard de l'opinion métropolitaine, le sous-développement des îles qui porte encore largement les stigmates de la colonisation, vingt-deux ans après la loi de départementalisation. Intellectuels et personnalités de renom comme Jean-Paul Sartre et Aimé Césaire défilent ainsi à la barre du tribunal pour dénoncer l'existence de « faux départements ». Le verdict rendu, qui se traduit par la remise en liberté des dix-huit indépendantistes, évite une nouvelle flambée de violence. Mais, paradoxalement, le camp nationaliste ne parvient pas tirer profit de ce fiasco gouvernemental lors des élections législatives de juin 1968. Comme à l'échelle nationale, la confiance envers le pouvoir gaulliste est en apparence réaffirmée. Pour l'heure, épouvantée par la violence de la répression qui vient de s'abattre sur le département, l'opinion guadeloupéenne est en proie à un refoulement de cet événement traumatique.

Les conclusions de la « commission Stora »

Enfouie pendant des décennies, et uniquement entretenue par les milieux nationalistes, la mémoire des événements de mai 1967 connaît un réveil à la faveur du grand mouvement social antillais de 2009. Cette grève générale de quarante-quatre jours, qui a vu émerger la figure contestataire du leader Élie Domota, issu de l'Union générale de travailleurs de la Guadeloupe (UGTG), syndicat indépendantiste lointain héritier du GONG, avait été précédée par une intense remémoration des événements de 1967. À Pointe-à-Pitre, le 26 mai 2005, s'était formé un comité baptisé Mai-67 (*Komitè Mè-67* en créole) qui avait présenté une « Requête sur la vérité par rapport aux événements de 1967 ». Composé de syndicalistes, le comité avait dénoncé « le caractère délibéré de la tuerie de mai 1967 et le mépris affiché vis-à-vis de l'opinion publique en Guadeloupe » puis exigé :

« Que les chercheurs aient la possibilité de pouvoir examiner tous les documents concernant les dits événements, et sans aucune réserve ;

Qu'une commission d'enquête soit nommée et qu'elle établisse le nombre exact de morts. »

Les États généraux de l'Outre-mer, proposés par le président Nicolas Sarkozy pour mettre fin à la grève générale de 2009, voient réapparaître, l'année suivante, ce projet de commission d'enquête. En 2012, le candidat François Hollande, sur les conseils de l'homme politique guadeloupéen Victorin Lurel, s'empare de cette proposition en l'intégrant à son programme. Nommée en 2013, la « commission

Stora », ainsi baptisée par la presse antillaise, est officiellement installée, en janvier 2014, par la ministre des Outre-mer George Pau Langevin, native de Pointe-à-Pitre. Première commission d'histoire publique centrée sur une question (post)coloniale – les expériences précédentes avaient, en effet, jusqu'ici toutes concerné la Seconde Guerre mondiale –, elle innove également par son caractère paritaire, étant composée d'historiens ultramarins et métropolitains[1]. À la différence des précédentes commissions, elle se garde de toute démarche de reconnaissance des responsabilités et de prise en charge des réparations pour les victimes, limitant son champ d'action à une logique d'historicisation, appuyée sur la consultation d'archives, conformément à la pratique universitaire.

Sans avoir réussi convaincre l'ensemble de l'opinion guadeloupéenne, le rapport de la « commission Stora », officiellement remis à la ministre des Outre-mer le 21 novembre 2016, a néanmoins permis de reconstituer précisément le « film des événements », grâce un inventaire précis des forces engagées (police locale, gendarmerie mobile, CRS, armée) et de leurs rôles respectifs. Il a également dressé un bilan humain précis, évalué à huit morts, et estimé qu'une éventuelle réévaluation à la hausse ne pourrait intervenir qu'à la seule condition de révéler de nouvelles identités de victimes au sein de la population guadeloupéenne, faute de quoi tout autre chiffre colporté par la rumeur, au-delà des huit morts nominativement identifiés, continuerait à n'être que spéculation. Les faits ont été enfin qualifiés de « massacre ordonné sciemment sur le terrain et approuvé par le gouvernement sous la présidence du général de Gaulle », suggérant implicitement l'idée d'un « massacre d'État », pour reprendre l'expression forgée par Alain Dewerpe au sujet de la répression du métro Charonne du 8 février 1962. Plus globalement, le rapport a pointé les silences et les mensonges d'État autour de ce massacre, que les

1. Liste des membres de la commission : Benjamin Stora, Michelle Zancarini-Fournel, Jacques Dumont, Laurent Jalabert, Louis-Georges Placide, Serge Mam-Lam Fouck, René Bélénus, Edenz Maurice, Sylvain Mary.

autorités métropolitaines n'ont toujours pas pris soin de commenter jusqu'à ce jour.

Sylvain Mary

Bibliographie

Sylvain Mary, *Décoloniser les Antilles ? Une histoire de l'État post-colonial (1946-1982)*, Sorbonne Université Presses, 2021.

Alain Peyrefitte, *C'était de Gaulle*, t. 2. *1963-1966*, éditions De Fallois/Fayard, 1997.

Jean-Pierre Sainton, *La décolonisation improbable. Cultures politiques et conjonctures en Guadeloupe et en Martinique (1943-1967)*, Jasor, 2012.

Commission temporaire d'information et de recherche historique, *Rapport à Madame la ministre des Outre-mer sur les événements de décembre 1959 en Martinique, de juin 1962 et de mai 1967 en Guadeloupe* [en ligne], La Documentation française, novembre 2016.

Mercenaires : la « main gauche » de la France

« Mercenarius : soldat loué contre de l'argent », nous dit le dictionnaire Gaffiot. La pratique de faire appel à des mercenaires n'est pas nouvelle, et pas forcément synonyme de clandestinité. Au Moyen Âge comme à l'Époque moderne, les souverains européens ont fait appel à des troupes d'appoint, avant que la conscription ne s'impose peu à peu (à compter de 1798 en France). Les corps étrangers qui subsistaient au sein de l'armée française sont regroupés dans la Légion étrangère à partir de 1831.

Dans le contexte de la guerre froide, où les conflits indirects se multiplient, le pouvoir gaulliste est confronté à la décolonisation en Afrique subsaharienne, où il souhaite maintenir une influence plus discrète. Avec l'accord du général de Gaulle, Jacques Foccart, le secrétaire aux Affaires africaines et malgaches, y développe ses réseaux afin de défendre le « pré carré » français. Pour cela il a recours de façon occulte à des groupes mercenaires : une dissimulation, qui échappe au contrôle du Parlement et de l'opinion. C'est d'autant plus commode qu'au début des années 1960, certains officiers de l'armée française épousent la cause de l'Algérie française et présentent un risque de rébellion. On préfère alors les mettre en disponibilité ou en retraite, ce qui les rend disponibles pour le marché du mercenariat. Ainsi du colonel Roger Trinquier, ancien adjoint du général Massu, ou du commandant Roger Faulques, qui s'est illustré lors de la bataille d'Alger (1957). En service commandé, ils vont encadrer les sécessionnistes de la province katangaise au Congo-Léopoldville (ex-Congo belge) de 1960 à 1963 et tenir en échec l'Armée nationale congolaise (ANC), ce qui assoit leur notoriété internationale. Sous couvert de lutte anticommuniste, la France convoite les richesses minières de la région et cherche à encourager l'indépendance du Katanga pour faire pièce aux Anglo-Saxons et aux Belges. Plus globalement, elle entend maintenir ses bases militaires dans la région, offrir des débouchés à ses multinationales et s'assurer le soutien de régimes africains amis à l'ONU.

L'épisode congolais fait émerger une autre figure du mercenariat : le bientôt célèbre Bob Denard, qui est suivi dès 1961 par Jean Mauricheau-Beaupré, l'émissaire de Foccart dans la région, et par un responsable du SDECE, le service secret français. Denard réalise plusieurs « coups » spectaculaires (aux Comores en 1975 et 1978, au Bénin en 1977) : autant d'opérations clandestines que la France n'assume pas publiquement.

L'épisode du Biafra représente un sommet de propagande. Une guerre civile se déclenche en juillet 1967 avec la sécession de cette région orientale du Nigeria, qui se proclame république indépendante sous l'autorité du colonel Ojukwu. Ce dernier est soutenu par Paris qui souhaite affaiblir le « géant nigérian ». Le pays est perçu à l'Élysée comme dangereux pour les petits États francophones de la région, sans compter qu'il s'est opposé aux essais nucléaires français en Algérie. Le Biafra est soumis à un blocus ravageur qui déclenche une famine de grande ampleur. Une aide française est organisée, via la Côte d'Ivoire. Le colonel Ojukwu établit à Paris un bureau, où œuvrent Bob Denard et Roger Faulques, pour constituer une équipe de choc. Le bureau sert aussi à acheter des armes sur le marché clandestin, qui seront acheminées au Biafra par le SDECE.

Le service secret français s'implique pour susciter une forte sympathie envers les Biafrais dans les médias. L'ancien responsable de l'opération, le colonel Maurice Robert, raconte dans ses Mémoires : « Ce que tout le monde ne sait pas, c'est que le terme de "génocide" appliqué à cette affaire du Biafra a été lancé par les services. Nous voulions un mot choc pour sensibiliser l'opinion. Nous aurions pu retenir celui de massacre, ou d'écrasement, mais génocide nous a paru plus "parlant". Nous avons communiqué à la presse des renseignements précis sur les pertes biafraises et avons fait en sorte qu'elle reprenne rapidement l'expression "génocide". *Le Monde* a été le premier, les autres ont suivi. » Le soutien au Biafra, prolongé jusqu'en 1969, contribue à alourdir le bilan en pertes humaines. Selon Walter Bruyère-Ostells, le Biafra représente « un aboutissement dans l'articulation entre mercenaires, services français et pays amis ».

Épisode peu connu : on retrouvera Bob Denard et ses proches à Paris en Mai 68. Son groupe est chargé d'infiltrer le mouvement estudiantin, jouant tantôt les colleurs d'affiches, tantôt les appariteurs « musclés », et faisant le coup de poing à l'occasion. « Même si elle est périphérique, la place des mercenaires français dans le système Foccart fait d'eux des collaborateurs de l'ombre de la République. Ces hommes sont plus généralement un rouage du jeu complexe sur la nouvelle scène politique africaine, enjeu majeur dans la guerre froide », conclut Walter Bruyère-Ostells. Cette action clandestine a aussi un coût non négligeable et ne peut être financée sur des lignes officielles. C'est pourquoi on laisse le groupe développer divers trafics (d'armes, de minerais...) et manger à plusieurs râteliers.

Tout ne leur réussit pas forcément : en 1977, une tentative de renversement du président béninois Mathieu Kérékou, trop proche de Moscou, échoue et s'achève par une évacuation précipitée. Hélas pour les hommes de Denard, en plus de l'un des leurs, ils ont oublié sur le tarmac de l'aéroport une cantine remplie de documents liés à l'opération. Ces pièces embarrassantes seront exploitées devant l'opinion publique internationale mais peu relayées par la presse française. Sous Pompidou, Foccart perd en influence et, en 1974, Giscard choisira de le remplacer par un de ses collaborateurs.

En 1978, avec l'accord de la France, Denard contribue à remettre à la tête des Comores Ahmed Abdallah (qu'il avait renversé en 1975 !) et installe ses hommes à la tête de la garde présidentielle : le groupe codirige de fait le pays pendant une décennie et s'émancipe un peu de Paris, sans rompre le lien avec les réseaux Foccart.

Mais avec la fin de la guerre froide en 1989, le climat change du tout au tout : la France n'a plus intérêt à soutenir Denard. Suite à la mort d'Ahmed Abdallah, Paris déclenche l'opération Oside pour rétablir l'ordre aux Comores. Les mercenaires privés de commanditaire se rendent sans combattre : la fête est finie. Mais il est difficile de l'admettre. Après un exil en Afrique du Sud, en 1995 Denard tente une nouvelle expédition aux Comores. Il est vrai que le Premier ministre de l'époque, Jacques Chirac, a rappelé à ses côtés le vieux Foccart. Cela ne l'empêche pas de renvoyer l'armée française déloger les mercenaires, avec un peu de « casse » cette fois. Certains hommes de Denard vont se reconvertir au service de Mobutu au Zaïre en 1996-1997, sans pouvoir empêcher sa chute. En 1997-1998, une autre équipe soutiendra Sassou-Nguesso au Congo-Brazzaville : ce dernier sortira victorieux de la guerre civile. En 2003, une loi française interdit les entreprises mercenaires. L'époque est désormais aux sociétés militaires privées, d'inspiration anglo-saxonne, telles la sud-africaine Executive Outcomes, l'américaine Blackwater ou la russe Wagner. Les irréductibles français n'ont plus qu'à s'y recaser à titre individuel…

Que ce soit à la barre du tribunal pour Bob Denard, dans des romans ou témoignages pour d'autres, nombre d'ex-mercenaires français ont revendiqué leurs parcours et des actions motivées par le patriotisme ou l'anticommunisme, bien plus que par l'argent ou le goût de l'aventure. En vain : la reconnaissance officielle n'est jamais venue et ne pouvait pas venir. Les mercenaires étaient « la main gauche » de l'État, celle dont la main droite prétend tout ignorer.

Yvonnick Denoël

Bibliographie

Jean-Pierre Bat, *La fabrique des « barbouzes ». Histoire des réseaux Foccart en Afrique*, Nouveau Monde éditions, 2015.
—, *Les réseaux Foccart, l'homme des affaires secrètes*, Nouveau Monde éditions, 2018.
—, *Le syndrome Foccart. La politique française en Afrique*, Folio, 2012.
Walter Bruyère-Ostells, *Dans l'ombre de Bob Denard. Les mercenaires français de 1960 à 1989*, Nouveau Monde éditions, 2014.
Philippe Lobjois, Franck Hugo, *Mercenaire de la République*, Nouveau Monde éditions, 2011.
Maurice Robert, *« Ministre » de l'Afrique*, Seuil, 2004.

4
Les mensonges d'État de la guerre d'Algérie

La guerre, par essence, est un moment de la vie des sociétés fécond en mensonges d'État, en ce qu'elle constitue par son existence même l'échec suprême du gouvernement des peuples. Certes, l'État est détenteur du monopole de la violence légitime, et il est fondé à employer la force armée contre ses adversaires. Mais l'État démocratique, qui émane de la souveraineté populaire, est aussi le garant de la sécurité et de la protection de ses citoyens. Depuis les deux guerres mondiales, l'État occidental prétend même agir au titre de la protection des peuples et de la sécurité internationale. Dans ces conditions, et de surcroît dans un pays qui vit dans le traumatisme des deux guerres mondiales – et de la barbarie des nazis en particulier – que presque tous les Français de 1954 ont vécues, ajouter la guerre à la guerre est presque impossible. Dès la guerre d'Indochine, l'État français a autant que faire se peut tu et masqué les effets et les méthodes de cette terrible guerre conduite à l'autre bout du monde par une armée de professionnels. À la longue tradition coloniale qui consiste à édulcorer la guerre en « pacification » s'ajoute un fait nouveau après 1945, l'instrumentalisation de la guerre coloniale en guerre de défense de l'Occident contre le communisme international, ce qui est une réalité en Indochine.

Mais c'est une autre affaire de conduire une guerre à l'intérieur du territoire national, en Algérie, et à 700 kilomètres de Marseille et au cœur de la Méditerranée. La IVe République a résolu le problème en ne nommant jamais « la guerre d'Algérie », même quand le gouvernement décida d'envoyer le contingent – les jeunes Français durant leur long service militaire – à partir de 1956. De Gaulle et ses successeurs ne nommèrent à leur tour jamais cette guerre qualifiée d'« événements » ou d'« opérations de maintien de l'ordre ». Il fallut attendre le vote du Parlement français en 1999 pour que la reconnaissance officielle de cette « guerre » soit établie : la dissimulation langagière fut le premier mensonge d'État de cette guerre, avec tous les effets induits pendant des décennies.

Car la non-reconnaissance d'une guerre a de nombreuses conséquences juridiques : ni déclaration de guerre ni traité de paix ; pas d'adversaire officiel ni de prisonniers de guerre, seulement des droits communs ; pas de respect des conventions de Genève qui ne s'appliquent qu'aux guerres ; pas d'anciens combattants ni d'ayants droit pour avoir fait la guerre, etc. Tout cela évolua avec le temps, mais c'est dans ce genre de piège sémantique et juridique que sont notamment tombés les harkis – ces combattants auxiliaires musulmans de l'armée française – lorsque 10 % d'entre eux, avec leurs familles, ont été exfiltrés en métropole par un petit groupe d'officiers et bien des complicités à l'issue de la guerre pour échapper au massacre promis en Algérie[1]. Mais n'étant pas combattants, du fait de l'absence officielle de guerre, il fallut les laisser s'installer où ils le pouvaient en France et rassembler ceux qui n'avaient pas de solution dans des hameaux de forestage dispersés dans les grandes forêts, comme s'il fallait les cacher, et, pour les plus isolés, pendant presque vingt ans. Aucune parole officielle ne leur fut prodiguée durant des décennies.

Pour faire bonne mesure, puisque nous évoquons les harkis, ajoutons que l'État français n'a pas commenté le massacre en Algérie de plusieurs dizaines de milliers de leurs anciens camarades dans de macabres vendettas paysannes[2]. La paix étant revenue à la suite des

---

1. Fatima Besnaci-Lancou, Houria Delourme-Bentayeb (préf. Jacques Frémeaux), *Ils ont dit non à l'abandon des harkis. Désobéir pour sauver*, Éditions Loubatières, 2022.
2. Fondation pour la mémoire de la guerre d'Algérie, *Les harkis, des mémoires à l'histoire*, Riveneuve, 2014.

accords d'Évian signés le 18 mars 1962, et l'indépendance de l'Algérie établie le 3 juillet 1962, il ne fallait plus s'occuper des affaires algériennes, quand bien même elles couvraient une véritable forfaiture, l'abandon de ces milliers d'hommes qui avaient eu le tort de se battre pour l'Algérie française.

Mais comment maintenir un véritable silence d'État – et donc un énorme mensonge d'État par omission – sur un conflit se jouant durant huit années au cœur de la France – au sens juridique et politique du terme à l'époque, le territoire français étant constitutionnellement indivisible ? On n'en finirait pas d'énumérer les opérations ou les actes qui ont été couverts durant ce conflit par le secret, et donc par le mutisme ou par le démenti – voire par la désinformation – de la part des autorités françaises. La première manière est, comme dans toute guerre, de ne pas communiquer ou de le faire *a minima*, quand la chose est par trop évidente

Ainsi en est-il de la torture, qui s'est généralisée comme arme de guerre à partir de la bataille d'Alger en 1957 pour faire parler des « terroristes », puis faire tomber des réseaux... et sauver des « vies innocentes ». À cette fin ont été recréées en Algérie des unités spéciales au sein de l'armée, les DOP (dispositifs opérationnels de protection), sans que l'on puisse penser que leurs pratiques aient été ignorées des autorités suprêmes de la République. Lorsque les pouvoirs publics accordent les pleins pouvoirs à l'armée en Algérie en mars 1956, ils feignent d'ignorer que le principe de coresponsabilité leur incombe toujours. Or, quand l'affaire est révélée au grand public français par la publication de *La Question* d'Henri Alleg – lui-même torturé à El Biar en juin 1957[1] –, la réponse du pouvoir est la censure et la dénonciation de ce document, pour « atteinte au moral de l'armée ». Il fallut attendre la « confession » du général Paul Aussaresses, quarante ans après les faits, pour qu'un acteur militaire non négligeable de ce

1. Henri Alleg, *La Question,* La Cité, 1958 (rééd. Éditions de Minuit, 1992).

mensonge d'État raconte et décrive avec sincérité les modalités et la signification de cette pratique massive[1].

Pour maintenir la torture dans l'ombre, l'État s'est chargé de faire taire les appelés lors de leur retour en métropole, au terme de leur service militaire. Entre l'Algérie et leur famille, la plupart sont passés par un sas de décompression, souvent en Alsace semble-t-il, pendant plusieurs jours, voire une semaine, dans lequel des fonctionnaires de l'armée ou d'autres corps les ont invités à la prudence, leur ont demandé de se taire sur les faits vus (corvée de bois, DOP, torture, exécutions sommaires, bombardements à l'agent orange, etc.), sous peine de probables ennuis ultérieurs. Toujours est-il que le barrage a tenu pendant des décennies : les anciens combattants témoins se sont tus[2].

Pour doubler cette dissimulation étatique qui confine au mensonge et enterrer le passif tragique de la guerre d'Algérie, le gouvernement français a décidé de tourner définitivement la page en promouvant une double politique, l'amnésie et l'amnistie[3]. L'amnésie consiste, dans le cas d'un conflit qui a fait des centaines de milliers de victimes, à passer l'éponge sur l'ensemble des crimes et délits commis dans le cadre des « événements d'Algérie », en cessant toute poursuite pour les faits commis jusqu'aux accords d'Évian. L'exception concerne les faits de trahison et d'insubordination commis par des militaires contre la politique définie par le chef de l'État et chef des armées ; on songe principalement au putsch des généraux du 21 avril 1961, et à tous ceux qui par la suite ont créé, dirigé et rejoint l'Organisation de l'armée secrète (l'OAS).

Cette politique concerne aussi d'une certaine manière tout ce qui s'est déroulé en Algérie à partir du 19 mars 1962 jusqu'à l'été pour les Européens d'Algérie – et *a fortiori* pour les harkis –, et qui constitue le

1. Paul Aussaresses, *Services spéciaux, Algérie 1955-1957. Mon témoignage sur la torture*, Perrin, 2001.
2. Raphaëlle Branche, *Papa, qu'as-tu fait en Algérie ?*, La Découverte, 2020 (rééd. 2022).
3. Benjamin Stora, *La gangrène et l'oubli. La mémoire de la guerre d'Algérie*, La Découverte, 2005.

moment le plus meurtrier de la guerre. Depuis cette date, l'État français s'est interdit d'intervenir militairement sur le sol algérien, même en cas de commission de crime (voire de crime de masse comme le 5 juillet 1962 à Oran) sous les yeux de l'armée française en Algérie[1]. Cette attitude et le mensonge d'État qui entoure la catastrophe de l'été 1962 (autour de la trilogie massacres d'Européens et de harkis, politique de la terre brûlée de l'OAS et exode des pieds-noirs) n'ont pas été pour rien dans la reconfiguration à long terme de la scène politique française et, en particulier, dans la lente émergence du Front national à partir de sa création le 5 octobre 1972, jour anniversaire des dix ans de la seule motion de censure qui a fait tomber un gouvernement sous la Ve République, trois mois après Oran.

Quant à la politique d'amnésie, elle est d'une certaine manière organisée pendant des décennies par tous les services de l'État. Ainsi, il faut attendre 1987, soit vingt-cinq ans après la fin de la guerre d'Algérie, pour que le programme d'histoire du baccalauréat intègre la période postérieure à 1945, avec une focale particulièrement faible sur l'Algérie pour encore une vingtaine d'années. Il est d'ailleurs notable qu'en 2022, pour les soixante ans de la fin de la guerre d'Algérie, aucune institution muséale ou militaire n'évoque encore cette guerre, qui fut pourtant la dernière guerre française de conscription. Cette politique d'amnésie est détectable dans tous les secteurs : entre 1962 et 1964, l'État français démantèle l'ensemble des services d'État consacrés pendant des décennies à la politique musulmane, à la police des Nord-Africains, etc., toutes activités qu'il délègue aux nouvelles autorités algériennes sur le sol français, jusqu'au retour de ces questions depuis la guerre civile algérienne des années 1990. Le mensonge d'État débouche sur un silence d'État.

Mais le principal mensonge d'État, ainsi que nous l'analysons dans la partie sur le discours d'Alger « Je vous ai compris », demeure le sens même du retour de De Gaulle au pouvoir, et la résolution de

1. Guy Perville, *Oran, 5 juillet 1962. Leçon d'histoire sur un massacre*, Vendémiaire, 2014.

cette guerre[1]. De Gaulle revient au pouvoir, douze ans après sa démission du 20 janvier 1946, dans des conditions qui s'apparentent à un coup de force, avec pour mission – mandée par ses partisans et par l'armée – de sauver l'Algérie française. De 1958 à 1965, la France investit 200 milliards de francs en Algérie, pays qu'elle a en partie industrialisé et reconstruit durant cette période (1 000 villages, habitat à loyers modérés, etc.) et y a mené une guerre redoutable qui a presque entièrement anéanti les maquis et l'appareil militaire intérieur du FLN. Or, à partir du 16 septembre 1959, de Gaulle annonce le principe de l'autodétermination de l'Algérie, orchestrant la fin de l'Algérie française. En quinze mois de pouvoir, le sauveur de l'Algérie française prépare donc la sortie de la France. Et le même gagne la guerre sur le terrain et lance un immense plan de développement conduit à bien jusqu'en 1965 : en fait, de Gaulle préparait envers et contre tous – qu'ils soient ses partisans, les Français d'Algérie, les harkis ou les membres du FLN – l'Algérie algérienne. Le mensonge d'État est ici un art impénétrable de gouverner.

Pierre Vermeren

Bibliographie

Henri Alleg, *La Question,* La Cité, 1958 (rééd. Éditions de Minuit, 1992).

Paul Aussaresses, *Services spéciaux, Algérie 1955-1957. Mon témoignage sur la torture,* Perrin, 2001.

Fatima Besnaci-Lancou, Houria Delourme-Bentayeb (préf. Jacques Frémeaux), *Ils ont dit non à l'abandon des harkis. Désobéir pour sauver,* Éditions Loubatières, 2022.

Fondation pour la mémoire de la guerre d'Algérie, *Les harkis, des mémoires à l'histoire,* Riveneuve, 2014.

Raphaëlle Branche, *Papa, qu'as-tu fait en Algérie ?,* La Découverte, 2020 (rééd. 2022).

Henri-Christian Giraud, *Algérie : le piège gaulliste,* Perrin, 2022.

Guy Perville, *Oran, 5 juillet 1962. Leçon d'histoire sur un massacre,* Vendémiaire, 2014.

Benjamin Stora, *La gangrène et l'oubli. La mémoire de la guerre d'Algérie,* La Découverte, 2005.

1. Henri-Christian Giraud, *Algérie : le piège gaulliste,* Perrin, 2022.

« Je vous ai compris » : habileté ou mensonge fondateur ?

Le 4 juin 1958, depuis le balcon du gouvernement général à Alger, le général de Gaulle, investi six jours plus tôt président du Conseil de la IVe République par le président René Coty, au terme d'une crise politique de plusieurs semaines, lance aux Algérois rassemblés par dizaines de milliers sur la place du Forum : « Je vous ai compris ! » Ainsi commence son premier discours public en Algérie en tant que chef du gouvernement, sans que l'on sache très bien s'il a voulu calmer la foule chauffée à blanc par les orateurs précédents, afin de pouvoir s'exprimer, ou si la parole, préméditée, avait une signification politique.

Les Algérois et les militaires présents sur place retiennent spontanément le message politique : après quatre ans de guerre, de gros soupçons d'atermoiement ou de faiblesse pèsent sur les chefs de la IVe République. Pierre Pflimlin, investi du 14 au 28 mai à la présidence du Conseil, quittée faute de toute possibilité d'action, est soupçonné par les activistes d'Alger de vouloir discuter avec le FLN, ce qui est pour eux une véritable trahison. De Gaulle se tient donc aux côtés du peuple français d'Alger et de l'armée. Tel est le message reçu.

Deux jours plus tard, à Mostaganem, près d'Oran, le général lance devant une autre foule en liesse : « Vive l'Algérie française ! » Pour les Européens d'Algérie et pour la plupart des officiers français d'Algérie, si l'armée a rappelé de Gaulle depuis Alger lors de la journée du 13 mai 1958, c'est pour sauver l'Algérie française. Le général Salan – patron de l'armée et gouverneur général de fait depuis le départ de Robert Lacoste le 10 mai – l'a même fait acclamer depuis ce même balcon du gouvernement général le 15 mai : « Vive de Gaulle ! » De Gaulle sera le sauveur de l'Algérie française.

Plus dure fut la chute. Le 24 janvier 1960, quatre mois après l'annonce par de Gaulle de l'autodétermination en Algérie, la semaine des barricades commence par un bain de sang entre Français dans les rues d'Alger. Des soldats français tirent sur des Algérois, tuant 14 gardes mobiles et 6 civils. Pour les Français d'Algérie et pour le commandement militaire, c'est le prélude à l'effondrement de l'Algérie française. Il devait durer encore trente mois.

Avec le recul, l'apostrophe « Je vous ai compris » lancée à Alger sonne comme un énorme mensonge aux yeux des partisans de l'Algérie française : ce serait même l'archétype du « mensonge d'État ». Pour les pieds-noirs comme pour la majorité des officiers français engagés en Algérie, c'est le mensonge fondateur du gaullisme algérien. Le 4 juin aurait été la journée des dupes : l'homme appelé pour sauver l'Algérie française et gagner la guerre a livré le pays à ses pires ennemis, le Front de libération nationale, auquel il a fini par tout céder. Pour certains thuriféraires de De Gaulle, ce maître de la politique aurait au contraire fait preuve d'un véritable machiavélisme pour consolider son pouvoir, dans l'objectif de libérer à terme la France du boulet algérien qui l'entraînait vers les abîmes de la vie internationale. Pour d'autres, de Gaulle demeurait en 1958 dans l'expectative, et il se contentait de remercier ceux qui l'avaient fait revenir au pouvoir, étant d'accord avec eux sur l'impuissance de cette « République des partis » tant décriée. Alors, habileté ou mensonge fondateur ?

Si le mystère demeure, c'est que de Gaulle ne s'est pas exprimé à ce sujet, et que les tentatives d'interprétation sont contradictoires[1]. Toutefois, la relecture attentive des déclarations antérieures de l'homme du 18 Juin, qu'elles soient privées ou publiques, rapportées ou consignées, indique que de Gaulle était dès ce moment fermement décidé à abandonner le cadeau empoisonné de la IIe République. Ce travail a été soigneusement réalisé par François Kersaudy dans *Le monde selon de Gaulle* : la démonstration emporte l'adhésion[2].

L'Algérie française départementalisée souffrait pour lui de deux vices irrémédiables : l'impuissance des Français d'origine européenne à s'imposer démographiquement comme le peuple dominant de cette étrange province, quand l'Algérie musulmane était engagée

1. Jean Daniel, *De Gaulle et l'Algérie*, Seuil, 1986.
2. François Kersaudy, *Le monde selon de Gaulle*, t. I, Tallandier, 2018.

dans une vigoureuse croissance démographique ; et l'incapacité de la République à honorer ses promesses d'assimilation en intégrant ses 9 millions de musulmans à la citoyenneté française.

Dans son discours du Forum, de Gaulle détruit d'emblée le cadre de l'Algérie coloniale, qu'il appela plus tard « l'Algérie de papa ». Quelques lignes après son ouverture, il décrète en effet que désormais, « il n'y a plus [en Algérie] qu'une catégorie d'habitants [...], des Français à part entière, avec les mêmes droits et les mêmes devoirs ». L'annonce est révolutionnaire. En une phrase, il impose ce qui fut le cauchemar de plusieurs générations d'Européens d'Algérie, l'égalité politique avec les musulmans. Depuis le Second Empire, la minorité européenne, au demeurant très républicaine, refusait l'égalité juridique et politique aux musulmans pour échapper à la submersion politique, étant entendu que les plus nombreux imposeraient leurs élus et leur commandement. Et de Gaulle va plus loin, en annonçant, dans le cadre constitutionnel à venir, la suppression des collèges électoraux en Algérie, et une juste représentation des départements d'Algérie au Parlement français.

Tout à leurs espoirs de sauvegarde de l'Algérie de leur enfance, les Français d'Algérie qui acclament de Gaulle dans la joie du Forum n'ont pas réalisé le programme d'égalité qu'il vient d'annoncer. D'autant plus que quelques phrases plus loin, à ces auditeurs dont la plupart honnissent le FLN redouté, il déclare qu'il espère que participeront à ces élections à venir « ceux qui ont cru devoir mener sur ce sol un combat dont je reconnais, moi, qu'il est courageux... ». En d'autres termes, de Gaulle tend la main à la fraction du peuple algérien en armes, dont il dit reconnaître le courage – ce qui n'est pas un vain mot dans la bouche du vieux soldat et chef de guerre –, et lui propose de remporter la bataille du nombre dans les urnes plutôt que par les armes.

Ont-ils bien réalisé ce que leur annonce de Gaulle, ces habitants d'Alger qui l'applaudissent à tout rompre après un « Vive la République, vive la France ! » final ? Deux hypothèses sont à discuter sur les vœux secrets de De Gaulle. En imposant l'égalité en Algérie, estime-t-il que les musulmans s'en contenteront – isolant les durs du FLN –, au risque de faire prendre conscience à ces Français d'Algérie que le temps est venu de laisser les Algériens diriger leur terre ? Ou bien sait-il que le FLN ne capitulera pas, ce qui justifiera la poursuite de la guerre mais aussi l'impasse politique, de sorte que ce sont les Français qui tireront eux-mêmes la conclusion qui s'imposera ; étant entendu que la France républicaine membre de l'Alliance atlantique ne peut pas instaurer un régime d'oppression ?

Y a-t-il lieu de penser que ce qui a été compris comme un mensonge fondateur est en réalité une habileté de haut vol, qui consiste à donner satisfaction aux deux forces en présence (l'Algérie française *vs* l'égalité), dès lors que leurs attentes réelles sont incompatibles ?

Pierre Vermeren

Bibliographie

Jean Daniel, *De Gaulle et l'Algérie*, Seuil, 1986.
François Kersaudy, *Le monde selon de Gaulle*, t. I, Tallandier, 2018.

Propagandes et contre-propagandes : l'État français, le FLN et l'OAS

Comme toute guerre, le conflit algérien fut un atelier de propagandes croisées. Tous les acteurs ont usé et abusé de cette arme qui participe de la guerre : l'État français, principal acteur de cette guerre ; le FLN, qui a conduit du début à la fin le combat contre la France coloniale et son armée ; l'OAS, née à Madrid en janvier 1961, qui a tenté à toute force de sauver « l'Algérie française » puis d'éliminer de Gaulle, perçu comme l'artisan de la sortie d'Algérie. Les actes de propagande de ces trois acteurs se répondent comme dans une chambre d'échos, puisque à la propagande répond une contre-propagande qui vise la même cible, qu'il s'agisse de l'opinion française, des soldats français, des musulmans d'Algérie, de l'opinion internationale, etc.

Parmi les contributions propagandistes à ce conflit, relevons trois mensonges d'État appuyés et persévérants : la négation de la guerre par l'État français, certes une vieille entreprise de tradition coloniale à l'adresse des métropolitains, mais que la République a conduite du premier jour de novembre 1954 jusqu'en 1999, date à laquelle le Parlement a rebaptisé les « événements d'Algérie » en « guerre d'Algérie » ; le second est la propagande gaulliste qui tente de faire croire, contre toute évidence, à l'opinion française que les « événements d'Algérie » trouvent en 1962 une résolution juridique, diplomatique et pacifique, qui permet à la France d'ouvrir sereinement la nouvelle étape de la coopération entre les deux pays ; le troisième est l'illusion entretenue jusqu'à nos jours selon laquelle les vaillants « moudjahidin » algériens, après leur terrible guerre contre la France, ont finalement triomphé de l'État colonial pour créer et investir la nouvelle République populaire algérienne bâtie sur le sang des martyrs.

La première action de propagande, la plus longue et la plus déterminée, consiste à expliquer au peuple français, d'un bout à l'autre du conflit, puis au-delà, que la guerre qui a lieu – puis qui a eu lieu – n'a jamais eu lieu. La prouesse est d'autant plus grande que cette guerre sans nom a mobilisé toute l'armée française, outre 400 000 supplétifs musulmans d'Algérie, et tous les services de l'État français, durant une période de huit ans qui a transformé la France et réorienté son histoire.

Distinguons au moins quatre phases : la première court de l'insurrection – certes modeste par ses moyens – du 1er novembre 1954 jusqu'en février 1956, quand la guerre naissante est assimilée à des opérations de police et de maintien de l'ordre ; la seconde séquence court de février 1956 à mai 1958, années pendant lesquelles le déni d'État franchit un palier, du fait que le rappel du contingent a transféré plusieurs centaines de milliers de jeunes hommes appelés en Algérie, dont on peut se demander à quoi ils sont occupés.

La troisième phase correspond aux années de Gaulle. Bien qu'il fût rappelé dans des circonstances exceptionnelles par l'armée et par les activistes d'Alger, celui-ci entreprend la modernisation de la France, de son économie et de ses institutions, notamment en Algérie ; mais il ne sacrifie pas à la vérité de nommer cette guerre. De Gaulle fait mieux encore : le plan Challe, qu'il a décidé, consiste à vaincre militairement le FLN sur le terrain algérien pour négocier en position de force avec le Gouvernement provisoire de la République algérienne (GPRA), qu'il reconnaît ainsi *de facto*. Mais il ne nomme jamais le FLN, puisque cela reviendrait à lui donner une existence légale, et donc à donner corps à cette guerre sans nom ; il n'y a pas de guerre sans adversaire.

Le quatrième temps est l'après-guerre : de Gaulle entreprend, ainsi que l'a souligné en 1991 Benjamin Stora[1], une politique d'amnésie, une politique du silence et enfin une politique d'amnistie. Toutes visent à enterrer cette douloureuse séquence de non-guerre. L'absence de reconnaissance du fait de guerre dispense à la fois d'identifier un adversaire et de contracter avec lui (les accords d'Évian n'ont jamais été ratifiés par le GPRA et ne sont pas un traité de paix), de reconnaître un statut d'ancien combattant avec tous les services afférents, de devoir sortir de l'imbroglio juridique constitué depuis 1848 par l'Algérie française, ou encore de juger et de condamner, voire d'indemniser, des victimes pour actes de guerre ou abus de droit.

Quelle forme a prise cette propagande étatique de négation de la guerre ? Celle de l'omission et du déni. Tous les Français – alors expérimentés en matière de guerre, de censure et de propagande après deux guerres mondiales – savaient, au moins depuis le rappel du contingent, ce que signifiait cette opération. Opposants à la guerre, intellectuels, étrangers, partis politiques, diplomates, organisations internationales, familles d'appelés, etc. désignèrent cette guerre en tant que telle dès sa survenue. L'administration, les institutions publiques, l'État et

1. Benjamin Stora, *La gangrène et l'oubli. La mémoire de la guerre d'Algérie*, La Découverte, 2005 (1991). Plus récent, Guy Pervillé, *Histoire de la mémoire de la guerre d'Algérie*, Éditions SOTECA, 2022.

l'armée ont opéré une résistance passive et langagière, propagande de fait : la France combattait dans ses départements d'Algérie des bandits (fellaghas) manipulés par des chefs rebelles hostiles à la patrie et à l'Occident, manipulés par les communistes…

La seconde action de propagande de grande ampleur conduite par l'État français se superpose à la précédente, quoique plus concentrée dans le temps : elle concerne l'année 1962. À l'hiver, les négociateurs français, pressés par de Gaulle, signent le 18 mars les pré-accords d'Évian, que devaient ratifier les autorités de tutelle des deux pays. Le 19 mars, un cessez-le-feu est proclamé en Algérie, que les deux parties, l'armée française et le FLN, ont globalement respecté. Un calendrier expéditif a conduit en quelques mois à l'indépendance de l'Algérie, réelle dès le 3 juillet, proclamée le 5 juillet 1962. Pour l'État français, les combats ont cessé en Algérie le 19 mars 1962, date que des associations d'anciens combattants français ont choisie comme anniversaire de la commémoration de la fin de la guerre d'Algérie, mais que l'État a concurrencée depuis 2003 par celle des victimes le 5 décembre.

Or, du printemps à l'automne 1962, violences et tueries de masse se sont précipitées en Algérie, causant davantage de morts chez les Européens et les harkis que toute la guerre – outre la poursuite d'opération de guerre de l'ALN et de l'armée française contre leur propre camp[1]. Que l'on en juge : assassinats commis par l'OAS, contre-terrorisme des barbouzes, exécutions de « collabos » des deux camps, exil de 600 000 pieds-noirs à l'été 1962, massacres d'Oran du 5 juillet, désarmement et exécution de dizaines de milliers de harkis, mort de 1 500 maquisards lors de l'avancée de l'armée des frontières, etc. L'ensemble de ces faits atteste que le cessez-le-feu, pour heureux qu'il fût pour la majorité des musulmans d'Algérie et des appelés français, s'est transformé en cauchemar, voire en massacres, pour une frange des habitants de l'Algérie. Les pouvoirs publics ont démenti ou tu ces faits pour deux raisons : la volonté de tourner la page avec le nouvel

1. Frédéric Médard, *Algérie 1960-1962, l'armée française dans la tourmente*, Éditions SOTECA, coll. « Outre-Mer », 2023.

État algérien – quitte à le couvrir ou à l'exonérer des exactions et crimes commis – ; la culpabilité des Français, qui ont désigné l'OAS et les ultras de l'Algérie française comme la cause des maux qui ont accompagné la fin de cette séquence.

Ainsi, le gouvernement de la République française a tout fait pour achever le plus vite possible la passation de pouvoir. La responsabilité des crimes et attentats des derniers mois de l'Algérie française est mise sur le compte de l'OAS, alors que celle-ci – dont la violence est extrême – agit en interaction avec le FLN, les barbouzes d'Alger et les policiers et militaires français lancés à ses trousses[1]. La tragédie d'Oran du 5 juillet 1962, qui a fait en quelques heures près de 700 morts et disparus définitifs, n'a pas été imputée au FLN, et a été à tout le moins minimisée, voire longtemps tue. L'armée française est demeurée l'arme au pied dans ses casernes pendant ces heures tragiques. Les commissions d'enquêtes publiques et du CICR n'ont pas donné lieu à des procès en responsabilité.

Enfin, dans les mois qui suivirent, la traque et la mort souvent atroce donnée à des dizaines de milliers de harkis (voire à leurs familles) ont été passées sous silence, bien que l'armée française présente sur place soit informée. La circulaire Messmer interdit le rapatriement des harkis, pourtant renvoyés désarmés dans leurs douars. Mais le ministre, dans les mois qui suivent, ferme les yeux sur le rapatriement de près de 90 000 harkis et membres de leurs familles, dont près de la moitié via le camp militaire français de Zéralda près d'Alger[2]. Toutefois, rien ne doit entacher la perspective d'une coopération harmonieuse et riche de perspectives avec Alger. La propagande insiste sur la poursuite du plan de Constantine, la naissance d'une coopération tous azimuts, et tourne la page de l'Algérie coloniale dont les Français ne veulent plus entendre parler.

---

1. Henri-Christian Giraud, *Algérie : le piège gaulliste. Histoire secrète de l'indépendance*, Perrin, 2022.
2. Voir, à la fin de ce chapitre, la sous-partie sur les harkis.

La troisième action est postérieure à la guerre et extérieure à la France. Elle consiste à taire les conditions de la prise du pouvoir en Algérie à l'été 1962, puis la nature autoritaire de celui-ci. Alors que l'on célèbre en Algérie les maquis et les maquisards à travers la figure consensuelle et sacrée du moudjahid, l'histoire officielle ne raconte pas la manière dont s'est constituée – ni avec qui – l'armée des frontières de Boumediene. Car 70 000 moudjahidin des maquis sont morts, et c'est l'armée des frontières – qui pour l'essentiel n'a pas combattu – qui marche sur Alger dès l'été 1962 et y installe Ben Bella en lieu et place du GPRA, sous la protection du colonel Boumediene. Pour Paris, la guerre n'a que trop duré, il faut tourner la page, et veiller aux intérêts stratégiques que la France garde en Algérie, notamment au Sahara. Ce n'est plus l'histoire de la France : les Algériens sont propriétaires de leur récit. Encore sous la présidence d'Abdelaziz Bouteflika, qui fut frappé par des AVC en 2013, le silence règne à Paris. Entre 2013 et 2019, alors que le président algérien est mutique et paralysé, seuls les présidents français, de passage à Alger, entretiennent le mythe du vaillant combattant aux commandes de son pays. Le pouvoir est passé dans d'autres mains, mais Paris se conforme encore une fois au récit d'Alger.

Pierre Vermeren

Bibliographie

Henri-Christian Giraud, *Algérie : le piège gaulliste. Histoire secrète de l'indépendance*, Perrin, 2022.

Frédéric Médard, *Algérie 1960-1962, l'armée française dans la tourmente*, Éditions SOTECA, coll. « Outre-Mer », 2023.

Guy Pervillé, *Histoire de la mémoire de la guerre d'Algérie*, Éditions SOTECA, 2022.

Benjamin Stora, *La gangrène et l'oubli. La mémoire de la guerre d'Algérie*, La Découverte, 2005 (1991).

La guerre souterraine et l'usage des armes chimiques en Algérie (1954-1962)

Les secrets d'État peuvent parfois surprendre par la durée relativement longue de leur existence. L'utilisation des armes chimiques durant la guerre d'Algérie illustre de bien des manières comment un secret peut perdurer, malgré tous les petits cailloux laissés en héritage par les anciens combattants pour guider le regard de leurs descendants (et des chercheurs). L'historiographie de cette guerre est foisonnante. En 2018, on pouvait recenser 667 thèses et mémoires en langue française. Dans cette somme de connaissances, rien (ou peu de choses) sur l'usage des armes chimiques par l'armée française. L'ouvrage de référence sur les aspects militaires de la guerre d'Algérie n'en fait aucunement mention[1]. Il faut porter son regard du côté de l'Allemagne pour lire une thèse présentant la genèse de ces violences spécifiques[2], sous la plume de Fabian Klose, qui dispose alors d'une dérogation pour consulter les cartons d'archives du Service historique de la Défense (SHD) à Vincennes. Il l'a soutenue avant la promulgation de la loi de 2008 sur les archives. Or, beaucoup des fonds cités sont maintenant interdits aux chercheurs. En France, une recherche doctorale intitulée « La guerre des grottes menée par l'armée française au cours des guerres non conventionnelles, de 1800 à 2011 » a débuté en novembre 2015. Elle est conduite par un officier spécialiste de l'armée de Terre[3]. La rédaction de ce travail a été mise brutalement à l'arrêt en 2019, à la suite d'une perquisition de la Direction générale de la sécurité intérieure (DGSI) pour un soupçon de compromission du secret de la défense nationale. Trois ans plus tard, cet étudiant n'était toujours pas mis en examen, mais sa carrière d'officier était brisée. Des

1. Maurice Vaïsse, Jean-Charles Jauffret, *Militaires et guérilla dans la guerre d'Algérie*, Éditions Complexe, 2001.

2. Sous la direction du professeur Martin H. Geyer : « Menschenrechte im Schatten kolonialer Gewalt. Die Dekolonisierungskriege in Kenia und Algerien 1945-1962 ». Elle est soutenue en 2007 à l'université de Munich.

3. Docteur en histoire contemporaine depuis le 29 janvier 2014, nous étions intégré au comité de suivi de thèse de ce doctorant.

interrogations subsistent sur les motivations réelles de ces perquisitions, d'autant plus que beaucoup d'éléments sont déjà disponibles en sources ouvertes.

Les récits publiés par certains anciens combattants français font sortir cette histoire de l'ombre. Il y a d'abord l'ouvrage du général Georges Buis sobrement intitulé *La grotte*. Publié en 1961, il lève le voile sur l'existence de ces combats sans en dévoiler les ressorts profonds. Il faut attendre trente-six ans pour découvrir le témoignage de Roger Clair, ancien appelé du 77ᵉ bataillon du génie (BG), sur la bataille dans les grottes et l'usage des gaz de combat. Il est suivi peu de temps après par Yves Le Gall écrivant sur le génie en Algérie et les sections spécialisées dans la réduction de grottes (1960-1962). En 2003, c'est au tour d'Armand Casanova, lui aussi appelé au 77ᵉ BG, de livrer sa version de cette histoire. En 2010, un ouvrage collectif des anciens combattants de la section de grotte de la 75ᵉ compagnie de génie aéroporté (CGAP) détaille leurs opérations, les techniques, tactiques et procédures de combat. Publié à compte d'auteur, il est disponible un temps sur le site de l'amicale des anciens combattants du 17ᵉ régiment de génie parachutiste (RGP) avant d'être retiré de la vente. En 2015, Jean Vidalenc retranscrit son expérience d'appelé de la 71ᵉ compagnie de génie de zone (CGZ), de la section armes spéciales. Que nous apprennent ces récits ? Durant la guerre d'Algérie, l'armée française a mis sur pied des unités dédiées à la lutte souterraine utilisant des armes chimiques. Une unité spéciale joue un rôle central : la batterie armes spéciales (BAS) du 411ᵉ régiment d'artillerie antiaérienne (411ᵉ RAA).

La batterie armes spéciales du 411ᵉ régiment d'artillerie antiaérienne

Entre 1956 et 1962, la France mène une guerre souterraine en utilisant une partie de l'arsenal de l'état-major des armes spéciales (nucléaire, bactériologique, chimique). À la demande de l'état-major de la 10ᵉ Région militaire (RM), l'état-major du commandement des armes spéciales (CAS puis CIAS) est invité à fournir une étude pour déterminer comment ces armes peuvent répondre à un certain nombre de problèmes tactiques rencontrés par l'armée française sur le terrain. La demande est transmise au général Charles Ailleret, chef du CAS, afin qu'il puisse fournir des solutions pour neutraliser, entre autres, les grottes et caches souterraines utilisées par les indépendantistes algériens. Une unité spécialisée est créée au 1er décembre 1956 : la batterie armes spéciales (BAS) du 411e RAA[1]. Des engagés et des appelés du contingent de la 7e RM, après un passage à Bourges au 610e groupe d'expérimentation et d'instruction des armes spéciales (GEIAS), gagnent l'Algérie pour mener cette guerre « spéciale ». Les attributions de cette unité sont de mener des expérimentations opérationnelles (procédures, utilisation de matériel de soufflerie pour les gaz, etc.), de mettre en œuvre en opération les procédés testés et d'instruire les autres unités pour généraliser l'emploi des armes dites spéciales. Les enfumades de la conquête coloniale – dont la plus atroce est celle des grottes du Dahra où l'ensemble de la tribu des Ouled Riah périt les 18 et 19 juin 1845 sous le commandement du colonel Pélissier – trouvent un prolongement saisissant durant la guerre d'indépendance. Cette initiative portée par la IVe République au moment du vote des pouvoirs spéciaux pour l'Algérie est reprise puis intensifiée par la Ve République avec la mise en route du plan Challe (1959-1961). À partir de 1959, la BAS participe au développement et à la formation des sections de grottes formées au sein des unités du génie, mais aussi de la Marine. Ce combat souterrain se poursuit jusqu'à l'indépendance de l'Algérie en 1962.

Le secret sur cette unité n'était pas absolu pour qui souhaitait enquêter. Dès 1960, dans l'ouvrage *La pacification. Livre noir de six années de guerre en Algérie* – édité par Nils Andersson chez La Cité éditeur pour recenser les crimes du colonialisme durant la guerre d'indépendance – nous pouvions lire : « Il existe dans la banlieue d'Alger

1. Carton 7U1236, consulté au SHD le 21 décembre 2022.

une compagnie Z formée en majorité de sous-officiers appelés ou de carrière. Leur instruction sur l'utilisation des gaz est assurée à Bourges (école d'armes spéciales). D'abord répartis dans les corps de troupe, les éléments de la compagnie Z ont été regroupés à Alger à la fin de l'année 1956. Leur rôle : participer aux opérations au cours desquelles les hors-la-loi sont surpris dans les grottes. L'équipe des techniciens est envoyée avec des grenades à gaz et un matériel protecteur. Les grenades sont projetées par dizaines dans l'ouverture de la grotte. Après une attente plus ou moins longue, un suspect est envoyé à l'intérieur. Si l'on tire dessus, c'est que les hors-la-loi sont encore vivants. On jette de nouvelles grenades … L'attente peut être très longue suivant l'état et la profondeur de la grotte. Enfin, les hommes revêtus de leurs vêtements protecteurs iront "inventorier" l'intérieur. Officiellement, c'est-à-dire à l'usage des membres de la compagnie Z, on utilise des gaz lacrymogènes "renforcés", autorisés par les conventions de Genève. Or, la composition chimique de ces gaz comme les brûlures relevées sur les victimes permettent d'affirmer qu'il ne s'agit pas de lacrymogènes, mais d'aminodichloroarsines (gaz très lourds, brûlant les tissus intérieurs et extérieurs, théoriquement interdits entre belligérants). » Ce témoignage soulève la question de la nature de la guerre chimique menée par la France en Algérie. Était-elle réellement limitée aux agents de maintien de l'ordre ?

Une guerre chimique limitée ?

Une lettre retrouvée lors de nos recherches à Vincennes indique que le ministère des Armées a voulu encadrer l'usage de ces armes chimiques : « Sur les propositions du commandement des armes spéciales faites pour répondre à des demandes du général commandant la 10e Région militaire [le général Henri Lorillot], dans le cadre de la mission définie par la note n°7657 EMA/CAB du 19 avril 1956, certains procédés chimiques pourront être employés au cours des opérations en Algérie. » Une arme chimique est une arme utilisant au moins un produit chimique toxique pour les êtres humains. Les agents de guerre chimique peuvent être des incapacitants, des neutralisants psychiques ou physiques, voire des substances létales. Cette lettre autorise leur utilisation. « Ces procédés ne devront mettre en œuvre que des produits normalement utilisés dans les différents pays pour le maintien de l'ordre [souligné], c'est-à-dire limités à l'utilisation du bromacétate d'éthyle, de la chloracétophénone et de la diphénylaminochlorarsine ou de corps possédant des propriétés très voisines. » Le ministre conclut prudemment : « Comme pour le maintien de l'ordre, ils ne devront être employés qu'à des concentrations telles qu'elles ne puissent entraîner aucune conséquence grave pour des individus soumis momentanément à leurs effets[1]. » De multiples vecteurs de diffusion (grenades, chandelles – dispositif pyrotechnique permettant de libérer 5 kilos de CN2D sous forme gazeuse –, roquettes, bombes, etc.) sont mis au point pour lutter contre les réduits souterrains.

Cette pièce d'archive confirme les informations données par le colonel Olivier Lion dans un article publié en 2009 : « Durant les opérations en 1958-1959, les "sections de grotte" utilisèrent des projectiles chargés de lacrymogènes (grenade lacrymogène modèle 1951, chargée de 80 grammes de CN2D ou de CND [mélange de chloracétophénone et d'adamsite] ou de la grenade lacrymogène modèle 1959, chargée de 80 grammes de CND ou de CB [appellation française du CS]), pour neutraliser les occupants de refuges souterrains. Certains sites souterrains auraient été contaminés par des agents similaires afin d'en interdire l'utilisation par les rebelles. » Devant la faible persistance des agents chimiques lacrymogènes classiques pour empêcher la réutilisation des grottes, le gaz CN2D est créé par les laboratoires français. Son utilité opérationnelle est due à son extrême agressivité pour mettre hors de combat les individus à l'intérieur des cavités mais

1. Décision n°1152 DN/CAB/EMP du cabinet du ministre des Armées du 8 juin 1956, carton 15T582 du Service historique de la Défense (partiellement accessible suite à la décision de la commission d'accès aux documents administratifs [CADA] de décembre 2021).

aussi à sa persistance. Est-il pour autant « sans conséquence grave pour les individus » soumis à son effet ?

Des gaz sans effets ?

Le gaz CN2D appartient à la famille des toxiques incapacitants. L'ajout d'arsines dans la composition du mélange lacrymogène permet au gaz de se déposer sur les parois de la grotte et de demeurer actif pendant une période d'un à six mois, en fonction du taux d'humidité du souterrain et de la ventilation. En milieu clos, l'emploi d'une quantité importante de gaz pouvait entraîner la mort des individus sans protection. Selon les témoignages recueillis chez les anciens combattants français, l'usage des gaz n'était pas à l'origine prévu pour tuer. Il devait permettre de faire des prisonniers pour obtenir du renseignement. Néanmoins, en fonction de la configuration de la grotte, le gaz pouvait être rapidement mortel. Arrivés à proximité des fellaghas, le même spectacle dantesque s'offrait aux yeux des militaires français : « Les corps étaient boursouflés, de la bave jaunâtre leur sortait de la bouche. Leurs corps présentaient une érection… Comme les pendus quoi… ils étaient asphyxiés. Nous ne remontions pas les corps. Pour quoi faire ? Et puis souvent c'était impossible. Nous fouillions les lieux puis nous faisions sauter l'entrée à l'explosif quand cela était possible », nous confiait Yves Cargnino, ancien combattant de la section de grottes de la 75e CGAP, lors d'un entretien[1].

Le CN2D pouvait aussi provoquer des lésions graves chez ceux qui l'utilisaient. Yves Cargnino fut intoxiqué au moins deux fois en opérations entre 1959 et 1961. À son retour d'Algérie, il est confronté à une insuffisance pulmonaire qui s'aggrave avec le temps. En 2008, il demande une revalorisation de sa pension d'invalidité. Un procès s'ensuit avec le ministère des Armées pour faire reconnaître son préjudice. Le délibéré du tribunal des pensions de Besançon du 8 décembre

1. Entretien avec l'auteur du 31 mars 2017.

2016 affirme « que s'agissant de la nocivité des gaz utilisés, la littérature en la matière permet de confirmer que les gaz CND CN2D et CN DM sont létaux en milieu fermé […]. Que les soldats avaient pour mission ensuite de l'explosion des grenades incapacitantes de fouiller les galeries. La dispersion des gaz en milieu confiné est donc lente et les soldats ont nécessairement respiré ceux-ci lors de leur inspection[1] ». Les anciens combattants en France, victimes indirectes des gaz, ont dorénavant la possibilité de faire reconnaître leur préjudice. En Algérie, il est encore impossible de réellement évaluer l'impact humain et environnemental de cette guerre souterraine. L'Organisation pour l'interdiction des armes chimiques (OIAC) a tiré les leçons de l'histoire : l'article 5 des obligations générales du traité du 13 janvier 1993 (entré en vigueur en 1997) – dont la France est signataire – interdit dorénavant l'usage des agents antiémeute comme moyen de guerre.

Une utilisation conforme aux traités internationaux ?

Fabian Klose accuse la France d'avoir bafoué le protocole de Genève de 1925, qui proposait la prohibition de l'emploi à la guerre de gaz asphyxiants, toxiques ou similaires et de moyens bactériologiques. Né à la suite du traumatisme de la Grande Guerre, ce protocole est le premier texte international à interdire l'utilisation des armes chimiques et des armes biologiques. Il estime que l'emploi du CN2D dans l'espace confiné de la grotte provoque les mêmes effets que les gaz de combat, à savoir la mort des indépendantistes algériens, si ces derniers ne se rendent pas à temps. En 1956, la France estime que ces gaz sont adaptés aux opérations de maintien de l'ordre, en se référant à sa traduction française du dit protocole (« Protocole concernant la prohibition d'emploi à la guerre de gaz asphyxiants, toxiques ou similaires et de moyens bactériologiques »). La traduction anglaise à laquelle se réfère le chercheur (« *Protocol for the prohibition of the use*

1. Document remis à l'auteur le 31 mars 2017.

in war of asphyxiating, poisonous, or other gases, and of bacteriological methods of warfare») est plus contraignante, car elle s'étend à tous les gaz. La France a ratifié la traduction la plus conforme à ses intérêts. Pour autant, les militaires français ont-ils tous utilisé ces armes sans précautions ?

Des témoignages recueillis au sein de la BAS du 411e RAA laissent penser que certains officiers furent très soucieux de ne pas provoquer la mort des Algériens avec le gaz, au point parfois de prendre des risques pour eux-mêmes. Des archives personnelles recueillies au sein de la section grottes de la demi-brigade de fusiliers marins (DBFM) révèlent certaines réticences. Néanmoins, les premières pratiques sur le terrain (1954-1956), le développement exponentiel de ces unités à partir de 1959 (de une seule à dix-neuf), leur formation hâtive ainsi que l'existence d'équipes de grottes non formées, le maintien de certaines populations en zones interdites trouvant refuge dans les grottes, ouvrent la porte à certaines « bavures » ou exactions. Dix-neuf unités de « grottes » ou « armes spéciales » sont recensées dans les archives. Le nombre d'unités créées de manière autonome est encore à déterminer. En France, les quatre lois d'amnistie (1964, 1966, 1968 et 1982) semblent empêcher toute poursuite contre les responsables d'exactions. Les séquelles de ces combats demeurent pourtant et appellent à l'établissement de toute la vérité.

Quel bilan ?

Le mensonge d'État réside ici dans la volonté d'occulter cette histoire, d'empêcher les anciens combattants victimes collatérales de ces gaz de pouvoir faire reconnaître leurs préjudices, de briser la carrière d'un officier pour faire cesser ses travaux de recherche puis de refermer les archives grâce à un article trop imprécis (article L.2013-2, II sur les archives incommunicables) ou un cavalier législatif (article 25 de la loi du 30 juillet 2021 sur la prévention des actes terroristes). En conséquence, le total des opérations souterraines est encore aujourd'hui inconnu. On estime leur nombre entre 5 000 et 10 000. Le bilan humain, le nombre précis de militaires français dédiés à ces opérations comme le nombre des disparus le sont tout autant. Les archives déposées au SHD sont partiellement fermées quoiqu'elles contiennent des réponses. Un document laisse entrevoir, pour l'année 1961, 903 grottes « traitées » par les différentes unités spécialisées pour 317 Algériens hors de combat (tués ou prisonniers)[1]. Les témoignages oraux et archives personnelles collectés auprès des anciens combattants français suggèrent un volume très important d'opérations ainsi qu'un usage répandu de l'abandon des corps des Algériens au fond des cavités. Les grottes servant de lieux de détention pour les militaires français, des corps peuvent aussi s'y trouver. En Algérie, certains proches voudraient retrouver les dépouilles des anciens résistants, quand d'autres leur rendent hommage devant les entrées des grottes identifiées et parfois ouvertes sans précautions. D'anciens combattants intoxiqués (algériens et français) vivent encore avec les séquelles de ces opérations. D'autres gaz furent-ils utilisés à l'encontre des prérogatives gouvernementales ? Certains témoignages évoquent l'usage d'ypérite liquide. L'ouverture de toutes les archives est indispensable pour établir les faits, réaliser une cartographie des sites, première étape indispensable à l'écriture de cette histoire. Puis viendra le temps de la recherche et de l'identification des portés disparus. Plus de soixante ans après les faits, il est plus que temps.

Christophe Lafaye

Bibliographie

Charles Ailleret (général), *Général du contingent en Algérie (1960-1962)*, Grasset, 1998.

Amicale des anciens du 17e régiment du génie parachutiste (RGP), *La 75e compagnie du génie aéroporté. AFN 1956-1961*, à compte d'auteur, 2010.

Georges Buis (général), *La grotte*, Le Livre de poche, 1961 (rééd. 1972).

1. « Bilan des sections de grottes en Algérie en 1961 », rapport transmis au général Charles Ailleret, carton 1H3195, consulté le 19 avril 2022 au Service historique de la Défense à Vincennes.

Armand Casanova, *Ma guerre des grottes en Algérie vécue en tant que caporal-chef*, à compte d'auteur, 2003.
Roger Clair, *Commando spécial. Algérie 1959-1960*, Pygmalion, 1997.
Hafid Keramane, *La pacification. Livre noir de six années de guerre en Algérie*, La Cité éditeur, 1960.
Fabian Klose, *Human Rights in the Shadow of Colonial Violence. The Wars of Independence in Kenya and Algeria*, University of Pennsylvania Press, 2013.
Yves Le Gall, *Le génie en Algérie et les sections spécialisées dans la réduction de grottes (1960-1962)*, France Europe, 2001.
Olivier Lion (colonel), « Des armes maudites pour les sales guerres ? L'emploi des armes chimiques dans les conflits asymétriques », *Stratégique*, 2009/1, n° 93, p. 491-531.
Jean Vidalenc, *Les rats des Aurès. Les gars du génie dans la guerre d'Algérie*, à compte d'auteur, 2015.

Le massacre du 17 octobre 1961

Mardi 17 octobre 1961. La nuit est tombée. À cette heure où les Parisiens rentrent chez eux, des dizaines de milliers d'Algériens et des Algériennes convergent vers les Grands Boulevards et les places de l'Étoile, de l'Opéra ou encore Saint-Michel. Par petits groupes, ils sortent des bouches de métro et marchent simplement dans la rue. Ils sont parfois partis des bidonvilles de banlieue où ils sont entassés et ont été bloqués par les forces de l'ordre au moment de franchir la Seine. Pourquoi ? Parce qu'ils sont des « Français musulmans d'Algérie » et que, depuis le 5 du mois, la préfecture de police a décrété qu'ils devaient respecter un couvre-feu de 20 h 30 à 5 h 30.

Sur la base de leur apparence physique, la police les contrôle, les arrête. Au total plus de la moitié des 20 000 personnes qui réussissent à gagner Paris pour participer à ce boycottage du couvre-feu sont arrêtées. Elles sont retenues plusieurs jours sans pouvoir donner de nouvelles à leurs proches. Certaines sont directement expulsées en Algérie. Le 18 et le 20 encore, des manifestations de protestation contre le couvre-feu et ces arrestations témoignent de l'inquiétude des Algériens. En effet, à mesure que rentrent les personnes interpellées, on compte les disparus.

Ce soir du 17 octobre, la violence des policiers a frappé. Des blessés ont rejoint les hôpitaux mais beaucoup se sont cachés pour ne pas être arrêtés. D'autres ont été assassinés, souvent jetés à la Seine. Parce qu'ils étaient algériens ou parce qu'ils en avaient l'air. Dans la terminologie administrativo-politique française, ils sont des « Français musulmans d'Algérie » car l'Algérie est encore française. On leur reproche d'avoir suivi le mot d'ordre de boycottage du couvre-feu lancé par la fédération de France du Front de libération nationale algérien plutôt que d'obéir au couvre-feu préfectoral.

La guerre qui a commencé sept ans plus tôt va s'achever par l'indépendance. Tout le monde le sait ; c'est une question de mois, de semaines peut-être. Mais les tensions ne cessent de croître depuis le début de l'année et des violences nouvelles s'ajoutent à celles de la guerre entre indépendantistes algériens et armée française, notamment celles de l'OAS. En France même, la police est devenue la cible d'attentats répétés de la part des groupes de choc du FLN. Le 17 octobre, à Paris, elle saisit l'opportunité de frapper fort.

Dans la nuit, qui a vu les morts ? Et les blessés, sont-ils morts ? Les disparus ont-ils été expulsés en Algérie ou sont-ils retenus et torturés comme c'est fréquent de l'autre côté de la Méditerranée ? La préfecture reconnaît trois morts dont un Français. Le mensonge est évident pour les témoins et ils sont nombreux dans la capitale française. Pourtant, ce mensonge sera la seule vérité officielle pendant près de cinquante années. La commission d'enquête parlementaire demandée par le socialiste Gaston Defferre ne sera pas créée.

D'autres récits disent l'ampleur des violences. Dès le mois d'octobre, des policiers, des militants de gauche, des journalistes aussi témoignent ou questionnent le mensonge officiel. Michel Massenet, membre du Conseil d'État, parle, dans une note qu'il adresse à l'Élysée, de violence « sans précédent dans les annales policières en France ». Des plaintes sont déposées et le président de la République lui-même souhaite qu'elles aboutissent, mais sans jamais prendre de position publique et sans désavouer aucun des responsables, du préfet de police, Maurice Papon, au ministre de l'Intérieur, Roger Frey. Charles de Gaulle signale-t-il son désir au ministre de la Justice ? L'amnistie qui clôt la guerre d'Algérie vient de toute façon, rapidement, fermer toute possibilité de poursuite.

Maurice Papon ne sera jamais inquiété par la justice pour avoir ordonné ou couvert ces crimes. Il restera à son poste jusqu'en 1967 et sa carrière ne connaîtra aucun accroc, jusqu'à devenir député et même ministre du Budget de 1978 à 1981. Sa version des événements domine longtemps, peu perturbée par les quelques voix discordantes qui crèvent de temps à autre l'édredon de silence. L'engagement militant ou diplomatique est en effet faible sur le sujet : ni la gauche française, plus active à entretenir la mémoire des neuf militants tués par la police en février 1962 au métro Charonne, ni l'État algérien, peu désireux d'évoquer le rôle de la fédération de France du FLN dans la lutte pour l'indépendance, ne sont très actifs pour que s'impose un récit alternatif en France.

Ce mensonge originel et entretenu s'effondre à partir du procès de Maurice Papon, condamné en 1998 pour complicité de crime contre l'humanité pour son action à la préfecture de Bordeaux sous le régime de Vichy. L'imprescriptibilité de ce crime a permis la poursuite judiciaire. Et ce procès est aussi l'occasion de soulever, pour le grand public, le voile couvrant son action en tant que préfet de police de Paris pendant la guerre d'Algérie. Est, en effet, appelé à la barre un homme qui, quelques années auparavant, s'est attaché à identifier tous les morts de cette nuit d'octobre 1961 en pointant précisément la responsabilité du préfet Papon : Jean-Luc Einaudi, l'auteur de *La bataille de Paris*[1].

À cette occasion, le quotidien *Libération* publie en une l'image d'un registre d'information du parquet de la Seine mentionnant notamment des cas d'Algériens repêchés dans la Seine. Jean-Luc Einaudi avait travaillé en faisant feu de tout bois mais sans pouvoir

1. Jean-Luc Einaudi, *La bataille de Paris, 17 octobre 1961*, Seuil, 1991.

accéder à de nombreuses archives : soit que l'accès lui en ait été refusé, soit que ces archives aient été purement et simplement détruites. Le procès de Bordeaux met en lumière ce besoin d'archives ; la ministre de la Culture y répond en demandant que les fonds sur cette journée soient ouverts et le gouvernement mandate deux personnes chargées d'identifier ce qui existe dans les documents du ministère de la Justice, d'une part, et de l'Intérieur, de l'autre. Aucunement historiennes, elles estiment le bilan humain à plus d'une trentaine de morts. Pour la première fois, des hauts fonctionnaires remettent en cause la vérité officielle.

En marge du procès, Jean-Luc Einaudi publie une tribune dans *Le Monde* à propos de Maurice Papon et de sa responsabilité dans ce qu'il appelle le « massacre » du 17 octobre 1961. Sûr de lui, Maurice Papon l'attaque pour diffamation. La justice tranche en faveur de Jean-Luc Einaudi : pour la première fois, on reconnaît officiellement qu'un « véritable massacre » a eu lieu le 17 octobre 1961 à Paris. Cette vérité judiciaire est contrainte par son cadre d'énonciation : la justice ne se prononce pas sur les faits mais, rejetant la dimension diffamatoire des mots écrits par Jean-Luc Einaudi, elle les valide. Le mensonge officiel est devenu intenable et la justice elle-même signifie qu'elle n'y croit plus. Pour alambiquée qu'elle soit, il s'agit bien d'une première reconnaissance.

Deux archivistes, Philippe Grand et Brigitte Lainé, ont témoigné en faveur de Jean-Luc Einaudi lors de son procès pour diffamation. Ils ont attesté l'existence de fonds permettant de documenter avec précision le massacre pourvu qu'on laisse les historiens y travailler. Leur déposition leur vaut sanctions et mise au placard durable par les Archives de Paris ; le sujet reste extrêmement sensible mais l'édifice mensonger craque de toutes parts. Après les deux procès, une parole politique est attendue.

Les travaux de plusieurs chercheurs ont documenté la violence policière et les mémoires vives des Algériens ont fini par trouver la voie d'une médiatisation. Après le roman policier de Didier Daeninckx,

Meurtres pour mémoire, en 1983, le documentaire *Le silence du fleuve* (diffusé à la télévision en 1993) et d'autres œuvres artistiques ont fait peu à peu connaître l'événement au-delà des milieux militants ou des familles algériennes. Aux interrogations sur la responsabilité de l'État se sont combinées les actions de mouvements portés par des enfants nés en France de parents algériens pour que des rassemblements puis des marches commémoratives soient organisés dans l'espace public. Plus encore, le « 17 octobre 1961 » est devenu une date dans la chronologie politique de la guerre et on l'apprend au lycée dès la fin des années 1980.

Pourtant aucune parole officielle ne semble prête à assumer la responsabilité de l'État dans le massacre, son ampleur et sa nature. Le premier geste politique de sortie du mensonge vient de la Mairie de Paris en 2001, après que le Premier ministre Lionel Jospin a signifié son désir que des recherches historiques puissent être menées sur « la manifestation organisée par le FLN le 17 octobre 1961 et plus généralement sur les faits commis à l'encontre des FMA durant l'année 1961 » (circulaire du 4 mai 2001). En octobre 2001, après de fortes tensions au sein du conseil de Paris, une plaque est dévoilée au pont Saint-Michel, d'où des Algériens furent jetés dans la Seine : « À la mémoire des nombreux Algériens tués lors de la sanglante répression de la manifestation pacifique du 17 octobre 1961 ». La violence n'est pas niée mais les évitements sont nombreux : le contexte discriminatoire du couvre-feu n'est pas évoqué ; la spécificité de son boycottage est annulée par l'usage inexact du terme « manifestation » pour désigner l'action des Algériens ce soir-là ; les responsables de la répression ne sont pas nommés, qu'il s'agisse des policiers ou de leurs chefs. Enfin, l'euphémisation est encore de rigueur en ce qui concerne le bilan humain.

Quelques années plus tard, deux historiens britanniques livrent l'estimation scientifique la plus fiable : il y eut une quarantaine de morts ce soir-là, à replacer dans un contexte plus large de grande violence puisque, de fin août à fin octobre, Jim House et Neil Macmaster comptent une centaine de morts. Le 17 octobre 1961 a bien eu lieu un massacre d'État d'ampleur, en plein cœur de l'Europe occidentale, dans un pays officiellement en paix. Un massacre dont la dimension coloniale est évidente. Toutes ces caractéristiques restent alors difficiles à admettre par le pouvoir politique français, en dépit des multiples appels en ce sens. En 2012, François Hollande estime que « la République reconnaît avec lucidité les faits », affirmant par ces mots que « des Algériens qui manifestaient pour le droit à l'indépendance ont été tués lors d'une sanglante répression ». Encore une fois, une distorsion des faits et des intentions des acteurs, l'invisibilisation des responsabilités et du fait que la répression a été menée par la police. Encore une fois une euphémisation du bilan humain.

Pour le 60e anniversaire de l'événement, le président Macron décide d'aller plus loin. Il opte pour un hommage silencieux au pont de Bezons et fait parallèlement connaître sa position dans un texte. Pour la première fois, le mot « crimes » est écrit pour qualifier des actes « inexcusables pour la République ». Mais ce n'est pas la République qui est responsable. Au contraire, Maurice Papon, mauvais préfet et brebis galeuse de l'administration française, est chargé de l'ensemble de la faute. Le président précise que la France « reconnaît les responsabilités clairement établies » mais la responsabilité politique n'est pas explicitement évoquée tandis que le mot « police » est toujours absent. Pas de crime d'État, par conséquent, mais le crime d'un homme, haut fonctionnaire déjà condamné pour sa responsabilité dans le génocide des Juifs en France, et mort depuis près de quinze ans. En ces temps troublés où la France connaît une augmentation des violences commises par des policiers, en particulier vis-à-vis de jeunes hommes descendants de l'immigration coloniale, le sujet semble encore particulièrement sensible.

Raphaëlle Branche

Bibliographie

Emmanuel Blanchard, *La police parisienne et les Algériens (1945-1962)*, Nouveau Monde éditions, 2011.

Jean-Luc Einaudi, *La bataille de Paris, 17 octobre 1961*, Seuil, 1991.

Jim House, Neil Macmaster, *Paris 1961. Algerians, State Terror and Memory*, Oxford University Press, 2006.

Gilles Manceron, « La triple occultation d'un massacre », préface à *Le 17 octobre des Algériens* de Marcel et Paulette Péju, La Découverte, 2011.

Fabrice Riceputi, *Ici on noya les Algériens. La bataille de Jean-Luc Einaudi pour la reconnaissance du massacre policier et raciste du 17 octobre 1961*, Le Passager clandestin, 2021.

Sylvie Thénault, « Le fantasme du secret d'État autour du 17 octobre 1961 », *Matériaux pour l'histoire de notre temps*, n° 58, 2000, p. 70-76.

L'armée a torturé en Algérie

« Aucun acte de torture ne s'est produit à ma connaissance ni à la vôtre depuis la venue à Alger du général de Gaulle. Il ne doit plus s'en produire désormais. » Par ces mots définitifs prononcés fin juin 1958[1], André Malraux engageait le nouveau gouvernement du général de Gaulle. Deux mois plus tôt, Malraux avait signé une adresse solennelle au président de la République avec trois autres Prix Nobel de littérature (Sartre, Mauriac et Martin du Gard). Ces intellectuels y sommaient « les pouvoirs publics au nom de la Déclaration des droits de l'homme et du citoyen de condamner sans équivoque l'usage de la torture ». Les propos de Malraux étaient-ils sans équivoque ce 24 juin ? Le nouveau ministre du général de Gaulle n'était-il pas en train de mentir ?

Lors de sa tournée en Algérie, au début du mois, Charles de Gaulle avait rassuré les Français d'Algérie et le haut commandement militaire, qui s'étaient insurgés en mai contre la perte de ce territoire français. Il avait aussi choisi d'ajouter aux pouvoirs militaires du

1. Réponse d'André Malraux à un journaliste le 24 juin 1958, citée dans Pierre Vidal-Naquet, *La raison d'État*, p. 203.

général Salan tous les pouvoirs civils pour six mois : celui qui avait été à l'origine d'un approfondissement de la guerre dite contre-révolutionnaire en Algérie, celui qui avait accompagné le lancement de la grande répression à Alger en 1957 et soutenu le développement des détachements opérationnels de protection spécialisés dans la torture des prisonniers les plus durs devenait le responsable omnipotent de la guerre en Algérie.

Alors Malraux mentait-il ? Tentait-il de croire à ses propres espoirs ? Assurément, la formulation était honnête : « à ma connaissance ». Que pouvait en effet savoir le ministre ? Que pouvait même savoir le chef du gouvernement à cette date ? Probablement pas grand-chose. Malraux ignorait sans doute de bonne foi qu'on torturait encore massivement en Algérie en juin 1958 comme cela était le cas depuis le début de l'engagement de l'armée française contre les indépendantistes algériens, plus de trois ans et demi auparavant. Par cette affirmation cependant, il engageait le général de Gaulle, sa volonté de savoir et son désir d'interdire des violences illégales. Alors qu'un nouveau régime s'annonçait, la reprise en main de la situation à Alger devait aller de pair avec un retour à l'état de droit.

Mais pour que l'armée cesse de torturer, encore aurait-il fallu que les raisons pour lesquelles elle se sentait légitime à le faire cessent. Encore aurait-il fallu que le rapport de forces qu'elle avait construit avec le pouvoir politique soit inversé et qu'elle redevienne l'outil obéissant d'une autorité politique sûre d'elle-même. Or Charles de Gaulle était revenu au pouvoir sous la pression d'une armée d'Algérie politisée et radicalisée. Il allait lui falloir près de deux ans pour reprendre les rênes et encore deux années pour finir la guerre. En attendant, tout continuerait comme avant et s'aggraverait même jusqu'en 1960 avec un enfoncement dans la répression et les violations des droits humains, en Algérie comme en métropole.

La torture était au premier rang des violences illégales largement pratiquées. À la différence des exécutions sommaires, maquillées dès le début du conflit en « fuyards abattus » par le pouvoir politique, la torture restait officiellement interdite. Face aux responsables politiques qui cherchaient à se renseigner, l'armée admettait tout au plus des bavures et des excès. Les exécutions sommaires étaient, quant à elles, présentées comme l'unique réponse adaptée à une répression qui ne donnait pas assez de moyens à l'armée : la justice, en particulier, était accusée d'une mansuétude coupable et une partie de l'armée assassinait ses prisonniers, estimant devoir se faire justice elle-même.

Une justification aussi assumée était impossible pour la torture. Totalement interdite par tous les textes de droit, contraire aux droits de l'homme dont la France aimait à se penser la patrie, la torture restait bien un crime. Or l'armée française ne pouvait être criminelle. Elle devait donc maquiller ses pratiques et mentir. Elle mentait aux autorités politiques. Elle mentait aux juges d'instruction quand de rares plaintes pour sévices ou morts sous la torture arrivaient jusqu'à eux. Elle mentait à ses propres hommes aussi en récusant le mot et en peaufinant un argumentaire justificatif et euphémisant. La torture ? Les pires violences ? C'étaient les adversaires de l'armée française qui s'en rendaient coupables. La torture était une abomination, renvoyant à des temps révolus, médiévaux, iniques. L'armée française ne saurait avoir qu'un usage rationnel de la violence : adapté au contexte culturel (les Algériens ne comprendraient que la force) et aux nécessités du terrain (il faudrait obtenir des renseignements rapidement ; tout délai ferait prendre un risque non seulement aux militaires mais aux civils qu'un FLN sans retenue viserait lâchement). En interne, la torture était justifiée comme un moyen nécessaire pour obtenir la fin souhaitée : le maintien de l'Algérie française. Simplement elle n'était pas assumée dans les mots. Il ne s'agissait toujours que d'interrogatoires « sous la pression », « forcés », « physiques » ou encore « sous la contrainte ».

Les quelques représentants du pouvoir civil étaient amenés à adhérer à ce vocabulaire et à ces justifications. Difficile de s'écarter du chemin balisé par l'armée en Algérie. Rares ont été ceux qui l'ont fait. Difficile de se faire son idée de manière autonome quand on venait de métropole. De Gaulle lui-même s'y essaya pourtant dès l'été 1958. Il ne mesura probablement pas l'ampleur du phénomène et n'y consacra pas une énergie particulière. Plus sûrement, pour mettre fin à une violence devenue structurelle, institutionnalisée et justifiée comme nécessaire, il lui fallait reprendre en main l'armée. En attendant, la torture continuerait.

Les mensonges produits par le haut commandement en Algérie perdurèrent donc. Euphémisations, accusations de propos diffamatoires car attentatoires à l'honneur de l'armée, saisies des journaux critiques, obstacles mis au cours de la justice quand des avocats ou même des juges d'instruction tentaient de faire avancer des plaintes, etc. : tout était bon pour continuer à cacher la vérité d'une violence considérée comme adaptée à la guerre, non seulement parce que l'armée française manquait de renseignements sur ses adversaires mais surtout parce qu'elle avait accepté la tâche de rebâtir l'Algérie française. Les civils algériens étaient devenus sa première cible : il lui fallait à la fois les détacher du FLN et du soutien qu'ils apportaient à ses combattants et les convaincre que la France allait rester en Algérie et qu'elle était la meilleure garante d'un avenir souhaitable pour tout le monde. Ainsi, la torture était un instrument de terreur sur la population et une arme psychologique radicale, déchirant la société algérienne. Elle était aussi une violence marquant les soldats qui la commettaient ou y assistaient, impuissants. Elle faisait d'eux des criminels par obéissance.

Alors que cette pratique avait été dénoncée par des soldats dès le début de la guerre, qu'elle avait été montrée du doigt par des indépendantistes comme foulant au pied les valeurs de la patrie des droits de l'homme, qu'elle avait provoqué des turbulences au sein du gouvernement en 1957 en particulier, tout ce qui avait été mis en place sous la IVe République continua sous le régime suivant. Les mensonges de l'armée furent répétés par des hommes politiques acquis à ses raisons. Les argumentaires déployés firent leur effet. Qu'on prenne ou non la mesure de l'ampleur de la pratique, la dissimuler publiquement relevait de l'intérêt national en temps de guerre.

Mais pourquoi mentir encore après la guerre ? Pourquoi, une fois l'Algérie indépendante, continuer à soutenir que l'armée se serait bien comportée en Algérie et qu'elle y aurait même gagné la guerre militairement ? Ces affirmations voyagent entre milieu militaire et milieu politique ou médiatique. Elles s'imposent comme des évidences. La torture n'est pas vraiment niée mais renvoyée à la IVe République et plus précisément encore à la seule séquence appelée « bataille d'Alger », en 1957. Rien de plus : une violence somme toute circonscrite et presque excusable par le contexte. La virulence des attentats du FLN dans des lieux fréquentés par des civils continue à venir contrebalancer le scandale de sa pratique. Comme pendant la guerre, la couverture médiatique renforce ces effets : aucune image n'existe sur la torture alors que les effets des violences du FLN sont largement photographiés et ces images toujours fournies avec diligence aux médias par l'armée.

Les Algériens qui parlent ne sont pas audibles en France. Les relations diplomatiques entre les deux pays colorent l'ensemble de la relation au passé colonial et la torture n'est pas un thème sur lequel l'État algérien indépendant insiste auprès des gouvernements français successifs. Le mensonge d'État peut perdurer sans beaucoup d'à-coups. Une amnistie a accompagné le cessez-le-feu et clôturé toute perspective de poursuite judiciaire des criminels. Pour autant, aucun ne parle : les soldats se murent dans le silence sur cet aspect de leur passage en Algérie. À quoi bon parler en effet ? Qui comprendrait ? Les proches pourraient ne pas saisir les nécessités invoquées alors et les raisons qui ont poussé à ne pas protester, voire à participer. Alors autant mentir, au mieux par omission.

Et le mensonge s'installe, prospère même. Tantôt, tous les dix ans, des protestations crèvent l'édredon de silence. Un historien ici, un militaire là, rappelle que la torture a bien été pratiquée pendant la guerre d'Algérie. On peut même affirmer que les pouvoirs politiques savaient ou que la hiérarchie militaire ordonnait quand les trop rares opposants devaient être discrets pour ne pas être sanctionnés.

Mais rien n'y fait : le silence retombe et le mensonge officiel perdure. Longtemps.

Inlassable opposant à ces crimes, l'historien Pierre Vidal-Naquet continue, parmi d'autres, à agir pour que l'État français reconnaisse ses responsabilités : d'avoir laissé faire, d'avoir couvert, si ce n'est d'avoir ordonné. Il a particulièrement bien documenté la situation sous la IVe République grâce à des documents officiels qui lui avaient été adressés par des lanceurs d'alerte. Il a analysé l'engagement rapide des pouvoirs politiques derrière les argumentaires de l'armée et leur obstination à nier la réalité. Le régime gaulliste est moins connu pendant longtemps. Grâce à l'ouverture des archives militaires, on peut mesurer sa faiblesse face à l'armée en Algérie et le maintien, jusqu'au bout, des logiques répressives incrustées au sein des unités militaires. La torture était implantée au cœur de la guerre : elle n'était ni un dommage collatéral ni une bavure. Elle le demeura jusqu'au bout, en dépit de la reprise en main de l'armée au printemps 1960 et de quelques actions fermes du pouvoir politique. C'est ce que démontre notre thèse d'histoire soutenue en 2000.

Il faudra près de vingt ans au pouvoir politique pour tenir compte de cette démonstration scientifique. En 1999, une loi d'initiative parlementaire bannit définitivement l'euphémisation officielle des « opérations de maintien de l'ordre » pour affirmer l'usage officiel de l'expression « guerre d'Algérie » pour désigner les événements. Mais alors que, dans la foulée, la question de la responsabilité de l'État dans la pratique de la torture est de nouveau posée, aucun responsable de l'exécutif ne s'en empare. Au contraire, tous persistent à minimiser la réalité et à blâmer des déviances individuelles, comme celles que reconnaît alors un ancien responsable des assassinats ciblés pendant la guerre, le général Aussaresses. En 2001, Jacques Chirac, le président de la République, évoque encore seulement des « actes injustifiables » (4 mai) quand Lionel Jospin, le Premier ministre, déplore des « exactions terribles » appelant une « totale condamnation morale » (3 mai).

La rupture survient en 2018, à propos du cas de Maurice Audin, disparu dans les mains des parachutistes en 1957. Le mensonge officiel de son évasion avait été dévoilé rapidement, dès 1958, mais la fin de la guerre avait permis à l'État de tirer un trait sur cette affaire comme sur les autres disparitions. Or, plutôt que de s'en tenir à cette affaire singulière, Emmanuel Macron reconnaît plus largement le caractère systémique de la torture. Le président français assume « au nom de la République » la responsabilité politique de ce crime particulier (la mort d'un homme, vraisemblablement sous la torture) et il va beaucoup plus loin en parlant de « système légalement institué qui a favorisé les disparitions et permis la torture à des fins politiques ».

Désormais le mensonge politique est levé. Les raisons de son émergence sont éclairées. Il n'en est pas de même de sa durée qui interroge, jusqu'à aujourd'hui, le lien entre armée et pouvoir politique.

Raphaëlle Branche

Bibliographie

Raphaëlle Branche, *La torture et l'armée pendant la guerre d'Algérie, 1954-1962*, Gallimard, 2001.

Catherine Teitgen-Colly, Gilles Manceron, Pierre Mansat (dir.), *Les disparus de la guerre d'Algérie, suivi de La bataille des archives 2018-2021*, L'Harmattan, 2021.

Sylvie Thénault, « La reconnaissance de la responsabilité de l'État. Essai d'histoire immédiate », in Sylvie Thénault, Magalie Besse (dir.), *Réparer l'injustice : l'affaire Maurice Audin*, Institut francophone pour la justice et la démocratie, 2019, p. 179-193.

Pierre Vidal-Naquet, *La torture dans la République. Essai d'histoire et de politique contemporaine*, Les Éditions de Minuit, 1972.

—, *Face à la raison d'État*, La Découverte, 1989 (1re éd. 1962).

—, *L'affaire Audin (1957-1978)*, Les Éditions de Minuit, 1989 (1re éd. 1958).

L'affaire Saint-Aubin : de l'accident de la route au mensonge d'État

Le dimanche 5 juillet 1964, vers 7 heures du matin, aux Esclapes, sur les hauteurs de la commune de Puget-sur-Argens dans le Var, une Volvo noir et blanc dans laquelle se trouvent Jean-Claude Saint-Aubin, 22 ans, et sa jeune passagère, Dominique Kaydasch, 16 ans, s'écrase contre un platane sur le bord de la nationale 7. Tous deux meurent dans ce qui semble être un dramatique mais banal accident de la route. Après tout, au début des années 1960, près de 14 000 personnes sont tuées chaque année sur la route. Dans le cas présent, tout pourrait valider cette thèse : fatigue probable du conducteur après une nuit passée au volant, route mouillée par une averse matinale, dos d'âne au sortir d'un virage serré, vitesse possiblement excessive alors qu'elle est limitée à 50 km/h sur cette portion… C'est donc le scénario retenu par la gendarmerie de Fréjus qui tente de reconstituer la scène et d'identifier les acteurs.

Les parents Saint-Aubin, Jean et Andrée, vivent à Dijon où ce couple de commerçants tient une bijouterie de luxe. Ils ont trois fils, dont François, 20 ans, qui réside en Suisse où il est inscrit dans une école de joaillerie de Genève, et Jean-Claude, qui a rejoint son cadet en Suisse huit mois avant l'accident pour travailler dans le garage Jaguar de la ville. Dominique Kaydasch est également issue d'une famille commerçante de Dijon. Les parents Saint-Aubin avaient fermé leur boutique la veille à 20 heures pour se rendre avec leurs fils dans un camping de luxe à Fréjus où devaient les rejoindre les parents Kaydasch. Au petit matin du 5 juillet, ce sont donc trois voitures qui se suivent sur la nationale 7 : la Chrysler des parents Saint-Aubin tractant une caravane, l'Opel de leur fils cadet et la Volvo de Jean-Claude et Dominique. Quelque temps avant le drame, Jean-Claude laisse passer François et les parents qui, désormais en tête de cortège, n'assisteront pas à l'accident.

Rapidement toutefois, la famille Saint-Aubin refuse la thèse officielle d'une simple sortie de route. Jean-Claude, bon conducteur qui avait participé au rallye de Bourgogne cette même année, ne peut pas avoir perdu le contrôle de son véhicule. Ils se rendent sur les lieux de l'accident et découvrent des contradictions entre le rapport des gendarmes et leurs propres constats : absence de traces de freinage, distance plus importante qu'annoncée entre le dos-d'âne et le platane, etc. Les parents portent plainte le 4 août 1964. La juge d'instruction ouvre une enquête mais celle-ci aboutira à une ordonnance de non-lieu en mai 1965. Pourtant, entre-temps, les Saint-Aubin ont fait d'intéressantes découvertes. Ils apprennent d'une pompiste locale qu'un harki aurait été témoin de l'accident et que celui-ci aurait impliqué une camionnette militaire du camp militaire voisin. L'avocat de la famille retrouve la trace de ce véhicule, une camionnette Renault bâchée immatriculée 468-075 qui transportait le jour indiqué cinq soldats. Deux d'entre eux, originaires du Niger et de Haute-Volta, sont interrogés. Non seulement leur chronologie des faits est incohérente mais leur version change lors d'un deuxième interrogatoire. De toute façon, le bataillon africain est bientôt dissous et les militaires disparaissent. L'été suivant, la famille Saint-Aubin recontacte la pompiste qui leur permet d'identifier le harki. Il s'agit de Mohamed Moualkia, qui travaillait à l'époque dans une usine située à une centaine de mètres de l'accident. Désormais installé dans l'Hérault, il accepte de rapporter aux parents Saint-Aubin et à un huissier de justice ce qu'il a vu le matin du 5 juillet. Alors qu'il se rendait à pied à son travail, il a aperçu un camion militaire stationné sur le bas-côté de la route démarrer brusquement à l'arrivée de la Volvo et lui barrer la route, obligeant l'autre véhicule à dévier brusquement sa trajectoire avant de percuter l'arbre. Il évoque également la présence d'une 203 Peugeot noire marquée d'un insigne officiel. Les deux véhicules auraient pris la fuite après l'accident. Un témoignage troublant mais rejeté par le procureur de Draguignan car le registre de l'entreprise où est embauché le harki atteste que ce dernier a commencé son travail à 5 heures du matin, soit deux heures avant l'accident. Comment aurait-il pu observer la scène alors qu'il était supposé se trouver à son poste ? Le couple Aubin fera toutefois constater par huissier que sur le document de la société les chiffres indiquant l'heure d'entrée et le nombre d'heures travaillées dans la journée ont été grossièrement surchargés. Le dimanche, l'entreprise n'ouvre de toute façon qu'à 7 heures… La famille fait également établir par un géomètre assermenté que la distance entre le dos-d'âne et le platane est de 193 mètres. Ce qui aurait permis un freinage efficace, à condition que la Volvo ne soit pas gênée dans sa trajectoire par un autre véhicule… À l'évidence, on a voulu occulter l'implication du véhicule militaire. Les Saint-Aubin, irrités de voir classer leur affaire en novembre 1966, engagent comme détective un homme se présentant comme un ancien des services de renseignement. Peu efficace, il oriente néanmoins le couple vers la piste d'une affaire de barbouzes liée à la guerre d'Algérie.

À l'été 1964, si la guerre d'Algérie est déjà terminée depuis deux ans, le conflit continue pour certains jusqu'au-boutistes de l'OAS qui entendent faire payer à de Gaulle ce qu'ils perçoivent comme une trahison. Après l'attentat du Petit-Clamart le 22 août 1962, des membres de l'OAS qui envisageaient de s'en prendre au président à l'École militaire sont arrêtés en février 1963. Un mois à peine après l'accident des Esclapes, un commando OAS venu de Suisse tentera d'assassiner de Gaulle en piégeant une jarre sur son passage au mont Faron, un haut-lieu de la Résistance dans le Var… Une double coïncidence chronologique et géographique troublante. Face à la violence radicale des pro-Algérie française, le pouvoir gaulliste n'hésite pas à recourir à des méthodes expéditives. Le 25 février 1963, Antoine Argoud, une figure de l'OAS, est ainsi enlevé à Munich, au mépris du droit international, par des membres de la Sécurité militaire. Les services français, dans leur combat de l'ombre contre l'OAS, ont parfois recours à des méthodes très expéditives. L'époque est riche de ces affaires de barbouzes où des ministres et conseillers élyséens s'embarrassent peu de la légalité pour garantir à tout prix la sécurité de l'État et la protection de son plus haut représentant…

Fin 1969, les parents Saint-Aubin sont désormais persuadés que leur fils a été victime d'une méprise : les services secrets français auraient voulu éliminer une figure de l'OAS et s'en seraient pris par erreur à Jean-Claude. Ils font part de leur hypothèse à des journalistes venus à Dijon suivre le procès d'une affaire criminelle. Certains acceptent d'évoquer le dossier et lui donnent une notoriété nouvelle. Une conférence de presse est organisée en septembre 1969. Cette médiatisation permet à la famille d'entrer en contact dans les jours suivants avec un ancien de l'OAS installé en Allemagne qui les reçoit dans une ambiance de film d'espionnage à l'intérieur d'un café à Munich. Un nom est évoqué : l'homme de l'OAS possiblement confondu avec Jean-Claude serait Jean Méningaud, un ancien avocat en Algérie devenu trésorier de l'OAS. Réfugié en Suisse, l'individu utilisait à l'époque une voiture bicolore similaire à celle de Jean-Claude. Convaincus qu'ils tiennent enfin la clé de l'affaire, les Saint-Aubin demandent à être reçus par le ministre de la Justice de l'époque, René Pleven, qui refuse de les entendre.

En 1971, la voiture de Jean-Claude réapparaît. Alors que les douanes avaient affirmé en juin 1965 avoir brûlé la Volvo, les parents Saint-Aubin reçoivent une facture de 4 500 francs suisses provenant d'un garagiste genevois au titre des frais de gardiennage du véhicule. Ils profitent de la situation pour porter l'affaire devant la justice, estimant que l'État selon eux responsable de l'accident doit s'acquitter de la somme. L'enquête est donc rouverte en 1973 et bientôt la presse nationale se fait l'écho du combat des Saint-Aubin, du *Canard enchaîné* au *Monde*. L'opposition de gauche s'empare du sujet en la personne de François Mitterrand qui reçoit le couple et lui assure son soutien. Dans l'immédiat, les Saint-Aubin ne parviennent pas à faire accuser l'État mais ils continuent d'enquêter.

Ils finissent par retrouver en octobre 1976 en Suisse la trace de Jean Méningaud. Ce dernier les reçoit à Genève, en présence d'une ancienne figure de l'OAS, Pierre Sergent, qui a servi d'intermédiaire. Il leur affirme qu'il est sans doute l'homme visé le 5 juillet 1964. Non seulement il conduisait un véhicule du même type (Volvo Amazon 122 sport) que celui de Jean-Claude avec une plaque d'immatriculation suisse comme lui (GE 105 546 pour Jean-Claude, GE 108 551 pour Méningaud), mais il devait également emprunter la même route le matin du même jour ! Pour le couple Saint-Aubin, la thèse d'une bavure des services secrets est désormais avérée. Irrités et scandalisés que l'institution judiciaire refuse de reconnaître l'évidence, ils retournent en 1979 sur le lieu de « l'accident » et écrivent sur le platane un message virulent : « Ici deux tués par méprise. Crime camouflé et étouffé par les gendarmes et les magistrats du lieu lâches et serviles ». La justice réagit aussitôt et les parents Saint-Aubin se retrouvent inculpés. S'ils bénéficient finalement d'un non-lieu, c'est qu'un magistrat de Draguignan les déclare irresponsables pénalement en raison d'un « déséquilibre » mental…

En 1981 le nouveau ministre de la Justice, Robert Badinter, charge un conseiller technique, Hubert Dujardin, d'examiner des affaires sensibles à dimension politique forte, parmi lesquelles l'affaire Saint-Aubin. L'intéressé demande au parquet concerné communication du dossier et apprend, stupéfait, à l'automne 1981, que celui-ci a disparu du tribunal de grande instance d'Aix-en-Provence. Il n'en existe aucune copie, ni à Dijon, ni à Aix, ni à Draguignan[1]. Robert Badinter ordonne à l'inspection générale des services judiciaires de reprendre l'enquête. Des témoins sont de nouveau entendus dont Mohamed Moualkia, une reconstitution est organisée sur les lieux de l'accident et certaines incohérences de la version officielle sont mises à jour. À l'automne 1984, TF1 prépare un documentaire sur l'affaire. Alors que Mohamed Moualkia doit être interrogé par la chaîne, il meurt asphyxié dans son appartement le 22 novembre, trois jours avant son interview. Cet homme qui ne fumait pas est supposé s'être endormi avec une cigarette allumée. Catastrophée, Andrée Saint-Aubin apprend la nouvelle en direct lors de l'émission…

1. *Le Monde*, 21 décembre 1981.

Début 1985, quand la famille se rend au ministère pour consulter le volumineux rapport d'enquête, celui-ci comporte, à la page 225, un passage intéressant : « le dérapage de la voiture de Jean-Claude Saint-Aubin suppose, dans les conditions où il s'est produit, un brusque coup de volant à gauche provoqué par un obstacle imprévu, la recherche objective de la vérité débouche donc sur la participation d'un véhicule militaire ». Mais le rapport, s'il reconnaît enfin l'implication plausible d'un camion de l'armée dans l'accident, rejette l'idée d'un assassinat par erreur commis par la Sécurité militaire. Une conclusion peu satisfaisante pour la famille dont l'institution reconnaît néanmoins le « calvaire ». En septembre 1990, après des interventions de François Mitterrand et Robert Badinter, le médiateur de la République admet des dysfonctionnements dans le traitement de ce dossier, ce qui permet le versement aux parents d'indemnités s'élevant à 500 000 francs. Mais sur le fond, aucun changement. De 1964 à 1990, pas moins de 26 décisions de classements sans suite et de non-lieux ont été rendues dans le cadre d'une épuisante bataille juridique.

Dans les années 1990, plusieurs rebondissements semblent pouvoir relancer l'affaire. Début avril 1992, le magistrat Hubert Dujardin (qui aura quelques années plus tard des problèmes avec sa hiérarchie dans le cadre de l'affaire Xavière Tiberi) contacte les Saint-Aubin. Lors d'un récent dîner officiel, un conseiller technique au cabinet du ministère de la Défense, le lieutenant-colonel Guyard, lui aurait déclaré avoir pris connaissance d'un dossier sur l'affaire évoquant un accident volontaire provoqué et une erreur sur la personne. Alors qu'il penchait jusqu'alors pour la thèse d'un simple accident involontaire impliquant un camion de l'armée, Hubert Dujardin reconsidère plus favorablement l'option d'une opération barbouzarde s'étant trompée de cible. Mais l'officier supérieur déclarera par la suite qu'il y a eu malentendu et que ses propos relevaient d'une simple opinion personnelle ne se fondant pas sur des documents officiels.

En dépit de la mort de son mari en 1994, Andrée Saint-Aubin continue le combat. À l'automne 1997, à Toulouse, le responsable d'une association locale d'anciens parachutistes prétend détenir des documents prouvant la mortelle bavure. Il s'agirait de pièces estampillées secret-défense dérobées aux archives militaires par un ancien capitaine sympathisant de l'OAS. L'occasion de relancer l'affaire ? Trois anciens parachutistes montrent tour à tour à Mme Saint-Aubin des documents qui peuvent être lus mais pas photographiés. Après expertise, Matignon estimera que les pièces constituent des faux grossiers. De fait, elles mentionnent « ministère de la Défense » alors qu'à l'époque des faits le ministère en question était encore appelé « ministère des Armées »... En 2000, la Ligue des droits de l'homme, le Rassemblement national pour la vérité sur les accidents à l'armée (RNVAA), le Syndicat des avocats de France et le Syndicat de la magistrature signent conjointement mais en vain une demande d'audience pour Andrée Aubin auprès de la nouvelle ministre de la Justice, Élisabeth Guigou.

Après avoir connu un véritable chemin de croix judiciaire et enduré pendant des années escrocs, affabulateurs et mythomanes, Andrée Saint-Aubin décède en 2003. De manière paradoxale, cette femme élégante représentant la bourgeoisie dijonnaise avait été amenée à se rebeller face à des institutions d'ordre (gendarmerie, justice, armée) et avait dû attendre l'arrivée de la gauche au pouvoir pour commencer à briser une omerta officielle. De nos jours, c'est son deuxième fils, François Saint-Aubin, qui continue cette croisade familiale pour la vérité, avec l'aide de militants et de journalistes comme Denis Langlois et Jacques Revon. Près de soixante ans après cette affaire très médiatisée[1], à côté de la version officielle d'un simple accident de la

1. « L'affaire Saint-Aubin », téléfilm de Jacques Vigoureux, dans la série « Vérités interdites », diffusion sur TF1 le 22 octobre 1985 ; « Accident volontaire » réalisé par Jacques Vigoureux dans l'émission « Aléas », diffusion sur FR3 le 28 juillet 1993 ; « L'affaire Saint-Aubin », dans l'émission « Rendez-vous avec X », diffusion sur France Inter le 24 octobre 1998 ; « L'affaire Saint-Aubin, une obsession de justice et de vérité », documentaire de Jean-Charles Deniau, diffusé en 2000 sur La Cinquième et sur Arte ; « Affaire Saint-Aubin : 55 ans de mystère », dans l'émission « L'Heure du crime », diffusion sur RTL le 2 octobre 2019 ; « L'affaire Saint-Aubin : l'étrange accident de la

route, deux hypothèses restent envisageables : celle d'un accident provoqué involontairement par un camion militaire et dont les auteurs ayant commis un délit de fuite auraient été couverts par leur hiérarchie et la justice, celle d'une opération de l'ombre impliquant les services secrets qui auraient tué par erreur le fils Saint-Aubin avant que le pouvoir n'étouffe le scandale au nom de la raison d'État. La déclassification d'archives relevant du secret-défense permettrait peut-être de faire la lumière sur ce mensonge d'État.

François Audigier

Bibliographie

Denis Langlois, *Le mystère Saint-Aubin*, Flammarion, 1993.
—, *L'affaire Saint-Aubin*, La Différence, 2019.
Andrée Saint-Aubin, *Ils ont tué mon fils*, Ledrappier, 1987.

L'attentat qui n'a jamais existé[1]

Le 18 juin 1961, le train Strasbourg-Paris déraille, faisant 28 morts et 170 blessés. Certains policiers estiment qu'il s'agit d'un attentat à la bombe fomenté par l'OAS. Il faudra attendre des années pour que l'hypothèse soit rendue publique, et la justice ne fera jamais de lien officiel entre l'Organisation et cet « accident ».

L'arrivée au pouvoir du général de Gaulle en 1958 marque le début de la plus grande campagne terroriste qu'ait connue la France et de l'incroyable malentendu entre le général et les pieds-noirs. L'armée, en première ligne du conflit – surtout les unités professionnelles – entre en dissidence contre le général et l'accuse de l'avoir manipulée pour arriver au pouvoir. L'OAS exprime alors par la violence la frustration de la population pied-noire face au pouvoir gaulliste coupable

nationale 7 », dans l'émission « Affaires sensibles », diffusion sur France Inter le 3 avril 2019 ; « Hondelatte raconte : l'affaire Saint-Aubin », émission du 4 septembre 2020.
1. Ce texte est adapté d'un article publié dans la revue *Sang-froid*, n° 4, hiver 2016.

à ses yeux de « brader l'Algérie » aux Arabes autochtones. Et soutient les unités militaires factieuses qui s'illustreront dans le putsch d'avril 1961 à Alger.

La vague d'assassinats ciblés qui suit dans le pays représente une hécatombe pour les policiers. Des dizaines d'entre eux sont mitraillés dans leur voiture, abattus dans la rue ou lardés de coups de couteau comme le commissaire Gavoury à son domicile le 31 mai 1961. Malgré ces attaques, les policiers, mais aussi les gendarmes qui subissent également des pertes, resteront fidèles au gouvernement. « Le drame, c'est que toute la population pied-noire était du côté de l'OAS [...] donc nos forces de police ont eu un mal considérable à exercer leurs missions », nous confiait en 1991 Constantin Melnik, ancien conseiller du Premier ministre Michel Debré. Désormais, l'OAS devient une organisation terroriste franco-française qui s'en prend à tout ce qui représente l'État dans ce département français qu'est encore l'Algérie.

Pendant quelques jours, en avril 1961, certains éléments de l'armée et des membres de la future OAS pensent faire pencher la balance en leur faveur et fomentent un coup d'État, appelé « putsch des généraux », qui échouera finalement. L'heure est donc désormais à la clandestinité et au terrorisme.

Dès lors, les organisateurs du putsch raté pensent à la France métropolitaine pour mener leurs actions punitives. « Ce n'est pas à Alger que les choses se passent. Il faut changer le pouvoir à Paris et si le pouvoir ne change pas à Paris, eh bien, votre Algérie, vous ne la ferez jamais comme vous l'entendez », lâche Pierre Sergent, capitaine factieux, putschiste et l'un des chefs de l'OAS Métro (pour métropole) aux activistes d'Alger.

Mettant ses menaces à exécution, il part en métropole dans la foulée pour commencer une gigantesque campagne d'attentats. Il faut dire que le temps presse. Le 20 mai 1961, à Évian, la France et le FLN négocient pour mettre fin à la guerre d'Algérie. En représailles, l'OAS exécute le maire de la ville hôte. « Dans la première phase, il fallait, si j'ose dire, faire prendre la sauce. C'est-à-dire montrer qu'il se passait quelque chose en métropole. J'ai donné l'ordre à l'époque que des actions violentes se déroulent aussi bien à Paris qu'à Strasbourg, Marseille ou Toulouse et exactement à la même heure », nous confiait Sergent en 1991. « Dans toute cette première phase, il n'y a pas eu une victime. J'avais donné des ordres très concrets pour qu'on s'attaque à un certain nombre de points symboliques mais qu'en aucun cas il n'y ait mort d'homme car le climat n'était pas du tout le même en métropole qu'en Algérie », complétait-il.

Dans un éditorial publié le 31 août 1961, la cofondatrice de l'hebdomadaire *L'Express*, Françoise Giroud, écrit : « Tous les pays ont une réserve plus ou moins fournie de dévoyés, chômeurs de la violence, besogneux de la haine, prêts à tous services pourvu que le danger soit nul. Ceux qui leur passent commande sont plus intéressants. Que cherchent-ils ? Des victimes ? Pas encore, semble-t-il, du moins en métropole. Quand ils en font, certes, ils se consolent. On l'a bien vu pour le maire d'Évian. Mais trop d'actions meurtrières pourraient indigner, émouvoir, mobiliser. Et puis, à Paris, où ils n'ont pas le pouvoir, le terrorisme exige un affreux courage. On ne vit pas vieux dans le métier. »

Sergent est d'autant plus vulnérable qu'il est isolé du milieu factieux métropolitain et ne contrôle pas grand-chose. Des groupes de toutes sortes sont à l'œuvre en métropole : militants d'extrême droite, nostalgiques de Vichy, royalistes antirépublicains, antigaullistes viscéraux, anticommunistes et beaucoup d'anciens poujadistes.

Coutumiers des attentats au « plastic », les hommes de Sergent ont déjà frappé de manière aveugle le 23 avril 1961 au moment du putsch d'Alger en faisant exploser des bombes simultanément dans Paris, aux gares d'Austerlitz (4 blessés) et de Lyon (5 blessés) et à l'aéroport d'Orly (1 mort et 2 blessés). Dans le même temps, l'Organisation s'implante dans l'est de la France grâce à un réseau presque exclusivement composé d'anciens poujadistes et appelé Maquis-Résurrection-Patrie.

C'est précisément dans ce contexte et dans cette région qu'a lieu le premier grand attentat sur le territoire métropolitain, le 18 juin 1961 à 16 h 13. Ce jour symbolique de l'appel du général de Gaulle en 1940, le train express Strasbourg-Paris déraille sur le territoire de la commune de Blacy, près de Vitry-le-François, dans la Marne. La catastrophe fait 198 victimes : 28 morts et 170 blessés.

À Paris, on est rapidement convaincu qu'un attentat aveugle vient d'être commis. Selon les experts parisiens, l'accident a été provoqué par un engin explosif placé sous les rails et dont l'amorçage a été provoqué par le train lui-même au moyen d'un dispositif électrique installé par des criminels très au courant des installations et du service de la SNCF. À l'époque, c'est l'attentat le plus meurtrier commis sur le territoire métropolitain depuis la Seconde Guerre mondiale. Et pourtant, il sera nié et transformé en tragique accident.

Pour Armand Belvisi, membre de l'OAS et l'un des opérateurs du premier attentat contre la vie du général de Gaulle à Pont-sur-Seine en septembre 1961, « les plasticages n'étaient pas faits pour tuer, ils étaient faits pour intimider et pour faire savoir à la population que l'OAS existait et était bien en France également », nous confiait-il en 1991. C'est précisément ce que le gouvernement ne veut pas accréditer. Le slogan clamé en Algérie ne doit pas être une réalité en France métropolitaine. « L'OAS frappe quand elle veut, où elle veut, comme elle veut. »

Les rafles se multiplient. Les forces de l'ordre mobilisées sont prêtes à intervenir dans les milieux factieux. Une tâche d'autant plus facile que beaucoup de ses membres ont été arrêtés – et relâchés – avant et pendant le putsch d'Alger. Alain Peyrefitte, ministre de l'Information, raconte dans *C'était de Gaulle* en 1994 : « Au cours d'une discussion au Conseil des ministres, Robert Buron, ministre des Travaux publics et des Transports, révéla que l'enquête sur l'attaque de Vitry-le-François a prouvé qu'il s'agissait d'un attentat au plastic. » Jean Foyer, alors garde des Sceaux, sursaute après la déclaration de Buron et déclare que l'affaire est couverte par le secret de l'instruction. De Gaulle enjoint alors son ministre « d'infirmer ou de confirmer ». Celui-ci s'exécute et répond que « l'explosion a eu lieu grâce à un dispositif d'amorçage par détonateur électrique », mais rien ne filtre.

Le 23 décembre 1961, le député communiste Jacques Duclos interpelle Robert Buron à l'Assemblée nationale. Selon lui, le personnel de la SNCF doute de la réalité de l'accident et soupçonne une bombe. D'autant plus que le 19 juin au matin, un sabotage a été découvert sur une autre ligne que le train aurait dû emprunter initialement. En d'autres termes, deux voies ont été touchées, permettant de faire sauter le train à tous les coups. Ce qui sous-entend qu'il doit y avoir des complicités au sein même de la SNCF puisque seul un employé pouvait connaître l'itinéraire du train, sur l'une ou l'autre voie.

Duclos continue par la révélation d'une lettre de menace de l'OAS reçue précédemment par le chef de gare de Vitry-le-François : « Nous ferons sauter la voie d'ici peu », est-il écrit. Enfin, lance-t-il : « Le personnel de la SNCF se demande avec une certaine inquiétude à quelles conclusions ont abouti les enquêteurs à la suite de l'examen d'un morceau de rail déchiqueté qui fut transporté à Paris pour être soumis à des examens de laboratoire. »

Cette attaque n'est pas un acte isolé. Quelques mois plus tard, en 1962, l'OAS tente encore de faire dérailler des trains. Le 7 mai, une charge de plastic sectionne un rail entre Perpignan et Port-Bou peu avant qu'un autorail chargé d'enfants en promenade y passe, sans dommages. Dans la nuit du 11 au 12 mai, un engin explosif coupe aussi les rails près de la gare d'Agde, quelques minutes avant qu'un train de pèlerins arrive de Lourdes. Deux wagons sortent des rails sans faire de blessés.

Pourtant le gouvernement ne souhaite pas ébruiter l'affaire : ce ne saurait être un attentat. Ce serait reconnaître qu'une guerre civile est en cours. Pourtant, d'août à novembre 1961, pour la seule région parisienne, 192 attentats sont perpétrés. Soit un tous les trois jours ! Le climat devient oppressant. Face à l'OAS, la mobilisation policière est totale. Rafles, barrages, on effectue dans la même période, chaque nuit, 30 000 contrôles. D'après diverses sources, il y aura, entre avril 1961 et septembre 1962, 700 attentats sur le territoire métropolitain. Le nombre total des victimes de l'OAS en métropole serait de 71 morts et 394 blessés (et plus de 2 200 morts et 1 665 blessés en Algérie).

Le gouvernement aurait pu profiter de l'attentat mais l'instruction ne se termine qu'après la fin de la guerre d'Algérie. Début 1963 démarre l'opération « réconciliation » dirigée par Michel Baroin, père de François Baroin et membre de la Direction de la surveillance du territoire (DST). Une mission secrète part à Madrid rencontrer les activistes exilés. En substance, on leur promet une réhabilitation rapide s'ils reviennent en France sans faire de vagues. Les plus excités sont priés de partir – et de rester – en Amérique latine, notamment en Argentine et au Paraguay. Les autres reviennent pour être internés temporairement dans des prisons ou des camps plutôt tranquilles.

C'est l'année suivante que le public entrevoit la réalité. Le 2 février 1964, le journal *Le Monde* publie un article intitulé : « Le déraillement de Vitry-le-François a été provoqué par un attentat ». Le quotidien signale que, « lasses d'attendre les résultats de l'enquête judiciaire », les victimes se sont regroupées en association de défense. Grâce à cette démarche, une partie de la vérité est dévoilée : « Les experts qui avaient été commis par le juge d'instruction de Châlons-sur-Marne ont conclu à un attentat par explosif contre le convoi. » On apprend aussi que « des réquisitoires supplétifs ont été pris le 4 avril 1962 du chef de "destruction volontaire de voie ferrée". Le 19 juin 1963, la procédure a fait l'objet d'un "ordre de revendication" du ministre de la Justice devant le procureur général auprès de la Cour de sûreté de l'État ». Mais on découvre également que si l'affaire a été transmise à la Cour de sûreté et à un juge d'instruction, celui-ci a rendu, le 19 décembre 1963, une ordonnance de non-lieu.

Pénalement, les victimes se sont retournées contre la SNCF qui, le 14 janvier 1965, était rendue « responsable de la catastrophe de Vitry ». Le 19 janvier suivant, le député gaulliste de la Marne Jean

Degraeve écrit à l'une des victimes : « Le déraillement est entièrement imputable à l'OAS qui l'a commis et à la police qui n'a vraisemblablement pas pris les mesures qui s'imposaient. » On ne saurait mieux dire…

Différentes cours de justice ont statué sur l'attentat mais c'est la Cour de cassation qui, le 3 octobre 1967, conclut une fois pour toutes et dédouane la SNCF : « Il résulte que, le 18 juin 1961, le rapide Strasbourg-Paris a déraillé à 16 h 13 peu de temps après avoir dépassé la gare de Vitry-le-François ; que l'accident a été provoqué par un engin placé sous le rail qui, muni d'un dispositif d'amorçage, a explosé au passage du train […] l'attentat criminel qui a été la cause du déraillement et dont les juges du fond ne contesteraient pas le caractère imprévisible et imparable suffisait à décharger le transporteur de sa responsabilité, même si ses auteurs demeurent inconnus. »

Bien que les victimes aient été indemnisées au titre d'un attentat, cette même Cour de cassation, dans un arrêt rendu le 10 juillet 1996, relève « que les causes du déraillement du rapide Paris-Strasbourg, à Vitry-le-François, le 18 juin 1961, n'avaient jamais été établies ».

Pierre Abramovici

Les harkis

Depuis des décennies, les harkis sont la mauvaise conscience de la droite française, de l'armée et d'une partie des rapatriés d'Algérie. Cette mauvaise conscience a atteint le sommet de l'État sous la présidence de Jacques Chirac, qui en 2001 a instauré une journée de commémoration en faveur des harkis. Puis elle a touché la présidence Macron, qui a présenté le « pardon » de la République aux harkis le 20 septembre 2021. Il n'est pas banal qu'un président offre le pardon de la République, en décalquant un acte de contrition catholique privé au domaine public. Cet acte tardif émane d'un jeune président dont la génération n'est pas responsable de cette histoire, et alors que la majorité des harkis sont décédés. Le président Macron s'est exprimé au nom de l'entité morale France, en précisant que les engagements pris par Jacques Chirac envers les harkis et leurs descendants seraient honorés et amplifiés. Mais qu'a donc fait la France aux harkis pour que soixante ans après la guerre d'Algérie, ils continuent de préoccuper nos dirigeants ? D'abord, qui sont les harkis ?

Durant la guerre d'Algérie, 400 000 musulmans algériens ont combattu tout ou partie dans les rangs de l'armée française. On les appelle les « harkis », notamment en Algérie depuis 1962, année qui leur a coûté particulièrement cher. Une telle masse d'hommes, huit ans durant, n'a pas été homogène : 200 000 à 250 000 ont été de vrais « harkis », membres des harkas, ces supplétifs d'unités de l'armée française, les 700 sections administratives spéciales (SAS) reconstituées pendant la guerre. Elles étaient chargées de tenir le terrain et la population, tribu par tribu, comme les « bureaux arabes » du XIXe siècle, mais dans le cadre de la contre-insurrection. Il y eut aussi des policiers supplétifs urbains, comme « les harkis de Paris », chargés de surveiller l'immigration algérienne et la guerre FLN/MNA qui la fracturait ; et encore 110 000 réguliers, appelés, engagés ou officiers de l'armée française ; et enfin d'autres auxiliaires de l'armée française, affectés aux groupes mobiles de police rurale (GMPR), devenus groupes mobiles de sécurité (la « police du bled »), ou encore les groupes d'autodéfense (GAD), dont le nombre de supplétifs culmina à 28 800 début 1961. Tous furent après coup rangés dans la catégorie des harkis, du harki de village tué dans d'atroces conditions par une vendetta paysanne au déserteur de l'armée française (DAF) qualifié que Boumediene a blanchi une fois devenu haut responsable de l'armée algérienne…

Tous ces hommes armés évoluaient dans le territoire français de l'Algérie en guerre. Ils étaient pour la plupart connus et implantés dans leurs villes ou leurs douars et villages ; de nombreuses fratries étaient plus partagées que divisées : un frère étant au FLN, un second chez les Français, le troisième gardant les champs. Certains transitaient entre les deux armées. Depuis sept générations, des Algériens avaient travaillé pour la France et pour son armée : que risquaient-ils ? La France était une grande puissance et elle les protégerait quoi qu'il arrive, cela avait toujours été le cas sous réserve de loyauté. Par-delà leurs sentiments profonds, ils avaient la possibilité d'être armés, de nourrir leur famille, d'accomplir leur devoir (notamment les appelés qui n'avaient pas le choix, ou les officiers qui avaient fait l'Indochine ou été dans la Ire armée de Leclerc). N'étaient-ils pas deux fois plus nombreux à travailler avec la France que pour le FLN ? Personne ne disposait de statistiques, mais ils le constataient.

Par refus de considérer l'avenir, par déni ou par aveuglement, nul n'avait imaginé que l'Algérie française allait s'effondrer, que la République aurait préalablement désarmé les harkis, qu'elle leur interdirait de venir en métropole, puis qu'elle imposerait le silence sur leur sort : or c'est pour échapper aux mains des « tueurs du FLN » – alors ainsi dénommés dans la presse algérienne – que la majorité des Européens d'Algérie a précipitamment quitté la colonie à l'été 1962. Il arriva alors à une partie des harkis ce qui arrive aux vaincus après une longue guerre civile… la vengeance et la mort. De cela, la France s'est menti à elle-même : les gaullistes ont enterré le dossier qu'ils connaissaient ; les communistes l'ont simplement nié.

La décision de De Gaulle de désarmer et d'abandonner les harkis après les accords d'Évian est un choix de société : la France quitte l'Algérie, rapatrie à leur demande les « Français de souche européenne » (dont les Juifs d'Algérie naturalisés depuis le décret Crémieux en 1870), elle laisse jusqu'en 1963 le choix de la nationalité aux notables musulmans. Mais elle interdit le transfert des centaines de milliers d'Algériens pauvres et de leurs familles, même s'ils ont lié leur sort à la France. Le problème posé dès le printemps 1962 à leurs officiers français est que les harkis désarmés sont promis à des représailles vengeresses, au pire à la torture et à la mort. La directive Messmer, le ministre des Armées, interdit en mai 1962 le rapatriement des supplétifs. Les massacres commencent dès l'été 1962.

La priorité de De Gaulle était de sauver la France. Il fallait tailler dans le vif. Ayant amené l'armée sur ses positions, au risque d'une guerre civile, il décida de laisser les pieds-noirs se débrouiller, de céder au plus vite l'Algérie au FLN pour passer à la coopération. Les harkis n'avaient plus de place dans ce jeu : les Algériens avaient voulu l'indépendance, ils l'avaient obtenue et il leur revenait de s'arranger entre eux. Cent mille harkis étaient pourtant menacés de mort, les autres ayant été tués ou ayant déserté.

En 1962-1963, face aux massacres, des officiers français et divers réseaux de passeurs réussissent à embarquer 42 500 harkis en métropole, soit 90 000 personnes en comptant les familles. Plus de la moitié ont transité par le camp militaire de Zéralda, ralliant la France sur des navires affrétés par l'armée, par défi contrevenant aux ordres de Paris. Rien n'était prévu pour les accueillir ; on les installa dans des villages forestiers (Saint-Maurice-l'Ardoise) et dans des camps de regroupement datant de la guerre d'Espagne (Rivesaltes). L'armée et l'administration prêtèrent main-forte avec des moyens souvent rudimentaires, suppléées par des bénévoles : mais en France, peu voulaient entendre parler de cette histoire et de ces témoins gênants, fantômes d'un passé rejeté. Certains camps de montagne du sud de la France furent habités quinze ans.

Le pire attendait ceux qui ne voulurent pas ou ne purent partir. Dans leurs villages, dont ils s'étaient rarement éloignés, ils devinrent les boucs émissaires d'années de souffrance, selon la mécanique décrite par René Girard[1]. Les autorités algériennes n'ont pas pu ou voulu empêcher un massacre et ces représailles. Entre vendettas, règlements de comptes, vengeances personnelles ou paysannes, appropriation des terres de la famille ennemie ou voisine, des dizaines de milliers de harkis furent tués, souvent dans des conditions atroces. Familles, femmes et enfants n'ont pas été épargnés, et s'il est impossible de connaître les chiffres (seuls 10 000 morts sont recensés dans les archives françaises

1. René Girard, *Le bouc émissaire*, Grasset, 1982.

selon Abderahmen Moumen[1]), ils semblent dépasser les 50 000 morts – peut-être davantage. Les harkis subsistants et leurs familles subissent l'indignité nationale, qui interdit tout espoir d'intégration dans l'appareil d'État, l'administration, le logement ou les usines et coopératives d'Algérie.

Or ces massacres se sont déroulés essentiellement au second semestre 1962, alors que l'armée française (outre 200 000 pieds-noirs et des dizaines de milliers de coopérants) est encore présente sur le sol algérien. L'armée française ne quitte l'Algérie du Nord qu'en 1964, après un long rapatriement, de sorte qu'elle sait ce qui se passe dans les douars, les villages et les mechtas d'Algérie. Cette situation inspirera bien plus tard au président Chirac le triste constat public que la France n'a pas pu empêcher ces massacres, et qu'elle en porte en conséquence une part de responsabilité ; cela lui impose de ce fait, selon ses termes, un devoir de vérité et de reconnaissance.

L'injustice vécue par ces soldats qui avaient fait confiance à la France et à son armée fut en effet terrible. Pour les autorités algériennes, le harki devient la figure du collabo, du traître, de l'ennemi intérieur, de la cinquième colonne ; les massacres subis par cette population – inexistants dans l'histoire officielle de ce pays – n'ont pas altéré ces charges. Puis ces qualifications ont été exportées en France par l'immigration algérienne et par son appareil d'encadrement idéologique, de sorte que les harkis et enfants de harkis en France ont été longtemps jetés en pâture idéologique, non sans susciter culpabilité ou honte chez certains d'entre eux.

À cela s'ajoutent les qualificatifs et les insultes les plus humiliants proférés par des personnalités françaises. Dalila Kerchouche se rappelle que le ministre de l'Enseignement supérieur de De Gaulle, François Missoffe, avait traité des harkis du camp ardéchois de Saint-Maurice-l'Ardoise de « déchets »[2]. Dans un discours stupéfiant, le

1. Fatima Besnaci-Lancou, Abderahmen Moumen, *Les harkis*, Le Cavalier bleu, coll. « Idées reçues », 2008.
2. Dalila Kerkouche, *Leïla, avoir 17 ans dans un camp de harkis*, Seuil, 2006.

maire de Montpellier, Georges Frêche, traitait encore en février 2006 les harkis de « sous-hommes ». Ces deux invectives, parmi tant d'autres, participent de la cruelle double peine faite aux harkis : des Français de droit, promus comme tels par le *Senatus consulte* de 1865, ayant depuis 1912 satisfait aux obligations militaires, ayant combattu pour la France dans des conditions très difficiles de la guerre d'Algérie, ayant de surcroît échappé à un massacre de masse, sont maltraités quand ils s'installent dans la métropole du pays dont ils ont la nationalité depuis un siècle. Les harkis et leurs familles ont porté seuls, pendant des décennies, le poids de la mauvaise conscience coloniale et impérialiste de la France en Algérie, et le poids du mensonge de l'État gaulliste qui n'a jamais questionné l'Algérie sur ces hommes, qui leur a fermé la porte quand tant de travailleurs immigrés algériens venaient alors s'installer par ailleurs en France.

La longue marche de la reconnaissance des harkis et du rejet de la France à leur égard s'est opérée sous les six présidences depuis Valéry Giscard d'Estaing en 1974 (reconnaissance des harkis comme anciens combattants), même si les septennats de François Mitterrand ont constitué une parenthèse. Au tournant du siècle, après de longues études, une élite d'enfants de harkis ayant étudié a pris la parole dans la société, a écrit et raconté son histoire méconnue à une société et à des milieux intellectuels et politiques ignorants voire hostiles[1]. C'est pourquoi leur rédemption est davantage passée par la politique que par les milieux universitaires, où le qualificatif de « harki » est encore, des décennies après la guerre, regardé avec suspicion[2].

Pierre Vermeren

Bibliographie

Fatima Besnaci-Lancou, Abderahmen Moumen, *Les harkis*, Le Cavalier bleu, coll. « Idées reçues », 2008.

1. Katia Khemache, *Harkis, un passé qui ne passe pas*, Cairn Éditions, 2018.
2. Mohand Hamoumou et Jean-Jacques Jordi, *Les Harkis : Une mémoire enfouie*, Autrement, coll. « Français d'ailleurs, peuple d'ici » (n° 112), 1999.

René Girard, *Le bouc émissaire*, Grasset, 1982.
Mohand Hamoumou, Jean-Jacques Jordi, *Les harkis, une mémoire enfouie*, Autrement, coll. « Français d'ailleurs, peuple d'ici », 1999.
Dalila Kerchouche, *Leïla, avoir 17 ans dans un camp de harkis*, Seuil, 2006.
Katia Khemache, *Harkis, un passé qui ne passe pas*, Cairn éditions, 2018.

5

La « Grande Muette » et ses vérités

Depuis l'affaire Dreyfus, un régime de publicité spécifique pour taire les problèmes

« La discipline fait la force principale des armées. » Ce fameux principe a longtemps introduit les règlements de discipline générale et rappelle le devoir d'obéissance entière et la soumission de tous les instants des militaires à leurs chefs. Institution fondée sur le respect de la hiérarchie au nom d'exigences opérationnelles fortes, l'armée a pour habitude de voir relayer sans difficulté les décisions du sommet vers la base. Sa mission – préparer et assurer la défense par la force des armes – et son horizon – combattre et potentiellement tuer au nom de la nation au risque de recevoir soi-même la mort – l'a conduite à privilégier la cohésion, quitte à se trouver parfois en porte-à-faux avec le reste de la société. Les contraintes propres au métier des armes (grande disponibilité et forte mobilité, vie communautaire, limites au droit d'expression) ou son organisation spécifique (écoles à part, existence pendant très longtemps d'une justice militaire) ont pu conduire à un certain isolement des militaires en dépit de la conscription. Vouée par nature à maintenir l'ordre en place, l'institution militaire est facilement rangée du côté du conservatisme. Elle a longtemps été tenue en France comme une adversaire de la République et comme une institution rétive aux idées de progrès, méfiante à l'égard de la libéralisation qui était à l'œuvre dans la société. Dénoncée au XIXe siècle pour son rôle de briseuse de grève et qualifiée de fautrice de guerre au service des marchands de canons, l'armée fut surtout l'objet de toutes les critiques à l'occasion de l'affaire Dreyfus, lorsque ses principaux dirigeants, avec la bénédiction des responsables politiques, avaient voulu imposer à la nation son code d'honneur, exprimant par-là sa préférence pour l'arbitraire au détriment de la justice et des institutions républicaines. L'époque contemporaine fournit aussi de nombreux exemples de la tentation du pronunciamiento qui l'agita, en particulier dans le contexte algérien.

Débarrassée de toute tentation césariste après le « putsch des généraux » raté en 1961, l'armée a su faire montre de sa stricte subordination au pouvoir républicain. Elle est parvenue, petit à petit, à repenser son rôle et à reconquérir les Français : tandis que l'antimilitarisme est remisé au placard, près de neuf Français sur dix déclarent aujourd'hui avoir une bonne opinion des militaires[1]. Les attentats qui ont frappé le territoire national, puis l'opération Sentinelle et la lutte anti-Daech expliquent pour une bonne part ce soutien. Mais les raisons de ce prestige retrouvé ne masquent-elles pas des permanences dans certains problèmes ? L'exigence d'exemplarité, de publicité et de soumission à la raison critique de l'opinion publique souffre d'exceptions. De même, si l'armée revendique dans son règlement de discipline générale un cadre de stricte neutralité politique, la réalité s'avère plus complexe. L'apolitisme de principe dont elle se réclame ne doit pas être pris systématiquement pour une vérité historique et sociologique. Derrière sa communication qui tend à la présenter sous une image plus lisse et plus technicienne, l'armée est porteuse à travers ses élites d'une vision du monde et d'une même aspiration sur son rôle social. La dimension idéologique qu'elle nie pourtant avoir s'observe à travers une série de problèmes qu'elle préfère couvrir d'un voile pudique.

L'armée a tout d'abord tendance à percevoir toutes formes de critique comme une tentative de l'affaiblir, et elle est prompte à les

1. Sondage Oxoda réalisé les 12 et 13 juillet 2022 avec Backbone Consulting pour *Le Figaro*.

dénoncer comme d'intolérables immixtions dans ses affaires. Aux évêques qui rappelaient par exemple dans les années 1970 la sensibilité chrétienne au problème posé par les armements nucléaires, le chef d'état-major de la Marine, l'amiral de Joybert, répondait vertement à la télévision que ceux qui préféraient s'occuper des choses militaires plutôt que du salut de l'âme ne disaient que des « âneries » et feraient mieux de se « mêler de [leurs] oignons ». Quant à ceux qui critiquaient à la même période les conditions du service militaire ou la politique de défense nationale, ils s'exposaient à des poursuites judiciaires pour injure, démoralisation ou incitation de militaires à la désobéissance, à l'image de ce directeur d'un journal alsacien, à la tête d'une feuille pourtant bien confidentielle, qui avait utilisé pour le titre d'un de ses articles certains vers antimilitaristes de *L'Internationale* d'Eugène Pottier et qui se voyait condamner en 1973 à deux mois de prison avec sursis et 3 000 francs d'amende. La phrase de Jean Jaurès, écrite en pleine affaire Dreyfus, résume bien cet état d'esprit : « il paraît plus facile [...] de réprimer la presse qui dénonce les abus militaires que de réprimer les abus eux-mêmes ». Ces exemples traduisent une bataille des légitimités, entre ceux qui, au sein des armées, font valoir leur expertise professionnelle et ont tendance à contester le bien-fondé des discours critiques produits en dehors de l'institution, et ceux qui, pour des raisons politiques, intellectuelles ou spirituelles, refusent de confiner le domaine militaire à ses seuls praticiens et veulent alimenter le débat. Pour ces derniers, la technicité des problèmes de défense et l'apolitisme prévu par la loi ne doivent pas neutraliser un sujet qui engage des questions fondamentales pour l'avenir du pays.

Une pareille crainte a pu s'exercer à l'égard des réflexions critiques produites au sein même de l'institution. Malgré l'appel récurrent des autorités à développer la « matière grise » au sein de l'armée et à renouveler en toute liberté la pensée militaire, condition nécessaire pour gagner les batailles de demain, il y a parfois un gouffre entre la règle de droit et la réalité de la pratique. Ce fut le cas en 1976 pour l'amiral Sanguinetti, numéro 2 de la Marine, officier couvert de décorations et à la riche carrière combattante, qui avait rédigé dans *Le Monde* une « vue autocritique de l'institution militaire ». Dénonçant le « conformisme de pensée » et la « sclérose de l'esprit »[1], cet officier réputé pour son caractère sans concession proposait une réforme des forces armées qui critiquait en creux l'immobilisme en matière de défense. La réaction des autorités fut radicale : radié des cadres par mesure disciplinaire pour avoir manqué à l'obligation de discrétion et au devoir de réserve, l'amiral Sanguinetti fut mis d'office à la retraite.

L'imprécision de la loi sur le plan de la liberté d'expression des militaires fait dès lors craindre un pouvoir discrétionnaire lorsqu'un officier porte la contradiction sur des problèmes que l'on préférerait taire. Le général Pâris de Bollardière, qui s'était opposé en 1973 aux essais nucléaires dans le Pacifique ? Mis d'office à la retraite. Le général Vincent Desportes, qui avait vivement critiqué la stratégie américaine en Afghanistan en 2011 ? Réprimandé par mesure disciplinaire. Le colonel Légrier, qui avait mis en cause en 2019 les résultats de la coalition contre l'État islamique au Levant ? Sanctionné par des jours d'arrêt. Dans ce dernier cas, la presse n'avait pas manqué de rappeler les propos antérieurs du chef d'état-major des armées d'alors, le général François Lecointre, qui avait invité les militaires à prendre la plume et qui s'était élevé contre « le mutisme militaire »[2]. Ainsi expliquait-il encore en 2018 : « Faire l'impasse sur l'écriture n'est pas admissible chez ceux qui se disposent à être des chefs militaires. Prendre le temps d'écrire, de recueillir ses impressions de tout ordre, de tirer les enseignements de la mission tout juste effectuée » sont autant « d'actes salutaires et indispensables pour maîtriser l'action ». Ce décalage envoyait un message terrible pour une expression professionnelle menacée par le conformisme intellectuel et une certaine passivité des cadres.

1. Antoine Sanguinetti, « Des dérives trop répandues », *Le Monde*, 30 août 1993.
2. François Lecointre, « Oser écrire pour renouveler la pensée sur l'action militaire », *Le Figaro*, 18 janvier 2018.

La neutralité revendiquée, nourrie par l'image de la « Grande Muette » forgée sous la IIIe République lorsque les militaires n'avaient pas le droit de vote, ne doit pas non plus masquer que l'armée a conçu pendant longtemps une vive aversion à l'égard de la gauche. L'anticommunisme a été à cet égard une constante, liée à la lutte contre l'Union soviétique et à l'attachement à des valeurs tout à la fois démocratiques et conservatrices. Si l'antigaullisme était par ailleurs répandu après la guerre d'Algérie, il a fini par perdre son fondement avec le temps. L'adhésion aux droites nationales, décelable dans les enquêtes d'opinion et lors des élections (20 points de plus que la moyenne des Français) se traduit toutefois rarement par des prises de position ouvertes parmi les cadres d'active, laissant le soin aux retraités d'exprimer des opinions plus tranchées, selon un nuancier qui recouvre en réalité l'ensemble des droites françaises. C'est plus certainement à travers la proximité avec le traditionalisme catholique, assez fréquent chez les officiers, que l'on perçoit le plus l'adhésion à des valeurs antilibérales.

Ce positionnement idéologique, hostile aux idées de progrès, peut expliquer certains faits inadmissibles au sein de l'institution. Ils sont loin d'être nouveaux : tandis que le bagne de Biribi était dénoncé depuis le XIXe siècle comme le lieu de toutes les exactions, son lointain successeur, le fort d'Aiton en Savoie, voyait jusqu'aux années 1970 les militaires emprisonnés pour raison disciplinaire subir des conditions de vie exécrables, cibles de la violence de leurs geôliers et placés dans une situation de quasi-servilité.

Si l'état de droit a, de ce point de vue, progressé depuis cinquante ans avec la fermeture des bagnes et la fin de la justice militaire, certaines dérives ont continué de se faire jour. Dans les années 1980 et 1990, la Ligue des droits de l'homme (LDH) avait ainsi à se pencher chaque année sur une cinquantaine d'affaires de brimades et de sévices – qui avaient parfois conduit jusqu'au suicide – et une centaine d'accidents mortels dus à des négligences et à des infractions aux règles de sécurité. Loin de constituer des cas isolés, ces affaires révélaient selon la LDH un problème systémique, en particulier au sein des écoles de formation pour les futurs officiers : valorisation virile de la force ; goût du risque inutile confinant parfois au sadisme lors de pseudo-rites initiatiques ; comportements sexistes, homophobes et xénophobes ; culture éloignée des valeurs républicaines ; le tout savamment étouffé par la hiérarchie qui, si elle a pu se résoudre à sacrifier quelques lampistes lors des procès, est restée insensible à une réflexion plus générale sur les mécanismes qui engendrent régulièrement ces abus. Les révélations du journal *Libération* en 2018 à propos du sexisme au sein des classes préparatoires militaires du lycée militaire de Saint-Cyr-l'École avaient été l'occasion d'alerter à nouveau sur ces dérives impulsées par les élèves « tradis »[1].

Le procès en 2020 des militaires poursuivis pour homicide involontaire en raison de la mort par noyade de Jallal Hami, un élève officier à l'École spéciale militaire de Saint-Cyr Coëtquidan, lors d'une soirée de « transmission des traditions de l'école », un « bahutage » qui s'apparente surtout à un bizutage (les élèves, réveillés en pleine nuit, ont dû traverser un étang sur la musique de Wagner), souligne là encore les résistances au sein de l'armée, comme l'explique *Le Monde* : la longue durée de l'instruction (les faits se sont déroulés le 30 octobre 2012) s'expliquerait selon le journal par le fait que « l'institution Saint-Cyr, connue pour son conservatisme, voire ses valeurs rétrogrades, n'aime pas que l'on se mêle de sa vie interne » et serait en partie due « aux réticences de l'institution militaire et à la mauvaise volonté des prévenus qui ont longtemps caché la réalité des faits »[2].

Les différentes affaires, présentées comme isolées et le fruit de quelques excités, montrent cependant que cette minorité active a

1. Guillaume Lecaplain et Anaïs Moran, « Lycée Saint-Cyr : une machine à broyer les femmes », *Libération*, 23 mars 2018.
2. Christophe Ayad, « "Mourir sur un champ de bataille, oui, mais pas à l'école" : le parcours tragique de Jallal Hami, noyé lors d'un bizutage à Saint-Cyr », *Le Monde*, 22 novembre 2020.

pu agir par manque d'engagement de l'encadrement et des autorités politiques, d'abord préoccupés par la préservation de la discipline, la valorisation de l'esprit de corps et la perpétuation des traditions. La reproduction de ces problèmes dans le temps souligne combien une partie de l'élite militaire – aussi minoritaire soit-elle – et l'accommodement des politiques ont eu tendance à vouloir occulter ces faits et à ne jamais vouloir en corriger les causes. Au risque que l'armée affiche un visage qu'elle ne souhaite pourtant plus montrer.

Maxime Launay

Bibliographie

François Cailleteau, *Les généraux français au XXe siècle*, Economica, 2010.
Christel Coton, *Officiers. Des classes en lutte sous l'uniforme*, Agone, 2017.

« Il n'y a pas d'ennemi intérieur en France »

L'affaire des micros du *Canard enchaîné* demeure célèbre aujourd'hui encore : une prétendue équipe de plombiers s'affaire un soir de décembre 1973 à sonoriser les nouveaux bureaux du *Canard*, mais c'est un échec retentissant. Les barbouzes, peu discrets, sont repérés, et les micros placés dans les locaux sont découverts. Tout accable la DST et le ministre de l'Intérieur, Raymond Marcellin, tandis que le gouvernement est couvert de ridicule. Pourtant, si les grandes lignes de cette affaire sont connues, ses origines sont oubliées. Pour en comprendre les tenants et aboutissants, il faut se replonger dans le contexte de la guerre froide, à l'heure de la lutte contre l'ennemi intérieur.

Tout commence par des fuites de documents classifiés du ministère des Armées, publiés par le journal satirique. Parmi ces publications sensibles, *Le Canard* cite un rapport sur les manœuvres de l'armée dans le cadre de la défense opérationnelle du territoire (DOT), document qui évoquerait l'existence d'un « adversaire intérieur ». Alertées, les autorités s'interrogent sur ces fuites. Le journaliste à l'origine de ces informations, Claude Angeli, révélera des années plus tard qu'il les tient de Charles Hernu, un spécialiste des questions militaires au Parti socialiste et un ami de longue date du journal. Décidé à identifier l'origine de ces divulgations, Robert Galley, ministre des Armées et gaulliste de choc, proche du SAC, demande au ministère de l'Intérieur d'enquêter sur ces fuites[1]. L'opération de contre-espionnage est lancée, mais elle fut un désastre au point que l'on parla vite de « Canardgate ».

Une telle pratique n'est pourtant pas rare, à une période où de nombreux hommes politiques – à commencer par le leader de l'union de la gauche, François Mitterrand – sont mis sur écoute. Elle s'inscrit dans une longue tradition qui remonte à la IVe République, où se mêlent, au nom de la lutte contre la subversion communiste, surveillance de la gauche et protection du secret de la défense nationale. « L'affaire des fuites », pendant la guerre d'Indochine, où François Mitterrand, alors membre du gouvernement, avait été mis en cause à tort dans la divulgation des procès-verbaux de réunions du conseil de défense nationale, en avait été une illustration.

Les premières décennies de la Ve République n'ont pas rompu avec ces pratiques. Les services de renseignement, déterminés à traquer la subversion, continuaient à penser et à agir comme vingt-cinq ans plus tôt, alors que débutait la guerre froide et que le PCF apparaissait comme le relais intérieur de Moscou. La révélation en 1973 – à la même période que l'affaire des micros – dans les colonnes du *Monde* de l'existence de « bulletins de renseignements sur l'adversaire intérieur », documents « confidentiel défense » à destination des autorités réalisés à partir des informations des Renseignements généraux, de la sécurité militaire et de la gendarmerie nationale, sur les activités de divers partis, mouvements, organisations politiques et syndicales

1. Raymond Marcellin, *La guerre politique*, Plon, 1985, p. 133-139.

d'opposition montrait la persistance d'une vieille méfiance à l'égard des communistes, renouvelée par une profonde aversion pour Mai 68 et ses développements gauchistes[1].

Ces documents montraient une armée française pleinement intégrée dans le dispositif contre-subversif, remettant en cause l'apolitisme des militaires affiché par les plus hautes autorités. L'État était-il pris la main dans le sac, à mentir sur la neutralité des armées ? Au cœur du soupçon, la défense opérationnelle du territoire, héritière de la défense intérieure du territoire mise en place au début de la guerre froide. Elle constitue l'un des trois piliers de la défense nationale, aux côtés des forces stratégiques et des forces de manœuvre, chargée de mailler le sol français et de tenir la population contre des commandos ennemis ou contre des groupes subversifs de Français ralliés. Le but est plus particulièrement d'éviter que le territoire ne bascule dans le camp opposé, et de protéger les points sensibles (système de défense, réseaux vitaux comme l'eau, le gaz, les télécommunications et les transports, ainsi que les lieux de pouvoir). Le PCF, jamais explicitement désigné, est en réalité directement visé. Soupçonnés d'être la cinquième colonne, les communistes sont perçus comme l'ennemi intérieur au service de l'ennemi extérieur, l'URSS et ses satellites.

Si les autorités multiplient les déclarations pour assurer que l'armée est au service de la nation tout entière, à l'exemple du chef d'état-major des armées, le général Maurin, qui déclare qu'« il n'y a pas d'ennemi intérieur en France », le doute est instillé dans les esprits. Le coup d'État militaire du général Pinochet au Chili contre le gouvernement de l'Unité populaire de Salvador Allende, qui provoque une émotion mondiale, renforce également la crainte d'une armée putschiste, qui serait déterminée à combattre la gauche si elle venait à arriver au pouvoir.

L'organisation de manœuvres militaires dans le cadre de la DOT jette aussi le trouble sur les intentions du gouvernement en matière

1. Voir *Le Monde*, 1973-1974.

de défense nationale, alors que la seule vocation de la DOT depuis sa réorganisation en 1962 est d'empêcher l'occupation du territoire par un ennemi extérieur. Ces entraînements sont destinés à préparer le combat sur le territoire national en cas d'échec de la dissuasion nucléaire combiné à un déferlement de chars venus de l'Est. Si le dispositif militaire n'intègre donc plus officiellement de menace intérieure, il reste que l'anticommunisme demeure dans toutes les têtes parmi les officiers, au moins comme un possible adversaire infiltré.

Ces révélations sur le rôle de l'armée dans la surveillance de l'opposition, et sur leur anticipation d'une menace communiste, furent reçues à gauche comme une confirmation des analyses faites à l'encontre de la Ve République gaullienne, celle du « coup d'État permanent » et de la « dérive fasciste » du régime. Les communistes réclamèrent une commission parlementaire d'enquête, en vain[1]. Mais leur perception d'un complot de l'« État-UDR » – du nom du parti au pouvoir sans discontinuer depuis 1958 – avait aussi sa part de fantasme et confortait l'imaginaire d'une gauche convaincue d'être la cible d'un « pouvoir autoritaire » et susceptible de réprimer tout mouvement social qui viendrait à la porter au pouvoir.

Ces représentations conflictuelles typiques de la guerre froide furent finalement chassées aussi rapidement qu'elles avaient surgi. Démasquée pour avoir dissimulé son rôle dans la surveillance de l'opposition, l'armée anticipa par la suite une possible victoire de la gauche en diminuant son activité contre le Parti socialiste avant même l'alternance de 1981. L'arrivée de François Mitterrand à l'Élysée fut l'occasion d'une transition pacifiée, où ni l'armée ni les communistes ne jouèrent un véritable rôle.

---

1. Proposition de résolution tendant à la création d'une commission d'enquête parlementaire sur les conditions dans lesquelles des états-majors militaires ont été amenés à établir un « bulletin de renseignements trimestriel sur l'adversaire intérieur », *JORF, Débats parlementaires - Assemblée nationale*, séance du 18 octobre 1973, p. 4553.

Quant à l'instruction du « Canardgate », les autorités opposèrent le secret de la défense nationale et l'information judiciaire se termina par un non-lieu.

Maxime Launay

Bibliographie

Claude Angeli, Stéphanie Mesnier, *Les micros du Canard*, Les Arènes, 2014.
Philippe Buton *et al.* (dir.), *La guerre froide vue d'en bas*, CNRS éditions, 2014.
François Cochet, Olivier Dard (dir.), *Subversion, anti-subversion et contre-subversion*, Riveneuve, 2009.
Laurent Martin, *Le Canard enchaîné. Histoire d'un journal satirique (1915-2005)*, Nouveau Monde éditions, 2005.

Ventes d'armes : ces milliards qui dérangent

Au lendemain de l'assassinat du journaliste Jamal Khashoggi le 2 octobre 2018 par un commando des forces spéciales saoudiennes, le président de la République Emmanuel Macron est interrogé sur les liens entre la France et l'Arabie saoudite, et plus particulièrement sur la question des ventes d'armes à destination de ce pays. Expliquant qu'il était « faux de dire que l'Arabie saoudite est un grand client aujourd'hui de la France [...] [et qu'] « on exagère beaucoup les ventes d'armes avec ce pays », le chef de l'État justifiait ce partenariat non sur le plan commercial mais au nom d'intérêts stratégiques communs. Un mensonge ? La réalité est en effet différente. Comme le montre le *Rapport annuel au Parlement sur les exportations d'armement*, l'Arabie saoudite se classe au quatrième rang des prises de commandes d'armes entre 2012 et 2021[1]. Au cœur des critiques, le contrôle par l'État français de ce commerce lucratif et très sensible, au croisement des relations internationales et de la politique nationale, où s'imbriquent

1. Ministère des Armées, *Rapport au Parlement 2022 sur les exportations d'armement de la France*, septembre 2022.

enjeux industriels, financiers et militaires. Fruit d'une décision au plus haut niveau, ces ventes sont le résultat d'une volonté politique, diplomatique et économique ancienne, qui remonte aux origines de la Ve République. Au risque de bafouer les droits de l'homme.

La guerre froide, par la structuration bipolaire du monde qu'elle impliquait, a longtemps bénéficié à la France sur le plan commercial. En cultivant sa distance avec l'OTAN et en développant des matériels de qualité, Paris offrait un profil intéressant pour des acheteurs soucieux d'éviter à la fois les serres de l'aigle américain et les griffes de l'ours soviétique. La France avait pour sa part tout intérêt à favoriser l'exportation de ses armes afin de développer une industrie de défense susceptible de garantir son indépendance stratégique, chère au général de Gaulle. Pour assurer la souveraineté du pays et son autosuffisance en armements modernes, la stratégie gaulliste fut de compenser la colossale hausse du coût des matériels, en raison des progrès technologiques, en trouvant des débouchés pour satisfaire l'appétit immense de ses fleurons nationaux (Dassault, Matra, Thomson…). En augmentant les quantités produites, il s'agissait d'amortir les frais fixes sur des séries plus longues, de supporter les coûts de recherche et de développement, mais aussi de soutenir le carnet de commandes des entreprises, autrement dit de préserver sur le plan économique ce que les experts ont coutume d'appeler la « base industrielle et technologique de défense ». Dans un contexte budgétaire contraint et de compétition accrue sur le marché mondial de l'armement, les autorités avaient intérêt à être bienveillantes à l'égard de ce type d'exportation.

Privilège régalien par excellence, les ventes d'armes relèvent en effet du pouvoir exécutif qui, seul, contrôle et donne l'autorisation de vendre des matériels de guerre à l'étranger. Lors de l'examen des demandes qui lui sont soumises, la discrète commission interministérielle en charge d'émettre un avis est en principe tenue de respecter les engagements internationaux de la France en matière de droits humains et de droit international humanitaire. L'application loyale de ces obligations est toutefois invérifiable car rien ne filtre de cette commission dont les documents confidentiels sont protégés par le secret-défense. Cette opacité a pu rendre de grands services à l'industrie de défense.

Tout en prétendant ne pas vendre des armes à des régimes autoritaires ou à des pays en guerre, la réponse des gouvernements français a toujours été de trouver des arrangements institutionnels, malgré un discours qui prétendait le contraire. Dans les années 1970, 110 Mirage sont par exemple vendus à la Libye au lendemain du coup d'État militaire de Mouammar Kadhafi, tandis que des matériels militaires sont livrés à Saddam Hussein et à l'Iran des mollahs pendant la guerre qui opposent ces deux pays entre 1980 et 1988.

Les fournitures d'armement à des pays peu fréquentables illustrent également les contorsions de la France pour déjouer les embargos de l'ONU. Le régime sud-africain d'apartheid, premier client de la France en 1970, et la dictature portugaise, dont la France est le second fournisseur d'armes, obtiennent ainsi des licences pour acheter, entre autres, des hélicoptères et des avions militaires de transport[1]. Comment justifier ces livraisons au regard des règles édictées ? La distinction opérée par le gouvernement français entre armements offensifs et défensifs lui offre l'opportunité d'autoriser l'export d'armes destinées à se protéger contre une attaque extérieure, un critère dont l'application se révèle en pratique insidieuse, tant les matériels vendus ont des caractéristiques ambiguës et sont précisément recherchés pour leur innovation tactique propre à la lutte anti-guérilla. L'utilisation d'hélicoptères d'attaque combinés aux blindés légers pendant la guerre d'Algérie avait d'ailleurs attiré l'attention des militaires sud-africains[2]. Une distinction si artificielle qu'elle s'observait à nouveau dans les guerres coloniales menées par le Portugal, où les opérations

1. Maurice Vaïsse (dir.), *Documents diplomatiques français, 1968-1973*, vol. 33-43, PIE-Peter Lang, 2009-2021.
2. Daniel C. Bach, « Un système autonome de relations : la France et l'Afrique du Sud, 1963-1977 », in Daniel C. Bach (dir.), *La France et l'Afrique du Sud. Histoire, mythes et enjeux contemporains*, Karthala, 1990, p. 177-179 et 217.

de commando contre les combattants des mouvements de libération étaient effectuées avec des unités héliportées équipées d'appareils français[1].

Le soupçon que les livraisons d'armes de la France alimentent, à travers ses clients, des conflits armés n'appartient pas qu'au passé. De 2015 à 2020, 152 millions d'euros de matériels français sont vendus à Moscou malgré l'embargo décidé en 2014, la clause dite « du grand-père » permettant d'honorer les contrats déjà conclus. Si François Hollande avait interdit la vente de deux navires Mistral, qu'en est-il de l'utilisation d'autres matériels plus discrets – caméras thermiques pour les blindés, systèmes de navigation et détecteurs infrarouges pour les forces aériennes – dans la guerre que la Russie mène contre l'Ukraine[2] ?

Le respect des engagements internationaux pris par la France est aussi interrogé lorsque des armes exportées sont susceptibles de conduire à des violations des droits humains, en particulier lorsqu'elles sont utilisées contre des civils. De fortes présomptions existent à ce sujet au Yémen, où l'Arabie saoudite mène depuis 2015 une guerre à la tête d'une coalition contre les rebelles houthis. Mise en cause pour avoir bombardé sans distinction la population civile, l'Arabie saoudite est accusée de commettre des crimes de guerre dans un pays qui fait déjà face à un désastre humanitaire. Si le ministère des Armées explique que les ventes d'armes à l'Arabie saoudite sont légales et que ses armes ne sont pas – à sa connaissance – impliquées dans les crimes de guerre commis au Yémen, plusieurs médias remettent en cause ce récit officiel. Selon le site d'investigation Disclose, qui a eu accès à des informations classifiées, les plus hautes autorités seraient parfaitement informées de la nature des armements français utilisés au bénéfice de l'aviation, de l'artillerie et de la marine saoudiennes au Yémen[3]. Pour

1. Paulette Pierson-Mathy, « L'embargo international sur les livraisons d'armes au Portugal », *Revue belge de droit international*, 1973, p. 107-149.
2. « Ukraine : la France a livré des armes à la Russie jusqu'en 2020 », *Disclose*, mars 2022.
3. « Made in France », *Disclose*, avril 2019.

Amnesty International, il est donc temps d'interroger la politique d'exportations d'armes du « pays des droits de l'homme ».

Pour les détracteurs de ces exportations, ces ventes sont essentiellement guidées par les intérêts mercantiles des « marchands de canons », au mépris de la paix et des vies humaines. Peu affecté par les préoccupations relatives aux droits de l'homme, ce commerce est aussi condamné pour les liens entretenus entre l'État et certaines sociétés industrielles, alimentant le soupçon d'un « complexe militaro-industriel ». Le groupe aéronautique Dassault, accusé de réaliser des profits grâce aux subventions et dotations publiques, est l'une des principales cibles des critiques. Les ingrédients sont souvent les mêmes, à base de commissions occultes versées dans des paradis fiscaux afin de décrocher des contrats, de réseaux d'intermédiaires, de corruption de responsables étrangers et de soupçons de financement de partis politiques.

Si la France n'a pas le monopole du mensonge d'État en la matière, la succession des affaires depuis les années 1990 a illustré combien le manque de contrôle démocratique a pu conduire à d'immenses scandales, à l'image de l'Angolagate (ventes illégales d'armes à l'Angola, un pays en pleine guerre civile, qui a conduit devant la justice des hommes d'affaires et des hommes politiques, parmi lesquels l'ancien ministre de l'Intérieur Charles Pasqua) et de l'affaire des frégates de Taïwan (un contrat prévoyant la livraison de frégates françaises qui a donné lieu au versement de plusieurs centaines de millions de francs de commissions, dont une partie est ensuite revenue en France sous la forme de rétrocommissions). La justice française, souvent impuissante, se heurte au secret-défense invoqué par les gouvernements successifs. Quant aux parlementaires, leur pouvoir de contrôle demeure très limité, et se heurte là encore au silence de l'exécutif.

Les autorités jettent le plus souvent un voile pudique sur cette politique résolument pragmatique en matière d'exportations d'armes, mais elles savent aussi rappeler les arguments en sa faveur : avec 200 000 emplois et un montant global des commandes qui s'élève à 11,7 milliards d'euros en 2021, les ventes d'armes contribuent fortement à l'équilibre de la balance commerciale et au maintien d'une industrie de haute technologie en région parisienne, en Rhône-Alpes ou encore dans le Sud-Ouest. Troisième exportateur d'armes au monde, derrière les États-Unis et la Russie, la France, prise entre des injonctions contradictoires, n'entend pas faire des valeurs morales son premier critère, quitte à s'arranger avec la vérité lorsque l'opinion publique s'intéresse d'un peu trop près à ce commerce. Face à ce cas de conscience national, c'est la raison d'État qui l'emporte, hier comme aujourd'hui.

Maxime Launay

Bibliographie

Yvonnick Denoël, Jean Garrigues (dir.), *Histoire secrète de la corruption sous la Vᵉ République*, Nouveau Monde éditions, 2014.

Jean Guisnel, *Armes de corruption massive. Secrets et combines des marchands de canons*, La Découverte, 2011.

Anne Poiret, *Mon pays vend des armes*, Les Arènes, 2019.

Maurice Vaïsse (dir.), *Armement et Vᵉ République. Fin des années 1950, fin des années 1960*, CNRS éditions, 2002.

L'ère des armes spéciales : aux frontières du secret et de la clandestinité

Le début de la Vᵉ République fut en France un moment charnière dans l'organisation de la défense contre la menace nucléaire, radiologique, biologique et chimique, communément appelée désormais « défense NRBC ». Les systèmes d'armes correspondants, graduellement développés au long du XXᵉ siècle, construisirent progressivement cette catégorie NRBC : les armes biologiques et chimiques dès le début du XXᵉ siècle (avant et pendant la Première Guerre mondiale) et le nucléaire militaire (et civil) dans l'après-Seconde Guerre mondiale. À l'issue de celle-ci, au cours de laquelle l'arme nucléaire fut pour la première fois utilisée sur les villes d'Hiroshima et de Nagasaki au Japon, la France entama une réflexion sur les armes de la guerre moderne, sur l'opportunité de continuer à en produire (pour le chimique et le biologique) et à en produire de nouvelles (nucléaires), pour sa propre défense, ainsi que sur les moyens de se prémunir contre leurs effets. Cette réflexion, qui s'accompagna d'expérimentations, de développements et de productions de systèmes d'armes, fut menée dans le plus grand secret, souvent sans contrôle démocratique, mais dans une collaboration initiale entre la sphère civile et la sphère militaire, sous la houlette de la secrète Commission médicale de défense contre la guerre moderne.

Les armes spéciales : un euphémisme

Le terme d'*armes spéciales* désignait et désigne encore hors de France (en anglais ou en russe) soit les armes-gadgets (dans le contexte anglo-américain) utilisées par les agents secrets, à l'image de celles créées par « Q » dans la série des James Bond, soit spécifiquement les armes nucléaires propulsées (dans le contexte russe). Dans le contexte français cependant, l'adjectif *spéciales* désigne dès le milieu du XXe siècle les armes NRBC. Cet adjectif euphémise leurs propriétés : il les désigne tout en masquant leurs caractéristiques. Cette acception est une spécificité française et l'on indique par là qu'elles s'opposent aux armes conventionnelles, ou ont quelque chose en plus, ou de différent. On indique aussi que ce sont des armes immorales, mais aussi singulières car relevant de domaines de compétences (scientifiques et techniques) hautement spécialisés. Elles furent développées en France et dans d'autres nations légalement, mais en secret et cachées, comme refoulées, ou à tout le moins reléguées dans la mauvaise conscience nationale. Leur réputation d'armes déloyales, ne faisant pas de distinction entre civils et militaires, et provoquant des *maux superflus* (dénoncés dans la déclaration de Saint-Pétersbourg dès 1868), était faite depuis la Première Guerre mondiale, avec les premiers usages des gaz de combat sur le champ de bataille.

Ces armes diverses furent regroupées sous une espèce différente de celle des armes classiques ou conventionnelles, en vertu de l'une de leurs propriétés caractéristiques : elles visent spécialement les êtres vivants et épargnent les biens matériels inertes (à l'exception de l'arme atomique, qui produit non seulement des radiations dangereuses pour le vivant, mais aussi des effets mécaniques dévastateurs lors d'explosions de bombes nucléaires). Les armes radiologiques (le *R* de NRBC), telles que les bombes dites *salées* et les bombes sales, ont, au sein de l'arsenal nucléaire, cette même vocation spécifique de provoquer une contamination radioactive des terrains pour les empoisonner et les rendre inutilisables. En vertu de cette caractéristique centrale, on peut considérer le NRBC comme un groupe d'armes physiologiques, ciblant des fonctions biologiques. C'est sous cet aspect nouveau, d'armes conçues en vue de provoquer la mort, mais aussi des maladies et infirmités spécifiques, en empoisonnant les hommes, les animaux, les plantes ou les environnements, qu'il fallut envisager ces armes et les guerres totales qu'elles permettraient de conduire.

Les premières discussions en France sur ces armes furent donc, entre la fin de la Seconde Guerre mondiale et les débuts de la Ve République, d'ordre médical et physiologique : on se demandait quels étaient ou pourraient être leurs effets sur les corps humains et comment en protéger les populations civiles et militaires. On se demandait également comment en protéger les ressources agricoles ou nos territoires. Mais aussi si elles pourraient permettre de modifier les environnements naturels terrestres[1], voire localement le climat, pour, par exemple, provoquer des sécheresses. Et bien sûr comment doter également la France de ces armes pour qu'elle puisse en faire un usage dissuasif. Le champ de recherche était ouvert et nouveau.

1. On parle parfois à ce propos de guerre mésologique (et de guerre NMBC, le M la désignant), pour caractériser l'utilisation de l'environnement comme vecteur ou moyen de mener la guerre.

À tel point qu'on se demanda par exemple un peu naïvement, en 1949, si l'on pourrait trouver un vaccin contre la radioactivité ! Dès mars 1947, la Commission médicale de défense contre la guerre moderne, un aréopage composé de personnalités de premier plan, des médecins, des chercheurs en biologie, en chimie, en physique, et des militaires, commença à se réunir secrètement à Paris à l'hôpital du Val-De-Grâce.

« Spéciales » et interarmées

Des militaires, des scientifiques et des médecins étudièrent ainsi conjointement, pour mieux les connaître et mieux assurer la défense française, ces armes exploitant à bien des égards des connaissances scientifiques de pointe en physique, bien sûr, mais également en chimie et en biologie, disciplines dans lesquelles des avancées considérables avaient été effectuées depuis le début du siècle. Depuis longtemps cachées, secrètes, et peu connues de la plupart des militaires eux-mêmes, ces armes furent unifiées sous la nouvelle catégorie qu'on nomma officiellement *spéciale*, pour continuer d'en masquer ladite spécificité : un commandement des armes spéciales fut ainsi créé en 1951 sous l'égide de l'armée de Terre, et dirigé par le colonel Charles Ailleret (1907-1968). L'ouverture relative à la sphère civile de la prise en charge de cet aspect de la défense nationale contre les nouvelles armes biologiques, chimiques et nucléaires – qui avait présidé à la création de la relativement collégiale Commission médicale de défense contre la guerre moderne de 1947 – fut de courte durée : en 1953, cette commission fut dissoute et remplacée par une commission homonyme, placée sous la responsabilité de la Direction centrale des services de santé des Armées. Elle ne serait désormais plus maîtresse de son ordre du jour et comprendrait deux fois moins de personnel civil. Pour la contrôler, le colonel Ailleret demanda en outre qu'un officier du commandement des armes spéciales participe à chacune des réunions des sous-commissions (atomique, biologique et chimique) de cette nouvelle mouture de la commission.

Les études et expérimentations suivirent leur cours, mais les scientifiques durent se plier aux agendas militaires et perdirent l'initiative dans les discussions et projets relatifs à ces armes. Charles Ailleret pensait qu'en évinçant les civils de ces programmes secrets de défense et d'armement, et en séparant la recherche civile de la recherche militaire, il éviterait à la France de tomber dans les écueils de la science dirigée de l'Allemagne nazie : il était selon lui « impossible de mobiliser longtemps la science à des fins militaires sans tarir la source même des progrès futurs », les libertés académiques. Et de ces progrès scientifiques futurs dépendrait selon lui l'autonomie de la défense française, à travers la dissuasion nucléaire.

Dans le même temps qu'il gagnait en renommée, en pouvoir au sein de l'appareil militaire gaulliste, Ailleret militait en effet pour une défense nationale fondée essentiellement sur la dissuasion nucléaire et visant à garantir l'indépendance de la France.

Le commandement des armes spéciales fut dissous au début de l'année 1958 par le ministre de la Défense et remplacé par le commandement interarmées des armes spéciales. Ce commandement fut confié au désormais général Ailleret, par Jacques Chaban-Delmas (1915-2000), lors de son bref mandat de ministre de la Défense nationale et des Forces armées (de novembre 1957 à mai 1958). En février 1958, la même année que celle qui vit la naissance de la Ve République, la France se dotait donc d'une institution *interarmées* dédiée aux armes atomiques, biologiques et chimiques. Sur ordre du président du Conseil Félix Gaillard, les Armées et le Commissariat à l'énergie atomique (CEA) se préparèrent à réaliser la première explosion d'une bombe atomique française dans le Sahara algérien, « Gerboise bleue », dont Charles Ailleret autorisera le déclenchement du tir le 13 février 1960[1]. Ce fut le véritable début du nucléaire militaire français, qui,

1. Dominique Mongin, *La Direction des applications militaires au cœur de la dissuasion nucléaire française – De l'ère des pionniers au programme Simulation*, CEA, 2016.

selon les termes de Pierre Messmer (1916-2007), « sans être clandestin [...] restait entouré d'une grande discrétion, parce que les ministres craignaient de choquer l'opinion publique, très sensible en France et à l'étranger »[1]. En 1962, Charles Ailleret devint le premier chef d'état-major des armées (CEMA) de la Ve République, accédant ainsi à la plus haute fonction de l'armée française.

Les armes spéciales et la décolonisation de l'Algérie

Ce commandement plaça Charles Ailleret dans une position centrale au sein de l'appareil d'État et dans le développement de la dissuasion française qu'il avait contribué à concevoir avec les « généraux de l'apocalypse »[2], les généraux Beaufre, Gallois et Poirier. Il supervisa ainsi dans la décennie qui suivit le développement et l'expérimentation d'armes spéciales dans diverses parties du Sahara algérien choisies pour leur isolement, telles que la base de B2-Namous. L'ouest du Sahara algérien colonisé était, en raison de son caractère désertique, depuis le début des années 1930, un lieu privilégié par l'armée française pour effectuer des essais en vraie grandeur de dispositifs de dispersion d'agents biologiques et chimiques. Obus, roquettes, bombes à sous-munitions, chargés de divers poisons ou substances factices, y étaient testés. La première campagne d'essais fut effectuée à Chegga[3] en 1930 : des obus chargés de lewisite (un composé de l'arsenic) et d'autres agents chimiques similaires y furent détonés. Ces produits toxiques étaient fabriqués en quantités semi-industrielles à la Poudrerie du Bouchet, dans le sud de Paris, à Vert-le-Petit, qui était depuis les années 1920 et demeure jusqu'à nos jours le centre français chargé de l'étude et de la défense contre les armes biologiques et

1. Pierre Messmer, « La dissuasion nucléaire française : genèse et actualité », *Modern & Contemporary France*, vol. 10, n° 3, août 2002, p. 383-387.
2. Xavier Liffran, « Redécouvrir Ailleret, "l'artisan de la force de dissuasion" », *Revue Défense nationale*, n° 807, 2018/2, p. 41-48.
3. Dans la commune de Biskra, à l'est de l'Algérie (mais il pourrait s'agir aussi de l'homonyme Chegga à l'extrême nord-est de l'actuelle Mauritanie).

chimiques. Cette poudrerie était le centre névralgique du programme français et produisait une grande variété de substances toxiques biologiques et chimiques, ainsi que les moyens opérationnels de les disperser. Des stocks d'adamsite (un autre toxique arsénié), cédés par les Anglais après la Première Guerre mondiale, furent utilisés pour tester des moyens de dispersion à Chegga, puis à Béni Ounif, au nord de Béchar, à un peu moins de 10 kilomètres de la ville marocaine de Figuig, où fut ultérieurement implantée la base de B2-Namous. De nombreux essais de dispersion de substances diverses furent ainsi menés secrètement dans le Sahara lors de la décennie qui précéda la Seconde Guerre mondiale.

Quelques années après celle-ci, les recherches à visée militaire reprirent et les essais devinrent réguliers à la nouvelle base de B2-Namous, non loin de Béni Ounif. La construction de cette base fut autorisée par le ministre de la Défense nationale et des Forces armées en 1956. En 1958, la première année de sa mise en service, 540 projectiles chargés en sarin et en éthylsarin (des gaz neurotoxiques) y furent testés. Des armes chimiques auraient également été utilisées dans les années qui suivirent, pendant la guerre d'Algérie contre le Front de libération nationale (FLN), pour déloger les partisans retranchés dans des grottes, dans le cadre de la « guerre des grottes » (voir chapitre 4).

La coopération secrète franco-algérienne sur le chimique et le biologique

En 1962, la même année que celle des accords d'Évian, qui mirent fin à la guerre d'Algérie (1954-1962), l'institutionnalisation des armes spéciales se développa plus avant en France, avec la création à Lyon, au fort de la Vitriolerie, d'une école dédiée : l'École militaire des armes spéciales (EMAS). Fondée par Ailleret, celle-ci déménagea ensuite pour Grenoble jusqu'à la fin des années 1970, où elle devint l'École de défense NBC de l'armée de Terre (EDNBCAT), qui fut elle-même déménagée à Caen à la fin de la guerre froide[1]. En 1967, un an avant son décès dans un accident d'avion, Ailleret popularisait son idée d'une « défense tous azimuts »[2], celle d'une dissuasion nucléaire française devant permettre à une puissance moyenne comme la nôtre de se passer d'alliances et de conserver son indépendance politique. Dans ce cadre, le chimique, le biologique et dans une moindre mesure le radiologique passèrent définitivement au second plan de la dissuasion. Mais il n'était pas question que le pays soit distancé y compris sur ces applications militaires des sciences : malgré le récent conflit franco-algérien, ces recherches furent poursuivies dans le cadre d'une coopération secrète entre l'ancien colon et l'ancien colonisé.

De nombreuses zones d'ombre demeurent quant à l'étendue et la nature des essais réalisés secrètement et quant au rôle qu'eut la base de B2-Namous dans la stratégie internationale après la guerre d'Algérie. Il est vraisemblable que d'autres pays que la France aient été partie prenante dans un programme collaboratif international sur les armes chimiques et biologiques, notamment les États-Unis, qui connaissaient l'existence du centre de l'oued Namous comme l'attestent des échanges de la fin des années 1960 entre des généraux français et américains. Il est cependant prouvé que pendant plus d'une décennie après les accords d'Évian, les expérimentations, notamment de dispersion de neurotoxiques tels que le sarin, continuèrent sous la couverture d'une entreprise de droit privé, la Société d'études techniques et d'entreprise générale (Sodeteg), à la base de B2-Namous. Cette société, qu'évoquait l'ancien ministre des Armées Pierre Messmer dans l'entretien qu'il accordait à Vincent Jauvert du *Nouvel Observateur* en 1997, apparaît dans diverses correspondances, dont un courrier mentionnant un contentieux entre un éleveur de moutons ayant perdu son cheptel lors d'une campagne d'essais et la société civile. Selon

1. Jean-François Brun, « Un aspect de la stratégie nucléaire française : le réseau interarmées d'alerte », *Revue historique des armées*, n° 262, 15 mars 2011, p. 68-89.
2. Charles Ailleret, « Défense "dirigée" ou défense "tous azimuts" (décembre 1967) », *Revue Défense nationale*, n° 805, 2017/10, p. 39-46.

le général Rachid Benyelles, figure centrale du pouvoir algérien – il fut commandant de la Marine nationale (1978-1984) puis secrétaire général du ministère de la Défense à partir de 1984 –, ces essais d'armes chimiques et biologiques se sont même poursuivis jusqu'en 1986[1]. Des campagnes d'essais s'y sont quoi qu'il en soit déroulées au moins jusqu'en 1975, avec des noms d'aromates pour noms de code, parfois plusieurs fois par an. Des négociations avec l'ALN avaient en effet permis à l'issue de la guerre d'Algérie de maintenir les activités militaires françaises de ce centre.

L'appellation d'*armes spéciales* est désormais tombée en désuétude et a cédé la place à la défense NRBC. Cet armement a profondément marqué la Ve République, qui l'a vu se développer et s'institutionnaliser et qui a été le théâtre de l'unification sous une bannière commune de moyens guerriers plutôt disparates, mais ayant pour points communs de requérir un savoir scientifique très spécialisé et d'être susceptibles d'empoisonner et de détruire massivement le vivant.

Étienne Aucouturier

Bibliographie

Charles Ailleret, *L'art de la guerre et la technique*, Charles-Lavauzelle, 1950.
Etienne Aucouturier, *La guerre biologique*, Éditions Matériologiques, 2017.
Rachid Benyelles, *Dans les arcanes du pouvoir. Mémoires (1962-1999)*, Barzakh, 2017.

1. Rachid Benyelles, *Dans les arcanes du pouvoir. Mémoires (1962-1999)*, Barzakh, 2017 ; voir également l'entretien qu'il a donné à Radio M en 2018 [*Dans les arcanes du pouvoir avec le général Rachid Benyelles*. Consulté le 20 mars 2023. https://www.youtube.com/watch?v=sIpCrHca7PY].

L'affaire de la Maison des Têtes

Le 15 février 1989 à 14 h 26 près du port de Toulon une explosion détruit une bâtisse de cinq étages, provoquant la mort de 13 personnes et en blessant 32. L'immeuble du XVIIe siècle était baptisé Maison des Têtes en raison de mascarons apposés sur le linteau des fenêtres.

Une enquête sous surveillance

Rapidement, les secours s'organisent. Pompiers et sauveteurs accourent vers le centre-ville, mais aucune consigne n'est donnée à la police pour procéder aux premières constatations. Le procureur de la République ne se déplace pas, mais la Marine envoie dans la demi-heure un amiral deux étoiles et plusieurs sections de militaires. L'information judiciaire n'est ouverte que le lendemain, mais la juge d'instruction ne se transporte pas non plus sur le lieu de l'explosion. L'expert judiciaire qu'elle désigne ne découvre les décombres que le lendemain en fin d'après-midi. Cette ingénieure-chimiste ne retrouve que quelques gravats éparpillés, et pour cause : au cours de la nuit, des dizaines de camions ont déversé les déblais dans une décharge située à 10 km de Toulon.

Bientôt, une rumeur prend forme : l'immeuble aurait été dévasté par une explosion due à un suicide au gaz. Néanmoins, GDF et pompiers réfutent cette version : il n'y a eu ni flamme, ni fumée, ni odeur de gaz, ni combustion, aucune fuite n'a été signalée dans le quartier avant le drame. Malgré tout, magistrats, enquêteurs et experts vont travailler sur cette hypothèse improbable.

Le deuxième expert choisi par la juge afin de déterminer les causes du sinistre ne se rend à Toulon que quatre mois et demi après sa désignation. Le périmètre a été déblayé, les murs de ce qui reste de l'immeuble ont été renforcés et les gravats enfouis depuis longtemps. Durant trois ans, l'information judiciaire piétine et les avocats des familles se démènent pour faire avancer le dossier, en vain.

En 1992, la cour d'appel désigne trois nouveaux experts qui mettront deux ans pour déposer un rapport sur pièces truffé d'approximations et d'incohérences. Aucun d'eux ne se déplacera sur les lieux ni ne rencontrera le moindre témoin ni la moindre victime.

Désorientées, les familles demandent l'avis d'un chimiste qui retrouve du titane, du plomb et des traces d'explosifs dans les cheveux d'une victime. La justice n'en tiendra pas compte. Elle balaiera de la même façon l'avis de l'ancien directeur du laboratoire de police de Paris, sollicité à titre gracieux, qui rejette la thèse de l'explosion au gaz. Finalement, l'information judiciaire est clôturée le 13 octobre 1994 par un non-lieu, confirmé en appel en 1995. Le dossier est clos, mais les familles restent dans le doute.

En 2010, elles font appel à moi en tant que journaliste d'investigation ayant enquêté sur des affaires liées à la défense nationale. Elles veulent connaître la vérité.

Des inconnus visitent les corps

Rapidement je retrouve des témoins jamais entendus. Tous rejettent l'hypothèse du suicide. L'ancien directeur de GDF de Toulon juge impossible une explosion due au gaz. Quant aux inspecteurs qui ont travaillé sur le dossier, ils reconnaissent des défaillances dans la procédure. Ils ne comprennent pas non plus pourquoi la police judiciaire, dotée de spécialistes, n'a pas été saisie. Le commissaire divisionnaire, chef d'enquête, tient le même discours. Un policier municipal me confie que dans la nuit du 15 février les corps déposés en mairie ont été visités par des inconnus. Or, les autopsies ne seront pratiquées que les 16 et 17 février 1989. Plus tard, l'ancien procureur de la République m'explique que cette affaire a été signalée comme « sensible » par sa hiérarchie. Quant à l'ancien préfet du Var, il avoue avoir été informé qu'il ne s'agissait pas d'une explosion au gaz.

Sur deux corps, des dépôts pulvérulents sont observés lors de l'autopsie. Ils ne seront pas analysés. Nul ne connaîtra jamais la composition de ces précipités blanchâtres qui ressemblent à de la poudre. Une autre victime a été déchiquetée. Selon les rapports d'autopsie, on retrouve sur son thorax des particules métalliques qui ne seront pas prélevées. Et la chevelure d'un deuxième corps est elle aussi couverte de composants identiques qui ne seront pas non plus expertisés. Plusieurs témoins affirment avoir vu les vêtements des victimes criblés de trous et sectionnés. Ces effets s'évaporeront dans la nuit du 15 février. Le lendemain, ils seront incinérés sans autorisation des familles. Plus troublant : les vêtements des personnes blessées ont également été brûlés. Aucune enquête ne sera diligentée par le parquet afin de connaître les causes de ces manquements.

Les montants des fenêtres projetés lors de l'explosion disparaissent eux aussi. On ne saura jamais s'ils étaient porteurs d'une substance suspecte. L'expert du laboratoire de police de Marseille procédera à l'examen d'un seul morceau de bois qui lui sera confié dix jours après qu'il a été retiré du tuyau dans lequel il s'était fiché. Elle écrira dans son rapport qu'elle « n'a pas pu approcher de l'immeuble sinistré ». Là encore, aucune autorité judiciaire ne relèvera.

L'hypothèse officielle développe le scénario d'une dame dépressive qui a voulu se suicider. À l'heure du drame, cette retraitée avait pourtant fixé rendez-vous à un entrepreneur qui devait réaliser des travaux dans son appartement. En fin de journée, elle avait pris un autre rendez-vous chez un chirurgien. Un rescapé écrit qu'il a été soulevé de sa chaise par le souffle de l'explosion. Il ne sera jamais interrogé, et pour cause, il se trouvait au deuxième niveau et son récit, selon une lettre adressée par l'intéressé à l'association des victimes transmise ensuite à la justice, contrarie la thèse suicidaire de l'occupante de l'étage supérieur.

Une fausse alerte au gaz

En 2012, un photographe me confie un film tourné devant l'immeuble quelques minutes après le drame. Les images parlent : vers 15 heures, six inconnus parcourent les gravats. Ce ne sont ni des policiers, ni des sauveteurs, ni des agents GDF, ni des journalistes, ni des agents municipaux. Ils portent des mallettes. Au bas des déblais, un marin pointe vers eux un appareil à cadran. Qui sont ces hommes et comment ont-ils pu passer le filtrage de la police ? Que sont-ils venus chercher dans les déblais ? Dans le même temps, une fausse alerte au gaz est déclenchée aux alentours de l'immeuble. La mairie voisine est évacuée et les badauds éloignés. Néanmoins, les élus ne quittent pas les étages. Et le rapport des pompiers ne mentionne pas cet incident de quarante-cinq minutes alors que leur ancien commandant déclare s'en souvenir. Pourquoi cette fausse alerte alors que le gaz a été coupé dans le quartier par GDF cinq minutes après l'explosion ?

Des photos soustraites des albums

Aux archives municipales de Toulon, de nombreux clichés réalisés après l'explosion ont été retirés des albums. Et comme ces photos ne portaient qu'un numéro de série, impossible de savoir ce qu'elles représentaient. Renseignement pris, ces archives n'ont jamais été consultées depuis 1992. Les diapositives rassemblées par les pompiers n'ont été montrées qu'après avoir été triées et surtout, sans qu'il soit possible de consulter leur inventaire. Préalablement à notre visite, plusieurs bacs de clichés entreposés à la caserne de Toulon ont été rapatriés à la direction départementale de Draguignan où nous avons pu les visionner sous la surveillance d'un officier.

De la même manière, l'album photo confectionné par la police a lui aussi été ôté du dossier pénal. À sa place, on trouve un feuillet qui indique « album remis à l'expert ». On ne connaît pas le nom de cet expert et aucun magistrat du tribunal de Toulon ni de la cour d'appel n'a déploré l'absence de cette pièce de procédure. Quant aux clichés de la Marine – qui a missionné sur place pendant deux jours un photographe –, l'institution affirme qu'ils n'ont jamais été retrouvés. Le militaire envoyé sur les gravats, aujourd'hui à la retraite, m'expliquera qu'à son retour à la base navale on lui a ordonné de remettre à un supérieur l'intégralité des pellicules. De la même façon, les films réalisés par des particuliers autour de la maison détruite ont été saisis par la justice et jamais restitués.

Quelques mois plus tard, je découvre que la sablière des Bonnes Herbes dans laquelle les décombres ont été déversés appartient en partie à la Marine. Elle abrite même un champ de tir. Pourquoi les camions n'ont-ils pas déposé ces déblais dans la décharge de Lagoubran située à 2 km ? Hypothèse : cette déchèterie ne permettait pas d'enfouir les gravats. Tel n'était pas le cas de la carrière des Bonnes Herbes constituée d'une excavation dans laquelle plusieurs bennes venaient chaque jour vider des tonnes de terre. Enfin, pourquoi n'a-t-on pas indiqué à l'expert que ces gravats se trouvaient dans cette décharge ?

Des plaies de guerre

L'élément le plus troublant reste la blessure que porte un rescapé. Il présente encore aujourd'hui une plaie punctiforme au genou. Malgré des soins réguliers, la cicatrice continue de suinter. Selon les rapports d'autopsie, quatre corps présentaient des plaies punctiformes, causées par la projection violente et proche d'objets pointus (définition médicale d'une plaie punctiforme). Aucun objet présent dans le laboratoire de prothèse dentaire ne pouvait causer de telles blessures selon les rescapés du laboratoire. Et comment expliquer l'état du corps d'un des prothésistes décrit comme « totalement déchiqueté », alors que la prétendue explosion au gaz aurait eu lieu deux étages plus haut ?

Il faut savoir qu'en 1991 une analyse avait révélé la trace d'explosifs et de titane sur les cheveux de la jeune fille décédée au premier étage[1]. D'où aurait pu provenir ce métal sinon d'un engin militaire ? En 1989, le titane n'était pas utilisé en prothèse dentaire, on ne pouvait pas en trouver dans ce laboratoire. En revanche, il était présent dans l'industrie militaire. Hélas, les particules de métal retrouvées sur deux

1. Rapport de Loïc Le Ribault, ingénieur chimiste, expert judiciaire près la Cour de cassation, directeur du Centre d'analyses et de recherches en microscopie électronique.

corps lors de l'autopsie n'ont jamais été prélevées. On ne connaît donc pas leur composition, on ne sait notamment pas s'il s'agit de titane.

Fin 2012 à ma demande une nouvelle analyse est effectuée par un laboratoire spécialisé afin d'étudier un échantillon de cheveux d'une victime. L'ingénieur y découvre des particules de baryum, de fer, d'aluminium, et surtout des « éclats de tungstène en grande quantité », un métal lourd rarement présent dans la nature qui compose de nombreux explosifs.

Le ministère de la Défense n'a pas autorisé l'accès à ses archives en se retranchant derrière le secret-défense. Après avoir écrit dans un premier temps que la loi interdisait la consultation des documents que je demandais, la Marine indiquait qu'en fait elle ne possédait pas lesdits documents.

Les éléments s'accumulent : corps déchiquetés, substances explosives, particules métalliques, dépôts pulvérulents, plaies punctiformes, vêtements criblés de trous… La thèse d'une bavure militaire devient plausible. À l'heure de l'explosion, un témoin, qui se trouvait à une cinquantaine de mètres de la Maison des Têtes, a perçu un sifflement en provenance de l'immeuble détruit : un son semblable à celui d'un missile qui se déplace. Le témoin est bien placé pour en juger ; ancien officier supérieur, il a tiré de nombreux engins durant sa carrière.

L'ombre du mensonge d'État

Après quatre années d'investigations journalistiques le constat est sévère : enquête sous surveillance, pistes écartées, expertises sabotées, témoignages occultés… et mensonges à tous les niveaux. La chape de plomb qui entourait ce drame ne s'était pas fissurée. Le 15 février 1989 des manœuvres militaires venaient de se terminer en Méditerranée. Les archives de l'OTAN mentionnent la présence d'un navire de la Navy, l'USS Austin, entre le 9 et le 19 février 1989.

Le sénateur Robert Hue, vice-président de la commission des affaires étrangères, de la défense et des forces armées du Sénat, écrivait en 2016 au ministre de la Défense Jean-Yves Le Drian : « Le livre *Blessures de guerre* explique que des informations ont été classées définitivement, je vous demande la levée du secret-défense sur cette affaire. »

À ce jour, ce courrier n'a été suivi d'aucun effet. Les archives concernant l'exercice Phinia qui venait de se terminer au large de la Corse étant classifiées secret-défense ou confidentiel défense, elles m'ont été refusées. Quant à la demande d'enquête parlementaire, elle n'a jamais abouti.

Max Clanet

Bibliographie

Max Clanet, *Blessures de guerre. Comment l'affaire de la Maison des Têtes de Toulon a été étouffée pour raison d'État*, Éditions Le Spot, 2014.

L'affaire du *Rainbow Warrior*, l'archétype du mensonge d'État ?

Il y a les demi-vérités, les approximations, les chiffres sortis de leur contexte et les oublis opportuns : le mensonge d'État est rarement autant chez lui que dans les zones grises. Et puis il y a l'affaire du *Rainbow Warrior*[1]. Navire amiral et porte-étendard de l'ONG internationale de protection de l'environnement Greenpeace, il sombre dans le port d'Auckland dans la nuit du 10 juillet 1985. Le photographe de l'organisation, Fernando Pereira, meurt noyé à la suite des explosions. Le navire faisait escale en Nouvelle-Zélande avant de cingler vers Moruroa, petit atoll des Tuamotu où la France procède depuis 1966 à l'essentiel de ses essais nucléaires. L'objectif de Greenpeace était de gêner autant que possible la campagne d'expérimentation prévue cette année-là.

1. Daniel Eloy, *Greenpeace France. Une histoire d'engagements*, Les Liens qui libèrent, 2019.

Très vite, les regards de la presse comme l'enquête de la police néo-zélandaise se tournent vers les services de renseignement français. L'État nie, purement, simplement, complètement. Le temps d'un été, tout est mis en œuvre pour disculper la France mais les faits comme les enquêteurs sont têtus. À Auckland, deux agents de la DGSE ont été arrêtés ; à Paris, des journalistes font leur travail d'investigation. Le 17 septembre, les journalistes Bertrand Legendre et Edwy Plenel affirment dans *Le Monde* : « Le *Rainbow Warrior* aurait été coulé par une troisième équipe de militaires français ». En l'espèce, l'usage du conditionnel n'est qu'une précaution rhétorique : les arguments sont solides et, quelques jours plus tard, Laurent Fabius, alors Premier ministre, doit reconnaître la « vérité » et, par la même occasion, l'ampleur des mensonges d'État qui ont marqué l'été 1985.

Depuis le milieu des années 1980, l'affaire a suscité d'innombrables livres, qu'il s'agisse d'enquête ou de témoignage, des documentaires à foison et même quelques films plus ou moins bien inspirés. Au fil des temps, de nouvelles révélations ont permis de préciser certains points qui étaient demeurés dans l'ombre. Pour autant, l'affaire du *Rainbow Warrior* vaut la peine d'être contée tant elle est révélatrice de l'ampleur des mensonges d'État dès lors qu'ils relèvent de la défense nationale.

Pourquoi les services de renseignement français ont-ils reçu pour mission de couler un navire civil dans le port d'un pays ami à l'autre bout du monde ? Depuis 1966, la France procède à ses essais nucléaires en Polynésie dans deux atolls de l'archipel des Tuamotu : Moruroa et Fangataufa. D'abord aériennes, puis souterraines, ces expérimentations n'ont pas manqué de susciter inquiétudes et oppositions parmi la population locale et plus largement dans le Pacifique Sud, tout particulièrement au début des années 1970[1]. Sous la pression, l'État français précipite le passage à des essais souterrains moins spectaculaires et moins susceptibles de disséminer des radioéléments

1. Renaud Meltz, Alexis Vrignon (dir.), *Des bombes en Polynésie. Les essais nucléaires dans le Pacifique*, Vendémiaire, 2022.

aux quatre vents. De toutes parts, les protestations s'essoufflent et la France semble libre de procéder à ses essais sans être inquiétée.

Cette tranquillité ne dure qu'un temps et de nouveaux nuages s'amoncellent progressivement autour des essais français. Dans ce domaine, les années 1980 n'ont pourtant pas si mal commencé : une fois élu, François Mitterrand s'est bien gardé de remettre en cause l'existence de la force de frappe et a très vite fait sien le principe de la dissuasion nucléaire qui conforte la prééminence du président de la République au sein des institutions[1]. Mieux encore, il a choisi comme ministre de la Défense un fidèle, Charles Hernu, qui est parvenu à faire accepter, bon gré mal gré, l'arme nucléaire à un parti socialiste pourtant attaché au désarmement et très critique quant à l'existence même de ces armes depuis les années 1960. Plus encore, si la crise des euromissiles[2] suscite une nouvelle vague pacifiste en Europe de l'Ouest, celle-ci demeure timide et divisée en France comparée à la RFA ou au Royaume-Uni. Bref, vu de Paris, rien ne semble de nature à entraver la bonne marche des campagnes d'essais dans le Pacifique.

À Moruroa, au contraire, l'inquiétude grandit parmi les responsables du Centre d'expérimentation du Pacifique (CEP). À Papeete, de nouveaux partis, ouvertement indépendantistes, reprennent le flambeau de la contestation antinucléaire, faisant craindre des troubles analogues à ceux qui se développent en Nouvelle-Calédonie, autre territoire français du Pacifique. De son côté, Greenpeace, auréolée des succès remportés dans le domaine de la chasse aux cétacés, entend reprendre des campagnes plus actives d'opposition aux essais nucléaires. L'organisation projette de reproduire une recette qui a fait une partie de son succès : produire des images marquantes et les diffuser à tous les grands organes de presse.

---

1. Jean Guisnel et Bruno Tertrais, *Le Président et la Bombe*, Odile Jacob, 2016.
2. La crise des euromissiles commence en 1977 lorsque l'URSS installe en Europe de l'Est des missiles nucléaires à portée intermédiaire ciblant l'Europe occidentale. En réaction, les pays membres de l'OTAN acceptent l'installation de missiles Pershing – aux caractéristiques similaires – en RFA. Cette crise provoque un retour des inquiétudes quant à une possible guerre nucléaire en Europe.

Le *Rainbow Warrior* est alors équipé d'un matériel de transmission satellitaire performant : que la marine française arraisonne le navire et les quotidiens du monde entier disposeront d'images dès le lendemain[1].

Au début de l'année 1985, l'amiral Fages qui dirige le CEP en réfère à ses supérieurs à Paris. Il souhaite qu'on anticipe les initiatives de Greenpeace[2]. Une telle demande n'est pas inédite – dans les années 1970, les services de renseignement étaient intervenus pour que le navire de Greenpeace soit retenu dans le port de Panama et plusieurs sources indiquent que certains projets étaient allés plus loin[3]. Toujours est-il que, dans l'urgence, une opération est mise sur pied dont l'objectif est de couler le *Rainbow Warrior* pour neutraliser définitivement la menace. Qui est à l'origine de cette décision ? À l'évidence, les choses se jouent entre la DGSE, dirigée depuis 1982 par l'amiral Lacoste, et le ministre de la Défense, Charles Hernu, sous l'arbitrage d'un François Mitterrand qui se garde de consignes explicites mais qui, par son comportement équivoque, amène les services de renseignement à opter pour une approche maximaliste[4].

Toujours est-il que l'opération, délicate et ambitieuse, est montée dans l'urgence puisque le feu vert de l'Élysée n'intervient que le 28 mai 1985. Elle implique trois équipes. Une première est chargée d'amener le matériel nécessaire en voilier depuis la Nouvelle-Calédonie tandis que deux agents sous couverture, le commandant Alain Mafart et la capitaine Dominique Prieur, sont chargés des repérages et de transférer les mines à une troisième équipe. Composée de trois nageurs de combat, celle-ci colle les enjeux explosifs sous la coque. Nous sommes le 10 juillet dans le port d'Auckland. L'idée est de provoquer

1. Pierre Gleizes, *Rainbow Warrior mon amour*, Glénat, 2011.
2. Bertrand Le Gendre et Edwy Plenel, « Le *Rainbow-Warrior* aurait été coulé par une troisième équipe de militaires français », *Le Monde*, 18 septembre 1985.
3. Christine Ockrent et Alexandre de Marenches, *Dans le secret des princes*, Stock, 1986 ; Alex du Prel, « La VRAIE histoire de l'attentat contre le Rainbow Warrior », *Tahiti-Pacifique*, n° 49, mai 1995.
4. Pierre Lacoste et Alain-Gilles Minella, *Un amiral au secret*, Flammarion, 1997.

deux explosions successives, la première doit endommager le navire et contraindre l'ensemble de l'équipage à évacuer en urgence ; cinq minutes plus tard, la seconde, plus puissante, l'envoie par le fond. Celle-ci piège le photographe, Fernando Pereira, revenu à bord pour récupérer son matériel et qui meurt noyé.

Le 12 juillet, la police d'Auckland interpelle les « faux époux Turenge », Mafart et Prieur, qui, de maladresse en maladresse, voient très rapidement leur couverture de faux touristes suisses éventée. Le 23 juillet, ils sont mis en examen et le Premier ministre néo-zélandais, David Lange, évoque la responsabilité d'« éléments étrangers » dans les événements : la France est donc visée.

À Paris, c'est la cacophonie des mensonges qui commence. Charles Hernu nie purement et simplement toute implication de la DGSE dans l'opération. C'est dans cette perspective qu'un rapport est commandé le 6 août au conseiller d'État Bernard Tricot, figure du grand commis de l'État. Remis à François Mitterrand dès le 26 août, il blanchit les services de renseignement français qui n'auraient été présents sur place que pour surveiller les faits et gestes du *Rainbow Warrior* : du renseignement chez un pays ami certes, mais en aucun cas une opération dirigée directement contre le navire. De fait, à cette date, il manque aux enquêteurs et aux journalistes une pièce du puzzle : aucune trace n'avait été retrouvée de la « troisième équipe » chargée de fixer et d'activer les mines et sans laquelle l'opération ne pouvait être menée à bien. En cette fin août, le mensonge d'État tient sur cette inconnue. C'est en s'appuyant sur ce rapport que Laurent Fabius nie toute implication de l'État dans l'explosion. À cette pièce maîtresse s'ajoutent les écrans de fumée car si les services français ne sont pas en cause, qui doit être incriminé ? D'opportunes fuites dans la presse dressent un inventaire à la Prévert allant des Britanniques aux Soviétiques en passant par l'extrême droite néo-calédonienne[1].

1. Sophie Merveilleux du Vignaux, *L'affaire Greenpeace*, Ouest-France, 2013.

Malheureusement pour les partisans du secret, un État n'est jamais une entité monolithique et, en son sein, différents intérêts se confrontent et s'opposent. Pierre Joxe, ministre de l'Intérieur, voit en Charles Hernu un rival beaucoup trop proche du président. Une enquête de police commence en France et de nouvelles fuites aiguillent aussi bien les Néo-Zélandais que les journalistes d'investigation. Est-ce dans ce cadre qu'Edwy Plenel a rencontré sa source ? Toujours est-il qu'il évoque un haut fonctionnaire français qu'il rencontre à plusieurs reprises et qui l'aiguille dans ses recherches. Celles-ci conduisent, le 17 septembre, à la révélation de l'existence d'une troisième équipe de plongeurs de combat.

Le voile de mensonges mis en place au sommet de l'État se déchire alors. Charles Hernu, pourtant soutenu par Mitterrand, démissionne le 20 septembre tandis que l'amiral Lacoste est limogé. Deux jours plus tard, Laurent Fabius fait une conférence de presse. Évoquant des conclusions d'une enquête du ministère de la Défense qui « permettent désormais de cerner la vérité. Ce sont des agents de la DGSE qui ont coulé ce bateau. Ils ont agi sur ordre. Cette vérité a été cachée au conseiller d'État Tricot[1] ».

Avec ces révélations, les enjeux politiques liés à l'affaire du *Rainbow Warrior* changent. Les agents sur place ont agi sur ordre. La responsabilité de l'État est engagée. C'est alors la question du processus de décision qui se pose. De tout côté, la « vérité » est évoquée mais de façon contradictoire, d'autant plus que des pièces du dossier disparaissent dès le 20 septembre à la DGSE. C'est ainsi que le 22 septembre le Premier ministre évoque sa « conviction » que l'ordre venait d'Hernu. De son côté, ce dernier se défausse dans sa lettre de démission sur des responsables de son ministère qui lui aurait « caché la vérité »[2]. De son côté, le général Saulnier reconnaît avoir débloqué les fonds nécessaires à l'opération mais, selon lui, uniquement pour une mission de

1. Laurent Fabius : *« Ce sont des agents de la DGSE qui ont coulé le Rainbow Warrior »*, « Soir 3 », 22 septembre 1985.
2. « Démission de Charles Hernu », *Flash infos*, « Soir 3 », 20 septembre 1985.

renseignement, contribuant ainsi à ce que les regards ne se tournent pas avec insistance vers François Mitterrand[1].

Dans l'affaire du *Rainbow Warrior*, le mensonge d'État n'aura pas tenu très longtemps. Il s'effondre sous les assauts combinés des ratés opérationnels, des enquêtes de police et de la mobilisation des journalistes d'investigation. Cette opération montée dans l'urgence écorne un peu plus l'image de la France dans le Pacifique Sud. Paradoxalement, l'opinion publique nationale n'en tient pas rigueur à l'exécutif et semble plutôt faire sienne l'idée d'une légitimité à défendre les intérêts supérieurs de la nation. C'est bien au contraire Greenpeace qui sort durablement affaiblie de cet épisode : de victime, elle apparaît comme une organisation trouble, à la solde d'intérêts étrangers et fondamentalement antifrançaise et ce n'est qu'au cours des années 2000 que son image s'améliore quelque peu.

Reste qu'au mensonge d'État se substitue la zone grise du processus de prises de décision qui ont conduit à cette opération. En l'espèce, peut-être n'y a-t-il pas de révélation à attendre parce que la vérité est plus complexe et se trouve dans les dysfonctionnements des relations entre les services de renseignement et le pouvoir politique dont l'affaire du *Rainbow Warrior* serait la manifestation la plus frappante et l'une des plus dramatiques.

Alexis Vrignon

Bibliographie

Daniel Eloy, *Greenpeace France. Une histoire d'engagements*, Les Liens qui libèrent, 2019.

Pierre Gleizes, *Rainbow Warrior mon amour*, Glénat, 2011.

Pierre Lacoste, *Un amiral au secret*, Flammarion, 1997.

Edwy Plenel, *La troisième équipe. Souvenirs de l'affaire Greenpeace*, Points, 2016.

1. « La chaîne des décisions – Greenpeace », « *Journal de 20 heures* », Antenne 2, 23 septembre 1985.

Nicolas Sarkozy et la Libye de Kadhafi

L'affaire est d'une ampleur considérable. Un ex-président de la République et trois anciens ministres sont poursuivis par la justice française. Nicolas Sarkozy et ses équipes auraient sollicité de l'argent auprès du régime de Mouammar Kadhafi afin de financer la campagne électorale de 2007, qui a mené à la victoire de l'homme politique français. Les liens tissés entre ce dernier et le guide libyen sont à l'origine d'une enquête qui révèle des réseaux tentaculaires et mêle valises de billets, négociations secrètes, guerre et pouvoir. Elle pose aussi la question des motivations de l'intervention militaire française en 2011.

Le retour en grâce de Mouammar Kadhafi au début des années 2000

L'affaire se déroule bien avant qu'elle n'éclate dans l'espace public. Pour la comprendre, il faut revenir sur la place de la Libye sur la scène internationale au début des années 2000 et sur son rapprochement avec la France.

Au début des années 2000, la Libye sort de sept années d'embargo (1992-1999). Des sanctions lui ont été imposées par les Nations unies à la suite des attentats contre le vol Pan Am 103 (dit attentat de Lockerbie) en 1988 et contre le vol DC-10 d'UTA en 1989 au-dessus du Niger, qui avaient causé la mort de 270 personnes pour le premier et de 170 personnes pour le second. Tripoli a finalement accepté de reconnaître sa « responsabilité civile » dans ces deux attentats, d'indemniser les familles des victimes, de mettre un terme à son programme d'armes de destruction massive et d'ouvrir les sites concernés aux contrôles de l'Agence internationale de l'énergie atomique.

Le réalisme politique a donc amené Kadhafi à faire profil bas. L'embargo et l'isolement international pèsent sur son pays. En 2003, Kadhafi livre les deux suspects de l'attentat de Lockerbie à un tribunal international après de longues tractations menées par l'ONU. Après avoir été suspendu en 1999, l'embargo est définitivement levé en septembre 2003. Le colonel Kadhafi peut ainsi entamer son retour sur la scène internationale et entreprendre de réaliser ses ambitions comme la création des États-Unis d'Afrique. En octobre 2004, face aux promesses du régime de Mouammar Kadhafi de démanteler ses armes de destruction massive, l'Union européenne décide la levée de l'embargo sur les ventes d'armes à la Libye. Les relations commerciales peuvent reprendre.

Le rapprochement avec la France de Nicolas Sarkozy

Ce retour de la Libye sur la scène internationale va de pair avec un rapprochement de la France. Les visites françaises à Tripoli se multiplient. Le point d'orgue du rapprochement des deux pays est celle de Jacques Chirac en novembre 2004, la première d'un président français depuis l'indépendance en 1951. La France prête une attention particulière à cet acteur pour son influence sur le reste du continent africain, en particulier dans la crise du Darfour et ses prolongements au Tchad et en République centrafricaine, deux pays proches de la France.

Dans le même temps, une lutte de pouvoir a débuté au sein de la droite française entre les équipes du président Jacques Chirac et son ministre Nicolas Sarkozy. C'est ce dernier et ses équipes qui se chargent d'échanger avec le régime plutôt que la ministre de la Défense. En 2005, un an après la levée de l'embargo européen, plusieurs négociations de contrats militaires sont engagées entre la France et la Libye. Ziad Takieddine, homme d'affaires franco-libanais, joue les intermédiaires et organise les visites à Tripoli de Nicolas Sarkozy, alors ministre de l'Intérieur, de son directeur de cabinet Claude Guéant et de Brice Hortefeux, secrétaire d'État aux collectivités locales. Claude Guéant se rend également seul en Libye afin d'établir une coopération franco-libyenne en matière de défense. Les deux pays signent un mémorandum d'accord sur le nucléaire civil qui prévoit la fourniture d'un réacteur nucléaire pour permettre à la Libye de dessaliniser l'eau de mer.

En 2007, Nicolas Sarkozy est élu président de la République et le rapprochement avec le dictateur libyen s'invite sur la scène médiatique. La Libye est très courtisée économiquement et la France espère renforcer ses liens en s'impliquant dans la libération des infirmières bulgares. En juillet, cinq infirmières qui croupissaient en prison depuis 1999 ainsi qu'un médecin palestinien sont libérés. Ils étaient injustement accusés d'avoir volontairement inoculé le virus du sida à plus de 400 enfants hospitalisés à Benghazi. Le régime voulait les échanger avec les ressortissants libyens condamnés en Europe pour terrorisme après l'attentat de Lockerbie. En décembre, Kadhafi est accueilli en visite officielle de cinq jours dans les jardins de l'Élysée. Le Premier ministre François Fillon justifie cette réception par le « processus de réintégration dans la communauté internationale » amorcé par la Libye et la libération des infirmières bulgares. Kadhafi est devenu un partenaire proche de la France. Pourtant, il va rapidement devenir l'ennemi à abattre.

La chute

Dans le contexte des « Printemps arabes », la Libye connaît ses premières contestations populaires en février 2011 avec le soulèvement de Benghazi, dans l'est du pays. Face à la répression féroce du régime et aux menaces répétées du colonel Mouammar Kadhafi d'être « sans pitié » contre les insurgés, la France présente une résolution au Conseil de sécurité des Nations unies en mars 2011. Ce dernier adopte la résolution 1973 autorisant l'usage de la force en Libye. La résolution stipule qu'il s'agit de « protéger les populations et les zones civiles menacées d'attaques ». Le texte ne parle pas de renverser un régime… « C'est une opération de protection des populations civiles », assure le ministre français des Affaires étrangères, Alain Juppé, à New York.

Pourtant, la France et ses alliés de l'OTAN ont une lecture extensive de la résolution et le changement de régime arrive quelques mois plus tard. Le 20 octobre 2011, le guide libyen sort de Syrte, sa ville natale, dans un convoi civil. Celui-ci est bombardé par l'OTAN. Kadhafi descend de son véhicule blessé et trouve refuge dans des conduits en béton où il est capturé, battu puis tué par la rébellion. D'aucuns s'interrogent : la situation sur le terrain a-t-elle été surévaluée à la suite d'allégations mensongères ? La mort de Kadhafi renforce ces questions.

Le Royaume-Uni, dans un rapport parlementaire rendu public en 2016, reconnaissait que l'intervention militaire était fondée sur une mauvaise évaluation de la situation. Barack Obama lui-même a reconnu que cette guerre a été « la pire erreur » de son mandat. Emmanuel Macron déclare lui aussi en 2018 que « l'Europe, les États-Unis et quelques autres ont une responsabilité dans la situation actuelle en Libye ». Une autre interrogation émerge en France : cette intervention n'était-elle pas aussi un moyen d'effacer toute trace d'un financement illégal de la campagne de Nicolas Sarkozy ?

Une OPEX à but privé ?

Quelques mois après la mort du guide libyen et la fin de l'intervention de l'OTAN en Libye, une enquête est ouverte. C'est la publication par Mediapart en 2012 d'un document censé prouver que la campagne électorale de 2007 avait été financée par le régime libyen de Kadhafi qui provoque l'ouverture de cette enquête. L'ancien président français aurait sciemment laissé ses proches collaborateurs (Claude Guéant, Éric Woerth ou encore Brice Hortefeux) et des intermédiaires (Ziad Takieddine, Alexandre Djouhri) agir « afin d'obtenir ou tenter d'obtenir des soutiens financiers en vue du financement de sa campagne électorale de 2007 ». À ce dossier de financement illicite s'ajoute celui de corruption transnationale, de biens mal acquis de la famille Kadhafi en France. En avril 2013, une information judiciaire est ouverte, elle aboutira le 21 mars 2018 avec la mise en examen de Nicolas Sarkozy pour détournement de fonds publics libyens, financement illégal de campagne électorale et corruption passive puis pour « association de malfait eurs » en octobre 2020. La défense estime que le dossier est vide et l'ancien président français a toujours nié tout financement libyen. Néanmoins, l'enquête s'est étalée sur dix ans (2012-2022) et treize personnes sont poursuivies dont l'ex-président de la République.

Après cette mise en examen certains observateurs suspicieux proposent une autre lecture de la guerre déclenchée en 2011. Entre raison d'État et retour des soupçons de corruption, c'est la Françafrique qui refait surface. L'affaire franco-libyenne n'a probablement pas encore révélé tous ses secrets.

Sonia Le Gouriellec

Bibliographie

Fabrice Arfi, Karl Laske, *Avec les compliments du guide. Sarkozy-Kadhafi, l'histoire secrète*, Fayard, 2017.

Roland Lombardi, « Les errances de la politique de la France en Libye », *Confluences Méditerranée*, vol. 118, n° 3, 2021, p. 89-104.

Luis Martinez, « Libye : la conversion d'un "État terroriste" », *Critique internationale*, n° 25, 2004/4, p. 19-28.

Jean-Christophe Notin, *La vérité sur notre guerre en Libye*, Fayard, 2012.

6

Nucléaire : le secret et le mensonge

Le nucléaire : une technologie de la Ve République ?

Peu de doutes que *mensonges* et *nucléaire* ne soient quelque peu liés dans l'esprit de nombreux Français… La déploration de cet état de fait, longtemps cantonnée aux milieux d'opposants antinucléaires, marque une rupture en 2022, lorsque la présidente de la Commission nationale du débat public, Chantal Jouanno, déclare, alors que débutent les travaux de la commission sur la construction de nouveaux réacteurs : « Le débat sur le nucléaire est empreint de défiance car les politiques ont été marquées par le secret et les décisions imposées. »

Teva Meyer détaille les péripéties de l'archétype du mensonge nucléaire, le nuage (radioactif) qui s'est arrêté à la frontière (française), au moment de l'accident de la centrale nucléaire de Tchernobyl en avril 1986, et qui fait partie intégrante de l'imaginaire national. Son histoire s'est inscrite dans une mémoire clivée entre deux camps ; les premiers rappellent que Pierre Pellerin, alors directeur du Service central de protection contre les rayonnements ionisants (SCPRI), n'a jamais prononcé cette phrase, et les seconds font valoir que, s'il s'agit d'un résumé de journaliste, toute la communication gouvernementale à cette époque a consisté en un gigantesque « mensonge d'État », selon l'expression d'un collectif anonyme[1]. Si ce récit tient une place

1. *Tchernobyl. Anatomie d'un nuage*, Éditions Gérard Lebovici. Cité par F. Chateauraynaud, D. Torny, *Les sombres précurseurs*.

particulière dans l'histoire nationale, sa place prépondérante dans l'espace public obère peut-être une réalité plus profonde : une partie de cette histoire se déroule en marge des processus parlementaires, sous la coupe d'une élite restreinte proche de l'exécutif. Le nucléaire est bien à ce titre une « technologie de la Vᵉ République », oscillant entre secret et mise en scène dans son versant militaire (l'acquisition de l'arme atomique) comme dans son versant civil (le développement du programme électronucléaire).

Un secret transnational

Technologie de la Vᵉ République, le nucléaire s'inscrit également dans un cadre transnational. Le gouvernement des mondes nucléaires hérite de la guerre froide, et l'histoire de l'atome est à l'échelle mondiale une histoire toute de secrets et de mensonges. À commencer par le secret le plus absolu dans lequel fut mise au point et construite aux États-Unis la première bombe atomique, au sein du projet Manhattan, au milieu d'un désert, sous la coupe d'un général Groves doté de pleins pouvoirs. Dans *Plutopia*, l'historienne américaine Kate Brown montre que la production de plutonium, nécessaire à la bombe, a façonné les territoires qui abritent ces activités. Elle décrit la vie dans ces villes aux États-Unis (Hanford) et en Union soviétique (Ozersk), et défend l'idée que ces « communautés du plutonium » transcendent les idéologies politiques et la culture nationale ; elles sont unies par la matérialité de leur objet, qui détermine certaines formes de secret, intégrées dans la structure sociale de ces lieux. Rappelons qu'Ozersk était une de ces dix « villes secrètes » ne figurant pas sur les cartes d'URSS, et dont les habitants ne pouvaient sortir sans permis spécial.

Des territoires pour les essais

Le choix d'un territoire pour mener des activités nucléaires constitue un premier pan de secrets et de mensonges en France également.

Lorsqu'il s'agit de choisir un site pour mener des essais de l'arme nucléaire, le choix se porte d'abord sur l'Algérie (voir la contribution de Thomas Fraise) mais d'autres solutions sont explorées.

Le Pacifique est déjà le lieu d'essais britanniques et étatsuniens, parfois meurtriers pour les populations locales – comme l'essai « Castle Bravo » dans l'atoll Bikini en 1954, qui atteint un bateau de pêcheurs japonais. Le général Jean Thiry embarque en 1962 pour Tahiti : officiellement il s'agit pour lui d'organiser dans le Pacifique une nouvelle région aérienne ; en vérité, sa mission est de repérer, avec ses compagnons, un site où réaliser l'essai d'une bombe thermonucléaire. La contribution de Renaud Meltz dans ce chapitre montre que si la construction de la bombe est à partir de la Ve République désormais assumée, vecteur de souveraineté nationale, elle ne rompt pas non plus avec la pratique du secret : les Polynésiens apprendront par les rumeurs et la presse que leur territoire pourrait succéder au Sahara algérien pour les essais ; d'autres épisodes, notamment des accidents de tirs (essais « Aldébaran » en 1966 et « Centaure » en 1974) seront traités sous le sceau du mensonge aux populations – l'accident du tir Centaure ne sera reconnu par le Commissariat à l'énergie atomique qu'en 1997, et les compensations pour les victimes resteront limitées.

Le sceau du secret frappe également le choix de sites pour installer des usines nucléaires civiles, cette fois-ci en métropole. En 1976, des syndicalistes de la CFDT travaillant sur le site de la Hague tournent un film qui marque une étape importante dans l'opposition au nucléaire. Des images impressionnantes montrent pour la première fois au public des « travailleurs du nucléaire » dans leurs tenues de cosmonautes, la réalité d'un travail épuisant, et les interrogations de ces travailleurs et de leur famille quant aux risques sanitaires à long terme. Le film donne à voir également les conditions dans lesquelles le site fut choisi ; le Nord Cotentin, terre rurale, venteuse, paraissait idéal : les habitants ont appris tardivement que leur territoire deviendrait ce que l'anthropologue Françoise Zonabend baptisera « la presqu'île au nucléaire ». Un passant explique : « On nous avait parlé d'une usine d'électroménager. »

Un « club » fermé pour des décisions au secret

Le secret lié aux affaires nucléaires traverse la frontière jalousement gardée par les atomistes (ces « savants de l'atome » et leur administration) entre nucléaire civil et militaire. Un arrêté du 21 avril 1955 instaure la commission PEON (Commission pour la production d'électricité d'origine nucléaire), qui « donne son avis sur l'étude, la réalisation et l'exploitation des moyens de production d'électricité d'origine nucléaire ». Elle comprend des membres de droit, qui sont les dirigeants du CEA et d'EDF, les principaux directeurs du ministère de l'Industrie, et des membres nommés, parmi lesquels on retrouve des hauts fonctionnaires et quelques dirigeants d'industrie liée au nucléaire. Des membres de cette commission seront également impliqués dans l'aide que la France apportera à Israël pour le développement d'un réacteur nucléaire de recherche, essentiel à l'acquisition de l'arme nucléaire.

Officiellement, cette commission est consultative ; en fait, elle devient un rouage essentiel et puissant de la politique électronucléaire, lieu de pouvoir où se décident les grandes orientations (choix des options technologiques, comme l'abandon de la filière graphite gaz, française, au profit de la filière à eau pressurisée fournie par les États-Unis), et surtout les estimations de consommation d'électricité et de coûts de nouveaux projets nucléaires. Dans *Les nucléocrates*, Philippe Simonnot décrit la mainmise de ces « experts » sur le « politique », et ce d'autant plus que la composition de la commission est remarquablement uniforme, que ses membres font de nombreux allers-retours entre leur institution d'origine et des postes dans les différents ministères, et que ces experts font bloc. Sans faille… « Il y a des gens qui croient que Peon, c'est quelqu'un », déplore ainsi un des dirigeants de Framatome. Il résulte également de cette situation une absence totale de contre-expertise, menant de fait à un monopole de compétence sur les questions énergétiques. Les discussions actuelles sur les coûts du nucléaire, objet d'âpres débats dans le contexte de la transition énergétique, constituaient déjà un enjeu dans les premières années de la mise en place de la filière électronucléaire. Ce n'est que douze ans après sa création, en 1967, que la commission accueille des représentants du ministère des Finances, d'abord comme membres nommés pour quatre ans, puis comme membres de droit à partir de 1974. L'introduction des « Finances » dans la commission n'est pas vue d'un bon œil par les ingénieurs, elles deviendront, selon Simonnot le seul contre-pouvoir – toutefois limité – à ce monde d'ingénieurs.

Le mensonge au président de Gaulle

Les mensonges et secrets de la Ve République héritent de ceux de la IVe. Pierre Péan, dans *Les deux bombes*, a décrit les histoires mêlées de la construction de l'arme nucléaire en France et en Israël. Dans *Israël et la bombe*, l'historien Avner Cohen décrit l'« opacité nucléaire », c'est-à-dire le code de conduite particulier d'Israël en la matière, observé par les autorités, les citoyens et les médias israéliens – un code, précise-t-il, « dont nous pouvons retrouver partiellement l'origine dans la France de la IVe République ».

L'histoire de l'entraide secrète entre les deux pays débute dans les années 1950. Le Premier ministre David Ben Gourion, obsédé par la fragilité de l'État hébreu enserré dans un monde arabe hostile, considère que seule l'arme nucléaire fera accepter l'existence d'Israël. Les États-Unis ne souhaitaient fournir qu'un réacteur expérimental dans le cadre du programme *Atoms for Peace*, insuffisant pour se doter de l'arme nucléaire. « De tous les pays engagés dans la recherche nucléaire et le développement, seule la France était en mesure de nous venir en aide », se souvient Shimon Peres dans un entretien avec Avner Cohen. Tout jeune ministre de la Défense, il devient le chef d'orchestre du projet et développe des contacts avec la France, tandis que le scientifique

David Bergmann assure la direction scientifique de l'aventure. Dès 1952, Peres se rend à Paris, où il rencontre Abel Thomas, chef de cabinet de Bourgès-Maunoury, ministre de la Défense, qui le met en contact avec Guy Mollet. Francis Perrin, directeur du Commissariat à l'énergie atomique (CEA), est évidemment de la partie. Un accord signé entre les deux pays permet à Israël de bénéficier des moyens de construire un réacteur de recherche à Dimona, avec l'aide de personnels français, le tout dans un secret quasi total. L'accord comprend également l'aide à la construction d'une usine d'extraction de plutonium et la livraison d'uranium.

Lorsque de Gaulle revient au pouvoir en 1958, il entend mettre un terme à cette collaboration, devenue inutile, voire encombrante, dans un contexte où il souhaite se rapprocher du monde arabe, tout en ayant l'ambition de produire une bombe « française ». Jacques Soustelle et le CEA passent outre : selon Avner Cohen, le CEA et des entreprises françaises ont continué de fournir à Israël une assistance technique et de l'uranium alors qu'il était désormais compris qu'Israël disposait de l'arme atomique. Une aide qui ne cessa qu'en 1968... Le film de Michael Karpin *A Bomb in the Basement* (2001) montre les images savoureuses d'un Jean Lacouture s'étranglant de surprise et de réprobation : « Je ne peux comprendre... cette désobéissance forte au général de Gaulle. »

Un autre mensonge au Général concerne la construction des quatre usines de Pierrelatte. On lui avait dit que l'uranium hautement enrichi qu'elles produiraient était nécessaire à la construction de la bombe thermonucléaire. Lorsque le Général apprend par Alain Peyrefitte que les Britanniques sont parvenus à leurs fins sans uranium enrichi, il répond : « Je m'en doutais, on nous raconte des fariboles[1]. »

Pourtant, l'histoire du nucléaire français n'est pas qu'un mensonge *aux citoyens*, c'est aussi une histoire qui se joue depuis le début au sein d'un cercle étroit d'industriels et de hauts fonctionnaires issus des

1. Alain Peyreffitte, *C'était de Gaulle*. Cité par Benoît Pelopidas dans *Repenser les choix nucléaires*.

mêmes écoles. Le CEA constitue, depuis sa création, avec d'autres nucléocrates, cet « État dans l'État » théorisé plus tard par ceux qui dénoncent l'immense pouvoir d'un petit « club » d'atomistes décidant loin des institutions parlementaires et parfois en dépit de l'exécutif.

Le mensonge du président Mitterrand

Sous la Ve, le mensonge est également présidentiel… La technologie nucléaire se voit un instant « abandonnée » par le pouvoir en 1981, un abandon qui sera de courte durée. L'histoire de ce moment durant lequel l'industrie nucléaire a risqué de perdre le soutien sans faille du gouvernement trouve son origine dans les années 1970. Une forte opposition au nucléaire se déploie, menée par des acteurs syndicaux (la CFDT joue un rôle majeur), des organisations environnementales, des scientifiques ; le Groupement de scientifiques pour l'information sur l'énergie nucléaire (GSIEN) est créé en 1975 à la suite de « l'appel des 400 » dont 200 physiciens nucléaires. Ces derniers réclament un « vrai débat » et invitent les scientifiques à « éclairer l'opinion ». Après la répression brutale de l'opposition au surgénérateur Superphénix, en 1977, et la mort du jeune enseignant Vital Michalon, le Parti socialiste (sous l'impulsion notable de Paul Quilès) se rapproche du mouvement antinucléaire. Au moment des élections de 1981, le programme du PS s'engage sur une réduction significative de la part du nucléaire. François Mitterrand est élu sur des promesses concrètes : arrêt de Superphénix, pas de construction de nouvelles centrales, et organisation d'un débat national sur la politique énergétique. Las, le discours de Pierre Mauroy sur le programme d'indépendance énergétique du gouvernement, à l'Assemblée nationale le 7 octobre 1981, revient sans ambiguïté vers un soutien sans faille de l'État à l'électronucléaire. Mauroy annonce la construction de six centrales, l'agrandissement et la modernisation de l'usine de la Hague, avec un mot d'ordre : « L'énergie ne doit pas être un frein à la croissance. » Alors responsable du volet énergie à la CFDT, Bernard Laponche se souvient : « Je n'ai jamais entendu un discours aussi pronucléaire, on était dans les tribunes, effondrés. » Mensonge fomenté pendant la campagne électorale, ou réalisme politique après son accession à la présidence ? « Mitterrand, l'énergie, il n'y connaissait rien. Pour gagner les élections il tenait à l'alliance avec la mouvance écologique et syndicale, c'était un calcul politique. Une fois au pouvoir, il s'est dit… les puissances en France, c'est EDF, une partie du Parti socialiste est pronucléaire, l'alliance avec le PC… bref, il s'est remis dans la normale française qui depuis 1945 était pronucléaire[1]. » Des gages sont donnés aux opposants, avec la création de l'Agence française de maîtrise de l'énergie, que rejoignent plusieurs opposants. Mais l'électronucléaire poursuit son développement.

L'ère de la participation

L'historienne Sezin Topçu relève dans ce début des années 1980, et après les promesses trahies, les premières formes d'une *institutionnalisation de la critique*, qui permettra peu à peu, selon son analyse, la domestication de l'opposition au nucléaire. Un ultime tournant est advenu ces deux dernières décennies. Le nucléaire n'échappe pas à *l'impératif délibératif* théorisé par Loïc Blondiaux et Yves Sintomer. La loi du 13 juin 2006 (dite loi TSN) relative à la transparence et à la sécurité en matière nucléaire a conforté l'existence des commissions locales d'information (CLI) instaurées auprès des installations nucléaires de base, et ces CLI sont désormais inscrites dans le code de l'environnement.

Un nouveau régime s'instaure. Ce que l'historien Fabrice d'Almeida avait baptisé « mensonge patriotique » au sujet du nuage de Tchernobyl ne pourrait plus prendre les mêmes formes aujourd'hui. Des associations de mesure de la radioactivité comme la CRIIRAD[2]

1. Entretien avec Bernard Laponche, 15 janvier 2023, Paris.
2. Commission de recherche et d'information indépendantes sur la radioactivité.

ou l'ACRO[1] ont vu le jour et permettent une surveillance radiologique indépendante. Par ailleurs, le discours s'est modifié en profondeur. Sous la présidence de François Hollande, le développement de l'électronucléaire soutenu au plus haut de l'État souffre d'un second coup d'arrêt après les promesses du PS en 1981. Cette fois-ci il s'agit seulement d'abaisser à 50 % la part du nucléaire dans le mix énergétique. On a pu parier sur la possibilité de réinscrire le devenir nucléaire dans un mode de gestion plus démocratique. Certains opposants ont cru à la fin d'une époque qui avait revendiqué les pleins pouvoirs sur les questions nucléaires au nom d'un élitisme républicain, et confié à une poignée de scientifiques et d'experts les rênes d'une technologie participant au « rayonnement de la France » selon les mots de l'ouvrage fondamental de Gabrielle Hecht.

Cependant, cette dernière décennie n'a pas vu l'avènement d'un nouveau régime de régulation des risques nucléaires. L'accident de Fukushima en 2011 a ébranlé quelques certitudes, mais, loin de la remise en question provoquée en Allemagne, ses effets sur la filière se sont cantonnés à renforcer certains dispositifs techniques, sans la modification politique profonde du gouvernement des risques nucléaires en France que certains opposants auraient aimé obtenir, a minima. L'accident a également rouvert la controverse sur les faibles doses de radioactivité et leur dangerosité, mais là aussi, sans que le monopole de l'expertise revendiqué par quelques institutions internationales soit ébranlé.

Certes, la Ve République de la présidence actuelle est celle de l'ouverture de certaines archives classées secret-défense auparavant inaccessibles, une avancée à reconnaître sans barguigner. Les recherches entamées par l'équipe de Renaud Meltz sur l'histoire du centre d'expérimentation du Pacifique en 2018 s'étaient vite heurtées au secret-défense des archives. Un secret levé en ce qui concerne la Polynésie, sur décision présidentielle mais pas pour l'Algérie.

1. Association pour le contrôle de la radioactivité dans l'Ouest.

Cependant, plus qu'un tournant véritable, la période de ces deux dernières décennies se caractérise surtout par un double régime, où se maintiennent, en même temps que certaines modalités d'ouverture, également des formes « faibles » de mensonge et de secret, plus ambiguës et plus pernicieuses.

D'abord, le nucléaire civil semble toujours échapper en partie à l'épreuve parlementaire. Dans son « discours de Belfort », en 2022, Emmanuel Macron, plus jupitérien que jamais, annonce sur fond tricolore qu'« il faut reprendre le fil de la grande aventure du nucléaire civil en France ». Certes, la Commission nationale du débat public est saisie quelques mois après pour organiser un débat sur la construction de nouveaux réacteurs dits EPR, mais déjà des voix s'élèvent dans les rangs des plus méfiants pour dénoncer un débat de façade.

Il est vrai que les tentatives de démocratie participative sont souvent limitées par un cadrage qui tend à dépolitiser et à techniciser les questions, entraînant le refus de participation de certaines associations d'opposants, qui craignent d'être assignés, *in fine*, à participer à une « cogestion des risques nucléaires » selon le terme de Sezin Topçu.

En effet, des formes de domination d'un petit groupe d'acteurs et d'asymétrie d'accès à l'information perdurent, y compris au sein de ces instances de débat. D'abord par le maintien d'une communauté épistémique (Adler, 2005), qui transcende les frontières institutionnelles, regroupant notamment industriels, acteurs gouvernementaux, autorités de contrôle et d'expertise et quelques membres de la communauté académique qui élaborent des catégories conceptuelles considérées comme des éléments d'analyse neutres. Dans le domaine du nucléaire militaire (où cette critique est déployée par les travaux de Benoît Pelopidas et de son équipe) comme dans le nucléaire civil, des postulats et éléments d'analyse officiels (par exemple, les notions d'« amélioration continue de la sûreté », dans le domaine de la sûreté nucléaire, ou le principe d'optimisation, en radioprotection) sont traités comme éléments objectifs d'analyse, rendant difficile l'instauration d'un véritable débat et d'une contre-expertise opérante. Au sein de la nucléocratie, les positions contradictoires sont qualifiées de militantes, les promoteurs de la filière se posant souvent, comme sur d'autres controverses environnementales et sanitaires, en « gardiens de la raison », selon le titre de l'ouvrage de Sylvain Laurens, Stéphane Foucart et Stéphane Horel. Enfin, le très faible nombre, en France, de contre-experts participe à cette dissymétrie. La sphère nucléaire paraît donc difficile à ébranler. Sezin Topçu décrit l'avènement d'un « nucléaire serein », qui exclut des formes de savoir alternatives ou critiques, produits par exemple par des contre-experts, des lanceurs d'alerte, des environnementalistes et des victimes.

Du côté militaire, un nouvel épisode marque le retour dans l'espace public des conséquences des essais nucléaires. En 2021, Sébastien Philippe et Tomas Statius publient *Toxique*, un ouvrage contestant les évaluations d'exposition des populations civiles et militaires réalisées par l'État français pour les essais menés en Polynésie à partir de 2 000 pages de documents militaires déclassifiés en 2012 et 2013 à la suite du contentieux engagé par les associations de vétérans et d'une modélisation inédite. Le CEA conteste ce travail et publie dans la foulée un ouvrage (*Les essais nucléaires en Polynésie française : pourquoi, comment, et avec quelles conséquences ?*), qui, bien que ne se présentant pas comme une réponse directe à *Toxique*, constitue une tentative de disqualification des analyses réalisées. La controverse porte à la fois sur les mesures et sur la modélisation. Sur ce thème très sensible des victimes des essais nucléaires, dénonciations de mensonges et contestations s'inscrivent désormais dans une histoire transnationale qui dépasse le cas polynésien et le cas des essais français. La notion de « global hibakusha[1] », forgée par les Japonais Hiroko Takahashi et Seiichiro Takemine, permet de rassembler, au-delà des victimes des bombardements atomiques de 1945, toutes les victimes des essais, accidents… et d'aborder « les désastres nucléaires qui sont connectés avec le dénominateur commun de l'exposition aux radiations ».

1. *Hibakusha* est un terme japonais pour désigner la personne irradiée des bombardements d'Hiroshima et de Nagasaki.

Un « nucléaire serein » qui s'affranchit également des modalités de contrôles démocratiques qui avaient donné quelque espoir aux opposants. En annonçant le 24 janvier 2023 un projet de loi d'accélération du nucléaire, permettant des dérogations substantielles, et en ajoutant un amendement permettant de supprimer la réduction de la part du nucléaire à 50 % de la production électrique totale, le gouvernement semble réaffirmer que les décisions liées à la politique électronucléaire se font en marge des débats démocratiques, ce que regretteront publiquement Michel Badré, président du débat particulier sur les EPR au sein de la Commission nationale du débat public, et sa présidente, Chantal Jouanno. Le sénateur écologiste Daniel Salmon dénoncera quant à lui « un déni de démocratie » dans le journal *Reporterre*.

Peu de temps après, l'annonce gouvernementale d'une réorganisation de l'Institut de radioprotection et de sûreté nucléaire et de son rattachement à l'Autorité de sûreté nucléaire donnera lieu à quelques vagues de protestation, révélant la capacité de l'IRSN à gagner les voix d'acteurs traditionnellement opposés au nucléaire : un tour de force pour une organisation qui a surtout montré, notamment après l'accident de Fukushima, sa capacité à imposer une interprétation et un traitement de l'accident compatibles avec une poursuite peu entravée de l'industrie nucléaire. Un épisode également révélateur d'un nouveau régime combinant autoritarisme gouvernemental et *soft power*, avec l'imposition d'un cadrage médiatique qui n'a pas permis de débattre ni de la « science réglementaire » réalisée par l'IRSN et de ses limites, ni de la faiblesse en France de financements pour la contre-expertise non institutionnelle.

Christine Fassert

Merci à Jean Claude Zerbib et Bernard Laponche pour leur aide précieuse.

Bibliographie

Emanuel Adler, *Communitarian International Relations. The Epistemic Foundations of International Relations*, Routledge, coll. « The New International Relations », 2005.

Loïc Blondiaux, Yves Sintomer, « L'impératif délibératif », *Politix. Revue des sciences sociales du politique*, 15(57), 2002, p. 17-35.

Kate Brown, *Plutopia. Nuclear families, atomic cities, and the great Soviet and American plutonium disasters*, Oxford University Press, 2013.

Avner Cohen, *Israël et la bombe. L'histoire du nucléaire israélien*, Éditions Demi-Lune, 2020.

Francis Chateauraynaud, Didier Torny, *Les sombres précurseurs*, préface de Claude Gilbert, EHESS, 2013.

Stéphane Foucart, Stéphane Horel, Sylvain Laurens, *Les gardiens de la raison. Enquête sur la désinformation scientifique*, La Découverte, 2020.

Gabrielle Hecht, *Le rayonnement de la France. Énergie nucléaire et identité nationale après la Seconde Guerre mondiale*, Amsterdam, 2014.

Renaud Meltz, Alexis Vrignon, *Des bombes en Polynésie. Les essais nucléaires français*, Vendémiaire, 2022.

Pierre Péan, *Les deux bombes, ou comment la guerre du Golfe a commencé le 18 novembre 1975*, Fayard, 2014.

Benoît Pelopidas, *Repenser les choix nucléaires*, Presses de Sciences Po, 2022.

Sébastien Philippe, Tomas Statius, *Toxique. Enquête sur les essais nucléaires français en Polynésie*, PUF, 2021.

Sébastien Philippe, Sonya Schoenberger, Nabil Ahmed, « Radiation Exposures and Compensation of Victims of French Atmospheric Nuclear Tests in Polynesia », *Science & Global Security*, 30(2), 62-94, 2022.

Philippe Simonnot, *Les nucléocrates*, Presses universitaires de Grenoble, 1978.

Seiichiro Takemine, « 'Global Hibakusha'and the Invisible Victims of the US Nuclear Testing in the Marshall Islands », in U. Oswald Spring, H. Brauch, S. Serrano Oswald, J. Bennett (eds), *Regional Ecological Challenges for Peace in Africa, the Middle East, Latin America and Asia Pacific*, 125-136, 2016.

Sezin Topçu, *La France nucléaire. L'art de gouverner une technologie contestée*, Seuil, 2013.

Sezin Topçu, « Between 'greatness' and 'ignorance': The transition to nuclear power in Turkey », *Anthropology of the Middle East*, 14(2), 6-28, 2019.

Françoise Zonabend, *La presqu'île au nucléaire*, Odile Jacob, 1989.

Filmographie

Condamnés à réussir, écrit et réalisé par Claude Eveno et François Jacquemain, France, 1976, 60 minutes, 16 mm, noir & blanc.

A Bomb in the Basement, réalisé par Michael Karpin, Tura Communications, 2001.

Sombres nuages : les essais nucléaires français en Algérie (1960-1966)

Le 13 février 1960, à 7 h 04, au milieu du Sahara algérien – encore français – retentissait la première explosion atomique française. « Hourra pour la France ! Depuis ce matin, elle est plus forte et plus fière », s'exclame le général de Gaulle par télégramme. Avec cette explosion commence l'histoire des essais nucléaires français, qui aura pendant six ans le Sahara pour théâtre. Entre février 1960 et avril 1961, quatre essais atmosphériques – c'est-à-dire des explosions à l'air libre – auront lieu sur le site de Reggane. À partir de décembre 1961, c'est dans des tunnels creusés pour l'occasion au cœur du massif montagneux d'In Ecker que se dérouleront ces explosions et ce, jusqu'en 1966.

Ce passage des essais atmosphériques aux essais souterrains était motivé, principalement, par la volonté des officiels français d'échapper à la critique internationale[1]. Depuis le milieu des années 1950, la multiplication des essais nucléaires dans l'atmosphère agite l'opinion publique internationale qui s'inquiète des conséquences sanitaires de ces explosions. En effet, les essais nucléaires ne sont pas sans risques : lorsque se produit une explosion nucléaire, la boule de feu qui se forme alors transforme tous les éléments à proximité en une sorte de plasma très chaud, dans lequel se mélangent à la fois les matières fissiles de l'explosif (du plutonium ou de l'uranium enrichi), les produits de fission (des éléments radioactifs créés par la réaction nucléaire) et les matières environnantes (sable, roche, métaux…). Projeté dans les airs, ce mélange finit par refroidir et retomber au sol, toujours radioactif. Ce sont les retombées radioactives.

Lorsque la France s'apprête à procéder, elle aussi, à des essais, les autres puissances nucléaires (États-Unis, URSS, Grande-Bretagne)

1. Voir, sur ce point, la thèse de doctorat d'Austin Cooper, *Saharan Fallout: French explosions in Algeria and the politics of nuclear risk during African decolonization (1960-1966)*, Université de Pennsylvanie, 2022.

ont choisi d'observer un moratoire sur les explosions atmosphériques[1]. Mauvais point pour les dirigeants français, qui devront se positionner en « État voyou » pour réaliser leurs essais qui, de plus, auront lieu sur le territoire algérien en pleine guerre d'indépendance. Depuis plusieurs années, l'Assemblée générale de l'ONU constituait une tribune pour les critiques, notamment africaines, de la colonisation française. Face à la contestation, les dirigeants français assureront sans cesse l'innocuité des essais sahariens et souligneront les efforts de contrôle mis en place pour s'en assurer. Mais qu'en était-il vraiment ? Le secret qui recouvrait ces sites facilitait le contrôle de l'information et la dissimulation des ratés. L'histoire des essais français en Algérie est, en quelque sorte, une histoire de duplicité d'État.

Des essais sous contrôle ? Les explosions atmosphériques françaises

Le premier essai français, « Gerboise bleue », fut un succès technique : l'engin expérimental explosa comme prévu, et sa puissance, supérieure à celle des premières bombes américaines, ravit les dirigeants français. Alors que la presse annonçait la nouvelle, au-dessus du Sahara s'étendait un nuage radioactif bien plus large qu'attendu. À J+3, ce nuage atteint Ouagadougou. À J+4, il est à Abidjan. S'il ne semble pas avoir atteint de doses dangereuses pour la santé, ce n'était pas prévu pour autant. À proximité de Reggane, en revanche, il semble avoir atteint jusqu'à 10 fois ce qui est considéré aujourd'hui comme la dose sanitaire permissible. Pourtant, les officiels français avaient promis que tout serait sous contrôle.

Une commission de sécurité avait été mise en place, deux ans plus tôt, spécialement pour assurer ce contrôle. Comme l'annonçait la presse, l'explosion ne devait avoir lieu qu'après confirmation

1. Moratoire qui sera levé d'abord par l'URSS, puis par les États-Unis en 1961, avant de se transformer, en 1963, en traité international d'interdiction *partielle* des essais nucléaires – partielle car celui-ci n'interdit que les explosions atmosphériques, permettant aux explosions souterraines de continuer. La France ne signera pas ce traité.

par les météorologues que les conditions étaient adéquates. Le contrôle de la radioactivité, lui, devait être assuré à la fois par les parties prenantes aux expériences – le Commissariat à l'énergie atomique (CEA) et les Armées – et par un service indépendant, le Service central de protection contre les rayonnements ionisants (SCPRI), dépendant du ministère de la Santé et dirigé par Pierre Pellerin. La population, elle, pouvait être rassurée – c'était d'ailleurs la mission de certains militaires, rappeler à la population « qu'elle ne risque rien » et « qu'elle doit faire confiance à cette France qui ne lui a rapporté que du bien ». D'ailleurs, de population, il n'était pas censé y avoir : comme le rappelait la France, les environs du site étaient déserts.

Mais rien de tout cela n'était vrai : c'est de Gaulle qui sonna l'heure de l'explosion, soucieux de voir celle-ci se réaliser au plus tôt. Résultat : le tir n'eut pas lieu dans les bonnes conditions météorologiques. De même, le SCPRI n'était pas là pour effectuer des contrôles. Gardé loin des lieux de l'explosion, celui-ci ne servait, dans les mots de Pellerin, que de « caution vis-à-vis de l'extérieur » et à donner l'impression d'un contrôle qui n'existait pas. Quant aux environs du site, ils n'étaient pas déserts : au-delà des centaines de militaires français stationnés sur le site de Reggane, une ethnologue française estimait à l'époque que les environs du site étaient peuplés par environ 200 000 habitants en raison, notamment, de son abondance en dattes. Alors que la commission de sécurité des sites promettait la transparence, les résultats des mesures de radioactivité ne seront pas publiés dans leur intégralité. Alors, pour éviter le scandale, les officiels français préfèrent assurer que tout s'est bien passé.

« Gerboise bleue » fait figure d'exception : les trois essais suivants, « Gerboise blanche », « rouge » puis « verte », ne seront pas aussi puissants, et pas aussi contaminants. Une exception, toutefois : « Gerboise verte ». Pendant des décennies, jusqu'à la fin des années 1990, un des objectifs de l'essai fut gardé secret : « expérimenter dans un cadre tactique les possibilités de "l'Arme" devant combattre en ambiance nucléaire ». En somme, réaliser des manœuvres à proximité du champignon atomique. Durant cet exercice, 195 soldats furent exposés à la radioactivité. Un rapport officiel, qui a fuité au début des années 2010, notait seulement que les mesures de protection étaient « largement suffisantes »[1]. Mais comment le savoir ? Les témoignages recueillis par Bruno Barillot, cofondateur de l'Association des vétérans des essais nucléaires (AVEN), auprès d'anciens personnels du Sahara font souvent état d'une absence de contrôle réel de la contamination. Par exemple, il est souvent fait mention de dosimètres – des instruments servant à mesurer la radioactivité externe reçue – jetés, ou donnés à une hiérarchie qui n'informe ensuite pas sur ses résultats. Aujourd'hui, une partie de ces vétérans des essais se bat encore pour obtenir une reconnaissance ou une réparation des dommages subis.

Des essais contenus ? Le passage aux essais souterrains et ses ratés

Bien avant 1961, le CEA et les Armées ont considéré la possibilité de réaliser des essais souterrains, une solution qui permettait de contenir la radioactivité. En réalisant les essais au sein d'un massif montagneux, les produits radioactifs, au lieu d'être dispersés par l'explosion, restent contenus à l'intérieur des galeries, ensuite refermées. Du moins, en théorie. Le problème, pour le CEA, est que ses scientifiques n'ont qu'une idée très théorique de comment réaliser de telles explosions. Qu'importe, ils se mettent en quête d'un site adéquat. Plusieurs seront étudiés, en métropole et ailleurs. La Corse fera un temps figure de candidate. Mais face à la colère populaire, le site, à une soixantaine de kilomètres d'Ajaccio, sera abandonné au profit du massif du Hoggar, en Algérie. La France négocie ensuite avec le gouvernement algérien l'autorisation d'user du site jusqu'en 1966.

1. Ministère de la Défense, *Rapport sur les essais nucléaires français (1960-1996)*, t. 1 : *La genèse de l'organisation et les expérimentations au Sahara (C.S.E.M et C.E.M.O)*, Confidentiel Défense, 1996, p. 227.

Dans des galeries creusées en spirale au cœur de la roche, le CEA et les Armées réaliseront 13 essais portant le nom de diverses gemmes. Le premier, « Agate », restera entièrement secret. Le second, « Béryl », sera annoncé à l'avance par les autorités. Il sera appelé, de toute façon, à rentrer dans l'histoire. Quelques secondes après l'explosion, un nuage noir s'échappe de la montagne. Le dispositif de confinement a failli et des gaz, laves et scories radioactifs se déversent et se dirigent droit vers le poste de contrôle dans lequel deux ministres, Pierre Messmer (Armées) et Gaston Palewski (Questions atomiques et spatiales) assistent à l'explosion. L'évacuation se fait en urgence, certains militaires ne recevront jamais l'ordre de repli et attendront. La presse, dans les premiers temps, ne fait état d'aucun accident, puis d'un événement « sans conséquence »[1]. Plus tard, pressé par des parlementaires, Messmer parlera de 9 militaires irradiés, mais sans gravité[2]. La vérité est plus complexe. Le compte rendu du tir, réalisé par le CEA, évoque un « nombre élevé de personnes contaminées ». Un rapport parlementaire de 2001 note que 323 personnes ont reçu une dose externe supérieure à 5 millisieverts (mSv)[3]. Aujourd'hui, la limite d'exposition du public est fixée à 1 mSv par an. Les données, cependant, sont éparses : on sait que 12 personnes ont reçu une dose supérieure à 200 mSv, une forte dose. Quatre-vingt-sept, pour leur part, ont reçu une dose comprise entre 50 et 200 mSv. Aucune de ces doses ne suffit à causer une mort immédiate. En revanche, l'Institut de radiologie et de sûreté nucléaire considère aujourd'hui qu'une dose au-delà de 100 mSv implique des effets à long terme sur la santé. En matière de radioactivité, c'est souvent le long terme qui compte. On est loin d'un incident « sans gravité » : si « Béryl » n'a pas causé de décès par irradiation aiguë, les retombées ont néanmoins eu un impact sur la santé

---

1. *Le Monde,* 8 mai 1962, puis 9 mai 1962.
2. *Le Monde,* 10 juillet 1962.
3. Christian Bataille et Henri Revol, *Rapport sur les incidences environnementales et sanitaires des essais nucléaires effectués par la France entre 1960 et 1996*, Office parlementaire d'évaluation des choix scientifiques et technologiques, 2001, p. 95.

des personnels et, potentiellement, des populations locales. Qu'est-il advenu, par exemple, des scories portées par le vent et le sable ?

Un peu moins d'un an plus tard, un autre essai, « Améthyste », n'est pas contenu, et 13 personnes recevront une dose de 10 mSv. En fait, si les essais souterrains étaient censés rester contenus, lors des 12 autres tirs, des sorties de gaz, dans la majorité des cas très faibles, seront constatées. Dans trois cas, elles seront suffisantes pour entraîner des évacuations (« Béryl », « Améthyste », ainsi que « Rubis »). Même en souterrain, les explosions françaises ont continué de créer un danger pour les populations alentour.

Les officiels français, pourtant, ne se départiront pas de leurs discours de contrôle. Alors qu'ils s'apprêtent à réaliser des essais en Polynésie, ils défendent encore leur bilan. Pourquoi tous ces mensonges ? D'abord, parce que les essais nucléaires sont perçus comme essentiels à la réalisation de l'arsenal et que les armées, le CEA ou les dirigeants politiques sont conscients de l'intensité de la contestation. Mentir permettait la continuation des expériences, et de ne pas attaquer la légitimité fragile de la politique nucléaire française, tout en assurant l'irresponsabilité des dirigeants. Ensuite, parce qu'il semble qu'il existait une conviction chez certains dirigeants, notamment Pierre Messmer, que les essais étaient intrinsèquement sûrs mais que la radioactivité était quelque chose que les Africains n'auraient pas pu comprendre. Mentir, pour certains, simplifiait la tâche. D'ailleurs, à la fin de la série de « Gerboise », les dirigeants français considérèrent la possibilité de publier les résultats des mesures, convaincus que ceux-ci prouveraient leur bonne foi, mais s'y refusèrent par crainte que cela ne ranime un débat qu'ils préféraient éviter. Les chiffres furent envoyés à l'ONU et à quelques alliés, qui ne les rendirent pas publics. Enfin, parce que le mensonge fut aisé. Le CEA, et dans une moindre mesure les armées, a organisé un monopole sur la production et l'analyse des données relatives à la radioactivité. Seul possesseur et producteur des données, il pouvait à sa guise dissimuler ou diffuser l'information. En Algérie furent posées les bases d'un régime de secret qui allait se déployer à une tout autre échelle dans la décennie à venir, de l'autre côté du globe, en Polynésie[1].

À ce jour, on ne sait pas avec certitude les dangers que peuvent présenter les déchets des différentes expériences françaises pour les populations locales ni leurs conséquences réelles sur la santé des Algériens. Un seul Algérien a pour l'instant été indemnisé par la Commission d'indemnisation des victimes des essais nucléaires, et le dossier reste un sujet brûlant des relations franco-algériennes. Une grande partie des archives, en France comme en Algérie, restent fermées, menant à une situation étrange où l'accès à l'information est plus aisé à propos d'une période plus récente – celle du CEP – que pour la période allant de 1960 à 1966.

Thomas Fraise

Bibliographie

Bruno Barrillot, *Les irradiés de la république. Les victimes des essais nucléaires français prennent la parole*, Grip, 2003.

Yannick Barthe, *Les retombées du passé. Le paradoxe de la victime*, Seuil, 2017.

Christian Bataille, Henri Revol, *Rapport sur les incidences environnementales et sanitaires des essais nucléaires effectués par la France entre 1960 et 1996*, Office parlementaire d'évaluation des choix scientifiques et technologiques, 2001.

Jean-Marie Collin, Patrice Bouveret, *Sous le sable, la radioactivité ! Les déchets des essais nucléaires français en Algérie*, Fondation Heinrich Böll, 2020.

Austin R. Cooper, *Saharan Fallout: French Explosions in Algeria and the Politics of Nuclear Risk during African Decolonization (1960-1966)*, Doctoral Dissertation, University of Pennsylvania, 2022.

Christopher Robert Hill, « Britain, West Africa and 'The new nuclear imperialism': decolonisation and development during French tests », *Contemporary British History*, vol. 33, n° 2, 3 avril 2019, p. 274-289.

Ministère de la Défense, *Rapport sur les essais nucléaires français (1960-1996)*, t. 1 : *La genèse de l'organisation et les expérimentations au Sahara (CSEM et CEMO)*, Confidentiel Défense, 1996.

1. Voir sous-partie suivante.

Les essais nucléaires en Polynésie : du secret au mensonge

En 1956, l'horizon de la mise au point d'une bombe A française se rapproche. Les militaires se mettent en quête d'un site d'essais. En janvier 1957, le général Ailleret, ancien résistant, placé à la tête du commandement des armes spéciales, préconise de construire un polygone de tirs en Algérie, après avoir considéré de nombreuses autres régions, dont la Polynésie française. De 1960 à 1966, la France expérimente quatre engins à Reggane, dans le Sahara, puis treize dans des galeries souterraines, creusées dans les montagnes d'In Ecker.

Au cours de l'année 1961, l'issue politique de la guerre en Algérie, à savoir sa probable décolonisation, conduit à envisager un nouveau site. Les décideurs refont tourner le carrousel impérial pour trouver le territoire français où réaliser les explosions mégatonniques de la future bombe H. L'idéal : un site bivalent qui permettrait de combiner des essais au grand large pour les explosions les plus puissantes avec des tirs dans une île haute, susceptible d'accueillir des explosions souterraines. La Réunion, les Kerguelen, la Nouvelle-Calédonie et la Polynésie sont à nouveau considérées. Le général Thiry, qui a succédé à Ailleret après l'avoir secondé, propose deux atolls polynésiens, dans l'archipel des Tuamotu : Moruroa (généralement déformé en Mururoa par les Européens) et Fangataufa. Ce choix est arrêté en conseil de défense le 27 juillet 1962.

La France crée en 1963 le centre d'expérimentation du Pacifique (CEP), où elle organise 193 essais en trente ans : 45 explosions atmosphériques de 1966 à 1974, puis 148 tirs souterrains de 1975 à 1996, lorsque la technique du forage permet de creuser des puits de plusieurs centaines de mètres de profondeur dans les atolls. Plus de 100 000 hommes sont impliqués dans cette entreprise, dont plusieurs milliers de Polynésiens qui construisent les sites et réalisent les essais. Par-delà les opérateurs, militaires et civils (salariés du CEA et de ses sous-traitants), l'ensemble de la Polynésie et de ses habitants est concerné. Le CEP crée des postes de prévision météorologique et de mesure des retombées dans ce territoire vaste comme l'Europe.

La conduite des essais nucléaires français dans le Pacifique déploie toute la gamme des mensonges d'État, alors que les retombées radiologiques mais aussi les impacts socio-économiques et culturels du CEP changent le cours de l'histoire de la Polynésie : fabrique de l'ignorance sur les risques, avant la première campagne ; mensonge par omission sur l'existence de retombées dans des zones habitées dès le premier tir, « Aldébaran », le 2 juillet 1966 ; dissimulation des risques sanitaires de ces retombées. Mais ce qui est tu, occulté, nié, finit par se savoir et nourrit une défiance qui persiste jusqu'à nos jours. La déclassification des archives du CEP, décidée en juillet 2021, permet de prendre la mesure d'un terriblement glissement : du secret arrogant au mensonge cynique.

Un processus de choix secret : des risques à dissimuler

Le secret est consubstantiel à la mise au point de l'arme atomique ; paradoxalement, il va de pair avec une forme de mise en scène de la dissuasion. La publicité autour des essais permet de théâtraliser le relèvement et l'indépendance de la France par l'arme atomique, mais aussi de valoriser l'association des Polynésiens au projet. Le CEP devient une occasion de conforter la présence française dans le Pacifique, en pleine décolonisation. Dans cette subtile balance entre secret et publicité, le premier terme pèse le plus lourd, dès le choix du site, qui est imposé aux Polynésiens.

Un choix secret en prévision d'une opposition des populations

En février-mars 1962, le général Thiry survole les différents territoires de souveraineté français dans le Pacifique. Sa longue circumnavigation aérienne et navale, qui aboutit au choix de la Polynésie, se fait dans le plus grand secret. Il réclame les moyens d'offrir à sa mission la plus « grande discrétion, tant vis-à-vis des populations des territoires visités que des nations étrangères jalonnant l'itinéraire ».

Toutefois, les autorités françaises ne trompent pas les puissances étrangères. Les autorités américaines percent la légende du général Thiry. Parti comme administrateur de l'aviation civile, il est identifié comme le maître d'œuvre des essais en Algérie. Paris entend surtout maintenir dans l'ignorance les populations des territoires concernés, dont il s'agit d'anticiper les réactions. Thiry est parti avec le sentiment que « la sensibilité de l'opinion pour tout ce qui pourrait troubler la quiétude des habitants » se trouve à parts égales en Polynésie et Nouvelle-Calédonie. À son retour, il écarte les sites calédoniens pour des raisons politiques. Il évoque devant la commission des sites insulaires « une situation politique confuse » qui « risque d'évoluer défavorablement à l'annonce d'expérimentations nucléaires ». L'amiral Salmon, parti avec lui, renchérit : « la conjoncture actuelle, tant sur le plan local que sur le plan international, est défavorable à des perspectives atomiques dans la région ». Le diagnostic est partagé par l'adjoint de Thiry, le colonel Durcos, au retour d'une nouvelle reconnaissance, en mai-juin 1962. Il écarte la Nouvelle-Calédonie à cause d'une « ambiance locale » et d'une « sensibilité de territoires étrangers ». Il est vrai que les militaires en pincent pour la Nouvelle Cythère : Tahiti n'offre peut-être pas les meilleures conditions pour des tirs souterrains, les reliefs des Marquises n'ayant pas les caractéristiques géologiques que le CEA apprécie aux Kerguelen, mais certainement le cadre le plus riant. L'image de l'accorte *vahine* demeure vivace aux Armées…

L'État (se) trompe sur les réticences polynésiennes

L'État tente de se convaincre que le CEP sera bien accueilli, pourvu qu'on mette en place des compensations économiques et institutionnelles, comme l'a conseillé le gouverneur Aimé Grimald, convaincu que la reconnaissance du général Thiry a déjà alerté ceux qui « n'ignorent pas ses fonctions réelles ». Ce dernier a déclaré au quotidien local qu'il est venu « étudier les moyens de sauvetage aéro-maritime » et envisager « la construction d'un terrain d'atterrissage aux Gambier » sans éteindre les rumeurs. Le gouverneur gagne du temps pour laisser au gouvernement celui d'installer sa propagande : il retient les télégrammes qui doutent de l'explication officielle, fait saisir un journal qui dévoile la nature du projet et expulse son unique rédacteur. Il préconise une stratégie d'information au compte-gouttes par des « personnalités choisies » qui feront miroiter des compensations, dont « l'installation d'une base-support à Tahiti même », pourvoyeuse d'activité et de revenus[1]. Au conseil de défense qui arrête le choix de la Polynésie, le 27 juillet 1962, Thiry admet le risque « d'une certaine agitation locale » et reprend à son compte cette logique compensatoire : « Le fait de s'intégrer dans l'économie du pays, d'être présents, etc. présentera certains avantages. » De Gaulle ne fait pas autre chose lorsqu'il se rend sur place pour la première campagne d'essais : « Il y a d'ailleurs, si j'ose dire, des compensations : le développement qui accompagne cette organisation du centre est éclatant. Ce qui doit suivre ne le sera pas moins. »

Alors que le chantier commence, le « projet directeur du CEP », daté du 15 février 1964, fait un premier point sur l'attitude des Polynésiens : « Sur le plan politique, la population dans son ensemble ne semble pas hostile au projet CEP. Elle voit l'avantage de l'enrichissement du territoire, mais également les inconvénients de l'envahissement de l'île par un trop grand nombre d'immigrants, du risque radioactif en particulier pour le poisson. » Les « réserves » des Polynésiens sont mal dissimulées par la fragile sanction politique des institutions territoriales : « Le conseil du gouvernement a voté de justesse l'autorisation d'achat de terrains à Papeete pour le CEP (2 voix pour 1 voix prépondérantes, 2 voix contre 1 abstention). » Si la commission permanente de l'Assemblée territoriale cède en effet à l'Armée

1. Service historique de la Défense (SHD), 13 R 132, rapport Durcos, le 30 juin 1962, p. 3 pour la stratégie du compte-gouttes SGDSN, CdD du 27 juillet 1962, « Création d'un centre d'expérimentations nucléaires dans le Pacifique ».

les atolls de Moruroa et Fangataufa, le 6 février, le vote, avec la plus faible des marges, a été arraché sous la pression de l'exécutif. Le gouvernement laisse entendre que sa décision est prise ; il trouvera un chemin légal pour contourner une opposition locale.

Le « projet directeur » reconnaît « l'hostilité des missions protestantes » et redoute « le changement possible d'attitude plus ou moins favorable du parti d'opposition (RDPT) si des maladresses sont commises ». Mais il méconnaît des oppositions venues du parti gaulliste : dès 1962, plusieurs membres de l'UTD-UNR plaident contre le projet. Le sénateur Gérald Coppenrath (1922-2008) s'inquiète devant ses pairs, le 11 juillet 1962, du bruit « démenti » par les milieux officiels d'un projet de « construction d'un polygone d'essais nucléaires » aux Gambier. Le Polynésien est très clair : une telle construction « en un point quelconque de la Polynésie se heurterait à une véritable résistance des populations ». Et de proposer des alternatives, déjà écartées par les militaires : « l'îlot de Clipperton et surtout les îles Kerguelen. Dans ces territoires, il ne se pose pas de question de populations autochtones puisqu'elles n'existent pas[1] ».

Aussi bien, la formule du général de Gaulle, en septembre 1966, prend des libertés avec la vérité lorsqu'il déclare à la foule tahitienne venue l'accueillir : « Et oui, il est vrai que la Polynésie a bien voulu être le siège de cette grande organisation » !

Des risques sanitaires occultés

La question sanitaire cristallise les premières inquiétudes des Polynésiens, non sans de solides raisons. En effet, le choix du site n'obéit pas à une exigence prioritaire de sûreté pour les riverains – qu'aurait offert l'option de tirs au grand large, envisagée en 1961. La question de la sûreté se dilue politiquement dans les précédents américains et britanniques. Le « stigmate du Pacifique » rend plus

1. *Journal officiel de la République française*, Sénat, séance du 11 juillet 1962, p. 901.

acceptables, sur la scène internationale, les risques sanitaires qui sont pris en Polynésie. En 1961, le chef d'état-major général voit dans l'option polynésienne la « possibilité de se référer au précédent que constituent les tirs anglais ». Couve de Murville, le ministre des Affaires étrangères, écarte le risque de contestations régionales pendant le conseil de défense décisif de juillet 1962 : « Il n'y a pas de problème, c'est la même chose que pour l'île Christmas. » Quant au général Thiry, il s'exonère *a priori* des retombées radioactives, au début du chantier, au titre des précédents : « Les Américains étaient dans une situation analogue à Bikini et à Eniwetok, qui étaient entourés d'atolls habités qui ont d'ailleurs été contaminés par les explosions. » Mais la comparaison avec l'étranger ne fonctionne pas seulement comme une justification à l'implantation dans le Pacifique.

L'illusion du risque maîtrisé : le renfort de l'expertise internationale

Les essais américains dans la région obligent les décideurs français à prendre la mesure de la limite de leurs connaissances en matière de tirs en milieu océanique. Thiry commande au 2e Bureau une campagne d'espionnage aux États-Unis afin d'obtenir « toute documentation sur la contamination des végétaux et des poissons résultant des explosions nucléaires » et « la décroissance de la radioactivité de l'eau de mer en fonction du temps ». Les États-Unis offrent aussi des contre-modèles : les retombées du premier tir thermonucléaire américain, « Castle Bravo », le 1er mars 1954, ont contaminé les marins du chalutier japonais *Dragon chanceux*. Thiry retient la leçon et s'emploie à garantir une zone d'exclusion aérienne et maritime. Il martèle à ses services : « Nous ne pouvons pas nous permettre un incident type celui des Américains en 1954. »

Le système des normes internationales élaborées par l'AIEA (Agence internationale de l'énergie atomique) constitue un autre cadre qui contraint les décideurs français, pour le meilleur et pour le pire. Les militaires qui ont traité ce dossier au sein de l'OTAN considèrent les normes internationales « abusivement basses » qui offriraient « des marges de sécurité considérables ». Ils les admettent pour les civils mais souhaitent un assouplissement « pour certaines tâches revêtant une importance particulière pour les expérimentations » effectuées par les militaires.

Les archives montrent un processus de construction des normes d'exposition plutôt vertueux. Le ministre des Armées, Pierre Messmer, met sur pied avec le CEA deux services mixtes pour la sûreté, l'un concernant les retombées radiologiques (SMSR), l'autre la contamination biologique (SMCB). Deux réunions rassemblent les militaires et les civils du CEA, six mois avant la première campagne. La hiérarchisation des périls maintient la crainte de l'éblouissement dû au flash produit par l'explosion devant le danger radioactif. Le médecin militaire Aeberhardt, chef du service mixte de contrôle biologique (SMCB), souligne, en opposition avec l'expert du CEA, le « risque génétique plus élevé » pour les Polynésiens « que pour une population européenne » du fait de la taille et de l'isolement des populations, sans compter la proportion de jeunes, femmes enceintes et personnes âgées. Le choix du seuil semble protecteur : une limite de 0,5 rem/an pour les populations riveraines tandis que les personnels des postes périphériques de surveillance radiologique pourraient être exposés à une dose de 3 rems « administrée en une seule fois ». Mais ce cadre théorique explose au contact de la réalité... La peur du scandale international domine la préoccupation sanitaire, aisément refoulée par la confiance placée dans les outils techniques et scientifiques dont la France s'enorgueillit.

Arrogance technico-scientifique et déni : se mentir à soi-même

L'outil de la zone d'exclusion – définie par l'anticipation météo et la modélisation des retombées sur la base de l'expérience acquise au Sahara et de nouveaux moyens informatiques acquis aux États-Unis – favorise le déni. « Les Armées ont mis au point, à l'occasion des expériences nucléaires sahariennes, des méthodes de prévisions qui ont donné toute satisfaction car les contours des retombées radioactives prévus par ces méthodes se sont, chaque fois, fort peu écartés des contours constatés sur le terrain, une fois les retombées terminées[1]. » Cette confiance est proclamée avec d'autant plus de force que les militaires échangent avec le ministère de l'Outre-Mer. Thiry envoie en juin 1963 un document « aussi objectif et complet que possible » sur les dangers par exposition externe ou irradiation interne sur la base des expériences sahariennes. Sa conclusion est formelle : « Aucune contamination par produit radioactif, ni externe, ni interne, n'est à craindre. »

Cette confiance surprend, au vu des ratés dans le Sahara, et de la méconnaissance du milieu océanique. Thiry se rassure, en 1964 : le calendrier des essais prévoit une première demi-campagne d'essais « de faible puissance » pour acquérir « une connaissance plus approfondie des risques résultant des tirs en milieu marin ». Une pointe de cynisme contamine déjà ce discours de maîtrise du risque : « La présence de l'archipel Gambier qui compte 500 habitants est une servitude », admet Thiry, qui regrette de n'avoir pas trouvé « dans toute la Polynésie de meilleur emplacement ». Mais il reste catégorique : « pour la première campagne, il n'y a aucune préoccupation à avoir pour les Gambiers [*sic*]. Plus tard, il faudra procéder à une évacuation temporaire de une à trois semaines ».

Le CEA accepte de s'impliquer pour jouer le rôle de « caution » civile, selon le mot du directeur des essais, afin de convaincre les « détracteurs que les normes de sécurité appliquées au CEP ne sont pas des principes et des normes exceptionnels à seul usage militaire ». Thiry assène : « En vérité il s'agit là d'un faux problème, les explosions étrangères, beaucoup plus puissantes que ne le seront jamais les nôtres, n'ayant jamais entraîné des conséquences sérieuses dans le domaine alimentaire. »

1. SHD, GR 13 R 173, Thiry au ministre de l'OM, le 27 juin 1963.

La modélisation des retombées lui indique pourtant qu'il faudrait tirer à plus de 50 m d'altitude pour un engin de 40 kt[1] et à plus de 200 m à partir de 100 kt pour éviter d'exposer les habitants des Gambier à une dose supérieure de 5 mSv/an. Or Thiry, qui ne dispose pas encore des ballons permettant de ne pas tirer sur barge, choisit de ne pas associer les Mangaréviens[2] aux précautions prises, qui seraient autant d'alertes sur les aléas des essais.

Des risques sanitaires minorés : la fiction de la sûreté

La culture du risque de Thiry, qui blâme les ingénieurs du CEA d'avoir « détalé comme des lapins » lors de l'accident de « Béryl » en mai 1962, le conduit à renoncer à plusieurs mesures de sûreté, en ignorant les recommandations de la commission consultative de sécurité présidée par le Haut-Commissaire du CEA, le physicien Francis Perrin, depuis les essais au Sahara.

Thiry renonce au principe des évacuations préventives qu'il avait lui-même prévues. Ce serait en effet admettre un risque, ce que l'Assemblée territoriale elle-même ne souhaite pas afficher, alors qu'elle formule ce vœu contradictoire, le 4 février 1963 : « Éviter tant des transferts que des risques physiologiques aux populations. » Le renoncement est acté début 1966 « pour des motifs politiques et psychologiques ». Les ratés de la première campagne ne font pas changer d'avis les responsables militaires. Fin 1966, l'adjoint de Thiry, l'amiral Lorain, met sur le même plan les contaminations et les évacuations préventives en termes de signal de risque malvenu[3]. L'évacuation préventive n'est utilisée qu'une seule fois, en 1968 pour le premier tir mégatonnique (« Canopus », 2,6 Mt[4]). Une soixantaine d'habitants de Tureia est installée à Tahiti dans la plus grande discrétion : les autorités maintiennent la fiction du risque maîtrisé…

1. kt = kilotonne.
2. Habitants de Mangareva, l'île principale de l'archipel des Gambier.
3. SHD, GR 13 R 163, plan de campagne 1968, Lorain.
4. Mt = mégatonne.

Pressé par l'injonction de l'exécutif d'avancer aussi vite que possible, le général Thiry choisit de s'affranchir d'autres précautions. En février 1966, il décide de différer l'application des « nouvelles recommandations de la commission consultative de sécurité », qui demande la construction d'abris « à Tureia, Rikitea, Taku et ultérieurement, Reao et Pukarua ». Thiry considère que « seul l'abri de Tureia » serait « utile pour la première demi-campagne » tandis qu'aux Gambier « une date de fin des travaux début septembre suffirait ».

Des ratés dissimulés : le mensonge sur les retombées dès le premier essai

Date du tir, évolution des vents, taille et forme du nuage, trois impondérables contrarient les prévisions de Thiry. « Aldébaran » doit être tiré le 1er juillet 1966, à l'aube. La date est choisie en fonction de l'une des fenêtres météo qui s'avèrent bien plus étroites que les militaires ne l'espéraient en arrivant aux Tuamotu. Or la mise à feu ne peut pas avoir lieu. Le report oblige à attendre l'aube suivante. En vingt-quatre heures, les vents des basses couches tournent en direction des îles Gambier, peuplées de plusieurs centaines d'habitants. Les spécialistes de la sûreté radiologique et biologique pensent que le commandement, installé sur le *De Grasse*, retardera le tir. Il a pourtant lieu le 2 juillet à l'aube. Las, l'explosion n'atteint pas la puissance prévue de sorte que le nuage ne prend pas la forme ni n'atteint l'altitude attendues. Les vents emportent la tête du champignon vers les Gambier.

Le SMSR alerte le poste de Rikitea (chef-lieu des Gambier) sur une probable retombée. Quelques heures plus tard, le capitaine Vidal, responsable du SMSR sur place, informe le PC d'une retombée : « Mangareva signale palier 10 mrd/heure[1] pendant une demi-heure » et « demande consigne vis-à-vis autorités civiles ». Or le général Pierre Billotte, ministre de l'Outre-Mer, est venu suivre le premier tir du

1. mrd = millirad. Voir le tableau des unités de mesure de la radioactivité en fin de chapitre.

CEP aux Gambier, probablement pour rassurer la population. Il se trouve comme les Mangaréviens exposé à cette « radioactivité non négligeable » à la « décroissance lente », qui contamine le sol. Le niveau de l'intensité de rayonnement monte à 30 mrd/heure à 1 m du sol.

Le navire du SMCB, *La Coquille*, véritable laboratoire flottant, reçoit l'ordre de rallier les Gambier pour contrôler la contamination de la faune, la flore et l'eau de boisson, mais il est basé à Hao, à quarante-huit heures de mer, tandis que le porte-avions *Foch* dispose des moyens logistiques d'évacuer la population sans délai avec ses hélicoptères. Que va décider l'amiral Lorain, sur le *De Grasse*, où il accueille Jacques Foccart, le conseiller spécial du général de Gaulle, pressé de rendre compte à Paris de la réussite du premier tir ? Aux Gambier, on demande des instructions : « Faut-il restreindre la consommation alimentaire, les eaux de boisson, et interdire la pêche ? » Des documents permettent de reconstituer la décision de taire les retombées, ce qui fait passer du registre du secret à celui du mensonge ; d'un risque euphémisé mais que l'on croit contrôler, à des risques sanitaires sciemment occultés[1].

Le moment cristallise la diversité des responsabilités dans un mensonge d'État : la pression politique s'exerce sur les militaires qui, pour satisfaire l'exécutif, décident de mentir à ses représentants comme aux populations. Foccart est isolé du PC, sur le *De Grasse*, où l'amiral Lorain lui explique qu'il est de tradition d'aller saluer l'équipage aux machines, etc. Au cœur de la nuit du 2 au 3 juillet, Aeberhardt, sur le *Foch*, redoute de semer la panique et prépare sa réponse : « Aucune restriction nourriture, aucune restriction consommation eau et pêche. » Et encore : « Étant donné niveaux de radioactivité atteints, aucune mesure de décontamination systématique. » Or l'amiral Storelli qui commande la force Alfa, qui regroupe près de la moitié du tonnage de la flotte de guerre française pour sécuriser la zone, se prépare à

1. Pierre Le Guen, « Un été 1966 en Polynésie. Aldébaran, un premier essai à Mururoa », s.d., brochure compilant les échanges des 2-3 juillet 1966. Communiquée par un témoin à l'auteur.

évacuer les Mangaréviens. Il exige que ce message lénifiant soit soumis à Lorain. Au matin, l'adjoint de Thiry confirme qu'il faut continuer à dissimuler les retombées aux Mangaréviens, alors que *La Coquille,* en arrivant au nord de Mangareva, mesure 100 000 pCi/g[1] dans le plancton, et trois fois plus pour l'eau de mer, exposant les médecins qui manipulent les échantillons en milieu confiné à de fortes expositions. Quant aux vétérinaires du SMCB qui acceptent quelques jours plus tard de servir de témoins de la retombée, ils affichent une charge corporelle de 2 µCi[2].

Le secret sur ces retombées et le mensonge qui consiste à les occulter ne tiennent pas longtemps. L'information circule entre les experts du SMSR en poste aux Gambier et à Tureia. L'administrateur (sous-préfet) des Tuamotu est informé. Renaud d'Herbais, l'appelé du contingent qui commande le poste des Gambier, connaît l'existence des retombées, puisqu'il détient les codes du chiffre qui permet d'alerter Lorain. Lorsqu'il revient à Papeete, après avoir délibérément évité le sas de décontamination à Hao, rassuré par Vidal sur le niveau des retombées et, partant, sur leurs conséquences sanitaires, d'Herbais est accueilli par les mines sombres de ses amis : ils sont déjà au courant.

Quant au général Billotte, censé rentrer à Tahiti, il est dérouté vers Hao, où le général Thiry, venu de Moruroa, le « chambre ». Que se sont-ils dit ? Thiry a-t-il minimisé l'ampleur des retombées et de leurs conséquences sanitaires ; a-t-il joué cartes sur table, avec ce Français libre, conscient des enjeux stratégiques ? L'hypothèse du mensonge complice est la plus probable. Quelques semaines plus tard, l'amiral Lorain communique sans fard au général Crépin et à l'amiral Vedel, venus inspecter le CEP, l'existence des retombées sur les Gambier et la nécessité de les taire – et de tout faire pour en éviter de nouvelles. La poursuite des essais, voire la présence française à Tahiti, dépend de ce mensonge. Malgré les remédiations (tirs sous ballon plutôt que

1. pCi = picocurie : ancienne unité de mesure de la radioactivité (voir le tableau des unités de mesure en fin de chapitre).
2. µCi = microcurie.

sur barge, fréquence de tirs diminuée pour utiliser des fenêtres météo plus larges, généralisation de l'emploi des abris), il faut attendre la loi Morin, en 2010, pour que l'État engage un processus de reconnaissance et d'indemnisation des victimes des retombées, et la table ronde de juillet 2021 pour l'ouverture des archives du CEP.

Le glissement du secret au mensonge, qui aboutit à la décision de ne pas évacuer les habitants de l'archipel des Gambier, qui ne disposent d'aucun abri et sont laissés dans l'ignorance des retombées. L'occultation ne passe pas complètement inaperçue. Un an plus tard, les militaires s'étonnent : « La presse est de moins en moins coopérative en ce qui touche le filtrage des informations. Les correspondants se plaignent de ne recevoir des services officiels que des renseignements qu'ils ont déjà obtenus par les grandes agences de presse. Aussi les journalistes de Tahiti, étrangers compris, tentent-ils d'obtenir leurs renseignements directement. »

La vérité finit par se savoir. Le CEP qui devait, objectif collatéral à la mise au point de la bombe H, réaffirmer la présence française dans le Pacifique, a fini par affaiblir l'attachement des Polynésiens à la France. L'ouverture des archives est un premier pas vers la reconnaissance du mensonge d'État – et peut-être le moyen de fonder un nouveau pacte démocratique entre Paris et Papeete.

Renaud Meltz

Bibliographie

Renaud Meltz, Alexis Vrignon, *Des bombes en Polynésie. Les essais nucléaires français dans le Pacifique*, Vendémiaire, 2022.

Dominique Mongin (dir.), *Les essais nucléaires en Polynésie française. Pourquoi, comment, et avec quelles conséquences ?*, CEA, 2022.

Jean-Marc Regnault, *Le nucléaire en Polynésie*, Api Tahiti, 2021.

Pierrelatte, Marcoule et le secret nucléaire : organiser l'ignorance ?

Le 4 septembre 1959, une réunion a lieu à la mairie de Pierrelatte dans la Drôme, en présence du préfet, du sous-préfet et des maires des communes voisines (notamment Orange dans le Vaucluse et Bourg-Saint-Andéol en Ardèche). Ils rencontrent les ingénieurs du Commissariat à l'énergie atomique (CEA, organe de recherche créé en 1945), venus présenter la future usine de séparation des isotopes radioactifs qui doit être construite sur le territoire de la commune. Cette usine est destinée à enrichir de l'uranium à des fins militaires. Le chantier commence en 1959, le premier lingot est finalement produit le 7 avril 1967 et Pierrelatte fournit de l'uranium enrichi pour les essais de bombes H ainsi que pour le sous-marin *Le Redoutable* en 1968. Pourtant, lors de l'entrevue de 1959, le responsable de la construction de l'usine, l'ancien résistant et futur député gaulliste Robert Galley, l'assure : l'usine sera une simple « usine chimique », sans aucun risque de radiation, et produira de l'uranium « indispensable au fonctionnement de la pile atomique ». Depuis 1956, trois de ces piles fonctionnent déjà à Marcoule, dans le Gard. L'usine, située à 30 kilomètres à l'aval de Pierrelatte, le long du Rhône, produit du plutonium.

Quelques mois après cette rencontre officielle, en février 1960, le journal *Le Dauphiné libéré* reprend la même présentation de « l'usine atomique de la Drôme [qui] sera essentiellement une usine chimique », sans aucune mention de son objectif militaire. Il s'agit bien d'une installation industrielle, sans risque pour les populations, qui s'implante à Pierrelatte pour refroidir ses canalisations avec l'eau du Rhône, comme on vidangerait « le robinet d'un moteur après usage ».

Cette sélection soigneuse de l'information est structurelle dans l'industrie nucléaire depuis les années 1950, qu'il s'agisse de l'information publique ou de l'information à destination des administrations et des élus. À Marcoule déjà, les dossiers techniques transmis à l'administration pour obtenir l'autorisation de puiser et de rejeter de l'eau dans le Rhône ne comportent souvent pas d'explication sur la radioactivité. Les dossiers sont plus ou moins précis selon les services destinataires : les services agricoles du département s'en plaignent notamment en juillet 1958. Ces précautions dépassent le cadre du secret militaire face au risque d'espionnage d'une technologie de pointe. Les autorités et le CEA craignent de semer la panique parmi les populations, ce qui implique de minimiser le caractère radioactif, trop souvent associé à la mémoire d'Hiroshima. Ce choix se heurte à une injonction contradictoire : le CEA tient également à mettre en scène les prouesses techniques du nucléaire, en organisant des expositions et des « campagnes d'information en profondeur » de l'opinion publique. Un belvédère a ainsi été créé spécialement pour que l'on puisse admirer le site de Marcoule. En décembre 1960, à la demande du Premier ministre Michel Debré, des plaquettes sont distribuées dans les départements concernés par le nucléaire pour défendre les rejets radioactifs des sites nucléaires. Une vague d'inquiétude traverse en effet le pays, alors que le CEA projette des rejets en mer de déchets radioactifs issus de Marcoule. Des stages sont même organisés par le CEA, comme en 1961 dans la région de Pierrelatte, à destination des élus et de personnalités locales identifiées comme des relais d'opinion.

Le chantier de Pierrelatte commence en 1959, mais le site est en quelque sorte extraterritorial : le préfet et les élus se plaignent d'ignorer ce qui se passe dans leur propre département. Des élus comme Maurice Pic, député et maire de Montélimar, découvrent le projet en 1959. Le CEA court-circuite les canaux administratifs officiels : le préfet de la Drôme découvre « par hasard » que le général Ollier, membre du cabinet du président de la République, est venu sur place le 27 janvier 1961, ou encore que la commission de défense de l'Assemblée nationale est venue visiter le chantier en juillet 1962. Le nucléaire serait-il hors des compétences du principal représentant de l'État au niveau local ?

Très vite, il paraît difficile de cacher le caractère extraordinaire de ces installations, notamment lors des chantiers de construction. Aux États-Unis, une poignée de responsables du projet Manhattan avait réussi l'exploit de mobiliser 500 000 personnes pour produire la bombe atomique sans que les ouvriers et ingénieurs soient tenus au courant de l'objectif réel. Le vice-président lui-même était tenu dans l'ignorance. Mais, dans le cas de Pierrelatte, le contexte n'est plus celui de la Seconde Guerre mondiale : la technologie est connue et fait même l'objet de conférences internationales depuis 1953.

Surtout, après des années d'indécision et de secret, l'objectif militaire du programme nucléaire est officiel et public depuis 1958. Le CEA était chargé depuis 1952 de produire du plutonium (à Marcoule, dans le Gard) sans qu'une décision politique officielle le destine clairement à produire une bombe. C'est Félix Gaillard, l'un des derniers présidents du Conseil de la IVe République, qui met fin à l'ambiguïté en avril 1958. À la demande de Jacques Chaban-Delmas, alors qu'il règle les affaires courantes avant la nomination d'un nouveau gouvernement, il antidate deux décrets : le premier autorise l'explosion d'une bombe, le second permet la construction de l'usine de Pierrelatte. Et justement, le 13 février 1960, trois jours avant l'article du *Dauphiné libéré*, la première bombe atomique française (une bombe A, au plutonium) a explosé à Reggane en Algérie. L'officialisation du projet militaire a également provoqué un premier sit-in le 11 avril 1958 à Marcoule : 82 militants menés par Lanza del Vasto, un disciple de Gandhi, ont occupé le site. En octobre 1962, 10 000 personnes manifestent à Pierrelatte pour réclamer un usage strictement civil de l'usine d'enrichissement. Ainsi, la levée de l'ambiguïté du programme nucléaire nourrit le mouvement pacifiste, mais provoque également le renforcement du contrôle de l'information.

Un glissement s'opère : le CEA rentre de plus en plus en concurrence avec les services préfectoraux et le monde nucléaire échappe toujours plus au droit commun. Prenons l'exemple du chantier de Pierrelatte, qui compte à son apogée plus de 3 300 ouvriers.

Comment contrôler une telle masse de travailleurs ? En pleine guerre froide, l'usine est un point sensible d'intérêt national. La manifestation contre le site a d'ailleurs lieu en pleine crise des missiles de Cuba, en octobre 1962. Il faut à la fois construire le site en urgence, avec des crédits sans limites, tout en écartant les travailleurs jugés trop proches du communisme ou des syndicats pour éviter tout sabotage ou toute fuite d'information. Le CEA fait le choix d'embaucher *a priori* et de vérifier les antécédents politiques et syndicaux des travailleurs du chantier par la suite. Sans explication autre qu'une mention « indésirable », de nombreux ouvriers se voient ainsi retirer du jour au lendemain leur accréditation et leur accès au chantier, pour des engagements syndicaux passés ou même un simple entourage communiste. Ils seraient ainsi au moins 400 à Pierrelatte, piégés hors du droit du travail : n'étant pas licenciés, ils n'ont pas le droit au chômage. Ils se retrouvent confrontés au silence de l'administration du chantier, et ne comprennent pas les motifs de leur renvoi, pensant travailler dans un cadre industriel classique. Les syndicats dénoncent une forme de maccarthysme. Certains ouvriers, anciens résistants, écrivent directement à l'Élysée pour assurer de leur loyauté et faire valoir leur bon droit.

Si les Renseignements généraux sont d'abord associés à ces enquêtes sur les ouvriers de Pierrelatte, leur rôle est lui aussi remis en question par le nucléaire. En effet, les RG sont traditionnellement chargés de la surveillance des activités syndicales et des enquêtes préalables au recrutement à certaines fonctions sensibles. Mais le nucléaire n'est pas une industrie comme les autres et le CEA n'est pas non plus une institution publique comme les autres.

Le CEA profite ainsi de la restructuration des services de renseignement au début de la Ve République pour créer son propre système de renseignement interne. À partir de 1960, les RG ont de moins en moins accès aux informations concernant les sites du CEA : ils peinent par exemple à obtenir les résultats des élections professionnelles à Marcoule. Certains services se plaignent de l'émergence d'une véritable « milice » concurrente au sein du CEA : le département de sûreté et de protection du secret (DSPS). Ce service, organisé au niveau de chaque site, est chargé de lutter contre l'espionnage industriel, mais se transforme de plus en plus en service interne de renseignement. En février 1962, un commissaire des RG se plaint à sa hiérarchie des visites de ces enquêteurs accrédités en haut lieu qui viennent « piller » son fichier central. Dans certains services comme dans le Gard ou l'Isère, des enquêteurs prennent leur retraite mais reviennent quelques semaines plus tard en qualité d'agents du CEA, avec une paie supérieure. Finalement, la question est portée au niveau national. En février 1964, un protocole est signé entre le CEA et la Direction générale de la Sûreté nationale pour répartir les rôles : l'intérieur des sites est contrôlé par le DSPS ; la DST[1] et les RG prennent en charge le contre-espionnage et la surveillance à l'extérieur des sites. Ainsi, le service du DSPS de Marcoule compte 120 agents en 1967, mais les relations avec les autres services ne sont toujours pas simples. Des candidats au recrutement, soupçonnés d'être des informateurs de la Sûreté, sont surveillés ou recalés par le directeur du centre de Marcoule.

Quel bilan tirer de ces dispositifs de contrôle de l'information ? Certes, le nucléaire est une technologie sensible et un enjeu de Défense nationale, ce qui justifie le secret et dans une certaine mesure le mensonge, pour éviter l'espionnage dans un contexte de guerre froide. Pourtant, comme en témoignent les archives du renseignement américain, les sites de Marcoule et de Pierrelatte n'échappent pas aux services étrangers : les États-Unis disposent d'informateurs, et de photographies des deux sites.

Ces mensonges et ces approximations relèvent d'abord d'une culture du secret qui se perpétue au sein du CEA, de la IVe à la Ve République. Secret, sûreté et sécurité sont compris comme un seul et même concept. Il faut sélectionner l'information, la limiter aux

1. Direction de la surveillance du territoire, chargée du contre-espionnage.

décideurs, pour éviter toute mise en débat du nucléaire qui freinerait son développement. Un personnage comme Pierre Guillaumat incarne bien cette continuité. Formé au renseignement pendant la Seconde Guerre mondiale, administrateur du CEA de 1951 à 1958, il supervise ensuite le développement de la bombe comme ministre des Armées de 1958 à 1960, et reste ministre de tutelle du CEA en tant que ministre en charge des Affaires atomiques de 1960 à 1962. Il participe amplement à faire du CEA une institution autonome, marquée par le secret et la segmentation de l'information.

Ce fonctionnement perdure dans le nucléaire civil, sans cesse accusé de camoufler la réalité et de limiter l'accès à l'information. Cette industrie à la fois classique par bien des aspects, mais exceptionnelle par les risques qu'elle présente, hérite de la segmentation de l'information et de la culture du secret forgée dans les années 1950. En avril 1986, l'accident de Tchernobyl marque un tournant dans le décloisonnement du nucléaire : devenu le symbole du mensonge d'État, il relance le débat sur la transparence et l'accès à l'information sur le nucléaire.

Louis Fagon

Bibliographie

Claude Carlier, « La surveillance par les États-Unis des programmes nucléaires français armes et vecteurs (1960-1966) », *Stratégique*, n° 102-1, 2013, p. 159-176.

Boris Dänzer-Kantof, Félix Torres, *L'énergie de la France. De Zoé aux EPR, l'histoire du programme nucléaire français*, François Bourin, 2013.

Thomas Fraise, « La question du secret nucléaire : technologie, secrets d'État et enjeux démocratiques », *Critique internationale*, n° 95-2, 2022, p. 172-181.

Gabrielle Hecht, *Le rayonnement de la France. Énergie nucléaire et identité nationale après la Seconde Guerre mondiale*, Amsterdam, 2014.

André Larceneux, Juliette Olivier Leprince (dir.), *Le secret nucléaire : information et participation citoyenne*, Éditions universitaires de Dijon, 2014.

Denis Mazzucchetti, *De divergences en convergences. Les cinquante premières années de Marcoule : 1955-2005*, CEA-COGEMA, 2005.

Jean-Damien Pô, *Les moyens de la puissance. Les activités militaires du CEA, 1945-2000*, Ellipses, 2001.

Tchernobyl et la frontière : qui a menti ?

Nous sommes le 30 avril 1986 et Claude Sérillon, présentateur du journal télévisé d'Antenne 2, lance le bulletin météo, en duplex de la centrale de Saint-Laurent-des-Eaux. À l'écran, la voix de Brigitte Simonetta se pose sur une carte de l'Europe. Un tourbillon vert apparaît, centré sur le nord de l'Ukraine et terminé par une flèche en direction de la Suède. Sur la Sardaigne, une spirale rouge pointant vers les Balkans se dessine à mesure que la journaliste annonce que « tout laisse à penser que les poussières aspirées depuis l'Ukraine seraient renvoyées vers l'Italie, la Yougoslavie et l'Autriche ». Puis, un *A* vert s'affiche sur la Bretagne alors qu'un tourbillon partant vers la Sardaigne est tracé, annonciateur d'un « anticyclone des Açores [...] suffisamment puissant pour offrir une véritable barrière de protection ». Parachevant le tableau, un panneau de signalisation *Stop* prend place à la frontière franco-allemande, symbole de l'anticyclone qui « bloque toutes les perturbations venant de l'est ». Pouvoir de l'iconographie que les archives numériques conservent et régurgitent inlassablement, cette image est convoquée comme la preuve matérielle d'un supposé mensonge du gouvernement français sur la *frontière qui arrêta le nuage de Tchernobyl.* Pourtant, dans les jours suivant la catastrophe, personne ne prononça jamais ces mots.

L'Ouest détecte l'explosion du réacteur 4 de la centrale nucléaire Lénine de Tchernobyl sous la semelle d'un salarié de la centrale de Forsmark en Suède, dont les bottes font sonner les détecteurs de radioactivité au matin du 28 avril. Établissant l'absence de fuite interne, l'institut de radioprotection suédois se tourne vers le ministère de la Défense qui opère des stations de mesure de l'air en Baltique. La direction des vents et la composition des échantillons ne laissent aucun doute sur l'origine soviétique des particules. Alors que les diplomates tentent de contacter Moscou, l'institut de radioprotection suédois fait circuler l'information à leurs homologues européens, dont le Service central de protection contre les rayonnements ionisants (SCPRI) en France. Acculée, l'agence de presse soviétique TASS diffuse dans la soirée un communiqué signalant l'accident, une nouvelle immédiatement reprise à la télévision par le journal de Soir 3. Pour les journaux, la collecte de données est difficile, accentuant la confusion. Les journalistes soviétiques sont éloignés de Kiev et leurs collègues occidentaux cantonnés à Moscou.

Face aux incertitudes, la presse se tourne vers l'expertise de l'État. Le public découvre alors le professeur Pierre Pellerin, fondateur et directeur du SCPRI, au journal de 13 heures de TF1 du 29 avril. Son message, froidement technique, ouvre la porte aux interprétations contradictoires. S'il avoue la présence en France d'une « radioactivité notable », il conclut sur l'absence de « menace, sauf, peut-être, dans le voisinage immédiat de l'usine ». La confusion spatiale commence. Le lendemain, son numéro 2, le professeur Chanteur, évoque l'éventualité future d'« un passage de particule », en contradiction avec l'annonce faite au présent de la veille. Parachevant l'imbroglio, Pierre Tanguy, inspecteur général pour la sûreté nucléaire à EDF, affirme sur Antenne 2 que « le panache radioactif n'ira pas très loin et ne sortira pas de l'Union soviétique ». Ce discours ne trouve pas de contrepoids, ni dans la société civile, ni au gouvernement. À l'inverse de l'Allemagne, où le système fédéral a déconcentré la gestion du nucléaire dans de multiples administrations locales constituant autant de voix potentiellement discordantes, la radioprotection est dominée en France par le SCPRI, responsable de la production des mesures, de leur analyse et de leur communication. Ce service détient le monopole légal sur les données, garant de son autorité sur les administrations ainsi que sur les scientifiques, empêchés d'interférer avec les recommandations et décisions du SCPRI.

Plus encore, la personnification de la réponse autour d'un individu, le professeur Pellerin, endossant la responsabilité devant le public des décisions prises pour gérer les conséquences de l'accident, sera délétère. Maladroit face aux caméras, évitant les questions des journalistes, il apparaîtra froid, condescendant, balayant toute possibilité d'incertitude, jusqu'à donner l'image de vouloir, sciemment, cacher des informations. Plus tard, il justifiera ce comportement par la conviction que le public ne pouvait pas comprendre ces données. Face à lui, aucune contre-expertise n'émerge. Il existe pourtant une organisation critique vis-à-vis du programme atomique, le Groupement de scientifiques pour l'information sur l'énergie nucléaire (GSIEN), fondée en 1975 par des physiciens du CNRS, du Collège de France et de l'Institut de physique nucléaire d'Orsay, capable de contredire ce discours. Mais l'association traverse une période difficile, réduite à une cinquantaine de membres, l'obligeant à réorienter sa stratégie vers le suivi des installations nucléaires locales plutôt que le combat national.

Parallèlement aux interviews, le SCPRI mène une politique des communiqués de presse intense, participant à l'imbroglio. Plus de 200 télex seront envoyés aux rédactions pendant les deux premières semaines suivant l'accident. Ne disposant pas des ressources pour les analyser, les journaux reprennent mot pour mot ces éléments. La confusion générale amène alors à des amalgames entre les informations sur le passage du nuage et celles sur la toxicité des particules radioactives. La traduction de la guerre froide dans la sphère médiatique accentue cette situation. Face à des journaux accusés d'être alarmistes par anticommunisme, *L'Humanité* se fait le porte-parole du SCPRI.

L'épisode du bulletin météo du 30 avril est évidemment un tournant dans la construction du mythe du mensonge sur la frontière. L'image est performative, véhiculant l'idée d'une protection du territoire français qui sera reprise par *France-Soir* titrant « La France est à l'abri du nuage radioactif ». Ces prévisions seront fausses. Le panache de retombées touche déjà le sud-est du pays au moment du bulletin. Antenne 2 et la direction de la Météorologie nationale du ministère de l'Équipement sont rapidement accusées d'avoir falsifié la carte, à tort. Si les interprétations sont mauvaises, confondant dynamiques de déplacement des masses d'air et de circulation des particules, les données sont bonnes et les services météorologiques anglais et allemands diffusent, au même moment, des cartes plaçant anticyclones et dépressions au même endroit. Quant au panneau *Stop*, Brigitte Simonetta reconnaîtra plus tard en être à l'initiative, attirée par les nouvelles possibilités que les avancées du graphisme à la télévision permettaient, une erreur qui l'amena à arrêter sa carrière télévisuelle deux ans après. L'idée du mensonge météorologique est renforcée par la circulation, dans les jours qui suivent, de nouvelles cartes, certaines plus alarmistes, d'autres plus rassurantes, dans la presse. D'un côté, ces cartes créent un hiatus avec la communication écrite du SCPRI dont les communiqués attestent bien de retombées sur le sol français. De l'autre, la diffusion de ces cartes jusqu'à nos jours, sans mention faite à leurs dates de publication, sert le discours sur l'existence d'informations supposément connues avant le 30 avril par l'administration qui aurait choisi de les cacher.

L'idée du mensonge va se renforcer au contact des disparités de mesures de protection prises par la France et ses voisins. Ici, la frontière joue son rôle de barrière. Outre-Rhin, les décisions changent en fonction des *Länder*: retrait des fruits et légumes de la vente, arrêt du pâturage pour les exploitations agricoles, fermetures des bacs à sable des espaces de jeux pour enfant, etc. Dans les zones frontalières, l'absence de mesure identique côté français soulève des questionnements. L'incrédulité est palpable aussi dans la presse, *Libération* s'étonnant le 9 mai qu'il « serait extraordinaire que l'Alsace et la Lorraine, comme un îlot paradisiaque, échappent totalement à des retombées aussi importantes à quelques kilomètres de là ». L'interdiction de la seule commercialisation des épinards en Alsace le 14 mai aura un effet plutôt décrédibilisant. À nouveau, ces différences relèvent des structures d'organisation des États. Si en France le SCPRI peut imposer ses recommandations, en Allemagne de l'Ouest, le processus de décision oblige l'autorité de sûreté nucléaire à justifier ses recommandations au regard de critiques formulées par des contre-expertises. La France adopte alors des normes plus souples, à l'image des seuils de radioactivité pour la commercialisation du lait, fixés à 3 700 becquerels par litre en France, contre 500 en Allemagne. Le gouvernement fera aussi campagne à Bruxelles pour l'assouplissement des mesures de contrôles des produits aux frontières. Les tentatives maladroites de reprises en main de la communication par le gouvernement n'arrangeront pas les choses. Craignant l'instauration d'un moratoire sur les circulations des produits frais, un communiqué de presse publié le 6 mai par François Guillaume, ministre de l'Agriculture, annonce que « le territoire français, en raison de son éloignement, a été totalement épargné par les retombées de radionucléides » (pour le coup, un vrai mensonge d'État). Parallèlement, d'autres informations du SPCRI insistent sur la protection de la France, cette fois grâce à l'absence de pluie au moment du passage du nuage, limitant les retombées. Face à ces informations contradictoires, la presse s'agace et *Libération* s'amuse : « Nous, la France, sommes au-dessus de tout ça. Rien à craindre [...] L'anticyclone des Açores est avec nous. »

C'est alors un autre moment de télévision qui scelle la construction du mythe du mensonge. Le 10 mai, le professeur Pellerin est invité au journal de 13 heures de TF1. Il y reconnaît le « passage du nuage radioactif » dès le 30 avril et présente un ensemble de cartes contenant les mesures de radioactivité sur le territoire français, pointant certaines mesures locales 400 fois supérieures à la normale. Comme précédemment, il ne s'arrêtera pas face aux étonnements des journalistes, sauf pour souligner que la présence du pont chômé du 1er Mai avait limité la transmission de ces données et que le travail de recherche d'information incombait au journaliste et non à l'administration. Ainsi naissait l'affaire de Tchernobyl. Le *Journal du dimanche* titre le 11 mai « Le nuage de mort est passé sur nous. Depuis hier, on le sait ». *Libération* est bien plus direct, mettant à sa une « Le mensonge radioactif » et les « aveux du professeur Pellerin », quand bien même le journal avait déjà publié dix jours auparavant un article reprenant les informations du SPCRI attestant de retombées dans l'Hexagone.

Devenu une métaphore pour dénoncer le silence d'État, le mythe du mensonge de la frontière colle à la politique française. Ce narratif s'est solidifié à mesure qu'il rencontrait les critiques militantes dénonçant un système nucléaire considéré comme technocratique, opaque, et s'est institutionnalisé avec le procès intenté contre le professeur Pellerin entre 2006 et 2012 dans le cadre du dossier dit des « cancers de Tchernobyl », portant sur les conséquences des retombées et non sur le passage du nuage. Si ces événements ont marqué profondément la confiance du public français en l'industrie nucléaire jusque récemment, ils ont surtout mené à une transformation de la gouvernance de l'information dans ce secteur, entraînant la création de deux associations de contre-expertises, la Commission de recherche et d'information indépendantes sur la radioactivité (CRIIRAD) et l'Association pour le contrôle de la radioactivité dans l'Ouest (ACRO).

Teva Meyer

Bibliographie

Anne-Claude Ambroise-Rendu, « La catastrophe écologique de Tchernobyl : les régimes de fausseté de l'information », *Le Temps des médias*, vol. 30, n° 1, 2018, p. 152-173.

Karena Kalmbach, *The Meanings of a Disaster. Chernobyl and Its Afterlives in Britain and France*, Berghahn Books, 2020.

Angela Liberatore, *The Management of Uncertainty. Learning from Chernobyl*, Routledge, 2013.

Expertise et vérité dans la gestion des déchets nucléaires français

L'Agence nationale pour la gestion des déchets radioactifs (Andra) ne ment jamais – ou presque. Au milieu des années 1990, celle-ci installe une antenne entre la Meuse et la Haute-Marne avec le projet d'y enfouir des déchets nucléaires. À ce moment, dans tous ses discours publics, celle-ci affirme effectuer des recherches pour évaluer les qualités géologiques du sous-sol : elle répète à l'envi qu'aucun projet de stockage n'est encore prévu et elle martèle dans la presse qu'elle n'est implantée là que pour y mener des recherches. Éventuellement, peut-être, un jour, un stockage pourrait être construit, mais seulement si la roche a des propriétés géologiques adéquates. Des mobilisations importantes contre l'enfouissement des déchets nucléaires ont déjà eu lieu durant les années précédentes et l'Andra surveille ses mots. Cela n'empêche pas ses dirigeants de tout de même préparer un projet de stockage. Quitte à investir des millions de francs dans des recherches, autant s'assurer qu'elles puissent déboucher sur ce qu'attendent leurs financeurs : se débarrasser définitivement de ces déchets encombrants. Cette vieille voie ferrée désaffectée entre Joinville et Gondrecourt pourrait-elle au besoin être réhabilitée et permettre d'acheminer les quelque dizaines de milliers de mètres cubes de déchets devant être enfouis ? Pour discuter de cette éventualité, le directeur de l'antenne locale de l'Andra rencontre discrètement un responsable de la SNCF. Néanmoins, l'existence de cette réunion fuite, faisant voler en éclats le discours public de l'Andra sur l'absence de projet de stockage. Le soir même, pour tenter de désamorcer les critiques qui s'emballent, le même directeur jure durant l'édition régionale du journal télévisé que cette réunion n'a jamais existé. Plus de quinze ans se sont écoulés lorsque cet ancien responsable qui attend désormais sa retraite dans un placard doré raconte cet épisode, bravache, à la cantine. L'Andra porte désormais publiquement le projet Cigéo à Bure où elle prévoit d'enfouir les déchets nucléaires les plus radioactifs produits en France. Et la voie ferrée en question est au cœur de la bataille qu'elle a engagée avec les militants qui s'opposent à ce projet et occupent une ancienne gare.

Hormis cet exemple grossier, l'auteur de ces ligne ne connaît pas de cas dans lesquels l'Andra aurait ouvertement menti. Pourtant, à différents moments, l'agence a été accusée d'avoir publié des éléments erronés. La distinction entre erreur et mensonge ne permet pas toujours de comprendre pourquoi l'Andra publie des déclarations qui sont dénoncées comme étant fausses. Analyser la place de la science dans l'histoire de l'Andra éclaire alors la difficulté de cette institution à énoncer des vérités immuables, en particulier sur la sûreté du stockage qu'elle conçoit.

Une agence industrielle portant un projet controversé

L'Andra est créée en 1979 avec pour mission de trouver une solution de gestion définitive aux déchets nucléaires français, produits principalement par le CEA et EDF qui la financent. Avec le développement de l'industrie électronucléaire, ceux-ci s'accumulent et il semble alors inconcevable de pérenniser une filière industrielle sans trouver une solution de gestion pour les déchets extrêmement dangereux qu'elle produit. De la même manière que les déchets chimiques sont gérés depuis le début XIXe, l'unique solution de gestion proposée par l'Andra est d'enfouir ces déchets. Plusieurs projets voient le jour mais ceux-ci se heurtent systématiquement à des mobilisations importantes qui amènent l'État à abandonner différents sites. En 2023, aucun stockage géologique n'a encore été creusé et l'Andra vient seulement de déposer la demande d'autorisation de construction pour Cigéo. En attendant, les déchets s'amoncellent, les délais explosent et la facture augmente. L'Andra est une organisation qui porte un projet industriel considéré comme capital pour l'industrie nucléaire mais les mobilisations auxquelles elle se confronte ont jusqu'à présent bloqué sa réalisation.

Depuis le début des années 1990, l'Andra a entrepris de fonder la légitimité de son projet de stockage sur la raison et la science. Son pari peut se résumer ainsi : si elle arrive à montrer publiquement que le stockage géologique est une solution sûre, il n'y a plus de raison légitime de s'opposer à ce projet. Toutefois, la radioactivité contenue dans certains déchets sera dangereuse durant des centaines de milliers d'années. Or, sur de telles temporalités, il est unanimement admis que les circulations hydrogéologiques qui existent dans l'ensemble des sous-sols sont susceptibles d'entraîner les radionucléides enfouis vers la surface. Dès lors, pour garantir la sûreté d'un stockage géologique de déchets nucléaires, il est nécessaire de démontrer que le temps de la décroissance de la radioactivité des déchets enfouis sera plus court que celui de la migration des radionucléides vers la surface. Étant donné les échelles temporelles en jeu, un tel calcul est forcément entaché d'incertitudes.

De ce fait, l'évaluation des recherches effectuées à l'Andra et la publication de celles-ci jouent un rôle déterminant dans le gouvernement de l'« aval du cycle » [*sic*] nucléaire. Le dialogue entre l'Andra et ses évaluateurs doit permettre de définir un niveau de connaissance et un mode de gestion des incertitudes acceptables. La publicisation des recherches de l'Andra et de la manière dont elle garantit la sûreté de son projet doit permettre de renforcer l'adhésion à celui-ci. Néanmoins, comme n'importe quelle organisation industrielle portant un projet controversé, l'Andra est particulièrement vigilante dans sa communication publique. Se sachant lue, notamment par des contre-experts qui épluchent tous ses rapports, elle soigne méticuleusement ses publications. Les mots sont soigneusement choisis et les rapports minutieusement relus. Ce travail de *wording* ou de toilettage des écrits est particulièrement délicat lorsque l'Andra publie sur des sujets sur lesquels il subsiste toujours des incertitudes. Si l'Andra ne ment pas ouvertement en publiant volontairement des informations qu'elle saurait fausses, elle est particulièrement attentive à se présenter sous son meilleur jour et elle n'expose pas ses doutes en public.

Temporalité des radiations et régulation de l'expertise

En cherchant à fonder la légitimité de son projet de stockage sur la raison et la science, l'Andra a fortement intensifié ses efforts de recherche à partir des années 1990. Ceux-ci ont amené l'agence à nuancer ou réviser des savoirs qu'elle a publiés antérieurement. Deux facteurs compliquent encore le travail politique de l'Andra. D'une part, le temps long de la radioactivité amenuise la portée des expérimentations. En effet, classiquement, c'est la confrontation à l'expérience qui permet de valider ou d'invalider une proposition théorique. Lorsque l'Andra étudie l'évolution d'un ouvrage durant des centaines de milliers d'années, le recours à l'expérience est de peu de secours pour trancher les débats. La construction d'un laboratoire souterrain à Bure ou la prévision d'une « phase industrielle pilote » au début du chantier ne changeront rien à cette difficulté. D'autre part, l'Andra est une institution scrutée et évaluée par différents groupes d'experts qui la poussent à affiner sa connaissance des phénomènes qui régiront l'évolution du stockage. Devant l'impossibilité épistémique à apporter la preuve de la sûreté d'un stockage, due aux temporalités extrêmement longues qui sont en jeu, l'Andra travaille à définir des niveaux acceptables de connaissance avec ses évaluateurs publics. Sans pouvoir apporter une preuve irréfutable de la sûreté de l'ouvrage qu'elle conçoit, l'agence cherche à construire un accord sur ce qui est considéré comme assez sûr. Une telle démarche est particulièrement fragile, et elle expose l'agence aux critiques sur ce qui peut être considéré comme sûr ou non par différents acteurs, en particulier les évaluateurs et les contre-experts associatifs.

La difficulté à laquelle se heurte l'Andra lorsqu'elle cherche un accord sur ce qui peut être considéré comme sûr n'est pas spécifique au nucléaire – même si les temporalités extraordinairement longues rendent ce problème plus saillant. Depuis les années 1990, sur un ensemble de problèmes environnementaux ou sanitaires notamment, les controverses se multiplient et les décisions publiques sont remises en cause par des contre-experts et des acteurs de la société civile. La « transparence » apparaît alors comme une réponse aux critiques contre un mode de gouvernement technocratique des questions industrielles, environnementales et sanitaires : communiquer les connaissances sur lesquelles se fonde l'action a pour objectif de redonner confiance dans l'action publique. Néanmoins, comme Sezin Topçu le souligne, l'engagement vertueux à être « transparent » sur les savoirs qui orientent les choix n'est pas incompatible avec le fait de garder secrètes certaines informations. Historiquement, pour des raisons de sécurité liées notamment à sa relation avec les activités militaires, l'industrie nucléaire contrôle drastiquement les informations qu'elle délivre. L'Andra mise sur la publicisation de ses recherches et le dialogue avec ses évaluateurs pour rendre son projet de stockage acceptable. Cependant, elle ne communique que les résultats stabilisés de ses recherches et elle ne divulgue bien sûr pas toutes ses réflexions stratégiques. Parmi les non-dits de la communication de l'Andra, l'un des principaux est le poids de l'économie sur les choix effectués en termes de sûreté. Or, alors qu'il n'y a pas de preuve formelle de la sûreté du stockage, les solutions les plus sûres sont aussi les plus chères, et ce sont donc les financeurs de l'Andra qui dictent les niveaux de sûreté acceptables du projet Cigéo. Ainsi, si l'Andra ne ment quasiment jamais, elle cadre la question du devenir des déchets nucléaires comme une question scientifique : un tel cadrage tend alors à dépolitiser la gestion de ces déchets, en excluant certains éléments du débat.

Leny Patinaux

Bibliographie

Sezin Topçu, *La France nucléaire. L'art de gouverner une technologie contestée*, Seuil, 2013.

Mesure de la radioactivité

Ce que l'on mesure	Unité de mesure	Ce qu'elle représente	Modalité de mesure ou de calcul	Dose légale admise en France	Comparaison de doses reçues historiquement
Radioactivité d'une source (Activité, notée (A)) (pas ses effets).	Le curie (Ci). Ancienne unité remplacée par le becquerel (Bq) en 1975. 1 Ci = 37 GBq	L'activité d'un gramme de radium-226 (^{226}Ra) soit 37 milliards de désintégrations par seconde.	Ne prend pas en compte la nature et l'énergie des rayonnements ni leurs effets dans les milieux qu'ils traverseront. Se calcule en prenant en compte les paramètres physiques de la source.	Ne correspond pas à une dose mais à un phénomène physique.	
La dose absorbée par la matière (D).	Le rad (rd) (radiation absorbed dose). Ancienne unité remplacée par le gray (Gy). 1 rd = 10 mGy 1 Gy = 100 rd 1 gray équivaut à une énergie de 1 joule absorbée par 1 kilogramme de matière.	L'énergie des rayonnements absorbée par la matière.	La dose absorbée est fonction de l'activité de la source et de l'énergie du rayonnement qu'elle émet. Elle ne se calcule pas mais se mesure avec des radiamètres.		

Mesure de la radioactivité

Ce que l'on mesure	Unité de mesure	Ce qu'elle représente	Modalité de mesure ou de calcul	Dose légale admise en France	Comparaison de doses reçues historiquement
La dose équivalente (H_T) dans un tissu biologique.	Le sievert (Sv). Avant le sievert, on utilisait, le rem (röntgen équivalent man). 1 rem = 10 mSv 1 Sv = 100 rem	À dose absorbée égale, l'effet biologique de l'énergie absorbée par un tissu biologique ou un organe. Il varie en fonction de la nature du rayonnement qui a déposé cette énergie.	La dose équivalente se calcule par le produit de la dose absorbée (D) par un facteur de pondération W_R propre à chaque type de rayonnement (photons X ou gamma, électrons, neutrons, particules alpha, protons) représentant sa nocivité relative. $H_T = D \times W_R$ Des dosimètres permettent de mesurer la dose équivalente (H_T) reçue par un tissu ou un organe donné.		
La dose efficace (E).	Le sievert (Sv). 1 rem = 10 mSv 1 Sv = 100 rem	À dose équivalente (H_T) égale, l'effet biologique dans un tissu ou un organe. Il varie selon la sensibilité de celui-ci. La dose efficace représente la somme de toutes les doses équivalentes reçues par l'ensemble des tissus ou organes.	La dose efficace (E) se calcule par le produit des doses équivalentes (H_T) auxquelles est appliqué, pour chaque tissu ou organe, un facteur de pondération (W_T) traduisant la sensibilité propre de chaque tissu ou organe vis-à-vis des rayonnements. $E = H_T \times W_T$ Des dosimètres permettent de mesurer la dose efficace (E) reçue par un individu exposé aux rayonnements.	1 millisievert/an en France (4 mSv/an aux États-Unis).	Les survivants d'Hiroshima ont été exposés à des doses allant de quelques millisieverts à 500 mSv. En moyenne, les liquidateurs de Tchernobyl ont reçu environ 100 mSv mais le groupe de pompiers a reçu 250 mSv en moyenne, et 163 d'entre eux plus de 1 Sv. Les effets des faibles doses efficaces (E) font encore discussion dans la communauté scientifique.

7
Le terrorisme et l'islamisme

Eurodif : le contentieux nucléaire franco-iranien

Fin juin 1974, le shah d'Iran est à Paris. Il visite l'usine atomique de Marcoule en compagnie du tout nouveau président de la République Valéry Giscard d'Estaing. Lors du séjour, le Shah passe de nombreuses commandes à diverses entreprises françaises (métro, chemin de fer…), pour un montant supérieur à 20 milliards de francs. En décembre, le Premier ministre Jacques Chirac se rend à son tour en visite officielle à Téhéran. Une autre série de contrats est signée, pour un montant de 35 milliards de francs. La presse souligne que jamais la France n'avait conclu des accords d'une telle ampleur en une seule fois.

Mais une série de contrats va peser lourd dans les relations entre la France et l'Iran : ceux concernant le nucléaire. Les deux pays ont des ambitions importantes en ce domaine. Le Shah, qui souhaite préparer « l'après-pétrole », s'est fixé un objectif : en 1994, plus de 50 % de la capacité électrique de son pays doit être d'origine nucléaire. De son côté, la France a engagé un programme ambitieux d'énergie électrique nucléaire. En 1973, le Premier ministre Pierre Messmer a annoncé l'intention de construire une cinquantaine de réacteurs. Ces piles atomiques nécessitent de l'uranium enrichi en grande quantité.

Aux origines du contentieux

Les deux pays trouvent donc assez facilement un accord en 1974. Celui-ci est en deux volets. D'abord, la fourniture par la France de cinq centrales nucléaires à l'Iran, *via* la société Framatome. Ensuite, un accord financier sur le projet Eurodif : le Shah accorde un prêt d'un milliard de dollars au Commissariat français à l'énergie atomique (CEA) pour la construction de l'usine d'enrichissement de l'uranium du Tricastin. Le remboursement de ce prêt doit commencer en 1981, année prévue pour la mise en service de l'usine. En échange, l'Iran bénéficie d'un intérêt financier dans Eurodif, *via* une participation de 40 % dans la Sofidif (Société franco-iranienne pour l'enrichissement de l'uranium par diffusion gazeuse), laquelle détient elle-même 25 % du capital d'Eurodif. Cela donne à l'Iran la minorité de blocage. Enfin, l'accord prévoit que 10 % de la production d'uranium enrichi reviendra à l'Iran. Il évoque l'exploitation commune des gisements d'uranium qui pourraient être découverts en Iran, ainsi que la formation de scientifiques iraniens en France.

Mais le programme nucléaire iranien est contesté par les opposants au régime. Face aux pressions, le 27 janvier 1979, le Premier ministre Chapour Bakhtiar annonce son intention d'annuler le contrat de 1977 avec Framatome pour la construction de deux centrales près d'Abadan. « L'Iran, qui a des réserves de gaz pour quatre-vingt-dix ans encore, n'a pas besoin de réacteurs atomiques, d'autant que leurs prix sont exorbitants et que, construits maintenant, ils seront démodés dans une dizaine d'années[1] », explique-t-il à la télévision iranienne. En réalité, l'Iran est en proie à de graves difficultés économiques. Et les milieux religieux sont très hostiles au nucléaire.

Avec la chute du Shah et l'arrivée au pouvoir de l'ayatollah Khomeyni, tous les projets de centrales nucléaires sont annulés. Pour les Iraniens, la rupture des contrats concernant les centrales ne remet

1. « M. Bakhtiar annonce la réduction du programme nucléaire », *Le Monde*, 30 janvier 1979, p. 3.

pas en cause le volet Eurodif de l'accord de 1974. L'Iran en revendique la réalisation. De son côté, considérant que l'accord était un tout et qu'il a été rompu unilatéralement par Téhéran, la France lui refuse le droit d'exercer son statut d'actionnaire. François Mitterrand refuse également le remboursement du prêt accordé au CEA. D'où une série d'affrontements entre les deux pays. D'abord devant des juridictions internationales, puis par le biais de pressions directes exercées par l'Iran avec les attentats de 1985 et 1986 sur le territoire français et les prises d'otages de diplomates et journalistes français au Liban.

Un règlement en plusieurs étapes

Arrivé au pouvoir en mars 1986, Jacques Chirac fait le pari de la normalisation des relations avec l'Iran. Non sans difficulté (voir plus bas l'affaire Gordji). La résolution du contentieux Eurodif est la condition *sine qua non* de cette normalisation.

Elle se joue en plusieurs étapes. La France effectue un premier versement de 300 millions de dollars en novembre. Un deuxième, de 330 millions de dollars, suit en décembre. Le 6 mai 1988, Jacques Chirac signe, en tant que Premier ministre, un accord avec son homologue iranien : les relations diplomatiques avec l'Iran sont restaurées. L'Iran est reconnu comme actionnaire d'Eurodif. Des licences d'exportation d'uranium lui seront accordées. Le prêt sera remboursé par un accord ultérieur. La France redevient alors l'un des principaux partenaires de l'Iran dans sa course à l'énergie nucléaire. Quelques jours plus tard, Jacques Chirac, battu à l'élection présidentielle, quitte le pouvoir.

François Mitterrand, réélu et débarrassé de la cohabitation, applique les termes de l'accord signé par son ancien Premier ministre. Et en décembre 1991, Jean-Claude Trichet, secrétaire au Trésor, négocie les détails des modalités du remboursement, qui clôture définitivement le contentieux. L'Iran et la France renoncent réciproquement aux poursuites juridiques en cours, qu'il s'agisse de celles de l'État iranien contre Eurodif ou des entreprises françaises contre Téhéran. Pour cela, l'État français s'engage à dédommager à hauteur de 3,2 milliards le consortium d'entreprises composé de Framatome, Alsthom et Spie Batignolles, qui demandait à l'Iran 5,5 milliards de dommages et intérêts pour la rupture des contrats de vente des centrales nucléaires. Une somme qui s'ajoute aux 5,2 milliards de francs que la France verse à l'Iran. L'État français s'engage également à dédommager Eurodif, qui s'était vu refuser le droit de vendre son uranium aux Iraniens. Eurodif avait chiffré ce manque à gagner à 9 milliards. Elle en reçoit 5.

De lourdes questions en suspens…

La facture financière réglée par Paris pour régler le contentieux nucléaire avec Téhéran est donc élevée : 13 milliards de francs. Une somme en partie remboursée par les intérêts du compte spécial sur lequel le CEA avait gelé les sommes du remboursement initialement planifié à l'Iran.

Mais la facture morale et politique est encore plus élevée. La France a cédé et remboursé l'Iran pour mettre fin aux attentats sur son sol et récupérer ses otages. Elle a donc, de fait, cédé au terrorisme. Les otages sont d'ailleurs libérés juste avant la signature de l'accord par Jacques Chirac, le 5 mai 1988.

Derrière l'ensemble de la crise avec Téhéran se jouent également les rivalités entre la gauche et la droite pour le pouvoir et les tensions de la cohabitation. Début 1987, une polémique éclate : le 19 janvier, le quotidien de gauche *Le Matin* accuse Jacques Chirac d'avoir saboté les négociations engagées par le gouvernement socialiste pour faire libérer les otages français, quelques jours avant les législatives de mars 1986. La journaliste Kathleen Evin s'appuie sur des télégrammes envoyés de Téhéran par l'ambassadeur Éric Rouleau et le chargé d'affaires Pierre Lafrance. Le « scoop » émane de proches de l'ancien ministre des Affaires étrangères, Roland Dumas, dont on imagine mal qu'il ait pu laisser filtrer ces informations sans l'aval de l'Élysée. Le journal accuse nommément Jacques Chirac d'avoir envoyé des émissaires personnels auprès des autorités iraniennes pour obtenir le report de la libération des otages au lendemain des élections législatives. Matignon dément. Roland Dumas indique que le gouvernement était effectivement sur le point d'aboutir. Les otages ont-ils été victimes de la campagne électorale, ou l'Iran en a-t-il profité pour semer la zizanie dans la classe politique française afin de négocier en position de force ? Aucune preuve ne permet, aujourd'hui encore, de trancher. Mais dès son arrivée à Matignon, Jacques Chirac fait le pari de la « normalisation » des relations avec Téhéran et négocie le règlement du contentieux Eurodif pour obtenir le retour de Jean-Paul Kauffmann, Marcel Carton et Marcel Fontaine par un accord signé deux jours avant la présidentielle. Le calendrier des négociations est calqué sur celui des élections. Le 5 mai 1988, Jacques Chirac et Charles Pasqua accueillent les otages libérés à Villacoublay. Ils ont caché le plus longtemps possible à François Mitterrand la nouvelle de leur libération.

Autre détail troublant : le premier versement à l'Iran est effectué le 17 novembre 1986. Le même jour, le P-DG de Renault est assassiné par un commando d'Action directe. Or Georges Besse a été le patron d'Eurodif. Depuis sa mort, l'usine du Tricastin porte son nom. L'écrivaine Dominique Lorentz a émis en 1997 l'hypothèse que Georges Besse aurait pu être opposé à l'accord avec l'Iran, qui le lui aurait fait payer de sa vie en manipulant Action directe. Elle souligne qu'Action directe a aussi assassiné l'ingénieur général de l'armement René Audran, qui organisait le soutien militaire de la France à l'Irak dans sa guerre contre l'Iran. Or plusieurs militants d'Action directe ont séjourné dans des camps palestiniens au Liban, où ils ont pu rencontrer des responsables iraniens. Aucune preuve n'est cependant venue à ce jour étayer cette hypothèse.

Dernier volet français du contentieux Eurodif : en janvier 2001, la DST transmet à la justice une note indiquant qu'une rançon pourrait avoir été versée en marge du règlement du contentieux financier franco-iranien. La DST estime que l'entourage de Charles Pasqua a bénéficié à la fin des années 1990 de fonds en espèces provenant d'un homme d'affaires d'origine libanaise, Iskandar Safa, négociateur désigné par le gouvernement Chirac, pour faire libérer les otages français du Liban en 1987 et 1988. Les protagonistes de l'affaire ont toujours contesté le versement d'une rançon, et assuré que le dénouement de la crise des otages s'expliquait par le règlement du dossier Eurodif. Mais les versements de 1986 et de 1987 ne sont pas explicitement évoqués dans le règlement final financier de décembre 1991. Alors remboursements ou rançon ? La Justice a déclaré un non-lieu général en 2009, estimant que les accusations de la DST n'étaient étayées par aucune preuve.

Il reste du contentieux Eurodif le lourd bilan humain des attentats de 1985-1986, la facture payée par la France à l'Iran, et un doute pesant sur les manipulations politiques qui ont entouré la gestion de l'affaire et celle des otages français du Liban.

Jenny Raflik

Bibliographie

Dominique Lorentz, *Une guerre*, Les Arènes, 1997.
Dominique Lorentz, *Affaires atomiques*, Les Arènes, 2001.
Gilles Ménage, *L'œil du pouvoir*, t. 3 : *Face au terrorisme moyen-oriental, 1981-1986*, Fayard, 2001.

L'affaire Gordji

Nous sommes le 28 avril 1988. François Mitterrand, président de la République, et Jacques Chirac, Premier ministre, se font face devant des millions de téléspectateurs. Ils viennent de se qualifier pour le second tour de la présidentielle. Parmi les sujets abordés arrive le terrorisme. François Mitterrand évoque l'amnistie des membres d'Action directe en 1981. Jacques Chirac s'engouffre dans la brèche et tombe dans le piège tendu par Mitterrand, qui l'accuse : « Je suis obligé de dire que je me souviens des conditions dans lesquelles vous avez renvoyé en Iran M. Gordji, après m'avoir expliqué à moi, dans mon bureau, que son dossier est écrasant et que sa complicité était démontrée dans les assassinats qui avaient ensanglanté Paris à la fin de 1986. » Jacques Chirac conteste : « Est-ce que vous pouvez dire, en me regardant dans les yeux, que je vous ai dit que nous avions les preuves que Gordji était coupable ? [...] Pouvez-vous vraiment contester ma version des choses [...] ? » « Dans les yeux, je la conteste », répond le président. Derrière cet échange figurent deux ans de manœuvres politiques sur fond d'attentats en France et de prise d'otages au Liban.

Les attentats de 1985-1986 : entre fausses pistes et mensonges délibérés

Tout commence le 23 février 1985 par une explosion dans un magasin Marks & Spencer à Paris (1 mort, 15 blessés). Le 9 mars, c'est le cinéma Rivoli-Beaubourg qui est touché, puis, le 7 décembre, les grands magasins, boulevard Haussmann. Existe-t-il un lien entre ces explosions ? Officiellement, la piste privilégiée est celle d'un ou de plusieurs déséquilibrés. La fabrication des bombes est artisanale, insiste-t-on dans la presse. Chargé de l'enquête, le juge Marsaud suit pourtant une autre piste. L'explosif utilisé est du C4, le même, souligne la DST, que celui utilisé au Liban par le Djihad islamique. On a aussi découvert des fragments d'un journal koweïtien enveloppant l'une des bombes. Or, de nombreux chiites sont réfugiés au Koweït. Pour le juge Marsaud, ces attentats ont un lien surtout avec la série d'enlèvements de ressortissants français au Liban : le 22 mars, deux diplomates, Marcel Fontaine et Marcel Carton ; le 23 mars, Gilles Sidney Peyrolles, le directeur du centre culturel français de Tripoli ; le 22 mai, Jean-Paul Kauffmann, journaliste, et Michel Seurat, sociologue.

Début 1986, une nouvelle série d'explosions à Paris relance l'enquête. Le 3 février 1986, un attentat à la galerie marchande de l'Hôtel Claridge situé sur les Champs-Élysées blesse huit personnes. Il est revendiqué par un Comité de solidarité avec les prisonniers politiques arabes et du Proche-Orient (CSPPA). Le même jour, une bombe est découverte, non explosée, dans les toilettes de la tour Eiffel. Le lendemain, une explosion frappe la librairie Gibert Jeune. Le 5, une autre touche la FNAC du Forum des Halles. La presse, encouragée par les commentaires politiques, évoque toujours des déséquilibrés. On soupçonne une vengeance d'employés pour la librairie Gibert. Mais les attentats de la librairie et de la FNAC sont à leur tour revendiqués par ce mystérieux CSPPA. Et le juge Marsaud suit toujours sa piste. Le 14 mars, il ordonne une série d'arrestations autour du foyer Ahl El Bayt, lieu de rendez-vous des intégristes chiites. Sans succès. Faute d'éléments probants, les personnes interpellées sont libérées et expulsées. On apprendra un peu plus tard que le juge avait fait mouche. Parmi les interpellés figuraient plusieurs membres du réseau responsable des attentats.

Les arrestations ordonnées par le juge, sur fond de campagne pour les législatives, font évoluer le discours médiatique. On commence à évoquer officiellement la piste du Djihad islamique qui a demandé la libération de membres de son organisation emprisonnés au Koweït récemment condamnés à mort. On évoque aussi des pressions pour obtenir la libération d'Anis Naccache, arrêté après une tentative d'assassinat de l'ancien Premier ministre du Shah, Chappour Bakhtiar, à Suresnes, en juillet 1980. Durant la campagne, gauche et droite rivalisent de fermeté dans le discours face au terrorisme. Mais les attentats se poursuivent. Le 17 mars 1986, jour de la nomination de Jacques Chirac comme Premier ministre, une bombe explose dans le TGV Paris-Lyon. Le 20, une autre tue 2 personnes et en blesse 29 dans la galerie Point Show des Champs-Élysées. Avec, toujours, la revendication du CSPPA.

Nouveau gouvernement, nouvelle piste : le ministre de l'Intérieur, Charles Pasqua, et son ministre délégué à la Sécurité Robert Pandraud accusent les Fractions armées révolutionnaires libanaises (FARL), l'organisation marxiste de Georges Ibrahim Abdallah, dont le procès approche. Les FARL avaient revendiqué l'enlèvement au Liban de Gilles Sidney Peyrolles. On imagine que celui-ci aurait été libéré le 2 avril en échange de la promesse officieuse d'une libération de Georges Ibrahim Abdallah. La promesse n'ayant pas été tenue, les chefs des FARL, les frères Abdallah, se seraient vengés. La piste semble étayée par d'autres indices : un indicateur de la DST dit avoir vu chez Abdallah des documents portant la mention du CSPPA. Surtout, les services syriens et algériens persuadent la DST que les Abdallah sont bien les coupables, et se proposent en médiateurs. Leur intervention semble d'ailleurs efficace. La piste des FARL serait-elle la bonne ?

L'espoir est de courte durée. À l'automne 1986, les attentats reprennent. Le 4 septembre, une tentative échoue dans le RER à la station Gare de Lyon. Le 8, une bombe explose au bureau de poste de l'hôtel de ville de Paris ; le 12 à la cafétéria Casino du centre commercial de la Défense ; le 14 au Pub Renault sur les Champs-Élysées ; le 15 dans les locaux du service des permis de conduire de la préfecture de police à Paris. Le 17, l'attentat le plus meurtrier a lieu rue de Rennes, devant le magasin Tati : 7 morts et 55 blessés. À cela s'ajoutent de nouveaux enlèvements au Liban, parmi lesquels, en mars 1986, une équipe de quatre journalistes d'Antenne 2 dont Jean-Louis Normandin et, en janvier 1987, un autre journaliste, Roger Auque.

Le mystérieux M. Gordji

Dès son arrivée à Matignon, Jacques Chirac fait le pari de la « normalisation » des relations avec Téhéran pour obtenir la libération des otages français. Le dossier est confié à Jean-Bernard Raimond, nouveau ministre des Affaires étrangères.

Début 1987, l'enquête connaît un brutal rebondissement : un indicateur permet aux policiers de remonter à un appartement du 12e arrondissement. La DST y identifie les membres du réseau. Le 22 mars 1987, alors qu'ils s'apprêtent à déménager des explosifs (et sans doute à commettre d'autres attentats), la DST interpelle

Ali Fouad Saleh, Mohamed Aïssa et Hassan Aroua. Le lendemain d'autres interpellations ont lieu, dont celle de Mohamed Mouhajer, ex-responsable du centre culturel iranien de la rue Jean-Bart, fermé en 1983. Les policiers remontent la filière, qui les mènent au Hezbollah libanais. Le lien avec les enlèvements de ressortissants français au Liban se précise. La piste d'une participation iranienne aussi.

Parallèlement, l'enquête sur les attentats de septembre avance. Le juge Boulouque, qui a pris le dossier en charge, creuse la piste Mouhajer et découvre qu'il est en liaison régulière avec un employé de l'ambassade d'Iran, Wahid Gordji. Officiellement interprète, celui-ci est en réalité chargé par Téhéran des négociations avec la France sur le dossier des otages. Les enquêteurs découvrent que Mouhajer a servi d'intermédiaire à Gordji pour acheter une BMW grise début septembre 1986. Voiture que des témoins assurent avoir vu rue de Rennes, juste avant l'explosion. Circonstance aggravante, Wahid Gordji a fait repeindre sa BMW en couleur claire fin septembre 1986. Pour brouiller les pistes ? Ces éléments conduisent le juge Boulouque à demander l'interpellation de Gordji. Mais lorsque les policiers se présentent à son domicile, le 2 juin 1987, il n'y est plus. Il s'est réfugié à l'ambassade pour y bénéficier de l'extraterritorialité. Furieux, Charles Pasqua décide de mettre la pression sur les Iraniens. La police cerne l'ambassade. En réaction, les Iraniens bloquent l'ambassade de France à Téhéran.

Le 2 juillet, nouveau rebondissement. Gordji apparaît lors d'une conférence de presse du chargé d'affaires d'Iran à Paris, dans son rôle d'interprète. Les Iraniens révèlent aux journalistes présents que Gordji a été prévenu de son arrestation imminente par un diplomate français, Didier Destremau. C'est un camouflet pour le gouvernement. L'escalade se poursuit. Les Iraniens accusent d'espionnage un diplomate français, Paul Torri. La France envoie sa flotte dans le Golfe, et l'Iran attaque un navire français, le *Ville d'Anvers*. Le 17 juillet, les deux pays rompent leurs relations diplomatiques.

Parallèlement, pourtant, le dossier judiciaire contre Gordji se vide. La BMW s'avère être d'un autre modèle que celle décrite par les témoins. L'inculpation de Gordji semble de plus en plus compliquée. Et après des mois de tensions, l'affaire se dénoue, le 29 novembre : Gordji accepte de se rendre à la convocation du juge Boulouque, qui le libère avant qu'il soit expulsé du territoire français. La veille, le Hezbollah a libéré deux otages français au Liban, Auque et Normandin. Le lendemain, Paris et Téhéran « échangent », à Karachi, Torri contre Gordji.

Le juge Boulouque, qui n'a rien à se reprocher, passe pour avoir cédé sous la pression politique. Ciblé par une presse persuadée de la culpabilité de Gordji et abandonné par ses pairs, il se suicide en décembre 1990, laissant plusieurs questions ouvertes, et notamment celle soulevée par le débat télévisé de l'élection présidentielle : qui savait quoi sur l'éventuelle culpabilité ou innocence de Gordji ?

Dans leur livre *La décennie Mitterrand*, Pierre Favier et Michel Martin-Roland reconstituent (d'après le témoignage des participants) une réunion qui s'est déroulée dans le bureau de François Mitterrand, le 2 juillet au soir, juste après la conférence de presse de l'ambassade d'Iran à Paris. Y assistent Jacques Chirac, Charles Pasqua, le secrétaire général de l'Élysée Jean-Louis Bianco, Jean-Bernard Raimond et Robert Pandraud. Les insuffisances du dossier judiciaire sur Gordji sont clairement évoquées devant le président (qui a donc menti lors du débat télévisé), ce qui provoque la colère de Raimond, qui avoue dans ses Mémoires avoir été tenté de démissionner ce soir-là. Pourtant, les participants à cette réunion prennent la décision de maintenir la pression sur l'ambassade d'Iran. Plusieurs facteurs peuvent l'expliquer. L'affolement des Iraniens laisse supposer que Wahid Gordji est peut-être plus important qu'il n'y paraît, et qu'il a peut-être autre chose à se reprocher en dehors des attentats (*Le Canard enchaîné* révélera en août ses liens avec les réseaux négationnistes français et notamment Robert Faurisson). On peut aussi penser s'en servir comme monnaie d'échange contre les otages français au Liban. Cette dernière hypothèse s'avère en partie efficiente, puisque l'expulsion de Gordji s'accompagne de la libération de Normandin et Auque et du retour de Paul Torri.

Des échecs des pourparlers de mars 1986 aux négociations de 1987, les otages français du Liban ont donc été victimes non seulement des contentieux géopolitiques entre la France et l'Iran (l'affaire Eurodif) mais aussi de la rivalité politique entre François Mitterrand et Jacques Chirac. Rivalité qui a laissé, et sans doute pour longtemps, planer au moins deux zones d'ombre. Quel est le rôle exact joué par Gordji en France ? Si la justice française ne disposait pas de preuves suffisamment solides pour l'inculper dans le dossier des attentats de 1986, les enquêteurs auraient peut-être trouvé d'autres éléments s'ils avaient pu le soumettre à un interrogatoire serré de quatre jours, comme le permettait la législation antiterroriste. Quelle part ont joué les Iraniens dans les attentats de 1985-1986 ? Aucune preuve n'a pu être établie. Les manœuvres politiques internes entre la gauche et la droite, en cette période de cohabitation, ont conduit à priver les Français de la vérité.

Jenny Raflik

Bibliographie

Didier Bigo, « Les attentats de 1986 en France : un cas de violence transnationale et ses implications », *Cultures & Conflits* [en ligne], 1991/4, mis en ligne le 31 décembre 2002, http://conflits.revues.org/129

Pierre Favier, Michel Martin-Roland, *La décennie Mitterrand*, t. 2 : *Les épreuves (1984-1988)*, Seuil, 1991.

Jean-Bernard Raimond, *Le Quai d'Orsay à l'épreuve de la cohabitation*, Flammarion, 1989.

Petits arrangements entre ennemis…

« Je n'ai jamais eu d'états d'âme à converser avec Abou Nidal, malgré ses crimes. Il fallait à tout prix éviter qu'il n'en commette d'autres contre nous[1] », affirmait le général Rondot en 2011. Des

1. Hervé Gattegno, « Et Rondot piégea Abou Nidal… », *Le Point*, 3 mars 2011.

propos confirmés en novembre 2018 par l'ancien patron de la DST, Yves Bonnet, dans un documentaire diffusé sur France 2. Entendu en janvier 2019 par la juge d'instruction en charge de l'affaire, ce dernier renouvelle son récit et précise le contenu du « pacte » conclu avec le groupe terroriste palestinien : ses membres avaient reçu la garantie de pouvoir circuler dans le pays sans être arrêtés, en échange de la promesse de ne pas commettre d'attentats sur le territoire national.

Le pacte avec le groupe Abou Nidal

Cet accord dévoilé par Philippe Rondot et Yves Bonnet semble être intervenu après l'attentat de la rue des Rosiers, perpétré contre le restaurant juif Goldenberg le 9 août 1982 et qui a fait 6 morts et 22 blessés. Après avoir orienté leurs recherches vers les « Irlandais de Vincennes[1] », puis l'extrême droite, les enquêteurs ont rapidement attribué l'attentat au Fatah-Conseil révolutionnaire, plus connu sous le nom de groupe Abou Nidal, une organisation palestinienne dissidente du Fatah de Yasser Arafat. En 1982, Abou Nidal est soutenu par la Syrie, alors dirigée par Hafez Al-Assad. La France est une de leur cible privilégiée, en raison de son soutien à Yasser Arafat et de sa présence militaire au Liban sur lequel la Syrie prétend exercer une tutelle exclusive. Au-delà des problématiques moyen-orientales, les logiques de guerre froide aggravent la menace terroriste en encourageant certains États, comme la Syrie et l'Iran, à utiliser des groupes tels que Abou Nidal comme prolongement de leur diplomatie : « Envisager une action punitive d'envergure [en représailles à un attentat impliquant par exemple la Syrie ou l'Iran], explique l'ancien secrétaire général de l'Élysée Gilles Ménage, c'était prendre le risque d'un embrasement général [...] l'armée soviétique étant le principal allié militaire de Damas, lui-même affichant un soutien actif à Téhéran. [...] Dès lors, pour résoudre les crises, il fallait soit céder,

1. Voir chapitre 10.

soit se compromettre – ouvertement avec la Syrie, secrètement avec l'Iran, ces deux pays devenant *de facto* des intermédiaires obligés pour le règlement des déchaînements de violence qu'ils avaient suscités ou laissés se produire[1]. »

C'est dans ce contexte que le préfet Yves Bonnet est nommé à la tête de la DST par le président François Mitterrand à la fin de l'année 1982. Il y crée la première division antiterroriste. Dans le documentaire de 2018, Yves Bonnet raconte : « Nous sommes rentrés en relation avec l'organisation Abou Nidal. À partir de ce moment-là nous avons passé une sorte de marché non écrit qui voulait que les gens d'Abou Nidal ne commettraient plus d'attentats en France, et en revanche je leur garantissais qu'ils pourraient venir en France. » Il est peu probable qu'une telle décision ait relevé du seul Yves Bonnet, et très vraisemblable que la décision ait été politique, et prise au sommet de l'État.

Le pacte conclu avec le groupe Abou Nidal a-t-il protégé les auteurs de l'attentat ? Abou Nidal, de son vrai nom Sabri Khalil Al-Banna, n'a jamais été inquiété sur le sol français jusqu'à sa mort en Irak en 2002. Et il a fallu attendre 2015 pour que les premiers mandats internationaux soient lancés contre trois membres de son groupe, le Fatah-Conseil révolutionnaire, qui vivaient alors en Cisjordanie, en Jordanie et en Norvège. Ce n'est également qu'en 2015, alors que le contexte géopolitique a changé et que la France participe aux opérations en Syrie contre le régime de Bachar Al-Assad, que l'enquête désigne Hafez Al-Assad (le père de Bachar) comme commanditaire de l'attentat de la rue des Rosiers. À ce jour, seul le mandat délivré en Norvège a abouti à une extradition vers la France, mais toujours pas à un procès.

Autre question restée en suspens : ce pacte a-t-il facilité l'organisation d'autres attentats du groupe, hors du territoire français, notamment les attaques simultanées à l'arme à feu et à la grenade de passagers de la compagnie israélienne El Al dans les aéroports de Rome

1. Gilles Ménage, *L'œil du pouvoir*, t. 3 : *Face au terrorisme moyen-oriental*, Fayard, 2001, p. 17.

et Vienne le 27 décembre 1985, qui ont fait 20 morts et 138 blessés ? C'est la position des autorités italiennes qui ont dénoncé l'attitude de la France à plusieurs reprises.

La politique de sanctuarisation du territoire national

Le pacte de non-agression conclu avec Abou Nidal s'inscrit dans une politique plus large de « sanctuarisation » du territoire national face à la menace terroriste. La France a parfois préféré tolérer sur son sol des groupes terroristes, à condition qu'ils ne s'en prennent pas aux intérêts français, quitte à négocier pour cela directement avec eux ou avec leurs États « sponsors », comme la Syrie ou la Libye. C'est aussi l'attitude adoptée vis-à-vis d'ETA, de l'OLP ou des militants de l'extrême gauche italienne dans les années 1970-1980. Comme l'explique Gilles Ménage dans ses Mémoires, « en vertu d'accords tacites et réciproques, le territoire national et les citoyens français ne devaient pas être la cible d'attentats ; en échange de quoi, il pouvait être toléré que notre pays [serve] discrètement et en permanence de base logistique et, plus épisodiquement, de lieu de règlements de comptes entre factions rivales, voire d'opérations visant des objectifs "étrangers" y résidant de façon passagère ou permanente[1] ». Accords tacites, non écrits, et évidemment maintenus dans le plus grand secret vis-à-vis tant de l'opinion publique que des pays voisins.

Cette politique de sanctuarisation du territoire national se lit aussi dans la gestion par la France des demandes d'extradition des terroristes étrangers. À partir de 1977, la France refuse de ratifier la convention sur la répression du terrorisme du Conseil de l'Europe. Ce texte devait faciliter les conditions d'extradition, et obligeait, en cas de refus, à juger les personnes réclamées par leur pays d'origine. Dans un rare consensus politique, la gauche comme la droite s'y refusent de 1977 à 1986, au nom de la tradition française du droit d'asile, qui protège les

1. Gilles Ménage, *L'œil du pouvoir*, t. 3 : *Face au terrorisme moyen-oriental*, *op. cit.*, p. 11.

auteurs de crimes politiques. Mais surtout par crainte, en cas de procès, de représailles sur le territoire national. Car les groupes terroristes ont pris l'habitude, au cours de la décennie 1970, de frapper durement les pays qui organisent des procès contre leurs membres. En permanence confrontée à de nombreuses demandes d'extradition, présentées notamment par les justices allemande, italienne et espagnole, la France met au point sa doctrine en novembre 1982 :

> Le gouvernement continuera de refuser l'extradition des personnes bénéficiant de l'asile politique en France dès lors qu'elle sera réclamée pour les faits à raison desquels cet asile a été accordé. Dans cet esprit, les demandes d'extradition seront appréciées au regard de quatre critères dont chacun peut fonder un refus d'extrader :
> – la nature du système politique et judiciaire de l'État demandeur ;
> le caractère politique de l'infraction poursuivie ;
> – le mobile politique de la demande d'extradition ;
> – le risque d'aggravation, en cas d'extradition, de la situation de la personne concernée, en raison notamment de son action ou de ses opinions politiques, de sa race, de sa religion[1].

Une exception est précisée :

> La nature politique de l'infraction ne sera pas retenue [...] lorsque auront été commis dans un État respectueux des libertés et droits fondamentaux des actes criminels (prises d'otages, meurtres, violences ayant entraîné des blessures graves ou la mort, etc.) de nature telle que la fin politique alléguée ne saurait justifier la mise en œuvre de moyens inacceptables[2].

1. « La politique française en matière d'extradition », texte adopté en conseil des ministres, 10 novembre 1982, consultable sur https://www.vie-publique.fr/discours/151877-cm-10-novembre-1982-la-politique-francaise-en-matiere-dextradition
2. *Ibid.*

La formulation est suffisamment vague pour permettre une lecture au cas par cas. Mais on voit se dessiner ce qui restera sous le nom de « doctrine Mitterrand » : refus de l'extradition, sauf éventuellement pour les crimes de sang. Et même si la France ratifie la convention du Conseil de l'Europe au début de la cohabitation de 1986, la « doctrine Mitterrand » est restée implicitement en vigueur. Jacques Chirac a autorisé l'extradition en août 2002 de l'un des membres des Brigades rouges, Paolo Persichetti, puis, en 2004, de Cesare Battisti. Mais il fait figure d'exception, et les refus d'extradition sont majoritaires. Le consensus politique, ici aussi, a duré.

Cette stratégie de sanctuarisation a-t-elle été efficace ? À court terme, face à certains groupes, peut-être. Abou Nidal n'a plus frappé la France après 1982. À long terme, il est évident que non. Cette stratégie était surtout un aveu d'impuissance face à la menace terroriste. Le culte du secret d'État a aussi favorisé le sentiment d'impunité de certains dirigeants, à l'image du président libyen Kadhafi, impliqué dans de nombreux attentats commis contre les intérêts français (notamment l'attentat contre le DC-10 d'UTA, au-dessus du Ténéré le 19 septembre 1989, qui a tué 170 personnes dont 58 Français), mais reçu avec faste par le président Sarkozy en 2007.

Jenny Raflik

Bibliographie

Didier Bigo, Daniel Hermant, « Terrorisme et antiterrorisme en France », *Les Cahiers de la sécurité intérieure*, 1990/1, p. 123.

Jeremy Shapiro, Bénédicte Suzan « The French Experience of Counter-Terrorism », *Survival*, 2003, p. 67-98.

Gilles Ménage, *L'œil du pouvoir*, t. 3 : *Face au terrorisme moyen-oriental, 1981-1986*, Fayard, 2001, p. 17.

Filmographie

Histoire secrète de l'antiterrorisme, par Patrick Rotman et Vincent Nouzille, 2018, 150 minutes, Kuiv / Michel Rotman, avec la participation de TV5 Monde et de la chaîne Histoire. Production : Michel Rotman, Marie Hélène Ranc.

L'affaire Merah

Le 11 mars 2012, un jeune sous-officier, Imad Ibn Ziaten, est assassiné à Toulouse alors qu'il tente de vendre sa moto. Le 15 mars, à Montauban, des parachutistes désarmés, qui retiraient de l'argent à un distributeur, sont victimes de plusieurs tirs. Deux d'entre eux, Abel Chennouf-Meyer et Mohamed Legouad, sont tués. Loïc Liber, laissé pour mort, reste tétraplégique. Le lien entre les deux attaques est rapidement établi par les analyses balistiques. Aussitôt, les enquêteurs se concentrent sur une piste : celle de l'extrême droite. Mais, le 19 mars, une nouvelle attaque a lieu contre l'école juive Ozar Hatorah de Toulouse. Un enseignant, Jonathan Sandler, ses deux enfants, Arieh, 5 ans, et Gabriel, 3 ans, ainsi qu'une fillette, Myriam Monsonégo, 8 ans, sont tués. Un adolescent de 15 ans est grièvement blessé. Les éléments collectés sur les lieux de la tuerie permettent aux enquêteurs de remonter la piste d'un jeune homme : Mohammed Merah, 23 ans, connu pour divers faits de délinquance. Le 21 mars, il est localisé dans un appartement à l'est de Toulouse. Le RAID (Recherche, Assistance, Intervention, Dissuasion) prend position. Les négociations durent trente-deux heures. L'assaut est finalement donné et Merah tué.

Quand le directeur de la DCRI s'accroche au profil du « loup solitaire »

Lors du siège de son domicile, Merah communique avec les policiers. Il explique avoir agi au nom d'Al-Qaida, l'organisation terroriste dirigée par Al-Zawahiri. Il affirme avoir tué des militaires en raison de l'intervention militaire française en Afghanistan, et des Juifs en raison du conflit israélo-palestinien. Il évoque ses multiples voyages au Moyen-Orient et se moque des services de police. Ses voisins l'entendent crier qu'il a berné la DCRI en faisant croire qu'il faisait du tourisme au Pakistan.

Malgré ces éléments, rapidement rendus publics, le patron du renseignement intérieur, Bernard Squarcini, évoque le concept de « loup solitaire », radicalisé seul devant son ordinateur. Deux jours après la mort de Merah, il déclare au journal *Le Monde* : « Il s'est autoradicalisé en prison, tout seul, en lisant le Coran. C'est un acte volontaire, spontané, isolé. [...] Donc, il n'y a aucune appartenance à un réseau. [...] Il n'y a rien. Pas d'activisme idéologique, pas de fréquentation de la mosquée » (*Le Monde*, 23 mars 2012). Autrement dit, un profil indétectable.

Et pourtant... Les enquêteurs et la presse retracent vite le parcours de Mohammed Merah. Il est connu des services de police. Il a déjà été condamné et incarcéré, pour des faits relevant de la petite délinquance : une première fois mineur, une seconde fois après sa majorité, en 2008. Il est libéré le 12 septembre 2009, date de sa fin de peine. Après être sorti de prison, il effectue une série de voyages au Maghreb et au Moyen-Orient. Il se rend tout d'abord en Algérie au printemps 2010. Il y est arrêté par des soldats algériens, dans une zone isolée. Mais sans suite. Il se rend au Moyen-Orient à l'été 2010, visitant successivement la Turquie, la Syrie, le Liban, l'Irak et la Palestine. Il est contrôlé après une visite à Jérusalem, porteur d'un couteau et conduit par les Israéliens au poste-frontière. De nouveau sans suite. À l'automne 2010, il se rend en Égypte alors que son frère Abdelkader, avec lequel il est prétendument fâché, s'y trouve aussi. Or, ce frère est identifié comme une des personnalités fortes de la mouvance salafiste toulousaine. Puis Mohammed Merah entreprend fin 2010 un voyage en Afghanistan, *via* le Tadjikistan. Son objectif, racontera-t-il au représentant du renseignement intérieur lors du siège de son domicile le 21 mars, était de se faire enlever par les talibans pour pouvoir rejoindre leurs rangs. Sans succès. Lors de ce séjour, il est contrôlé par les forces de sécurité afghanes et américaines à Kandahar. Il leur déclare simplement être allé visiter le site des statues de Bouddha dans la ville de Bamiyan. Après un interrogatoire mené par leurs services de contre-terrorisme, les autorités afghanes signalent son passage aux services de renseignement français. Cela n'empêche pas Merah de rentrer brièvement en France puis de repartir au Pakistan en août-octobre 2011. C'est au cours de ce dernier séjour qu'il parvient à intégrer un groupe djihadiste au Waziristan et à suivre un entraînement militaire dans un camp de l'organisation Al-Qaida. Cet itinéraire pose question. Comment quelqu'un ayant été intercepté successivement par les services algériens, israéliens, américains et afghans peut-il encore se rendre au Pakistan pour s'entraîner dans un camp d'Al-Qaida, rentrer en France, et commettre trois attentats avant d'être repéré ?

D'autant qu'au gré des documents confidentiels qui fuitent dans la presse durant l'été 2012 (signe, au sein même des services, de fortes dissensions autour de cette affaire), on comprend que Mohammed Merah a bien été repéré précocement par les services de renseignement français. Il fait dès 2006 l'objet d'une fiche S pour ses liens avec plusieurs condamnés de l'affaire dite Artigat (une filière toulousaine de départs vers l'Irak et la Syrie). Cette fiche est curieusement désactivée en mars 2010, alors même que les coordonnées de Merah ont été découvertes dans la liste des contacts d'un des membres d'une autre filière toulousaine d'acheminement de djihadistes en Irak en octobre 2009. Ses liens avec la filière d'Artigat, à laquelle appartiennent aussi les frères Clain (les auteurs de la revendication de l'attentat du 13 novembre 2015) et Sabri Essid (figure de l'État islamique, mais surtout demi-frère de Merah), et ses coordonnées trouvées dans un autre dossier, voilà autant d'éléments prouvant qu'il ne s'est pas radicalisé seul, comme le prétend Bernard Squarcini.

Dissimuler les défaillances de la DCRI

Alors comment les services de renseignement, alertés plusieurs fois par leurs homologues étrangers, ont-ils pu passer à côté de la dangerosité de Mohammed Merah ?

L'enquête judiciaire met vite le doigt sur les défaillances internes. Elles éclatent aux yeux du grand public lors de l'enquête judiciaire.

Appelé à témoigner, Christian Ballé-Andui, patron de la direction régionale du renseignement intérieur de Toulouse (DRRI), livre une version bien différente de celle de Bernard Squarcini, patron de la Direction centrale du renseignement intérieur (DCRI). Il explique que les services toulousains ont suggéré la transmission du dossier Merah au parquet antiterroriste en juin 2011. Ce n'est que six mois plus tard, alors qu'il est entre-temps allé au Pakistan, que Mohammed Merah est convoqué pour un entretien. Il est interrogé par un envoyé spécial de la Direction centrale, en présence d'un policier de la direction régionale. Lors de l'entretien, Merah raconte avoir fait du tourisme. Il montre des photos. Il faut attendre encore un mois et demi pour que la DCRI adresse la note de synthèse de cet entretien. Datée du 25 janvier 2012, elle a fuité dans la presse en octobre 2012. Son auteur conclut que la rencontre « n'a pas permis de faire le lien entre Mohammed Merah et un éventuel réseau djihadiste », ce qui entraîne de fait un relâchement dans la surveillance. Mais une phrase de cette note, surtout, attire l'attention. Mohammed Merah, écrit le spécialiste parisien, « pourrait présenter un intérêt pour notre thématique en raison de son profil voyageur ». Concrètement, traduit Christian Ballé-Andui, la Direction centrale demande « une évaluation de fiabilité en vue de recrutement ». Les policiers toulousains décident de ne pas répondre, mais au moment même où Merah est en train de préparer ses attentats la DCRI a bien envisagé de le recruter. Mauvaise analyse, mauvaise coordination entre les services centraux et régionaux... autant d'éléments qui ont empêché de neutraliser Merah à temps.

Une enquête de l'Inspection générale de la police nationale (IGPN), rendue publique par le Premier ministre Manuel Valls en octobre 2012, reconnaît officiellement certaines défaillances, sans donner de réponses aux principales questions. La désactivation de la fiche S est qualifiée d'« inopportune », mais non expliquée. Pas plus que n'est mentionnée la provenance du gilet pare-balles trouvé sur le corps de Merah, un modèle utilisé par la police française. Pas plus que les non-réactions aux signalements des services étrangers. Tout au plus est évoquée une homonymie entre deux Mohammed Merah qui aurait fait perdre du temps aux enquêteurs en les envoyant vers la mauvaise personne, ainsi que les retards dus au manque de moyens, notamment humains. Seule concession du rapport : la reconnaissance des mauvaises relations entre les échelons central et territoriaux des services de renseignement.

Rapport *a minima* qui n'explique pas les zones d'ombre de l'affaire, et qui surtout ne remet pas en cause la pertinence et l'organisation de la DCRI, le « FBI à la française » voulu par Nicolas Sarkozy et créé en 2008. Pourtant, la gauche avait combattu la création de la DCRI. Mais entre l'affaire Merah et la publication de ce rapport, un changement important est intervenu : Nicolas Sarkozy a perdu l'élection présidentielle, et la gauche, qui critiquait les failles des autorités dans l'affaire Merah, est désormais au pouvoir et confrontée, à son tour, à la menace terroriste. Elle se contente alors du service minimum : Squarcini, que les déclarations sur Merah « loup solitaire » a discrédité, est débarqué. Et la DCRI devient la DGSI. Changement de nom et d'autorité. La DCRI était placée sous l'autorité de la Direction générale de la police nationale (DGPN). La DGSI devient elle-même une direction générale, directement rattachée au ministre de l'Intérieur, tout en restant un service de police avec compétence judiciaire.

Surtout, les conséquences des ratés ne sont pas tirées. Comme pour Merah, la DCRI devenue DGSI a stoppé les surveillances sur les frères Kouachi, moins de cinq mois avant qu'ils ne déciment la rédaction de *Charlie Hebdo* en janvier 2015. Comme pour Merah, le service de renseignement s'est justifié après les attentats en disant qu'il n'a rien vu venir parce qu'il n'y avait « aucune activité radicale apparente », alors que Chérif Kouachi s'était entraîné dans un camp d'Al-Qaida au Yémen, et avait déjà été interpellé et condamné dans l'affaire de la « filière des Buttes-Chaumont », la deuxième grande filière française vers le Djihad avec celle d'Artigat. Comme Merah, les Kouachi ont fait l'objet de fiches S qui n'avaient pas été renouvelées. En résumé, les autorités paraissent avoir consacré plus d'énergie à nier ou dissimuler les défaillances des services de renseignement dans l'affaire Merah, qu'à en tirer les conclusions nécessaires à leur résolution.

Jenny Raflik

Bibliographie

Éric Pelletier, Jean-Marie Pontaut, *Affaire Merah : l'enquête*, Michel Lafon, 2012.
Mohamed Sifaoui, Abdelghani Merah, *Mon frère, ce terroriste*, Calmann-Lévy, 2012.
Latifa Ibn Ziaten, *Mort pour la France*, Flammarion, 2013.

« L'État ne paye pas de rançons »

13 septembre 2014 : alors que trois otages anglo-saxons ont été assassinés en moins d'un mois par l'État islamique, la colère de Barack Obama s'étale dans la presse. Colère contre les terroristes, mais surtout contre la France. « Le président français, François Hollande, dit que son pays ne paye pas de rançons aux terroristes, alors qu'en réalité, il le fait. [...] Les Français payent des rançons aux terroristes », affirme-t-il dans un entretien accordé au *New York Times*. Pourtant, en janvier 2013, le président François Hollande avait fait savoir bruyamment que la France ne voulait plus payer.

2013 : la France décide de ne plus payer les rançons qu'elle affirmait déjà ne pas régler

Officiellement, la France refusait déjà de payer, conformément au droit international (convention internationale pour la répression du financement du terrorisme, 1999) mais aussi national. Puisque, depuis 2001, l'article 421-2-2 du code pénal incrimine comme « acte de terrorisme le fait de financer une entreprise terroriste en fournissant, en réunissant ou en gérant des fonds, des valeurs ou des biens quelconques [...] en sachant qu'ils sont destinés à être utilisés, en tout ou partie, en vue de commettre [...] des actes de terrorisme».

La prise de position du président Hollande en janvier 2013 contient donc implicitement l'aveu que ses prédécesseurs mentaient en niant tout paiement de rançons. Mais en janvier 2013, François Hollande va plus loin. Non seulement l'État refusera désormais toute transaction financière, affirme-t-il, mais il s'opposera à toute forme de versement, y compris privé. Des consignes officiellement adressées aux familles des otages, notamment des quatre employés d'Areva enlevés à Arlit le 16 septembre 2010 et alors détenus par AQMI, ainsi qu'aux services de renseignement et diplomates en charge des dossiers.

Pourquoi cette fermeté nouvelle? En partie, certainement, à cause du bilan que la France pouvait tirer de sa gestion précédente des affaires d'otages. Si aucune rançon n'a jamais été officiellement confirmée, les chiffres avancés par la presse sont impressionnants: le *New York Times* estime qu'entre 2008 et 2013 la France aurait versé 58,1 millions de dollars pour libérer ses ressortissants retenus par AQMI, sur un total de 125 millions de dollars de rançons encaissées par le groupe terroriste. Surtout, dans la «bourse aux otages», les Français sont une des nationalités les plus «cotées». Autrement dit l'une des plus ciblées, car les plus rentables à enlever. Non seulement cette image d'«État qui paye» met les ressortissants français en danger, mais au moment où la France s'engage au Mali, en 2013, c'est aussi une épée de Damoclès permanente sur la liberté d'action des militaires français dans la région sahélienne.

Des hésitations permanentes entre fermeté et négociations

Le président Hollande n'est pas le seul à avoir envisagé la fermeté face aux preneurs d'otages. D'autres avaient choisi de négocier plutôt des «échanges» de prisonniers. Vieille technique déjà en cours dans les décennies précédentes, lorsque Paris «échangeait» Yoshiaki Yamada (Armée rouge japonaise) contre les otages de l'ambassade de France à La Haye en 1974, ou acceptait la grâce d'Anis Naccache (auteur d'une tentative d'assassinat contre Chapour Bakhtiar) contre les derniers otages du Liban (1990). En février 2010, Pierre Camatte, enlevé le 26 novembre 2009 par AQMI, au Mali, est ainsi échangé contre quatre islamistes détenus par les autorités maliennes.

En 2010, une loi illustre symboliquement le désir des autorités de prendre du recul : votée sur proposition de Bernard Kouchner, elle prévoit le remboursement à l'État des frais engagés pour libérer des otages dans des pays à risques. Certes, les humanitaires ou les journalistes sont exclus de la loi, mais l'État cherche à responsabiliser employeurs, expatriés et touristes.

Parallèlement, deux tentatives de résolution de prises d'otages par la force échouent coup sur coup : le 22 juillet 2010, ordre est donné au service Action de la DGSE d'intervenir pour libérer par la force Michel Germaneau, détenu dans un camp d'AQMI au Mali. Il ne trouve pas l'otage, qui est exécuté. Le 8 janvier 2011, c'est un commando des opérations spéciales (COS) de l'armée qui tente d'intercepter au Mali des véhicules d'AQMI dans lesquels se trouvent deux jeunes Français, Vincent Delory et Antoine de Léocour, enlevés au Niger. Les deux otages sont tués lors de l'opération.

Juste après la déclaration de François Hollande début 2013, l'enlèvement de la famille Moulin-Fournier (3 adultes et 4 enfants) au Cameroun, le 19 février, modifie la donne émotionnelle. La présence des enfants permet-elle de tenir la politique de fermeté annoncée ? La famille est libérée au bout de 45 jours. La presse évoque une rançon de 7 millions de dollars et la libération de 16 djihadistes. La rançon aurait été payée par le Cameroun, et remboursée par GDF Suez, employeur du père de famille, selon certaines sources. Directement par la France, affirment d'autres sources diplomatiques. Le 29 octobre 2013, les quatre employés d'Areva (Thierry Dol, Marc Féret, Daniel Larribe et Pierre Legrand) enlevés à Arlit en 2010 sont à leur tour libérés. Cette fois, la presse évoque une rançon de 20 à 25 millions de dollars versée par leur employeur. Le 18 avril 2014, ce sont quatre journalistes (Didier François, Édouard Elias, Nicolas Hénin et Pierre Torres) otages de l'État islamique en Syrie qui sont libérés. La presse évoque un versement de 18 millions de dollars, soit 13 millions d'euros, remis, selon les rumeurs, par le ministre de la Défense, Jean-Yves Le Drian, aux services secrets turcs qui auraient joué les intermédiaires avec les ravisseurs. Les déclarations de janvier 2013 n'ont donc pas modifié la politique française.

La question du paiement des rançons est à la fois éthique (peut-on abandonner un otage à ses ravisseurs ?) et politique (l'État peut-il payer une rançon, et donc financer un groupe terroriste ?). Payer, c'est mettre en danger d'autres ressortissants. Ne pas payer, c'est mettre en danger l'otage.

Face à ces dilemmes, il semble que l'État ait majoritairement choisi de payer en le niant, puisque dans tous les cas le paiement des rançons a toujours été démenti. Un démenti parfois « techniquement » juste. La France n'a pas payé directement, mais utilisé des intermédiaires : des pays tiers, remboursés ensuite sous forme d'« aide au développement » ou de subventions diverses, ou des entreprises privées. Dans ce dernier cas, les autorités aiment à dire qu'aucun « argent public » n'a été versé. C'est l'expression inlassablement répétée par le ministre des Affaires étrangères Laurent Fabius après la libération des otages d'Arlit. Les autorités se sont surtout enfermées dans un piège : celui d'une doctrine difficilement applicable aux yeux d'un grand public désormais habitué à ces négociations et doubles discours.

Jenny Raflik

Bibliographie

Bertrand-Léo Combrade, « Le financement du terrorisme via le versement de rançons », AOC, 7 juillet 2022, https://aoc.media/analyse/2022/07/06/le-financement-du-terrorisme-via-le-versement-de-rancons/
Gilles Ferragu, *Otages, une histoire de l'Antiquité à nos jours*, Folio, 2020.
Dorothée Moisan, *Rançons. Enquête sur le business des otages*, Fayard, 2013.

Les exécutions extrajudiciaires de djihadistes

« Nous, les méduses, on n'existe pas vraiment. Que l'on vive, que l'on meure, que l'on disparaisse, cela ne laisse aucune trace. [...] Payés en liquide, nous sommes des fugitifs, insensibles, visqueux, sans visage. Nous gérons la vie des profondeurs. Pas d'identité non plus. [...] Drôle de métier quand même, métier d'un monde inversé, passé sous silence, inconnu des journaux et des juges, des parlements et des ambassades, métier de mort au service de causes indéchiffrables, présentées comme des raisons d'État. »

Ainsi s'exprime le héros d'un roman paru en 2005, *La Vie mélancolique des méduses*, consacré au récit d'une vie de tueur au service de l'État. Ce personnage de fiction pourrait sembler anodin, si l'auteur du roman, François Léotard, n'avait été ministre de la Défense entre 1993 et 1995, et si on ne devinait, derrière la fiction, un long mensonge d'État, officiellement révélé par le président de la République, François Hollande, en 2016, dans un entretien avec deux journalistes, Fabrice Lhomme et Gérard Davet.

Les révélations de François Hollande sur une pratique ancienne

Courant 2015, dans ses entretiens avec les deux journalistes, le président Hollande évoque à mi-mot les assassinats ciblés de terroristes, notamment en Syrie et au Sahel : « J'en ai autorisé quatre au moins », leur précise-t-il. Avant d'ajouter, « mais d'autres présidents en ont fait davantage »[1]. Il y revient dans ses Mémoires en 2018, au sujet d'un chef terroriste, non nommé, au Sahel : « Autant qu'il a pu, il a tué ou fait tuer des Français. Son repaire, situé dans un village, est entouré de maisons occupées. Malgré la précision du missile, les risques de pertes civiles existent. Le président diffère l'opération. Une semaine plus tard, les maisons avoisinantes ont été évacuées. Les chances de

1. Gérard Davet, Fabrice Lhomme, *Un président ne devrait pas dire ça...*, Stock, 2016, p. 485-486.

réussite sont maximales. Je donne l'ordre de frapper. […] Le chef terroriste a-t-il été éliminé ? Nous n'avons pas les moyens de vérifier. Mais depuis ce jour, il n'est jamais réapparu. » Et François Hollande de conclure : « Ainsi travaille parfois le président dans ce palais calme d'où l'on déchaîne la foudre[1]. »

Les exécutions extrajudiciaires en matière de lutte antiterroriste sont en effet anciennes. Et s'il est le premier à en parler, François Hollande n'a pas été le premier à y recourir.

Les services français les ont déjà employées contre des membres du FLN en Algérie. Sur le territoire algérien, c'est notamment le « 11e choc », bataillon de choc aéroporté, qui est à la manœuvre, en charge d'une contre-guérilla « non conventionnelle ». Le SDECE tient à jour des listes de noms, y compris hors Algérie : trafiquants d'armes alimentant le FLN, militants ou sympathisants de la cause algérienne. Hors du territoire algérien, c'est le service Action du SDECE qui passe à l'action. Mais dans le cadre de la lutte contre le terrorisme international, c'est François Mitterrand qui autorise les exécutions ciblées après les assassinats et attentats commis contre des ressortissants français au Liban au début des années 1980. C'est sous sa présidence qu'est créée la cellule Alpha au sein du service Action de la DGSE, fin 1985 début 1986, cellule chargée des opérations homo (pour « homicide »). Les premières cibles sont des terroristes liés aux groupes libanais. Mais François Mitterrand prend rapidement ses distances avec ce type d'opérations après le scandale du *Rainbow Warrior*. La cohabitation rend sans doute aussi plus complexe la prise de décision. D'autant que Jacques Chirac n'a jamais dissimulé son opposition à ce type d'assassinats. Comme président, il n'y a recours que dans de rares cas, essentiellement par « délégation » aux services algériens contre des membres du GIA. Toutefois il reste très prudent et plutôt hostile aux opérations homo : pour des raisons éthiques – il refuse d'utiliser les armes de l'adversaire –, mais surtout parce qu'il n'a pas confiance dans

1. François Hollande, *Les leçons du pouvoir*, Stock, 2018, p. 45-46.

les capacités des services secrets français à mener de telles opérations sans risque. Sans doute se souvient-il du *Rainbow Warrior*, lui aussi. Arrivé au pouvoir, Nicolas Sarkozy s'y « résout » peu à peu. Mais il fait surtout appel aux forces spéciales de l'armée sur les terrains des opérations extérieures.

Le tournant principal est pris sous la présidence de François Hollande, qui non seulement y a un recours massif, mais rompt aussi avec l'omerta sur les opérations homo, en les évoquant en public, malgré les dénégations de ses services. L'événement majeur expliquant ce tournant semble avoir été l'échec du sauvetage de Denis Allex (pseudonyme), un agent de la DGSE pris en otage en Somalie en 2009, et mort (avec deux autres agents de la DGSE) lors d'une tentative d'extraction en janvier 2013. La France a alors lancé une série de représailles, dont l'élimination d'un chef des Chebabs, Ahmed Abdi Godane, tué par une frappe américaine sur renseignement français en septembre 2014. Ensuite, la série d'attentats djihadistes commis sur le territoire français accélère les choses. L'opinion bascule, et il est significatif qu'en 2016, après la publication du livre de Lhomme et Davet, le débat ait plus tourné sur la parole présidentielle et sa légitimité à rompre un secret d'État, que sur le fondement de ces assassinats ciblés. Le mode opératoire, enfin, est également propice à un recours massif aux opérations homo : les exécutions ciblées se mêlent à des opérations et frappes militaires plus vastes, au Sahel comme en Syrie. On peine d'ailleurs souvent à déterminer si les bombardements de camps d'entraînements de djihadistes en Syrie visaient à tuer individuellement tel ou tel terroriste, ou collectivement des djihadistes présentant un danger pour la sécurité nationale. Après François Hollande, Emmanuel Macron s'est inscrit dans la continuité, en autorisant le recours aux drones tueurs Reaper, de fabrication américaine, surtout au Sahel.

Au total, quelle a été l'ampleur de ces frappes ciblées depuis 2013 ? Le président Hollande a confié à Gérard Davet et Fabrice Lhomme avoir décidé « au moins quatre » assassinats ciblés durant son mandat.

Le journaliste Vincent Nouzille les estime à une centaine entre 2013 et 2023, exécutés soit par les armées, soit par la DGSE, soit, plus indirectement, par des pays alliés sur la base de renseignements fournis par la France. Ce dernier mode opératoire étant le plus fréquent, notamment en Syrie, comme auparavant en Afghanistan. Ce sont des drones américains qui ont ainsi éliminé, en novembre 2016, Boubaker Al-Hakim, un Français travaillant dans les services extérieurs de Daech, proche d'Abdelhamid Abaaoud ; ou bien, en février 2017, Rachid Kassim, le « recruteur » de Daech, considéré comme l'inspirateur des attentats de Magnanville, de Saint-Étienne-du-Rouvray ou de la tentative d'attentat de Notre-Dame-de-Paris.

Un secret de polichinelle qui participe de la stratégie étatique de lutte contre le terrorisme

Officiellement, les états-majors français récusent le terme d'exécutions ciblées. Les militaires préfèrent parler, de manière plus générale, de « neutralisation » de « cibles ennemies » et d'« objectifs stratégiques ». Ils démentent toute identification préalable des personnes visées et évoquent seulement des cibles de haute valeur, les *High Value Targets* (HVT). François Hollande a néanmoins reconnu l'existence de listes, mises au point par l'armée et la DGSE, et les journalistes Lhomme et Davet affirment avoir consulté un document de la Direction du renseignement militaire (DRM) daté du 7 mars 2017 comportant 17 noms et localisations de cibles à éliminer.

Ces opérations sont menées dans le plus grand secret et ne font pas l'objet de communiqués militaires, ou alors indirects : la mort d'un chef terroriste est annoncée en marge d'une opération militaire plus large. On peut en détecter quelques-unes dans les annonces de certains pays alliés, sans toujours cerner précisément le rôle joué par la France. Ainsi, en Afghanistan, le mollah Hazrat, commanditaire présumé de l'embuscade d'Uzbin qui a provoqué la mort de 11 soldats français, a été tué par une frappe aérienne de l'OTAN le 9 septembre

2012. Sur renseignements français, ont estimé de nombreux journalistes. Le 10 octobre 2012, un missile tiré par un drone américain a tué Moez Garsallaoui, qui s'était vanté d'être le mentor de Mohammed Merah. Encore une fois, une source de renseignement française a été évoquée, sans être reconnue.

Pourquoi nier ces opérations ou l'implication française dans des frappes menées par des forces alliées ?

Essentiellement pour des raisons juridiques. Ces frappes ciblées, hors d'un contexte de guerre légalement déclaré par le Parlement, sont illégales, et s'apparentent à une forme de peine de mort dans un pays qui l'a aboli. Les agents qui les exécutent en territoire étranger s'exposent potentiellement à des poursuites. Même si, dans les faits, ce risque est amoindri par le recours à des moyens militaires alliés. Mais c'est surtout l'imbrication des opérations militaires avec des enquêtes judiciaires qui a été dénoncée. Ce fut le cas lors de la traque de Mokhtar Belmokhtar. Ce vétéran du GIA, devenu l'un des principaux chefs d'AQMI en 2007, puis fondateur d'Al-Mourabitoune en 2013, a été impliqué dans de nombreuses prises d'otages de ressortissants français au Sahel, dans l'attaque du complexe gazier d'In Amenas en janvier 2013 (38 civils tués dont un Français), et dans de nombreux autres attentats. Après l'attaque du complexe gazier, plusieurs enquêtes judiciaires ont été lancées, et notamment en France sous la direction de la juge Laurence Le Vert. Mais parallèlement à l'enquête, les forces françaises au Sahel ont éliminé plusieurs proches de Mokhtar Belmokhtar : son bras droit, Abou Moghren Al-Tounsi, en septembre 2013, deux autres proches, Fayçal Boussemane et Al-Hassan Ould Al-Khalil en novembre 2013, Omar Ould Hamaha en mars 2014, Abou Bakr Al-Nasr en avril 2014, Ahmed Al-Tilemsi en décembre 2014. Ce qui a conduit à de fortes tensions entre le ministère de la Défense et les juges antiterroristes. Si un protocole de coopération a été signé le 27 novembre 2015, entre le ministère de la Justice et les Armées pour faciliter les échanges d'informations, c'est bien par une frappe aérienne conjointe avec les États-Unis – et non par une procédure judiciaire – que Mokhtar Belmokhtar a été « neutralisé » en novembre 2016.

Au total, pratiquées depuis longtemps dans le cadre de la lutte antiterroriste, ces opérations ciblées semblent participer d'une routine. L'État les nie en orchestrant régulièrement des fuites, afin de leur donner un sens dissuasif. Mais leur inscription dans la longe durée oblige à poser la question de leur efficacité. Au Sahel, ces frappes n'ont pas empêché les groupes terroristes de prospérer et de se reconstituer. Elles semblent donc davantage participer de représailles d'État après des attentats ou des prises d'otage que d'une véritable participation à la lutte contre le terrorisme.

Jenny Raflik

Bibliographie

Gérard Davet, Fabrice Lhomme, *Un président ne devrait pas dire ça…*, Stock, 2016.
Vincent Nouzille, *Les tueurs de la République. Assassinats ciblés et opérations spéciales des services secrets*, Fayard, 2015.
—, *Erreurs fatales*, Fayard, 2017.

8

Lâchetés administratives

Atteintes à la laïcité dans l'Éducation nationale : quelle vérité des chiffres ?

« La vérité trop claire est que de reculade en reculade, on en est arrivé à avoir peur de tout et à se mettre en déroute devant toute offensive antirépublicaine. Le lâcher-pied est devenu le mot d'ordre universel. Voilà toute l'administration [scolaire], avec son grand chef, en débandade à l'aspect d'une simili-levée de boucliers dans la classe d'un lycée. [...] Il n'y a plus de sécurité pour les professeurs, puisqu'il est établi désormais qu'ils ne seront pas défendus [...], l'État républicain se refusant à remplir son devoir. »

Cette citation paraît sortie tout droit d'un conflit politico-religieux à l'école survenu ces dernières années, de l'affaire des foulards de Creil en 1989 au tragique assassinat du professeur Samuel Paty en 2020. En réalité, elle est de la plume de Georges Clemenceau, dans un article consacré au sort d'Amédée Thalamas[1]. Ce professeur d'histoire au lycée Condorcet était alors en butte aux accusations de l'extrême droite monarchiste et catholique contre son enseignement sur Jeanne d'Arc vu comme irréligieux. C'est dire combien la question des atteintes à la laïcité scolaire (entendues comme les conflits religieux dans les écoles publiques) n'a rien de neuve, tant elle est présente dès la laïcisation du secteur éducatif public. Cependant, la

1. Georges Clemenceau, « Le cas Thalamas », *L'Aurore*, 2 décembre 1904.

question du comptage des atteintes se pose avec plus d'acuité depuis la fin des années 1980. Cette interrogation est multiple : quels sont les faits comptabilisés ? Quel organisme les recense ? Quelle méthodologie est utilisée ? Les chiffres sont-ils fiables ? Ces débats sont rendus vifs pour trois raisons qui se cumulent. Premier facteur, l'école, « érigée en symbole de la République » elle-même, est traditionnellement un sujet d'une grande sensibilité dans la société (civile comme politique) française[1]. Deuxièmement, la quantification est désormais au cœur des politiques publiques et de l'action des administrations[2]. Enfin, les conflits et les débats liés à la laïcité scolaire connaissent aujourd'hui une surface médiatique étendue, ce qui contribue à aiguiser en retour la sensibilité des pratiques en la matière.

Cette contribution s'attachera à saisir les raisons de l'émergence des atteintes à la laïcité scolaire comme d'un « problème public », c'est-à-dire la construction d'un sujet qui s'impose aux médias, aux élus et aux administrations comme une difficulté à résoudre[3] . Celui-ci a été mis de ce fait à l'agenda des pouvoirs politiques sous la Ve République. Elle décrira ensuite leur progressive quantification depuis les années 1990. Enfin, elle soulignera le fait que les données ont pour caractéristique – apparemment paradoxale – d'être produites par les pouvoirs publics et d'être remises en cause par une partie de ceux-ci.

L'émergence relativement récente d'un « problème public »

La question des atteintes au cadre laïque à l'école publique a régulièrement été posée aux pouvoirs publics. En témoigne la série de textes officiels visant à protéger la laïcité scolaire des irruptions religieuses

1. Élise Tenret, *L'école et la méritocratie*, PUF, 2011, p. 1
2. David Demortain, « Les jeux politiques du calcul », *Revue d'anthropologie des connaissances* [En ligne], vol. 13, n° 4, 2019. http://journals.openedition.org/rac/2427
3. Nous reprenons ici la notion de « problèmes publics », lesquels résultent de la construction d'un sujet qui s'imposera aux pouvoirs publics. Cf. Elizabeth Sheppard-Sellam, « Problème public », in Laurie Boussaguet, Sophie Jacquot, Pauline Ravinet (dir.), *Dictionnaire des politiques publiques*, Presses de Sciences Po, 2019, p. 504-510.

– et, on l'oublie souvent, politiques – depuis les réformes scolaires de la IIIe République. Peuvent être citées la circulaire du 17 novembre 1883, celle du 12 avril 1934, les circulaires dites Zay du 31 décembre 1936 et du 15 mai 1937, la circulaire du 27 décembre 1944.

La Ve République ne fait pas exception. Les intenses mobilisations dans les universités et les lycées, entre 1968 et 1973, relancent la crainte, dans la majorité gouvernementale, d'une remise en cause de la neutralité politique de l'espace scolaire et *in fine* du caractère laïque de ce dernier. Cette crainte est avivée par le fait que les étudiants et les élèves du second degré acquièrent de nouveaux droits dans leurs établissements (loi dite Faure en 1968 pour l'enseignement supérieur, reconnaissance la même année des délégués de classe et des foyers socio-éducatifs dans le second degré). Le programme éducatif du RPR, en 1977, en appelle ainsi à « la défense de la laïcité et de la neutralité » contre « l'idéologie marxiste et ceux qui s'en réclament[1] ».

Cependant, le ministère de l'Éducation nationale reste relativement confiant quant à la solidité du principe laïque dans le système éducatif. Une note du cabinet du ministre de l'Éducation René Haby (1974-1978) affirme que « le secteur de l'éducation est structuré et hiérarchisé, ce qui permet de [...] contrecarrer les déviations politiques et culturelles[2] ». Néanmoins, durant les années 1980, la question des conflits ou problèmes religieux en milieu scolaire ressurgit, notamment dans un contexte de montée de l'islamisme, de préoccupations quant aux phénomènes sectaires et du raidissement d'une partie des sensibilités chrétiennes les plus traditionnelles. La crainte de « tendances intégristes » chez des élèves musulmans apparaît ainsi dans une note interne au cabinet du ministre Jean-Pierre Chevènement (1984-1986), sans que des faits précis soient cependant évoqués[3].

1. BNF, 16-LB61-1397 : Rassemblement pour la République, « Une certaine idée de l'éducation », *Le RPR propose*, n° 3, novembre 1977, p. 11.
2. Archives nationales (AN), 1990235/1 : Cabinet du ministre de l'Éducation, « Problèmes de l'éducation : considérations générales », note, datable de janvier 1977.
3. AN, 19880108/17 : Gisèle Guffroy-Deschamps, « Inconvénients de créer un lycée franco-arabe », note au ministre, début 1985.

Ceci participe à l'installation, au sein des pouvoirs publics, de l'évidence d'un « problème musulman » qu'il conviendrait de traiter[1]. L'idée, plus globale, d'un retour menaçant du religieux est affirmée par l'historien Antoine Prost, alors conseiller à l'éducation du Premier ministre Michel Rocard, quelques semaines avant l'affaire des foulards de Creil[2].

La difficile émergence d'une quantification des conflits religieux à l'école

Le 18 septembre 1989, trois élèves du collège Gabriel-Havez, dans l'un des quartiers les plus défavorisés de la commune picarde de Creil, se rendent voilées dans leur établissement. L'ayant déjà fait à la fin de l'année scolaire précédente, elles sont confinées au CDI – sans qu'aucun conseil de discipline ne soit réuni. Le conflit, scolairement très limité y compris à l'échelle du collège, devient « l'affaire des foulards » à partir de début octobre, avec une ampleur médiatique, politique et intellectuelle sans précédent[3].

Le conflit à Creil conduit le ministère de l'Éducation nationale à une double difficulté inédite. D'une part, les remontées du terrain sur d'éventuelles atteintes à la laïcité étaient inégales et dépendaient de leur connaissance – et, tout autant, de leur transmission – par les recteurs[4]. D'autre part, les manifestations religieuses en milieu scolaire recensées – en l'occurrence, le port de signes manifestant ostensiblement l'appartenance cultuelle – n'étaient pas forcément contraires à la réglementation en vigueur. La direction des affaires juridiques du

1. Abdellali Hajjat, Marwan Mohammed, *Islamophobie. Comment les élites françaises fabriquent le « problème musulman »*, La Découverte, 2013.
2. AN, 550 AP 44 : Note d'Antoine Prost à Michel Rocard, 24 juillet 1989.
3. Ismaïl Ferhat (dir.), *Les foulards de la discorde. Retours sur l'affaire de Creil, 1989*, L'Aube, 2019.
4. Office universitaire de recherche socialiste (OURS), 104 APO 9 : Remontées des rectorats d'Aix-Marseille et de Versailles au cabinet du ministre de l'Éducation nationale, 4 décembre 1989.

ministère alertait d'ailleurs sur ce point lors de l'affaire des foulards[1]. Il convient d'ajouter que le ministre, Lionel Jospin (1988-1992), comme une partie des organisations enseignantes, ne souhaitait pas « grossir le problème » de l'application du principe laïque à l'école[2].

Cette incapacité du système éducatif à comptabiliser les problèmes religieux à l'école conduisit d'autres acteurs à se saisir du sujet, en y apposant leurs propres préoccupations et méthodes. C'est le cas du ministère de l'Intérieur, qui mobilise ses relais territoriaux pour recenser les atteintes à la laïcité en milieu scolaire. Les préfets sont mis à contribution[3]. De même, les Renseignements généraux (aujourd'hui Renseignements territoriaux) sont mobilisés. C'est d'ailleurs leur direction centrale (DCRG) qui est la première à proposer une recension nationale des cas de foulards islamiques, dans une note le 1er avril 1990. Celle-ci, qui remonte jusqu'à l'Élysée – signe du caractère désormais politiquement sensible des atteintes à la laïcité scolaire –, comptabilise 400 collégiennes voilées[4].

La DCRG continue pendant au moins une décennie – dans l'état actuel d'accès aux archives – de recenser les foulards islamiques dans les établissements publics, alors même qu'ils n'étaient pas encore formellement interdits par la loi. En témoigne son estimation citée par le ministre de l'Intérieur Nicolas Sarkozy, à l'occasion de son audition, le 19 novembre 2003, devant la mission d'information parlementaire « sur la question du port des signes religieux à l'école » présidée par Jean-Louis Debré.

---

1. OURS, 104 APO 9 : Projet de note de la Direction des affaires générales, « Attitude à adopter envers certains comportements d'élèves d'obédience musulmane », ministère de l'Éducation nationale, 1989.
2. AN, 20040313/1 : Note manuscrite, « Rencontre SNES, 31 octobre 1989 », Cabinet du ministère de l'Éducation nationale, 31 octobre 1989.
3. AN, 19920418/4 : Note confidentielle de la préfecture de la Meuse à Pierre Joxe, « Communauté marocaine de Saint-Mihiel », 15 février 1990.
4. AN, AG/5(4)/CN/14 : Note de Christian Nique à François Mitterrand, « Voiles islamiques », 1er octobre 1990.

Un comptage remis en cause jusque dans les pouvoirs publics

C'est précisément à partir du début des années 2000 que ces premières estimations des atteintes à la laïcité ont été remises en cause. De manière étonnante, cette critique a été portée aussi bien par des personnels de terrain que par une partie des élites administratives et politiques. Ainsi, en 2002, un ouvrage collectif d'enseignants, *Les territoires perdus de la République*, dénonçait l'attitude du ministère de l'Éducation nationale, qui « s'accommode[rait] de toutes les provocations du prosélytisme islamiste le plus virulent[1] ». Cette défiance d'une partie des personnels de terrain était connue. Ainsi, le rapport de la commission Stasi, réunie par la présidence de la République en 2003, notait que ces derniers « contestent des chiffres officiels qui minimisent les difficultés rencontrées sur le terrain » (p. 52). Une telle défiance réapparaît régulièrement, ainsi à la fin des années 2010, à l'occasion du mot-clé sur les réseaux sociaux « Pasdevague ». Celui-ci était apparu à la suite de l'agression filmée d'une enseignante en classe, sans lien avec le religieux. Il dénonçait une tendance de la hiérarchie du système éducatif de minimiser ou d'étouffer les difficultés rencontrées – et pas uniquement sur la question laïque – par les personnels éducatifs de terrain. À l'occasion de sa rencontre avec le Conseil des sages de la laïcité du ministère de l'Éducation nationale, le 23 octobre 2020, le syndicat enseignant SNALC pointait le fait qu'« un collègue qui aura affronté une situation problématique dans laquelle il ne sera pas senti soutenu, ne fera plus appel à sa hiérarchie et pratiquera l'autocensure[2] ».

Plus étonnant, une fraction des pouvoirs publics eux-mêmes pouvait exprimer une même méfiance quant aux chiffres fournis par l'administration. Un rapport de l'inspection générale de l'Éducation nationale, dit « rapport Obin », en juin 2004, précisément consacré

1. Emmanuel Brenner (dir.), *Les territoires perdus de la République. Antisémitisme, racisme et sexisme en milieu scolaire*, Mille et une Nuits, 2002, p. 152.
2. *Quinzaine universitaire* n° 1446, 13 novembre 2020.

aux phénomènes de contestation religieuse en milieu scolaire, soulignait ne pas disposer « des moyens et n'a pas vocation à mener des études quantitatives », appelant à donner plus de place aux témoignages de terrain[1]. De même, le Haut Conseil à l'intégration (HCI), dans un rapport de 2011, notait une extension des atteintes à la laïcité, qui n'était pas mesurée finement dans le système éducatif[2]. Plus frontalement encore, à la suite des attentats de janvier 2015, un rapport sénatorial dénonçait ouvertement les chiffres des perturbations des minutes de silence dans les écoles fournies par l'Éducation nationale[3]. Il critiquait plus globalement « la faiblesse de l'appareil statistique » de ce dernier en matière d'atteintes à la laïcité scolaire[4].

Cette indétermination statistique a été présente jusqu'au sommet du système éducatif. En témoigne une note d'une conseillère du cabinet du ministre Vincent Peillon, soulignant des « contestations – trop nombreuses » du principe de laïcité dans les établissements[5]. Ceci explique probablement, au moins en partie, pourquoi, à l'occasion du conseil des ministres du 8 décembre 2017, Jean-Michel Blanquer, en charge de l'Éducation nationale, a annoncé « un état des lieux précis des contestations du principe de laïcité » à l'école. Ceci répond, à défaut d'y mettre fin, à plusieurs décennies de discussion, voire de mise en cause de la véracité des chiffres d'atteintes à la laïcité à l'école. En effet, la quantification ouverte depuis cette date permet un suivi longitudinal du phénomène à partir d'une classification relativement

1. Jean-Pierre Obin (dir.), *Les signes et manifestations d'appartenance religieuse dans les établissements scolaires*, rapport du groupe vie scolaire de l'IGEN, juin 2004, p. 6.

2. Haut Conseil à l'intégration, *Les défis de l'intégration à l'école*, Rapport remis au Premier ministre, 28 janvier 2011, p. 91-92.

3. Françoise Cartron, Jacques Grosperrin, *Rapport de la commission d'enquête sur le fonctionnement du service public de l'éducation, sur la perte de repères républicains que révèle la vie dans les établissements scolaires et sur les difficultés rencontrées par les enseignants dans l'exercice de leur profession*, rapport sénatorial, 1er juillet 2015, p. 22

4. *Idem*, p. 12.

5. AN, 2016010/83 : Note de Johanna Barasz à Vincent Peillon, « EDL Charte de la laïcité pour CSE », 9 juillet 2013.

stabilisée et d'équipes académiques dédiées, trois aspects qui avaient cruellement manqué jusqu'à la fin des années 2010.

Ismaïl Ferhat

Bibliographie

Jean Baubérot, *La laïcité falsifiée*, La Découverte, 2014.
Frédéric Brouzes, Syham Ghemri, Iannis Roder, *École et Laïcité. Enjeux et pistes pour agir*, Canopé, 2021.
Ismaïl Ferhat (dir.), *Les foulards de la discorde. Retours sur l'affaire de Creil, 1989*, L'Aube, 2019.
Abdellali Hajjat, Marwan Mohammed, *Islamophobie. Comment les élites françaises fabriquent le « problème musulman »*, La Découverte, 2013.

Le mensonge de Claude Allègre

L'arrivée de Claude Allègre au ministère de l'Éducation nationale a laissé un souvenir indélébile parmi les professeurs et a durablement marqué les esprits des protagonistes. Le jeudi 4 septembre 1997, le jour de la rentrée scolaire, Claude Allègre n'hésite pas à déclarer : « Il y a beaucoup d'absentéisme dans l'Éducation nationale et il faut mettre fin à cela. 12 % d'absentéisme, c'est beaucoup trop. Il y a des gens qui considèrent qu'ils ont droit à des congés maladie, pas moi, on n'a pas droit à des congés maladie systématiques. Autant les maternités doivent être prévues et remplacées, mais cette institutionnalisation d'absences, cela me déplaît fondamentalement. »

Puis, faisant allusion au système de remplacement des enseignants, le ministre poursuit : « Je préférerais utiliser cela pour mettre des enseignants supplémentaires dans les quartiers difficiles et dédoubler des classes. Il y a des choses formidables dans l'Éducation nationale, mais je ne vois pas pourquoi le privé aurait 4 % [d'absentéisme] et le public 12 %, après quoi on dit que le privé c'est mieux, ce que je ne crois pas. »

Les organisations syndicales d'enseignants sont atterrées et font valoir des taux d'absences des enseignants produits par le ministère lui-même fort différents des déclarations du ministre Claude Allègre. Dans le second degré, les chiffres tournent autour de 6 %, selon les experts de la haute administration du ministère. La dernière collecte nationale de chiffres publiés remonte à 1988 et porte sur l'année 1986 : elle fait état d'un taux de 6 % pour les enseignants, 5,1 % pour les personnels d'éducation et de surveillance, 4 % pour les personnels administratifs et 8,3 % pour les personnels de laboratoire, ouvriers et de service. Une note de la direction des écoles, portant sur l'année 1994-1995, fait état d'un taux global d'absences de 5,6 % pour le premier degré. Ce taux est calculé sans tenir compte des congés de formation ou de longue durée ; il prend en considération les congés de maladie ordinaires, les congés de maternité qui représentent un tiers de l'ensemble et les autorisations d'absence.

Plus de la moitié des départements se situent en dessous de la moyenne, le département des Deux-Sèvres ayant le plus faible taux d'absences des enseignants : 3,3 %. À l'inverse, le département de Seine-Saint-Denis connaît l'un des plus forts (8,8 %) avec l'académie de Créteil (7,6 %). Ces chiffres contredisent une autre affirmation de Claude Allègre, le 4 septembre 1997, assurant que « la carte de l'absentéisme est beaucoup moins grande dans les quartiers difficiles, parce que les enseignants sont beaucoup plus motivés, plus dévoués ».

Finalement, le ministre est amené à se rétracter partiellement dès le soir du 4 septembre en estimant que « les statistiques oscillent entre 4,5 % et 8 % ». Tout en ajoutant ensuite sur LCI et France Inter qu'il n'était « pas intéressé par une polémique sur les chiffres » et que sa préoccupation était de mettre les enseignants dans les classes.

L'accusation d'« absentéisme » est restée un thème récurrent conjointement avec les polémiques sur les taux comparés d'absences des enseignants avec celles d'autres catégories professionnelles. Selon une étude de la DEPP (division des études au ministère de l'Éducation nationale) publiée en 2015 et portant sur l'année scolaire 2012-2013, la durée moyenne des absences des professeurs était de 6,6 jours par enseignant, ce qui est inférieur à la moyenne de la fonction publique (7,1 jours). Parmi les ministères au plus fort nombre, on peut noter les services du Premier ministre (10,2), la Justice (8,7), le ministère du Travail (8,7) et l'Intérieur (8).

Une étude de la Dares (direction des statistiques du ministère du Travail) publiée en février 2013 et portant sur les absences au travail pour raison de santé des salariés sur la période 2002-2013 a montré que leur taux était de 3,7 % tous domaines confondus, et de 3,2 pour les enseignants. Les taux les plus élevés se trouvaient dans le bâtiment et la santé.

Selon le dernier rapport de la Cour des comptes paru en 2022 sur le sujet, les enseignants prennent moins de congés maladie que les autres grandes catégories de salariés. En 2019, on a compté 2,6 % d'absents sur une semaine type chez les enseignants; 3,2 % chez les fonctionnaires de l'État; 5,1 % dans la territoriale; 4,6 % chez les hospitaliers et 3,9 % dans le privé. Pour les seuls congés maladie, la moitié des enseignants n'en prend pas sur une année. La fréquence dépend du sexe (notamment avec les congés maternité), de l'âge, de l'affectation, les enseignants en zone d'éducation prioritaire prenant davantage de congés maladie.

Un tiers des absences sont liées à des congés maladie, 20 % pour la formation continue, 12 % pour garde d'enfants malades, 3 % pour des absences autorisées dans le cadre de réseaux d'éducation prioritaire. On saisit ainsi qu'une bonne partie des absences d'enseignants correspond au fonctionnement même du système scolaire pour lequel on ne saurait invoquer la plus ou moins « bonne volonté » des professeurs (et les taxer d'« absentéisme »).

Ce rapport apporte aussi des précisions importantes sur « la gestion des absences des enseignants » pour laquelle il faut nettement distinguer le premier degré (le primaire) et le second degré (le secondaire). Le rapport souligne que « le remplacement des professeurs des écoles est assuré dans près de 80 % des cas dans le primaire dès le premier jour d'absence et l'accueil des élèves garanti».

Mais dans le second degré, les absences de moins de quinze jours sont peu remplacées (un cinquième des 2,5 millions d'heures d'absences constatées en une année). La Cour des comptes estime que 10 % des heures de cours dans le secondaire ont été perdues en 2018-2019 : «plus du tiers (34 %) s'explique par des absences pour des raisons individuelles, les deux tiers restants provenant du fonctionnement même de l'Éducation nationale».

En réalité, c'est bien là que le bât blesse et il arrive que des responsables des pouvoirs publics utilisent le «brouillage» voire carrément le mensonge d'État pour se tirer d'affaire face aux parents d'élèves préoccupés par des absences de professeurs non remplacés (car l'absence d'un professeur – contrairement à d'autres métiers – est visible immédiatement et touche un nombre important de personnes). Claude Allègre s'est particulièrement distingué en la matière. Mais Jean-Michel Blanquer n'a pas été non plus étranger à ces tentations, notamment pendant la crise du Covid.

Claude Lelièvre

Bibliographie

Cour des comptes, «La gestion des absences des enseignants», 2 décembre 2021.

Lâchetés (et courages) diplomatiques : des réfugiés livrés à la mort

La livraison des réfugiés cambodgiens aux Khmers rouges le 20 avril 1975

« Sauf ordre express et immédiat du département m'enjoignant d'accorder l'asile politique, je devrais, dans un délai qui ne pourra excéder vingt-quatre heures, livrer le nom des personnalités. Répondre par télégramme clair :
– Oui, si je dois les livrer.
– Non, si je dois m'abstenir. »

Le 18 avril 1975, à 15 h 18, Jean Dyrac, consul de France à Phnom Penh, demande des instructions au Quai d'Orsay. Quel sort réserver aux personnalités cambodgiennes qui se sont réfugiées dans la représentation diplomatique française pour échapper aux Khmers rouges, entrés dans la capitale la veille ? Depuis que l'ambassade américaine a été évacuée, la mission française est devenue l'unique refuge pour les adversaires du nouveau régime. Les notables cambodgiens ne s'y trompent pas. Dyrac envoie coup sur coup deux télégrammes diplomatiques, le 17 avril. Il informe d'abord Paris que le président de l'Assemblée nationale, Ung Boun Hor, « a forcé l'entrée de notre ambassade » excipant « du droit d'asile pour la protection immédiate de sa vie ». Quelques minutes plus tard, il indique que le prince « Sirik Matak a réussi à pénétrer dans l'enceinte en franchissant les grilles, avec deux de ses gardes du corps en tenue civile ». Dyrac implore le département de lui faire savoir « d'extrême urgence la conduite à adopter à leurs égards, dans l'hypothèse où les nouvelles autorités demanderaient à ce que ces personnalités leur soient livrées ».

Les Khmers rouges savent que des notables de l'ancien régime profitent de la protection française. Ils menacent de venir les déloger par la force, jouant sur la décision ambiguë du Quai d'Orsay de fermer l'ambassade sans renoncer à une représentation diplomatique. Le statut de l'enceinte n'est pas clair, le droit d'asile guère reconnu par le nouveau régime. La réponse de Paris vient directement du cabinet du ministre. Après trois heures d'intenses délibérations, la sentence tombe : « Vous voudrez bien établir la liste nominative des ressortissants cambodgiens qui se trouvent dans les locaux de l'ambassade, afin d'être prêt à communiquer cette liste à l'expiration du délai qui vous est fixé. »

Le télégramme, signé Geoffroy Chodron de Courcel, secrétaire général du ministère, a reçu l'assentiment de Giscard d'Estaing, le président de la République. La France donne aux Khmers rouges les noms des notables cachés. A-t-elle ensuite choisi de livrer les réfugiés, les vouant à la mort ? Jean Dyrac affirmera plus tard que les notables cambodgiens ont pris la décision de sortir « de leur propre initiative », abusés par l'espoir d'un retour au pouvoir de Sihanouk[1]. Ce n'est pas le souvenir des autres témoins.

Cette « lâcheté diplomatique » a été progressivement dévoilée par les récits de correspondants de presse. Le film de Roland Joffé, *La Déchirure*, sorti en 1984, couronné de trois Oscars, a nimbé l'histoire d'un voile fictionnel. Il a fallu attendre un quart de siècle pour que vienne le temps des documents circonstanciés. Le plus connu, *Le Portail*, a été publié en 2000 par l'ethnologue François Bizot, qui se trouvait sur place à l'époque. C'est aussi le moment où sont lancées les premières procédures judiciaires. En 1999, Billon Ung, la veuve d'Ung Boun Hor, dépose plainte contre X pour connaître la vérité sur le sort de son époux. La procédure s'enlise, le juge doutant de sa compétence à poursuivre l'État français dans son ensemble. Le non-lieu finalement prononcé en 2015 n'efface pas le travail de l'instruction qui a permis de réunir des pièces éclairantes, télégrammes diplomatiques et dépositions des témoins.

1. Piotr Smolar, « Phnom Penh, 1975 : nuits rouges sur l'ambassade », *Le Monde*, 16 janvier 2007. Et https://www.lexpress.fr/monde/asie/le-jour-ou-la-france-ceda-aux-khmers-rouges_760065.html

Occulter une fatalité ?

Après le coup d'État de 1970, le royaume du Cambodge de Norodom Sihanouk, historiquement lié au protectorat français, est devenu la République khmère, dirigée par un général autoritaire, Lon Nol. L'opération, réalisée avec la bienveillance des États-Unis, vise à contrer les progrès des rebelles communistes, les Khmers rouges, en ralliant une partie de l'aristocratie, dont le prince Sirik Matak, nommé Premier ministre. Peine perdue : au printemps 1975, toute l'ancienne Indochine bascule du côté communiste, le Cambodge comme le Viêt Nam et le Laos. Les Khmers rouges, partis de leurs bases campagnardes, émancipés du prince Sihanouk, allié de circonstance, encerclent Phnom Penh. La République khmère, guère démocratique, a vécu.

Le 14 mars 1975, la plupart des agents de l'ambassade de France partent avec les derniers nationaux qui n'ont pas encore quitté le pays. Un millier de ressortissants décident de rester : des missionnaires voués à leur apostolat, des universitaires et des journalistes qui veulent vivre ce qu'ils se représentent comme une libération, après cinq ans de république autoritaire. Le 17 mars, Paris décide de fermer sa représentation diplomatique mais, comme le reconnaît Claude Martin, alors conseiller au cabinet du ministre des Affaires étrangères, il s'agit d'une « demi-mesure. On ferme l'ambassade sans la fermer. Tout le personnel diplomatique serait évacué. Mais on laisserait dans les locaux un agent "subalterne" un vice-consul, pour "garder les meubles"[1] ». Jean Dyrac (1920-2013), vice-consul à Kampong Som (anciennement Sihanoukville), vieux routier de l'Indochine, se retrouve presque seul pour assurer les fonctions diplomatiques. C'est un ancien résistant qui s'est engagé en 1936 dans les brigades internationales, puis dans la France libre. Sans avoir fait de carrière de premier plan, il semble taillé pour les événements. Dyrac

1. Claude Martin, *La diplomatie n'est pas un dîner de gala. Mémoires d'un ambassadeur. Paris-Pékin-Berlin*, L'Aube, 2018, p. 274.

est entouré de sept membres du personnel consulaire, de deux gendarmes et d'un second secrétaire.

Il est bien tard, au printemps 1975, pour prendre ses distances avec le régime républicain. Dyrac doit gérer les conséquences de l'indécision française. Si Paris a abaissé le niveau de sa représentation auprès de la République khmère, en laissant sans succession l'ambassadeur, elle n'a pas davantage joué la carte Sihanouk, avec qui elle a conservé des relations officieuses. Un chargé d'affaires, Albert Pavec, a représenté les intérêts français et suivi les affaires courantes, depuis deux ans, au nom des intérêts financiers menacés par les rebelles communistes. Au Quai, il y a du flottement. Le directeur d'Asie, Froment-Meurice, vient d'être nommé directeur des affaires économiques, mais il n'a pas de successeur, de sorte qu'il continue à gérer le dossier indochinois. Il n'a pas d'autre ambition que de faire respecter la représentation française sur place…

Le consul décrit une population qui oscille entre sidération et effroi. Les révolutionnaires valent-ils mieux que les suppôts de l'ancien régime, qui faisaient régner la terreur ? Dès la prise de la ville, les Khmers rouges donnent l'ordre aux étrangers qui résident à l'hôtel Phnom de l'évacuer *sine die*. La plupart se réfugient dans la représentation française, dont les grilles sont escaladées dans la soirée par de nombreux Cambodgiens, créant un climat de chaos et de panique à « l'ambassade ». Parmi eux, quelques dignitaires de l'ancien régime, dont le président de l'Assemblée, Un Boun Hor, et le prince Sirik Matak. Mille deux cents personnes au total s'entassent dans ce petit territoire français. Dans cette atmosphère crépusculaire, le consul incinère à la hâte les archives du poste. Plusieurs tonnes de papier partent en fumée. Le chef du détachement des Khmers rouges armés qui a pris position devant les grilles prévient Dyrac : il a vingt-quatre heures pour faire évacuer les Cambodgiens, sans quoi ses hommes entreront et s'en saisiront. Les étrangers en feraient les frais.

Le choix collectif de la diplomatie française de livrer les réfugiés

L'ultimatum glace le Quai d'Orsay. Le président est informé, au Maghreb où il est en visite officielle. Le ministre Jean Sauvagnargues, un diplomate de carrière, réunit son directeur de cabinet, le diplomate gaulliste Maurice Ulrich, et l'état-major du département. Des figures représentatives des élites traditionnelles de l'État et du Quai en particulier : le secrétaire général Geoffroy de Courcel, ancien aide de camp du général de Gaulle ; le directeur politique François Puaux, fils de l'éminent diplomate Gabriel Puaux ; le directeur Asie ou du moins celui qui l'était encore quelques jours avant la crise, Henri Froment-Meurice, issu d'une dynastie d'orfèvres. Claude Martin, fin connaisseur de l'Europe et de l'Asie, encore jeune dans la carrière, a rejoint par amitié Maurice Ulrich au cabinet du ministre. Il a raconté dans ses Mémoires, récemment parus, la réunion de crise.

Faut-il sacrifier les Cambodgiens pour sauver les Français et les autres étrangers réfugiés dans les locaux de l'ambassade ? Sauvenargues donne la parole à chacun. La réponse est unanime : l'ambassade, avec ses deux gendarmes, n'est pas défendable. « L'idée d'envoyer de Paris une force d'intervention, des commandos parachutistes, fut immédiatement écartée. Nous n'avions aucune protection sérieuse à opposer à l'armée khmère rouge qui encerclait l'ambassade, tenait la ville de Phnom Penh, et tout le pays[1]. » Ce même 17 avril, François Puaux convoque le représentant des nouvelles autorités à Paris pour obtenir des garanties. Dyrac reçoit pour instruction de se référer à cet entretien dans ses échanges avec les Khmers rouges. Le 18 avril, le consul établit un contact avec le « comité de la ville ». Il obtient que l'ambassade soit considérée comme « territoire international de sécurité » en échange de la liste des réfugiés cambodgiens. Paris fait le choix de préférer la sécurité de ses nationaux et l'assume.

Claude Martin rédige lui-même le télégramme qui part du cabinet du ministre : « Le fait que le droit d'asile ne soit pas reconnu en

1. *Ibid.*, p. 283.

droit international et le caractère particulier de votre mission ne nous permettent pas de donner satisfaction aux demandes du prince Sirik Matak et de M. Ung Boun Hor, ou de toute autre personne qui se présenterait à l'ambassade dans les mêmes conditions. Vous ferez savoir aux intéressés que nous ne sommes pas en mesure d'assurer la protection qu'ils attendent. Il leur reste dès lors à apprécier s'il n'est pas de leur intérêt de chercher refuge en un autre lieu et de quitter en tout état de cause rapidement le territoire de notre établissement. » « Un message, approuvé par le président de la République », affirme Claude Martin. Le mémorialiste rapporte le récit de la réaction des réfugiés, tel que le consul lui a délivré. Une version qui sauve l'honneur de la diplomatie française : « Les personnalités khmères se résignèrent à quitter les lieux et le firent sans résistance, sans violence, assura Dyrac, mais dans un silence poignant. Au moment où elles franchissaient le portail, un gros orage éclata dans le ciel de Phnom Penh, donnant à la scène un caractère encore plus dramatique. »

Les témoins, sur place, s'accordent pour se souvenir d'un Dyrac effondré par la position qu'il doit défendre : « Nous ne sommes plus des hommes. » De fait, Claude Martin n'entretient pas la fiction d'une illusion des diplomates français sur le sort des réfugiés livrés aux Khmers rouges : « Sous des tombereaux de pluie, les représentants du régime déchu, et avec eux des dizaines de Cambodgiens anonymes qui méritaient tout autant notre compassion, quittèrent notre mission et embarquèrent dans les véhicules qui les attendaient et qui allaient les conduire à la mort. » Sans se rebeller contre les instructions, Dyrac envoie au département un récit elliptique du départ des réfugiés, le 20 avril : « Le prince Sirik Matak et les personnalités citées en référence se sont présentés de façon très digne cet après-midi à un comité non identifié (FUNK ou ANL) venu les accueillir en Jeep devant les grilles de l'ambassade. »

Jusqu'à sa mort, Dyrac a maintenu cette version d'un départ volontaire, agrémentée d'explications plus ou moins mensongères : « Les Khmers rouges avaient indiqué par haut-parleur que le roi Norodom

Sihanouk était de retour et voulait les rencontrer. Ils étaient contents d'aller rejoindre le monarque. Ils sont partis de leur plein gré[1]. »

Le docteur Carlos Ripoll, interrogé dans le cadre de la plainte de la veuve de Ung Boun Hor, conteste l'optimisme de ce dernier, qui lui aurait « demandé d'embrasser son épouse, de lui dire qu'il l'aimait, et qu'il allait mourir ». L'abbé François Ponchaud se souvient de l'ancien président de l'Assemblée comme d'un homme « fou de terreur, les jambes flageolantes. Il savait ce qui l'attendait ».

L'instruction de la plainte contre X confirme que le départ de l'ancien président de l'Assemblée a été contraint. Le docteur Étienne Plagie a témoigné devant les policiers : « M. Ung Boun Hor refusait de monter dans le camion benne posté à l'extérieur de l'ambassade... Je me souviens pertinemment que ce sont les deux gendarmes français, sous la menace des armes des Khmers rouges, qui devenaient de plus en plus nerveux, qui l'ont forcé à monter dans le camion. »

En 2007, le journaliste Piotr Smolar a retrouvé pour *Le Monde* l'un de ces deux gendarmes. Après avoir vainement tenté de refouler le dignitaire, lorsqu'il avait pénétré dans l'enceinte française, le gendarme l'a conduit vers la sortie, deux jours plus tard : « J'étais un simple exécutant, résume-t-il sans fard. Il ne voulait pas y aller, il faut être franc. Il devait se douter de ce qui arriverait. Il s'est débattu, on l'a poussé. De toute façon, les Khmers rouges l'auraient chargé de force[2]. »

D'autres choix possibles ? Santiago du Chili, 1973

Il ne s'agit pas d'accabler les décideurs qui ont dû choisir entre plusieurs options tragiques, sacrifier les Cambodgiens, exposer les Français. Mais on peut se demander ce qu'il se serait passé si Jean Dyrac avait refusé de livrer les Cambodgiens réfugiés sur ce petit

1. Arnaud Vaulerin, « Quand Paris cédait aux Khmers rouges », *Libération*, 29 juin 2010.
2. https://www.lemonde.fr/asie-pacifique/article/2007/01/16/phnom-penh-1975-nuits-rouges-sur-l-ambassade_855979_3216.html

territoire français ; si le Quai d'Orsay avait cherché l'appui de la Chine pour faire pression sur les Khmers rouges… On peut aussi comparer les événements de Phnom Penh avec ceux qui les ont précédés de quelques mois, au Chili, après le putsch qui a conduit à la mort d'Allende, le 11 septembre 1973, et la mise en place d'une dictature militaire par le général Pinochet, commandant en chef de l'armée de Terre. À Santiago, Pierre de Menthon transforme son ambassade en asile, tout en essayant de tenir la ligne politique de Paris. Le processus de sauvetage des opposants à la junte a connu moins de publicité que l'abandon des dignitaires cambodgiens. L'histoire mérite pourtant d'être connue, parce qu'elle dessine une autre voie possible. Le courage de l'ambassade de France au Chili, secondé par la générosité du ministre Michel Jobert qui a remboursé « sur ses crédits personnels » les dépenses engagées sur place, soit un millier de francs, dissuade de croire en la fatalité de la « lâcheté diplomatique ». Et pourtant ! Sous la présidence de Pompidou, qui ne tient pas en haute estime le président Allende (mais accepte qu'on fasse « tout le possible sur le plan humanitaire »), le gouvernement de Pierre Messmer est l'un des premiers à prendre acte du nouveau régime. Il choisit de maintenir les relations avec la junte du général Pinochet, à qui il continue de livrer des armes. Cela n'empêche pas le ministère des Affaires étrangères d'accorder des visas pour la France à tous les Chiliens qui trouveront refuge à l'ambassade, devenue une terre d'asile, en dépit de la grande diversité d'opinion de son personnel face à l'expérience de l'Unité populaire d'Allende et de l'opposition de principe du Quai d'Orsay au droit d'asile[1].

570 demandes de sauf-conduits

À Santiago, en l'absence de l'ambassadeur, son adjoint, Jean-Noël de Lacoste, accueille dans la foulée du coup d'État d'Augusto Pinochet quelques dizaines de Français, prêtres et universitaires liés à

1. Jean-Noël de Bouillane de Lacoste, « Santiago du Chili 1973 : trois mois insolites dans la vie d'une ambassade », *Revue d'histoire diplomatique*, 2013, n° 1, p. 55-68.

la gauche chilienne, détenus pendant plusieurs jours au stade national. Le premier Chilien recueilli est un journaliste dont le nom figurait sur la liste des personnalités recherchées. Sa demande d'asile, formulée le 13 septembre, est acceptée, quoique Lacoste cherche à « décourager les candidatures ». Puis un conseiller d'Allende, marié à une Française, trouve refuge à l'ambassade. Le 15 septembre, les premières instructions du Quai d'Orsay indiquent : « J'approuve toutes vos décisions. Efforcez-vous cependant de limiter au maximum les réponses positives. » Pourtant, d'autres Chiliens persécutés sont accueillis, de plus en plus nombreux : prêtres ouvriers, opposants politiques, universitaires de gauche, simples militants. Le journal de Françoise de Menthon, la femme de l'ambassadeur, qui est revenu de Paris, permet de documenter au fil des jours les sauvetages[1]. Parfois, un miracle. Un journaliste communiste est mitraillé par les militaires avec une fournée d'opposants au nouveau régime : « Tous les autres ont été tués, mais lui atteint aux cuisses et non dans le ventre, a été laissé pour mort dans un fossé. Il a réussi durant la nuit à se faire des garrots avec ses vêtements. » Conduit à l'hôpital au petit matin, soigné pendant plus d'un mois, il s'attend à être livré par le médecin-chef qui s'interroge sur l'origine de ses blessures. Deuxième miracle : le médecin meurt d'un infarctus. « Son remplaçant qui ne connaissait pas le cas du blessé ou qui s'est montré compatissant » le laisse sortir. Il rejoint l'ambassade.

On improvise deux camps de réfugiés dans la résidence de l'ambassadeur et ses jardins et à la chancellerie. Bureaux, cave et greniers sont aménagés. Les diplomates français tiennent compte de plusieurs facteurs : les militaires chiliens, les autres ambassades, le Quai… et le droit international. Contrairement au Cambodge, le Chili a ratifié le traité de Montevideo sur le droit d'asile. En dépit de cet élément juridique en faveur des réfugiés, les autres ambassades ne voient pas toujours d'un bon œil l'arche de Noé française. À l'occasion d'une

1. Pierre et Françoise de Menthon, *Les carnets de Françoise. 1973-1974. Cent onze jours à l'ambassade de France au Chili*, Éditions La Boîte 29, 2022.

réception dans une autre ambassade, les Menthon découvrent un camp retranché pour empêcher toute tentative d'intrusion de réfugiés, avec « des carabiniers même à l'intérieur ». On leur susurre : « La Sûreté est venue et a indiqué que le meilleur moyen était de mettre des rouleaux de fil de fer barbelé derrière les grilles. »

D'autres ambassades deviennent des asiles, ou aident les diplomates français. Les Chiliens enragent contre ceux « qui prétendent vouloir accueillir des réfugiés dans leur pays, mais ne les autorisent pas à se mettre à l'abri dans leur ambassade ». L'ambassade de France devient une sorte d'ultime recours pour ceux qui espèrent refaire leur vie en Europe. Le 18 novembre, une femme parvient à sauter les grilles de la chancellerie et se déchire la jambe : « D'autres ambassades l'avaient refoulée. » Pourtant, Pierre de Menthon, dans son rapport conclusif rédigé en juin 1974, se « félicite du mouvement de solidarité humaine ». Ne se sont dérobées finalement que les « missions d'Espagne, de Grande-Bretagne, de Portugal et de Turquie »[1]. Le 9 décembre, le Canada ouvre *in extremis* sa représentation à une cinquantaine de réfugiés, deux jours avant la fin de la période de délivrance de sauf-conduits. Au même moment, ils sont 150 réfugiés à l'ambassade de France. Des centaines de Chiliens sont déjà partis en exil. Entre le 18 octobre et le 11 décembre 1973 l'ambassadeur a déposé au ministère chilien des Relations extérieures 570 demandes de sauf-conduits.

La force du droit et des usages internationaux

Jour après jour, le personnel diplomatique français se fait plus audacieux : le 29 novembre, « un jeune homme en grand danger » pénètre à la chancellerie dans la voiture d'une des « dames de l'ambassade », caché entre des caisses d'oranges et de pommes, « recouvert d'un sac de choux ». Un réfugié est pris à partie par un membre de la police militaire à travers la grille de l'ambassade : qu'il se rende ou qu'il donne des noms, sans quoi sa femme, déjà emprisonnée, sera torturée.

1. Pierre de Menthon à Pierre Sauvagnargues, le 27 juin 1974.

Pierre de Menthon fait une démarche de protestation au ministère. D'autres ambassades sont violées plus spectaculairement : un réfugié est abattu en entrant dans celle d'Argentine par un soldat, depuis la rue, ce qui conduit les Menthon à redoubler de vigilance.

Pas plus qu'au Cambodge, les diplomates français ne peuvent compter sur des forces armées pour défendre leur extraterritorialité, mais ils jouent de l'autorité morale de la patrie des droits de l'homme. Menthon s'appuie sur le droit international et l'image de la junte militaire, sévèrement scrutée à l'étranger, tandis que les Khmers rouges jouissent d'une étonnante mansuétude de la part de la presse occidentale. Dès le 12 septembre, le nouveau ministre des Affaires étrangères chilien adresse une note à plusieurs ambassades, alors que la représentation cubaine a été attaquée et ses diplomates expulsés… Il y est affirmé que le Conseil militaire « respectera ses engagements internationaux » et désire « conserver les meilleures relations d'amitié » avec les gouvernements destinataires de la note. Menthon en joue, avec l'aide des ONG et de personnalités comme l'abbé Pierre qui vient arracher deux « chiffonniers d'Emmaüs » à la prison de Temuco. Menthon s'en félicite : « La Junte, attaquée avec vigueur sur la scène internationale, est sur la défensive. À l'égard de la France, en tout cas, elle ne souhaitait pas dramatiser les choses et mettre en péril notre présence et les avantages de la coopération[1]. » L'homogénéité sociale de la petite société diplomatique tenue par des conventions séculaires se maintient, malgré le coup d'État. Les élites favorables à la junte s'illusionnent-elles sur une communauté de vues idéologiques, cimentée par l'anticommunisme ? Ce n'est même pas nécessaire pour se reconnaître comme faisant partie d'un même monde. L'ambassade de France en profite, à Santiago, loin du gouffre qui sépare les Khmers rouges des derniers représentants occidentaux, à Phnom Penh, où François Bizot sert d'interprète culturel.

1. Pierre de Menthon, *Je témoigne : Québec 1967, Chili 1973*, Éditions du Cerf, 1979.

Dévoiler le mensonge, ultime remède

La cohabitation avec les réfugiés (ils sont 279 en décembre 1973) n'est pas sans susciter de menus conflits, sur place, malgré les départs à mesure de l'obtention des sauf-conduits. La valise diplomatique fait passer les papiers d'identité ou les diplômes essentiels à une nouvelle vie, alors que la police chilienne dérobe tout ce que les exilés portent sur eux. Les 200 derniers mètres à parcourir, entre la salle d'attente où les diplomates les accompagnent et l'avion sur le tarmac, exposent les exilés à un ultime péril : « Pierre et ses collaborateurs montent sur la terrasse pour ne pas les quitter dans yeux. Là, des parents et des amis crient et chantent. Malgré nos avertissements, les réfugiés ne peuvent s'empêcher de manifester. Deux d'entre eux lèvent le poing et sont refoulés par la police. Il faut palabrer, supplier pendant que l'avion attend. »

À Paris, on observe tout cela avec réticence. « Ne pas faire de vagues sur le Chili paraît être le souci dominant », écrit le directeur d'Amérique au Quai à Lacoste. Sur place, la répression laisse plus d'interstices qu'à Phnom Penh. Les réfugiés chiliens bénéficient parfois de complaisances de la part des carabiniers qui stationnent devant l'ambassade. C'est ainsi qu'ils « font semblant de ne pas voir » le demandeur d'asile qui arrive à la grille avec l'habillement tricolore convenu pour l'identifier, costume bleu, chemise blanche et mouchoir rouge.

L'accueil des réfugiés par l'ambassade de France au Chili n'est pas entré dans la mémoire nationale, malgré le documentaire qui lui a été consacré[1]. Quant aux sacrifiés de Phnom Penh, la lumière n'a jamais été complètement faite sur les circonstances de leur départ de l'ambassade, en dépit des poursuites judiciaires. Le non-lieu prononcé en janvier 2015 repose sur les conclusions de la juge d'instruction qui considèrent que « les dignitaires de l'ancien régime, dont M. Ung Boun Hor, avaient décidé de se rendre aux dites autorités pour éviter une intervention armée au sein de l'ambassade et protéger ainsi les

1. Carmen Castillo, *Chili 1973 : une ambassade face au coup d'État*, France 5, 2019.

autres réfugiés ». Ce qui apparaît comme un ultime arrangement avec une lâcheté diplomatique avive la plaie de sa veuve : « Depuis quarante ans, je n'arrive pas à vivre comme une femme tranquille qui accepte la mort de mon mari, je ne peux pas accepter ! Qu'on me donne une vérité, et là, je pourrai faire mon deuil. Je ne demande pas les étoiles, ni que la France me demande des excuses, rien du tout. Mais qu'on reconnaisse le vrai fait[1]. »

Renaud Meltz

Bibliographie

François Bizot, *Le portail* (récit), préface de John Le Carré, La Table ronde, 2000 ; rééd. Folio 2002.

Claude Martin, *La diplomatie n'est pas un dîner de gala. Mémoires d'un ambassadeur. Paris-Pékin-Berlin*, L'Aube, 2018.

Pierre et Françoise de Menthon, *Les carnets de Françoise. 1973-1974. Cent onze jours à l'ambassade de France au Chili*, Éditions La Boîte 29, 2022.

Pierre de Menthon, *Je témoigne : Québec 1967, Chili 1973*, Éditions du Cerf, 1979.

Filmographie

Huis clos à Phnom Penh, documentaire d'Alain Lewkowicz, réalisé par Séverine Cassar.

Chili 1973 : une ambassade face au coup d'État, de Carmen Castillo, France 5, 2019.

Deux call-girls françaises exécutées dans le désert du Yémen : circulez, il n'y a rien à voir

« Nos relations avec le Yémen sont excellentes, il est hors question qu'un incident tel que celui-ci vienne les détériorer. Vous devriez vous rapprocher de l'ambassade du Yémen, ils ont évoqué une indemnisation conséquente pour les familles. »

Celui qui s'exprime ainsi, d'un ton particulièrement sec, est un certain monsieur Picart, haut fonctionnaire au ministère des Affaires

1. https://www.radiofrance.fr/franceinter/podcasts/le-zoom-de-la-redaction/quand-paris-cede-aux-khmers-rouges-1617519

étrangères. Son interlocutrice est une jeune femme pour laquelle il ne semble pas avoir beaucoup d'égards. Patricia Herszman reçoit cette fin de non-recevoir avec douleur.

Nous sommes à l'automne 1977. Véronique Troy est la meilleure amie de Patricia. Une très belle femme, qui comme elle exerçait le métier de call-girl de luxe, sous l'égide de la fameuse Madame Claude. Son cadavre vient d'être rapatrié par avion depuis le Yémen, en même temps que celui de son amie Franca, une jeune Franco-Italienne. Rendu à ses proches sans autre explication qu'une histoire fallacieuse : les deux jeunes femmes auraient effectué une expédition touristique dans une zone dangereuse. Elles auraient décidé, dans un pays où les femmes ne sont pas censées conduire, de partir, seules, en goguette dans le désert. Un conte que ne pouvait croire Patricia, venue ce jour-là demander de l'aide aux autorités françaises.

De toute évidence, les deux défuntes ne méritent pas que l'on se brouille avec les Yéménites. Le Yémen est l'un des endroits du globe où se cristallise la guerre froide. Ce pays frontalier avec l'Arabie saoudite, qui fait face à la Corne de l'Afrique, est coupé en deux. La partie nord est pro-occidentale. Le sud est dans l'orbite soviétique. Paris a un rôle à jouer dans cette région stratégique, et ce n'est pas la mort de Véronique et Franca qui va modifier la politique extérieure de la France.

Patricia Herszman décide de remuer ciel et terre et sollicite quelques amis journalistes, correspondants de guerre et agents des services de renseignement, parmi lesquels un certain Marc, commandant au SDECE (le Service de documentation extérieure et de contre-espionnage, ancêtre de la DGSE, les services secrets français). Elle connaît au moins le début de l'histoire, d'autant mieux qu'elle aurait dû être du voyage.

Véronique, de deux ans l'aînée de Patricia, avait à l'époque ses habitudes au Brummel's, un bar à bouchons assez chic du 17e arrondissement, à Paris, où les filles attendaient les clients derrière le bar. C'est là que deux hommes étaient venus à sa rencontre pour lui proposer une mission au soleil, plus précisément à Sanaa, payable à l'avance – 50 000 francs en espèces. Elle devait convaincre une amie de l'accompagner et avait aussitôt pensé à Patricia, mais cette dernière était arrivée en retard le jour où elle devait leur être présentée. Du coup, Véronique s'est rabattue sur Franca. Et toutes les deux se sont envolées pour le Yémen le 2 octobre 1977, officiellement pour huit jours. Les deux voyageuses ont embarqué à Orly sans passer par la douane, grâce à l'intervention de leurs recruteurs : deux attachés d'ambassade. Deux Yéménites dont Patricia et ses amis retrouvent bientôt la trace dans un appartement du 15e arrondissement dont ils fracturent la porte, pour découvrir qu'ils ont pris la poudre d'escampette – l'un d'eux a été précipitamment muté en Allemagne, l'autre est probablement rentré au pays.

La petite équipe, pas vraiment épaulée par les autorités françaises, qui tentent d'étouffer l'affaire, parvient peu à peu à reconstituer les faits. Le recrutement des deux call-girls dissimulait en réalité un coup d'État. Le jour du drame, Véronique et Franca se prélassaient au bord d'une piscine en compagnie du président du Yémen du Nord, de son frère, du ministre des Armées et deux ou trois autres personnes, dans une maison située hors de la capitale. C'est là qu'un commando armé est passé à l'action. Conformément au plan concocté, ils ont massacré tous les hommes présents dans la villa. Les deux filles, qui avaient servi d'appât, ont ensuite été chargées dans un véhicule qui a roulé vers le désert, afin de mettre en scène une agression. Leurs corps ont été retrouvés huit jours plus tard dans une carcasse de voiture brûlée par le soleil. Complètement nues, avec leur passeport posé sur le ventre, elles avaient été tuées par balles.

Avec cinq ou six amis, Patricia se présente un matin devant l'ambassade du Yémen à Paris. Après un certain temps, un huissier finit par ouvrir la porte pour laisser entrer un membre du groupe. Patricia se retrouve alors face à un diplomate peu commode qui tente de l'endormir en lui répétant la comptine de l'expédition touristique qui a mal tourné. « Vos amies ont commis une grave erreur, insiste-t-il. Si vous écrasez le coup, on vous verse une grosse somme. »

Entre l'argent et la vérité, Patricia a choisi, mais elle n'est pas au bout de ses peines. La politique pèse plus lourd que l'exécution de ces deux femmes sauvagement mutilées – elles ont été excisées. Le Quai d'Orsay en a décidé ainsi et ce ne sont pas les quelques émissions de radio que suscite Patricia grâce à ses amis qui font bouger les lignes. Elle appelle tous les jours l'ambassade, en pure perte. Elle se raccroche comme elle peut à un enquêteur de la brigade criminelle officiellement chargé de faire la lumière sur ce double assassinat. Il promet qu'une commission rogatoire internationale est en cours de préparation et qu'il partira bientôt au Yémen pour se rendre sur les lieux du crime. Elle y croit, mais cette mission n'aura jamais lieu.

Impossible de savoir si les services secrets français étaient au courant de ce qui se tramait, mais force est de constater que personne ne fait en sorte que justice soit rendue. Seule consolation, bien maigre pour une femme qui vient de perdre sa meilleure amie : le putschiste qui a pris le pouvoir après l'élimination des deux Françaises, El Ghashmi, a été victime d'un attentat huit mois plus tard. Tué par des explosifs dissimulés dans un attaché-case.

Frédéric Ploquin

Bibliographie

Patricia Herszman (avec Frédéric Ploquin), *Call-girl du Tout-Paris. Confessions d'une « fille » de Madame Claude*, Nouveau Monde éditions, 2020 (rééd. Chronos, 2023).

« La France est une nation qui n'abandonne jamais ses enfants ». Sauf lorsque…

Le recours aux otages est, depuis l'Antiquité, un mode d'action politique répandu. Les États, longtemps, n'ont pas répugné à s'assurer du respect d'un traité ou d'une frontière en prenant des otages chez leurs adversaires ou partenaires. Ces pratiques sont aujourd'hui officiellement abandonnées, mais d'autres formes de prises d'otages persistent. Depuis la seconde moitié du XXe siècle, de nombreux Français ont ainsi été pris en otage pour la seule raison qu'ils étaient français, par des organisations terroristes voulant faire pression sur l'État. Certains pays ne répugnent pas à utiliser cette méthode : soit par le biais d'organisations terroristes agissant pour leur compte, soit par le détournement de leurs procédures judiciaires, en retenant des ressortissants français sous des prétextes fallacieux, afin de pouvoir les échanger ensuite, lors de négociations diplomatiques et politiques.

Dans ce jeu international, les Français constituent une cible privilégiée, du fait de la doctrine officielle du pays en la matière. « La France est une nation qui n'abandonne jamais ses enfants », déclare le président Emmanuel Macron, le 13 mai 2019, en rendant hommage à deux soldats morts lors d'une opération de secours menée pour libérer deux ressortissants français retenus en otage au Burkina Faso. Pourtant, loin du discours officiel, nombreuses sont les familles des Français retenus en otage dans le monde à avoir reproché aux autorités leur inaction.

Obtenir des informations, le combat des familles

Depuis les prises d'otages au Liban dans les années 1980[1], surmédiatisées, une question récurrente se pose aux autorités et aux familles : faut-il médiatiser l'enlèvement ou au contraire garder le silence ? Une large médiatisation donne de la valeur à l'otage. Et, ce faisant, peut

1. Voir chapitre 7.

conduire les terroristes à en prendre soin, à le protéger, pour en obtenir le maximum. Mais une surmédiatisation ne risque-t-elle pas de le mettre en danger, en le rendant si précieux aux yeux des preneurs d'otage que tout compromis sera rendu impossible ? Voilà la brèche dans laquelle se sont le plus souvent engouffrées les autorités au cours des dernières années, gardant le silence sur leurs actions, au nom de l'efficacité et de la sécurité de l'otage, et ouvrant le doute sur la réalité de leurs démarches. Le caractère secret des tractations, pour éviter la surenchère des rançons, a contribué à aggraver ce sentiment d'abandon chez de nombreuses familles d'otages.

Si les déclarations officielles de soutien sont toujours de mise, elles prennent le plus souvent la forme de formules toutes faites, répétées à chaque affaire par les autorités : la diplomatie française est « mobilisée », elle fait « tout son possible ». Mais quel possible ?

Le fils de l'otage Sophie Pétronin, libérée en octobre 2020 après plus de 1 380 jours de détention, a régulièrement reproché aux autorités françaises leur inaction, et ce durant toute la détention de sa mère. Il a choisi de se rendre lui-même sur place pour enquêter et retracer les circonstances de l'enlèvement, faute de voir les autorités mettre ces démarches en œuvre. En février 2020, il déclare sur France Culture : « Ce que j'ai dénoncé durant la première année de détention de ma mère, à savoir que l'État français ne souhaitait ni négocier ni rentrer en contact avec les gens qui l'ont enlevée, s'est avéré exact même si les autorités françaises l'ont nié : ma mère est une otage oubliée et je considère même qu'elle est passée au statut d'otage sacrifié[1]. »

Les proches de Ghislaine Dupont et Claude Verlon, deux journalistes de RFI, enlevés puis tués le 2 novembre 2013 près de Kidal, au Mali, se sont constitués en association, Les Amis de Ghislaine Dupont et Claude Verlon, pour se porter partie civile, afin de réclamer la levée du secret-défense qui entrave, selon eux, l'enquête sur les circonstances de l'enlèvement et de la mort de leurs proches. Le

1. Nadine Epstain, Éric Chaverou, « Les Français en captivité à l'étranger », France Culture, 12 février 2020.

cas d'un djihadiste, en particulier, pose question : Baye Ag Bakabo, chef du commando des ravisseurs, avait été auditionné par les services secrets français à Kidal en mars 2013. Était-il un informateur des forces françaises ? Depuis, il a été tué dans une opération antiterroriste française. Mais les documents le concernant sont toujours classés secret-défense.

Mêmes constats du côté des proches de Fariba Adelkhah et Roland Marchal, deux chercheurs français retenus en Iran, cette fois non par une organisation terroriste, mais par la justice iranienne : « On sait que la diplomatie française suit le dossier mais on ignore où en sont les négociations », a déclaré sur France Culture Béatrice Hibou, politologue rattachée au CERI et membre active de leur comité de soutien.

Yoann Barbereau, abandonné par son propre ministère

Sentiment ou réalité ? Un exemple illustre cet abandon de façon encore plus nette. C'est celui de Yoann Barbereau. Nommé directeur de l'Alliance française à Irkoutsk, en Sibérie orientale, en 2011, ce docteur en philosophie est arrêté par le FSB (héritier du KGB) le 11 février 2015 et accusé de pédophilie. Il est en réalité victime d'un *kompromat* : pratique courante des services russes qui consiste à fabriquer un dossier compromettant pour arrêter et lancer une procédure judiciaire contre une personnalité gênante ou un ressortissant étranger. Au moment de son arrestation, les relations entre la France et la Russie sont au plus mal : Paris vient d'annuler des commandes d'armement russe, après l'annexion de la Crimée. Et, à Irkoutsk, le directeur de l'Alliance française – agent du ministère des Affaires étrangères – est proche du maire, un opposant à Vladimir Poutine.

Pourtant, les autorités françaises restent très en retrait de ce dossier, considéré par elles comme relevant uniquement du « privé ». Des représentants de l'ambassade de France à Moscou se rendent régulièrement à la prison où Yoann Barbereau est détenu, pour s'informer de son état de santé et de ses conditions de détention. Il reçoit une lettre de l'ambassadeur : « avec la rhétorique doucereuse de rigueur et cette conclusion : "Nous sommes pleinement mobilisés et en contact permanent avec les autorités de la Fédération de Russie"[1] ». Mais la position officielle est assez prudente. Barbereau raconte dans son récit autobiographique le premier rendez-vous de sa famille au Quai d'Orsay :

> Une procession extravagante de dix fonctionnaires avait surgi. Les chaises avaient crissé, tous s'étaient assis dans un même mouvement face à ma sœur, mon père et deux amis venus plaider ma cause. La justice russe était indépendante, expliqua la conseillère politique placée au centre, et souveraine, elle fonctionnait bon an mal an, compléta son collègue du bureau de la protection des détenus, les innocents finissaient toujours par être libérés, il fallait rester calme, conseillait la conseillère, la Russie se montrait de nos jours très soucieuse du droit des mineurs, cela pouvait occasionner des excès désolants, se désola une juriste du bureau de la protection de l'enfance. « Et je m'excuse, s'excusa un petit homme pâlot, on ne peut pas intervenir dans les différends d'ordre privé », le bureau de la protection consulaire tenait à le faire savoir. Mes amis s'étonnèrent, Bérénice protesta, ils interrogèrent. Les secrétaires prirent des notes. L'ambassadeur, glissa mon père, parlait quant à lui de négociations. La conseillère en chef se mit à sermonner : l'affaire était sensible. [...] Et on était mobilisé, reprit-elle, on ne pouvait pas tout dire, et si de vraies irrégularités apparaissaient, on interviendrait, et il ne fallait pas trop en demander, on verrait, on ne pouvait pas exiger une libération, il fallait rester sérieux, poli, mesuré. « Vous devriez vous réjouir d'une chose au moins, conclut-elle promptement, toutes les familles n'ont pas le privilège de discuter avec Son Excellence Monsieur l'Ambassadeur ! »

1. Yoann Barbereau, *Dans les geôles de Sibérie*, Stock, 2020, p. 151.

Puis, les dix petits soldats avaient rejoint leurs bureaux obscurs, chacun avait rédigé sa note pour les oubliettes[1].

Sous prétexte de négociations, les autorités imposent le silence médiatique. À plusieurs reprises, raconte Yoann Barbereau, « parmi mes fidèles en France, quelques-uns voulaient rompre avec la stratégie du silence. Les diplomates imposèrent son maintien[2] ». Puis, lorsqu'ils « décidèrent de rompre le silence. [...] Sans l'empêcher, le Quai d'Orsay parvenait à circonscrire le bruissement médiatique[3] ». De négociations avec la Russie, il ne semble pourtant pas en avoir eu. Son procès débute à l'été 2016. Comprenant qu'il va être lourdement condamné, Yoann Barbereau organise, seul, son évasion rocambolesque. Il fuit la Sibérie et se réfugie à l'ambassade de France à Moscou, où, de nouveau, le silence guide l'action diplomatique : silence médiatique, du moins. Car sans laisser le temps aux Russes de découvrir eux-mêmes la présence de Yoann Barbereau dans les locaux de l'ambassade, ce sont les autorités françaises qui s'empressent de le leur révéler : « Un précepte guide les hommes du Quai d'Orsay, raconte-t-il : “En toutes circonstances, penser d'abord à se couvrir.” C'est une maxime qui se partage à voix haute ou basse, avec des variations, elle pénètre les corps et les esprits. [...] Mon arrivée à l'ambassade déclencha le réflexe : l'affolement gagna le maître des lieux, la sidération se mêla à la fable de la toute-puissance du renseignement russe[4]. »

Il reste un an dans un studio de l'ambassade de France à Moscou, avant de fuir, de nouveau seul, la Russie. À son retour en France, Yoann Barbereau demande à bénéficier de la protection fonctionnelle, afin d'établir son innocence. Il s'agit d'une « obligation de protection » due par l'administration à ses agents dès lors qu'ils « ont été

1. *Ibid.*, p. 223-224.
2. *Ibid.*, p. 236.
3. *Ibid.*, p. 249-250.
4. *Ibid.*, p. 280.

victimes d'attaques à raison de leurs fonctions, sans qu'une faute personnelle puisse leur être imputée ». Mais il ne l'obtient pas. C'est le tribunal administratif qui finit par lui donner raison, en avril 2020, et condamne l'État français pour n'avoir pas assuré la protection de son agent, reconnaissant que « si la procédure pénale dont il faisait l'objet visait en apparence des agissements privés, il résulte de l'instruction que cette procédure s'inscrivait dans un contexte de poursuites concomitantes menées par les autorités russes contre le réseau des alliances françaises installées sur le territoire, et visait en réalité le requérant en raison de ses fonctions et de la coopération qu'elles impliquaient avec les autorités locales[1] ».

Si le Quai d'Orsay a abandonné son propre agent face au FSB et à la justice russe, l'implication des autorités françaises dans bien d'autres dossiers relèverait-elle aussi plus de la rhétorique que de la véritable protection ? Les formules rituelles, « la diplomatie française est pleinement mobilisée », « nous suivons le dossier… » sonnent creux. L'ambassadeur de France à Moscou avouera lui-même à Yoann Barbereau : « Quand au point presse un journaliste m'interroge sur votre disparition, je réponds simplement : "Nous sommes en contact permanent avec la famille et pleinement mobilisés." C'est une phrase très utile qui n'engage à rien[2]. »

Jenny Raflik

Bibliographie

Gilles Ferragu, *Otages, une histoire de l'Antiquité à nos jours,* Folio, 2020.
Yoann Barbereau, *Dans les geôles de Sibérie*, Stock, 2020.

1. Décision du tribunal administratif de Paris, 3 avril 2020, cité par *L'Express*, le 24 avril 2020.
2. Yoann Barbereau, *Dans les geôles de Sibérie*, *op. cit.*, p. 289.

Mensonges diplomatiques

Il est une sorte particulière de mensonge d'État : quand celui-ci ment, non pas pour se protéger lui-même mais pour protéger un autre État. Tout au long de la Ve République, des assassinats de personnalités étrangères, souvent opposantes au régime de leur pays, sont commis de façon plus ou moins spectaculaire. En pareil cas, les enquêteurs savent assez vite à quoi s'en tenir : la personnalité des victimes, les modes opératoires et parfois les assassins arrêtés mènent tout droit vers une capitale étrangère. D'où le vif embarras des gouvernants : d'un côté, ces meurtres constituent une atteinte intolérable à la souveraineté nationale ; de l'autre, il est délicat de les dénoncer ouvertement et de se fâcher avec un pays ami ou partenaire. C'est pourquoi, bien souvent, la justice ne peut pas travailler sans entrave.

Quand des espions étrangers se font prendre en flagrant délit, le linge sale se lave en coulisses par des explications musclées entre services et des renvois d'ascenseur. Et personne n'a intérêt à ce que les exécuteurs restent trop longtemps dans les prisons françaises : vient toujours un moment où les deux parties trouvent avantage à un échange quelconque…

Morts en série

Le Marocain Mehdi Ben Barka ou la Sud-Africaine Dulcie September sont les exemples les plus célèbres, mais la liste de ces morts est longue de plusieurs centaines de noms. Il y a eu des dizaines de Basques espagnols assassinés en France, de très nombreux opposants africains, de multiples militants orientaux, en particulier syriens et palestiniens, des Latino-Américains… Parfois, le milieu criminel français a été impliqué, comme dans l'affaire Ben Barka ou l'assassinat d'activistes basques avec le concours de criminels membres du SAC[1].

1. Cf. le témoignage de l'ex-parrain français de la drogue Gérard Fauré, dans *Dealer du tout-Paris* (Nouveau Monde, 2018), qui met directement en cause Charles Pasqua.

Dans d'autres cas les services secrets de pays étrangers étaient en première ligne. Mais dans la plupart des cas, les autorités françaises sont restées muettes. Quelquefois, elles ont même entravé les enquêtes policières pour ne pas compromettre les relations avec le pays impliqué.

Les complexes relations franco-algériennes sont entachées à la fois par des attentats anti-algériens en France, mais aussi par des exécutions sur le sol français commanditées par le pouvoir algérien. Les services algériens ont eu recours aux services du terroriste Carlos après 1975, mais également de membres du gang des Lyonnais, des « grands voyous » de la région lyonnaise qui ont effectué dans les années 1960-1970 une trentaine de braquages. Après l'attentat contre le consulat d'Algérie à Marseille le 14 décembre 1973, les « Lyonnais » sont accueillis à la résidence d'État du Club des Pins à Alger. La Sécurité militaire (les services secrets de l'armée algérienne) leur confie une « opération spéciale » : repartir en France munis de faux documents, pour mener une « guerre de harcèlement » contre les résidus de l'OAS qui ne cessent de s'attaquer à l'émigration algérienne et aux représentations diplomatiques. Les anciens de l'OAS sont traqués partout en France. Officiellement, il s'agit d'une guerre des gangs. Cette guerre secrète cessera au cours des années 1980. Pour montrer leur bonne volonté, les Algériens lâchent les « Lyonnais ». Beaucoup sont assassinés, sauf ceux qui bénéficient d'une protection de la Mafia italienne. Certains sont arrêtés et torturés en Algérie, avant d'être livrés discrètement aux autorités françaises. Au sein des services français, on sait à quoi s'en tenir, mais pas question d'affranchir les collègues de la police : il faudrait pour cela dévoiler l'ampleur de la guerre secrète entre services français et algériens[1].

Le 7 avril 1987, Ali Mécili, avocat au barreau de Paris, figure marquante de l'opposition démocratique au régime d'Alger, est assassiné devant son domicile parisien. Deux mois plus tard, la police française arrête le tueur, un Algérien aux ordres de la Sécurité militaire. Mais au

1. Mohammed Sifaoui, *Histoire secrète de l'Algérie indépendante*, Nouveau Monde éditions, 2012.

lieu d'être remis à la justice, il est réexpédié à Alger. La justice française ne peut plus rien faire[1]. Il faudra qu'un colonel de la Sécurité militaire algérienne fasse défection, obtienne l'asile politique en Allemagne et témoigne pour que le public apprenne les dessous de cet assassinat. Le ministre de l'Intérieur de l'époque, Charles Pasqua, est alors en excellents termes avec les services algériens. Quant au Quai d'Orsay, il reste muet sur ce dossier.

La guerre importée du Moyen-Orient

La préoccupation la plus importante de cette période des années 1970-1980 (du moins pour les services français) vient du chaudron moyen-oriental. Le 21 juillet 1980, l'ex-Premier ministre syrien Salah Bitar, 68 ans, cofondateur du parti Baas syrien, en exil à Paris, est abattu d'une balle dans la nuque. À en croire les responsables de l'époque, l'Hexagone a été relativement épargné – par rapport à d'autres pays européens – dans les années 1970. Des accords officieux ont été passés avec certains groupes terroristes, notamment libyens. Un homme clé de l'époque, le coordinateur des attentats libyens en Europe, Ahmed Gaddaf Eddam, est le chef des services secrets de Kadhafi. Un ancien de la DST cité par la revue *Sang-froid*, Jean Baklouti, se souvient : « Je l'ai rencontré pour négocier avec lui un marché : la possibilité de continuer à jouir de la vie parisienne contre l'engagement de n'effectuer sur notre territoire aucune action violente. Cet engagement a été tenu, mais j'ai dû essuyer à plusieurs reprises les reproches des responsables des services de renseignement anglais et italiens qui nous reprochaient de l'accueillir. » Parmi les autres groupes à surveiller, les Syriens se distinguent tout particulièrement. Le 19 décembre 1981, ils tentent de faire exploser une bombe au siège du journal d'opposition *Al Watan al Arabi*, rue Marbeuf. Mais le dispositif de mise à feu ne fonctionne pas. En étudiant l'emballage, la

1. Cf. *Sang-froid*, n° 7.

DST découvre qu'il a précédemment servi à livrer un magnétophone à l'ambassade syrienne ! Comme quoi le recyclage peut présenter des dangers.

Les services français entretiennent enfin de bonnes relations avec l'Organisation de libération de la Palestine (OLP) par l'entremise d'Abou Iyad, le responsable des services secrets palestiniens. « Nous le recevions au restaurant Jules Verne de la tour Eiffel », se souvient un ancien de la DST interrogé par *Sang-froid*. « Mais nous n'en tirions pas beaucoup de renseignements opérationnels. C'étaient surtout des informations politiques sur les rivalités et stratégies au sein de l'OLP. Et nous savions qu'il mangeait à tous les râteliers, au sens propre du terme ! » Autrement dit : Abou Iyad faisait la tournée des services européens, ce qui peut expliquer en partie sa longévité exceptionnelle dans ce milieu. À partir de 1982, les patrons de la DST rencontrent plusieurs fois Yasser Arafat lui-même. En échange, le territoire français est théoriquement préservé… du moins par la faction centrale de l'organisation palestinienne qui ne contrôle pas, loin de là, toutes ses branches.

En 1985, la DST établit un contact avec le dissident de l'OLP Abou Nidal pour éviter de nouveaux attentats à Paris, trois ans après l'attaque à la grenade d'un restaurant juif rue des Rosiers. Raymond Nart se déplace pour le rencontrer à Alger avec le général Rondot. Une trêve des attentats est négociée en échange de l'expulsion vers la Libye de deux membres de l'organisation retenus en France, avec l'approbation du ministre Pierre Joxe.

Les tueurs du Mossad

Le grand ennemi de ces factions palestiniennes, le Mossad israélien, est sans doute celui qui s'est montré le plus meurtrier en France des années 1970 au début des années 1990, provoquant parfois la fureur de ses homologues français. C'est sans doute le goût immodéré de nombreux responsables palestiniens pour la France qui explique l'activisme du Mossad dans la capitale. Une première vague d'éliminations intervient après le massacre des athlètes israéliens par un groupe palestinien aux JO de Munich en 1972. La traque des membres du commando Septembre noir devient dès lors une des priorités du Mossad. Première cible désignée : Mahmoud Hamchari, représentant de l'OLP en France, qui vit avec son épouse française et leur petite fille à Paris. Le 8 décembre 1972 au matin, l'épouse et la fille d'Hamchari quittent le domicile familial. Une demi-heure plus tard, une bombe y explose.

En février 1973, Golda Meir, alors Première ministre israélienne, se rend à Washington en visite officielle. Après son départ, le FBI révèle au Mossad avoir découvert plusieurs voitures piégées qui auraient dû exploser sur son passage. Le responsable désigné de l'attentat manqué est Abdel al-Rauf Kubaisi, un adjoint de Georges Habache, le chef du Front populaire de libération de la Palestine (FPLP) – la branche dissidente de l'OLP. Le 6 avril, il est pris en filature à Paris où il prépare une nouvelle opération. Alors qu'il rentre à son hôtel, deux hommes l'abattent de leurs Beretta munis de silencieux.

En mai 1973, une nouvelle équipe du Mossad débarque à Paris. Sa cible se nomme Mohamed Boudia, ancien cadre du Front de libération nationale (FLN) algérien. Proche de Georges Habache, Boudia a repris du service dans la lutte active. Selon le Mossad, il est alors devenu le bras droit d'Ali Hassan Salameh, chef du commando Septembre noir. Dans la soirée du 28 juin 1973, Boudia se gare rue des Fossés-Saint-Bernard, devant le domicile d'une de ses maîtresses. Le lendemain matin, avant d'ouvrir son véhicule, il en fait le tour, vérifie le châssis et les freins. Une fois au volant, il tourne la clé de contact… et déclenche une explosion. Les responsables de la DST identifient bien d'où viennent ces opérations mais les équipes du Mossad ne laissent généralement pas de preuves. Et force est de constater que l'Élysée ne fait pas de ces affaires une priorité.

Dans la nuit du 5 au 6 avril 1979, un groupe de « touristes », descendus la veille à Toulon, arrive au milieu de la nuit en minibus à proximité du chantier naval. Cinq d'entre eux sortent du véhicule sans bruit, escaladent un mur et gagnent un hangar où sont stockés des réacteurs destinés à l'Irak. Quinze minutes plus tard, tout explose. Le projet Osirak (la fourniture d'une centrale nucléaire à l'Irak de Saddam Hussein) vient de prendre plusieurs mois de retard.

Dans la nuit du 13 au 14 juin 1980, un client de l'hôtel Méridien à Paris est retrouvé mort dans son lit par une femme de chambre. Il s'agit d'un ingénieur atomiste égyptien du nom d'Yahia al-Meshad, l'un des meilleurs spécialistes du monde arabe. Cet homme clé du programme irakien était censé prendre livraison quelques jours plus tard du nouveau matériel fourni par la France. L'une des femmes de chambre a vu le tueur et l'identifie sur le fichier photo du personnel de l'ambassade. L'homme, sous immunité diplomatique, avait servi de garde du corps à un responsable de la DST lors de son dernier voyage en Israël. Le président Giscard d'Estaing et son ministre des Affaires étrangères Jean François-Poncet refusent de créer sur cette seule base un incident diplomatique : l'affaire sera donc enterrée. L'opinion française ne sera pas informée par les autorités, même si certains journalistes évoquent le Mossad comme un suspect crédible.

Au début des années 1990, face aux menaces terroristes, la coopération interservices se renforce par nécessité. Côté israélien comme côté français, on s'efforce de raviver la relation.

En juin 1992, le Mossad est informé du voyage impromptu à Paris d'Atef Bseiso, un ancien du commando armé Septembre noir, devenu numéro deux des services palestiniens. Lors de son séjour en Europe, celui-ci doit rencontrer des responsables des services allemands et français, mais aussi un responsable de la CIA, Robert Baer.

Le 7 juin au soir devant le Méridien Montparnasse, deux tueurs en jogging et baskets s'approchent de Bseiso et lui tirent cinq balles de 9 mm dans la nuque. Avant de quitter les lieux, ils prennent le temps de ramasser leurs douilles. La DST est d'autant plus furieuse qu'elle venait de rencontrer Bseiso. Et qu'il lui avait fourni de précieuses informations sur le mouvement terroriste d'Abou Nidal, le fondateur du Fatah-CR, notamment la liste de ses caches d'armes en Europe. De son côté, le suspect numéro un de l'affaire, à savoir le Mossad, avait promis aux Français de ne plus commettre d'assassinat en France.

Cet épisode marque pour quelques mois un net refroidissement des relations entre les deux agences. Pour marquer le coup, les services français décident de serrer de près les agents du Mossad présents à Paris, de faire irruption pendant leurs rendez-vous, d'identifier et de « brûler » leurs sources. Bref, il leur devient très compliqué d'opérer à Paris. Cet épisode referme une séquence de vingt ans pendant laquelle le Mossad aura été particulièrement actif en France. Mais le Mossad est devenu indésirable à Paris et doit déplacer son équipe à Bruxelles. L'heure est à l'apaisement : les services secrets israéliens ont aussi besoin de coopérer avec les grands services européens. D'autant que dans les années 1990 l'OLP est sur le déclin et ne représente plus une menace sérieuse.

Apartheid et ventes d'armes

L'affaire qui marque le plus l'opinion française et internationale à la fin des années 1980 est l'assassinat de Dulcie September. Comme d'autres militants noirs d'Afrique du Sud, elle a participé activement au mouvement de résistance contre l'apartheid et été incarcérée sans procès en 1963. À sa sortie de prison, elle obtient un visa de sortie permanent. Elle devient membre du Congrès national africain (ANC) et en est nommée représentante à Paris en 1983. Depuis l'arrivée au pouvoir de François Mitterrand, les relations de la France avec le régime de l'apartheid ne semblent pas avoir changé. September harcèle le gouvernement français pour qu'il mette en place les sanctions les plus sévères.

Les documents disponibles aux archives de l'ANC à l'université de Fort Hare indiquent que September avait entrepris une enquête de grande ampleur sur le trafic d'armes avec l'Afrique du Sud. Dans un discours prononcé en 1987, elle déclarait : « en matière de vente d'armes au régime de Pretoria, la France est le deuxième principal collaborateur [après Israël]... Cette collaboration dans le domaine militaire et nucléaire présente une menace pour la paix sur le continent africain ».

Le 29 mars 1988, elle est assassinée par un tireur alors qu'elle pénètre dans son bureau. La réaction populaire est vive : plus de 20 000 Parisiens défilent aux cris de « Dulcie était notre amie ! ». L'enquête menée par la Commission sud-africaine Vérité et Réconciliation (CVR) ne débouchera sur aucun résultat probant. Le rapport de la CVR affirme que « la réponse était probablement liée aux liens militaires entre la France et la République sud-africaine (et en particulier avec Armscor, la branche acquisition de la défense sud-africaine). La France fournissait illégalement à Armscor des composants et des matériaux essentiels. September était une représentante active de l'ANC et divers signes indiquent qu'elle était en train de constituer un puissant lobby anti-apartheid. Elle était donc une menace, une cible ».

L'embargo sur les armes décidé par les Nations unies en 1963 a fait décliner les ventes émanant de la Grande-Bretagne. En moins de cinq ans, la France la remplace comme principal fournisseur. L'Afrique du Sud offre les plus vastes réserves mondiales d'or et d'uranium, ce qui intéresse la France. Dès le milieu des années 1960, des savants sud-africains sont invités par les autorités françaises à superviser les essais nucléaires atmosphériques dans le Pacifique[1]. L'un des officiers sud-africains qui secondent les forces françaises en Algérie est Magnus Malan, futur ministre de la Défense sud-africain.

Le groupe parlementaire d'amitié France-Afrique du Sud jouit du soutien de Jacques Chirac. En mars 1980, le chef d'état-major du renseignement sud-africain rencontre Alexandre de Marenches, directeur du SDECE à Paris. Marenches propose de coproduire une copie des missiles soviétiques SAM-7, destinés à l'Unita angolais de Jonas

1. Hennie van Vuuren, *Apartheid, Guns and Money. A Tale of Profit*, Hurst, 2018.

Savimbi, que le renseignement français soutient alors en secret. En juillet 1987 des responsables du renseignement militaire sud-africain rencontrent le général René Imbot, patron de la DGSE, et son collaborateur, Pierre Lethier, qui proposent de fournir le Mistral, dernier missile antiaérien français, en utilisant un pays tiers comme le Zaïre, pour contourner l'embargo.

Un an plus tard la société Matra signe un marché avec la république du Congo-Brazzaville pour la vente de 50 missiles Mistral, grâce à la complicité de deux officiers congolais. Il devient évident que la destination finale de ces armes n'est pas le Congo, mais l'Afrique du Sud ou l'Angola. Outre Jean-Christophe Mitterrand, l'affaire implique un proche de Jacques Chirac, Jean-Yves Ollivier, P-DG du négociant en pétrole Comoil qui travaillera ensuite pour Thomson-CSF comme son représentant en Afrique du Sud. L'affaire des Mistral est étouffée.

L'assassinat de Dulcie September en mars 1988 n'a pas affecté la relation entre le renseignement français et le renseignement sud-africain. Selon l'enquête menée par la journaliste Hennie van Vuuren, il est vraisemblable que la militante a été assassinée par un tueur sud-africain, avec la complicité ou la passivité des services français. Les contrats d'armements profitaient à des personnalités politiques, à des entreprises et peut-être à des espions. Si cela avait été révélé, la présence d'Armscor à Paris aurait pu être compromise et, du même coup, toute la machine de blanchiment de l'argent des armes. Des contrats d'armement ont continué à être signés après l'apartheid. Le secret est toujours bien gardé, tant du côté français que sud-africain.

Services turcs contre PKK

Le 9 janvier 2013, trois femmes sont retrouvées assassinées dans les bureaux du Centre d'information du Kurdistan au 147 rue La Fayette, à Paris. Sakine Cansiz (54 ans), fondatrice du Parti des travailleurs du Kurdistan (PKK) en 1978, Leyla Saylemez (25 ans) et Fidan Dogan (29 ans), porte-parole de la résistance kurde. Un suspect est placé en détention provisoire le 21 janvier. Il s'appelle Ömer Güney. Cet individu s'était infiltré dans la mouvance kurde d'Île-de-France. Parlant le français, il servait de chauffeur.

Jusqu'à son arrestation, il utilisait pas moins de cinq téléphones et quatre cartes SIM, dont une turque et une hollandaise. Leur analyse met en évidence des contacts réguliers avec une ligne utilisée par les services de sécurité turcs. Conclusion des magistrats : « Güney menait une activité manifeste d'espionnage. » En août 2015, l'homme est renvoyé devant la cour d'assises pour « assassinats en relation avec une entreprise terroriste », accusé d'avoir participé à « un acte terroriste perpétré à la demande d'individus se trouvant en Turquie et possiblement liés au service de renseignement, le Milli Istihbarat Teskilati (MIT) ». Pour autant, aucune recherche n'est menée dans cette direction.

Aller plus loin serait risquer de dévoiler le rôle actif des services turcs en France et de créer des problèmes diplomatiques. À l'inverse, « amortir » l'affaire permet d'obtenir des services turcs des contreparties. Le dossier judiciaire est vite bouclé pour permettre la comparution du tueur présumé dont l'état de santé préoccupe les médecins. Atteint d'une tumeur au cerveau, Ömer Güney meurt en détention le 17 décembre 2016. Le président de la chambre de l'instruction de la cour d'appel de Paris refuse d'accéder aux demandes de l'avocat des familles des victimes, pour obtenir les comptes rendus d'une éventuelle surveillance de Güney par les services français. Cependant, la police néerlandaise transmet des informations sur les appels passés par Güney avec sa ligne néerlandaise, établissant un lien entre ses contacts téléphoniques et des voyages répétés en Turquie. Et en janvier 2014, le quotidien *BirGün* publie la copie d'un ordre de mission du MIT daté du 18 novembre 2012. Objet : un projet d'attentat contre le PKK en Europe. Le document est authentifié par les services de sécurité allemands, indique *Der Spiegel*. Le dossier est finalement passé par pertes et profits, dans le contexte des attentats islamistes de 2015. Les Turcs sont placés à un carrefour stratégique pour surveiller les allées et venues depuis et vers la Syrie. Une réconciliation franco-turque est amorcée le 27 janvier 2014 lors de la visite officielle de François Hollande en Turquie. Le MIT restera très actif en France, en particulier contre la communauté arménienne. Les amicales de travailleurs, les associations culturelles, les mosquées et les organismes commerciaux constituent autant de points d'appui utiles à son activité.

Mais les faisceaux d'indices concordants recueillis sur ces activités amènent des magistrats belges, français, allemands, hollandais à échanger entre eux et permettent la réouverture du dossier demandée par les avocats des familles. Pour justifier sa démarche, le parquet s'appuie dans son réquisitoire sur les documents transmis en 2014 par des magistrats turcs, mais aussi sur la transcription des déclarations de deux cadres du MIT interceptés en Irak en août 2017 par des forces kurdes. Le refroidissement des relations entre les chefs d'État turc et français peut aussi avoir joué un rôle.

Dans de tels dossiers, les juges d'instruction sont extrêmement dépendants des services de police dont la hiérarchie est elle-même subordonnée au pouvoir politique. Mais dans certaines affaires, il semble que la justice soit en train de gagner une relative autonomie. Après une longue série de raisons d'État qui condamnaient les familles de victimes à rester dans l'obscurité, il est permis d'espérer.

Yvonnick Denoël

Bibliographie

Yvonnik Denoël, *Les guerres secrètes du Mossad*, Nouveau Monde éditions, 2012 (rééd. Chronos, 2022).

Mohammed Sifaoui, *Histoire secrète de l'Algérie indépendante*, Nouveau Monde éditions, 2012.

Stephen Smith, Antoine Glaser, *Ces messieurs Afrique*, Calmann-Lévy, 1994.

Hennie van Vuuren, *Apartheid, Guns and Money. A Tale of Profit*, Hurst, 2018.

Sang-froid thématique : « Meurtres d'État, ces services secrets qui tuent en France », 2019.

9
La santé publique

Défaillances sanitaires, vraiment ?

La crise de la vache folle doit-elle être réduite à l'utilisation de farines animales pour l'alimentation des bovins ? En 1982, la disparition entre la France et l'Italie des fûts de dioxine issus de l'usine Seveso peut-elle être imputée aux seules mauvaises pratiques d'industriels peu scrupuleux ? À chaque scandale environnemental ou sanitaire ses spécificités, son histoire, son irréductible originalité qui conduit à pointer des responsabilités individuelles. Erreur, accident, incurie administrative ou encore malveillance constituent une trame essentielle de ces récits faisant la part belle aux circonstances qui, ainsi répétées, dessinent la réalité d'un monde devenu toxique.

Quel est alors le rôle des pouvoirs publics dans les défaillances sanitaires et environnementales ? À l'évidence, il serait absurde d'imputer à l'État la seule et entière responsabilité des scandales survenus dans ce domaine sous la Ve République – et même auparavant. Aller dans ce sens ne ferait qu'alimenter la vulgate d'un État français centralisé, tout-puissant voire tentaculaire, imposant sa volonté aux acteurs économiques comme aux populations et, partant, directement responsable des accidents et dérèglements qui pourraient survenir. Soit dit en passant, ce serait adopter l'image de l'État que s'est plu à donner le gaullisme des années 1960 soucieux de bâtir sa légitimité en projetant sur la IVe République une image d'inefficacité et d'inaction.

Si les circonstances propres à chaque défaillance sanitaire ou environnementale conduisent à relativiser le rôle des pouvoirs publics, elles ne doivent cependant pas occulter certains éléments récurrents. Confrontés, comparés, ces récits informent sur un certain rapport de l'État au progrès et au vivant qui se donne à voir non seulement dans les situations de crise mais aussi dans le fonctionnement routinisé des institutions et dont les impératifs contradictoires reposent sur un rapport fluctuant à la vérité, à l'expertise et à la connaissance.

Depuis maintenant plus de vingt ans, à la suite des multiples scandales sanitaires et environnementaux qui ont émaillé les années 1990, les sciences humaines et sociales ont renouvelé notre compréhension de ces phénomènes. Ces travaux soulignent l'importance des liens entre industriels et pouvoirs publics reposant non pas sur une alliance claire mais sur l'ignorance consentie, l'incertitude conjointement entretenue voire, dans certains cas, le mensonge pur et simple. Au-delà des circonstances, les défaillances apparaissent systémiques.

Les lobbys du tabac, de l'amiante ou encore du pétrole s'en sont ainsi fait une spécialité. Quand les données manquent – parce qu'elles sont inaccessibles ou, plus simplement, parce qu'elles n'ont jamais été recueillies – quelle meilleure garantie que personne ne pourra poser de questions embarrassantes ? Si d'aventure celles-ci émergent, il est toujours possible de les désarmer en soulignant que le problème est plus complexe, que les recherches doivent se poursuivre, bref, que le temps de la décision n'est pas encore venu ; au besoin, la création d'un comité scientifique *ad hoc* aux membres soigneusement sélectionnés garantira que ces incertitudes seront longtemps entretenues. Quand la pression se fait trop forte et menace des intérêts bien entendus, le mensonge demeure une solution. Il peut concerner un processus complexe et progressif comme le rôle des gaz à effet de serre dans la mise en œuvre d'un réchauffement climatique d'origine anthropique, occulté par les grandes compagnies pétrolières dès les années 1970.

Certains lobbys industriels ont développé un savoir-faire particulièrement abouti dans ce domaine. Dès lors, les pouvoirs publics ne devraient-ils être considérés que comme des victimes à part entière ? Naïfs, certes, mais de bonne foi ? Ce serait occulter leur rôle essentiel dans la production de cette ignorance et de ces demi-vérités, en y prenant une part active mais aussi en les endossant, leur conférant une crédibilité essentielle à leur acceptation sociale. Cette part active, bien que non systématique, de l'État dans cette production de l'ignorance et de l'incertitude dit bien des choses de la manière dont les pouvoirs publics envisagent leurs missions.

En agissant de la sorte, l'État conforte sa légitimité dans certains domaines. Occulter la toxicité de telle substance, jeter un voile pudique sur les dangers de tel procédé, tout cela contribue à conforter un idéal de maîtrise de l'environnement et de prise en charge de la santé des individus par les pouvoirs publics. Non pas que ces derniers aient attendus la seconde moitié du XXe siècle pour se préoccuper d'hygiène : il fallait bien maintenir une population nombreuse en état de travailler et de combattre[1]. Toutefois, après 1945 et plus particulièrement au cours des années 1960, les enjeux sanitaires prennent une autre dimension cependant que l'on sort de l'impuissance médicale à guérir les maladies les plus graves : l'hôpital n'est désormais plus un lieu où l'on meurt mais un centre de recherche et d'application de techniques de pointe, la vitrine des progrès de la médecine au service de la santé de chacun que les pouvoirs publics se doivent de garantir et de financer. Une telle inflexion est progressive. En France, la Ve République est donc un moment-clé pour le développement d'un discours autour de la maîtrise puis de la gestion du risque sanitaire[2].

Le recours à l'expertise pour produire de l'incertitude voire le mensonge caractérisé ne doit donc pas être regardé comme une fin en soi pour les pouvoirs publics. Ces dispositifs doivent lever les préventions, faire taire les inquiétudes au nom d'une certaine approche du progrès

---

1. Michel Foucault, *La naissance de la biopolitique. Cours au Collège de France, 1978-1979*, Seuil, 2004.
2. Raphaëlle Rérolle, « Coronavirus : qui se souvient encore de la "grippe de Hong Kong" de la fin des années 1960 ? », *Le Monde*, 9 mai 2020.

défini comme la recherche de la croissance économique, l'encouragement à l'industrie et la certitude, *in fine*, que le progrès technique est essentiel et permettra de résoudre les problèmes qui pourraient naître de ces processus. Par un effet de circularité, l'attitude des pouvoirs publics tend à légitimer les mensonges de l'industrie et, en retour, une telle attitude conforte les pouvoirs publics comme l'une des clés de voûte d'une maîtrise des enjeux sanitaires et environnementaux ou, à tout le moins, d'une gestion raisonnée des risques.

Dans cette perspective, les défaillances ne peuvent être qu'accidentelles, qu'elles soient dues à des erreurs humaines, à de malheureux accidents ou au hasard. Pourtant, du scandale de l'amiante à celui du sang contaminé, de la crise des algues vertes à celle du chlordécone en Martinique et en Guadeloupe, tout un discours des pouvoirs publics est mis à l'épreuve, occasion de confronter cette prétention à la maîtrise et les différentes approches qui l'infirment. Une autre difficulté vient du fait que l'État n'est pas une entité homogène tournée vers un seul but et parlant d'une seule voix. Déjà au temps du gaullisme triomphant, lorsque l'exploitation du gaz de Lacq doit faire du Béarn le nouveau Texas à la française, des réserves se font jour chez les élus locaux, les parlementaires ou encore les fonctionnaires de l'ONF s'inquiétant des risques pour l'environnement et la santé des populations induits par l'exploitation d'hydrocarbures hautement sulfurés[1]. À Lacq comme au large de Gardanne, où riverains et pêcheurs s'inquiètent des rejets de boues rouges dans la Méditerranée, ces craintes sont balayées par la promesse de nouveaux procédés techniques, ce que les constructeurs automobiles sauront également mettre en avant dès lors qu'il sera question de lutte contre la pollution.

Pourtant, au fil des décennies, avec la multiplication des scandales sanitaires et environnementaux et les signalements des lanceurs d'alerte, les pouvoirs publics sont conduits à prendre en charge de

1. Renaud Hourcade, « L'État face aux débordements industriels : la gestion politique des pollutions de l'eau du complexe pétrochimique de Lacq (1957-1968) », *Histoire@Politique*, n° 43, janvier-avril 2021.

manière beaucoup plus explicite de nouvelles missions. Bon gré mal gré, l'administration de l'environnement se développe même si ses moyens – humains comme financiers – demeurent limités[1]. À la fin des années 1990, de nouvelles agences d'évaluation des risques sanitaires voient le jour[2] avant de fusionner pour former l'Agence nationale de sécurité sanitaire de l'alimentation, de l'environnement et du travail (Anses) en 2010 tandis que le principe de précaution est inscrit dans la Constitution en 2005. Pourtant, une certaine vision du progrès et de la gestion du risque environnemental et sanitaire demeure au sein de l'État : désormais, il arrive que les pouvoirs publics se mentent à eux-mêmes.

Alexis Vrignon

Bibliographie

Yannick Barthe, Michel Callon, Pierre Lascoumes, *Agir dans un monde incertain. Essai sur la démocratie technique*, Seuil, 2014.

Soraya Boudia, Nathalie Jas, *Gouverner un monde toxique*, Quae, 2019.

Erik M. Conway, Naomi Oreskes, *Les marchands de doute. Comment une poignée de scientifiques ont masqué la vérité sur des enjeux de société tels que le tabagisme et le réchauffement climatique*, Le Pommier, 2012.

François Jarrige, Thomas Le Roux, *La contamination du monde. Une histoire des pollutions à l'âge industriel*, Seuil, 2017.

Robert N. Proctor, *Golden Holocaust. La conspiration des industriels du tabac*, Équateurs, 2014.

Robert N. Proctor, Londa Schiebinger, *Agnotology. The Making and Unmaking of Ignorance*, Stanford University Press, 2008.

Christophe Bonneuil, Pierre-Louis Choquet, Benjamin Franta, « Early warnings and emerging accountability : Total's responses to global warming, 1971-2021 », *Global Environmental Change*, vol. 71, nov. 2021.

1. Pierre Lascoumes, *L'éco-pouvoir. Environnements et politiques*, La Découverte, 1994 ; Jean-Pierre Le Bourhis, « DRE, DRAE, DIREN, DREAL. Éléments pour une histoire de l'administration territoriale de l'Environnement en France », *Pour mémoire*, n° 6, été 2009.
2. Il s'agit de l'Agence française de sécurité sanitaire des aliments (Afssa) créée en 1999 et de l'Agence française de sécurité sanitaire de l'environnement (Afsse) apparue en 2001.

L'amiante ou les mirages de l'usage contrôlé

1996. La France vit alors au rythme des scandales sanitaires. Il y a eu le sang contaminé, la crise de la vache folle, mais aussi l'amiante dont les médias évoquent la présence – et la dangerosité – partout : dans les freins des voitures, dans les faux-plafonds des écoles ou encore dans le métro parisien. En juillet 1996, un rapport de l'Inserm estime que plus de 2000 personnes mourront chaque année d'ici à 2025 du fait de leur exposition à l'amiante[1]. L'émotion et la médiatisation sont telles que le ministère de la Santé annonce promptement une série de décrets pour faire l'inventaire de la présence de l'amiante dans tous les bâtiments publics puis pour proscrire tout usage ou importation d'amiante en France après le 1er janvier 1997.

En France comme dans de nombreux autres pays industrialisés, il aura fallu des dizaines d'années avant que les pouvoirs publics ne prennent la décision d'interdire l'utilisation de l'amiante. D'aucuns pourraient considérer que les incertitudes scientifiques expliquent cette longue inertie. Les connaissances médicales sur ce matériau sont pourtant anciennes et sans appel. Dès 1906, un inspecteur du travail de Caen met en garde contre les dangers des poussières pour les travailleurs des filatures d'amiante de Condé-sur-Noireau[2]. Il souligne, chiffres à l'appui, l'importance du taux de mortalité parmi les ouvrières et les ouvriers : sans système d'aération, une cinquantaine d'entre eux développent très rapidement une insuffisance respiratoire chronique – alors appelée fibrose – dont ils meurent en quelques années. Dans les années 1960, un nouveau cap est franchi quand un lien direct est établi entre le mésothéliome, un cancer de la plèvre dévastateur, et l'amiante.

Bref, de longue date, les données scientifiques sont claires sur la dangerosité de l'amiante. Or, celle-ci ne cesse d'être utilisée dans des

1. Expertise collective Inserm, *Effets sur la santé des principaux types d'exposition à l'amiante*, éditions de l'Inserm, 1997 [1996 pour la version remise aux pouvoirs publics].
2. Denis Auribault, « Note sur l'hygiène et la sécurité des ouvriers dans les filatures et tissages d'amiante », *Bulletin de l'inspection du travail*, 1906, p. 120-132.

quantités toujours plus importantes. Il faut dire que c'est un rêve d'industriel : abondante, ininflammable, isolant aussi bien contre le froid que contre le bruit, elle se prête à de très nombreuses utilisations dans le bâtiment, la métallurgie ou encore l'automobile. Aussi l'histoire de l'amiante n'est pas tant celle de l'incertitude scientifique que celle d'une longue invisibilisation d'un enjeu de santé publique. Si l'État tarde tant à agir, c'est parce que se constitue un lobby d'autant plus efficace qu'il sait rester discret et faire accepter aux pouvoirs publics – trop heureux de déléguer une question jugée complexe – le mirage d'une « utilisation contrôlée » de l'amiante[1].

Dans les années 1960, il ne fait guère de doute que certains industriels ont le sommeil troublé. Un peu partout dans le monde, des travailleuses et des travailleurs, des populations riveraines, des associations de protection de la nature prennent conscience du monde toxique qui est désormais le leur. Le DDT, un puissant insecticide, le nucléaire et bientôt l'amiante sont alors au banc des accusés. Symbole de la politique universitaire et urbanistique des années de Gaulle, la tour centrale de l'université de Jussieu, au cœur du 5e arrondissement, est à partir de 1975 au cœur des controverses. Surpris de trouver de l'amiante dans leurs analyses de laboratoire, les chercheurs réalisent que le flocage de leur bâtiment a été entièrement réalisé avec ce matériau ; ils font alors leur travail : ils compulsent les études disponibles sur le sujet, réalisent le danger sanitaire et le font savoir. Le chimiste Henri Pézerat prend la tête du mouvement et parvient à nouer des liens fructueux avec des travailleuses et travailleurs de l'usine Amisol de Clermont-Ferrand qui réclament des comptes après la fermeture du site.

L'ampleur des mobilisations amène les pouvoirs publics à réagir. En 1977, une série de décrets sont promulgués, visant à limiter l'exposition aux poussières d'amiante des travailleurs. La question est donc envisagée sous l'angle de la santé au travail et des risques

1. Emmanuel Henry, « Quand l'action publique devient nécessaire : qu'a signifié "résoudre" la crise de l'amiante ? », *Revue française de science politique*, vol. 54, n° 2.

professionnels, sans qu'aucune disposition ne soit prise pour prévenir les atteintes à la population dans son ensemble. Les pouvoirs publics partent du principe que l'amiante ne peut être interdit mais qu'il faut dès lors se préoccuper de limiter les risques encourus sur les seuls lieux de production et de transformation.

L'enjeu est d'importance car dans les années 1970 l'amiante représente encore un poids économique non négligeable. En France, Saint-Gobain et Eternit emploient près de 15 000 personnes, ce qui n'est pas rien à l'heure où la désindustrialisation alimente chez les syndicats de salariés des craintes pour l'emploi. Tout projet de régulation est donc scruté avec attention et c'est dans ce contexte que le Comité permanent amiante voit le jour en 1982[1].

Originale, cette structure l'est à plus d'un titre. D'abord parce que son organisation ne suit pas la formule adoptée classiquement par les pétroliers ou les cigarettiers qui associent lobbyistes professionnels et conseil scientifique en charge d'entretenir du doute et de l'incertitude. Le CPA combine en effet des représentants des industriels de l'amiante et des scientifiques reconnus dans leur domaine mais aussi l'ensemble des organisations syndicales – à l'exception de FO qui décline l'invitation – et des représentants ès qualités des ministères concernés par la question : Santé, Travail, Environnement ou encore Industrie. Ces derniers seront présents lors des quelque 98 réunions organisées entre 1982 et 1995 et dont les comptes rendus sont aujourd'hui accessibles en ligne[2].

Il n'est pas rare que la régulation des usages des toxiques industriels associe les industriels aux pouvoirs publics pour aussi bien des questions d'expertise que d'intérêts économiques partagés. Le CPA se distingue néanmoins par sa longévité et sa capacité à rassembler l'ensemble des acteurs : pour parler amiante, c'est là qu'il faut être.

1. Emmanuel Henry, « Militer pour le statu quo. Le Comité permanent amiante ou l'imposition réussie d'un consensus », *Politix*, vol. 70, n° 2.
2. Textes du CPA, http://www.sante-publique.org/amiante/cpa/cpa.htm, consulté le 30 janvier 2023.

Cette réussite, du moins du point de vue des industriels, est en partie due à une personnalité atypique : Marcel Valtat (1923-1993). Ancien communiste, un temps journaliste à *L'Humanité*, il crée en 1966 un cabinet de conseil, Communications économiques et sociales, qui, dans les années 1970, se met au service des industriels de l'agrochimie pour défendre l'usage des pesticides. En 1982, il est la cheville ouvrière de la création du CPA dont les réunions se tiennent ordinairement dans les locaux de sa société : Marcel Valtat assurant le secrétariat et la rédaction de l'ordre du jour[1].

Le CPA est la grande réussite de Marcel Valtat. En amenant les pouvoirs publics à y siéger, il parvient à légitimer cette structure aux yeux de l'ensemble des acteurs impliqués. Scientifiques comme syndicalistes voient dans la présence des représentants des ministères un gage de crédibilité au service d'un message essentiel : il n'y a pas d'alternative à l'amiante, il faut donc s'en accommoder moyennant des précautions destinées aux travailleurs directement exposés à ce matériau. La théorie de l'usage contrôlé écarte du champ des possibles la perspective d'une interdiction pure et simple de l'usage de l'amiante. Au reste, la communication officielle du CPA insiste sur les incertitudes quant à la dangerosité véritable de l'amiante, notamment à faible dose, ou met en avant la dangerosité du tabac pour les travailleurs, détournant ainsi l'attention du cœur du problème.

Alors, les pouvoirs publics ont-ils été naïfs et, *in fine*, tout simplement victimes d'un lobby manipulateur ? Ce serait un peu trop simple. Le ministère du Travail manque de bras pour assurer ses missions d'inspection et d'experts sur une question jugée complexe, d'autant que l'amiante est utilisé dans de très nombreux domaines. De son côté, le ministère de la Santé se tient à l'époque à l'écart des enjeux sanitaires au travail d'autant qu'on considère ordinairement – mais est-ce différent aujourd'hui ? – qu'il va de soi que l'usine est un espace dangereux. Ces présupposés constituent autant d'œillères

1. Benoît Hopquin, « Amiante, vingt-cinq ans d'intox », *Le Monde*, 22 avril 2005.

qui favorisent l'acceptation du cadre conceptuel du CPA, retardant la mise en place d'une réglementation d'ampleur dans ce domaine, en France comme à l'échelle européenne.

En 1997, après deux ans de scandales médiatiques, de sombres rapports sanitaires et de prises de parole politiques, la France passe à un régime d'interdiction de l'amiante assorti de possibilités de dérogation en principe strictement encadrées. Les esprits chagrins relèveront que cette décision, destinée à rassurer une opinion publique légitimement inquiète, survient alors que le poids économique du secteur de l'amiante est devenu négligeable, ne rassemblant qu'à peine 3 000 travailleurs et travailleurs.

Pour autant, la France n'en a pas fini avec l'amiante. Comme on l'a évoqué, selon l'Inserm, l'exposition passée à l'amiante doit provoquer le décès de près de 2 000 personnes par an jusqu'en 2025. Un Fonds d'indemnisation des victimes de l'amiante (FIVA) est créé en 2000, abondé par le budget de l'État. Depuis sa création, plus de 110 000 victimes l'ont saisi (sans compter les ayants droit). En 2021, ce sont encore plus de 17 000 nouvelles demandes d'indemnisation qui sont déposées[1]. S'y ajoute le volet judiciaire : dans les années 2000, des plaintes ont été déposées par d'anciens salariés à l'encontre de scientifiques, d'industriels et de hauts fonctionnaires dont Martine Aubry, ancienne directrice des relations du travail au ministère du Travail entre 1984 et 1987. Cette dernière a été un temps mise en examen pour « homicide et blessures involontaires » avant que la procédure ne soit annulée définitivement en 2015, notamment parce qu'elle n'a jamais pris directement part aux activités du CPA. En revanche, quatorze personnes sont citées à comparaître pour divers chefs d'inculpation allant de l'homicide involontaire à l'association de malfaiteurs en vue d'administrer des substances nuisibles du fait

1. Fonds d'indemnisation des victimes de l'amiante, *Rapport d'activité 2021*, FIVA, 2021, p. 4. Ce chiffre inclut les ayants droit et les demandes liées à une aggravation de l'état de santé.

de leur implication passée au sein du Comité permanent amiante[1]. Le procès doit avoir lieu à la fin de l'année 2023 : plus de quinze ans après l'interdiction de l'amiante en France, l'histoire se poursuit.

Alexis Vrignon

Bibliographie

Gérard Dériot, Jean-Pierre Godefroy, *Rapport d'information fait au nom de la mission commune d'information sur le bilan et les conséquences de la contamination par l'amiante*, Sénat, 2005.

Odette Hardy-Hémery, *Eternit et l'amiante, 1922-2000. Aux sources du profit, une industrie du risque*, Presses universitaires du Septentrion, 2005.

Emmanuel Henry, *Amiante : un scandale improbable*, Presses universitaires de Rennes, 2007.

Vincent Porhel, « Un temps trop tôt. Le premier conflit de l'amiante : Condé-sur-Noireau (1970-1971) », in Anne-Claude Ambroise-Rendu, Anna Trespeuch-Berthelot, Alexis Vrignon (dir.), *Une histoire des conflits environnementaux. Luttes locales, enjeu global (XIXe-XXIe siècles)*, Presses universitaires de Limoges, 2018.

Erwan Seznec, « La mortelle efficacité du Comité permanent amiante », in *Histoire secrète du patronat de 1945 à nos jours*, La Découverte, coll. « Cahiers libres », 2014.

Collectif intersyndical sécurité des universités-Jussieu, *Danger, amiante !*, Maspero, 1977.

Les boues rouges, ou comment invisibiliser un problème sanitaire

Les boues rouges à Gardanne, c'est une longue histoire. Depuis 1894, la bauxite est broyée dans cette usine des Bouches-du-Rhône puis mélangée à de la soude à haute température et sous pression pour donner de l'alumine dont nos sociétés industrielles ont su, au fil des temps, trouver de multiples usages. Longtemps propriété de Pechiney, l'usine a ensuite changé de mains au gré des restructurations industrielles et des opérations financières qui ont scandé ces dernières

1. Patricia Jolly, « Le procès pénal du scandale sanitaire de l'amiante devrait s'ouvrir à la fin de 2023, vingt-six ans après la première plainte », *Le Monde*, 25 octobre 2022.

décennies l'appareil industriel en France : Rio Tinto puis Alcan et enfin Alteo ont successivement pris en main les destinées du site. En revanche, un fait perdure : la transformation de la bauxite génère une sorte de soupe rougeâtre plus ou moins huileuse communément appelée « boues rouges ». Les volumes produits sont à la mesure de la production de l'usine : considérables. En moyenne, pour une tonne de bauxite produite, 500 kilos de boues rouges restent dans les mains de l'exploitant.

Que faire des boues rouges ? Cette question est à l'origine d'un dossier environnemental et sanitaire qui s'étire sur des dizaines d'années et dans lequel les pouvoirs publics jouent un rôle singulier pour rassurer les inquiets, maintenir les curieux dans l'ignorance et, surtout, soutenir les industriels.

Dès ses débuts, l'usine de Gardanne est confrontée à l'accumulation des boues rouges. Des retenues sont d'abord réalisées dans les collines avoisinantes ; ces véritables réservoirs suscitent certes les plaintes des riverains, mais le législateur s'est assuré, dès 1810, que la réglementation permette de polluer dans une relative tranquillité.

Cependant, dans les années 1960, il faut changer de méthode. Dans une France en pleine expansion, l'alumine est en effet un produit stratégique pour fabriquer de l'aluminium, des céramiques ou encore des matières abrasives. Pechiney, alors propriétaire du site, a l'oreille des plus hautes autorités de l'État, de Gaulle et surtout Georges Pompidou, son Premier ministre[1]. En 1963, l'usine opte pour une solution technologiquement novatrice pour l'époque : le pipeline. Soit une conduite de près de 60 kilomètres de long pour rejeter les boues rouges directement en mer, au large de Cassis. Or, à la surprise des dirigeants de l'entreprise, la contestation du projet est vive, motivée aussi bien par des inquiétudes sanitaires que par la crainte de voir l'activité touristique locale pâtir de cette mauvaise publicité. Face à la mobilisation, Pechiney publie ses analyses – qui

1. Philippe Mioche, *Alumine et risques industriels : le cas des boues rouges et des résidus*, 2011.

concluent opportunément à l'innocuité totale des boues rouges –, confie sa stratégie de communication à Havas et compte surtout sur l'appui des pouvoirs publics. Celui-ci est d'abord administratif: la déclaration d'utilité publique est signée par Georges Pompidou en janvier 1966 et les requêtes en annulation formées par les associations et la mairie de Cassis sont promptement écartées en 1968. L'État fait sien le discours de Pechiney et, ce faisant, lui confère la légitimité et la véracité dont il avait besoin : les boues rouges ne seraient que des résidus inertes inoffensifs et toute expression d'inquiétude serait irrationnelle ou mal intentionnée.

Dans les années qui suivent, à l'abri des murs des administrations, les pouvoirs publics vont plus loin en multipliant les dispositifs dérogatoires à la législation de l'environnement alors embryonnaire[1]. En 1964, les agences de l'eau ont été créées dans l'ensemble des bassins versants de France. Ces établissements publics fonctionnent sur le principe du « pollueur-payeur » : plus un acteur industriel pollue, plus il doit payer des redevances élevées, l'objectif étant de l'amener à investir dans de nouvelles technologies plus vertueuses avec l'aide – financière et logistique – de l'État. Or, en 1970, la direction de la prévention des pollutions du ministère décide d'exonérer Pechiney du paiement d'une quelconque redevance, considérant qu'il n'y a aucune pollution. Pourtant, en 1976, lorsque la Convention de Barcelone met en œuvre le Plan d'action pour la Méditerranée destiné à réduire les pollutions, la France ne demande – et n'obtient – qu'une seule dérogation : elle concerne les rejets en mer des boues rouges de Gardanne. Dans le même temps, aucune expertise scientifique publique n'est menée pour connaître le volume et surtout la composition des substances rejetées.

Tout est donc mis en œuvre pour que Pechiney poursuive ses rejets sans avoir à envisager une alternative ou des dispositifs limitant la pollution. À l'abri des regards, l'exutoire situé à 300 mètres de

1. Bernard Barraqué, « Les boues rouges de l'usine Pechiney-Alteo de Gardanne : de l'inertie à la toxicité, du rejet... et du dossier », *Revue juridique de l'environnement*, 2017.

profondeur déverse 24 millions de tonnes de boues en trente ans dans la mer et l'État prête tout son concours, durant plusieurs décennies, à la production de cette ignorance.

Au cours des années 1990, la position des pouvoirs publics se fait moins unanime tandis que des collectifs de citoyens et des chercheurs critiques s'emparent peu à peu de la question. En 1995, Corinne Lepage, ministre de l'Environnement, considère que les dérogations n'ont que trop duré. Ce à quoi Pechiney répond qu'arrêter les rejets impliquerait de fermer définitivement l'usine, argument qui, en cette période de chômage de masse, retient immanquablement l'attention des élus locaux et du sommet de l'État. Le ministère de l'Environnement est donc contraint d'accorder une dérogation supplémentaire pour vingt ans, à charge pour Pechiney de faire cesser tout rejet d'ici à 2015[1]. Ces débats s'accompagnent cependant d'expertises scientifiques plus poussées qu'auparavant, malgré l'attachement de Pechiney à la confidentialité des données. On y apprend que les boues rouges ne sont pas un vulgaire remblai. Entrent en effet dans leur composition de la soude, de l'arsenic – 5 kilos par jour selon les chiffres mêmes de Pechiney – mais également des métaux lourds comme du titane ou du vanadium qui constituent d'importants perturbateurs endocriniens pour la faune environnante[2]. *A posteriori*, ces données signalent l'ampleur des dissimulations mises en œuvre depuis 1966.

Il faut cependant attendre les années 2010 pour que la contestation gagne de l'ampleur, exposant d'autant plus clairement les contradictions des pouvoirs publics. En 2012, un parc national est en effet créé dans les Calanques et son périmètre comprend la zone de rejet des boues rouges. À cette période, les rejets sont encore massifs : 180 000 t/an selon les chiffres fournis par Alteo, l'exploitant du

1. Voir le documentaire de Laëtitia Moreau, Olivier Dubuquoy, *Zone rouge : histoire d'une désinformation scientifique*, 2016.
2. Rapport CREOCEAN, « Rejets des effluents de l'usine de Gardanne dans le canyon de Cassidaigne », 1993.

moment[1]. L'usine produit désormais des alumines de spécialité nécessaires aux batteries et aux appareils électroniques : cela lui confère un caractère stratégique qui pèse sans doute plus dans la balance que les 400 emplois directs de l'entreprise. Alors que les rapports scientifiques se multiplient, l'État accompagne donc l'usine dans son nouveau *storytelling* : celui du développement durable, de l'économie circulaire et de la dépollution par l'innovation technologique[2]. En 2015, Ségolène Royal, ministre de l'Environnement, souhaite à son tour mettre fin à la saga des boues rouges et prend publiquement position sur ce dossier. C'est Manuel Valls qui arbitre en tant que Premier ministre lors d'un conseil interministériel : Alteo, sur la base de ses promesses, bénéficie d'un délai supplémentaire de six ans pour faire cesser tout rejet. Quels facteurs ont motivé cette décision ? Cela reste flou car lorsque les opposants demandent à avoir connaissance du compte rendu de la réunion – comme le droit les y autorise – ils reçoivent une version presque intégralement caviardée que *Le Canard enchaîné* se fera une joie de reproduire avant qu'une décision de justice n'en décide la publication intégrale.

Depuis les années 1960, les pouvoirs publics se sont donc fait le relais de la communication d'un groupe industriel pour invisibiliser un problème sanitaire et environnemental. Plus encore, en dépit des divergences au sein de l'appareil d'État, malgré des controverses et des contestations grandissantes, ils ont appliqué une politique dérogatoire et alimenté un voile d'ignorance essentiel à la perpétuation du phénomène. Aujourd'hui, le site n'exploite plus de bauxite et le rejet des boues rouges a donc pris fin. Néanmoins, par 300 mètres de

1. Rapport de la commission d'enquête, t. I, pièces I et II, p. 60. https://www.bouches-du-rhone.gouv.fr/content/download/16764/105026/file/Rapport%20de%20la%20commission%20d'enqu%C3%AAte%20-%20Tome%20I%20-%20Pi%C3%A8ces%20I%20et%20II.pdf

2. À souligner que les données mises à disposition par Alteo demeurent imprécises et peu nombreuses, entretenant de ce fait les incertitudes sur des points-clés du dossier. Voir Collectifs du littoral, « Dossier de presse "Boues rouges". Période enquête publique août/septembre 2015 », https://www.longitude181.org/wp-content/uploads/2016/11/dossier-de-presse-boues-rouges-2015-collectifs-littoral.pdf

fond comme dans les collines de Gardanne, les millions de tonnes de matières déversées au fil des années sont encore là pour longtemps.

Alexis Vrignon

Bibliographie

Bernard Barraqué, « Les boues rouges de l'usine Pechiney-Alteo de Gardanne : de l'inertie à la toxicité, du rejet… et du dossier », *Revue juridique de l'environnement*, vol. 42, nº 2, 2017, p. 273292.

Philippe Mioche, *Alumine et risques industriels : le cas des boues rouges et des résidus*, Travaux de l'Observatoire Hommes-Milieux du bassin minier de Provence, CNRS-OHM, 1, 2011.

Filmographie

Laëtitia Moreau, Olivier Dubuquoy, *Zone rouge : histoire d'une désinformation scientifique*, Bachibouzouk / Les Films d'ici / Gorgone Productions / France 3 Corse ViaStella, 2016.

Les dividendes de la mort. Le marché du tabac entre entretien du doute et double discours d'État (années 1950 – années 1990)

10 décembre 1953 : les P-DG des principaux producteurs de tabac reçoivent une invitation de Paul M. Hahn, président de British American Tobacco, un des leaders du marché, à se retrouver quatre jours plus tard à l'Hôtel Plaza de Manhattan. Le motif : planifier une réponse commune aux articles soulignant le lien entre cancer et cigarette qui se multiplient dans la presse. La réunion aboutit à la rédaction du « *Frank Statement to Cigarette Smokers* »[3], un texte publié le 4 janvier 1954 simultanément dans 448 quotidiens, pour un total de plus de 42 millions d'exemplaires vendus ce jour-là. Le *Statement* s'articule autour d'un slogan : « pas encore prouvé », et se décline en trois idées :

3. « Une déclaration sincère aux fumeurs de cigarettes ».

1) il n'existe pas de consensus scientifique sur le lien entre tabagisme et cancer ; 2) davantage de recherches sont nécessaires ; 3) l'industrie fait tout son possible pour protéger les consommateurs. Face à l'offensive informationnelle de l'industrie, une grande partie de la communauté scientifique va faire appel aux pouvoirs publics pour alerter la population sur les dangers du tabac. On pourrait être tenté d'opposer l'industrie du tabac, soucieuse de dissimuler la dangerosité du produit qu'elle vend, et la communauté scientifique, soutenue par l'État, qui tente de faire éclater la vérité au grand jour. Cependant, en France, la production et la commercialisation du tabac sont un monopole d'État. La Société d'exploitation industrielle des tabacs et allumettes (Seita), créée en 1935, est un service du ministère de l'Économie et des Finances, avant de devenir un Établissement public à vocation industrielle et commerciale (EPIC) en 1959. Alors que le caractère cancérogène[1] des cigarettes est connu dès les années 1950, l'État en soutient la production jusqu'à la privatisation de la Seita en 1995, et n'en limite la consommation et la publicité qu'avec les lois Veil (1976) et Évin (1993). On peut ainsi distinguer deux moments. Des années 1950 à 1976, l'État français agit comme un « marchand de doute », minimisant la dangerosité d'un produit pour des raisons financières. De 1976 à 1995, on assiste à ce qu'Éric Godeau a qualifié de « schizophrénie d'État » : le ministère de la Santé tente de réguler un marché dont le ministère des Finances continue d'être un des principaux acteurs[2].

L'État français comme marchand de doute (années 1950 – 1976)

Les dangers du tabagisme pour la santé sont suspectés dès la fin du XIXe siècle, et on parle en France de « cancers des fumeurs » pour des

1. Bien que les deux mots soient parfois confondus dans le langage commun, l'Académie de médecine tend à distinguer « cancérogène », qui favorise l'apparition de cancer, de « cancérigène », qui aggrave un cancer.
2. Éric Godeau, « Comment le tabac est-il devenu une drogue ? La société française et le tabac de 1950 à nos jours », *Vingtième siècle. Revue d'histoire*, 102(2), 2009, p. 105-115.

afflictions touchant la langue ou la gorge. Dans les années 1930, des enquêtes épidémiologiques soulignent le lien entre tabagisme et cancer des poumons, et une large étude de cohorte réalisée au Royaume-Uni par Doll et Hill (1952-1954) sert de base au consensus scientifique sur le sujet. Leurs conclusions font le tour du monde et un Groupe d'études sur la fumée du tabac (GEFT), chargé d'étudier les effets physiologiques de la consommation du tabac, est fondé en France en 1954. Cette institution est placée sous l'égide de l'Inserm (Institut national de la santé et de la recherche médicale) mais est largement financée… par la Seita. Cette dernière s'inspire ainsi de la stratégie des industriels états-uniens du tabac, qui financent des programmes de recherche de diversion délibérément pensés pour détourner l'attention de la communauté scientifique des points essentiels vers des détails anecdotiques, tout en montrant au public que l'industrie se soucie de la santé des consommateurs. Contrairement à l'industrie privée, la Seita ne va pas jusqu'à payer des journalistes pour qu'ils publient des articles favorables au tabac, ou des scientifiques pour qu'ils réalisent des études inutiles et publient des articles frauduleux. Elle finance cependant des recherches sur la dangerosité du tabagisme sans communiquer leurs résultats au public. De même, la Seita invite ses employés à nuancer autant que possible les discours scientifiques indépendants qui alertent l'opinion sur la gravité de la menace. Au sujet de l'effet cancérogène des cigarettes, un rapport de 1965 explique en effet que « s'il convient de ne pas en contester l'existence, il convient aussi de ne pas l'exagérer[1] ». Ne pas mentir ouvertement donc, mais entretenir artificiellement le doute et mettre en avant une nuance excessive.

Cette timidité criminelle à communiquer sur les risques sanitaires du tabagisme s'explique simplement : les cigarettes étant fortement taxées, il s'agit, selon les mots du directeur général de la Seita, de

1. Éric Godeau, « Comment le tabac est-il devenu une drogue ? », art. cité, p. 107.

« commercialiser l'impôt » auprès des « consommateurs-contribuables »[1]. En effet, les recettes liées au tabac représentent environ 5 % du budget de l'État français dans les années 1960. Le lien entre marché du tabac et finances publiques est ancien et mondial. Stimulés par l'expansion coloniale et la découverte de la plante, des monopoles nationaux sont créés en Grande-Bretagne (1619), en Espagne (1634) et en France (1674). Dans les années 1930, c'est en moyenne 15 % du budget des États européens qui vient de la taxation des produits liés au tabac, avec un record pour la Yougoslavie (22 %), tandis qu'aux États-Unis elle rapporte presque autant que les impôts. Les recettes liées à la taxation du tabac restent importantes après la Seconde Guerre mondiale : dans les années 1950, elles représentent toujours 20 % du budget britannique, et dans les années 1960, 10 % du budget italien. Cette richesse de la culture du tabac s'explique en partie par le plan Marshall : un tiers des fonds globaux destinés au secteur agroalimentaire lui sont consacrés. Cet investissement massif, soutenu par des campagnes de publicité organisées par la Seita, entraîne une augmentation importante de la consommation en France pendant les Trente Glorieuses, passant de 62 000 à 102 000 tonnes par an entre 1950 et 1976, alors que la population passe de 42 à 52 millions environ.

La « schizophrénie d'État » : 1976-1995

En 1976, la loi Veil interdit la publicité directe pour les cigarettes, tandis que la loi Évin met fin en 1991 à la publicité indirecte, c'est-à-dire à la promotion des cigarettes par des produits comme les allumettes ou les briquets, et le *sponsoring* d'événements sportifs par des marques de cigarettes est finalement prohibé en 2005. Pourtant, alors que le ministère de la Santé tente de combattre le tabagisme

1. Pierre Grimanelli, « Les raisons d'être du monopole », *Flammes et Fumées*, n° 39, 1963, p. 15-18. Cité dans Éric Godeau, « La publicité pour les tabacs en France. Du monopole à la concurrence (1925-2005) », *Le Temps des médias*, 2(1), 2004, p. 115-126, cité p. 117.

et d'informer sur les risques associés, le P-DG de la Seita continue dans les années 1980 de nier la « causalité systématique » entre consommation de tabac et effets pathologiques, en en reconnaissant la dangerosité « tout en la minimisant et en la rendant aléatoire »[1]. Cet entretien délibéré du doute contraste avec le consensus scientifique sur le caractère cancérogène du tabac, établi plus de trente ans auparavant. Il s'appuie sur la confusion volontaire de deux registres. À l'échelle individuelle, il est impossible de déterminer avec certitude l'origine d'un cancer : il s'agit d'une maladie d'origine multifactorielle qui peut survenir chez tout le monde. À l'inverse, des personnes avec des comportements à risque peuvent l'éviter : on retrouve ici le discours soutenu par l'industrie du « gros fumeur qui a vécu vieux ». En revanche, l'épidémiologie est capable de déterminer avec certitude si une substance est cancérogène, c'est-à-dire si elle augmente statistiquement les risques de développer un cancer. Que tous les fumeurs ne développent pas de cancer, et que l'on ne puisse pas affirmer avec certitude qu'un fumeur qui développe un cancer soit tombé malade à cause du tabagisme, ne remet pas en cause qu'il est absolument certain que le fait de fumer augmente le risque de développer un cancer. Cet entretien délibéré de la confusion entre les échelles individuelle et collective est un des éléments centraux du discours de l'industrie[2].

Les contradictions nationales se retrouvent à l'échelle européenne. Le Conseil de l'Europe s'intéresse aux effets du tabagisme sur la santé dans les années 1960, sans que son inquiétude se transforme en recommandation. Il faut attendre l'élaboration du programme « Europe contre le cancer » organisé par la Commission européenne pour voir une action plus volontariste, l'arrêt du tabagisme étant le premier des « dix commandements » qui composent le « Code européen contre le cancer » (1985). L'un des principaux instigateurs du projet n'est autre

1. Éric Godeau, « Comment le tabac est-il devenu une drogue ? », art. cité, p. 111.
2. Cette stratégie est également employée par les employeurs accusés d'être responsables dans le développement de maladies professionnelles. Voir Pascal Marichalar, *Qui a tué les verriers de Givors ? Une enquête de sciences sociale*, La Découverte, 2017.

que François Mitterrand, qui, jusqu'à la loi Évin, choisit l'échelle européenne comme espace privilégié de sa lutte contre le tabagisme. Cet investissement de l'espace politique communautaire permet de donner des garanties à l'électorat de gauche déçu par le « tournant de la rigueur » en 1983 en jouant la carte européenne, mais aussi de préserver l'industrie française du tabac, qui demeure importante pour les finances publiques. Il ne faut cependant pas opposer l'échelon national où primeraient les intérêts économiques et l'échelon européen où la santé aurait le dessus. En effet, le programme « Europe contre le cancer » ne reçoit que 0,15 % de la somme versée en subventions à la culture du tabac par l'Union européenne : à Bruxelles comme à Paris, la santé pèse peu face aux intérêts agricoles et industriels.

Si le président Chirac déclare en 2003 la « guerre au tabac », cela ne saurait effacer le fait que la Ve République a été bien longtemps son alliée. Pendant près de quarante ans, le monopole d'État sur le tabac, capitalisant sur les fonds du plan Marshall, a encouragé la consommation d'un produit dont il connaissait la dangerosité. Le mensonge d'État s'inspire ici de celui des industriels : il s'agit de jeter le doute sur des connaissances pourtant consensuelles depuis des décennies, de financer des recherches pour influer sur leur résultat ou en limiter la diffusion et de manipuler le raisonnement statistique en confondant délibérément incertitude à l'échelle individuelle et à l'échelle collective. Alors que les États-Unis et le Royaume-Uni connaissent leurs premières campagnes nationales contre le tabagisme respectivement en 1964 et 1967, il faut attendre 1976 pour que la loi Veil réglemente la publicité en France et pose les bases de la prévention à l'échelle nationale. Dans les années 1980, alors que le ministère de la Santé alerte sur le caractère cancérogène de la cigarette, le ministère de l'Économie et des Finances, par le biais de la Seita, en minimise toujours les dangers. Ce paradoxe, que l'on retrouve à l'échelon communautaire, se poursuit jusqu'à la privatisation de la Seita en 1995. Avant que l'État français ne devienne un acteur majeur de la lutte contre le tabagisme, il a ainsi longtemps et massivement perçu les dividendes de la mort des « consommateurs-contribuables ».

Paul-Arthur Tortosa

Bibliographie

Éric Godeau, *Le tabac en France de 1940 à nos jours*, Sorbonne Université Presses, 2008.

Naomi Oreskes, Erik Conway, *Les marchands de doute. Comment une poignée de scientifiques ont masqué la vérité sur des enjeux de société tels que le tabagisme et le réchauffement climatique*, Le Pommier, 2012.

Robert N. Proctor, *Golden Holocaust. La conspiration des industriels du tabac*, Équateurs, 2014.

L'État français face à l'épidémie de sida : des mensonges par omission ?

Vendredi 10 septembre 2021 : Agnès Buzyn, ex-ministre de la Santé, est mise en examen pour mise en danger de la vie d'autrui. En cause : son rôle dans la gestion des premiers mois de l'épidémie de Covid-19. L'accusation est portée par la commission d'instruction de la Cour de justice de la République (CJR). Cette institution a été créée en 1993 pour permettre le jugement de membres de gouvernement dans l'exercice de leur fonction, dans un contexte où des ministres socialistes étaient accusés de la mauvaise gestion… de l'épidémie de sida. Cette dernière, frappant le monde occidental à partir des années 1980, a en effet durablement affecté la confiance de la population française envers son gouvernement dans le domaine de la santé publique. Deux dossiers cristallisent les accusations qui émergent à cette époque et permettent d'interroger la notion de mensonge d'État « par omission ». Premièrement, le scandale du sang contaminé, avec le paradoxe de ministres jugés responsables (politiquement), bien que non reconnus coupables (juridiquement) de mensonge. Deuxièmement, la dénonciation de la faiblesse des campagnes de sensibilisation vis-à-vis du sida dans les années 1980 et 1990, autour du slogan « silence = mort ».

Le scandale du sang contaminé : l'État « responsable mais pas coupable » ?

« Je me sens profondément responsable ; pour autant, je ne me sens pas coupable. » Georgina Dufoix, ministre des Affaires sociales sur TF1 le 4 novembre 1991.

Le 15 avril 1991, *L'Événement du jeudi* indique qu'il y a eu « distribution consciente de produits sanguins contaminés ». L'article évoque une réunion tenue au Centre national de la transfusion sanguine (CNTS) le 29 mai 1985, au cours de laquelle neuf médecins et scientifiques du CNTS prennent note de la contamination au VIH de produits sanguins destinés aux hémophiles, et décident du « non-blocage et non-rapatriement *a posteriori* » des lots. Les experts justifient leur décision en arguant que c'est à leur autorité de tutelle – l'État – de prendre ses responsabilités et d'assumer le coût énorme que représenterait la destruction des lots contaminés. Pour le grand public, c'est un véritable choc : le CNTS, géré par des médecins et soutenu par l'État, a choisi de distribuer des produits dangereux pour des motifs strictement économiques, sans prévenir les hémophiles des risques encourus. Pire encore : dès 1987, la Direction générale de la santé estime qu'au moins la moitié des hémophiles sont contaminés, mais elle ne met en place aucune action de prévention, laissant les personnes contaminées dans l'ignorance de leur statut sérologique, mettant en danger leurs partenaires.

Après la presse, la justice. En 1992, deux cadres du CNTS sont condamnés à de la prison ferme pour « tromperie sur les qualités substantielles d'un produit » : ce n'est pas la contamination qui est sanctionnée, mais le mensonge sur les risques sanitaires que représentaient les produits sanguins. Un second procès s'ouvre en 1994 :

il concerne cette fois une trentaine de personnes et voit l'apparition de qualifications criminelles, notamment l'accusation d'empoisonnement. Le scandale finit par toucher le sommet de l'État, avec la mise en cause de la ministre des Affaires sociales et de la Solidarité Georgina Dufoix et du secrétaire d'État à la Santé de l'époque, Edmond Hervé, mais aussi du Premier ministre Laurent Fabius, jugés en 1999. Au terme d'un marathon judiciaire la Cour de cassation confirme cependant en 2003 un non-lieu généralisé. Sur le plan juridique, le gouvernement sort donc indemne du « scandale du sang contaminé », mais pas sur le plan politique. D'une part, la confiance de la population en l'institution médicale est durablement affaiblie. D'autre part, si aucun membre du gouvernement n'est finalement condamné, la Constitution a été modifiée en 1993 pour rendre possible la traduction en justice de ministres, avec la création de la Cour de justice de la République.

Si le scandale du sang contaminé résulte de la dissimulation par quelques acteurs de la dangerosité de produits sanguins, il a également des causes systémiques. En arrivant au pouvoir, la gauche a investi massivement dans l'industrie du sang en anticipant l'ouverture du marché européen prévu pour 1992. Cependant, si les capacités de production de dérivés sanguins se développent rapidement, les dispositifs de sécurité sanitaire ne suivent pas, et le CNTS se trouve incapable de tester efficacement tous les lots produits au moment où la possibilité d'une transfusion par voie sanguine du VIH est établie. Conscient de ce danger, le CNTS aurait pu choisir d'importer massivement des produits sanguins venant des États-Unis, où les capacités de test étaient bien plus développées. Cependant, cette option aurait représenté un coût important, mais aussi un terrible aveu d'échec : une immense usine de production de produits sanguins venant tout juste d'être inaugurée aux Ulis (91), importer des produits états-uniens aurait signifié reconnaître que ce coûteux projet industriel était inadapté avant même son lancement. La prééminence des intérêts économiques sur la logique de santé publique et la volonté de ne pas

« perdre la face » ont donc conduit à la dissimulation de la dangerosité de produits sanguins pour hémophiles, un mensonge qui a coûté la vie à plusieurs milliers de personnes. Pour le qualifier au mieux, la juge Marie-Odile Bertella-Geffroy rejette l'opposition juridique classique entre l'homicide intentionnel et l'homicide involontaire au profit de la notion de « mise en danger d'autrui consciente bien que non intentionnelle » qui sera reprise dans d'autres crises sanitaires, comme celles de l'amiante ou de la vache folle.

« Silence = mort » : quand se taire, c'est tuer

« Silence = Death » écrit en blanc sur fond noir, surplombé d'un triangle rose : ce poster réalisé par des activistes new-yorkais à la fin des années 1980 est probablement l'image la plus célèbre des premières mobilisations de personnes vivant avec le VIH. Rapidement repris par les organisations françaises, le slogan « silence = mort » pointe du doigt la responsabilité des pouvoirs publics dans la propagation du VIH. Il souligne le lien inextricable qui existe entre circulation de l'information et circulation du virus : ne pas parler, ou ne pas parler assez du sida, c'est laisser la population dans un état de relative ignorance augmentant la probabilité de conduites à risque et ainsi la propagation de l'agent pathogène. En période d'épidémie mortelle, ce qui est tu tue : en raison de son mensonge par omission, clament les militants d'AIDES et d'Act Up, l'État a du sang sur les mains.

La faiblesse des campagnes de sensibilisation publiques sur l'épidémie de sida s'explique par plusieurs facteurs. Premièrement, le marasme général dans lequel se trouve la santé publique en France, « mi-ignorée, mi-méprisée », avec un système de santé où le soin l'emporte largement sur la prévention. Ensuite, le fort tabou sur la sexualité gêne le gouvernement dans la communication sur une maladie vénérienne, reproduisant un problème déjà rencontré dans la lutte contre la syphilis auparavant. Le tabou est renforcé par le fait que les populations les plus touchées sont des groupes sociaux marginalisés ou discriminés : les hommes gay, les travailleuses du sexe, les toxicomanes. Cette situation favorise l'émergence de discours stigmatisants, allant de la rhétorique des victimes responsables de leur sort par leurs pratiques déviantes à celle de la punition divine de la corruption morale, et l'expression « cancer gay » persiste après la création de l'acronyme SIDA. Ce dernier est par ailleurs détourné en « Socialisme, Immigration, Drogue, Affairisme » par une célèbre affiche du Front national, le parti de Jean-Marie Le Pen attaquant avec virulence ceux qu'il appelle les « sidaïques ». De même, la surexposition de certains groupes sociaux favorise le développement d'un trompeur sentiment d'invulnérabilité chez de nombreuses personnes qui ne s'estiment pas concernées par le VIH qui ne menacerait que « les autres ». Cela entraîne la multiplication des conduites à risque, comme les rapports non protégés, notamment au sein de la population hétérosexuelle, pourtant touchée par le virus.

Ainsi, le silence et le tabou sur la maladie ralentissent la diffusion des connaissances scientifiques sur la maladie : en 2001, un quart de la population pensait encore que le VIH pouvait être transmis par une piqûre de moustique. Cette ignorance renforce l'isolement et la marginalisation des malades qui peinent à conserver ou obtenir un logement ou un travail, ce qui double la maladie de la solitude, et compromet leur accès aux traitements. La lutte pour l'information est donc à la fois une lutte médicale pour la vie biologique, mais aussi une lutte sociale pour la vie digne, comme l'expriment les derniers mots des Principes de Denver (rédigés par des personnes vivant avec le VIH en 1983) : « nous avons le droit de mourir… et de VIVRE… dans la dignité ». Dans cette perspective, les actions qui éduquent la population sur les modes de transmission du virus visent à combattre la circulation du VIH, mais aussi la stigmatisation des personnes séropositives. La lutte pour la vie passe donc par l'éducation de la population. C'est dans ce contexte que s'inscrivent des actions spectaculaires comme les « die-in » (un sit-in où les participants feignent d'être morts) ou encore l'encapotage de l'obélisque de la Concorde par des militants d'Act Up à l'occasion de la Journée mondiale de lutte contre le sida, le 1er décembre 1993. Au-delà des actions médiatiques, un important travail de terrain est réalisé par les associations pour aller à la rencontre des populations les plus exposées et les aider à réduire les risques (utilisation de préservatifs, de seringues jetables, etc.). Si le film *120 battements par minutes* (2017) a contribué à la construction d'une mémoire positive de l'association, la situation est nettement plus ambiguë dans les années 1990, où deux récits s'opposent : d'un côté, la dénonciation de l'inaction criminelle de l'État dont le mensonge par omission tue les malades, de l'autre la méfiance vis-à-vis d'une association jugée communautariste et provocatrice.

L'épidémie de sida marque un moment-clé dans l'histoire des mensonges d'État, en particulier des mensonges par omission. Contrairement à l'épidémie de Covid-19 où les reproches adressés au gouvernement portent principalement sur ce qui a été dit, notamment le célèbre « le masque bleu ne protège de rien » d'Agnès Buzyn en janvier 2020, ce qui est reproché à l'État lors de l'épidémie de sida est avant tout ce qui a été tu, soit pour préserver des intérêts économiques, soit en raison du tabou qui porte sur la santé sexuelle, notamment des populations marginalisées.

Paul-Arthur Tortosa

Bibliographie

Peter Baldwin, *Disease and Democracy. The Industrialized World Faces AIDS*, University of California Press, 2007.

Christophe Broqua, *Agir pour ne pas mourir ! Act Up, les homosexuels et le sida*, Presses de Sciences Po, 2005.

Nicolas Dodier, *Leçons politiques de l'épidémie de sida*, Éditions de l'EHESS, 2003.

Steven Epstein, *Impure Science. AIDS, Activism, and the Politics of Knowledge*, University of California Press, 1998.

Emmanuelle Fillion, *À l'épreuve du sang contaminé. Pour une sociologie des affaires médicales*, Éditions de l'EHESS, 2009.

Olivier Maurel, Michel Bourrelly, *Une histoire de la lutte contre le sida*, Nouveau Monde éditions, 2021.

Lion Murard, Patrick Zylberman, « Mi-ignoré, mi-méprisé : le ministère de la santé publique, 1920-1945 », *Les Tribunes de la santé*, 2003/1.

Des algues vertes mortelles

28 juillet 2009, plage de Saint-Michel-en-Grève (Côtes-d'Armor). Cet été-là, comme c'est le cas depuis des décennies, une couche de laitues de mer (*Ulva lactuca*) recouvre le sable. Communément appelées « algues vertes », elles sont jugées d'autant plus disgracieuses par les riverains et les touristes qu'en se décomposant elles empuantissent l'air d'une odeur d'œuf pourri. Ce jour-là, on dépasse la simple nuisance olfactive ou esthétique. Soudain, un cheval s'effondre et son cavalier, lui aussi pris d'un malaise, est secouru par un témoin et transporté inconscient à l'hôpital de Lannion d'où il ressort quelques jours plus tard.

Les médias nationaux s'intéressent à l'affaire, les politiques également et font le voyage jusqu'à Saint-Michel-en-Grève. François Fillon, alors Premier ministre, est accompagné de pas moins de trois membres de son gouvernement : Chantal Jouanno (Écologie), Bruno Le Maire (Agriculture) et Roselyne Bachelot (Santé). Le message se veut clair : après des années d'atermoiements locaux et de controverses scientifiques contre-productives, l'État prend les choses en main. Fort d'une expertise scientifique destinée à trancher les débats, un plan de lutte contre la prolifération des algues vertes est lancé. Preuve en est, en 2010, l'inauguration des installations de traitement des algues vertes à Launay-Lantic (Côtes-d'Armor) par Chantal Jouanno et Bruno Le Maire.

Vu sous cet angle, un tel épisode montrerait la capacité de l'État à agir au nom de l'intérêt général par-delà les incertitudes scientifiques et les particularismes locaux. S'en tenir aux conclusions rassurantes de la communication gouvernementale serait malheureusement bien insuffisant. Il est parfois dit que les pouvoirs publics n'aimeraient pas les controverses scientifiques. Les incertitudes, le principe de précaution, les causalités complexes qu'il serait difficile d'expliquer aux électeurs et aux administrés, tout cela entraverait la prise de décision, ralentirait les projets, obligerait à prendre en compte le temps long. Est-ce vraiment le cas ?

Les marées vertes sont un objet politique et scientifique paradoxal : nul ne peut nier leur existence et il faudrait beaucoup de mauvaise foi pour ne pas reconnaître qu'elles constituent une nuisance olfactive de premier ordre. Pourtant, durant des décennies, les pouvoirs publics minimisent le problème et, quand la pression se fait trop forte, prétendent prendre les mesures qui s'imposent sans que les discours soient suivis d'effets. Il serait trompeur de voir dans cette inertie le fruit des incertitudes nées des controverses scientifiques qui paralyseraient l'action publique. Ce qui se joue, fondamentalement, autour des algues vertes, c'est la longue connivence des pouvoirs publics avec les acteurs du productivisme agricole en place en Bretagne depuis les années 1960.

Dès 1971, on retrouve la trace d'échanges au conseil municipal de Saint-Michel-en-Grève autour d'un phénomène nouveau : des algues vertes s'amoncellent sur la plage de la commune et ce n'est pas bon pour le tourisme. Les services préfectoraux sont interrogés et, après avis de la direction départementale des affaires sanitaires et sociales (DDASS), se veulent rassurants : rien de plus naturel que ces laitues de mer qui sont d'ailleurs comestibles. Si leur décomposition génère une odeur gênante, il suffit d'en assurer le ramassage périodique. Pourtant, le phénomène persiste et se répand et, dès 1977, une première étude de l'Institut scientifique et technique des pêches maritimes (l'ancêtre de l'Ifremer) observe que les algues prolifèrent dans les baies semi-ouvertes où débouchent des fleuves côtiers.

Face à l'inertie des pouvoirs publics, les associations de protection de la nature et de l'environnement se mobilisent. C'est le cas d'Eau et Rivières de Bretagne, qui ne se contente pas de déplorer les marées vertes mais qui souligne également la responsabilité du modèle productiviste breton et tout particulièrement des élevages hors-sol qui se multiplient depuis les années 1960. Le lisier, soit les déjections des centaines d'animaux rassemblés dans les exploitations, est alors épandu dans les champs pour servir d'engrais. Le problème vient des quantités produites et de sa composition : l'azote qu'il contient se transforme en nitrate qui ruisselle dans les cours d'eau jusqu'à l'océan. C'est là, dans les baies, que ces nutriments en excès conduisent à la prolifération des algues. De leur côté, les partisans du modèle agricole productiviste désignent un autre coupable : le phosphore rejeté par les pôles urbains et qui présente, incidemment, l'intérêt de les exonérer de leurs responsabilités.

Or, durant toutes ces années, les pouvoirs publics ne se contentent pas de demeurer perplexes devant une controverse scientifique sur laquelle ils n'auraient pas prise. Dans les années 1990 et 2000, alors que les collectivités locales s'émeuvent des charges financières croissantes et du déficit d'image induits par ces marées vertes, les services de l'État font montre d'une singulière mauvaise volonté dans l'application de la législation européenne sur la protection de l'eau. En 2009, la cour administrative d'appel de Nantes en dresse l'historique à la faveur d'une condamnation de l'État pour carence fautive[1].

Les programmes d'action portant sur les zones vulnérables doivent être établis au plus tard le 19 décembre 1995 ? Dans les Côtes-d'Armor, ce sera en décembre 1997 et dans le Finistère en décembre 1998. Le 8 mars 2001, la Cour de justice des Communautés européennes condamne la France pour manquement aux obligations édictées par la directive sur la qualité des eaux potables ? Ce n'est qu'en août 2007 qu'un décret impose une réduction de 30 % des apports d'azote épandus dans les bassins versants concernés dans ces départements bretons. Il en va de même pour la propension des autorités préfectorales à négocier avec la profession agricole les normes à appliquer pour ces élevages hors-sol alors que le code de l'environnement de 1976 donne tous les pouvoirs nécessaires aux préfets pour intervenir en cas de danger pour

1. Décision de la cour administrative d'appel de Nantes, n° 07NT03775, 1er décembre 2009.

la santé, la salubrité publique et l'environnement. La cour administrative d'appel de Nantes en conclut que le non-respect des normes européennes et internes a pour conséquence directe la pollution par les masses d'algues vertes. En l'occurrence, la controverse scientifique a servi aux pouvoirs publics à justifier leur inertie.

La mort du cheval sur la plage de Saint-Michel-en-Grève change la donne en contraignant les pouvoirs publics à reconnaître que les algues vertes sont non seulement une nuisance regrettable mais constituent également un danger pour les populations. Au gouvernement, on date cette prise de conscience de 2009, lorsque Chantal Jouanno commande un rapport à l'Ineris (Institut national de l'environnement industriel et des risques) qui souligne que la décomposition des algues suscite la production d'un gaz particulièrement toxique : l'hydrogène sulfuré[1]. En réalité, cette séquence politique et médiatique conduit avant tout à lever le voile sur la succession d'accidents et parfois de drames qui se sont produits de longue date sur les plages bretonnes[2].

En 1989, un joggeur de 27 ans est retrouvé mort au milieu des algues ; si une asphyxie par les gaz est suspectée, aucune recherche des causes de la mort n'est réellement effectuée. Dix ans plus tard, c'est un ramasseur d'algues qui perd connaissance dans sa tractopelle. Il passe cinq jours dans le coma, ce qui conduit le Dr Philippe, de l'hôpital de Lannion, à signaler la situation à la DDASS, sans suite. Le 22 juillet 2009, Thierry Morfoisse, transporteur d'algues, fait une crise cardiaque et meurt dans son camion alors qu'il transportait pour la troisième fois de la journée une cargaison d'algues vertes. Parce qu'il ne survient pas sur la plage, ce drame ne suscite pas, dans un premier temps, l'intérêt des médias tandis que les pouvoirs publics ne communiquent sur la question qu'en septembre : les expertises qui sont alors menées soulignent que les lésions observées sur le cœur du défunt sont compatibles

1. Isabelle Zdanevitch, Karine Adam, Anne-Sophie Clincke, *Algues vertes. Description des phénomènes et procédés et enjeux de maîtrise des risques*, 2010.
2. Inès Léraud, Pierre Van Hove, *Algues vertes, l'histoire interdite*, 2019.

avec une exposition massive à l'hydrogène sulfuré. En l'espèce, le plan de communication gouvernemental, François Fillon bottes aux pieds annonçant l'intervention de l'État, occulte ces différents épisodes qui, en Bretagne même, étaient peu médiatisés voire occultés par des collectivités locales peu enclines à voir leur image entachée.

2009 marque donc un tournant médiatique et politique sur le dossier des marées vertes. Signifie-t-il la fin programmée du phénomène, du danger et des nuisances qui lui sont associés ? De fait, depuis lors, les procédures de ramassage des algues sont plus encadrées pour assurer la sécurité des travailleurs et, le long des plages, des panneaux ont fleuri pour mettre en garde les promeneurs. En 2016, cependant, un joggeur trouve la mort dans une vasière et, à ce jour, l'enquête est toujours en cours pour déterminer la cause du décès.

Par ailleurs, dans ce dossier, l'inertie politique a la vie dure, comme l'atteste un rapport de la Cour des comptes de 2021 portant sur les plans de lutte contre les algues vertes mis en œuvre depuis 2010[1]. À ses yeux, il s'agit d'une politique aux objectifs mal définis et aux effets incertains du fait de soutiens financiers insuffisants de la part de l'État et d'une connivence qui persiste avec les tenanðts du modèle productiviste breton. Le rapport de la Cour des comptes relève ainsi que les groupes industriels ne sont pas impliqués dans ces actions et que, sur le terrain, les contrôles dans les exploitations sont en recul de 73 % depuis 2010. En novembre 2022, un nouveau plan est annoncé pour la période 2022-2027. Reste à savoir s'il sera de nature à infléchir plusieurs décennies d'inertie, de déclarations d'intention et, *in fine*, de soutien objectif à un modèle productiviste dont les algues vertes ne sont qu'une des manifestations les plus spectaculaires.

Alexis Vrignon

1. Cour des comptes, *La politique publique de lutte contre la prolifération des algues vertes en Bretagne*, 2021.

Bibliographie

Inès Léraud, Pierre Van Hove, *Algues vertes, l'histoire interdite*, La Revue dessinée/Delcourt, 2019.
Isabelle Zdanevitch, Karine Adam, Anne-Sophie Clincke, *Algues vertes. Description des phénomènes et procédés et enjeux de maîtrise des risques*, Ineris, 2010.
Cour des comptes, *La politique publique de lutte contre la prolifération des algues vertes en Bretagne*, 2021.

Le numerus clausus : de solution indicible à bouc émissaire ? (1971-2019)

Créé en 1971, le numerus clausus, c'est-à-dire la limitation par les autorités publiques du nombre de personnes admises à intégrer les études de santé, a été supprimé officiellement par la loi Santé de 2019. L'histoire de ce dispositif, critiqué de toutes parts à partir des années 2000, est celle d'un double mensonge d'État : celui d'une rupture dissimulée, puis celle d'une continuité maquillée en révolution. Alors que la loi Faure de 1968 interdit la sélection à l'université, la loi de 1971 la rétablit de fait, sans pour autant que le gouvernement le reconnaisse officiellement. En 1979, toujours dans une relative discrétion, le gouvernement renforce la sélection dans les études de santé, et le nombre de places pourvues pour les étudiants y est divisé par deux. Alors que le spectre d'une pénurie de soignants plane sur la France, la loi Santé de 2019 supprime officiellement le numerus clausus et le gouvernement communique largement sur ce qui était une promesse de campagne. Pourtant, cette loi s'inscrit dans la continuité des politiques d'augmentation du recrutement dans les études de santé entreprises dès le début des années 2000. Elle marque un retour au système de 1971 plus qu'à une fin des quotas pour les études de santé.

« Un concours qui ne dit pas son nom » (1971-1979)[1]

Août 1968 : le gouvernement français annonce la suppression de l'externat. Cela signifie que l'ensemble des étudiants en santé recevront désormais des responsabilités hospitalières à partir de leur quatrième année, ce qui n'était le cas auparavant que pour les lauréats du concours éponyme. La rupture est d'autant plus importante que, avec la fin de la sélection, le nombre d'étudiants connaît alors une très forte augmentation, passant d'environ 35 000 à près de 60 000 entre 1963 et 1968. Cette mesure suscite l'hostilité immédiate du Syndicat autonome des enseignants de médecine (SAEM), fondé à la fin du mois de mai 1968 et souhaitant rétablir « l'ordre » dans les facultés après les « événements ». Le SAEM veut éviter qu'une « armée de médecins aux pieds nus » en vienne à accepter une « étatisation de la médecine », et il est rapidement soutenu par l'ordre des médecins et la Fédération des médecins de France, qui craignent que l'augmentation du nombre d'étudiants dans les services hospitaliers entrave le travail des médecins et donne une image peu sérieuse à leurs établissements, ce qui ferait fuir une partie de leur patientèle dans le privé[2]. Ce discours est également soutenu par le Syndicat national des médecins, chirurgiens et biologistes des hôpitaux publics, qui représentait environ 80 % des effectifs hospitaliers dans les années 1960, mais encore par la Fédération hospitalière de France (FHF), association rassemblant les directeurs et administrateurs des hôpitaux publics, parmi lesquels on compte de nombreux hommes politiques. Outre les contacts de la SAEM, c'est le réseau de la FHF qui permet à la mobilisation de recevoir des soutiens dans le monde politique, notamment à la Direction du Budget, inquiète de l'augmentation des dépenses de santé. Un obstacle de taille se trouve cependant sur leur route :

1. Marc-Olivier Déplaude, « Le concours qui ne disait pas son nom. L'invention du numerus clausus de médecine (1968-1979) », *Sociologie*, 10(2), 2019, p. 179-186.
2. Marc-Olivier Déplaude, « Instituer la "sélection" dans les facultés de médecine. Genèse et mise en œuvre du numerus clausus de médecine dans les années 68 », *Revue d'histoire de la protection sociale*, 2(1), 2009, p. 79-100.

la loi Faure de 1968 sur l'enseignement supérieur, votée à la suite des événements du mois de mai, interdit toute sélection à l'entrée de l'Université. Afin de satisfaire les revendications du monde médical sans pour autant donner l'impression de revenir sur un texte à peine voté, le gouvernement choisit de mettre en place une sélection qui ne dit pas son nom.

La loi du 12 juillet 1971, communément désignée comme celle instituant le principe du numerus clausus, évite ainsi méthodiquement tout emploi des termes « sélection » ou « numerus clausus ». Elle se contente en effet d'indiquer que chaque année « le nombre des étudiants susceptibles d'être accueillis pour leur formation clinique et pratique dans les services hospitaliers » sera fixé par arrêté. Le texte précise que ce nombre sera calculé en fonction des capacités formatrices des hôpitaux, ce qui présente un double avantage. Tout d'abord, ce dispositif garantit le soutien des universités en leur conférant la liberté de fixation de la capacité de formation. Cette dernière est en effet dispensée dans les centres hospitaliers et universitaires (CHU), fondés par l'ordonnance Debré de 1958. Ensuite, le fait de définir le nombre d'étudiants en fonction des capacités de formation plutôt que des « besoins de la population » permet d'avoir un étalon bien moins discutable par d'éventuels opposants. Ainsi, à peine interdite, la sélection refaisait donc son entrée par la petite porte. Dans le plus grand des silences, le gouvernement revenait sur un des acquis de Mai 68 en instaurant un « concours qui ne disait pas son nom ».

Le numerus clausus : vrai coupable ou bouc émissaire ? (1979-2019)

Dans les années 1970, le numerus clausus reste à un niveau relativement élevé, et les dépassements sont fréquents, atteignant plus de 20 % dans de nombreuses universités. Ces derniers doivent cependant rester discrets, car toute remise en question aurait relancé le débat sur la légitimité de la mesure. Or la priorité du gouvernement était « de faire accepter publiquement la nouvelle règle du jeu, au prix d'une certaine latitude dans son application[1] ». En 1976, un rapport de l'Inspection générale des affaires sociales pointe cependant du doigt l'importance des dépenses de santé, qui grèvent le budget de l'État. L'année suivante, Simone Veil, ministre de la Santé, estime que la France a trop de médecins, et propose une réduction du numerus clausus, autour de 6 000 étudiants par an. Cette volonté de réduire le nombre de praticiens se traduit, en 1979, par une nouvelle loi visant à « adapter la médecine, en quantité et en qualité aux besoins de la population ». Ce texte donne toute compétence aux ministères de la Santé et des Universités pour fixer le nombre d'étudiants en médecine admis en deuxième année, supprimant le pouvoir d'appréciation de la loi de 1971. Alors que près de 10 000 étudiants étaient admis chaque année dans la seconde moitié des années 1970, le numerus clausus diminue fortement pour atteindre 3 500 en 1993, et reste en dessous de 4 000 jusqu'en 2000.

Dans la décennie 2000, on reproche au numerus clausus d'être inefficace pour garantir la qualité des soignants, car il est contourné par les praticiens ayant fait leurs études hors de France (environ 15 % du total). La principale critique qui lui est adressée est cependant de créer artificiellement une pénurie de soignants. Outre la pénurie en valeur absolue, c'est la multiplication des « déserts médicaux », ces zones, généralement rurales, dépourvues de soignants, qui inquiète. Pour pallier ce problème, les effectifs du numerus clausus sont largement augmentés dès le début du XXIe siècle, passant d'environ 4 000 places en 2000 à 7 400 en 2009 et 8 205 en 2018. Cette hausse significative permet de retrouver des valeurs comparables à celles des années 1970, avec une population supérieure cependant (la population française passe de 50 à 60 millions entre 1970 et 2000). Les effets de cet élargissement du numerus clausus ne peuvent se faire sentir qu'une fois que les étudiants ont terminé leurs études, et compensent

1. Marc-Olivier Déplaude, « Instituer la "sélection"… », art. cité, p. 96.

à peine les départs à la retraite massifs des générations formées dans les années 1960 et 1970.

En 2017, Emmanuel Macron, alors candidat à l'élection présidentielle, s'engage à en finir avec le numerus clausus. Ce système est jugé à la fois « inefficace et injuste » par l'homme politique qui, une fois élu, est fidèle à sa parole et supprime officiellement le système tant décrié par la loi Santé de l'été 2019[1]. Cette mesure est présentée comme une rupture importante, qui permettra à terme de régler le problème de la pénurie de médecins en France. Mais si l'on peut parler de « révolution », c'est davantage dans son acception astronomique de retour à une position antérieure que dans le sens commun de rupture majeure. La loi de 2019 apparaît comme le miroir inversé de celle de 1971. En 1971, le gouvernement réintroduisait la sélection, interdite depuis peu, sans pouvoir l'assumer publiquement. En 2019, le gouvernement communique largement la suppression du numerus clausus, alors que la réalité est plus nuancée. En effet, la loi de 2019 indique que le nombre de médecins à former sera désormais décidé au niveau régional, en fonction à la fois des besoins des territoires mais aussi des capacités d'accueil des universités, ce qui n'est pas sans rappeler le système de 1971. Si le système d'établissement de quotas par les ministères de la Santé et des Université est supprimé, cela ne veut pas pour autant dire que les études de santé ne sont plus sélectives. En raison du besoin accru de professionnels de santé, les recrutements augmentent, mais les facultés, en partenariat avec les agences régionales de santé, continuent d'admettre un nombre limité de candidats au terme de ce qui est présenté comme un « examen » et non plus un « concours ». Curieux examen cependant, que celui qui ne peut être réussi que par un nombre défini par avance de candidats. En 2021, c'est un peu plus de 11 000 étudiants qui sont admis, contre 8 500 jusqu'alors. Cela représente une hausse importante, mais pas une révolution absolue, et qui surtout ne fait que confirmer une

1. Interview au journal *Ouest France*, 18 avril 2017.

tendance déjà bien amorcée depuis l'an 2000, alors que le système du numerus clausus était encore en place. Par ailleurs, l'augmentation des recrutements n'est pas à même à elle seule d'assurer la répartition des médecins sur le territoire. En effet, la majorité des praticiens s'installent dans la région de leur diplôme, c'est-à-dire dans la région où ils ont réalisé leur troisième cycle d'études, alors que les quotas régionaux sont établis pour le recrutement en première année.

Mis en place en 1971, le numerus clausus est instauré dans le plus grand des silences, car il rétablit la sélection à l'Université, pourtant interdite trois ans plus tôt. Pour éviter que la contestation ne soit trop forte, le quota d'étudiants admis est fixé par les universités, en partenariat avec les CHU, et déterminé en fonction des capacités de formation. En 1979, inquiet de l'augmentation des dépenses de santé, le gouvernement prend la main sur le numerus clausus, qui chute fortement jusque dans les années 2000, avant de repartir à la hausse face à la pénurie de médecins. Accusé de tous les maux, dont il n'était pourtant pas nécessairement responsable, il est supprimé en 2019, et son abolition fait l'objet d'une importante communication politique. Pourtant, si la loi de 2019 met fin à celle de 1979, elle consiste davantage à un retour au « premier » numerus clausus instauré par la loi de 1971 qu'au retour au système des années 1960. Son effet sur la pénurie de médecins sera au mieux tardif, et son influence sur la réduction des déserts médicaux probablement maigre.

Paul-Arthur Tortosa

Bibliographie

Lionel Collet, « Numerus clausus et accès aux études de médecine : bases juridiques », *Les Tribunes de la santé*, 59 (1), 2019, p. 47-61.

Le scandale du chlordécone

Le samedi 27 février 2021, plusieurs milliers de personnes se réunissent dans les rues de Fort-de-France, en Martinique[1]. Au son des tambours et des conques de lambi, elles viennent délivrer un message à l'État: « Non à l'impunité », face à la menace de prescription qui pèse sur le dossier Chlordécone. Cette affaire judiciaire commence en 2006, lorsqu'un consortium d'associations de Guadeloupe et de Martinique dépose plainte[2] contre l'État, notamment pour « empoisonnement » au chlordécone, pesticide classé parmi les « polluants organiques persistants » (dits POP[3]), aussi appelés « polluants éternels ». Utilisé dans les bananeraies des Antilles françaises, officiellement de 1972 à 1993, il est ainsi à l'origine d'un scandale sanitaire et environnemental de grande ampleur. Pourtant, treize ans après l'instruction du dossier par des juges parisiens, la nouvelle de la possible prescription, et donc du non-lieu, arrive aux oreilles des associations auditionnées. Dans la rue ce jour-là, les panneaux exigent justice et réparation. Une interrogation, martelée par les personnes qui manifestent, en appelle à l'histoire coloniale et esclavagiste de ces deux îles: un tel empoisonnement aurait-il pu se produire dans l'Hexagone? C'est bien la question de l'égalité de citoyenneté des hommes et des

1. Entre 10 000 et 15 000 personnes selon les organisateurs et organisatrices, 5 000 selon la police.

2. Il ne s'agit pas de la seule plainte déposée dans le cadre de ce dossier. Une plainte est déposée par deux associations en 2019 auprès du procureur de Paris pour violation des obligations de conservation d'archives publiques, détournement d'archives publiques, corruption active et recel. En 2020, le tribunal administratif de Paris est saisi par plus de 1 200 personnes pour préjudice moral d'anxiété, et reconnaît des « négligences fautives » sans toutefois permettre d'indemnisation. En 2021, une plainte est déposée par l'Amses contre cinq anciens ministres, estimant qu'« ils avaient contribué dans l'exercice de leur fonction à la contamination des terres et de la population » ; une autre plainte est déposée à l'encontre de ces ministres pour faux témoignage – ces deux plaintes sont déclarées irrecevables.

3. Particulièrement nocifs pour la santé et l'environnement, ils font l'objet de plusieurs réglementations internationales, telles que le protocole d'Aarhus signé en 1998, et la convention de Stockholm, signée en 2001.

femmes dont le sang présente pour plus de 90 % d'entre eux des traces de chlordécone qui se pose lorsque l'on parle de ce pesticide.

Une histoire d'autorisations et de dérogations

Un produit toxique aux États-Unis dès les années 1970…

L'histoire tumultueuse du chlordécone débute aux États-Unis. Développé par Allied Chemical en 1951, il est d'abord fabriqué sous le nom commercial de Kepone et obtient l'autorisation de mise sur le marché en 1958. Allied Chemical passe contrat en 1974 avec l'entreprise Life Science, à Hopewell, en Virginie. Dès 1963, les premières études, réalisées sur des souris, témoignent de la toxicité de la molécule. Rapidement, la trentaine d'ouvriers de l'usine souffrent d'un ensemble de symptômes (tremblements, perte de poids, douleurs de poitrine…), qu'ils appellent entre eux les « *Kepone Shakes* ». En juin 1975, un premier ouvrier diagnostiqué d'empoisonnement au Kepone est hospitalisé, il souffre de lésions au foie, à la rate et de stérilité. Quelques semaines plus tard, un épidémiologiste d'État inspecte l'usine, qui ferme immédiatement ses portes. À la fin de l'année, une grande partie du personnel et de leurs familles est hospitalisée, et quatorze ouvriers diagnostiqués stériles. Les déchets industriels de l'usine, jusque-là rejetés dans la rivière James, entraînent une interdiction de la pêche et une réglementation agricole spécifique. L'État fédéral attaque en justice l'entreprise Allied Chemical et son sous-traitant Life Science, ainsi que la ville de Hopewell[1]. Allied Chemical est condamné à verser une amende de 13,24 millions de dollars, dont huit millions serviront à la création d'une fondation de recherche. Enfin, la production du Kepone et son utilisation sont interdites sur le sol américain. Il en sera de même en Suède, en Allemagne de l'Ouest dès 1980, et en 1983 en Allemagne de l'Est.

1. Pour plus d'informations sur le cas d'Hopewell, voir les travaux de l'historien Gregory Wilson.

… autorisé malgré cela aux Antilles…

Les Antilles françaises représentent à elles seules un sixième des achats mondiaux de chlordécone sur toute sa période de commercialisation[1]. En effet, le scandale du chlordécone s'inscrit dans l'histoire esclavagiste et post-esclavagiste de la Martinique et de la Guadeloupe, basée sur un système agricole colonial de plantations. Au début du XXe siècle, quand les grandes familles de propriétaires terriens des Antilles françaises[2] sont frappées par la crise de la canne à sucre, émerge le développement d'une monoculture d'exportation de la banane Cavendish. Dans le contexte de la modernisation agricole d'après-guerre, l'augmentation de la productivité va de pair avec l'utilisation massive d'intrants chimiques. Les pesticides sont utilisés à tour de bras dans cette monoculture fortement sensible aux prédateurs. Pour remplacer un produit jugé moins efficace[3] dans la lutte contre le charançon du bananier, qui se loge dans la tige de la plante et en fragilise la base, le Kepone (nom commercial du chlordécone) fait l'objet de plusieurs demandes d'homologation en 1968. Or, le Comité d'étude des produits antiparasitaires à usage agricole[4] classe à cette époque le produit comme « toxique ». En janvier 1971, il se trouve rétrogradé comme « dangereux ». C'est en février 1972 que le ministre de l'Agriculture, Jacques Chirac, signe la première autorisation provisoire de vente d'une durée d'un an du Kepone à l'entreprise SEPPIC. Après l'interdiction du produit aux États-Unis, ce sont les stocks d'Hopewell[5] qui continuent à être écoulés jusqu'à ce qu'ils soient épuisés en 1980 – la commercialisation cesse. Or, cette année-là, les récoltes de bananes sont affectées par les cyclones Allen (1979) et David (1980). Cette situation donne un poids supplémentaire à la pression qu'exercent les planteurs pour poursuivre l'utilisation

1. Selon le rapport d'enquête de la commission parlementaire sur l'utilisation du chlordécone présidée par Serge Letchimy en 2019.
2. Appelées dans le langage courant « blancs créoles » ou « békés ».
3. L'hexachlorocyclohexane, dit HCH.
4. Ou Commission des Toxiques.
5. Lieu de production en Virginie du Kepone.

du chlordécone et en organiser l'importation. La société Vincent de Lagarrigue, dirigée par un planteur de Martinique, obtient l'autorisation provisoire de vente. Elle commercialise – sans pourtant avoir fourni la preuve de tests préalables – une nouvelle version du composé dès 1981, sous le nom de Curlone. Il est produit cette fois au Brésil. L'autorisation de mise sur le marché se fait donc au rythme de l'action des lobbys de la filière de la banane, pour un produit dont le Comité d'étude des produits antiparasitaires à usage agricole soulignait dès novembre 1969 « la toxicité à court terme et à long terme ». Les revendications ouvrières qui s'opposent dès 1974 à l'utilisation de pesticides sont fortement réprimées[1].

… jusqu'en 1993

En 1991, une directive de l'Union européenne[2] vise à harmoniser la mise sur le marché des produits phytopharmaceutiques. C'est dans l'anticipation de cette directive que les législateurs français commencent à réévaluer la dangerosité des produits autorisés[3]. C'est ainsi qu'en septembre 1989 la Commission des toxiques décide l'interdiction du Curlone. Pour autant, la filière de la banane négocie de pouvoir écouler ses stocks. L'utilisation légale du produit en Martinique et en Guadeloupe est prolongée pour deux ans via des dérogations, signées les 6 mars 1992 et 25 février 1993. En septembre 1993, l'interdiction totale et définitive de l'utilisation du produit est actée. Pourtant, aucune mesure n'est prise afin de contrôler l'utilisation illégale du produit. Des stocks sont d'ailleurs saisis jusqu'en 2002, année durant laquelle 9,5 t sont récupérées en Martinique, et 12 tonnes

1. Se référer à la grève de janvier-février 1974. Cette mobilisation est d'abord lancée dans une habitation du Lorrain par des ouvriers et des ouvrières de la banane qui exigent de meilleures conditions de travail (application de salaire minimum, protection des travailleurs vis-à-vis des produits toxiques). Elle s'étend à l'intégralité de l'île et une très large variété de secteurs économiques, et dénonce le chômage de masse et la vie chère. La répression violente de ce mouvement par les forces de l'ordre entraîne la mort de deux ouvriers.
2. Directive 91/414 du 15 juillet 1991.
3. Selon le rapport d'enquête de la commission parlementaire sur l'utilisation du chlordécone présidée par Serge Letchimy en 2019.

en Guadeloupe. Entre 1972 et 1993, 300 tonnes de cette poudre sont répandues autour des pieds de bananiers en Guadeloupe et en Martinique, à la main et sans protection par des ouvriers et ouvrières de la banane maintenus dans des conditions de vie et de travail extrêmement précaires.

Un scandale sanitaire et environnemental

La lente naissance d'un scandale

En 1977 et 1980, les rapports établis par Jacques Snegaroff pour l'Inra en Guadeloupe et son homologue Alain Kermarrec montrent une contamination au chlordécone de l'eau des rivières et de la faune qui y réside. Ils commencent à rendre visible la question aux yeux des services de l'État, sans qu'elle soit le sujet premier des études commandées. Il faut attendre 1999 pour que l'on parle véritablement de crise. Des captages d'eau potable sont analysés : on y trouve des concentrations en chlordécone parfois cent fois supérieures à la norme en vigueur. Des rapports sont commandés afin de faire le bilan et de trouver une solution de dépollution de l'eau potable. En 2002, le sujet commence à atteindre les oreilles des habitants de l'Hexagone. Un lot de patates douces en provenance de Martinique est saisi par la répression des fraudes de Dunkerque du fait de leur trop forte concentration en chlordécone. Ce fait divers est très mal vécu en Martinique, puisque le lot aurait été consommé sur l'île s'il n'était pas passé de l'autre côté de l'Atlantique. Une proposition de résolution pour lancer une commission d'enquête parlementaire est soumise dès l'année suivante, qui sera diligentée sous la forme d'une mission d'information parlementaire quelques années plus tard par Philippe Edmond-Mariette, député martiniquais. Sa publication en 2005 ne provoque que très peu de réactions sur la scène politique nationale.

Ce n'est qu'en 2007 que la controverse éclate à l'échelle nationale. Le professeur Belpomme, connu pour son travail de lanceur d'alerte parfois controversé, publie un rapport qui fait grand bruit dans lequel il assure que le chlordécone est à l'origine d'une « catastrophe sanitaire » et d'une quantité alarmante de cancers de la prostate. Il est rapidement décrédibilisé pour ses approximations, d'autant qu'il n'a pas consulté l'équipe constituée autour de Luc Multigner, épidémiologiste à l'Inserm, qui étudie les liens entre chlordécone et cancers de la prostate depuis 1999. Néanmoins, la question émerge dans les journaux télévisés hexagonaux et certaines personnalités politiques réagissent. Pendant ce temps-là, en mer, à terre, en rivière, dans les végétaux cultivés, dans les animaux d'élevage, dans le sang humain, on continue à détecter[1] le chlordécone. Vu l'ampleur de la contamination des poissons et des crustacés, la pêche en rivière est interdite, par la suite elle l'est sur certains pans du littoral. Les plans chlordécone successifs (nous en sommes au quatrième depuis 2008) établissent, sans démarche participative, la marche à suivre pour limiter l'exposition de la population au produit et les stratégies scientifiques à adopter pour comprendre ses conséquences sur la santé.

Science et défiance

Il ne suffit pas qu'il y ait pollution ou empoisonnement pour que cela devienne un problème aux yeux des autorités. Il faut établir la preuve du lien avec l'activité polluante et donner à voir un problème souvent invisibilisé. Or, l'incertitude est un élément commun à presque tous les scandales de pollution environnementale[2]. L'ignorance des dangers exacts sur la santé humaine de ces molécules est le produit de rapports de force, qui poussent les décideurs à fermer les yeux sur les savoirs disponibles sur le sujet au nom d'intérêts économiques[3] : il y a « production de l'ignorance ». C'est ce processus qui caractérise le mensonge gouvernemental au cœur de

1. Les laboratoires d'analyse en capacité de mesurer la molécule sont situés dans l'Hexagone, malgré les multiples revendications des associations et personnalités politiques locales pour que des infrastructures antillaises soient équipées et habilitées à le faire.
2. Voir Michael R. Reich, « Science, politique et environnement », 2013.
3. Voir Dedieu et Jouzel, 2015.

la contamination des Antilles au chlordécone. Dans un scandale de ce type, la construction sociale et politique de ce qui constitue le mensonge et la vérité (sur l'enchaînement des décisions prises concernant la qualification de ce qui est dangereux, toxique, et ce qui ne l'est pas) est au cœur d'une lutte de longue haleine de la part des collectifs de victimes mobilisés. Elle est notamment menée au tribunal. Dans le cas présent, il s'agit d'une exposition à faible dose, sur le temps long, qui constitue une « violence lente »[1]. Les dangers du chlordécone sur la santé humaine, en premier lieu sur celle des ouvriers et ouvrières chargés de l'appliquer, ont été ignorés. Il faut attendre les années 2000 pour que des travaux dans les Antilles en fassent l'inventaire : transmission de la molécule de la mère à l'enfant, sources principales de contamination par l'alimentation, liens entre cancers de la prostate et exposition (aujourd'hui avérés)[2], façon dont le chlordécone favorise les naissances prématurées et affecte le développement moteur des enfants en bas âge. Des associations se mobilisent, par exemple autour de la docteure Josiane Jos Pelage, afin d'exiger l'étude de l'impact du chlordécone sur la survenance de l'endométriose.

Quelle justice en territoire chlordéconné ?

Lorsque le scandale éclate et que les préfectures de la Martinique et de Guadeloupe s'en saisissent, les services de l'État adoptent des mesures de gestion des risques. Les agences, laboratoires et bureaux d'étude sont chargés de faire l'état des lieux des milieux contaminés, puis de rechercher des techniques de décontamination. La présence de la molécule dans les sols est d'abord évaluée à sept siècles, ce qui est aujourd'hui au cœur de nouveaux travaux. À partir de quelle quantité de chlordécone présente dans ce que l'on mange et l'on boit parle-t-on d'empoisonnement ? Cette question oppose associations

1. Voir Rob Nixon, *Slow Violence and the Environmentalism of the Poor*, 2011.
2. Les travaux réalisés autour de l'équipe du professeur Luc Multigner prouvent les liens entre exposition au chlordécone et augmentation du risque de prévalence du cancer de la prostate, ainsi que celui de récidive.

et décideurs. Certains collectifs revendiquent le « zéro chlordécone[1] » dans l'alimentation, soit l'exigence qu'aucune trace de cette molécule ne s'immisce davantage dans l'organisme. S'il s'agit d'un objectif global de long terme pour les autorités préfectorales, la politique actuelle fixe plutôt des limites maximales de résidus (LMR) sur les denrées cultivées, pêchées ou élevées, et formule des recommandations sur les cultures et l'élevage pour les respecter.

Il faut attendre plusieurs mois après la visite du président Emmanuel Macron en Martinique en février 2018 pour que la LMR sur toutes les denrées alimentaires d'origine animale soit abaissée à 0,20 mg/kg, telle que préconisée par l'Agence nationale de sécurité sanitaire de l'alimentation (Anses). Le « scandale environnemental » est enfin nommé par l'exécutif, quarante-trois ans après le scandale de Hopewell. Depuis décembre 2021, la reconnaissance du cancer de la prostate comme maladie professionnelle est actée. Cette procédure, très complexe et restrictive, ne répond pourtant pas aux revendications des collectifs mobilisés[2], pour qui circonscrire la catégorie de victimes d'empoisonnement aux ouvriers et ouvrières de la banane ne permet pas de rendre justice à l'intégralité d'un peuple exposé quotidiennement à une molécule cancérigène.

Le 1er décembre 2022, la demande de non-lieu est finalement déposée par les magistrats du pôle santé du parquet de Paris. Une énième fois, les rues foyalaises et pointoises voient défiler le 10 décembre les cortèges venus moins nombreux répéter les mêmes revendications. Faute de justice, les associations environnementales, mobilisées depuis des décennies sur la question des pesticides, poussent à se saisir

1. D'ailleurs, la mise en place de labels « Zéro chlordécone » est longue et complexe à concrétiser, malgré les promesses faites par les services de l'Etat depuis 2018 (voir le label développé par Parc Naturel Régional de la Martinique). Différents marchés coopératifs, fermes et associations imaginent donc leur propre protocole pour garantir le « Zéro chlordécone ».

2. Pour n'en citer que quelques-uns, le Collectif des ouvriers(es) agricoles empoisonnés(es) aux pesticides en Martinique ; Lyannaj pou dépolyé Matinik ; Lyannaj pou dépoliyé Gwadloup.

du chlordécone pour opérer une transition d'un système de monoculture postcolonial vers une agriculture locale sans intrants chimiques, axée sur le respect de la santé des femmes, des hommes et des organismes non humains qui habitent ces terres[1].

Justine Berthod

Bibliographie

François Dedieu, Jean-Noël Jouzel, « Comment ignorer ce que l'on sait ? La domestication des savoirs inconfortables sur les intoxications des agriculteurs par les pesticides », *Revue française de sociologie*, 56 (1), 2015, p. 105-133. https://doi.org/10.3917/rfs.561.0105

Malcom Ferdinand, « De l'usage du chlordécone en Martinique et en Guadeloupe : l'égalité en question », *Revue française des affaires sociales*, n° 1-2, 2015, p. 163-183. https://doi.org/10.3917/rfas.151.0163

—, *Une écologie décoloniale. Penser l'écologie depuis le monde caribéen*, Seuil, 2019.

Malcom Ferdinand, Nathalie Jas, « Habiter colonial, pollution et production d'ignorance », in Soraya Boudia, Emmanuel Henry (dir.), *Politique de l'ignorance*, Presses universitaires de France, 2022, p. 108.

Rob Nixon, *Slow Violence and the Environmentalism of the Poor*, Harvard University Press, 2011.

Jessica Oublié et al., *Tropiques toxiques. Le scandale du chlordécone*, Steinkis/Les Escales, 2022.

Michael R. Reich, « Science, politique et environnement. Le cas de la pollution du Michigan par le PBB », in Madeleine Akrich, Yannick Barthe, Catherine Rémy (éd.), *Sur la piste environnementale. Menaces sanitaires et mobilisations profanes*, Presses des Mines, coll. « Sciences sociales », 2010, p. 151-195. http://books.openedition.org/pressesmines/326

Les mensonges sur la « voiture propre » et leurs conséquences : brève histoire du diesel en France

Le Petit Pierre. C'est le nom de la première péniche propulsée par un moteur diesel construite en France et circulant sur le canal Rhin-Marne dès 1903. Au tournant du siècle, après des années de recherche,

1. Des informations complémentaires pourront être trouvées dans des ouvrages récents (Ferdinand, 2019, 2015 ; Oublié, 2022 ; Ferdinand et Jas, 2022).

Rudolf Diesel (1858-1913) présente enfin son moteur dans différentes expositions phares de la Belle Époque : à Munich, à New York, et finalement à Paris, où la Société française des moteurs Diesel reçoit le Grand Prix de l'Exposition universelle de 1900. Le probable suicide de Diesel en 1913, ruiné et épuisé par ses combats pour faire reconnaître son invention, fait écho à une autre forme de suicide : le choix du diesel, émetteur de substances extrêmement nocives, dans la France des années 1980. Comment expliquer ce choix ?

Diesel était animé par un idéal : inventer et produire un moteur à allumage par compression dont la totalité de la chaleur fournie soit traduite en travail et assure un meilleur rendement énergétique. En cette fin de XIXe siècle, les moteurs à combustion interne peinent à concurrencer la machine à vapeur. Avec leurs carburants divers (essence, gaz, huiles végétales, animales, poudre à canon, etc.), ils sont loin d'être efficaces puisque seulement environ 10 % de la chaleur produite est transformée en travail, un taux avoisinant celui de la machine à vapeur. Les premiers moteurs diesel se révèlent prometteurs, ils exploitent quelque 25 % de la chaleur (près de 50 % aujourd'hui). Dans la compétition entre les types de carburants, Diesel prédisait que l'huile végétale l'emporterait. C'est d'ailleurs ce qui nourrit une théorie du complot : d'aucuns pensent que Diesel, plutôt que s'être suicidé, aurait été tué par les sbires des grands trusts pétroliers. Le moteur a ensuite connu un succès en deux phases. Dès la Grande Guerre, de nombreux sous-marins et navires en sont équipés. La standardisation des combustibles et la suralimentation annoncent son adaptation aux locomotives et aux camions, effective dès les années 1930. La deuxième phase s'ouvre dans les années 1970 : les ingénieurs développent alors des moteurs à propulsion diesel plus petits, cette fois adaptés aux autos privées.

La conscience du péril

Même si les alertes quant aux nuisances liées au trafic automobile ne sont pas un phénomène nouveau, la décennie 1970 marque un tournant. Tandis que les nuisances automobiles explosent (accidents, pollution, destruction du paysage, dégâts sur la santé) et que les critiques sont de plus en plus audibles, les constructeurs automobiles tentent de s'adapter à ces préoccupations. L'exemple de la contamination au plomb tétraéthyle (PTE) – comme précédent au diesel – est à ce titre parlant. Cette pollution a été massive et mondiale, particulièrement lors de la grande accélération (1950-2000), alors que de nombreux scientifiques avaient tenté d'alerter les autorités dès les débuts de l'essence plombée, dans les années 1920. À la fin des années 1960, des scientifiques engagés peuvent prouver les biais d'études financées par l'industrie du plomb qui avaient clamé quarante ans durant l'innocuité du plomb. Un cas typique de « fabrique de doute », ce concept forgé par l'historienne américaine Naomi Oreskes qui désigne la production d'affirmations biaisées par des acteurs ayant des intérêts à maintenir le *statu quo*. Dès lors, une politique de « déplombisation » de l'essence aura cours à l'échelle mondiale jusqu'à son interdiction, en l'an 2000 dans le cas de l'Union européenne. On observe cette conscience précoce du fléau dans la plupart des désastres environnementaux et sanitaires, comme celui du tabac, des pesticides DDT, de l'amiante et, bien sûr, dans le cas du réchauffement climatique. Les chercheurs et chercheuses d'histoire environnementale l'ont démontré ces dernières années : la plupart du temps, le choix du risque sanitaire et/ou environnemental est pris en toute connaissance de cause. Entre « savoir et déni »[1], le diesel n'échappe pas à cette analyse : tant les patrons de l'industrie automobile que les responsables politiques connaissaient les risques liés à l'emploi massif de cette technologie, au moment du choix du diesel.

Nous sommes en 1983. Il n'y a alors aucune réglementation pour le diesel, sauf concernant l'opacité des fumées émises à l'échappement. Sur demande du gouvernement Mauroy et sous l'égide du ministère de l'Environnement, un groupe de travail présidé par le professeur

1. Christophe Bonneuil, Jean-Baptiste Fressoz, *L'événement Anthropocène. La Terre, l'histoire et nous*, Seuil, 2016 [2013].

André Roussel, membre du Conseil supérieur d'hygiène publique, publie un rapport sur « l'impact médical des pollutions d'origine automobile ». Il relève que les moteurs diesel entraînent une pollution particulaire une à cinq fois plus importante que celle produite par les moteurs à essence et que l'inhalation des polluants émis par les moteurs diesel induit des modifications morphologiques et biochimiques du poumon, avec altération du tissu conjonctif pulmonaire. Il conclut : « les résultats des tests *in vitro* à court terme font penser que la fraction particulaire des émissions diesel est à la fois mutagène et cancérogène »[1]. Roussel et son équipe demandent au gouvernement de mettre tout en œuvre pour « réduire au maximum les émissions des particules diesel » et déclare pour finir : « l'accroissement du parc automobile équipé en moteurs Diesel [...] n'est pas souhaitable ». On le sait, il ne sera pas écouté. En 1983, au moment de la parution de l'étude, seuls 4,8 % des véhicules sont munis de moteurs diesel. Aujourd'hui, ce sont plus de 65 % des véhicules qui roulent au diesel. Comment cette augmentation vertigineuse a-t-elle été possible ?

Des mensonges et leurs conséquences

Le choix du diesel en France a été favorisé par les pouvoirs publics et pour l'industrie automobile française. Mal remise des chocs pétroliers, cette dernière cherchait à prendre l'avantage sur ses concurrents étrangers. Au moment de la parution du rapport de Roussel, le diesel commence à être massivement avantagé fiscalement par les autorités françaises, principalement sous l'impulsion du « grand patron » Jacques Calvet, devenu P-DG de PSA Peugeot Citroën en 1982. Ce n'est pas le cas partout. Le Japon et les États-Unis par exemple ont jeté l'opprobre sur ce type de moteur, en reconnaissant rapidement son caractère cancérogène. Même s'il est également plébiscité et avantagé en Allemagne, le diesel devient rapidement une spécificité française au service des constructeurs français. Il s'agit d'une forme de pari. Un

1. Page 19 du rapport. En 2012, ce très fort soupçon sera confirmé par l'agence spécialisée dans le cancer de l'Organisation mondiale de la santé.

pari économique revêtant une parure écologique. D'abord dans les années 1980. Alors que les économies d'énergie sont sur toutes les lèvres, les constructeurs insistent sur sa faible consommation. Puis dès les années 1990, ils clament sa faible émission de CO_2. Depuis le protocole de Kyoto en 1997, le CO_2 est officiellement reconnu comme gaz à effet de serre, entraînant le réchauffement climatique. Mis en scène dans nombre de publicités, les constructeurs français continueront donc d'insister sur les avantages « écologiques » de ce type de moteur. Qu'on se souvienne d'une publicité télévisée mettant en scène des indigènes d'Amérique du Sud souriant à la vue d'une Citroën roulant au diesel. En 1996, un numéro de *Sciences et Vie* affirme ainsi : « Côté pollution, le diesel satisfait jusqu'ici aisément aux exigences requises. » Jusqu'il y a peu, l'acheteur est convaincu de faire un geste pour l'environnement en achetant une voiture diesel. En 1996, sous le gouvernement Juppé, un second rapport rédigé par Yves Martin et qui préconisait la fin du diesel passe aux oubliettes. Les gouvernements successifs participent au mensonge du diesel propre en favorisant massivement sa consommation, tout en niant le danger.

Or, ce n'est plus un scoop, la voiture fonctionnant au diesel – comme à l'essence sans plomb, munie de catalyseur ou d'un filtre à particule, comme la voiture hybride ou électrique – n'est pas une voiture propre. D'abord et contrairement aux affirmations assénées dans les années 1990, les moteurs diesel contribuent au réchauffement climatique puisqu'ils émettent des protoxydes d'azote (N_2O), un autre gaz à effet de serre, 300 fois plus puissant que le CO_2. Ensuite, ils représentent un fléau en termes de pollution de l'air par leurs émissions de dioxyde d'azote NO_2, un gaz augmentant, entre autres, les risques de bronchiolite et d'asthme, notamment chez les enfants. Les particules fines, des résidus d'hydrocarbures non brûlés, représentent une autre épine dans le pied des moteurs diesel. Les filtres à particules installés sur les voitures diesel dès les années 2010 n'arrangent rien puisqu'ils laissent s'échapper les nanoparticules dans l'air ; ces particules sont absorbées par les poumons, elles peuvent en outre pénétrer dans le système sanguin et cérébral, et même traverser le placenta. Empêtrés dans la dépendance automobile, face au risque de porter préjudice à l'industrie automobile et au porte-monnaie des Françaises et Français, les gouvernements ferment les yeux sur le fléau sanitaire en cours.

La fin du diesel (très) retardée

Alors que les études accablantes s'accumulent dans les années 1990 et 2000, les autorités françaises ne remettent toujours pas en question l'avantage fiscal donné au diesel. Dès 2008, suite au Grenelle de l'environnement, un bonus écologique favorise encore ce carburant : en achetant un véhicule diesel récent, les Français touchent une prime à la reconversion. « À ce prix-là, l'écologie va en intéresser plus d'un », clame la publicité. Si ces bonus se basent sur l'émission moindre de CO_2 (en ignorant les protoxydes d'azote), la « fabrique du doute » est également de mise concernant son impact sur la santé : Guillaume Faury, l'ancien directeur recherche de PSA, déclare en 2012 : « L'air qui sort du pot d'échappement [d'un filtre à particules] est plus propre que l'air qu'il absorbe. » Sous le gouvernement Jean-Marc Ayrault, la ministre de l'Écologie Delphine Batho tente de remettre en cause la fiscalité avantageuse accordée au diesel. En vain, elle sera d'ailleurs limogée à la suite – officiellement du moins – de ses critiques sur le budget alloué à son ministère. En 2015, l'émission « Cash Investigation » dévoile l'ampleur du scandale, en évoquant l'inefficacité des filtres à particules installés dès 2011 sur les modèles neufs, le dépassement quotidien des valeurs limites fixées par l'OMS en matière de teneur de dioxyde d'azote et, surtout, le déni coupable des constructeurs et des autorités. Depuis le rapport Roussel, de nombreux scientifiques ont alerté les décideurs. Parmi eux, Denis Zmirou, président de la Société française de santé publique, qui a tenté de mettre Nicolas Sarkozy, alors ministre du Budget, face à ses responsabilités : « votre politique fiscale est en train de créer des morts ». La réputation du diesel est enfin mise sérieusement à mal, accentuée encore par le « dieselgate » de 2015, venu s'ajouter au mensonge général du diesel propre. Il révèle les manipulations de plusieurs constructeurs pour tromper les tests d'homologation au moyen de logiciels permettant aux voitures de passer avec succès les contrôles antipollution. Cette même année, le gouvernement Valls décide la réduction progressive de l'écart de fiscalité entre diesel et essence, face notamment aux risques de sanctions européennes en raison du dépassement des seuils limites de particules de dioxyde d'azote.

Les études évaluent aujourd'hui à 40 000 le nombre des morts prématurées en France par an dues aux émissions des moteurs diesel. En février 2019, le rapport de l'ICCT (International Council on Clean Transportation) montrait que deux tiers de la surmortalité liée à la pollution de l'air étaient imputables aux émissions de diesel. Les véhicules diesel sont les principaux responsables des pics de pollution urbaine. Les mesures pour les endiguer (seuils limites, circulation alternée, injonction aux femmes enceintes, aux personnes asthmatiques et aux personnes âgées de rester chez elles) participent à l'acceptation de la contamination. Comme l'ont montré Soraya Boudia et Nathalie Jas dans leur livre *Gouverner un monde toxique*, ces régulations contribuent finalement à légitimer l'exposition chronique des sociétés aux substances toxiques.

Si depuis 2018 les ventes de véhicules diesel neufs s'effondrent en France et que le diesel est amené à disparaître, ils sont encore dominants dans les ventes d'occasion. Aux côtés d'autres émissions toxiques, celles du moteur diesel continuent à tuer.

Tiphaine Robert

Bibliographie

Erwan Benezet, Émilie Torgemen, « Pollution des moteurs diesels : le vrai du faux », *Le Parisien*, 24 mars 2019.

Soraya Boudia, Nathalie Jas, *Gouverner un monde toxique*, Quae éditions, coll. « Sciences en question », 2019.

Erik M. Conway, Naomi Oreskes, *Merchants of Doubt. How a Handful of Scientists Obscured the Truth on Issues from Tobacco Smoke to Global Warming*, Bloomsbury Press, 2010.
Pascal Galinier, « Mort de Jacques Calvet, capitaine d'industrie et ex-PDG de Peugeot-Citroën », *Le Monde*, 10 avril 2020.
Tim Harford, *L'économie mondiale en 50 inventions*, Presses universitaires de France, 2018.
François Jarrige, Thomas Le Roux, *La contamination du monde. Une histoire des pollutions à l'âge industriel*, Seuil, 2017.
Gerald Markowitz, David Rosner, *Deceit and Denial. The Deadly Politics of Industrial Pollution*, University of California Press, 2002.
Paul Naegel, Jean-Michel Althuser, « Les débuts du moteur Diesel en France. Nouveaux éléments historiques », *Connaissance de la Meuse*, 2008, p. 2-7.
Christopher Neumaier, « Eco-Friendly versus Cancer-Causing : « Perceptions of Diesel Cars in West Germany and the United States, 1970-1990 », *Technology and Culture*, vol. 55, n° 2, 2014, p. 429-460.
Matthieu Pelloli, « Automobile : les ventes de diesels neufs s'effondrent début 2022 », *Le Parisien*, 10 mai 2022.
André Roussel, « Impact médical des pollutions d'origine automobile », *Pollution atmosphérique*, supplément au n° 99, juillet-septembre 1983.
Donald Thomas, Emmanuel Chadeau et al., « Grands ingénieurs. Rudolf Diesel, 1858-1913. Comment il a inventé le moteur que plébiscitent les Français », *Les Cahiers de Science et Vie*, n° 13, 1996.
Michael Walsh, « Global Trends in Motor Vehicle use and Emissions », *Annual Review of Energy and the Environment*, 1990, vol. 15, p. 217-243.

Reportages

« Diesel, le grand Mensonge », chaîne Voitures & Ingénierie, 2019 : https://www.youtube.com/watch?v=KNNAbF0fNHw [27 février 2023].
« Diesel : la dangereuse exception française », « Cash Investigation », 21 septembre 2015.

Les stocks de masques à l'aube du grand confinement

Dans la mémoire collective comme dans les souvenirs individuels, le début de l'année 2020 occupe une place à part. La maladie et parfois le deuil, la vie confinée, en télétravail ou en première ligne, constituent un kaléidoscope d'images et de sensations inédites. De nouveaux sujets de conversation apparaissent – la courbe épidémique qu'il faut aplanir, la « visio » à préparer et, bien sûr, la quête de gel hydroalcoolique et de masques.

Au plus fort de la pandémie de Covid-19, la limitation des déplacements et des interactions sociales est le moyen le plus marquant utilisé pour lutter contre une épidémie qui met en cause l'une des fonctions sur laquelle l'État a construit sa légitimité : la protection de la vie des citoyennes et citoyens[1]. C'est dans ce cadre que se pose la question des masques qui, dans ces mois décisifs, fait l'objet d'une communication gouvernementale hésitante, voire contradictoire, faite d'approximations, de déclarations vagues infirmées sur le terrain et, parfois, de mensonges éhontés. Sur le moment se joue le statut de la parole politique en situation de crise exceptionnelle, à l'heure des réseaux sociaux et des chaînes d'information en continu ; au-delà, la question des masques cristallise des enjeux fondamentaux sur les rapports de force entre politiques et hauts fonctionnaires, les conséquences des politiques d'austérité sur les capacités d'intervention de l'État ou encore le comportement des citoyens dans l'espace public.

La période du confinement est propice à un mélange des dates, aussi n'est-il pas inutile de rappeler quelques repères chronologiques. Le 24 janvier 2020, les premiers cas de Covid-19 sont officiellement recensés sur le sol français – il est probable que le virus circule à bas bruit dès l'automne 2019 – ; le 29 février, la France dépasse le cap des 100 cas confirmés tandis que celui des 1 000 malades est atteint dès le 8 mars. Le 16, le confinement de la population est décrété et prend fin le 11 mai dans l'Hexagone, ouvrant une nouvelle phase faite de relâchement ou de retour des contraintes en fonction des rebonds épidémiques.

Dans un premier temps, la communication officielle des pouvoirs publics insiste sur le fait que l'usage des masques n'est indiqué que pour les professionnels de santé, les personnes revenant de zones à risque ou en contact direct avec les personnes infectées : pour la

1. Didier Fassin, *La vie. Mode d'emploi critique*, Seuil, 2018.

population « non malade », le port du masque « n'est pas recommandé », déclare Olivier Véran, fraîchement nommé ministre de la Santé, dans une conférence de presse du 24 février. Le 13 mars, sur TF1, le Premier ministre Édouard Philippe confirme « le port du masque, en population générale dans la rue, ça ne sert à rien ». Au reste, si l'on en croit Sibeth Ndiaye – alors porte-parole du gouvernement – mettre un masque n'est pas à la portée de tout le monde : « Moi, je ne sais pas utiliser un masque. [...] Parce que l'utilisation d'un masque, ce sont des gestes techniques précis. » (20 mars)

Pas de masque pour la population donc, mais des stocks suffisants pour l'ensemble des soignants. C'est du moins l'assurance donnée par Jérôme Salomon, directeur général de la santé au sein du ministère, qui déclare le 26 février devant la commission des affaires sociales du Sénat que « nous avons débloqué les stocks stratégiques et passé en urgence une commande de masques protecteurs à destination des professionnels de santé. [...]. Il n'y a donc pas de pénurie à redouter, ce n'est pas un sujet ». Las, dès cette période, les réseaux sociaux bruissent de messages de soignants soulignant le manque de matériel à leur disposition. Les soignants vivent d'autant plus mal la situation qu'ils sont censés recevoir des FFP2, plus protecteurs, mais n'ont à leur disposition, au compte-gouttes, que des masques dits chirurgicaux.

Ce qui devait arriver arriva : le 3 mars, alors que la pénurie de masques et de gel s'installe dans les pharmacies, le gouvernement ordonne la réquisition de tous les stocks jusqu'au 31 mai. L'effort accompli en la matière demeure longtemps insuffisant. Encore le 21 avril, 20 % des soignants déclarent manquer de masques FFP2. Tout au long du mois, le message est réitéré : le masque doit être réservé aux soignants et aux malades, laissant notamment de côté les travailleurs dits de première ligne, dans les supermarchés, ou encore les forces de police qui, selon Christophe Castaner (19 mars), « ne sont pas en risque face au coronavirus » et ne sauraient se prévaloir du droit de retrait. Tandis que les tutoriels de masques maison fleurissent sur Internet et que de multiples initiatives se font jour dans les territoires, les pouvoirs publics insistent sur les incertitudes scientifiques et sur l'absence de préconisation de l'OMS dans ce domaine[1].

En réalité, faute de stocks, l'État a passé plusieurs commandes en urgence qui ne peuvent être honorées, parce que les capacités de production en France sont limitées et surtout parce que la Chine, principal pays producteur, a décidé de suspendre les exportations de masques dès le 21 janvier ; de toute façon, faute d'ouvriers, confinés pour beaucoup d'entre eux, les usines y sont à l'arrêt. Dans les faits, les pouvoirs publics adaptent donc leur préconisation aux stocks de masques, fort limités, dont ils disposent. Graduellement, au cours du mois d'avril, la communication du gouvernement s'infléchit et progressivement, dans les transports ou encore dans les bâtiments, le port du masque se généralise au point d'être promu par les autorités comme l'un des principaux instruments de distanciation sociale. Pour les pouvoirs publics, cette généralisation constitue une révolution tant l'idée qu'on ne saurait être masqué dans l'espace public est ancrée dans les représentations, au contraire de la Chine et du Japon où le port du masque renvoie davantage à une modernité du comportement.

Des stocks inexistants malgré les assurances, des consignes flottantes, des annonces démenties par les professionnels sur le terrain : la gestion des masques est particulièrement chaotique dans les premiers mois de la pandémie et fragilise la parole publique. Dans ces conditions, il n'est pas étonnant que des journalistes d'investigation, des commissions d'enquête parlementaires, des chercheuses et chercheurs se soient penchés sur la question.

Il en ressort l'impression d'un grand gâchis. Au début des années 2000, à la suite du 11 septembre 2001 puis d'une succession de crises sanitaires – la canicule de 2003, le SRAS puis le chikungunya à La Réunion –, les autorités sanitaires françaises se convertissent, à l'instar d'autres pays, à la doctrine du « preparedness ». Venue, comme

1. Fanny Gallot, Giulia Mensitieri, Ève Meuret-Campfort, Maud Simonet, « Aux masques citoyennes ! Mélange des genres productifs en régime d'"exception" », *Salariat*, vol. 1, n° 1, 2022, p. 209-218.

son nom le suggère, des États-Unis, cette doctrine consiste à anticiper une crise de grande ampleur dont il n'est pas possible de connaître à l'avance les modalités : cela implique de constituer des stocks de produits stratégiques et de mettre sur pied des organisations capables de gérer des urgences de tout type. C'est ainsi qu'est créée en France l'EPRUS, dont l'un des rôles est de constituer des stocks de masques – plus d'un milliard dans différents entrepôts –, de s'assurer qu'ils sont conservés dans des conditions optimales et, plus largement, d'organiser une réserve sanitaire capable d'intervenir rapidement.

Au sein du ministère de la Santé, les hauts fonctionnaires ne prennent pas en charge seuls cette doctrine : deux ministres successifs, Xavier Bertrand (2005-2007 puis 2010-2012) et Roselyne Bachelot (2007-2010) s'en réclament, signe qu'il semble possible d'en tirer des dividendes politiques. Las, c'est alors que survient, en 2009, l'épidémie de grippe A (H1N1). Sous la houlette de Roselyne Bachelot, les autorités sanitaires anticipent une épidémie grave et passent commande de 95 millions de doses de vaccin – un rappel étant nécessaire pour chaque personne concernée. Or, l'épidémie n'a pas la gravité qui avait été anticipée, les gymnases réquisitionnés comme centres de vaccination ne font pas le plein – seuls 8 % de la population sautent le pas – et nombreux sont alors les commentateurs et les hommes politiques à considérer que la ministre avait appliqué le principe de précaution sans discernement.

La doctrine prônant l'anticipation d'une crise sanitaire à venir fait alors l'objet d'une double dépolitisation. Il devient en effet impensable pour une actrice ou un acteur du champ politique de bâtir sa carrière sur cette question : la marginalisation politique de Roselyne Bachelot dissuaderait les mieux intentionnés. Les stocks de masques et plus généralement l'EPRUS sont ramenés à un dossier parmi d'autres pour les hauts fonctionnaires qui se gardent bien de s'impliquer plus que nécessaire.

Dès lors qu'il s'agit de la question des masques, les années 2010 doivent être abordées avec précaution. Au printemps 2020, la pénurie persistante de matériel de protection – pour les soignants comme pour la population dans son ensemble – conduit à la recherche des responsabilités. Face aux journalistes, aux commissions d'enquête parlementaires et bientôt devant les juridictions compétentes, des ministres et des hauts fonctionnaires sont sommés de s'expliquer et de se justifier.

Les personnes mises en cause proposent donc des récits différents dans lesquels la chronologie des événements occupe une place d'autant plus fondamentale que, depuis 2010, trois majorités aux orientations politiques différentes se sont succédé aux affaires. Ainsi, pour les responsables en poste depuis 2017 au sein du gouvernement d'Édouard Philippe, qu'il s'agisse des ministres de la Santé successifs Agnès Buzyn (2017-2020) puis Olivier Véran (2020-2022), ou de Jérôme Salomon, directeur général de la Santé, le sort des masques se serait joué dès le début de la décennie. En 2011, au crépuscule de la présidence Sarkozy, dans un contexte de profonde réorganisation du système de santé – les ARS viennent d'être créées – alors que le ministère de la Santé a été affaibli par la gestion de la grippe H1N1, il est décidé que les stocks de masques FFP2 (baptisés « tactiques » pour l'occasion) soient désormais constitués et gérés par les établissements de santé et les employeurs, l'État ne conservant que la gestion des masques chirurgicaux destinés à l'ensemble de la population. Or, rares sont les employeurs qui respecteront ces consignes. Par la suite, en 2015, la capacité de réponse de l'État est à nouveau ébranlée par la fusion de l'EPRUS, dotée d'une réelle expertise dans son domaine mais jugée superflue au sein de Santé Publique France, ce qui conduit à une perte de savoir-faire en la matière. Il est certain qu'au cours de la décennie une lente érosion de la doctrine de l'anticipation de la crise sanitaire sous les coups de boutoir de la rigueur budgétaire – la RGPP puis la crise financière de 2008 sont passées par là – et des réformes du système de santé.

De nombreuses vérités partielles apparaissent donc dans ces récits qui omettent cependant un point essentiel. Les stocks de masques ne s'évaporent pas du jour au lendemain et, en 2017, 714 millions de masques demeurent sous la responsabilité de l'État (contre 1,6 milliard en 2009). En mars 2020, lorsque la gravité de la pandémie conduit au confinement, il n'en reste que 116 millions, tous ayant été acquis avant 2016. En 2018, comme un symbole, l'une des principales unités de production de masques en France, située à Plaintel dans les Côtes-d'Armor, ferme ses portes sans que les pouvoirs publics réagissent. En lieu et place des stocks de masques, les pouvoirs publics optent pour des contrats avec des entreprises chinoises qui ont vocation à être mis en œuvre en cas de crise sanitaire, sans prendre en compte les difficultés logistiques qu'une situation de crise pourrait entraîner.

L'affaire des masques nous dévoile un État qui s'est cru agile alors qu'il était démuni, un État qui, face à l'incertitude, opte pour le délitement progressif d'une doctrine en lieu et place du principe de précaution. Devant l'urgence, dans la crise, le mensonge est particulièrement tentant. Une leçon pour les crises (sanitaires ou environnementales) à venir ?

Alexis Vrignon

Bibliographie

Didier Fassin, *La vie. Mode d'emploi critique*, Seuil, 2018.

Fabrice Lhomme, Gérard Davet, « Aux racines de la crise sanitaire française », *Le Monde*, enquête en 5 articles parus entre le 1er et 7 mai 2020.

Frédéric Pierru, « Introduction. L'administration hospitalière, entre pandémie virale et épidémie de réformes », *Revue française d'administration publique*, vol. 174, n° 2, 2020, pp. 301-315.

10

De « Max le menteur » aux bidouillages des chiffres : la police, une école du maquillage ?

Dire publiquement que la police ne ment jamais expose au mieux à des haussements d'épaule, au pire à des jets de projectiles. L'histoire de cette « maison » est parsemée de scandales où la vérité, quand elle finit par émerger, est généralement obtenue sous la pression de la presse, de juges obstinés ou de policiers soucieux d'éthique, au demeurant plus nombreux qu'on ne le croit.

La police n'a jamais été une adepte de la transparence absolue. Elle est réputée pour laver son linge sale en famille plutôt qu'en place publique. Caractérisée par un puissant corporatisme, elle a l'habitude de couvrir les siens quand c'est possible, en dissimulant des éléments compromettants, en sollicitant le silence d'un témoin ou en réécrivant à sa sauce le fil des événements qui ont conduit un citoyen, délinquant ou pas, à l'hôpital ou au cimetière. Mais elle n'a pas toujours menti de sa propre initiative. Dans les grands scandales qui ont ébranlé la République, elle a le plus souvent triché à la demande expresse de son autorité de tutelle, incarnée par le préfet de police de Paris ou le ministre de l'Intérieur lui-même, parfois les deux. De Roger Frey, patron de la Place Beauvau à l'orée des années 1960, quand tous les coups étaient permis, à Gérald Darmanin et aux années 2020, où plus un policier n'échappe, dans la rue, à l'œil des caméras ; de l'affaire Ben Barka aux petits mensonges émis pour commenter les troubles à l'ordre public qui ont ébranlé une finale de la Coupe d'Europe de football, au Stade de France, plus de cinquante nuances de mensonges ont égrainé la vie du ministère de l'urgence.

Par définition, une enquête de police consiste à rechercher la vérité. Mais quand cette vérité dérangeait, il a longtemps été question, sous la Ve République, de présenter au public une version arrangée. Les années 1960 ont offert au mensonge un écrin particulièrement propice, alors que les plus hauts responsables du ministère de l'Intérieur contribuaient à fonder une sorte de police parallèle, le SAC (Service d'action civique), destinée à appuyer le retour du général de Gaulle au pouvoir et à garantir sa sécurité, directement menacée par les factieux de l'OAS. Dans les rangs de cette milice à la française se croisent des militaires, des policiers de tous grades et des malfrats, en gros des policiers et des voleurs, tous dotés d'une carte tricolore. De quoi brouiller les lignes, cette force d'appoint agissant évidemment hors du contrôle de la justice, dans le seul intérêt des hommes politiques qui l'ont créée.

Les mensonges de l'affaire Ben Barka

De ce point de vue, l'affaire de l'enlèvement de l'opposant politique marocain Mehdi Ben Barka en plein Paris, le 29 octobre 1965, concentre tous les ingrédients. Il suffit de regarder les acteurs à la manœuvre sur le terrain pour comprendre comment l'officiel et l'officieux savent à l'époque s'imbriquer au nom d'un objectif supérieur, en l'occurrence l'élimination d'un homme politique capable de fédérer les forces montantes du tiers-monde contre un bloc occidental dominé par les États-Unis, d'un homme au charisme reconnu dont le rêve dépasse largement les frontières du Maroc, au point de déranger de Washington à Jérusalem, en passant par Paris. Parmi eux, quatre malfrats patentés, bordeliers de leur état. Au moins l'un d'entre eux étant passé par la branche française de la Gestapo. Un agent du SDECE, les services secrets français. Un député gaulliste spécialisé dans le recrutement de barbouzes. Deux officiers de police de la brigade mondaine, fleuron sulfureux du 36 quai des Orfèvres. Un préfet de police, Maurice Papon, impliqué dans la déportation de Juifs vers le camp de Drancy, sas vers Auschwitz, et dans la répression sanglante d'une manifestation organisée par le FLN algérien. Un ministre, Roger Frey, connu pour avoir porté le SAC sur les fonts baptismaux. Et pour finir quelques piliers de l'appareil sécuritaire marocain. Une équipe de choc qui, ce 29 octobre 1965, parvint à enlever le *contestataire* en brandissant des cartes de police, avant de l'embarquer pour une séance de torture mortelle dans la villa de l'un des gangsters, un certain Georges Boucheseiche[1].

Avec à la clé une panoplie d'anomalies. Le chef de la brigade criminelle connaissait vraisemblablement l'adresse de la villa, mais a évité de s'y précipiter, laissant deux jours aux ravisseurs pour nettoyer la scène de crime et faire disparaître le corps de Mehdi Ben Barka à jamais. Ce même policier ne parvient pas à mettre la main sur l'un des principaux témoins, un certain Georges Figon… qui donne des interviews dans toute la presse et se fait photographier devant le 36 quai des Orfèvres, avant d'être retrouvé, mort, dans son appartement parisien. Aurait-on voulu étouffer le scandale qu'on ne s'y serait pas pris autrement, au risque d'accréditer auprès du public l'idée que cet homme aurait été délibérément éliminé. Celui qui savait n'est plus. « Suicidé », selon la thèse officielle.

Le commissaire des RG qui en connaissait le plus sur l'affaire, ami du ministre de l'Intérieur et du député recruteur, tombe malade le jour où le juge veut l'entendre. Roger Frey lui-même parvient à garder le silence pendant six mois et à déjouer toute convocation chez le juge, comme si l'omerta était une valeur républicaine. Jacques Foccart, le monsieur « basses œuvres » du régime, « au parfum » selon l'un des acteurs de l'enlèvement, suit la même ligne. Le responsable du SDECE le mieux informé a « oublié » de transmettre le rapport de son agent.

1. Lire à ce sujet *Ils ont tué Ben Barka* de Jacques Derogy et Frédéric Ploquin (Fayard, 1999).

Maurice Papon, lui, n'était « pas au courant » de ce que tramaient le commissaire des RG et les officiers de la Mondaine, pourtant sous ses ordres, comme le directeur de la police judiciaire parisienne, Max Fernet, surnommé par ses pairs… « Max le menteur ». Max Fernet qui s'en tire par une pirouette face à de Gaulle, comme il l'a lui-même rapporté : « Mon général, comment voulez-vous que je contrôle mes inspecteurs dans la mesure où il y a deux services de police judiciaire à Paris ? » « Deux ? » se serait exclamé de Gaulle, dubitatif. « Je veux parler de la 1re brigade mobile, rue du Faubourg-Saint-Honoré. Comment voulez-vous qu'on s'y retrouve ? »

En clair, tout cela était la faute d'un mauvais découpage administratif. Quant aux quatre gangsters, « on » a facilité leur départ en douce pour le Maroc, mais il y a de fortes chances pour qu'ils n'aient pas parlé si d'aventure ils avaient été placés en garde à vue : l'avantage de ce genre d'associés est qu'ils ont le silence chevillé au corps. Ils n'en perdront pas moins tous la vie dans leur cavale marocaine, cruel remerciement.

La mécanique du mensonge policier officiel est rodée en cette époque de gaullisme triomphant, où les troupes du ministère de l'Intérieur sont aux ordres et presque totalement sous contrôle grâce aux antennes du SAC. Une matrice qui laissera des traces bien après la bascule vers le giscardisme, puis vers le mitterrandisme, à une époque où la police des polices, à commencer par celle qui gravite dans l'orbite de la préfecture de police de Paris, fonctionne sur le mode « circulez, il n'y a rien à voir ». Surtout quand il s'agit de protéger les cadres de la « maison ». Avec à la manœuvre une génération de policiers qui s'est divisée entre Résistance et collaboration avant de cohabiter sans aller jusqu'à s'aimer, comme travaillent désormais ensemble les fonctionnaires qui ont soutenu l'OAS et ceux qui l'ont combattue.

Le député gaulliste qui a servi de cheville ouvrière dans l'affaire Ben Barka est un spécialiste des barbouzes, ces cache-nez des services secrets qui faisaient (et font encore parfois) ce que l'État ne peut faire sans se salir les mains. Le terme même de barbouzes en dit long sur l'usage de ces postichés par l'État, un mensonge connu de tous. Un mensonge au sommet récurrent tout au long de la Ve République, au nom d'un but suprême qui légitimerait tous les maquillages. Confronté au poids du secret-défense sur les archives et à l'impossibilité de se recueillir sur une tombe, Bachir Ben Barka, l'un des fils de l'opposant disparu, a maintes fois appelé les autorités françaises à « dépasser la raison d'État ». « Pour que la mort de mon père ne soit pas inutile, nous déclarait-il il y a vingt ans, il faut dévoiler les mécanismes qui ont abouti à son enlèvement. Par respect pour son action, la France et le gouvernement marocain devraient tout faire pour élucider cet assassinat politique. La vérité est possible, il faut simplement lui donner le droit d'émerger. »

Frédéric Ploquin

Le montage des Irlandais de Vincennes

Le mensonge est parfois le fait de créatures qui échappent à leur maître, comme dans le cas du capitaine Paul Barril, un gendarme recruté au sein d'une cellule élyséenne occulte intronisée par un François Mitterrand fraîchement élu et très méfiant vis-à-vis de la police – il y avait de quoi vu ce qu'il avait subi comme barbouzeries durant ses années d'opposition.

Alors que l'attentat de la rue des Rosiers, perpétré le 9 août 1982 en plein quartier juif, à Paris, est dans toutes les têtes, avec une pression importante sur les épaules du gouvernement, le capitaine se voit confier une enquête sensible. Bernard Jegat, un sympathisant de la cause tiers-mondiste dépassé par les évènements dont il a été témoin, frappe à la porte de l'Élysée pour s'épancher au sujet de militants irlandais installés à Vincennes, aux portes de la capitale. Le capitaine Barril cherche à nouer le contact, histoire de voir ce qu'ils ont dans le ventre. Il se présente à un rendez-vous avec l'un des membres du groupe, accompagné par un subordonné. Le militant irlandais leur fait faux bond, mais Bernard Jegat aperçoit entre les mains des pandores un dossier concernant des ressortissants britanniques. « Si on ne trouve rien, il faudra bien mettre quelque chose », lâche le capitaine Barril pour satisfaire la curiosité de son interlocuteur, avant de laisser échapper un cri lorsque son second replie le sac qu'ils ont amené : « Il y a l'explo préparé ! » La preuve, aux yeux du témoin, qu'ils ont manigancé leur coup et apporté avec eux de quoi piéger leur cible.

Quelques heures plus tard, ce 28 août 1982, coup de filet dans un appartement de Vincennes. Le capitaine Barril interpelle Michael Plunkett, membre de la branche militaire de l'INLA (Irish National Liberation Army), soupçonné d'avoir orchestré un certain nombre d'opérations visant des cibles britanniques sur le sol européen, et Stephen King, membre de la même organisation. Un chef d'escadron, Jean-Michel Beau, offre aussitôt ses services d'officier de police judiciaire, avec cette consigne de Christian Prouteau, patron de la cellule élyséenne : « Tu laisses faire Paul[1]. » Très solennellement sont saisis des armes et un pain de plastic, le tout sous le contrôle d'un sous-officier local au courant de rien. Le communiqué de l'Élysée tombe avant même que la justice n'ait été saisie : « Deux interventions jugées importantes ont été opérées samedi en France, dans les milieux du terrorisme international, annonce-t-on samedi soir à la présidence de la République. Des documents et des explosifs ont été également saisis. Afin de poursuivre l'enquête dans les meilleures conditions, les informations complémentaires ne seront diffusées qu'ultérieurement. »

Précisions dans une nouvelle dépêche de l'AFP deux jours plus tard : « Les trois personnes arrêtées samedi soir à Vincennes (Val-de-Marne) appartiennent à l'IRA[2], apprend-on de source autorisée. Les trois personnes sont de nationalité irlandaise. Le nom de la jeune femme arrêtée peu après les deux hommes par les gendarmes du GIGN était porté au fichier du terrorisme international. Les trois personnes s'apprêtaient, indique-t-on de même source, à commettre un attentat contre l'attaché militaire britannique de La Haye. »

1. Propos rapportés par la presse de l'époque.
2. L'INLA était un groupe dissident de l'IRA.

Des éléments de langage sont donnés à la presse : à la suite d'un renseignement de la DGSE, « des terroristes de très haut niveau » ont été arrêtés. Le problème, c'est que Bernard Jegat, au demeurant ancien journaliste, comprend vite que les pièces à conviction ne sont autres que celles qu'il a remises au capitaine quelques jours auparavant, pour démontrer qu'il disait vrai. Le mot « bavure » ne tarde pas à sortir dans la presse. Max Gallo, porte-parole du gouvernement, a beau répéter que « Paul Barril n'appartient pas et n'a jamais appartenu aux services de l'Élysée », le gendarme avait bien un bureau et un numéro de téléphone ainsi qu'une secrétaire à sa disposition. L'affaire des Irlandais de Vincennes est lancée.

Et les anomalies s'accumulent. Personne n'a songé à chercher des empreintes sur les armes et le plastic miraculeusement découverts, dont nul ne sait dire où ils étaient entreposés. Des photos ont disparu du dossier. Le juge d'instruction veut annuler la procédure, mais la chambre d'accusation de la cour d'appel de Paris valide la thèse du procureur général, Pierre Arpaillange, futur ministre de la Justice. Un inspecteur général de la gendarmerie met les pieds dans le plat, mais le ministre de la Défense, le socialiste Charles Hernu, enterre son rapport. Secret-défense. « Le document de commandement auquel vous faites allusion n'a pas lieu d'exister », se voit répondre un gendarme secoué par l'enquête et en peine de moyens de défense, avant de prendre la presse à témoin, en l'occurrence un journaliste écouté... par la cellule élyséenne de Christian Prouteau, qui profite de la confiance du président de la République pour couvrir son adjoint et vieux complice Paul Barril. Le pouvoir est piégé : impossible de lâcher en rase campagne ces deux gendarmes bien trop au fait des secrets de l'Élysée, comme l'écrit *Le Canard enchaîné* le 19 octobre 1983 : « Barril a des souvenirs à marchander. Le capitaine et ses amis menacent maintenant l'Élysée. Et avec insistance [...] En terme plus cru : du chantage. »

Après avoir été saisi de façon rocambolesque, sans respect pour les formes, le parquet de Créteil a été dessaisi au profit de celui de Paris, où l'on mise sur un juge en qui l'on a confiance, mais qui convoque les gendarmes les uns après les autres. Les trois Irlandais ont été remis en liberté dès le 21 mai 1983. Ils ne restent pas inculpés pour longtemps, puisque la procédure est annulée quatre mois plus tard pour cause de falsification massive de pièces de justice. Une nouvelle information est ouverte, cette fois pour subornation de témoins. Jusqu'à ce jour de janvier 1985, où l'ex-clandestin qui avait frappé à la porte de l'Élysée, Bernard Jegat, raconte tout à la DST. Le ministre de l'Intérieur garde ce témoignage sous le coude, avant de le transmettre au parquet, qui met quatre mois à adresser les procès-verbaux au juge d'instruction.

Il faudra attendre la cohabitation de 1986 et la nomination d'un nouveau ministre de la Justice, Albin Chalandon, pour débloquer la justice. Comble du culot, François Mitterrand affiche son soutien au chef de la cellule au moment même où le juge d'instruction s'apprête à « inculper » le préfet Prouteau pour subornation de témoins : « J'aime le colonel Prouteau, qui est mon collaborateur et qui le reste, j'ai pleine confiance en lui. Songez que c'est quand même un homme extraordinaire ! Vous savez combien d'otages de toutes sortes, de caractère terroriste ou simplement criminel, il a délivrés ? Quelque 450 ! »

Bilan, au bout de huit ans d'atermoiements : condamné à un an de prison avec sursis, Jean-Michel Beau, le chef d'escadron qui a osé rompre l'omerta, se confie à la presse : « L'affaire des Irlandais de Vincennes a détruit ma vie. Je ne croyais pas que l'on pouvait accumuler autant de mensonges. » Quant à Paul Barril, il échappera à toute condamnation après l'annulation de la procédure.

Faut-il y voir un rapport avec cette affaire ? Il serait injuste de ne pas rappeler comment la Place Beauvau a montré qu'elle savait aussi œuvrer à la manifestation de la vérité à des fins républicaines. Après le coulage du navire amiral de l'organisation écologiste Greenpeace dans le port d'Auckland, en Nouvelle-Zélande, par une équipe de la DGSE, le 10 juillet 1985, à l'initiative d'un ministère de la Défense soucieux de défendre les essais nucléaires passés et à venir, les autorités locales ont pris attache avec la police judiciaire française. La police néo-zélandaise s'inquiétait de la véritable identité de drôles de touristes français. Au lieu d'éconduire leur demande, les services du ministère de l'Intérieur se sont montrés coopératifs. Nul ne sait quel a été le rôle du ministre, le socialiste Pierre Joxe, dans cette volonté de transparence, mais le fait est qu'il était passablement agacé par les frasques des gendarmes de l'Élysée et pas forcément mécontent de démasquer les auteurs d'une attaque qui avait causé la mort d'un photographe, ce jour-là, à bord du *Rainbow Warrior*.

Frédéric Ploquin

Comment réussir un maquillage

La machine politico-administrative sait se mettre en branle pour sauver l'un des siens. Ou du moins tenter de le faire, surtout si le scandale risque d'éclabousser le sommet de la pyramide. Elle sait figer la situation en cas de crise pour gagner du temps, précieux en politique.

Le cas Malik Oussekine est à ce titre tragiquement exemplaire. Alors que le jeune homme à la santé fragile a été tabassé à mort sous un porche dans une rue proche de l'Odéon, à Paris, en marge d'une manifestation étudiante contre le projet de réforme universitaire Devaquet à laquelle il ne participait même pas, dans la nuit du 5 décembre 1986, Robert Pandraud, ministre bis de l'Intérieur au côté de Charles Pasqua, se fend d'une déclaration au *Monde* frappée au coin de l'indécence et du mensonge : « La mort d'un jeune homme est toujours regrettable, mais je suis père de famille, et si j'avais un fils sous dialyse, je l'empêcherais de faire le con dans la nuit. » Un propos destiné à atténuer l'impact des faits : ce sont trois membres des pelotons voltigeurs motorisés, ressuscités peu auparavant à l'initiative de ce même ministre, qui ont porté les coups mortels au jeune homme de 22 ans.

Une première autopsie de la victime vient au secours des autorités. Malik Oussekine ne serait pas mort des suites des coups de matraque, mais à cause « d'une décompensation cardiaque créée par l'état pathologique rénal antérieur du patient ». L'expert ajoute que l'arrêt cardiaque serait dû à une course trop rapide, à l'émotion et à la peur, ainsi qu'à un mauvais traitement médical les jours précédents. Une contre-expertise apporte cependant un regard différent, puisqu'elle conclut à « des violences multiples ayant abouti à une fracture des os propres du nez avec hémorragie nasale et la réalisation d'hématomes multiples dont deux au moins paraissent dans la région dorsale de surface importante ». Les experts relèvent également un important gonflement des régions cervicales, une plaie occipitale et une déformation de la région dorsale doublée d'un large hématome en surface. Éléments passés sous silence dans le précédent rapport. La Place Beauvau a effectivement gagné du temps, mais elle ne peut empêcher les poursuites judiciaires visant deux des voltigeurs, un brigadier-chef de 53 ans et un gardien de la paix de 23 ans, qui seront jugés pour coups et blessures volontaires ayant entraîné la mort sans intention de la donner. Ils ne passeront cependant pas un seul jour en prison, écopant trois ans après les faits d'une peine symbolique – respectivement cinq et deux ans de prison avec sursis.

À la faveur de la première cohabitation, entre 1986 et 1988, surgit une autre affaire, qui cette fois éclabousse l'inénarrable Charles Pasqua, acolyte de Robert Pandraud Place Beauvau, pris dans la tourmente d'une histoire de vrai-faux passeport. Le document a été concocté par la DST, le contre-espionnage français, sur ordre du ministre de l'Intérieur, afin de faciliter l'exfiltration vers le Brésil d'un certain Yves Chalier, accusé d'avoir détourné des fonds destinés aux populations africaines et d'en avoir fait profiter un ministre socialiste. Un important responsable policier a organisé la cavale de cet homme susceptible de détenir des secrets propres à anéantir la mitterrandie, en cheville avec quelques représentants de la mafia corse implantés dans le jeu entre Rio de Janeiro et Sao Paulo. Le fugitif a été accompagné jusqu'à la frontière avec son précieux document d'identité, fabriqué sur mesure à l'abri du bien commode secret-défense. Une filière politico-mafieuse mal ficelée, à la limite de la caricature. L'exfiltré a d'ailleurs été assez rapidement localisé, avant d'être interpellé.

Comment empêcher que ces techniques de maquillage pratiquées au sommet du ministère de l'Intérieur ne se répandent jusque dans le moindre commissariat ? On a vu, en l'occurrence en Seine-Saint-Denis, des policiers modifier un constat pour s'épargner des ennuis après un accident de la route : ils avaient mis opportunément la faute sur le compte d'un voyou, qui malheureusement pour eux ne s'est pas laissé faire. On a vu, à Marseille, des policiers justifier la présence de 245 grammes de shit et d'herbe dans le faux plafond de leurs vestiaires en expliquant qu'ils s'en servaient pour rémunérer les indicateurs, sauf qu'il s'agissait de produit prélevé dans les poches des dealers afin de pimenter leurs soirées privées entre collègues. On a encore vu ces techniques à l'œuvre au lendemain du drame de Clichy-sous-Bois, le décès de deux adolescents, Zyed et Bouna, électrocutés par le transformateur auprès duquel ils s'étaient réfugiés pour échapper à un énième contrôle de police, le 27 octobre 2005. La nouvelle avait enflammé les quartiers au point de voir le gouvernement déclarer l'état d'urgence, mais il a fallu attendre dix ans pour apporter aux familles une réponse judiciaire. À la barre, les policiers ont paru bien seuls, lâchés par des patrons retranchés dans leurs bureaux, adeptes fervents du « pas de vague ». Seuls et mal formés, condamnés au demeurant au jeu du chat et de la souris dans des quartiers abandonnés. Et finalement acculés au mensonge pour sauver leur matricule, car l'avocat des victimes, Jean-Pierre Mignard, n'a aucun doute sur le fait que ces fonctionnaires avaient menti à leur hiérarchie pour se couvrir. Tout cela pour aboutir à une relaxe pure et simple, le tribunal considérant que les policiers n'avaient pas poussé ces jeunes vers la mort et qu'on ne pouvait même pas leur reprocher d'avoir laissé mourir les jeunes Zyed et Bouna en connaissance de cause.

La République exemplaire a encore du chemin à faire, en particulier dans ces quartiers populaires que l'on appelle « cités ». À la décharge de ces hommes de terrain, cette pratique du mensonge venait d'en haut, comme on le verra encore avec l'invraisemblable

« tambouille » destinée à produire des statistiques valorisantes pour le ministre en exercice.

Frédéric Ploquin

Dernier stade du mensonge

Le fiasco du Stade de France est l'un des derniers avatars du mensonge à la mode Beauvau. Les incidents remontent à la soirée du 28 mai 2022, alors que se jouait à Saint-Denis la finale de la Ligue des champions, opposant le Real Madrid à Liverpool. Le dispositif sécuritaire implose avant le début du match, alors que les supporteurs affluent vers le stade. Bousculade, agressions en série, usage massif du gaz lacrymogène, la fête est gâchée et l'image de la puissance organisatrice ternie. Tout juste reconduit à son poste de ministre de l'Intérieur, Gérald Darmanin doit faire face à la première vraie crise du second quinquennat Macron au ministère de l'Intérieur. Il se tourne vers son puissant préfet de police, Didier Lallement, l'homme en charge du maintien de l'ordre durant le mouvement des gilets jaunes. Le haut fonctionnaire est-il lui-même enfumé par ses services ? Les éléments de langage qu'il transmet au ministre ont l'inconvénient d'être un peu courts, mais ils présentent l'avantage de désigner un coupable étranger : les supporteurs britanniques qui se seraient massivement présentés à l'entrée avec de faux billets. Le ministre reprend à chaud cette explication dans un Tweet qui a le mérite de masquer les défaillances de ses propres services, mais le défaut de permettre à ses détracteurs de le prendre en flagrant délit de mensonge. La réalité est en effet plus gênante. Le désordre était surtout le fait, ce soir-là, de petits voyous du cru venus profiter de la cohue pour dépouiller les supporteurs britanniques coincés dans la nasse menant au stade et du manque d'anticipation du dispositif policier au regard de l'ampleur de l'événement.

Dans le rapport d'enquête qu'elle remet bientôt au gouvernement, la délégation interministérielle aux grands événements sportifs spécifie bientôt que le chiffre de 35 000 personnes sans billets valides, avancé par le ministre, est à « relativiser ». Deux mille cinq cent quatre-vingt-neuf billets contrefaits ont été recensés, pas davantage. La rupture du périmètre de sécurité, à cause de la pression de la foule, a en revanche permis l'intrusion de délinquants dans le dispositif, avec à la clé de nombreux vols avec violence. Une réalité plus difficile à assumer que les observateurs présents avaient aussitôt pointée, mettant très rapidement l'occupant de la Place Beauvau en difficulté. La « fraude massive, industrielle et organisée », dénoncée trop vite, a du plomb dans l'aile, au point de voir un ancien ministre des Sports, le socialiste Patrick Kanner, évoquer au sujet du ministre « un mélange de Pinocchio et de Madame Irma ». Une formule qui irait comme un gant à bien de ses prédécesseurs.

Frédéric Ploquin

Révolte des viticulteurs : des CRS envoyés à l'abattoir

Ancien officier des CRS, Alain Crosnier a enquêté durant de longs mois sur une affaire qui l'a marqué plus que toute autre : l'embuscade de Montredon-des-Corbières, le 4 mars 1976, qui a coûté la vie au commandant Joël Le Goff, cadre de la CRS N°26, et à Émile Pouytès, viticulteur à Arquettes-en-Val, et causé une trentaine de blessés par balles. Deux morts sur fond de révolte de viticulteurs qui luttaient pour leur survie dans une région occitane vouée au tourisme par le pouvoir central et qui dénonçaient la fraude massive orchestrée autour de vins importés d'Italie. Deux morts qui n'auront même pas droit à un procès, comme si la justice ne pesait rien face à la volonté d'apaisement d'un douloureux conflit social, à moins que l'on n'ait surtout pas voulu savoir comment on en était arrivé là.

Depuis le début des années 1970, le monde viticole du Languedoc-Roussillon est en ébullition. Prêts à en découdre, les viticulteurs n'ont de cesse de contrôler des camions sur l'axe qui relie Sète à Bordeaux. Quand ils tombent sur un chargement de vin italien, ils le déversent sur la chaussée. Le désespoir est tel qu'une nuit, celle du 31 juillet au

1er août 1975, ils neutralisent tous les panneaux de signalisation de la région avec de la peinture, provoquant le chaos sur des routes chargées de touristes. Nom de l'opération : « Terres perdues ».

La lutte monte d'un cran dans la nuit du 29 février au 1er mars 1976, raconte Alain Crosnier. Venus de l'Aude et de l'Hérault, les viticulteurs convergent vers Charnoz-sur-Ain, près de Lyon, à bord de deux bus aux plaques minéralogiques dissimulées, affrétés par les comités d'action viticole. Sur place, ils saccagent les caves du négociant Pierre Ramel, soupçonné de participer au « blanchiment » de vins italiens et algériens, qu'il importe en grande quantité. Une véritable opération commando, avec repérage et matériel adéquat.

L'ancien officier de CRS a minutieusement reconstitué la suite des événements. Le 3 mars 1976, à 11 heures, raconte-t-il, le directeur de cabinet du préfet de l'Aude, Jacques Dewatre, est prévenu par les RG (Renseignements généraux) que des inspecteurs de la police judiciaire de Montpellier sont en train de procéder à Carcassonne à l'audition d'un certain Bourdier, transporteur identifié à partir du numéro d'immatriculation relevé par les gendarmes sur l'un des deux cars utilisés par les viticulteurs. Lequel refuse de donner le nom du conducteur.

À 15 heures le cabinet est informé que deux viticulteurs sont auditionnés au commissariat de Narbonne, toujours par la PJ de Montpellier, ville vers laquelle les trois suspects sont transférés et incarcérés.

Devant le commissariat de Narbonne, Michel Romain, membre dirigeant des comités d'action viticole, menace de « tout faire sauter ». Le tocsin sonne dans les villages, comme pendant la révolte des vignerons du Languedoc de 1907 (réprimée par le cabinet Clemenceau). Peu après 16 heures, les viticulteurs commencent à se rassembler devant la Confédération générale des vignerons du Midi, à Narbonne. Vers 20 heures, ils sont 10 000. André Cases, l'un de leurs leaders, annonce le lieu de rencontre du lendemain : le pont de Montredon-des-Corbières, où il est de tradition de bloquer la nationale 113 ainsi que la voie SNCF Narbonne-Toulouse. « La nuit sera rouge à Narbonne», annonce-t-il. Menace que le directeur de cabinet du préfet prend au sérieux, puisque à 20 h 40 il ordonne la mise en alerte des hôpitaux de Carcassonne et Narbonne. Au cours de la nuit, les viticulteurs audois attaquent le commissariat de police, la sous-préfecture et la recette-perception de Narbonne. Au péage de Vinassan cinq cabines sont détruites à l'explosif. Sont également mis à sac la perception de Fleury-d'Aude, la gare de Lézignan- Corbières, les perceptions de Ginestas et de Sallèles-d'Aude, le passage à niveau de Port-la-Nouvelle, le relais hertzien du massif de la Clape, le bureau du directeur de la Banque de France et le hall d'entrée de la gare de Narbonne. Bilan provisoire : deux milliards de francs de dégâts.

C'est le lendemain que se produit le drame. Prévisible, mais voulait-on l'empêcher ? Personne n'ignore que nombre de viticulteurs, passés par le contingent en Algérie et pour la plupart chasseurs, manient aussi bien les armes et les explosifs que la bêche. Personne n'ignore qu'ils ont facilement un fusil dans le coffre de leur voiture. L'un d'eux, encagoulé, s'attaque au parapet du pont utilisé par les trains à l'aide d'une pelle mécanique empruntée sur un chantier voisin, lorsque les effectifs de deux compagnies de CRS, celle de Toulouse et celle d'Agen, convergent vers les lieux. Les policiers n'arrivent pas la fleur au fusil, ils connaissent la détermination des manifestants, mais le sentiment qui dominera après les faits est qu'on les a envoyés au casse-pipe sans aucune mise en garde, comme le raconte l'un des officiers de CRS présent, Jean-Louis Yonnet :

« La CRS 26 avait travaillé toute la nuit au rétablissement de l'ordre public dans les environs de Narbonne, avant de regagner son cantonnement à Carcassonne. Le matin, on nous fait remonter à Narbonne, ce qui impliquait de passer au milieu de la manifestation en train de s'organiser. Nous n'avions aucun renseignement particulier sur la situation que nous allions vivre, personne ne nous avait dit que les manifestants étaient armés. Au passage, nous essuyons des jets de pierres et de projectiles, mais aussi les premiers coups de feu. Le commandant Joël Le Goff, particulièrement respectueux des autres, s'est arrêté pour parlementer avec les manifestants. C'est là que nous avons essuyé les premiers coups de feu. Une balle a blessé à la tête le conducteur du camion atelier. J'ai soupçonné très vite qu'il pouvait y avoir une volonté délibérée qu'il y ait ce jour-là des morts, au nom d'une raison d'État supérieure, parce que ce serait notamment de nature à maintenir durablement la paix civile, mais c'est une autre histoire. C'est là qu'on nous a adjoint une deuxième compagnie, qui avait elle aussi servi toute la nuit. Et on nous a demandé de dégager le pont. À peine est-on arrivés au niveau des manifestants qu'ils nous ont tiré dessus. Avec leurs fusils à lunette, les manifestants n'avaient aucun mal à repérer les officiers porteurs de galons. Le capitaine et le lieutenant ont été aussitôt touchés. J'ai rejoint le commandant Joël Le Goff, qui m'a montré une blessure à la jambe. Je l'ai entendu donner des instructions, puis plus rien. Je me suis retourné. Il était allongé. Quand j'ai retiré son casque, j'ai vu l'ampleur des dégâts : il avait été touché à la tête par une balle utilisée pour tuer les sangliers… »

Le commandant est déjà mort alors que ses collègues le transportent à l'hôpital. Les CRS ont brièvement riposté à l'aide du fusil-mitrailleur dont ils sont dotés pour garder les bâtiments officiels, mais ce n'est pas une balle venue de leurs rangs qui a causé la deuxième victime, un viticulteur (le calibre utilisé n'était pas en vigueur dans la police. Au total, trente-deux policiers ont également été blessés par balle, mais ce que Jean-Louis Yonnet n'a jamais digéré, c'est que ni lui ni ses collègues n'ont pu faire le deuil, « parce que la justice n'est pas passée ».

« Curieusement, malgré toutes ces victimes, confirme Alain Crosnier, personne n'a jamais été condamné. » Pourquoi la justice a-t-elle été ainsi réduite au silence, comme anesthésiée par un pouvoir visiblement aux abois ? Un viticulteur a fait soixante-dix jours de prison, mais le premier juge d'instruction en charge du dossier a été muté à La Réunion, tandis que son successeur a rapidement abandonné, stoppant de fait le processus judiciaire. Pour l'ancien CRS, il ne fait aucun doute que ce mensonge par omission avait pour but de dissimuler un certain nombre d'informations dérangeantes pour le pouvoir. Personne, suggère-t-il, n'avait envie de voir la justice mettre son nez dans les liens entre certains gros commerçants en spiritueux et quelques personnalités politiques de premier plan. Déclencher des poursuites contre les viticulteurs exposait à des révélations sur le financement des campagnes électorales de l'époque. Michel Poniatowski, ministre de l'Intérieur et fidèle du président Valéry Giscard d'Estaing, aurait pesé de tout son poids pour que la mort de ce commandant ne devienne pas une affaire d'État.

« Si les officiers n'avaient pas fait en sorte d'interdire à leurs hommes de venger leurs collègues et de riposter massivement, il y aurait eu des dizaines de morts », observe encore Alain Crosnier. Une interdiction qui a d'ailleurs suscité du ressentiment dans les rangs, mais Jean-Louis Yonnet ne regrette pas cet appel au calme, convaincu qu'un tir vengeur aurait non seulement aggravé la situation, mais aussi entraîné d'importants dégâts humains parmi les manifestants. Quant aux conséquences, le fait est qu'après Montredon-des-Corbières les viticulteurs ont cessé toute manifestation durant une dizaine d'années. Une autre façon d'arracher la paix sociale, comme le laissait entendre Jean-Louis Yonnet. Une autre époque, surtout, où le ministre de l'Intérieur osait tout. En toute impunité. Mieux : les acteurs de ce drame, au niveau de la chaîne de commandement, ont connu pour la plupart une belle carrière. Le directeur général de la police en titre, Robert Pandraud, est bientôt devenu secrétaire d'État à l'Intérieur. Quant au directeur de cabinet du préfet de l'Aude, Jacques Dewatre, ancien du 11e choc comme Michel Poniatowski, il a été promu… à la tête de la DGSE, l'espionnage français, un monde où le mensonge est un art.

Frédéric Ploquin

Corse : les artificiers de l'ordre et les paillotes illégales

Au lendemain de l'assassinat du préfet Claude Érignac, perpétré dans la soirée 6 février 1998, Jean-Pierre Chevènement, ministre de l'Intérieur, cherche un successeur prêt à bondir sur le poste. Un serviteur de l'État répond présent: Bernard Bonnet, tout juste nommé préfet du Haut-Rhin. L'entretien d'embauche est concluant, ce sera lui. Sa mission: rétablir le droit en Corse.

À peine installé dans son fauteuil, trois jours plus tard, le nouveau préfet donne le ton: il pointe l'émergence en Corse d'un « véritable système mafieux paré des apparences de légalité ». Au menu de ce commis de l'État, une opération « mains propres » inédite dans l'île qui rencontre un accueil assez mitigé. Dès le 13 août 1998, l'organe de presse du mouvement nationaliste U Ribombu décrète l'état de droit prôné par le préfet « incompatible avec le développement économique » de la Corse. Rien que ça. Les nationalistes ne sont d'ailleurs pas les seuls à tiquer face aux méthodes du fougueux préfet. Le procureur lui-même, Bernard Legras, lui reproche un usage compulsif de l'article 40 du code de procédure pénale, qui permet (et même encourage) à porter à la connaissance de la justice toute entorse présumée à la loi.

Le bras de fer entre le procureur et le préfet se durcit après l'hospitalisation du ministre de l'Intérieur, le 2 septembre 1998. Pour corser la situation, le préfet rend désormais directement compte à Matignon, contournant le cabinet de Jean-Pierre Chevènement au bénéfice des conseillers de Lionel Jospin. Flanqué de sa garde rapprochée, Bernard Bonnet s'isole sur l'île, absorbé par un combat de plus en plus personnel contre les mafieux insulaires, en cheville, selon les informations dont il dispose, avec les nationalistes. Derrière les volets fermés de la préfecture, à Ajaccio, le préfet voit rouge, jusqu'à la faute: dans la nuit du 19 avril 1999, deux paillotes illégales, Chez Francis et Aria Marina, brûlent sur la plage de la commune de Coti-Chiavari. Une opération tellement bien conçue qu'elle est assez rapidement attribuée aux… gendarmes des pelotons de sécurité, dont les armes et les moyens de transmission ont été retrouvés à proximité, vaguement recouverts de sable.

Le préfet s'abstient de commenter cet événement digne, selon lui, de la rubrique « chiens écrasés ». Mais le scandale couve. La brigade d'élite de la gendarmerie serait-elle devenue la milice privée du préfet ? Bernard Bonnet s'accroche, jusqu'à la garde à vue et la suspension, tandis que le commandant de la légion de gendarmerie en Corse, le colonel Mazères, passe bientôt aux aveux : oui, il est à l'origine de ces incendies. Oui, il a agi sur les ordres du préfet, qui se retrouve à la prison de la Santé. Convoqué quelques semaines plus tôt au ministère de l'Intérieur pour un recadrage des missions entre la police, les services de renseignement et lui-même, le préfet avait glissé cette phrase à l'oreille de son voisin de table, le patron des RG Yves Bertrand : « On ne veut pas que je m'occupe des affaires de police, mais du littoral, eh bien je vais m'en occuper ! » Il s'en est effectivement occupé, un peu trop même, avec des gendarmes aussi soucieux que le Petit Poucet de laisser des traces derrière eux. De quoi réjouir, sous la cagoule, quelques figures de la voyoucratie insulaire, pas mécontentes de voir l'État se prendre ainsi les pieds dans le tapis.

Surfant sur le scandale, Me Antoine Sollacaro, avocat d'Yvan Colonna, alors principal suspect dans l'assassinat de Claude Érignac, se fait plaisir dans le discours qu'il prononce lors de la rentrée judiciaire suivante. L'avocat, qui depuis est décédé par balles, dénonce ce qu'il appelle les « dragonnades » du préfet. « Je suis l'avocat de l'île contre les dérives d'un État qui cherche à culpabiliser l'île entière par une répression tous azimuts où tout ce qui est corse est présumé terroriste », clame-t-il. Pour lui, les faits sont limpides : le 20 avril 1999, la préfecture et la gendarmerie, « engagées dans une politique de restauration de l'état de droit aux forts relents d'état de siège, se sont fait surprendre maladroitement en flagrant délit d'opération barbouzarde ».

Dans son réquisitoire, en janvier 2003, le procureur Jacques Dallest évoque une « stratégie de la tension à connotation terroriste ». Condamné à trois ans de prison, dont un an ferme, le préfet ne retourne pas en prison, où il a déjà passé deux mois en détention provisoire. Le prix d'une énorme confusion qui lui a laissé croire que l'on pouvait combattre l'état de non-droit par le non-droit, en mettant des gants et une cagoule. L'État s'était déjà illustré dans ce domaine en Corse, en suscitant notamment, dans les débuts du mouvement nationaliste, un début de contre-mouvement terroriste, mais les temps avaient changé et le préfet pyromane y a laissé toutes ses plumes. Et même ses décorations.

Frédéric Ploquin

Arnaque à Tarnac : le PV de la police était un faux

L'affaire des saboteurs de la SNCF en 2005 restera peut-être comme l'un des plus beaux exemples d'emballement politico-judiciaire sur fond de preuves mal cousues. Un cas d'école, même si dans l'art de manipuler une enquête policière Michèle Alliot-Marie avait du chemin à faire pour arriver à la hauteur de quelques-uns de ses illustres prédécesseurs. La France entière n'en a pas moins été tenue en haleine pendant cinq jours, avec des médias prêts à reprendre comme un seul homme l'histoire qu'on était en train de leur servir : celle d'une traque contre un ennemi intérieur qui avait osé défier l'État en mettant, à au moins trois reprises, des centaines de TGV, de Thalys et d'Eurostar en retard. Celle de ces ennemis invisibles qui, armés de leurs fers à béton, avaient accompli leur rêve le plus fou : paralyser les lignes à grande vitesse, ces symboles d'un monde qui à leurs yeux déraille.

Les Renseignements généraux enquêtaient depuis des semaines sur la mouvance anarcho-autonome. Lors de l'absorption de ce service par la nouvelle Direction centrale du renseignement intérieur (DCRI), les surveillances se sont poursuivies. Alors que se multiplient les sabotages de TGV, à l'automne 2005, le patron de la SNCF est au bord de l'apoplexie. Il pèse de tout son poids pour que l'on arrête le coupable. La ministre de l'Intérieur, Michèle Alliot-Marie, dont la cote faiblit aux yeux de l'Élysée, décide de sauter sur l'occasion. Faute originelle qui entache depuis le premier jour ce dossier, elle presse ses services de fournir au plus vite la matière qu'ils détiennent et annonce bientôt devant les caméras l'arrestation des « terroristes ». La justice embraye tant bien que mal afin que personne ne soit désavoué et annonce pour bientôt de nouvelles révélations, sauf qu'elles tardent à venir…

Les tréteaux remisés, repliées les caméras qui accompagnèrent les policiers d'élite envoyés, au matin du 11 novembre 2005, envahir Tarnac, un petit village du plateau de Millevaches, où s'était nichée la terrible cellule, que reste-t-il de cette grandiose séquence ? Que reste-t-il du « noyau dur » de cette « structure à vocation terroriste », de cette « cellule qui avait pour projet la lutte armée », selon les termes des communiqués officiels repris en boucle par les radios et les télévisions ? Des neuf personnes interpellées dans le cadre de l'opération « Taïga », quatre entrent dans l'histoire comme les premières à avoir été mises en examen pour « association de malfaiteurs en relation avec une entreprise terroriste » et… remises en liberté sous contrôle judiciaire. Les cinq autres, qui dorment en prison, ont toutes à peu près le même profil : grandies dans des familles où elles n'ont manqué de rien, plusieurs années d'études à leur actif, elles vivent en marge d'une société capitaliste dont elles ont décidé de combattre les valeurs et les symboles, du CPE aux OGM. Julien, 34 ans, est présenté comme le « cerveau » de ce groupuscule. Fils de chirurgien, diplômé de l'ESSEC et de l'EHESS, il était un peu le chef de cette communauté implantée dans le village de Tarnac (Corrèze). C'est lui, notamment, qui avait les contacts avec la mouvance autonome allemande, italienne (on l'a vu à Gênes) ou grecque. Gabrielle, la mère de son enfant, vivait, elle aussi, dans cette ferme présentée l'espace de quelques journaux télévisés comme le repère des fils de la bande à Baader. Yldune, 30 ans, sa copine parisienne, étudiante en archéologie, vivait dans un appartement du 20e arrondissement acheté par les parents de Julien. Si les fiches de la police sont à jour, elle gérait les connexions avec la mouvance autonome francilienne, notamment avec le fameux squat de Montreuil, fief de ces anarchistes new-look. Durant les longues heures de la garde à vue, elle a joué à l'imbécile pour ne pas répondre aux questions.

Benjamin, 30 ans, originaire de Belgique, fils de médecin lui aussi, faisait office de « bras droit » de Julien, toujours selon les enquêteurs. Ce dernier gérait la petite épicerie (« très louche », dirent les premiers témoins interviewés par la presse) ouverte par la communauté sur le plateau de Millevaches. Et puis il y a Manon, de Limoges, 30 ans elle aussi, clarinettiste récompensée d'un premier prix du Conservatoire. Voilà le visage de cette ultragauche dont on nous a dit, l'espace d'une guerre éclair, qu'elle était aussi dangereuse, sinon plus, que ne l'avait jamais été le groupuscule Action directe au début des années 1980.

Faute de botte secrète apportée par les gendarmes, cet ADN qu'ils avaient promis à la ministre, les policiers ont misé sur les perquisitions. Ils sont revenus avec trois coupe-boulons (dont il faudra déterminer s'ils ont servi à découper les grillages qui protègent les voies de chemin de fer), du matériel d'alpinisme et des guides de voyage de la SNCF. Pas trace, en revanche, dans l'atelier de la ferme de Tarnac, d'un morceau de ferraille similaire à celui utilisé pour confectionner les fers à béton déposés sur les caténaires – les autonomes allemands ont confectionné des objets de ce type pour stopper les convois de déchets nucléaires.

Pour emporter la conviction de la justice, la sous-direction antiterroriste a cependant quelques billes. Julien et son amie Gabrielle étaient en Moselle dans la nuit du 26 au 27 octobre 2005, celle des premiers sabotages. Sa mère à elle, embarquée dans le cadre de l'opération Taïga, s'est même inquiétée de ne pas les voir revenir avant 6 heures du matin. Pas une preuve formelle, mais un indice. Une autre nuit, vers 4 heures, c'est Benjamin, Manon et Gabrielle qui ont été contrôlés par les gendarmes sur une route de l'Est, pas très loin des rails ; leurs identités relevées, ils auraient renoncé à s'en prendre aux caténaires. Toujours pas de preuve, mais un signe de plus.

Puis il y a la fameuse nuit du 8 novembre 2005, celle où plusieurs lignes de train ont été mises en carafe. Des policiers suivent à distance une voiture sous laquelle a été glissée une balise. À l'intérieur, Julien et Yldune, selon les comptes rendus de surveillance. Julien qui se débarrasse dans une poubelle d'un emballage de lampe frontale et de plusieurs guides horaires de la SNCF. Qui fait mine de partir, puis revient se poster à proximité de la poubelle, comme pour vérifier qu'il n'était pas suivi – curieusement, il ne vérifie pas si les objets jetés sont encore là. Julien et Yldune qui s'engagent sur de petites routes, s'arrêtent de longues minutes, et dont les policiers sont bientôt persuadés qu'ils sont descendus sur les voies du TGV, du côté de Meaux. Toujours pas de preuves, mais un gros soupçon lorsque la ligne tombe en rade…

Pour aggraver leur cas, les cinq présumés terroristes se sont montrés assez coriaces durant leur garde à vue, attitude qui dénote le professionnalisme. On peut compter sur eux pour se défendre pied à pied, en particulier Julien, qui va profiter de la prison pour écrire noir sur blanc ce qu'il pense de cet épisode, lui que la police soupçonne d'être le théoricien de l'ultragauche renaissante.

Pour l'Élysée comme pour la ministre de l'Intérieur, le danger écarté et la police félicitée, la page est déjà tournée. Erreur. Les accusés ne se contentent pas de contester l'intégralité des charges, ils proposent à leurs avocats d'éplucher eux-mêmes les 65 tomes du dossier. Avec un objectif commun : démonter les méthodes de l'antiterrorisme, qui pour se défendre noie les accusés sous des tonnes de documents. Le plan n'est pas de se mettre en scène, mais de transformer leur procès en procès de la DCRI. Ce service n'est-il pas présenté comme le grand œuvre de Nicolas Sarkozy, qui en a confié la direction à un flic de confiance, l'ancien numéro 2 des RG, Bernard Squarcini ?

Après avoir épluché 25 000 pages, l'équipe déniche entre deux expertises techniques sans intérêt le procès-verbal socle, celui sur lequel tient l'accusation vantée par le ministre de l'Intérieur en personne. Il y est question des déplacements nocturnes de Julien Coupat et de son amie à proximité des lieux où des trains ont été mis en carafe. L'un des avocats, Me Jérémy Assous, et le père de son client refont les trajets chronomètre en main. Conclusion provisoire : ni les suiveurs ni les suivis ne pouvaient être aux lieux indiqués aux heures mentionnées sur le PV. Me Assous retente l'expérience en live avec un journaliste d'Europe 1 et une équipe de TF1 et le verdict est le même : à allure normale, difficile de parcourir les 31 kilomètres en 10 minutes. Sans respecter les vitesses, sur une route fermée à la circulation, ils mettront 32 minutes le jour de la reconstitution…

L'avocat demande au juge de questionner les vingt policiers présents sur le terrain, à bord de douze véhicules. Les fonctionnaires mettent jusqu'à neuf mois à répondre et à justifier leur emploi du temps, des réponses partielles qui permettent à Me Assous de jeter le doute sur le fameux PV n° 104, arguant du fait qu'un PV de police fait foi « à condition qu'il soit rédigé par un officier de police et qu'il retranscrive des faits dont il a été le témoin direct ». Si leurs calculs sont bons, le fonctionnaire qui a apposé sa signature ne pouvait être présent à tous les endroits en même temps…

« S'il n'y a pas de PV 104, le dossier s'écroule », se réjouit l'avocat, qui assure que le lien entre les quatre sabotages répertoriés et ceux de Tarnac n'a pas été apporté. « À force de contrer nos arguments, ils se sont enfermés. Quand on ment, il faut avoir une excellente mémoire ! Ils seraient vingt policiers postés aux points de passage obligés, équipés d'intensificateurs de lumière, et n'auraient pas vu quelqu'un escalader les grillages avec un fer à béton et des perches ? À cet endroit, on peut voir quelqu'un à 800 mètres et personne ne l'a vu ? Je veux bien qu'ils soient aveugles, mais ils ne peuvent pas être sourds. C'est un dossier fabriqué, fruit de l'imaginaire. On en a fait un groupe uni, solidaire, ne parlant que d'une voix, mais ça non plus ne repose sur aucun élément factuel. »

La DCRI riposte en sortant de nouvelles cartouches, relayées dans la presse, mais l'avocat tient bon. Avec en ligne de mire la puissance de ces juges antiterroristes qui collectionnent les médailles du RAID et du GIGN, une « caste à part qui se prend pour l'élite », en particulier celui qui a cru que le dossier Tarnac serait l'affaire de sa vie…

Frédéric Ploquin

LE GRAND MAQUILLAGE DES STATISTIQUES DE LA DÉLINQUANCE

Y a-t-il du Madoff derrière la descente en pente douce des crimes et délits, comme il y a du maquillage dans les comptes des grands escrocs ? La question a surgi à l'époque où Nicolas Sarkozy ne jurait que par les chiffres de la délinquance, étalon de sa réussite au ministère de l'Intérieur. Devenu président de la République en 2002, il a continué à ne jurer que par eux. Le chiffre qu'il affectionne alors le plus est celui de l'augmentation de la délinquance entre 1997 et 2002, ces fameux 15 % brandis pour écarter le socialiste Lionel Jospin de la route de l'Élysée. Ce véritable raz de marée de petits délits a été largement alimenté par l'informatisation des gendarmeries et la mise en place de la police de proximité, mais l'heure n'est pas aux explications. Le président sait que l'épouvantail de la gauche fautrice d'insécurité montre des signes d'usure, mais il dispose d'une botte secrète : le nombre des crimes et délits… qui auraient pu se produire s'il n'avait repris les choses en main. Sachant que la délinquance a baissé de 13,5 % depuis 2002, « c'est 1,5 million de crimes et délits qui ont été évités aux Français », s'exclame-t-il début 2009, lors de ses vœux aux forces de sécurité. Effet garanti sur le public, un peu comme si on lui montrait le monstre du Loch Ness en direct. La promotion des préfets, des directeurs départementaux et des commissaires, ainsi que leurs primes, ne dépend désormais plus que de cela : leur art de maîtriser les courbes et autres camemberts de la délinquance.

Il existe plusieurs moyens de rétrécir les filets afin d'obtenir des statistiques satisfaisantes. Le premier est tellement simple qu'on l'oublierait : les commissariats ne sont pas extensibles. Il suffit d'en visiter un pour comprendre que le manque de bras opère un premier tri parmi les plaignants. Faire la queue pendant plusieurs heures, les victimes d'un simple vol n'y sont pas toujours prêtes. Les larcins « anecdotiques » passent ainsi à la trappe, surtout s'il n'y a aucune chance d'arrêter les auteurs. Dans le monde rural, tenu par la gendarmerie, le regroupement des forces en « communautés de brigades » produit à peu près le même effet. Le but n'était pas de faire baisser le nombre de plaintes, mais c'est mécanique : les kilomètres à parcourir dissuadent une partie des victimes.

Il reste aux commissaires l'arme de l'imagination pour poursuivre l'écrémage. Et ils n'en manquent pas. Faire passer un délit dans la case contravention est un jeu d'enfant. Il suffit de fixer un barème : si les dégâts signalés par la victime sont d'un montant inférieur à 200 euros, ce sera une contravention. Personne n'ira vérifier si le prix de la réparation a finalement dépassé la limite fixée. Un rétroviseur cassé, c'est typiquement le genre de délits qu'il vaut mieux garder à l'écart des « faits constatés ». Non seulement parce qu'il y en a beaucoup, mais parce qu'on n'a aucune chance d'arrêter l'auteur, ce qui grèvera le sacro-saint taux d'élucidation, au cœur du coup de bluff en vogue à l'époque : pour l'image d'une brigade, mieux vaut alors interpeller une quarantaine de fumeurs de joints dans le mois que de mobiliser cinq fonctionnaires pour suivre une équipe de trafiquants aguerris, que l'on n'est même pas certain de coffrer. Un gramme de shit = une procédure = une affaire résolue. Dans le même ordre d'idée, mieux vaut « ramasser » des prostituées dans la rue que de s'épuiser en longues et chères surveillances pour coincer un proxénète, embarquer cinq clandestins plutôt que de s'attaquer à une filière d'immigration clandestine, en clair se focaliser sur ce qui est immédiatement rentable.

Les secrets de fabrique des chiffres de la délinquance se nichent dans les détails. Pour obtenir le résultat qui fera plaisir au chef, on n'invente rien. On va glaner ce qu'on ne cherchait pas forcément avant. On joue avec les cases et les colonnes. Un certain nombre de faits qui restaient jusque-là au niveau de la main courante font désormais l'objet d'une plainte. C'est le cas des vols à l'étalage ou des différends entre voisins. Point commun : aussitôt constatés, aussitôt élucidés. Le taux d'élucidation devait être un indicateur, il est devenu une fin en soi. Les gendarmes ont longtemps jonglé avec les chéquiers volés : ils enregistraient un fait élucidé par chèque. De la gonflette à peu de frais. Comme celle que permettent, l'air de rien, les affaires de déambulation d'animaux domestiques : 50 bêtes échappées d'un pré, cela fait 50 bêtes retrouvées.

Les statistiques sont bien tenues, mais de plus en plus de policiers disent à voix basse qu'ils ont le sentiment de ne pas faire tout à fait le métier qu'ils ont choisi. Les commissariats sont tous, ou presque, devenus des ateliers de faussaires. On se gausse sous Nicolas Sarkozy de l'explosion du nombre de « personnes mises en cause », sans jamais préciser qu'un nombre non négligeable de ces personnes ont été par la suite mises hors de cause. « On produisait à la chaîne et on emballait le paquet-cadeau, résume un commissaire qui a vécu cette période. Mais sur cent paquets, on en mettait quatre-vingts à la poubelle, au risque de désespérer une génération de flics ! »

Les services de police rivalisaient également de subtilité pour limiter le nombre de voitures brûlées lors de la nuit de la Saint-Sylvestre, source chaque année d'une intense polémique. Il suffit par exemple d'arrêter les compteurs au lever du jour, bien avant qu'un certain nombre de plaignants ne découvrent leur voiture calcinée. On joue aussi avec les mots : quinze voitures brûlées au même endroit, c'est un seul fait constaté, considérant que quatorze d'entre elles ont été incendiées « par propagation » – autrement dit par « accident ». De la même façon, un feu de poubelle, un jet de projectile, des invectives et une voiture brûlée peuvent ne laisser qu'une toute petite trace dans le bilan de la nuit : un seul et unique fait constaté.

Ce petit jeu a duré jusqu'à la fin du quinquennat de Nicolas Sarkozy, mais on ne tardera pas à découvrir que l'habitude a été prise de combattre l'insécurité en cassant le thermomètre. Un an après l'élection de François Hollande, en septembre 2013, pourquoi s'en priver, l'Inspection générale de la police nationale (IGPN) se voit ainsi confier une mission sensible : dresser un état des lieux des pratiques d'enregistrement des chiffres de la délinquance à la préfecture de police de Paris pendant les années 2011 et 2012. Cible de la gauche plurielle : l'ancien préfet de police Michel Gaudin, au demeurant intime de Nicolas Sarkozy, soupçonné d'avoir tronqué les chiffres de la délinquance pour souligner les mérites et prouesses de sa protégée, la direction de la sécurité de proximité de l'agglomération parisienne (DSPAP), créée en 2009. Le nouveau ministre de l'Intérieur, Manuel Valls, a validé cette commande très politique, à charge pour les enquêteurs d'éplucher le fonctionnement du fameux état 4001, fort de 107 index correspondant à la panoplie des infractions, chaque crime et délit ayant son numéro.

Recevant les représentants de l'Inspection, le nouveau directeur de la DSPAP n'est pas tendre avec son prédécesseur. Il parle d'index « dégradés », de « déqualifications », notamment dans le domaine des vols. Non sans vanter la façon dont il a remis les choses en ordre, mettant fin à une triche quasi institutionnalisée. Commence pour les inspecteurs un travail minutieux auprès de fonctionnaires souvent débordés, qui débouche sur des conclusions terribles pour l'administration : une tendance lourde et ancienne sévit sur le territoire de la préfecture de police, consistant à minorer la gravité de certains faits et leur volume. Pour dégonfler les index « sensibles » aux yeux de l'opinion publique (vols avec violence, cambriolages, vols à la tire, vols à la roulotte), on minimise les faits au moment de l'enregistrement, parfois par méconnaissance, le plus souvent pour modifier artificiellement le tableau de la délinquance. Un maquillage en règle dont les fonctionnaires interrogés certifient qu'il a commencé, de façon artisanale, sous Jean-Pierre Chevènement, en 2000, et qu'il s'est poursuivi… après l'élection de François Hollande et la nomination d'un nouveau préfet. Plus gênant encore pour ceux qui ont commandité l'inspection, la technique consistant à bloquer le comptage des chiffres avant la fin du mois a persisté, avec un enregistrement des crimes et délits volontiers interrompu le 25 ou le 26 du mois. Une pratique éthiquement critiquable et pénalisante : comment orienter l'outil policier quand on ne dispose pas d'une vraie photographie du paysage criminel ?

Frédéric Ploquin

Tricherie et petits arrangements d'une BAC au cœur de la jungle

Dans les allées des cités de Stains, l'une des villes les plus pauvres de Seine-Saint-Denis, on l'appelait « Stifler ». Comme son homonyme de la série *American Pie*, le « baqueux » avait l'œil clair et le cheveu blond. Il avait rang de gardien de la paix, mais au sein du « groupe B », l'un des trois qui composaient la BAC (brigade anticriminalité) locale, c'est lui qui commandait en ce début des années 2010. Avoir grandi dans ce département qu'il connaissait comme sa poche lui donnait un ascendant naturel sur les trois autres policiers avec lesquels il formait un quatuor réputé. L'un avait le grade de major, un autre était brigadier et le troisième gardien de la paix, mais le chef, c'était lui. Plus âgé, il avait une plus longue expérience derrière lui, sans compter ce charisme naturel qui le plaçait au-dessus de la meute dans ces cités que d'aucuns considèrent comme une jungle.

L'un jouait au foot, l'autre au rugby, le troisième boxait, Stifler se contentait d'être « physiquement au top », selon les mots d'un de ses collègues. Le fait d'avoir été confronté quelques années plus tôt aux « bœufs-carottes », l'Inspection générale de la police nationale, faisait de lui un héros. C'était une sale affaire, un épisode au cours duquel il avait un peu trop montré ses muscles, mais il s'en était tiré avec un simple blâme. Il avait le « goût du charbon », autrement dit l'envie d'en découdre, et aussi un certain courage, ce qui ne l'empêchera pas d'éclater en sanglots à la sortie du bureau du juge d'instruction, au tribunal de Bobigny, avec la certitude qu'il dormirait en prison au lendemain de sa chute.

Nous sommes aux portes de la capitale, pas dans une série télé, mais Stifler a depuis longtemps tendance à se croire au cinéma. Il « fait de la police » à sa façon et les jeunes fonctionnaires le suivent les yeux fermés, n'ayant souvent rien connu d'autre. Il est identifié dans toutes les cages d'escalier de Stains à Pierrefitte, son terrain de chasse. Il est le héros sombre du ghetto, dans cette cité du Clos Saint-Lazare où une génération entière a succombé à l'usage de l'héroïne et où l'on règle ses comptes à l'arme à feu, comme à Marseille, sans le moindre écho dans les médias. Un quartier où l'on est « allergique » aux policiers, mais Stifler, c'est pas pareil.

« Stifler s'en bat les couilles de la police, résume un hors-la-loi d'âge mûr. Ce qu'il veut, c'est niquer. S'il y a quelque chose à niquer, il le nique. Au début, comme tout le monde, il a essayé de servir la France, puis il s'est adapté. » Ainsi parle-t-on de ce gardien de la paix en qui les jeunes du quartier se reconnaissent, parce qu'il leur ressemble. Un territoire où la seule chose qui prospère, hormis la misère, ce sont les trafics en tous genres. Où chacun se débrouille pour « grailler » et où l'on préfère, à tout prendre, un flic ripou à un fonctionnaire scrupuleux comme un chef de gare. Un flic qui se contente de vous confisquer les barrettes de shit et les espèces et vous laisse filer, plutôt qu'un « robot » soucieux de noircir des procès-verbaux.

Stifler n'a pas seulement la cote auprès des jeunes dealers. Le « chef » du groupe B est aussi bien vu dans sa propre « maison ». Du moins était-ce le cas jusqu'à l'arrivée d'une jeune commissaire, en décembre 2013, en remplacement d'un patron appelé à servir dans la capitale. Avec le précédent, tout roulait. Stifler et ses hommes faisaient leur vie. Ils n'obéissaient qu'à leur flair, se laissant porter par les événements, mais ils rapportaient des affaires. Des résultats. De belles saisies de stupéfiants qui ravissaient la haute hiérarchie, jusqu'au directeur départemental de la sécurité publique, et même jusqu'au préfet, une figure de la police que l'on vit plusieurs fois venir féliciter ses hommes, et même boire le champagne avec eux – les succès se fêtent. La BAC de Stains faisait du chiffre. Elle faisait dégringoler les dealers sous la houlette d'un commissaire qui avait fait ses classes en police judiciaire, section stupéfiants. Et en haut lieu, on aimait ça.

On taquinait parfois Stifler au sujet de ses indics, mais on ne voulait pas savoir. On fermait les yeux quand on le voyait remplacer de la came par du thé pour avoir de quoi payer ses informateurs. Le « groupe du taulier » avait tous les droits. Tous les jours au casse-pipe, les premiers à faire l'impasse sur un jour de congé, ces hommes étaient régulièrement félicités, comme ne manqueront pas de le relever leurs avocats, comme si ces lettres, leurs excellentes notes (7 sur 7) et les médailles du courage valaient certificat d'honorabilité. On passait l'éponge sur certains écarts, ainsi ce jour où l'idée leur était venue d'aller « taper » un point de deal dans la ville voisine de Saint-Denis. Les voyous les ont accueillis comme on reçoit une bande rivale, au point qu'ils ont dû faire usage de leurs Flash-Ball en attendant l'arrivée de renforts, collègues qui leur auraient fermement recommandé de ne plus remettre les pieds dans leur secteur…

L'ambiance change brusquement avec l'arrivée de la nouvelle patronne. Le brigadier-chef censé encadrer les « baqueux » en civil n'apprécie que modérément les méthodes du groupe B, qui fait ses affaires sans rendre de compte à personne. Et ne se prive pas de le faire savoir à la commissaire, un peu surprise par l'ambiance qui règne dans ce commissariat, où une main anonyme crève un jour les pneus de sa voiture, tandis qu'une autre la raye. C'est à peu près à cette époque qu'une information assez précise remonte aux oreilles de la direction, selon laquelle Stifler et son équipe piqueraient dans les scellés et pratiqueraient allègrement la « mexicaine », cette forme de perquisition qui consiste à visiter un appartement hors de tout cadre légal et à ne solliciter un officier de police judiciaire qu'après, en cas de besoin. À la préfecture de police, on juge les éléments suffisamment troublants pour en appeler à la police des polices. Jaloux ? Dealers échaudés ? Deux autres dénonciations atterrissent sur la plateforme électronique de l'Inspection générale, qui décide de déployer les grands moyens à partir du mois de mai 2014. Surveillances, écoutes téléphoniques, sans oublier une méthode testée avec la BAC Nord de Marseille : la sonorisation de la voiture utilisée par Stifler et ses hommes. S'ils vivent sur la bête, comme on le présume, ils finiront bien par se faire prendre. S'ils ont fait des faux, comme le prétendent leurs accusateurs, on les trouvera en épluchant les procédures.

L'enquête est longue, fastidieuse, mais permet de se faire une idée de la manière dont fonctionnent les membres du groupe B : aux marges de la loi, parfois carrément à côté, n'en faisant qu'à leur tête, tant et si bien que la commissaire décide de dissoudre le groupe en septembre 2014. Tenue volontairement à l'écart de l'enquête en cours, elle ne sait pas qu'elle vient de la compromettre. Affectés à d'autres tâches, le gardien de la paix aux yeux bleus et ses camarades sont écartés du terrain où ils avaient l'habitude de sévir à leur manière. Cette mesure administrative leur met la puce à l'oreille. La question n'est pas de savoir si les bœufs-carottes sont sur leur dos, mais quand ils vont frapper à leur porte au petit matin. Ils s'y attendent tellement qu'ils prennent la drôle d'habitude de régler leur réveil respectif sur 5 h 45. Histoire d'être debout avant la perquisition des collègues.

L'IGPN finit par intervenir un jour du mois de mars 2015. Avec à la clé quatre-vingt-seize heures de garde à vue pour toute la bande, une séquence dont Stifler sort laminé, avec une mise en examen pour « association de malfaiteurs ». Adieu les week-ends jet ski entre collègues, les vacances à Saint-Domingue ou au Mexique, la clinquante Range Rover… Mais déjà les avocats fourbissent leurs arguments. Charges trop faibles, canarde Me Daniel Merchat, qui en tant qu'ancien commissaire en connaît un rayon sur les « bleus ». Parole de voyous contre parole de flics, lui et ses confrères viendront à bout de l'accusation, martèle-t-il, tandis que la police des polices croit naïvement que les langues vont se délier dans les cités, où l'on regrette en fait le départ de ces policiers « coulants », peut-être parce que l'on préfère les mensonges et les petits arrangements à une stricte application de la loi. La patronne du commissariat, elle, a préféré partir, déroutée par ce climat digne d'une autre série américaine, *The Shield*, dans laquelle Stifler se serait bien vu jouer son propre rôle, comme il l'a un jour confié à un riverain du Clos Saint Lazare.

Huit ans plus tard, la justice a sanctionné les policiers de peines avec sursis, entre six et trente mois, les lavant notamment du soupçon de racket des dealers. Le tribunal a considéré qu'il manquait de preuves pour caractériser les faits de vol, ne retenant finalement que la rédaction de faux procès-verbaux. Le principal suspect avait depuis longtemps tourné la page et, selon son avocate, « ne voulait plus jamais entendre parler de tout ça ». Ce qui est parfaitement compréhensible.

Frédéric Ploquin

Bibliographie

François Audigier, *Histoire du SAC*, Stock, 2021.
Jacques Derogy, Frédéric Ploquin, *Ils ont tué Ben Barka*, Fayard, 1999.
David Dufresne, *Tarnac, magasin général*, Pluriel, 2013.
Didier Hassoux, Olivia Recasens, Christophe Labbé, *Bienvenue Place Beauvau*, Robert Laffont, 2017.
Olivia Recasens, Jean-Michel Decugis, Christophe Labbé, *Place Beauvau, la face cachée de la police*, Robert Laffont, 2006.

II

Justice pour tous ?

Des affaires étouffées aux petits arrangements

La justice est lente, surtout quand certains ont le pouvoir de la freiner. Elle souffre d'un manque de moyens humains et matériels. Il arrive aussi qu'elle se trompe, qu'elle passe à côté de sa cible, volontairement ou pas, mais le principal reproche qui lui a été fait au long de la Ve République est d'être instrumentalisée par le pouvoir en place. Le plus souvent pour couvrir des suspects qu'on ne saurait voir dans le box des accusés et dans la plupart des cas de façon assez grossière pour que cela n'échappe pas à la sagacité des opposants et de la presse. Les mécanismes en œuvre et les motifs supérieurs invoqués varient en fonction du type d'affaires, avec une propension des politiques à s'abriter derrière une commode raison d'État. Le modèle, lui, est éprouvé : officiellement indépendante, la justice est reliée au pouvoir exécutif par un cordon ombilical qui a longtemps été très voyant, avant de se perpétuer sous des formes plus discrètes. De quoi produire du mensonge à la chaîne, que ce soit en incitant un magistrat à fermer les yeux ou à regarder ailleurs, en mutant tel ou tel magistrat mutin, ou en invitant l'appareil judiciaire à produire des contrevérités sur mesure.

Aranda, un lanceur d'alerte avant l'heure

Le début des années 1970 consacre la méthode dite de l'étouffement des affaires, avec l'apparition sur la scène publique d'un homme qui prétendait vouloir nettoyer les écuries de la République, un certain Gabriel Aranda. Le 13 septembre 1972 s'étalent dans *Le Canard enchaîné* des documents glanés par ce fonctionnaire, alors en poste au ministère de l'Équipement, tenu par Albin Chalandon. « Des margoulins de haut vol confondent l'action publique avec s'en mettre plein les poches », déclare ce monsieur Propre du gaullisme. Un rapport assure que le chalet de l'UCPA emporté par une avalanche en février 1970, causant 39 morts, a été construit... dans un couloir d'avalanche répertorié. Un autre laisse entendre que le secrétaire général de l'UDR est intervenu auprès de Chalandon pour que la construction d'une autoroute soit confiée à une société amie. Un troisième laisse apparaître un racket exercé par le parti gaulliste sur des promoteurs immobiliers. Le ministre s'offusque et jure que son cabinet lutte contre les compromissions.

Le garde des Sceaux, René Pleven, invite le parquet à ouvrir une information contre X pour... vol, recel et complicité de documents officiels. La véritable affaire, à ses yeux, c'est la révélation de ces turpitudes, et non pas leur éventuel bien-fondé. Le chef du gouvernement, Pierre Messmer, a déjà tranché : Aranda agit « contre la morale et contre la loi ». L'intéressé persiste et clame sur les ondes des radios périphériques que l'affairisme ronge le pouvoir en place. François Mitterrand, leader de l'opposition, prend la plume dans le journal des socialistes, *L'Unité* : « Le gaullisme d'aujourd'hui continue de se recruter dans un milieu d'anciens demi-solde qui ont appris beaucoup de choses en roulant leur bosse, sauf à distinguer l'argent de poche de l'argent public. » Le président de la République, Georges Pompidou, assène son argument massue lors d'une conférence de presse où il implore la presse à ne pas créer « ce climat pestilentiel que nous avons connu dans les années 1930 et sous la IVe République ». Le parquet de Paris a tranché : ces documents ne pourront donner lieu à des poursuites pénales. Quinze petits jours ont suffi au juge d'instruction pour fermer le dossier. Deux mois plus tard, après la publication d'un livre, Gabriel Aranda est inculpé pour « vol de documents », puis dans la foulée pour diffamation. Jugé coupable, il sera condamné à une amende deux ans après ses premières révélations.

« Quand la politique entre dans le prétoire, la vérité en sort », a dit un jour un ténor du barreau. Un autre naufrage judiciaire survenu durant le septennat de Valéry Giscard d'Estaing est là pour l'attester, lié cette fois à la mort d'un homme public : Robert Boulin. Ministre du Travail dans le gouvernement de Raymond Barre, il a été retrouvé noyé dans 50 centimètres d'eau, le 30 octobre 1979, alors qu'il était un postulant sérieux pour Matignon. Le suicide était si évident que les médecins légistes et les enquêteurs ont bâclé l'autopsie… par respect pour la famille. Cette hâte a suffi à conférer à l'affaire des allures de complot, alors que le ministre avait laissé une lettre tapée à la machine où il aurait ajouté quelques mots manuscrits. Empêtré dans une affaire de droit commun, il se croyait à portée de main d'un juge « rouge », le jeune Renaud van Ruymbeke, qui allait fouiller ses comptes sans qu'il puisse compter sur ses amis politiques pour le secourir. Drame de la solitude ou affaire d'État, le cas n'est, à ce jour, toujours pas tranché.

Longtemps soumise au mensonge par un pouvoir politique omnipotent, la justice a vu quelques-uns de ses représentants, juges d'instruction pour la plupart, chevaucher vers l'indépendance avec la volonté de mener à bien les dossiers surveillés, essentiellement les affaires politico-financières. La presse les a rapidement appelés les juges « rouges », bien que tous n'étaient pas pétris de marxisme. Après le juge van Ruymbeke, le juge Jean-Louis Bruguière est l'un des premiers à se soucier de renverser les rôles avec une police judiciaire qui dictait sa loi, elle-même étant directement sous le contrôle de la Place Beauvau. De nombreux autres prendront le relais avec la volonté de briser la bride et d'accoucher d'une vérité judiciaire honorable dans les dossiers impliquant des notables, et même des ministres. Une patiente émancipation qui laissera une image forte : celle de la juge Eva Joly posant dans son manteau rouge devant cinquante journalistes à l'heure d'une perquisition chez Roland Dumas, avocat devenu ministre des Affaires étrangères de François Mitterrand. La recherche de la vérité dans la tentaculaire affaire Elf passait probablement par cette mise en scène volontairement tapageuse.

Pionnier de ces magistrats qui veulent laver les auges de la République, le juge Thierry Jean-Pierre est à la manœuvre pour mettre au jour le financement du Parti socialiste sous François Mitterrand. Les procès-verbaux claquent à la une de la presse comme autant de coups de boutoir contre l'omerta, au début des années 1990. « Inculpés » par lettre recommandée, les suspects ne comprennent pas ce qui leur arrive. Henri Emmanuelli, ancien trésorier du PS, n'est rien de moins que président de l'Assemblée nationale lorsqu'il reçoit la mauvaise nouvelle. Le pénal débarque dans la cour de politiques qui croyaient sincèrement que l'on pouvait « arrêter » un juge. Le financement occulte du parti majoritaire s'étale sur la place publique, mais le pouvoir ne se laisse pas abattre et le congrès du PS, à Bordeaux, au mois de juillet 1992, est l'occasion d'une furieuse bronca contre le magistrat, ponctuée par le discours d'un ancien résistant qui dénonce une agression caractérisée contre le parti, « attaqué au cœur ».

Mais la vérité judiciaire n'est pas celle des procès-verbaux qui s'étalent dans la presse, parfois même avant que les avocats en aient obtenu une copie. C'est celle qui émerge dix ans plus tard au terme des recours, devant une troisième juridiction, sous la forme d'un non-lieu pour Emmanuelli qui est désormais premier secrétaire du PS. Avec un bilan non négligeable pour la Ve République : la protection dont bénéficiaient les représentants du pouvoir, au plan local comme national, n'est plus garantie. Une aubaine pour les avocats pénalistes, attirés par la veine du pénal financier, où ils guideront les politiques à travers leur randonnée judiciaire ponctuée de crevasses et de chausse-trappes. Avec des peines de prison et des bracelets électroniques distribués comme jamais et les carrés VIP qui se garnissent dans les prisons, de Claude Guéant, ancien ministre de l'Intérieur et ancien secrétaire général de l'Élysée, à Patrick Balkany, l'indéboulonnable de Levallois-Perret, en passant par Nicolas Sarkozy, ancien président de la République et détracteur affichés des juges (et accessoirement de la police judiciaire). La consanguinité des magistrats avec les élites, longtemps patente, cette solidarité avec la bourgeoisie contestée par la gauche, a laissé place à une charge en règle. Le tout galvanisé par un Parquet national financier taillé pour résister aux pressions du pouvoir, avec une presse dans les starting-blocks pour assurer le relais.

Toutefois, avant ce retour de bâton, d'autres juges ont souffert et ont été empêchés de déterrer des affaires gênantes pour les politiques. Ils ont dû se contenter de bribes et de poussières de vérité face à l'omerta et au mensonge, n'ayant à se mettre sous la dent que des seconds couteaux. Ils ont été désinformés, pollués, obstrués, le plus souvent avec la complicité de gardes des Sceaux aux allures de gardiens du temple, en l'occurrence celui de l'argent noir de la politique. Dans l'affaire sur le financement du RPR par marchés publics parisiens, aspiré par le vide, malade, seul, pris à la gorge, Jean-Claude Méry, financier occulte de la chiraquie, aurait pu d'un seul mot dans le bureau d'un juge décocher une flèche mortelle à l'intention de Jacques Chirac, devenu président de la République. Il connaissait le cheminement de l'argent, le rôle de la banque libanaise amie du RPR, l'Arab Bank, le nom de la fiduciaire zurichoise qui gérait les comptes, les noms des avocats qui servaient d'intermédiaires. Il avait même eu entre les mains de multiples documents, disparus depuis, dont un seul aurait suffi à « mettre le feu » – il disposait notamment d'un lot de fausses factures. Or il a choisi de se taire, par militantisme, son moteur, alors qu'étaient mis en coupe réglée les marchés publics de la capitale comme ceux de la région Île-de-France. Le juge chargé du dossier, Éric Halphen, n'a pas pu démêler l'écheveau qui remontait jusqu'à celui qu'on appelait « le Grand » – Chirac. La cassette que Jean-Claude Méry avait enregistrée était entre de bonnes mains, au cas où. « Avec ça, ils n'iront jamais toucher ma femme ni mes filles » disait-il. La pression était trop forte pour que Méry garde tout pour lui, une pression qui rappelait étrangement celle exercée à l'époque sur le juge Halphen lui-même, épié jusque dans sa vie privée. Ou encore les menaces proférées contre la commissaire des RG la mieux renseignée sur les circuits financiers du RPR, Brigitte

Henri, avec l'espoir qu'elle aille s'épancher dans le bureau d'un juge – un corbeau adressait ses notes écrites aux magistrats, pour les exciter. De Méry, on attendait simplement qu'il fasse exploser le système, mais aucun juge d'instruction n'aurait pu à l'époque percer les mensonges des politiques, car le parquet était encore tenu, relié au pouvoir exécutif par un lien pas toujours discret.

« La justice était en principe indépendante et impartiale, mais les relations entre le parquet et le ministère de la Justice sont longtemps restées très étroites », analyse Me Henri Leclerc, un des avocats qui ont marqué la seconde moitié du XXe siècle, qui a connu l'époque de la guerre d'Algérie où la justice était sous la coupe de l'armée.

« La création de l'École de la magistrature, en 1958, puis celle du Syndicat de la magistrature dix ans plus tard, avaient contribué à créer une solidarité entre les magistrats, qui se sont souvenus de ce principe. Dans l'élan de Mai 68, on a entendu un magistrat clamer que sa parole était "libre", au-delà des instructions reçues, il a pourtant fallu attendre une loi de 2014 pour peser sur les lignes. Le parquet a désormais interdiction d'intervenir dans les affaires individuelles, mais les vieux réflexes n'ont pas complètement disparu. Les interventions sont simplement plus cachées. Les politiques avaient l'habitude de respecter les juges parce qu'ils étaient de leur avis, aujourd'hui ils leur renvoient la monnaie de leur pièce[1]. »

Et puis il y a la force de l'habitude, ce « formatage qui fait d'une partie des juges de petits fonctionnaires », selon les mots de l'avocat Denis Giraud. « Les magistrats mentent par confort, par idéologie, par facilité, par intérêt, par lâcheté aussi, déplore ce pénaliste parisien. Ils sont carriéristes et pensent à leurs abattis. Ils mentent pour sauver leur peau ou celle de l'appareil auquel ils appartiennent. L'avocat ment aussi, mais cela fait partie de son métier. De la part de la justice, à laquelle on demande beaucoup, on attend en revanche une impartialité et une transparence totale. »

1. Entretien avec l'auteur en décembre 2022.

Un juge accuse la justice

Les grandes affaires politico-judiciaires de la Ve République ont donné lieu à un feu d'artifice de critiques à l'encontre d'une justice considérée comme aux ordres du gouvernement. Le verrouillage propre à la période gaulliste s'est poursuivi sous d'autres formes durant le septennat de Valéry Giscard d'Estaing, ponctué par le coup de gueule retentissant d'André Giresse, président du tribunal qui devait statuer sur le sort des assassins présumés du prince de Broglie, député giscardien de l'Eure, plusieurs fois secrétaire d'État et ancien trésorier de la campagne de Giscard d'Estaing.

L'homme politique a été abattu le 24 décembre 1976 alors qu'il sortait de chez son conseiller fiscal, Pierre de Varga, promu suspect principal. Le pouvoir a aussitôt eu recours à la technique de la chape de plomb, installant dans l'opinion une vérité policière ayant l'avantage de fermer un certain nombre de portes, autrement dit de circonscrire l'incendie : ne cherchez pas plus loin, le suspect a été éliminé par ses complices. En théorie, la justice aurait dû obéir comme un seul homme, sauf que dans les années 1970 une nouvelle génération de juges d'instruction émerge qui entendent affirmer leur indépendance à l'égard du pouvoir. En l'occurrence, première surprise, le juge découvre qu'un informateur a alerté sur l'exécution à venir ; il se lance dans une enquête parallèle dont il parle à l'avocat Roland Dumas, par ailleurs pilier du Parti socialiste, avec l'espoir non dissimulé que l'information paraisse dans *Le Canard enchaîné*. L'hebdomadaire à la pointe de tous les scandales représente alors la seule façon de bousculer la chaîne qui va de l'exécutif aux magistrats du parquet, en passant par la police. L'avocat de Pierre de Varga, Me Francis Spizner, franchit le Rubicon en saisissant la Cour de justice de la République, qui n'a fonctionné qu'une seule fois, sous la présidence du député de Broglie. Il cible directement le ministre de l'Intérieur de l'époque en ces termes : « Monsieur (Michel) Poniatowski n'est pas au-dessus des lois ! » Et entend réclamer l'audition de l'ancien Premier ministre Raymond Barre.

Lors du procès, en 1981, le président du tribunal fend l'armure. André Giresse évoque un « Watergate à la française » et se dresse du haut de l'honneur de la justice contre « le maquillage d'une affaire d'État en assassinat crapuleux ». « La justice n'a pas été seulement tenue pour quantité négligeable, elle a été froidement circonvenue », écrira-t-il dans un livre publié à froid, Seule la vérité blesse[1]. Un réquisitoire que ne laisseront pas passer certains des magistrats ciblés, qui le poursuivront pour diffamation, avec succès.

Tel était le lot de la justice depuis l'après-guerre : se mettre au service des mensonges d'un système qui tolérait la concussion, la corruption et le vol d'argent public. Un fonctionnement tout juste perturbé par les « affaires », ces moments où la démocratie montrait des gages de santé, dans la douleur quand l'information audiovisuelle était muselée jusqu'à l'arrivée de François Mitterrand au pouvoir. Rappelons, pour prendre la mesure de cette omerta, que la grande ratonade criminelle d'octobre 1961[2], causant plus d'une centaine de victimes, a été passée sous silence par les deux tiers des journaux. Près de vingt ans de guerres coloniales, de l'Indochine à l'Algérie, marquée par le combat contre le FLN et l'OAS, ont ouvert un espace aux mercenaires de tout poil aux casiers judiciaires parfois chargés et souvent mêlés aux bavures des services spéciaux, donnant naissance à des affaires d'État qui ont été masquées, couvertes, enterrées.

Frédéric Ploquin

Bibliographie

Gabriel Aranda, *L'État piégé*, Stock, 1972.

Jean-Louis Bruguière, avec Jean-Marie Pontaut, *Ce que je n'ai pas pu dire*, Robert Laffont, 2009.

Éric Halphen, *Sept ans de solitude*, Denoël, 2002.

1. Avec Philippe Bernert, Plon, 1978.
2. La fédération de France du FLN avait organisé une manifestation à Paris, en dépit du couvre-feu imposé aux Algériens. La police parisienne a ouvert le feu, faisant de nombreuses victimes.

Thierry Jean-Pierre, *Lettre ouverte à ceux que les petits juges rendent nerveux*, Albin Michel, 1994.
Eva Joly, *Sans tricher*, Les Arènes, 2012.
Renaud van Ruymbeke, *Mémoires d'un juge trop indépendant*, Tallandier, 2021.

Violences illégitimes de la police : couvrir à tout prix

En couvrant certains mensonges et montages douteux de la police, les juges les valident parfois en toute connaissance de cause. Les dossiers sont nombreux en matière de maintien de l'ordre, surtout dans les périodes où le pouvoir se sent menacé, comme cela a été le cas tout au long de la séquence « gilets jaunes », durant le premier quinquennat d'Emmanuel Macron.

Le cas de Zineb Redouane est à la fois unique dans l'histoire des violences illégitimes et exemplaire dans la façon dont l'enquête a été menée, comme l'a pointé au mois de décembre 2022 l'organisation Amnesty International, rangeant la France au même niveau que les pays autoritaires dans un rapport sur les violences policières. Le 1er décembre 2018, jour de manifestation des gilets jaunes, cette femme de 80 ans est à la fenêtre de son appartement, au quatrième étage, qui donne sur la Canebière, à Marseille. Elle s'apprête à fermer les volets lorsqu'elle est visée par un CRS armé d'un lance-grenades. L'impact est violent, à la hauteur de la puissance de la grenade lacrymogène utilisée, qui permet d'atteindre une cible située à 100 mètres. Zineb Redouane décède le lendemain à la suite d'un arrêt cardiaque alors qu'elle se trouve au bloc opératoire.

Le procureur de la République de Marseille, Xavier Tarabeux, prend rapidement la parole. Il déclare, dès le 3 décembre 2018, que Zineb Redouane est décédée d'un choc opératoire et qu'on ne peut établir de lien de cause à effet entre la blessure due à la grenade et le décès. Conclusion hâtive. L'autopsie est tout aussi surprenante. Le médecin ne peut se prononcer sur la cause de la mort et se contente d'évoquer les antécédents médicaux de la victime. Une deuxième autopsie est réalisée en Algérie, pays dont Zineb Redouane était originaire et où son corps a été transporté pour inhumation. Les conclusions sont distinctes : le décès serait directement imputable à l'impact de la grenade. Selon les experts algériens, le projectile explique l'aggravation de l'état antérieur de la défunte.

Un doute plane sur l'impartialité du traitement de ce dossier par la justice. Le numéro deux du parquet de Marseille, le magistrat André Ribes, était en effet présent parmi les forces de l'ordre lors de la manifestation. C'est pourtant lui qui a été chargé de mener l'enquête concernant la recherche des causes de la mort de Zineb Redouane. Choqué de voir les investigations confiées à un magistrat qui travaillait au quotidien avec les fonctionnaires suspectés, Me Yassine Bouzrou, avocat de la famille, a obtenu en août 2019 que le tribunal judiciaire de Marseille soit dessaisi au profit de la juridiction lyonnaise, à la suite d'un arrêt rendu par la chambre criminelle de la Cour de cassation, la plus haute juridiction française.

Plusieurs anomalies ponctuent l'enquête. Une expertise balistique, basée sur les images d'une caméra de surveillance, certifie que le tir a été effectué « selon les règles d'usage » dans la mesure où il s'agissait d'un tir « en cloche » – en raison de la dangerosité des lance-grenades, les tirs tendus sont prohibés. Une hypothèse peu compatible avec la mort de cette femme. Plus surprenant encore, le fonctionnaire censé tenir le lance-grenades n'a pas été identifié, alors que seuls cinq CRS en étaient équipés ce jour-là. Pour ne rien arranger, les armes n'ont pas été fournies à l'Inspection générale de la police nationale. Un double éteignoir probablement actionné pour des raisons politiques, avec l'assentiment de l'appareil judiciaire : le ministre de l'Intérieur de l'époque, Christophe Castaner, a immédiatement pris la défense des policiers, déclarant sur les ondes de France Inter plusieurs mois après les faits : Je ne voudrais pas qu'on laisse penser que les forces de l'ordre ont tué Zineb Redouane, parce que c'est faux. » Interrogé sur RMC, l'été suivant, il a ajouté : « Il y a eu un tir de lacrymogène contre les manifestants, c'est un tir certainement en cloche comme on dit, et sur le balcon une grenade lacrymogène est tombée et a blessé grièvement Zineb Redouane qui, du coup, est décédée d'un choc opératoire. »

Il est vrai qu'un décès imputé aux forces de l'ordre aurait sévèrement entaché leur bilan, et donc celui du gouvernement, dans la gestion d'un mouvement qui avait déjà occasionné de très nombreux blessés du côté des manifestants surtout. Une multiplicité de cas que la justice ne s'était au demeurant pas empressée de traiter, faisant corps avec un exécutif secoué par la tempête.

Ce mécanisme est à l'œuvre dans le traitement d'un certain nombre de violences commises par les policiers ou les gendarmes dans l'exercice de leurs fonctions. On pourrait parler d'une forme de solidarité active de la justice vis-à-vis de la police, qui tranche avec les cas où les représentants des forces de l'ordre s'estiment malmenés par les juges, sur fond d'incompréhension réciproque. Avec pour principal effet visible l'émergence sur le territoire de ces comités citoyens dont l'intitulé est assez explicite, puisqu'il tourne systématiquement autour des mots vérité et justice.

L'enquête sur le décès d'Adama Traoré, mort dans la cour d'une gendarmerie après avoir été arrêté pour un refus d'obtempérer, le 19 juillet 2016, est à ce titre un cas d'école.

Ce jour-là, Adama Traoré fête son anniversaire. Il déambule avec son frère, recherché par la police, dans les rues de Beaumont-sur-Oise. Des gendarmes en civil les contrôlent. Adama décide de s'enfuir. Il est rattrapé, mais parvient à s'échapper et à se réfugier dans un immeuble, 400 mètres plus loin. Il est localisé. Suit un huis clos durant lequel les gendarmes pratiquent un « plaquage ventral », une technique de contention au sol qui provoque une augmentation du rythme cardiaque et un essoufflement, surtout si la personne se débat. La scène aurait duré neuf minutes, si l'on s'en tient aux images de vidéosurveillance saisies dans le cadre du dossier. Lorsque les gendarmes le conduisent à leur véhicule, le jeune homme présente des signes inquiétants qui ne les alertent pas. Il est ainsi laissé allongé sur le sol en pierre de la caserne, en attendant l'arrivée des secours, qui le trouveront mort, les bras toujours menottés dans le dos.

La justice commence par ouvrir une enquête afin de rechercher les causes de la mort sans viser d'infraction précise. Dès lors, la partie civile va aller d'écueils en déconvenues.

Pour la justice, Adama Traoré est mort tout seul, d'avoir couru trop vite, à cause aussi d'une malformation cardiaque, sans compter ses conduites addictives. L'avocat de la famille, Me Yassine Bouzrou, salue la mutation surprise, trois mois plus tard, du procureur en charge de l'affaire. Le magistrat était considéré comme trop « partial » depuis ce communiqué rendu public deux jours après les faits, où il annonçait qu'Adama Traoré était mort « d'une grave infection ». L'avocat obtient dans la foulée le « dépaysement » du dossier, confié à des juges parisiens au détriment de la juge de Pontoise qui avait désigné comme expert un médecin travaillant sous la responsabilité du médecin intervenu le jour des faits, auteur d'un rapport soutenant que la victime était toxicomane et alcoolique chronique.

L'un des trois nouveaux magistrats chargés du dossier ordonne une nouvelle expertise... sans transmettre les auditions dans lesquelles les gendarmes exposent les gestes réalisés dans le cadre de l'interpellation. Ce qui lui vaut d'être remis dans le rang par la chambre de l'instruction, saisie par l'avocat de la famille, un camouflet qui le pousse à demander à être dessaisi du dossier. Une autre juge est désignée. Elle semble à l'écoute de l'entourage de la victime, qui déchante au bout de dix-huit mois en découvrant une nouvelle expertise, selon laquelle Adama Traoré serait mort tout seul au bout d'une course de quelques centaines de mètres... avant de croiser la route des gendarmes. Coup de massue, la juge renonce à la reconstitution promise, sur la base de ce que Me Bouzrou dénonce comme une « expertise de complaisance ». L'instruction est close, ou proche de l'être, lorsque l'avocat décide de se tourner vers des médecins indépendants, quatre éminents professeurs, spécialistes des pathologies en cause, qui balayent cette dernière expertise et s'en prennent à l'éthique des précédents experts.

La juge réplique en confiant une énième expertise à trois médecins, dont les conclusions sont également remises en cause par un professeur de médecine. La juge principale se retire, laissant la place à sa seconde et à deux jeunes magistrats, qui confient une nouvelle expertise à des médecins belges. Mais ils sont vite dessaisis de ce dossier sans doute trop politique pour leur jeune âge.

Trois nouveaux magistrats entrent en scène en septembre 2020 – on atteindra bientôt le chiffre de douze –, avec dans leur besace une nouvelle surprise pour l'avocat de la partie civile, empêché d'avoir accès à un nouvel élément annexé au dossier : un document relatif à un accident de travail de la victime, dont nul ne peut vérifier l'authenticité, au point de contraindre Me Bouzrou à déposer plainte pour dissimulation de preuves, faux en écriture et tentative d'escroquerie au jugement. Les gendarmes, eux, n'ont jamais été interrogés sur les faits visés par la plainte pour violences volontaires ayant entraîné la mort sans intention de la donner. Ils bénéficient du statut de témoin assisté pour non-assistance à personne en péril, comme pour les faits de violences mortelles. Et ce, déplore l'avocat, alors que leur version a évolué entre une première audition où ils ont rapporté une interpellation « difficile » et agitée et la dernière où ils assurent que le tout n'a duré que quelques secondes. De quoi pousser l'entourage familial d'Adama Traoré à douter de la partialité de la justice, et même à nourrir envers elle une suspicion sérieuse, renforcée par le refus des magistrats de communiquer les images du premier interrogatoire des gendarmes, lors duquel le plus gradé aurait révélé que le poids de leurs trois corps avait pesé sur celui de la victime. Un long plaquage, d'une durée évaluée par la partie civile à neuf minutes.

« La grande malchance que nous avons dans ce dossier, c'est qu'aucun magistrat réellement indépendant et rigoureux n'a été saisi, déplore Me Bouzrou. Cela aurait pourtant permis de déplacer cette affaire sur le seul terrain valable : accepter de dire que l'interpellation a causé la mort d'Adama Traoré et débattre de l'éventuelle légitimité et proportionnalité de la violence déployée par les gendarmes, et donc de leur responsabilité pénale. Un procès nous semble la seule issue, où les parties pourraient débattre contradictoirement. À la place, la justice a préféré inventer des maladies. »

Un triste travers bien installé, la justice a dans ce domaine un entraînement certain, et les processus mis en œuvre pour couvrir les violences illégitimes se sont même nettement sophistiqués. Les années 1970 ont été semées d'inspecteurs la bavure, de biturins qui sortaient des commissariats l'arme à la main et tiraient sur un quidam dans un moment d'égarement. Le tout avec un risque judiciaire somme toute limité et des interlocuteurs capables d'entendre que le noir est blanc, et vice versa. « L'une des armes dont nous disposons face au mensonge avéré d'un magistrat, c'est de dénoncer publiquement les faits auprès des médias indépendants », dit Me Bouzrou, qui a plusieurs fois accolé le nom d'un juge au mot « menteur », du tribunal de Marseille à celui Versailles, en passant par Paris, où l'avocat a accusé la justice de charger la barque d'un présumé terroriste sur fond de storytelling très politique – un procureur avait annoncé la saisie de 105 grammes d'explosif (du TATP), alors qu'il y en avait en réalité moins de 10 grammes. « Dans les dossiers de trafic de stupéfiants, de terrorisme et de banditisme, poursuit l'avocat, les policiers imposent leur vérité à des magistrats de moins en moins courageux, sauf exception. Peu d'entre eux instruisent correctement, tant ils craignent de passer pour laxistes. Certains avocats abandonnent, considérant qu'ils ne servent à rien, d'autres relèvent le challenge et font du droit face à des juges qui se contentent, trop souvent, de faire du copié-collé à partir des rapports de synthèse des enquêteurs. »

Frédéric Ploquin

Bibliographie

Yassine Bouzrou (avec Frédéric Ploquin), *Avocat des libertés*, Nouveau Monde éditions, 2022.

Les juges sont-ils intouchables ?

« À l'égard des juges aussi les justiciables ont droit à la justice, écrit le professeur de droit Georges Bolard. Par nature, l'activité juridictionnelle devrait même être plus irréprochable que toute autre. Bien sûr ce n'est qu'un vœu, que la faiblesse humaine oblige à relativiser. Que du moins soit exigé des juges autant que les juges exigent des justiciables. Peut-on imaginer le sort immédiatement réservé à l'huissier, au notaire, à l'officier d'état civil, voire à l'expert-comptable ou au commissaire aux comptes, qui de façon avérée auraient antidaté un acte de leur ministère ? L'impartialité du juge est tout aussi nécessaire à l'égard des juges qu'à l'égard des autres justiciables[1]. »

Les juges sont-ils intouchables ? « Ils ne comprennent que les rapports de force, assure Me Thomas Bidnic, avocat au barreau de Paris. Si l'on écarte la piste de l'incompétence, il faut croire qu'ils sont là pour condamner d'avance. Je suis là pour défendre mes clients par tous les moyens légaux. Pourquoi les juges ne respecteraient-ils pas la loi sous prétexte qu'ils ont en face d'eux un trafiquant de stupéfiants ? Il n'est pas interdit de mettre son indignation au service de la défense, surtout quand l'accusation triche. » Cette indignation prend la forme de conclusions truffées de références juridiques qu'un novice prendrait pour de l'hébreu. La chambre de l'instruction, que l'avocat appelle volontiers « chambre de sauvetage », ne l'attend pas à bras ouverts. « Ils font du droit quand on leur parle des biens mal acquis des chefs d'État africains, moins souvent pour les trafiquants de drogue. Ce n'est pas parce qu'on a un uniforme ou une robe qu'on a raison. La justice n'est pas vertueuse par nature, la police non plus. »

Me Bidnic n'est pas du genre à passer sous le parquet devant l'hermine. « Mon souci, explique-t-il, c'est d'éviter l'arbitraire. J'ai choisi ce métier après avoir lu *L'Exécution*, le livre de Robert Badinter. On ne défend jamais mieux l'intérêt général qu'en défendant l'intérêt particulier. On juge d'une société à la manière dont elle traite ses

1. Georges Bolard, *De la responsabilité pénale du juge*, 49 JCP.G 2247 (2005).

parias. » Trafiquants de stupéfiants et braqueurs forment son lot quotidien, comme ces confidences de magistrats qui lui glissent à l'oreille qu'il a sans doute raison, mais qu'ils ne remettront pas en liberté son client. Ils ne le formulent pas ainsi. « Vos arguments, monsieur, sont purement intellectuels », lui oppose un jour un magistrat lyonnais. « Quand on finit par dire ce mot comme une insulte, où est-on ? » rétorque l'avocat.

« Pour eux, je suis pire que le trafiquant que je défends : je suis le traître. J'ai fait des études et je défends les voyous. Mes interlocuteurs pensent que la défense de la société passe par la violation de la loi. Leur fonction noble, c'est de veiller à ce que personne ne triche. Là, c'est l'arbitre qui triche, et ce n'est jamais sanctionné. Si les juges sont là pour dire ce qui est bien ou mal, ils ne sont pas mieux placés que le charcutier du coin. »

Une fois, c'est le nom du juge d'instruction qui n'est pas mentionné sur un document. Il y a bien une date, mais un blanc à la place du nom du juge. L'avocat dépose une requête et obtient une réponse officielle : sur l'original figure bien le nom du juge. Pour l'avocat, aucun doute, on a effectué ce rajout en douce pour éviter la nullité. Les magistrats du tribunal de Nanterre auraient-ils fait un faux dans son dos ? S'est-on arrangé entre amis pour réparer la bourde sur le dos des « méchants » ? L'avocat s'interroge : « Les policiers ont-ils le droit de commettre des délits pour arrêter des voyous ? Les douaniers ont-ils le droit de mentir et de faire des faux en écriture publique ? Peuvent-ils tricher en toute impunité ? La fin justifie-t-elle les moyens ? Est-on dans le droit divin dès lors qu'il s'agit de faire la guerre à la drogue ? Peut-on violer la loi au nom de la loi ? Peut-on ainsi trahir sa mission et son serment ? Rappelons que le faux est passible de quinze ans de réclusion criminelle. »

À entendre cet avocat, certains magistrats auraient des accents de croisés, au point que l'insécurité juridique serait permanente. Jacques Vergès, éminent avocat du XXe siècle, contestait la légitimité des juges et de la loi, lui accuse les juges d'être trop souvent en rupture avec la loi. Non pour couvrir les policiers ou les gendarmes, cette fois, mais parce qu'ils confondraient leur rêve et la réalité. Avec un risque assez faible d'être rattrapé par la patrouille, bien moindre que pour des membres de forces de l'ordre lâchés par leur hiérarchie. Même quand le petit « arrangement fautif » tue, ce qui arrive rarement, mais s'est produit le 12 juin 2015 à Bar-le-Duc, avec le suicide d'un détenu de la maison d'arrêt locale, un homme de 49 ans sous tutelle et sans emploi.

Éric Hager est en détention provisoire depuis neuf mois lorsqu'il est jugé pour avoir porté des coups de couteau à son beau-père alors qu'il était ivre. Condamné à deux ans de prison, dont dix-huit ferme, il regagne la prison, à deux pas du tribunal, avec la conviction d'être libéré le jour même, le reste de sa peine pouvant être aménagé. Au lieu d'exécuter la décision, le greffier s'inquiète. Il décide de traverser la place qui le sépare du tribunal, en passant devant l'église. Il tombe sur les deux magistrates qui viennent de juger l'affaire, la seule à traiter ce jour-là, en pleine discussion avec deux jeunes gendarmes. Et leur dit sur-le-champ son étonnement devant le fait que l'on puisse relâcher cet homme. « Bien sûr que non ! » s'exclament en chœur les magistrates. Pourquoi ne pas réparer leur oubli sur un coin de bureau ? Il suffit de biffer le document et le tour est joué : l'individu peut rester en prison. Il s'agit de rédiger un faux, mais cela ne choque personne. Le maintien en détention n'a pas été requis à l'audience ? Cela se corrige, non ? Il suffit de trois lettres : MED.

Son avocate avait annoncé à Éric Hager sa remise en liberté, voilà que l'huissier vient lui annoncer à 13 h 30, dans sa cellule, qu'il ne sort plus. Hager demande à téléphoner à sa mère, comme il le fait tous les jours. Dix minutes plus tard, il lui dit : « Je suis passé à 11 h, v'là seulement que je sors. Parce que normalement, mon avocate m'avait dit comme ça : "Il y a pas de maintien en détention, c'est bon, vous pourrez sortir cet après-midi." Et là je viens d'apprendre que l'autre connasse elle avait dit "maintien de détention". Autrement j'aurais sorti. Je serais sorti cet après-midi ? » « Que vas-tu faire ? » lui demande sa mère. « Rien, répond-il. Ce que je vais faire, je vais me pendre, voilà. » À 13 h 50, les surveillants le retrouvent pendu dans sa cellule. Mort. Juste avant un appel du procureur, sensibilisé par une magistrate informée de la magouille, ordonnant à la maison d'arrêt de libérer le détenu.

Huit mois plus tard, la mère du défunt dépose plainte, par le biais de ses avocats, Alexandre Bouthier et Stéphane Giuranna, pour faux en écriture publique et homicide involontaire. Le dossier est classé sans suite au motif que les infractions ne sont pas constituées, « faute d'éléments intentionnels ».

Saisi en qualité d'instance disciplinaire, le Conseil supérieur de la magistrature rend ses décisions le 13 juillet 2017. Concernant la plus jeune des magistrates, le conseil relève « un manquement aux devoirs de prudence et de rigueur dans le contrôle de l'existence d'une mesure qui, parce qu'elle affectait la liberté d'un individu, devait justifier de sa part une vigilance toute particulière ». Pas question cependant de prononcer une quelconque sanction, ce ne serait « ni justifié, ni opportun » puisque les faits présentent « un caractère isolé dans le parcours d'un très jeune magistrat, qui ne disposait alors que d'une faible expérience et dont chacun s'accordait à reconnaître les grandes qualités personnelles et professionnelles ». L'autre magistrate, à peine plus expérimentée puisqu'elle n'a intégré le corps judiciaire que trois mois plus tôt, est pour sa part épinglée pour avoir « manqué à son devoir de rigueur et de légalité ». Pour autant, le CSM n'envisage pas non plus de sanction, considérant là encore qu'il s'agissait de faits isolés.

Pas de quoi désarmer les proches d'Éric Hager, qui déposent une nouvelle plainte, déclenchant l'ouverture d'une information judiciaire pour faux en écriture publique, homicide involontaire et « atteinte arbitraire à la liberté individuelle par personne dépositaire de l'autorité publique », confiée cette fois au tribunal de Lyon. L'un des assesseurs présents lors de la fameuse audience, par ailleurs juge d'application des peines, reconnaît devant le procureur un « oubli ». La greffière n'a pas été étonnée, en déduisant que le justiciable allait être remis en liberté. Une des magistrates plaide le « manque de discernement » et un « manque aux devoirs de rigueur, de légalité et de loyauté, à l'égard du tribunal et du condamné ». La mission d'enquête en a conclu que le drame était la « conséquence d'une conjonction malheureuse des manquements involontaires des magistrats ». Mais une fois mises en examen, les deux principales accusées divergent, l'une assurant que l'autre avait mal interprété ses propos. « Si Mme B n'avait pas confirmé, je n'aurais pas écrit », assure l'une. « C'est un véritable mensonge », proteste la seconde.

Le 20 octobre 2021, le procureur requiert un non-lieu, assurant que l'une des magistrates n'avait « pas eu l'intention de commettre un faux », tandis que l'autre « ne maîtrisait pas suffisamment la procédure pénale ». Finalement renvoyées devant le tribunal correctionnel par le juge d'instruction, au motif qu'une magistrate avait bien « falsifié la décision rendue par le tribunal », elles ont été relaxées, conformément à l'analyse du parquet.

« La justice juge tout le monde, mais est-elle en capacité de se juger elle-même ? » s'interroge dans *Le Parisien* l'un des avocats, Me Giuranna. « C'est la question que pose cette affaire. »

Le sort réservé à la magistrate impliquée dans la gestion du plus grand indicateur jamais recruté par l'Office central de lutte contre le trafic de stupéfiants, Véronique Degermann, souligne cette propension de la justice à protéger les siens. Corporatisme ? Culture de l'impunité ? Il se peut que la magistrate ait bénéficié d'un formidable avocat, mais le non-lieu qui lui a été accordé est considéré par plusieurs acteurs du dossier comme une forme d'exfiltration. Comme celle accordée à deux de ses collègues du parquet et à un juge des libertés et de la détention. La question était la suivante : le commissaire François Thierry, alors à la tête de l'Office central de lutte contre les stupéfiants, a-t-il orchestré dans leur dos une garde à vue (prolongée) fictive de son indicateur favori, Sofiane Hambli, afin de l'extraire de prison et de le loger du 2 au 6 avril 2012 dans un hôtel proche du service ?

Pour cette fois, le faux en écriture publique est retenu à l'encontre du policier, qui multiplie les coups d'éclat grâce à son indic, infiltré au cœur de la logistique d'importation de la résine de cannabis depuis le Maroc. Le commissaire affirme qu'il n'a pas agi sans briefer en détail plusieurs magistrats. À commencer par Véronique Degermann, procureure adjointe chargée de la criminalité à Paris. La source était bonne, elle méritait ces entorses, admettent les juges d'instruction, qui pointent chez leurs collègues une « légèreté coupable » et d'« incontestables manquements d'ordre déontologique » face à cette vraie-fausse garde à vue, avant d'avancer l'hypothèse selon laquelle Véronique Degermann et ses collègues du parquet auraient été « abusés ». Tout cela pour leur accorder un non-lieu : les charges, apparemment, n'ont pas suffi.

Le commissaire a-t-il triché seul dans son coin en ne fournissant pas à ses interlocutrices toutes les pièces du puzzle ? La juge était mobilisée par l'affaire Merah ; le policier, lui, engrangeait les succès. Et cette extraction extraordinaire de son indic a permis de suivre de près la livraison de 6 tonnes de cannabis sur une plage espagnole, avec un certain nombre d'arrestations à la clé parmi les acheteurs. En somme, il se servait de ce produit comme d'un hameçon, mais avait-il un permis de pêche en bonne et due forme ? Ses résultats emballaient le palais de justice, comme sa hiérarchie, jusqu'au jour où la bulle a explosé. La suite dira s'il plongera seul, ou si d'autres membres de la chaîne pénale seront rattrapés par la patrouille.

Frédéric Ploquin

Bibliographie

Jean-Louis Bruguière, avec Jean-Marie Pontaut, *Ce que je n'ai pas pu dire*, Robert Laffont, 2009.

Éric Halphen, *Sept ans de solitude*, Denoël, 2002.

Thierry Jean-Pierre, *Lettre ouverte à ceux que les petits juges rendent nerveux*, Albin Michel, 1994.

Eva Joly, *Sans tricher*, Les Arènes, 2012.

Renaud van Ruymbeke, *Mémoires d'un juge trop indépendant*, Tallandier, 2021.

Tout est permis face à l'« adversaire »

C'est un héritage dont le successeur de Philippe Courroye à la tête du parquet de Nanterre, Robert Gelli, se serait bien passé. Un juge d'instruction aurait enquêté hors de tout cadre légal sur un trafic de stupéfiants à partir du 10 août 2010. Un avocat, Me Thomas Bidnic, s'est en effet rendu compte que le nom du juge ne figurait pas dans la copie du dossier qui lui avait été fournie, pas plus que la date, ni de timbre, ni de signature. Le nom de Sabine Kheris, alors vice-présidente chargée de l'instruction au tribunal de Nanterre, aurait été, selon lui, ajouté par la suite. Une acrobatie qui s'apparenterait à rien de moins qu'un faux et entacherait de nullité l'ensemble des actes accomplis par la magistrate.

Après avoir longtemps résisté, de passes d'armes publiques devant le tribunal correctionnel en discrètes tractations, le parquet a fini par donner suite à la plainte avec constitution de partie civile déposée par l'avocat. Une information judiciaire contre X a été ouverte, des chefs de « faux et complicité de faux en écriture publique et usage de faux en écriture publique, par personne dépositaire de l'autorité publique ou chargée d'une mission de service public ». Une instruction dans l'instruction qui n'a finalement rien donné, une « tricherie » s'ajoutant à l'erreur initiale, selon le mot de l'avocat, qui a encore encaissé la décision de la chambre de l'instruction, selon laquelle les faits reprochés à la juge d'instruction n'étaient pas « punissables », en attendant le rejet d'une QPC (question prioritaire de constitutionnalité) sur le sujet.

Le dealer présumé, Mohamed Fodil, incarcéré depuis décembre 2011, finissait par se demander s'il pouvait encore croire en la justice, lui qui avait entendu Magali Tabareau, présidente de la 12e chambre correctionnelle de Nanterre, balayer les erreurs de procédure avec l'impassibilité de l'épouvantail dans son champ, avant de lui infliger sept ans de prison. Comme si la guerre contre la drogue pouvait se passer du respect des règles que l'on applique scrupuleusement à l'heure de juger des notables. Mohamed Fodil avait cependant été remis en liberté, de même que son complice présumé, Hammouche Mendili, condamné pour sa part à quatre ans ferme en première instance, en attendant de connaître les suites de l'enquête sur l'anomalie initiale, pas tant l'oubli d'une signature sur un procès-verbal que la correction effectuée « sous le manteau », après coup.

« Le problème n'est pas tant l'erreur elle-même que l'accumulation de mensonges pour ne pas reconnaître cette erreur », fustige l'avocat. Lui et ses clients ne sont pas au bout de leurs surprises, puisque au jour du procès en appel, le 6 décembre 2022, ils se retrouvent devant une chambre de Versailles… qui siège régulièrement avec le mari de la juge incriminée. Une proximité qui semble ne déranger personne d'autre que lui, qui a vainement réclamé le « dépaysement » du dossier, avant de voir rejeter sa requête en suspicion légitime.

« Il est écrit dans un arrêt que Madame Kheris est l'auteur d'une altération de la vérité, que le faux en écriture publique est constitué, plaide l'avocat d'entrée de jeu. La question du faux commis par le premier magistrat instructeur est fondamentale… et je découvre tout à coup que l'époux de cette dame siège dans cette juridiction plusieurs fois par semaine, dans le bureau de ce conseiller. Cette coïncidence est de nature à faire naître un doute sur la partialité de cette cour. Chacun fait du droit comme il veut, mais instinctivement on sent qu'il y a un énorme problème : vous siégez deux fois par semaine avec le juge qui a commis un faux. Ça doit être possible en Russie. Je ne dis pas que vous allez magouiller dans votre coin mais la justice c'est aussi l'apparence de la justice. Il y a des choses qu'on ne peut pas faire. Le faux, c'est la volonté d'établir les choses au mépris de la loi. Le monopole de la violence légitime doit être conforme à l'état de droit. Vous dites au justiciable : on peut faire ce qu'on veut. Eh bien non, il y a le droit et c'est à nous de vous le soumettre. » « C'est un virus qui touche tout le dossier, renchérit son confrère, Me Frédéric Landon. Il est temps de tirer un trait sur ce dossier. »

Le dealer qui coupe son téléphone, l'argent qui repart vers la Martinique sous Cellophane, la machine à compter les billets, une montre en or, la location de voitures de grosse cylindrée refont brusquement surface dans la bouche de l'avocat général, qui tente en quelques minutes de recentrer le débat sur les accusés pour noyer le poisson. « Si ces deux hommes sont devant nous, ce n'est pas par erreur », déclare-t-il avant de réclamer, douze ans après les faits, quatre ans ferme contre le complice et six ans ferme contre le chef présumé du réseau. Les avocats de la partie civile, eux, ne lâcheront pas, et à la différence du siècle dernier, ils ont désormais la possibilité d'en appeler à une juridiction supérieure hors de l'Hexagone, à commencer par la Chambre européenne des droits de l'homme, en citant à l'appui de leur requête les mots de l'avocat général François-Louis Coste (dans « L'éthique du ministère public »[1]) :

> Veiller à l'application de la loi, c'est veiller à la façon dont il est fait usage de la force publique. Les Anglais disent to enforce law. Tant il est vrai que le droit est la mise en œuvre d'une force, d'une violence justifiée et légitime. Une des premières questions éthiques, dans l'activité juridictionnelle du ministère public, consiste donc à s'assurer de la légitimité et de la légalité du recours à la force de la loi. Les conditions légales sont-elles réunies ? Les formes sont-elles satisfaites ? L'irrespect de celles-ci inscrit l'intervention judiciaire dans un rapport de force tendant à réduire un « adversaire », alors que la procédure instaure un rapport de droit entre l'institution et l'accusé. Autrement dit, la justice n'est digne de ce nom que si les conditions de son action sont conformes à celles que lui a imposées l'expression de la volonté générale. La justice est, à cet égard, l'exercice d'une vertu démocratique.

Frédéric Ploquin

Bibliographie

Frédéric Ploquin, *Les Narcos français brisent l'omerta*, Albin Michel, 2021.

1. François-Louis Coste, « L'éthique du ministère public », *AJ pénal*, octobre 2007.

Mensonges, classe internationale

« Je ne reproche pas aux magistrats d'être malhonnêtes, mais pour étayer leurs convictions, il leur arrive de recourir à des moyens à la limite de la légalité. » Le propos, tout en nuances, émane de Me Henri Leclerc, l'avocat de toutes les grandes causes. « Le strict respect des formes s'évanouit parfois lorsqu'il s'agit pour un magistrat de conforter une conviction, poursuit-il, mais une conviction générale ne fait pas la culpabilité de quelqu'un. »

Le respect des formes peut notamment s'évanouir à l'heure de rédiger un mandat d'arrêt international à l'encontre d'une personne en fuite. Pour se donner plus de chances d'être pris au sérieux par la justice du pays où elle se trouve, il est tentant pour un magistrat d'alourdir la barque judiciaire. Du fond de la prison britannique où elle était retenue dans l'attente d'une éventuelle extradition, la ressortissante française Hortense M. a eu le loisir d'éplucher les documents annexés à son dossier. Et elle est allée de surprise en surprise.

Recherchée par la justice dans le cadre d'un trafic d'herbe entre Amsterdam et la région nantaise, dont son compagnon de l'époque était l'organisateur, la présumée trafiquante a d'abord vu la police néerlandaise l'interpeller sur la foi d'un mandat d'arrêt gonflé à l'hélium, indispensable dans un pays où les petites quantités de drogue sont considérées comme négligeables. Le document, établi en 2017 à l'initiative du parquet du tribunal de La Roche-sur-Yon, ne se contente pas d'avancer que la jeune femme parle la langue roumaine – ce qui n'est absolument pas le cas –, il fait en outre état de dix-huit infractions qui lui seraient reprochées, alors que la Cour de cassation n'en retiendra que huit. Parmi les dix-huit, l'une des infractions évoque « l'importation de stupéfiants en bande organisée », ce qui justifierait une peine de trente ans de prison, mais n'est pas conforme avec l'« association » criminelle évoquée au fil de la procédure, passible d'une peine de dix ans au maximum. Pour couronner le tout, ce mandat « testostéroné » laisse entendre que la trafiquante présumée encourt une peine proche de la perpétuité.

Loin de se laisser impressionner, les juges bataves n'ont pas poussé le bouchon jusqu'à placer la ressortissante française sous les verrous, une remise en liberté dont la jeune femme a profité pour filer en douce en Angleterre avec deux de ses trois enfants.

Le tribunal de La Roche-sur-Yon, qui entre-temps lui a infligé, en son absence, une peine de six ans de prison, s'est dès lors fendu d'un deuxième mandat d'arrêt européen. Sur le document, daté du 22 janvier 2019, sont cette fois mentionnées huit infractions. Dès la première ligne, mais c'est un détail, il est question d'un trafic de résine et d'herbe, comme si la seconde ne suffisait pas. Ligne suivante, le lecteur apprend que le trafic s'est déroulé sur une période allant de janvier 2010 au 13 mars 2017. C'est encore un détail, mais le mari de la jeune femme a été condamné pour des faits commis entre 2015 et 2017, ce qui modifie singulièrement le petit calcul opéré dans la foulée. « Chaque semaine, écrit le juge français, entre 2 et 3 kilos d'herbe de cannabis étaient convoyés depuis les Pays-Bas, cachés dans les roues de secours des véhicules utilisés, à l'aide de garagistes [...] Entre 100 et 160 kilos étaient ainsi importés chaque année. » Une quantité qu'il convient de multiplier par le nombre d'années, où l'on comprend l'importance des cinq années ajoutées pour convaincre le partenaire étranger concerné. Pour être sûr d'être écouté, il restait à placer la Française « à la tête de ce trafic », comme si son compagnon n'avait pas, lui, été condamné à neuf ans de prison, eu égard au rôle que lui ont prêté les enquêteurs. Alors que dans le mandat précédent elle était juste présentée comme l'associée de son compagnon.

Mis sur la piste par une dénonciation, les Britanniques finissent par interpeller Hortense M. Son avocat, depuis, n'a de cesse de pointer du doigt une atteinte au fameux principe qui encadre les échanges entre pays au sujet de justiciables : le sacro-saint « mutual trust » (confiance réciproque), fondement de tout échange entre magistrats au-delà de leurs frontières. De quoi enrayer le processus d'extradition ?

Frédéric Ploquin

12

Banque et finance

L'affaire du Crédit lyonnais ou la « légende noire » de l'inspection des finances

Dans son *Journal d'un sauvetage* paru en 2016, Jean Peyrelevade décrit dix années d'une lutte acharnée pour sauver le Crédit lyonnais – depuis son arrivée à la tête d'une banque au bord du gouffre en 1993 jusqu'à sa démission anticipée en octobre 2003 pour cause de rebondissement dans l'affaire Executive Life. Il met en exergue « la double trahison d'une armée d'inspecteurs des finances situés à tous les postes de commandement » (banque elle-même, Banque de France, direction du Trésor, Commission bancaire, etc.). Ces derniers se seraient mobilisés d'abord en 1988 pour l'écarter du Crédit lyonnais (« après tout je n'appartiens pas à la noblesse de robe à laquelle la banque, métier supérieur, était réservée et pour un autodidacte comme moi, ou quasiment, l'industrie des assurances, était bien suffisante ») afin d'y placer Jean-Yves Haberer qui, atteint de la folie des grandeurs, enfonce la banque dans la crise. Sitôt cette dernière sauvée, les mêmes l'auraient ensuite livré au plus offrant : « pour protéger une réputation mandarinale, il fallait que le Crédit lyonnais lui-même fût effacé ! » Pouvoirs excessifs, fonctionnement en réseau, adhésion à l'idéologie capitaliste libérale, omerta voire impunité : cette « légende noire » de l'inspection des finances apparue au début du XXe siècle, avant de prendre de l'ampleur lors du Front populaire puis de la Libération, refait surface au moment où certains de ses membres connaissent des déboires médiatisés soit à la tête de groupes industriels comme Jean-Marie Messier chez Vivendi ou Pierre Bilger chez Alstom, soit à la tête des grandes banques comme Jean-Yves Haberer.

Fondé en 1863 par des hommes d'affaires lyonnais – dont Henri Germain – désireux de se doter d'un outil bancaire à la mesure de leurs mouvements de capitaux, le Crédit lyonnais fait partie d'une nouvelle génération d'établissements qui pratiquent à la fois le métier de banque de dépôt et de banque d'investissement ou d'affaires. Ayant réussi à se hisser au tout premier rang mondial (la taille de son bilan la place devant la Lloyds Bank britannique en 1914), la banque est également le premier établissement national de 1878 à 1966, date de la création de la Banque nationale de Paris (BNP), malgré un court intermède pendant lequel elle est supplantée par la Société générale (1919-1929). Après sa nationalisation (1945) et exception faite de Jean Deflassieux (1982-1986) qui est entré à la direction des études financières en 1948 à sa sortie de HEC, elle est présidée par des inspecteurs des finances qui poursuivent ainsi leur carrière dans la banque après avoir occupé les postes les plus prestigieux de la haute administration : François Bloch-Lainé (1967-1974) a été nommé P-DG à 55 ans après quinze ans à la tête de la Caisse des dépôts, Jean-Maxime Lévêque (1986-1988) à 63 ans après être passé par le secrétariat général de la République puis le Crédit commercial de France (CCF). Quant à Jean-Yves Haberer (1988-1993), premier de la promotion Vauban de l'ENA (1959) et fidèle de Michel Debré, il a auparavant été directeur du Trésor (1978-1982) puis président de la Compagnie financière de Paribas dont il est chassé en 1986 par Édouard Balladur. Bien décidé à laver cet affront lorsque à 56 ans il est nommé à la tête du « Lyonnais » par Pierre Bérégovoy, il met en œuvre une stratégie d'expansion débridée, en France comme à l'étranger, au nom d'un concept de « banque-industrie » pour partie copié sur le système bancaire allemand et qu'un slogan publicitaire résume astucieusement en le « pouvoir de dire oui ». Non contente de renouer avec des groupes industriels français, la banque apporte donc son soutien à Bernard Arnault, François Pinault, Vincent Bolloré, etc., sans oublier Bernard Tapie. À l'étranger, sa filiale néerlandaise consent même à l'automne 1990 des prêts à deux Italiens inconnus, Giancarlo Parretti et Florio Fiorini, partis à la conquête d'Hollywood via la reprise de la MGM. Pour Jean Peyrelevade, cette mégalomanie s'accompagne de l'oubli des disciplines élémentaires du métier de banquier : surinvestissement, baisse de la productivité de la banque, disparition des plus-values latentes consommées pour améliorer les résultats et financer l'effort d'investissement, faiblesse des procédures de contrôle et d'évaluation des risques etc. À l'automne 1993, alors que les rumeurs vont déjà bon train sur la santé de la banque, le nouveau Premier ministre Édouard Balladur et son entourage se livrent à une campagne de désinformation dont le véritable enjeu est, en fait, la présidence de l'Union des assurances de Paris (UAP) et le « maillage balladurien » de l'économie. Il s'ensuit un jeu de chaises musicales à l'issue duquel Jean-Yves Haberer, bien qu'affaibli, se retrouve à la présidence du Crédit national et Jean Peyrelevade à celle du Lyonnais, Jean Friedmann prenant la tête de l'UAP.

Mesurant l'ampleur des dégâts – les risques pris sont catastrophiques, la hausse de la masse salariale a été plus rapide que celle du chiffre d'affaires, les résultats de 1993 après ceux de 1992 vont être négatifs, les pertes représentant 30 % des fonds propres, etc. –, Jean Peyrelevade enterre la stratégie de la « banque-industrie », met fin à la relation d'affaires avec Bernard Tapie, annonce des efforts de productivité généralisés, notamment dans les filiales allemandes et espagnoles. Bref, le « pouvoir de dire oui » s'est transformé en « devoir de dire non » et le slogan de l'heure est « la banque vous doit des comptes ». Une faillite ne pouvant être envisagée, restent la réduction du périmètre d'activité ou la recapitalisation avec l'aide de l'État actionnaire, la banque n'ayant plus la capacité de se redresser par elle-même. Le fond du gouffre est atteint en 1994-1995 lorsque Peyrelevade doit batailler contre l'État pour mettre en place le Consortium de réalisation (CDR) qui voit finalement le jour en avril 1995 (28,3 milliards d'euros d'actifs pourris) et obtenir une privatisation partielle après recapitalisation en 1999. La même année, dans l'affaire Executive Life (achat en 1991 par Altus Finance, filiale du Lyonnais, via une société écran, malgré les interdictions de la législation américaine, d'un portefeuille de produits financiers toxiques appartenant à la plus grosse compagnie d'assurance-vie de Californie), le California Insurance Department intente une action contre le Lyonnais et exige 2 milliards de dollars…

Au cours de leur audition par la commission d'enquête parlementaire présidée par Philippe Seguin, ni les dirigeants ou cadres du groupe, ni les administrateurs, ni le directeur du Trésor, jusqu'en 1993 Jean-Claude Trichet (devenu depuis gouverneur de la Banque de France), ni la Commission bancaire, ni les hauts fonctionnaires du Trésor ne s'estiment responsables du drame. Jean-Yves Haberer donne l'impression d'évoluer dans un monde virtuel dans lequel sa responsabilité ne saurait être mise en cause (« je n'ai démissionné du Crédit lyonnais que le jour où j'ai été élu président du Crédit national : cela me paraissait difficile de présider les deux institutions simultanément ») et reproche à son successeur de ne pas être passé par l'ENA, d'être trop médiatique, d'exagérer les problèmes du Lyonnais afin d'obtenir le maximum de l'État. Interrogé sur la gestion d'Haberer, Jean-Claude Trichet, qui représente le régulateur après avoir représenté l'actionnaire, évoque son « autonomie de gestion » et son « pari stratégique ambitieux » avant de finir par lâcher : « l'idée que Jean-Yves Haberer puisse se tromper tellement tragiquement, qu'il puisse dire quelque chose qui s'avère faux, cela a été un choc pour moi, presque culturel ». Quant à Jacques de Larosière, gouverneur de la Banque de France et à ce titre président de la Commission bancaire pendant la quasi-intégralité du mandat d'Haberer (inspecteur des finances, il a comme lui dirigé le Trésor avant de présider notamment le FMI et la Banque européenne pour la reconstruction et le développement), il se montre prudent, évite tout jugement explicite. Il ressort de ces auditions comme une impression d'infaillibilité des membres de l'inspection des finances qui revendiquent également une pleine et entière fidélité à leur ministre de tutelle.

À la suite de la plainte déposée en 1996 pour « faux, usage de faux et diffusion de fausses informations » par Jean Arthuis, alors ministre de l'Économie du gouvernement Juppé, neuf personnes sont renvoyées devant le tribunal correctionnel de Paris. Le procès qui s'ouvre finalement en janvier 2003 ne concerne qu'une partie seulement d'un dossier tentaculaire, à savoir la sincérité des comptes entre 1991 et 1993. Il est notamment reproché à Jean-Yves Haberer et à ses directeurs généraux (François Gille et Bernard Thiolon) d'avoir publié des comptes ne donnant pas une image fidèle de la situation réelle de la banque : largement bénéficiaire en 1990 (3,7 milliards de francs) et en 1991 (3,1 milliards), elle affiche une perte colossale de 1,8 milliard en 1992 et de 6,9 milliards en 1993. Les trois commissaires aux comptes sont aussi renvoyés pour « non-révélation de faits délictueux et certification d'informations mensongères ». Au second jour du procès, expliquant qu'en tant que président il ne pouvait pas s'occuper des risques individuels, Haberer met en avant son « triangle de sécurité », à savoir les commissaires aux comptes, la Commission bancaire (qui était « comme un confesseur ») et la direction du Trésor. Pour beaucoup, ce procès est à la fois celui d'un État actionnaire qui détenait 55 % de la banque en 1993 et celui des « grands mandarins de Bercy » à la tête de la « plus grande holding du monde » via la direction du Trésor. S'il est reproché à Jean-Claude Trichet – alors candidat désigné de la France pour prendre la tête de la Banque centrale européenne – et Jean-Pascal Beaufret – ancien représentant de l'État au conseil d'administration – de ne pas avoir exercé leur rôle de contrôle et, pour Trichet, d'avoir « sciemment, par aide ou assistance » facilité la présentation de comptes infidèles, Jacques de Larosière est pour sa part mis en examen pour « complicité de diffusion de fausses informations au marché et complicité de présentation et publications de comptes sociaux inexacts ».

Le procureur ayant requis la prison avec sursis à l'encontre de Jean-Claude Trichet et de Jean-Pascal Beaufret, les fonctionnaires de la direction du Trésor ne dissimulent pas leur consternation et crient au révisionnisme tout en reconnaissant leur peu de prise sur le patron d'une grande entreprise publique: « Pendant des mois nous avions l'impatience de pompiers qui savent que ça brûle et à qui on ordonne de rester à la caserne », déclare l'un d'entre eux dans la presse sous couvert de l'anonymat. Ils mettent plutôt en avant la loyauté à l'égard de Pierre Bérégovoy, leur ministre de l'époque (« Que le Trésor cesse de dire du mal de M. Haberer »). On peut également noter la faiblesse des effectifs chargés de la surveillance des entreprises publiques (moins de dix personnes pour une trentaine de banques malgré des dossiers explosifs). Le verdict place toutefois la focale sur les dérives de la banque et de ses dirigeants: alors que Jean-Yves Haberer et François Gille sont condamnés respectivement à dix-huit mois et dix mois de prison avec sursis pour « présentation de comptes inexacts, diffusion de fausses informations ou de nature trompeuse ainsi que distribution de dividendes fictifs au cours des exercices 1991, 1992 et premier semestre 1993 » et à un euro de dommages-intérêts à la banque, Jacques de Larosière et Jean-Claude Trichet sont relaxés. En 2005, la cour d'appel de Paris confirme ce verdict tout en annulant l'euro de dommages-intérêts, ce qui est interprété par les avocats de la défense comme une volonté de montrer que les faits reprochés n'étaient en rien liés à un enrichissement personnel frauduleux.

Alors que le Crédit lyonnais est finalement absorbé par le Crédit agricole en juin 2003, son ex-président Jean Peyrelevade, pourtant arrivé après les faits, doit encore répondre de « fausse déclaration à des autorités de régulation » aux côtés de Haberer, Gille et Hénin devant la justice américaine dans le dossier Executive Life (il est finalement condamné à 500 000 dollars et cinq ans de mise à l'épreuve au terme d'une procédure rare de plaider-coupable qui lui permet de se déclarer innocent). Quant à « l'intouchable » inspection des finances – titre d'un ouvrage de la journaliste Ghislaine Ottenheimer paru en 2004 – qui, pour beaucoup, incarne les défauts des « élites françaises » et de l'État actionnaire, elle redore son blason en revenant à sa mission originelle de contrôle de l'utilisation de l'argent public, en traquant la délinquance financière.

Les années 2000 voient toutefois s'opérer un changement dans les trajectoires professionnelles des membres de l'inspection : la logique n'est plus celle d'une exportation de l'État vers le secteur économique et financier mais celle d'une alliance avec les grandes entreprises privées. Pour le sociologue Luc Rouban, « elle a su apprivoiser les effets des transformations économiques et des nouvelles structures d'entreprises pour consolider un pouvoir qui lui était fortement contesté dans les années 1990, à la suite de nombreuses affaires ». La réforme de la fonction publique voulue par le président Macron, lui aussi ancien de l'inspection, sera-t-elle un vrai ou faux clap de fin ?

Régis Boulat

Bibliographie

Fabien Cardoni, Nathalie Carré de Malberg, Michel Margairaz, *Dictionnaire historique des inspecteurs des Finances 1801-2009,* IGPDE-CHEFF, 2012.

Jean-Claude Daumas (dir.), *Dictionnaire historique des patrons français,* Flammarion, 2010.

Emmanuel Lechypre, « Crédit lyonnais : les brûlures du Trésor », *L'Express,* 1er mars 2003.

Martine Orange, « Le double scandale du Crédit lyonnais, une facture à 50 milliards d'euros », in Roger Faligot, Jean Guisnel, Rémi Kauffer, et al. (dir.), *Histoire secrète de la Ve République*, La Découverte, 2007, p. 552-560.

Ghislaine Ottenheimer, *Les intouchables. Grandeur et décadence d'une caste : l'inspection des Finances*, Albin Michel, 2004.

Jean Peyrelevade, *Journal d'un sauvetage*, Albin Michel, 2016.

Luc Rouban, « L'inspection générale des Finances, 1958-2008 : pantouflage et renouveau des stratégies élitaires », *Sociologies pratiques*, n° 21, 2010, p. 21-34.

Rapport de la commission d'enquête sur le Crédit lyonnais (président Philippe Seguin et rapporteur François d'Aubert).

L'affaire Karachi

Le 8 mai 2002 à Karachi, capitale économique du Pakistan, onze Français appartenant à la Direction des constructions navales (DCN) perdent la vie et douze autres sont blessés gravement lors d'un attentat non revendiqué mais manifestement organisé avec des moyens sophistiqués. Si, logiquement, les regards se tournent d'abord vers les groupes extrémistes pakistanais hostiles au président Pervez Mucharraf qui a fini par soutenir les États-Unis dans leur guerre contre Al-Qaïda, cette piste terroriste privilégiée par le juge Jean-Louis Bruguière est écartée en 2009 lorsque le juge Marc Trévidic qualifie de « logique » celle liée à la suspension du versement de commissions prévues lors de la vente de trois sous-marins de classe Agosta 90-B au Pakistan en 1994. Faisant suite à la publication en septembre 2008 par Mediapart de révélations concernant les investigations de deux juges français sur un dossier de corruption dans le milieu de l'armement, ce rebondissement explique l'apparition, dans une affaire déjà complexe mêlant diplomatie, défense, sécurité, terrorisme et raison d'État, d'un volet politico-financier très médiatisé impliquant une droite française plus que jamais en proie à des luttes fratricides.

En effet, lors d'une perquisition menée dans le cadre d'une enquête sur d'éventuelles activités illicites de la DCNS[1], les enquêteurs ont mis la main sur une note d'août 2005 portant le nom de code Nautilus rédigée à la demande de cette dernière par Claude Thevenet, un ex-membre de la DST. Jusque-là tenue secrète, elle contient trois révélations que publiera Mediapart en septembre 2008. D'abord, elle établit que le groupe français n'a pas suffisamment pris au sérieux les menaces pesant sur ses collaborateurs neuf mois après les attentats du 11 septembre 2001, trois mois après l'enlèvement et l'exécution du journaliste américain Daniel Pearl et quelques semaines seulement après le dépôt d'une bombe non amorcée sous la voiture de la femme

1. La DCN devient la DCNS en 2007, le S faisant référence aux Services et à l'expertise dans les Systèmes.

d'un diplomate français à Islamabad. Ensuite, elle revient sur le contrat Agosta conclu en septembre 1994, dans le contexte de la deuxième cohabitation, par François Léotard alors ministre de la Défense du gouvernement d'Édouard Balladur : les commissions versées à deux des intermédiaires – la pratique est encadrée par l'État et parfaitement légale jusqu'en 2000 –, à savoir le Saoudien Ali Ben Moussalem et le Libanais Adbul Rahman Al-Assir, auraient contribué au financement d'actions terroristes via l'Inter-Services Intelligence (ISI), autrement dit les services secrets pakistanais. Enfin, elle assure qu'une partie de la commission versée à un troisième intermédiaire libanais, Ziad Takieddine, dont le nom était déjà apparu dans le contrat Sawari II (vente de frégates à l'Arabie saoudite en 1994) et qui avait été imposé *in extremis* avec celui d'Al-Assir par le ministère de la Défense, aurait abondé les comptes de la campagne présidentielle d'Édouard Balladur via un système illégal de rétrocommissions : « après l'échec de sa candidature, au printemps 1995, ce financement devait être transféré à l'Association pour la réforme. Les valises d'argent étaient déposées à la boutique Arijie, située au rez-de-chaussée du 40, rue Pierre-Charron, avant de monter dans les étages » où était installée l'association. Or, la décision prise en 1996 par Jacques Chirac d'arrêter le versement de l'ensemble des commissions avalisées par le gouvernement de son rival Édouard Balladur aurait déclenché le funeste attentat.

L'enquête minutieuse menée par le juge Renaud van Ruymbeke chargé de ce volet financier, qualifiée de « fable » par le président Nicolas Sarkozy, par ailleurs ancien ministre du Budget d'Édouard Balladur, confirme largement ces révélations. Malgré l'opposition des hauts fonctionnaires du ministère du Budget, le contrat Agosta s'est effectivement accompagné du versement rapide, via la société écran Heine, aux intermédiaires du réseau K imposé en dernière minute par le ministère de la Défense français, de la quasi-intégralité des commissions prévues dont une partie a financé illégalement la vie politique française (la piste des fonds spéciaux s'évanouissant dès 2011). Après la victoire de Jacques Chirac, le Conseil constitutionnel a de son côté validé, en conscience, les comptes irréguliers des deux principaux candidats de droite malgré de larges dépassements du plafond autorisé, tout en s'étonnant, dans le cas d'Édouard Balladur, d'importants dépôts en espèce effectués trois jours après le premier tour (10,25 millions de francs versés au Crédit du Nord en quatre sacs de billets de 500 francs), présentés officiellement par l'équipe du candidat comme le résultat de la vente de goodies et de collectes effectuées auprès des sympathisants. Roland Dumas qui préside alors l'institution reconnaît d'ailleurs ces irrégularités en 2015 tout en étant convaincu d'avoir, à l'époque, « sauvé la République ».

Ce volet financier débouche sur deux procès distincts. À l'automne 2019, un premier procès en correctionnelle aboutit à la condamnation de six prévenus pour abus de biens sociaux, complicité ou recel. Tout en estimant qu'aucun d'entre eux ne pouvait ignorer l'origine douteuse des fonds versés en 1995, les magistrats précisent les responsabilités : Renaud Donnedieu de Vabre (cinq ans de prison dont deux avec sursis et 120 000 euros d'amende) a, en tant que chargé de mission auprès de François Léotard, « relayé les instructions aux fins d'imposer aux industriels de la DCN le réseau K » ; Nicolas Bazire (cinq ans de prison dont deux avec sursis et 300 000 euros d'amende), à l'époque directeur de cabinet et principal responsable de la campagne d'Édouard Balladur, a soutenu l'intervention du réseau K ; Thierry Gaubert (quatre ans de prison dont deux ferme et 120 000 euros d'amende), alors au ministère du Budget et impliqué dans la campagne, a permis « en toute connaissance de cause le retour en France, sous forme de rétrocommissions, des fonds provenant de commissions litigieuses, à destination du compte de campagne d'Édouard Balladur » ; enfin, Dominique Castellan (trois ans dont un an avec sursis et 50 000 euros d'amende), à l'époque P-DG de la branche internationale de la DCN, a « sur ordre du ministère de la Défense introduit dans les négociations Agosta un réseau d'intermédiaires aussi coûteux qu'inutile » auquel il a alloué « des commissions disproportionnées » (190 millions de francs, soit 28 millions d'euros).

Des mandats d'arrêt sont émis à l'encontre des deux intermédiaires, absents au délibéré, qui sont condamnés à cinq ans de prison pour complicité et recel d'abus de biens sociaux : pour le tribunal Ziad Takieddine avait « conscience de participer à un système de rétrocommissions, lesquelles ont permis de renflouer les comptes de campagne d'Édouard Balladur ». Mis en examen en 2017 pour complicité d'abus de biens sociaux et recel, Édouard Balladur et François Léotard comparaissent, d'autre part, au début de l'année 2021 devant la Cour de justice de la République, seule habilitée à juger des ministres pour des faits commis pendant leurs fonctions : si Édouard Balladur est relaxé, François Léotard est en revanche condamné à deux ans de prison avec sursis et 100 000 euros d'amende pour complicité et recel d'abus de biens sociaux.

Quant au volet « terrorisme » du dossier, les enquêtes se sont heurtées à de nombreuses difficultés soulignées par le juge Marc Trévidic, qui s'est régulièrement vu opposer le secret-défense et n'a jamais pu se rendre au Pakistan jusqu'à son départ du pôle antiterroriste en 2015 ; par Bernard Cazeneuve, nommé en 2010 à la tête d'une mission d'information parlementaire (« les personnes qui prêtaient serment devant la représentation nationale ne disaient à l'évidence pas la vérité », déclare-t-il au *Monde* en 2021) ; par les familles des victimes qui, après avoir été parties civiles adossées à l'État, finissent par déposer plainte en 2009 (deux filles de victimes signent l'année suivante un ouvrage au vitriol soulignant l'impréparation de la DCN, le poids de la « raison d'État », la dissimulation d'éléments à l'institution judiciaire, etc.). En 2011, un témoignage révèle toutefois des informations jusque-là tues par la DST qui continuent d'accréditer l'hypothèse de la « mouvance taliban » : contournant le secret-défense, les magistrats instructeurs réussissent à entendre un ancien agent des renseignements qui confirme non seulement la mise sous surveillance d'Ali Ben Moussalem depuis les années 1990 – le Saoudien décédé en 2004 lié aux services secrets pakistanais et aux réseaux terroristes, imposé par le gouvernement Balladur dans plusieurs marchés d'armement et dont le rôle accréditerait l'hypothèse de la rétorsion –, mais également l'observation de ses transactions avec des proches d'Édouard Balladur à la boutique Arijie, juste en face de l'hôtel Prince-de-Galles dont il est le propriétaire. Pour l'avocate Marie Dosé qui représente alors plusieurs parties civiles « soit la DGSI – qui ne retrouve pas trace de cette surveillance – ment à la justice et à son ministre de tutelle, soit les éléments de cet épisode peu reluisant de la rivalité entre Chirac et Balladur ont été détruits ».

Enfin, dans le volet « sécurité », deux anciens ingénieurs militaires, cadres à la retraite de la DCN, ont finalement été mis en examen à l'été 2022 pour homicides et blessures involontaires. Il s'agit d'une part du chef du projet qui était en France et d'autre part de son subordonné, le chef de site, responsable des personnels qui assemblaient les sous-marins Agosta à Karachi. Alors que les Américains ou les Anglais n'avaient laissé sur place que quelques hommes seulement bénéficiant de mesures de sécurité drastiques, il leur est notamment reproché d'avoir sous-évalué le risque et d'avoir mis en place des protocoles de sécurité insuffisants face aux menaces, en particulier lors des déplacements de l'équipe.

Si le procès en appel du volet financier doit se tenir courant 2024, les instructions des deux autres volets s'éternisent toujours plus de vingt ans après l'attentat. La République doit pourtant la vérité et la justice aux victimes et à leurs familles après tant d'entraves et de dissimulations.

Régis Boulat

Bibliographie

Fabrice Arfi, Fabrice Lhomme, *Le contrat. Karachi, l'affaire que Sarkozy voudrait oublier*, Stock, 2010.

Magali Drouet, Sandrine Leclerc, *On nous appelle « Les Karachi »*, Fleuve Noir, 2010.

Romain Mielcarek, *Marchands d'armes*, Tallandier, 2017.

(De) L'affaire Kerviel (à l'affaire Société générale)

Janvier 2008. En pleine crise financière est mise au jour la plus grande fraude bancaire de l'histoire contemporaine, au sein de la troisième plus grande banque française, réputée pour être un modèle de contrôle interne et un leader en matière d'innovation financière sur le marché des dérivés actions. Assurément, « l'affaire Kerviel » est symptomatique des dérives de la finance et des faux-semblants du contrôle interne. Mais au cours de douze années de procédures judiciaires elle se double d'une « affaire Société générale », avec des soupçons de collusions entre, d'une part, des membres du pouvoir exécutif et des magistrats du parquet et, d'autre part, une banque puissante et influente, sans doute jugée « *too big to fail* »[1].

Sur ces affaires encore brûlantes, l'historien est bien en peine d'accéder à des sources primaires : hormis cinq documents publiés sur Internet et des ouvrages écrits à chaud par des acteurs ou des témoins, il doit recourir à la presse… et se garder de conclure définitivement sur une histoire pour laquelle toute la lumière n'a pas encore été faite.

Acte I. L'affaire Kerviel : un rogue trader *dans un système de contrôle défaillant (2008-2010)*

24 janvier 2008. Séisme bancaire. À l'heure de publier ses résultats 2007, la Société générale annonce qu'elle vient d'être victime d'une « fraude exceptionnelle » commise par un de ses traders « courant 2007 et début 2008 ». La perte s'élève à 4,9 milliards d'euros. Elle s'ajoute aux 2,2 milliards de dépréciations d'actifs liées à la crise des *subprimes*. Le bilan consolidé affiche néanmoins un bénéfice de 947 millions d'euros, et une augmentation de capital de 5,5 milliards est lancée, garantie par deux grandes banques américaines.

On connaît le récit de la banque. À la suite d'une alerte interne, la fraude est découverte (18-20 janvier) : un trader du desk *Delta One*, au

1. « Trop grosse pour faire faillite ».

sein du département des activités de marché spécialisé dans les dérivés actions et indices, a pris en janvier des « positions directionnelles » (spéculations sans couverture, très risquées) non autorisées de 50 milliards d'euros (soit 1,5 fois les fonds propres de la banque). Ses opérations illicites remontent à juillet 2005 et se sont accrues en 2007 (30 milliards en mars-juillet, puis en septembre-novembre). Fin 2007, il masque un gain total de près de 1,5 milliard. Passé en 2002 du *middle office* au *front office*, ce « génie de la dissimulation » a réussi à déjouer tous les contrôles par des opérations fictives de couverture, des manipulations de données dans les bases informatiques, de fausses explications, de faux mails. Le 20 janvier, le P-DG Daniel Bouton informe les autorités de régulation (Commission bancaire et Autorité des marchés financiers). Le débouclage en urgence des 50 milliards de positions (21-23 janvier) produit 6,3 milliards de pertes. La perte nette de ce qui sera appelé la « fraude Kerviel » est donc de 4,9 milliards.

Jérôme Kerviel est mis en examen pour « faux et usage de faux », « introduction frauduleuse de données dans un système de traitement automatisé » et « abus de confiance ». Il reconnaît les faits mais soutient que « la banque savait ». Complicité de sa hiérarchie, pratique généralisée des dépassements de limites et des « mises sous le tapis », incitations verbales et financières à « être une bonne gagneuse », faiblesses des contrôles : son récit donne à voir la décennie Bouton, des « années fric ».

Hormis celle de la brigade financière, cinq enquêtes sont menées, dont les rapports soulignent tous de graves défaillances du contrôle interne. Celui de l'inspection générale de la banque (20 mai) pointe les responsabilités de la hiérarchie du *front office*, en particulier son « manque d'attention et de réactivité face aux nombreuses alertes » internes (74 au total) et externes (Eurex[1], novembre 2007) et face aux anomalies (volumes et variations inhabituels), « qui dénote un manque de sensibilité au risque de fraude » et « une perte de vue des ordres de grandeur », et les carences du contrôle (sous-dimension-

1. Chambre de compensation allemande.

nement du *back office*, procédures ne permettant pas d'identifier la fraude, absence de transversalité et de contrôle sur les montants nominaux). Celui de la Commission bancaire (28 mars) est encore plus accablant : il souligne les responsabilités de certaines directions et dénonce des « choix managériaux privilégiant la rentabilité à court terme » et conduisant à une négligence systémique des risques opérationnels. Or, au cours de 17 inspections en 2006-2007, la Commission bancaire avait préconisé le renforcement du contrôle des risques opérationnels. En juillet 2008, elle sanctionne donc la Société générale d'un blâme et d'une amende de 4 millions d'euros (le maximum est de 5 millions).

Pourtant, l'instruction judiciaire tourne à charge et le réquisitoire du parquet accable Kerviel (juin 2009). La Société générale est alors en pleine tempête : dégradation de sa note, cours en chute libre, menace d'OPA ; affaires financières (« Sentier II », Cameroun...) ; enquête de l'Autorité des marchés financiers pour délit d'initié visant Jean-Pierre Mustier, le « patron de Kerviel » ; amendes de l'Autorité des marchés financiers et de la Financial Services Authority à Londres ; le tout dans un contexte de très forte défiance à l'égard des banques... Au terme d'un procès exceptionnel à plus d'un titre (juin 2010), le tribunal correctionnel de Paris condamne Kerviel à cinq ans d'emprisonnement dont deux avec sursis, à l'interdiction d'exercer toute activité professionnelle relative aux marchés financiers, et à payer à la Société générale... 4 915 610 154 euros (l'intégralité des pertes liées à la fraude) de dommages-intérêts (5 octobre 2010). La Société générale est complètement dédouanée.

Acte II. De l'affaire Kerviel à l'affaire Société générale (2010-2014)

Le jugement est sidérant : il fait fi des rapports d'inspection, et le montant des dommages-intérêts est aberrant. En se soumettant à l'injonction de sauver la crédibilité de la banque et de la place financière de Paris, la justice ne s'est-elle pas discréditée ? Kerviel fait appel et contre-attaque. Avec les relais médiatique et politique s'ouvre l'affaire Société générale.

Dès le 10 octobre 2010, on apprend que la Société générale a bénéficié d'un crédit d'impôt de 2,197 milliards d'euros au titre de la perte brute de 6,382 milliards (débouclage des positions de Kerviel) – en réalité, de 1,69 milliard sur la perte nette de 4,9 milliards. Elle a été autorisée dès février-mars 2008 à se prévaloir d'un dispositif fiscal en faveur des entreprises qui déclarent des pertes exceptionnelles dont elles ne sont pas responsables. Bercy a donc tranché la question de la responsabilité de la banque bien avant la justice… Cette révélation amène Jérôme Kerviel à attaquer sur trois fronts :

1° Le préjudice réel subi par la banque ne serait pas de 4,9 milliards mais de 4,9 - 1,7 = 3,2 milliards, ce qu'elle s'est bien gardée de déclarer à la justice. En avril 2012, il porte plainte pour « escroquerie au jugement » – et pour « faux et usage de faux », car la Société générale a livré à la justice des enregistrements tronqués. Plaintes réitérées et classées sans suite plusieurs fois jusqu'en 2014.

2° Des doutes planent sur l'évaluation par la banque des pertes liées à la fraude. Kerviel réclame une expertise indépendante. Il ne l'obtiendra jamais.

3° L'absence de responsabilité de la banque dans ces pertes a été contredite par les rapports d'inspection.

En octobre 2012, la cour d'appel de Paris confirme intégralement le jugement de 2010. Mais en mars 2014, la Cour de cassation, qui confirme le jugement au pénal, casse le jugement au civil relatif aux dommages-intérêts en invoquant les « fautes » de la Société générale.

Il faut dire que depuis 2012, le vent tourne. Les déclarations politiques hostiles à « la finance » (François Hollande au Bourget, janvier 2012) et les initiatives parlementaires et gouvernementales en faveur d'une régulation renforcée se multiplient (enquête sénatoriale sur l'évasion fiscale, avec audition de Frédéric Oudéa, nouveau P-DG de la Société générale, en 2012 ; loi Sapin de séparation des activités bancaires, en 2013). Des députés exigent que la lumière soit faite sur les conditions d'attribution de la déduction fiscale.

Acte III. Du scandale politique au scandale judiciaire (2014-2016)

Jérôme Kerviel ouvre un quatrième front : il accuse la Société générale d'avoir acheté le silence de sept cadres et porte plainte pour « subornation de témoins » (avril 2014). Or, deux témoignages explosifs publiés par Mediapart en mai 2015 et janvier 2016 font éclater le scandale judiciaire. Le premier est celui de la commandante de police chargée de l'enquête sur l'affaire Kerviel : en 2012, elle a eu « le sentiment puis la certitude que la hiérarchie de Jérôme Kerviel ne pouvait ignorer les positions prises par ce dernier » et « d'avoir été instrumentalisée par la Société générale », qui aurait piloté l'enquête. En 2008, Frédéric Oudéa aurait séquestré des cadres pour leur faire signer un engagement de confidentialité. En 2012, le parquet de Paris aurait tout fait pour enterrer l'enquête. Victime de pressions et d'intimidations, la commandante interroge et enregistre à son insu une magistrate de la section financière du parquet de Paris, qui confirme les manipulations de la Société générale et évoque un parquet « sous la coupe des avocats de la Société générale », qui y avaient leur entrée et auraient même rédigé le réquisitoire définitif du procureur Jean-Michel Aldebert en juin 2010. En 2012, son chef, Michel Maes, lui a demandé de « ne pas mettre en défaut la Société générale », de bâcler l'enquête et de la mener « à charge ».

En mai 2015, Jérôme Kerviel demande donc la révision de son procès. Un an plus tard, une enquête journalistique met au jour les rencontres discrètes entre les avocats de la Société générale et les magistrats du parquet. En mai 2018, Jérôme Kerviel dépose plainte pour « escroquerie en bande organisée » – classée sans suite un mois plus tard…

Acte IV. La victoire de David sur Goliath ? (2016)

Tandis que la Société générale est éclaboussée par le scandale des « Panama Papers » (avril 2016) qui vaut à Frédéric Oudéa d'être soupçonné de faux témoignage devant le Sénat en 2012 et une perquisition au siège social, et que sort un film inspiré des Mémoires de Jérôme Kerviel (*L'Outsider*, juin 2016), celui-ci remporte deux victoires judiciaires. Le 7 juin, le conseil de prud'hommes de Paris condamne la Société générale à lui verser 455 000 euros pour « licenciement abusif » : il estime que la banque avait connaissance des dépassements de limites et des opérations fictives. Au deuxième procès en appel, à Versailles, le réquisitoire de l'avocat général se fonde sur les rapports d'inspection. Le jugement du 23 septembre 2016, qui reprend les conclusions de la Commission bancaire, impute à la Société générale la responsabilité des pertes : ses « manquements » ayant eu un « rôle causal essentiel dans la survenance et le développement du préjudice », il réduit à 1 million d'euros (soit 0,02 % du montant initial) le montant des dommages-intérêts à verser à la Société générale.

Acte V. De l'affaire Société générale à l'affaire Maes ? (2017-2021)

Ce jugement conduit Bercy à revenir sur la « déduction Kerviel » (novembre 2016). Le fisc adresse à la Société générale une « proposition de rectification fiscale », procédure contradictoire se traduisant par une négociation dont l'opacité, sous couvert de « secret fiscal », ne serait pas sans lien avec un conflit d'intérêts pour le moins gênant pour le ministre de l'Économie Michel Sapin, qui prône le renforcement de la régulation financière. Car son nouveau directeur de cabinet (août 2016) n'est autre que Thierry Aulagnon… ancien directeur de la Société générale, qui avait déjà été son conseiller en 1992-1993 : beau cas de *revolving doors* propice à ce que les sociologues de la finance appellent la « capture régulatoire »…

De son côté, la banque joue la montre, profitant des revers judiciaires de Kerviel en 2017-2018 : plaintes classées sans suite, demande de révision rejetée (septembre 2018), jugement des prud'hommes cassé en appel (décembre 2018), pourvoi en cassation rejeté (mars 2021). Mais le relais citoyen (via l'association Anticor) et politique est assuré. En février 2019 l'élu écologiste Julien Bayou dépose plainte contre X pour concussion. Une information judiciaire est ouverte.

Jérôme Kerviel a épuisé tous les recours judiciaires. Mais le scandale du ou des magistrats possiblement acheté(s) par la Société générale reste ouvert… En janvier 2020, alors que se met en place une commission d'enquête parlementaire sur l'indépendance de la justice, présidée par le député Ugo Bernalicis, Michel Maes, l'ancien chef de la section financière du parquet de Paris, est mis en examen à Lyon pour des faits de corruption passive similaires à ceux dont on le soupçonne dans l'affaire Société générale. Ces faits ont eu également lieu en Île-de-France, en juin 2016. Or, l'affaire a été dépaysée à Lyon. Deux poids, deux mesures ? Dix mois plus tard, après avoir auditionné Jérôme Kerviel (8 juillet 2020), Ugo Bernalicis saisit le procureur de Paris pour « trafic d'influence » et « escroquerie en bande organisée ». « L'affaire Kerviel » n'a, semble-t-il, pas dit son dernier mot…

Jean-Luc Mastin

Bibliographie

Julien Bayou, *Kerviel : une affaire d'État. 2 milliards pour la Société (en) général(e)*, Éditions Arcane 17, 2016.

Olivia Dufour, *Kerviel. Enquête sur un séisme financier*, Eyrolles, 2012.

Jérôme Kerviel, *L'engrenage. Mémoires d'un trader*, Flammarion, 2010.

Hugues Le Bret, *La semaine où Jérôme Kerviel a failli faire sauter le système financier mondial. Journal intime d'un banquier*, Les Arènes, 2010.

Rapport au Premier ministre concernant les enseignements à tirer des événements récemment intervenus à la Société générale (« rapport Lagarde »), 4 février 2008.

Rapport d'étape du comité spécial du conseil d'administration de la Société générale, 20 février 2008.

Rapport de la mission Green (inspection générale de la Société générale), 20 mai 2008.
Les 10 points clés pour comprendre l'affaire Jérôme Kerviel, www.societegenerale.com, juin 2016.
Jugement de la cour d'appel de Versailles, 23 septembre 2016.
Archives historiques de la Banque de France et du Crédit agricole.
Blog d'Olivier Fluke : http://olivierfluke.canalblog.com/archives.
Europresse.com

« L'affaire Clearstream » : un mensonge contre-productif ?

Véritable « affaire d'État » secouant la vie politique française à la fin du second mandat de Jacques Chirac, l'affaire Clearstream s'inscrit dans une double tradition : d'une part, celle des « affaires à la française » mêlant les milieux économiques et financiers à ceux de la politique et du renseignement ; d'autre part, celle des guerres fratricides entre ténors de la droite. En effet, l'opération de diffamation qui débute en 2004 et a pour base des listings trafiqués vise à intoxiquer la magistrature, les médias et l'opinion et, surtout, à discréditer Nicolas Sarkozy à la veille de l'élection présidentielle de 2007. À la fois complexe et maladroite, elle alimente la grogne antipolitique et débouche en 2009 sur un procès hors norme dans lequel, pour la première fois dans l'histoire de la Ve République, un président en exercice, Nicolas Sarkozy, s'est porté partie civile contre un ancien Premier ministre, Dominique de Villepin.

Le 3 mai 2004, le juge Renaud van Ruymbeke, qui instruit depuis 2001 le dossier des rétrocommissions perçues lors de la vente des frégates françaises de classe Lafayette à Taïwan (1991), reçoit une lettre anonyme et une première liste de numéros de comptes mettant notamment en cause Alain Gomez, ancien président du groupe Thomson-CSF. Ce listing proviendrait de la caisse de compensation luxembourgeoise Clearstream qui, depuis sa création en 1970, permet à ses membres (des institutions financières ou des banques mais pas de particuliers) de procéder au *clearing* des opérations faites en leur nom propre ou pour leurs clients. À noter que pour le journaliste Denis Robert qui enquête depuis 1999, cette société constituerait en fait le centre névralgique de circuits financiers parallèles. Après un deuxième courrier arrivé au pôle financier le 9 juin 2004 avec à l'appui un CD-Rom contenant une liste de comptes, le « corbeau » frappe une troisième fois le 14 juin en divulguant pas moins de 895 numéros de comptes (« le bal de crapules ») où figurent le Tout-Paris des affaires et de la politique dont Jean-Pierre Chevènement ou Dominique Strauss-Kahn. À ces derniers s'ajoutent toutefois deux noms en apparence anodins, Stéphane Bosca et Paul de Nagy qui, assemblés, aboutissent à la mise en cause du ministre de l'Économie et des Finances, Nicolas Sarkozy, de son nom complet Nicolas Paul Stéphane Sarkozy de Nagy-Bosca qui serait ainsi titulaire de deux comptes à la Banca Popolare di Sondrio. Averti par le directeur de la DST et par le garde des Sceaux Dominique Perben que son nom apparaît dans le dossier alors que l'hebdomadaire *Le Point* n'en fait pas mention dans son article du 8 juillet 2004, Nicolas Sarkozy soupçonne rapidement le ministre de l'Intérieur Dominique de Villepin d'être à la manœuvre, portant les tensions au sein du gouvernement Raffarin à leur comble.

De son côté, la DST a la conviction dès l'automne que le « corbeau » est incarné par un étrange binôme composé d'un cadre dirigeant d'EADS, Jean-Louis Gergorin, et d'un « informaticien » d'origine libanaise, Imad Lahoud. Polytechnicien né en 1946, Gergorin est passé par l'ENA où il a côtoyé Alain Juppé, Dominique Perben et Louis Gallois au sein de la promotion Charles de Gaulle avant de rejoindre le Conseil d'État. En 1973, avec Thierry de Montbrial, il a cofondé le Centre d'analyse et de prévision (CAP) au ministère des Affaires étrangères où il recrute un jeune diplomate en provenance de la direction des Affaires africaines, Dominique de Villepin, rencontre Philippe Delmas ou le futur général Rondot. Directeur de la stratégie du groupe Matra et conseiller spécial du président Jean-Luc Lagardère à partir de 1983, il participe successivement à la guerre opposant ce dernier à Alain Gomez et au groupe Thomson-CSF avant d'être l'artisan, avec Philippe Camus, de la fusion entre Aérospatiale et Matra puis de la création d'EADS et d'Airbus. Directeur de la coordination stratégique d'EADS et membre du comité exécutif à partir de 2000, ce passionné de renseignement également responsable de l'intelligence économique du groupe voit dans le décès foudroyant de Jean-Luc Lagardère en mars 2003 l'œuvre des services étrangers. Quant à Ihmad Lahoud, né en 1967 dans une famille chrétienne libanaise de tradition militaire, son don pour l'informatique et les mathématiques le conduit d'abord à faire carrière dans les assurances et la banque – il crée avec son beau-père le chiraquien François Heilbronner un fonds d'investissement dont la faillite en 2000 l'amène à effectuer trois mois de détention provisoire – avant d'être recruté par Jean-Louis Gergorin, peut-être sur recommandation de son frère Marwann (chief executive officer de MBDA, branche missile d'EADS), d'abord comme consultant puis directeur scientifique au centre de recherches de Suresnes. En contact depuis 2003 avec Denis Robert via l'auditeur financier Florian Bourges qui a aidé ce dernier dans son enquête sur Clearstream, il est également en lien avec la DGSE à laquelle il a essayé de faire croire qu'il détenait des informations – qui se révèlent fausses à la suite d'une enquête menée par le général Rondot – sur des circuits financiers impliquant la famille Ben Laden.

Le voile se déchire progressivement à partir de 2006. En janvier, Nicolas Sarkozy, devenu ministre de l'Intérieur du gouvernement Villepin, apprend que la DST a mis un an et demi avant de verser au dossier les preuves de son innocence, en l'occurrence le résultat des commissions rogatoires lancées par le juge van Ruymbeke et revenues bredouilles d'Italie. Convaincu qu'il y a bel et bien eu complot (« Je retrouverai le salopard qui a monté cette affaire, et il finira à un croc de boucher »), il se constitue partie civile et une nouvelle enquête est confiée à deux nouveaux magistrats, Jean-Marie d'Huy et Henri Pons, qui, en quelques semaines, démontent la manipulation. En avril, *Le Monde* publie le témoignage du général Rondot à qui Dominique de

Villepin aurait demandé en janvier 2004 « sur instructions de Jacques Chirac » de diligenter une enquête visant Nicolas Sarkozy. En mai, Jean-Louis Gergorin reconnaît avoir expédié les listings tout en maintenant qu'il croyait à leur véracité, accusant Ihmad Lahoud d'être à l'origine de leur manipulation. Le même mois, la publication de notes du général Rondot (qu'il pensait avoir effacées) suggère une implication de Dominique de Villepin. Pour finir, en juin-juillet 2007, après la publication de nouvelles notes, Gergorin affirme aux juges que c'est bien à la demande de ce dernier qu'il a secrètement rencontré le juge van Ruymbeke en avril 2004. Mis en examen pour « complicité de dénonciation calomnieuse », l'ancien Premier ministre est finalement renvoyé en correctionnelle le 8 novembre 2008.

À la veille du procès qui s'ouvre le 21 septembre 2009 devant le tribunal correctionnel de Paris, Christophe Barbier, directeur de la rédaction de *L'Express*, dénonce la « réalité putride et pitoyable d'une classe politique française adepte des coups bas et des coups tordus, où l'on ne recule ni devant le bourrage des urnes quand il faut gagner un congrès, ni devant la calomnie quand il s'agit d'éliminer un adversaire [...]. Ce duel entre Nicolas Sarkozy et Dominique de Villepin est le chapitre ultime de la guerre haineuse entre balladuriens et chiraquiens » qui a débuté lors de l'élection présidentielle de 1995. Événement à la fois judiciaire et politique, ce procès « VIP » a pour protagoniste cinq prévenus (Dominique de Villepin, Jean-Louis Gergorin, Ihmad Lahoud, Denis Robert et Florian Bourges), deux témoins assistés dont le général Philippe Rondot et 41 parties civiles dont le président Nicolas Sarkozy et plusieurs anciens ministres, sans compter de prestigieux témoins (le juge Renaud van Ruymbeke, Yves Bertrand, la garde des Sceaux et ancienne ministre de la Défense Michèle Alliot-Marie, etc.). Pour Dominique de Villepin qui considère être sur le banc des accusés « par la volonté d'un homme, par l'acharnement d'un homme, Nicolas Sarkozy qui est aussi président de la République française », son combat « n'est pas un combat personnel, c'est le combat de tous ceux qui se battent contre l'injustice, c'est le combat de toutes celles et tous ceux qui sont victimes de l'abus de pouvoir». Au même moment, le chef de l'État qui est en voyage officiel au Brésil déclare qu'il est temps «de se débarrasser des officines et des combines».

Si l'ancien Premier ministre est finalement relaxé le 28 janvier 2010, tout comme Denis Robert, les trois autres protagonistes sont en revanche condamnés: Jean-Louis Gergorin à trois ans de prison dont quinze mois ferme pour faux, usage de faux et dénonciation calomnieuse, Ihmad Lahoud à trois ans dont dix-huit mois ferme pour faux, usage de faux, dénonciation calomnieuse et recel d'abus de confiance (ils sont en outre condamnés à 40 000 euros d'amende) et Florian Bourges à quatre mois avec sursis. Le parquet ayant décidé de faire appel dès le lendemain, un deuxième procès a lieu à partir du 2 mai 2011. Le chef de l'État ayant finalement renoncé à se constituer partie civile, Dominique de Villepin se retrouve cette fois «sans adversaire à sa mesure». L'un des avocats de Jean-Louis Gergorin a beau revendiquer la filiation entre l'affaire Clearstream et d'autres affaires d'escroquerie comme celle du «collier de la reine» ou des «avions renifleurs», pour la journaliste du *Monde* Pascale Robert-Diard qui couvre le procès, «la comparaison ne saurait enchanter Dominique de Villepin»: «il ne s'est pas battu en première instance contre l'image de Fouché pour endosser en appel celle du cardinal de Rohan». La relaxe de l'ancien Premier ministre est confirmée, le délit de complicité par abstention ne pouvant être établi, tout comme la peine de Ihmad Lahoud, mais celle de Jean-Louis Gergorin est en revanche aggravée. Le pourvoi en cassation de ces derniers étant rejeté en février 2013, les condamnations sont définitives.

Au final, le mensonge s'est révélé contre-productif car, contrairement à d'autres scandales qui ont émaillé la Ve République, cette affaire, certes très médiatisée mais trop complexe, n'a pas affecté l'image de ses deux protagonistes. Elle a en revanche fini par lasser les Français et constitue un jalon important dans leur défiance à l'égard de la sincérité de la parole des hommes politiques.

Régis Boulat

Bibliographie

Étienne Augris, *Philippe Rondot maître espion*, Novice/Nouveau Monde éditions, 2023.

Philippe Broussard, Jean-Marie Pontaut, *Les grandes affaires de la Ve République. Scandales, écoutes, morts suspectes*, Presses de la Cité, 2015.

Frédéric Charpier, *Une histoire de fous. Le roman noir de l'affaire Clearstream*, Seuil, 2009.

Franz-Olivier Giesbert, *La tragédie du président. Scènes de la vie politique 1986-2006*, Flammarion, 2006.

Denis Robert, *Révélations*, Les Arènes, 2001.

—, *Clearstream, l'enquête*, Les Arènes, 2006.

« Des illusions statistiques »

Commanditées par les Princes désireux de compter les hommes pour les besoins de la guerre et de l'impôt, les statistiques accompagnent le développement des États modernes[1]. D'abord descriptives, elles deviennent représentations graphiques puis s'éloignent de l'arithmétique[2] avec la révolution probabiliste du XIXe siècle pour s'enrichir d'une fonction prospective (on pense aux actuaires recrutés par les compagnies d'assurances pour effectuer les calculs nécessaires à l'évaluation des risques) et rétrospective (on pense aux théories des cycles économiques établies au XIXe siècle pour décrire les mouvements pendulaires de la conjoncture).

Les statistiques sont des conventions visant à « faire des choses qui se tiennent »[3]. Traduisant des faits en chiffres, elles mettent à distance[4]

1. Le mot « statistique » vient de « État »…
2. Jean-Jacques Droesbeke, Catherine Vermandele, *Les nombres au quotidien. Leur histoire, leurs usages,* Technip, 2016 et *Histoire des données numériques,* Technip, 2016.
3. Alain Desrosières, « Comment faire des choses qui tiennent : histoire sociale et statistique », *Histoire & Mesure,* vol. 4, n°3-4, 1989, p. 225-242 ; *Histoire de la raison statistique*, La Découverte, 1993.
4. Theodore Porter, *Trust in Numbers. The Pursuit of Objectivity in Science and Public Life*, Princeton University Press, 1995.

et introduisent des biais[1], faussent les interprétations et confortent les illusions. Méconnues de la majorité des décideurs politique de la IIIe République, dont la formation juridique éloigne des chiffres, elles suscitent au mieux l'indifférence voire la méfiance des Princes qui leur accordent peu de crédits.

Il faut attendre les générations formées autour de la Seconde Guerre mondiale, le développement de l'économie politique puis la création de l'ENA pour que soit abandonnée la navigation à vue. La création de l'Insee en 1946, la mise au point de la comptabilité nationale au Trésor à partir de 1950 et la planification soutiennent cette transformation.

Outils de gouvernement, les statistiques sont aussi des moyens d'évaluer l'efficacité des politiques. Quelques indicateurs comme le taux de croissance de la production nationale (le fameux PNB), le taux de chômage ou l'indice des prix de détail des produits dits de consommation courante sont particulièrement sensibles. La prise de conscience des enjeux de ces indicateurs et de leurs classifications est progressive. Les professions libérales, les cadres moyens ou supérieurs bataillent fermement au moment de la définition de la grille des catégories socioprofessionnelles[2] pour apparaître dans la catégorie qui permette d'accéder aux caisses de retraite des cadres. Les syndicats de salariés s'impliquent dans la définition de la liste des produits retenus dans l'indice des prix, les discussions sont vives avec le service des prix de l'Insee pour savoir si l'on doit retenir la balle de tennis ou la selle de vélo pour représenter les loisirs ouvriers. Les producteurs sont les plus discrets possible pour que leurs marchandises ou leurs services ne soient pas retenus dans l'indice, mais les tarifs réglementés (gaz, électricité ou ticket de métro) ne peuvent pas échapper

1. Romain Tiquet, « Rendre compte pour ne pas avoir à rendre des comptes. Pour une réflexion sur l'écrit administratif en situation coloniale (Sénégal, années 1920-1950) », *Cahiers d'histoire. Revue d'histoire critique*, n° 137, 2017, p. 123-140.
2. Jean-Claude Thelot, Alain Desrosières, *Les catégories socioprofessionnelles*, La Découverte, 2002.

aux manipulations. Le directeur de l'école Pigier par exemple intervient auprès de l'Insee pour faire retirer de l'indice le prix de l'heure de cours de sténodactylo[1]. Ces réactions témoignent du réel impact des statistiques sur les sociétés qu'elles sont censées représenter. Elles incorporent, marginalisent ou excluent (ce qui est compté compte, ce qui n'est pas compté ne compte pas). Elles identifient (1 ou 2 pour le numéro de Sécurité sociale), ordonnancent et classent (actifs/inactifs ; urbains/ruraux), créent des hiérarchies entre des catégories dont les limites sont toujours discutables. Or, bien qu'ils soient arbitraires, les seuils des classifications (par âge par exemple) ouvrent ou ferment des droits individuels et influencent la répartition des ressources budgétaires pour construire des écoles, des crèches, etc. Les manipulations des résultats des recensements démographiques, l'invention d'immeubles à Marseille pour celui de 1946 par exemple, témoignent de l'importance de ces enjeux.

Les statistiques officielles produites pour les autorités politiques, diffusées sous leur timbre et financées par l'impôt, informent donc sur d'éventuelles manipulations ou des mensonges des gouvernants. Quels sont ces travers à la fin de la IVe et pendant la Ve République ?

Quid de l'ombre portée de Vichy ou de la méfiance, voire de l'hostilité, traditionnelle qui oppose les statistiques et l'opinion en France ? En 1954, Robert Escarpit, journaliste au *Monde,* dénonce l'inquisition insupportable que représente le recensement démographique et il s'insurge contre les questions posées : « Le nombre de mes enfants, qu'est-ce que ça peut bien leur faire ? » Deux ans plus tard, un groupe d'extrême droite auquel appartient Jean-Marie Le Pen tente d'abolir la loi de 1951 sur l'organisation, la coordination et le secret statistiques qui réglemente les relations entre la statistique publique et les différentes parties de la société et dont les cadres sont encore en vigueur.

---

1. Béatrice Touchelay, « Les ordres de la mesure des prix. Luttes politiques, bureaucratiques et sociales autour de l'indice des prix à la consommation (1911-2012) », *Politix*, n° 105, 2014/1, p. 117-138. https://www.cairn.info/revue-politix-2014-1-page-117.htm

Les campagnes de propagande menées par l'Insee pour atténuer cette hostilité, la mobilisation de la télévision et de la presse pour célébrer la naissance du 50 millionième Français en 1960 par exemple, améliorent la situation. L'augmentation du niveau de scolarité et la meilleure compréhension des phénomènes économiques et sociaux y contribuent également. Mais la défiance n'est jamais très loin.

Dans quelle mesure les autorités politiques de la Ve République, mieux formées aux chiffres que leurs prédécesseurs et qui appuient leurs décisions sur un appareil statistique de plus en plus performant (passage de la mécanographie à l'informatique, multiplication des enquêtes, accélération de la publication des résultats…), entretiennent-elles cette mésentente entre l'opinion et la statistique publique ? Les accusations de collusion entre l'Insee et les pouvoirs politiques, les soupçons de manipulation des indicateurs du chômage ou de l'indice des prix provoquent de nouvelles polémiques[1]. Les tensions sont attisées par la crise économique des années 1970 qui remettent la répartition au centre du débat politique.

La façon dont les statistiques affectent les imaginaires frise parfois l'absurde. Il en est ainsi par exemple de l'écart entre l'évaluation du nombre des manifestants par le ministère de l'Intérieur et par les syndicats de salariés pour les manifestations d'ampleur nationale.

Même si le producteur des statistiques publiques n'est pas placé sous la tutelle du ministère de l'Intérieur, contrairement à ceux des régimes autoritaires, les pressions des autorités politiques sur les producteurs des statistiques publiques ne sont jamais complètement écartées. La ligne jaune a été frôlée en 1970, en pleine répression des leaders gauchistes de 1968 et au moment de la réinsertion d'anciens cadres de l'OAS, avec le lancement du projet de Système automatisé pour les fichiers administratifs et répertoires des individus

1. Gaël de Peretti, Béatrice Touchelay, « Les statistiques publiques et la démocratie : de la création à la consolidation (1946-1987) », *Courrier des statistiques*, n° 9, à paraître à l'été 2023. Voir encadré « Quarante ans au prisme des controverses ».

(SAFARI)[1]. Ce système prévoit d'utiliser le numéro individuel de Sécurité sociale géré par l'Insee pour croiser plusieurs fichiers administratifs. Le scandale éclate à la veille de l'élection présidentielle de 1974. *Le Monde* du 21 mars titre « SAFARI ou la chasse aux Français » pour dénoncer la menace. Le retrait du projet ne suffit pas à calmer les esprits et les débats se poursuivent jusqu'à l'adoption de la loi Informatique et Libertés et de la création de la Commission nationale de l'informatique et des libertés (CNIL) en 1978.

Faut-il voir dans cet épisode une tentative antidémocratique, voire liberticide, de certains dirigeants politiques ? Quoi qu'il en soit, il montre l'attachement d'une large part de l'opinion à la préservation des données individuelles.

Si les tensions sur les statistiques publiques restent feutrées jusqu'en 1974, la majorité de l'opinion y étant indifférente, elles s'exacerbent ensuite. Le chiffre devient un argument politique de premier ordre à partir du débat télévisé du second tour de l'élection présidentielle de 1974 qui oppose Valéry Giscard d'Estaing et François Mitterrand. Pour la première fois à cette échelle, les états-majors des candidats mobilisent des chiffres. Ceux de Mitterrand sont contredits par un Giscard d'Estaing que sa formation d'inspecteur des finances et d'énarque rend sûr de lui. Les batailles de chiffres s'accentuent à mesure de l'approfondissement de la crise économique. L'indice des prix et le nombre de chômeurs soulèvent des polémiques. Parallèlement l'appareillage statistique s'étoffe. L'augmentation des moyens budgétaires et humains accordés à l'Insee, l'organisation des services de statistiques dans les différents ministères, l'introduction de l'informatique, la multiplication des enquêtes et l'augmentation de la diffusion des données à un public de plus en plus averti introduisent le chiffre dans le quotidien des Français. Devient-il pour autant une arme au service des puissants ?

1. Claude Poulain, « Le projet SAFARI (1970-1974) », *Terminal* [Online], 134-135, 2022. http://journals.openedition.org/terminal/8787

L'Insee dispose d'une large marge de manœuvre pour décider des enquêtes en concertation avec les institutions *ad hoc* comme le Conseil national de l'information statistique (CNIS) et depuis peu l'Autorité de la statistique publique. La seule emprise du gouvernement est l'obligation de respecter l'embargo, c'est-à-dire de lui donner la primeur de l'annonce des résultats des principales enquêtes (prix, chômage).

Néanmoins, l'indexation automatique du SMIG (salaire minimum interprofessionnel garanti) depuis 1952 puis du SMIC (salaire minimum interprofessionnel de croissance) après 1970[1] sur l'indice des prix de détail de l'Insee a suscité la méfiance et de virulentes attaques contre l'Insee. Les manipulations gouvernementales sont à peine dissimulées à la fin de la IVe République.

En 1956, la présidence du Conseil, risquant de perdre sa majorité parlementaire si l'indice franchit le seuil fatidique défini par la loi, manipule l'indice. La liste des produits retenus dans sa composition est connue et le gouvernement décide de bloquer les tarifs réglementés et d'importer massivement des pommes de terre nouvelles pour faire baisser leur prix. Pourtant rien n'y fait, l'indice franchit la barre fatidique et le gouvernement est renversé. Le gouvernement suivant dicte à l'Insee la composition d'un « indice SMIG » réformé qui sera publié et qui servira à indexer le salaire minimum. Personne n'est dupe, l'Insee perfectionne ses modes de calcul et publie parallèlement un nouvel indice, plus en phase avec les dépenses des ménages, dont il garde la composition secrète. La polémique s'atténue puis disparaît en même temps que l'inflation lorsque le plan Giscard de 1963 freine la croissance. En 1969, l'Insee est autorisé à publier un nouvel indice des prix de détail qui servira à l'indexation du SMIG. Ses bases sont consolidées, les relevés sont nationaux, les équipes d'enquêteurs sont étoffées. Les tensions réapparaissent à partir de 1974

1. Pierre Concialdi, « Le salaire minimum en France : historique et débats », *La Revue de l'Ires*, n° 100, 2020/1, p. 145-177. https://www.cairn.info/revue-de-l-ires-2020-1-page-145.htm

alors que l'inflation repart. Cette fois-ci la critique vient de l'intérieur de l'institution. La CGT calcule et publie un indice alternatif basé sur ses propres relevés. L'Insee se défend par une campagne d'explications sans précédent. Les tensions sont attisées par la décision de Raymond Barre, Premier ministre et ministre de l'Économie entre 1976 et 1978, qui, sous prétexte de préserver l'équilibre des comptes de la Sécurité sociale, oblige à sortir le prix des paquets de cigarettes de l'indice des prix de détail de l'Insee. L'Insee publie alors un indice avec et un indice sans les cigarettes, mais c'est le second qui sert à indexer le SMIC. Les polémiques persistent jusqu'à 1983 et la fin de l'indexation des salaires sur les prix. La confiance dans l'indicateur de l'institution sera à nouveau ébranlée par le passage à l'euro en 2002. À l'image de la température extérieure, l'inflation ressentie et l'inflation calculée prennent des chemins divergents. Une partie de la population ne se reconnaît pas dans l'indice Insee.

L'attitude des gouvernants qui multiplient le recours aux sondages (quinquennat Sarkozy) puis favorisent le développement d'instituts privés ou semi-privés de production de chiffres (quinquennats Macron) brouille les pistes. La mise en concurrence des statistiques de l'Insee, l'avalanche quotidienne de chiffres diffusés par les médias[1], qui ne donnent souvent aucune précision sur la composition des échantillons pour les sondages, ni sur les modes de calcul ni sur leurs sources, constituent la manifestation actuelle des manipulations gouvernementales. C'est plus par omission, en recourant à des cabinets privés et non pas à l'Insee, que les décideurs actuels menacent l'institution pour mieux contrôler l'opinion. Les statistiques nécessaires pour expliquer les décisions ne sont pas mobilisées, alors qu'elles existent. Ainsi, supprimer des classes dans les écoles et des postes d'enseignants est justifié par la baisse démographique, mais sans que jamais les chiffres ne soient précisés par classe d'âge ou répartition géographique... il en

1. Olivier Martin, *L'empire des chiffres*, Armand Colin, 2020.

est de même des politiques hospitalières définies sans avoir évalué le rapport entre suppressions de lits et mortalité…

En ce qui concerne la mesure du chômage, les scrupules qui ont empêché le gouvernement d'infléchir de façon significative la courbe du chômage sous la présidence de François Hollande ont vraisemblablement disparu. Les réformes récentes de l'indemnisation du chômage entraînent une importante fonte des effectifs que les statistiques ne peuvent que refléter. L'absence de reprise économique, la succession de fermetures d'usines et de faillites dans des secteurs à forte concentration de main-d'œuvre montrent pourtant la persistance d'un sérieux problème de l'emploi en France et la méconnaissance du halo du chômage. Sans changer la mesure, Emmanuel Macron est parvenu à l'infléchir… Son désintérêt pour les chiffres publics est à la hauteur de sa volonté de déconstruire l'État social dont l'organisation d'un système statistique public était le pendant. Cette attitude renforce la défiance dans les indicateurs publics et participe au désenchantement des citoyens. Elle joue le jeu des populismes.

Béatrice Touchelay

Bibliographie

Fabien Cardoni, Anne Conchon, Michel Margairaz, Béatrice Touchelay, *Chiffres privés, chiffres publics, XVIIe-XXIe siècle. Entre hybridations et conflits*, Presses universitaires de Rennes, 2022.

Alain Desrosières, « Comment faire des choses qui tiennent : histoire sociale et statistique », *Histoire & Mesure*, 1989, vol. 4, n° 3-4, p. 225-242.

—, *Histoire de la raison statistique*, La Découverte, 1993.

Pierre Concialdi, « Le salaire minimum en France : historique et débats », *La Revue de l'Ires*, n° 100, 2020/1, p. 145-177. https://www.cairn.info/revue-de-l-ires-2020-1-page-145.htm

Jean-Jacques Droesbeke, Catherine Vermandele, *Les nombres au quotidien. Leur histoire, leurs usages*, Technip, 2016.

—, *Histoire des données numériques*, Technip, 2016.

Olivier Martin, *L'empire des chiffres*, Armand Colin, 2020.

Gaël de Peretti, Béatrice Touchelay, « Les statistiques publiques et la démocratie : de la création à la consolidation (1946-1987) », *Courrier des statistiques*, n° 9, à paraître à l'été 2023. Voir encadré « Quarante ans au prisme des controverses ».

Theodore Porter, *Trust in Numbers. The Pursuit of Objectivity in Science and Public Life*, Princeton University Press, 1995.
Jean-Claude Thelot, Alain Desrosières, *Les catégories socioprofessionnelles*, La Découverte, 2002.
Claude Poulain, « Le projet SAFARI (1970-1974) », *Terminal* [Online], 134-135, 2022.
Romain Tiquet, « Rendre compte pour ne pas avoir à rendre des comptes. Pour une réflexion sur l'écrit administratif en situation coloniale (Sénégal, années 1920-1950) », *Cahiers d'histoire. Revue d'histoire critique*, n° 137, p. 123-140, 2017.
Béatrice Touchelay, « Les ordres de la mesure des prix. Luttes politiques, bureaucratiques et sociales autour de l'indice des prix à la consommation (1911-2012) », *Politix*, n° 105, 2014/1, p. 117-138. https://www.cairn.info/revue-politix-2014-1-page-117.htm
http://journals.openedition.org/terminal/8787

Le mensonge de M. Cahuzac ou l'histoire séculaire de l'évasion fiscale française en Suisse

En mars 2013, Jérôme Cahuzac, ministre du Budget du gouvernement Ayrault, ment à plusieurs reprises aux Français, d'abord sur le plateau de BFM TV où il est l'invité du journaliste Jean-Jacques Bourdin puis à la tribune de l'Assemblée nationale : « Je n'ai pas, je n'ai jamais eu de compte en Suisse. À aucun moment ! » déclare ce champion autoproclamé de la lutte contre la fraude fiscale depuis qu'il a présidé la commission des finances de l'Assemblée nationale. C'est le point de départ d'un scandale politique – il doit démissionner quelques jours plus tard – qui déstabilise le début du mandat de François Hollande, et d'un volet judiciaire clos en 2018 par sa condamnation en appel à quatre ans de prison dont deux ferme, 300 000 euros d'amende et cinq ans d'inéligibilité pour fraude fiscale et blanchiment. Lors de l'ouverture du premier procès en 2016, la procureure du Parquet national financier l'avait bien prévenu : la fraude à l'impôt qui coûte à la France de 60 à 80 milliards d'euros est « un acte antisocial par excellence » : « c'est manquer à son devoir de citoyen et il n'y a aucune bienveillance à attendre de notre part ! »

Cette affaire entraîne également une relance de la lutte contre la fraude et l'évasion fiscale. Si l'optimisation utilise des mécanismes en principe légaux qui permettent d'échapper à l'impôt via des stratégies de contournement, l'exploitation de failles ou l'utilisation de facilités mises à disposition par certains pays sans infraction à la législation fiscale, la fraude consiste à contourner illégalement l'impôt par un comportement délibéré (elle est passible de sanctions pénales et fiscales après dépôt de plainte par l'administration fiscale ou par le juge d'instruction depuis la modification du « verrou de Bercy »). Et l'évasion ? Son histoire séculaire résulte souvent du mélange des deux.

Au premier XXe siècle, la fuite des capitaux français vers la Suisse a une triple origine. D'abord, l'entrée en vigueur d'un nouveau système fiscal à la veille de la Première Guerre mondiale : le taux marginal supérieur de l'impôt progressif sur le revenu adopté le 15 juillet 1914 en remplacement des « Quatre Vieilles » (contributions foncière et mobilière, patente, impôt sur les portes et fenêtres) pour financer l'effort de guerre ne cesse d'augmenter, tout comme l'impôt progressif sur les successions ou l'impôt sur les revenus mobiliers. Ensuite, le changement de régime monétaire marqué par la dépréciation du franc, tout particulièrement entre 1919 et 1926 puis entre 1936 et 1939. Enfin, en plus de l'instabilité politique chronique, l'arrivée au pouvoir du Cartel des gauches (1924) puis du Front populaire (1936) constituent des périodes d'accélération de la fuite de capitaux. Dans ce contexte, dès 1920, une loi institue d'une part de fortes amendes et des peines de prison en cas de récidive pour les fraudeurs et d'autre part le principe du monopole de l'administration fiscale pour le dépôt de plaintes auprès du parquet. Ces capitaux français (entre 6 et 8 milliards de francs suisses au moment de leur blocage par les autorités helvétiques en 1940) permettent à la Confédération, qui a gravé le secret bancaire dans une loi de 1934 tout en pratiquant un faible taux d'imposition et le *off-shore*, d'être une plaque tournante du marché des capitaux. Malgré la multiplication des scandales – en 1932 la perquisition d'un appartement parisien permet de saisir des fiches comptables impliquant plus de 1 000 Français titulaires de comptes à la Banque commerciale de Bâle – et le souhait de la Société des Nations de lutter contre la fraude à l'échelle internationale, l'administration française ne dispose que de moyens limités. L'accord de double imposition conclu finalement à la fin des années 1930 ne comporte pas de clause d'entraide fiscale et le *statu quo* perdure dans l'immédiat après-guerre : la Suisse instrumentalise l'attractivité de sa place financière et de ses produits industriels, les États-Unis jouent un rôle ambigu et la France, où l'évasion reste un sport national pour une partie de ses élites politiques et économiques, manque de volontarisme.

À partir des années 1950, alors que de plus en plus de pays offrent aux grandes fortunes et aux entreprises le double avantage d'une imposition quasi nulle et du secret bancaire, le marché de l'évasion fiscale est à l'origine d'une nouvelle phase d'expansion de la place financière helvétique. La réactivation des mouvements de capitaux s'explique par le retour de convertibilité des monnaies européennes (1958) et la naissance du marché des eurodollars (1957-1963), mais elle est également liée au soutien des élites politiques, en France tout particulièrement. Alors que les Français sont tous devenus des contribuables à la faveur du « consensus fiscal » des Trente Glorieuses (création de la TVA en 1954, simplification/unification de l'impôt sur le revenu, augmentation du poids de la fiscalité locale, etc.), aucune lutte d'envergure contre l'évasion fiscale ne voit toutefois le jour, même quand cette dernière atteint des sommets comme au printemps 1968. Rapportant en 1962 ses discussions avec Maurice Couve de Murville (ministre des Affaires étrangères) et Wilfrid Baumgartner (ancien ministre des Finances) qui tous deux se montrent plus que tolérants vis-à-vis du secret bancaire, l'ambassadeur suisse à Paris avait expliqué à sa hiérarchie : « il est probablement peu d'hommes influents, issus d'un milieu social moyen ou élevé, représentatifs pour les partis du centre ou de la droite (même du centre gauche), qui n'utilisent ce système de fait ». Et d'ajouter : « aucun courant contraire au secret bancaire suisse n'est perceptible dans la France de 1962.

Au contraire ! Tous les dirigeants souhaitent secrètement qu'il soit maintenu ». Du reste, quand ils ne commettent pas d'irrégularités, ces derniers bénéficient de dispositifs fiscaux complexes et astucieux (l'indemnité ministérielle n'est à l'époque pas imposable) qui indignent les Français : c'est ainsi qu'en novembre 1971 le scandale des « impôts de Chaban » (seulement 16 800 francs d'impôts en 1971 et rien les quatre années précédentes) ternit l'image du Premier ministre qui est remplacé par Pierre Messmer quelques mois plus tard. Quitte-t-il la rue de Varenne en emportant, comme beaucoup d'autres après lui, un peu de ces fameux « fonds secrets de Matignon » ? Dans le cas de Raymond Barre, ils pourraient avoir alimenté un compte bâlois d'un montant de 11 millions de francs suisses au moment de son décès en 2007…

Avec la crise des années 1970, la répartition des fruits de la croissance, la question des inégalités devant l'impôt ou celle de son poids dans l'économie transforment le cadre du débat fiscal français. Toutefois, la sophistication croissante des produits financiers, l'accélération de la circulation des capitaux, la concurrence fiscale entre États ou l'apparition de nouveaux centres *off-shore* à travers le monde (le Panama par exemple) multiplient au même moment les possibilités d'optimisation, de fraude et d'évasion. Le consensus sur le secret bancaire s'effrite un peu au sein de la Confédération mais cette dernière, qui s'affirme comme un maillon indispensable de la mondialisation financière, reste un paradis fiscal attractif, inscrit comme tel sur la « liste grise » établie par l'Union européenne. Il faut attendre les pressions exercées par les États-Unis à partir de 2001 (lutte contre le terrorisme international) mais surtout de 2008 (crise des *subprimes* et menaces de Washington de retirer sa licence à UBS accusée de fraude fiscale) pour qu'elle accepte en 2009 le principe d'un échange d'informations avec des pays tiers en cas de soupçon d'évasion fiscale et non dans les seuls cas de fraude. Un avenant à l'accord de double imposition franco-suisse est signé en août 2009 alors qu'au même moment le ministre français du Budget Éric

Woerth annonce détenir une liste de 3 000 noms de contribuables français titulaires de comptes en Suisse – dont une partie correspond très probablement à de l'évasion fiscale – pour une valeur de 3 milliards d'euros. Ils sont en fait issus d'une liste de 24 000 clients dont 3 000 à 4 500 évadés fiscaux français en Suisse remise par Hervé Falciani, un informaticien travaillant pour HSBC Private Bank, la filiale suisse du géant britannique et qui a été recruté par les services fiscaux français (opération « Chocolat »). Le conflit entre autorités suisses et françaises concernant l'utilisation de ces données « volées » permet à la Suisse de regagner du terrain en 2010 par rapport à l'accord signé l'année précédente : le fisc français pourra obtenir son aide s'il connaît, même de manière incertaine, le nom de la banque, mais dans le cas contraire il ne pourra plus obtenir d'informations. Si l'annonce d'Éric Woerth avait pour but d'amener un certain nombre de fraudeurs à se manifester spontanément auprès de la cellule de « dégrisement » de Bercy pour régulariser leur situation sans pénalité (ils seront près de 4 200), la procédure aboutit néanmoins à l'inculpation de 2 846 personnes physiques et de 86 sociétés. En 2015, HSBC Private Bank se retrouve une nouvelle fois au cœur d'un vaste système d'évasion fiscale dénoncé par la presse internationale dans le cadre du scandale Swissleaks. À cette occasion, Roland Veillepeau, l'ancien patron de la Direction nationale des enquêtes fiscales qui a dû quitter son poste à la suite du succès de l'opération « Chocolat », dénonce le double discours de Bercy dans une interview au *Monde* : la lutte contre la fraude fiscale menée par la Direction générale des Finances publiques est inefficace (créée en 2008, sa culture est marquée par la primauté de la conformité comptable plutôt que par des procédures offensives). Il constate également que tout en condamnant officiellement les paradis fiscaux (Luxembourg, Suisse, Jersey, Guernesey, Gibraltar, île de Man, Irlande, Bermudes, Singapour, etc.), l'État et des banques françaises y ont massivement recours : les cinq principales banques françaises y posséderaient plus de 570 filiales d'après une étude de

2014. Enfin, le « verrou de Bercy » n'a à ses yeux plus de légitimité depuis la création du Parquet national financier (PNF).

De son côté, l'Union de banques suisses, principale banque helvétique, est soupçonnée d'avoir démarché illégalement des clients en France entre 2004 et 2011 : Bercy collecte cette fois 2 800 noms. Les procédures de régularisation entamée par 2 500 d'entre eux (pour des avoirs atteignant un total de 2,6 milliards d'euros) permettent d'établir un portrait de groupe dont la presse française se fait l'écho en 2014. On y constate tout d'abord la présence de trois générations (celle née au début du XXe siècle, celle née avant ou pendant la Seconde Guerre mondiale, et, enfin, les plus jeunes nés après les années 1970) qui soulignent l'impact d'événements politiques comme le Cartel des gauches, le Front populaire, Mai 1968 ou mai 1981. On remarque ensuite que 10 % des titulaires de comptes sont issus du corps médical, suivis des banquiers-financiers, de scientifiques (anciens chercheurs en poste au CERN par exemple), de sportifs, de patrons du commerce de gros et du textile, de commerçants. Le montant médian des avoirs est de 340 000 euros (les comptes sont crédités de sommes allant de 400 euros à 51 millions d'euros) et 75 % des comptes sont détenus par héritage. Issus de montages *off-shore* (fondation, trust, holding) coûteux hébergés dans des paradis fiscaux (Bahamas, Liechtenstein, Panama, etc.), les comptes les plus garnis sont toutefois souvent des « comptes passifs », constitués soit lorsque les titulaires n'étaient pas résidents fiscaux français, soit par héritage, et n'ayant pas subi de mouvements récents. D'autres résidents français ont en revanche explicitement cherché à échapper à l'impôt : ce sont des « comptes actifs » crédités de montants souvent plus modestes investis dans de l'assurance-vie via UBS Life (« le trust des pauvres »).

Grâce à ces scandales, notamment l'affaire Cahuzac (mais il ne faut pas négliger l'impact de l'affaire Bettencourt en 2010), de nouvelles mesures visant à promouvoir la transparence de la vie politique voient le jour (née en décembre 2013, la Haute Autorité pour la transparence de la vie publique remplace la Commission pour la transparence financière de la vie politique) et la lutte contre la fraude fiscale est renforcée. Suite à la loi du 23 octobre 2018, l'administration doit désormais transmettre systématiquement à la justice les dossiers les plus graves, supérieurs à 100 000 francs ou assortis de pénalités élevées (en cas de dissimulation à l'étranger notamment, de récidive, d'opposition à un contrôle fiscal). En 2019, cet assouplissement du « verrou » est reconnu conforme à la Constitution par le Conseil constitutionnel à la suite de la question prioritaire de constitutionnalité introduite par l'Association française des entreprises privées (AFEP) qui redoutait un excès de pénalisation des redressements fiscaux, le seuil lui semblant bas s'agissant de grands groupes soumis à l'impôt sur les sociétés. Quant à la Suisse, elle est définitivement retirée en 2019 de la liste grise des paradis fiscaux de l'UE après l'acceptation par le peuple helvétique de la réforme de l'imposition des entreprises et de l'instauration d'un système fiscal compatible avec l'UE et l'OCDE. Toutefois, en février 2022, de nouvelles révélations sur des clients du Crédit suisse remettent en cause le discours officiel des banques et des autorités helvétiques…

Régis Boulat

Bibliographie

Nicolas Delalande, *Les batailles de l'impôt. Consentement et résistance de 1789 à nos jours*, Seuil, 2011.

Christophe Farquet, *Histoire du paradis fiscal suisse*, Presses de la FNSP, 2018.

Noël Pons, *La corruption comment ça marche ? Fraudes, évasion fiscale, blanchiment*, Seuil, 2021.

Janick Marina Schaufelbuehl, « L'évasion fiscale : une longue tradition entre la France et la Suisse », *L'Économie politique*, n° 46, 2010/2, p. 46-58.

Conclusion
Des mensonges d'État qui nuisent à la démocratie

Qui lira ce livre de bout en bout éprouvera peut-être une sensation proche du vertige. Sous l'effet d'accumulation, on peut en retirer l'impression que l'État ne fait que mentir, ce qui n'est pas le cas. Nous avons inclus dans notre étude les marges du mensonge, notamment l'organisation de l'ignorance et le mensonge par omission, pourvu qu'il s'agisse d'actions délibérées : ce faisant nous avons adopté la plus grande extension possible du sujet. L'historien ne méconnaît pas les circonstances, urgences, pressions, auxquelles sont soumis celles et ceux qui exercent les responsabilités, notamment exécutives. Notre propos n'est pas de donner des leçons, mais d'éclairer les lecteurs : le mensonge ne paie pas. Il affaiblit les démocraties, qui vivent de cette fragilité assumée, raillée par les régimes autoritaires pour leur impuissance supposée : le libre dépassement des volontés individuelles au bénéfice d'un bien collectif et la délégation critique de la souveraineté des citoyens aux représentants l'État. Les différentes sensibilités des auteurs de ce livre sont dépassées par la soif partagée de comprendre les mécanismes du mensonge d'État et par une même méthode prudente, fondée sur le rapport aux sources. Les recherches qui ont conduit à ce livre n'ont épargné aucune institution, aucune présidence. Pour autant, nous refusons de sombrer dans une dénonciation dégoûtée des institutions au risque d'abonder la dénonciation populiste, parfois portée par des tribuns méprisant la vérité. Les cas que nous documentons permettent d'interroger des mécanismes qui conduisent les acteurs de l'État au mensonge et, plus encore, de faire l'éloge démocratique de la publicité sincère de la vie publique.

Ce livre balaie presque deux tiers de siècle – la Ve République approche des soixante-dix ans, le record de longévité républicaine détenu à ce jour par la IIIe République. Il ne s'agit pas de jeter l'opprobre sur le personnel politique ou d'engager une discussion institutionnelle pour réformer la Constitution, mais de poser la question plus fondamentale, culturelle peut-être, de notre étrange tolérance au mensonge d'État. Nous avons prioritairement retenu les enjeux régaliens ou sanitaires, mais d'autres secteurs sont concernés. Dans le domaine de la culture par exemple, on pourrait évoquer le scandale récent autour de France Muséums et des antiquités à la provenance controversée (qualifiée pénalement de « facilitation de la justification mensongère ») élargie à l'expertise artistique dévoyée par la diplomatie des grands contrats (les tensions autour de l'attribution à Léonard de Vinci du tableau *Salvator Mundi*). Que dire aussi de l'effacement de la mémoire coloniale et du contexte d'appropriation des objets du musée du quai Branly-Jacques Chirac, présentés sous un jour purement esthétique, pour le bénéfice des marchands d'art et de la bonne conscience nationale ? Plus anciennement, l'achat par l'État de la collection Walter-Guillaume s'est fait dans des conditions troubles, grâce à l'entremise de Malraux qui a obtenu en échange l'absence de poursuite contre sa veuve, Juliette Lacaze, impliquée dans un projet d'assassinat… À travers la diversité des thématiques et des acteurs considérés dans ce livre, il apparaît qu'aucun des mensonges que nous avons rapportés n'est justifiable.

Le mensonge ne se justifie pas et ne paie pas

Le mensonge d'État rompt le pacte démocratique fondé sur une publicité des décisions et une discussion rationnelle fondée sur une information exacte. Les mensonges que nous avons démontés dans ce livre n'ont généralement pas bénéficié à leurs auteurs ni à la communauté nationale. À plus ou moins long terme, ils ont tous fait plus de dégâts qu'ils n'ont apporté de solution. Le public a été sous-estimé dans sa capacité à comprendre les enjeux et à les arbitrer ; il a été méprisé, lorsque des intérêts minoritaires ont été favorisés au détriment de l'intérêt général. Le fact-checking permet de multiplier les flagrants délits – la promesse d'une retraite plancher à 1 200 euros constitue le plus récent exemple de mensonge qui fut démonté par un expert avant d'être dénoncé par la presse.

Le mensonge se paie, lorsque ses victimes demandent des comptes – et cette dette n'est pas seulement affaire d'argent, comme le montre le poison de la défiance qui s'est instillé entre les Polynésiens et l'État, malgré le processus d'indemnisation mis en place par la loi Morin. Il est en soi source d'impuissance. En protégeant des choix politiques de la délibération, le mensonge conduit l'État à appauvrir sa compréhension de l'intérêt national, au point de perdre tout rapport critique à soi-même et jusqu'au lien avec le monde réel. En empêchant la discussion, il déconnecte le décideur de la réalité. Sous-traiter aux mercenaires, à des officines, la défense des intérêts de la France, c'est empêcher de réviser ces intérêts stratégiques et perdre la main pratiquement et intellectuellement sur ce qui est bon pour la nation.

L'État français ment-il plus que d'autres États démocratiques ? Nous manquons d'études comparatives, mais au vu de l'histoire récente, rien n'est moins sûr. Selon le *Washington Post*[1], pendant son mandat de président, Donald Trump a proféré pas mois de 30 573 mensonges (soit une moyenne de 21 par jour !). Sans aller aussi loin, plusieurs leaders politiques européens se sont distingués par leur démagogie et leur mauvaise foi ces vingt dernières années (Silvio Berlusconi, Boris Johnson, Viktor Orban…), comme autant de révélateurs des faiblesses actuelles de nos démocraties occidentales. Établir des comparaisons, c'est faire l'expérience de la banalité du mensonge

1. « Trump's false or misleading claims total 30,573 over 4 years », Glenn Kessler, Salvador Rizzo et Meg Kelly, 24 janvier 2021.

en politique et constater que la connexion des espaces médiatiques nationaux favorise l'émulation des *fake news*, dont les États sont parfois à l'origine, autant que la société.

Nos études de cas permettent d'esquisser les conséquences de long terme des quatre formes de mensonges que nous avons identifiées – l'insincérité, l'occultation, la fiction et la fabrique de l'ignorance. Dans les outre-mers, comment s'étonner du scepticisme et de l'hostilité affichée vis-à-vis de l'État après les affaires du chlordécone aux Antilles ou les événements de 1967 en Guadeloupe ? En 2022 le film *Pacifiction* d'Albert Serra, en dépit de ses clichés sur une Polynésie moite et sensuelle, a su raconter la perte de crédit de la parole du gouvernement portée par un préfet lui-même trompé par les militaires. Ce menteur malgré lui est bien en peine de rassurer les militants persuadés que l'État continue à dissimuler son intention de reprendre les essais nucléaires dans la région. Dans le domaine de la santé, l'accumulation de scandales sanitaires et les périls occultés par l'État ces dernières décennies n'ont-ils pas joué un rôle dans le mouvement Antivax pendant la crise du Covid ? La banalisation de la parole des experts dans ce domaine ne procède-t-elle pas aussi d'une forme de mensonge à soi-même lorsque le président de la République prétend « être au niveau » des experts ? Et ce alors que l'expertise elle-même souffre plus que jamais de la pression politique : en avril 2023, le ministre de l'Agriculture a demandé à l'Agence nationale de sécurité sanitaire de l'alimentation, de l'environnement et du travail (Anses) de revenir sur sa décision de bannir l'herbicide S-métolachlore. L'expertise est remise en cause quand elle ne sert pas certains intérêts – et l'Anses est ainsi désavouée quelques semaines après que son conseil scientifique a réclamé un rapport externe pour analyser l'incapacité de l'expertise sanitaire et environnementale à dessiller le regard des décideurs sur la catastrophe écologique en cours.

Le coût des mensonges d'État, à terme, c'est le scepticisme généralisé, la défiance, la recherche de solutions simples, autoritaires. Les gouvernants qui déplorent des mouvements de rejet virulents du personnel politique, voire des institutions, l'alimentent par leur pratique ordinaire du mensonge jusque dans ses formes les plus insidieuses : l'inaction en matière écologique, qui mobilise le mensonge-fiction, est démontée par un chroniqueur du *Monde* : « Feindre d'agir est un art protéiforme. Cela peut passer par des "chartes d'engagement" qui n'engagent personne, mais aussi par de plus subtiles cabrioles. Par exemple agiter une menace imaginaire pour en dissimuler une autre, afin d'annoncer triomphalement qu'on a vaincu la première tout en laissant prospérer la seconde. C'est, à peu de chose près, ce que le secrétaire d'État à la mer a accompli ces dernières semaines[1]. »

Que le mensonge d'État soit une pratique quasi universelle n'implique pas que nous devions l'accepter comme un mal nécessaire. Ce livre veut contribuer à une réflexion plus large sur le sujet et favoriser une double prise de conscience des responsabilités de chacun, selon l'endroit où il se situe dans la Cité :

Du côté des décideurs : intégrer les conséquences du mensonge pour eux-mêmes et pour ceux qui auront à gérer l'État après eux.

Du côté du public : exercer son mandat de citoyen qui délègue sa part de souveraineté à des élus et à un gouvernement, mais qui doit exercer son travail permanent de critique de l'action. L'opinion, comme intelligence collective, tribunal de la raison publique qui exerce son esprit, ne peut faire vivre la démocratie entre deux élections sans publications fiables. Ce qui suppose que la recherche scientifique et l'investigation journalistique, les deux piliers de l'information, soient financées, essentiellement par l'argent public.

Dévoilements

Pour citer Racine (*Britannicus*), « il n'est point de secret que le temps ne révèle ». L'un des enseignements de ce livre est que ceux

1. Stéphane Foucart, « Écologie : "Il devient difficile de ne pas rire devant une telle accumulation de subterfuges de la part du gouvernement" », *Le Monde*, le 10 avril 2023.

qui croient rendre service à leur institution ou à l'État, affichant parfois un sens sacrificiel du devoir, ne font qu'attiser des scandales futurs. Lesquels arrivent parfois plus vite que prévu. Les mensonges, fussent-ils par omission, sont souvent dévoilés par inadvertance. Les mercenaires de Bob Denard oublient une cantine pleine de documents après une opération ratée au Bénin. Le mensonge d'État s'avère deux fois inefficace : les mercenaires ont raté leur coup ; ce qui devait rester caché est révélé. Parfois les mensonges sont dévoilés depuis l'étranger, qu'il s'agisse de fuite de données, de publication d'archives ou de commissions d'enquête. Ainsi, nous devons au travail de la commission sud-africaine Vérité et Réconciliation d'entrevoir qu'il y a sans doute eu complicité ou passivité française dans le meurtre à Paris de la représentante de l'ANC Dulcie September. Les menteurs ne sont pas toujours punis de leur vivant. Les mensonges ici décryptés n'ont pu rester cachés ; d'autres sans doute demeurent inconnus : certes, mais pour combien de temps ? Le principe de libre accès aux archives et la démocratisation d'une culture de la recherche historique et journalistique menacent à terme les menteurs – au moins du jugement de la postérité. De ce point de vue, les abus du secret-défense et les combats d'arrière-garde contre la communication d'archives sont indignes d'une démocratie moderne. Ils ont des effets secondaires désastreux : quand on empêche les chercheurs d'accéder aux sources et de construire patiemment une vision globale et nuancée d'un sujet, la curiosité du public se reporte sur des enquêtes ou témoignages plus ou moins sérieux et sensationnalistes. Lesquels occupent le terrain et forgent dans l'esprit du public une image scandaleuse du dévoiement des responsabilités. Les décideurs incriminés sont mal inspirés de dénoncer la malveillance, les exagérations ou approximations : n'est-ce pas en premier lieu leur verrouillage de l'information qui a causé cette fièvre ?

Dans les cas extrêmes où des familles réclament que la lumière soit faite sur la disparition de leurs proches, sans autre but que de connaître la vérité, comment qualifier la destruction de preuves et l'obstruction des enquêtes, sinon d'inhumaines ? On pense aux populations irradiées dans le Pacifique, à l'affaire Saint-Aubin, à l'explosion de la Maison des Têtes à Toulon, ou même à l'abandon des réfugiés cambodgiens par l'ambassade de France en 1975. Plus le temps passe, plus il devient urgent de purger ces affaires. Cela n'a rien d'impossible : en 2018, l'État français par la voix d'Emmanuel Macron a reconnu que le militant anticolonialiste et mathématicien Maurice Audin a bien été assassiné par l'armée française en 1957, « mort sous la torture du fait du système institué alors en Algérie par la France ». Un fait historique devenait enfin vérité officielle.

L'État est-il capable de réparer ses mensonges ?

Le mensonge d'État doit devenir de plus en plus coûteux pour ceux qui le commettent, quels qu'ils soient. En avril 2016, le bureau du Sénat, conformément à l'article 6 de l'ordonnance du 17 novembre 1958 relative au fonctionnement des assemblées parlementaires, a demandé au président du Sénat de saisir le parquet pour faux témoignage devant la commission d'enquête sur le coût économique et financier de la pollution de l'air. Un pneumologue avait été auditionné en avril 2015 devant la commission créée le 11 février 2015. Ce médecin avait récusé tout lien avec l'industrie pétrolière, alors qu'il était rétribué par Total, comme des ONG et la presse l'ont révélé. L'Assistance publique-Hôpitaux de Paris (AP-HP) avait-elle connaissance de ces liens en déléguant ce pneumologue devant la commission d'enquête parlementaire ? Martin Hirsch, son directeur général, assurait que non…

Chaque type de mensonge peut être réparé. Les fictions du roman national, qui effacent des épisodes : la ministre déléguée à la Ville Nadia Hai a sollicité un comité scientifique qui a établi en mars 2021 une liste de 318 noms de personnalités issues de la « diversité ». Ces « Portraits de France » ont vocation à inspirer les maires pour donner à voir des acteurs des anciennes colonies notamment, y compris des militants anticolonialistes, et de proposer ainsi un nouveau récit contre l'affirmation de la loi du 23 février 2005 « portant reconnaissance de la Nation et contribution nationale en faveur des Français rapatriés » et qui affirmait « le rôle positif de la présence française outre-mer ». Cette politique du dévoilement, à travers laquelle l'État travaille à réparer ses mensonges, est un processus à conquérir continuellement contre la répétition des occultations. L'État qui a laissé le chlordécone empoisonner les sols antillais et les populations, avant de le prohiber en 1993, n'interdit pas en 2023 les nitrites dont la science a établi la nature cancérigène : il préfère imposer une baisse de 20 % plutôt que d'empêcher les industriels de l'agroalimentaire à les utiliser dans la charcuterie.

L'État est pourtant capable d'enquêter lui-même sur ses mensonges ! En 2021, une commission d'historiens dirigée par Vincent Duclert remettait à Emmanuel Macron un rapport sur le rôle de la France au Rwanda de 1990 à 1994, nourri par un large accès aux archives de l'État. Le rapport conclut à « un ensemble de responsabilités lourdes et accablantes » de Paris dans le génocide des Tutsis, qui fit entre 800 000 et 1 million de morts au printemps 1994. Il révèle une faillite politique, militaire et diplomatique au sommet de l'État français mais écarte la complicité de génocide. Accueilli comme une contribution nécessaire, sinon suffisante, au dévoilement des mensonges d'État au Rwanda, ce rapport fait désormais référence devant les tribunaux. Ce résultat a sans doute favorisé la décision de créer d'autres commissions d'historiens, l'une sur le rôle de la France au Cameroun entre 1955 et 1971, l'autre sur la guerre d'Algérie. Ces deux commissions sont mixtes, composées à parts égales d'historiens des deux pays concernés. Ce qui peut être un atout dans le premier cas peut devenir une vulnérabilité dans le deuxième si cette commission devait être soumise aux aléas d'une relation diplomatique tumultueuse.

Dès lors que de telles avancées sont possibles, on comprend d'autant moins la crispation qui prédomine encore sur des sujets, certes névralgiques, comme le commerce des armes. Prenons le cas récent des armes censément « défensives » vendues à l'Arabie saoudite et utilisées dans la guerre du Yémen. La ministre des Armées Florence Parly et le président Macron se sont piégés eux-mêmes en déclarant qu'à leur connaissance les armes françaises n'avaient pas été utilisées contre les populations civiles, alors qu'un rapport récent de la DRM venait de leur dire le contraire ! Il est préoccupant que la seule réaction de l'État en pareil cas soit de menacer les médias, qui n'ont fait que leur travail. Un discours de vérité aurait été préférable sur les choix qui ont mené à cette situation depuis plusieurs décennies : le soutien de l'État aux industriels français de l'armement, des règles opaques en matière d'autorisations d'exportation, une relation étroite construite avec l'Arabie saoudite… pour des bénéfices somme toute très légers[1]. Des choix qui doivent faire débat.

Le mensonge ne disparaîtra pas de la panoplie des dirigeants. Mais nous souhaitons que les cas dévoilés ici conduisent à délibérer collectivement sur ce qui était justifié ou pas dans ces mensonges d'État. Même en laissant de côté les mensonges de propagande, admissibles en temps de guerre, il reste des situations qu'il n'est pas possible de dévoiler sur le moment : des menaces terroristes imminentes, des opérations conduites à l'étranger par les services secrets, des négociations diplomatiques, etc. Mais elles sont finalement en nombre limité. Au-delà de ces interdits temporaires, le mensonge pur et simple ne se justifie quasiment jamais. En admettant qu'il puisse exister des situations le justifiant, il ne pourrait être que provisoire et répondre à un critère très simple pour le dirigeant : « si ce mensonge que je m'apprête à faire devait être révélé aux Français dans un jour, un mois ou un an, est-ce que ces derniers m'en tiendraient rigueur ? »

---

1. Cf. la récente enquête d'Audrey Lebel : *Nos amis saoudiens*, Grasset, 2023. À méditer notamment cette citation d'Alain Chouet, ancien chef de service à la DGSE : « Ce qu'il faudrait faire un jour, c'est la balance entre ces contrats qui ne nous rapportent pas, ou peu, et ce que nous coûte l'islamisme wahhabite dans son expression en France. Ce n'est pas le même budget. La lutte contre le salafisme en France nous coûte très cher, et pas seulement si l'on pense à l'aspect sécuritaire police-justice. »

Cela suppose une élévation de la morale publique dont les dirigeants ne seront pas capables sans un public lui-même plus exigeant, prêt à sacrifier une partie de son temps et de son argent, pour améliorer les conditions de la publicité des affaires de la Cité, que ce soit par l'investigation journalistique ou la recherche académique. La première est souvent étouffée par la logique de rentabilité, la seconde asservie au court-termisme et à la multiplication des tâches qui ne relèvent pas de sa mission. Sans réparer ces carences, le mensonge d'État ne reculera pas. Or un pays libre est un pays qui ne se ment pas.

Yvonnick Denoël et Renaud Meltz

Les auteurs

Ancien grand reporter et journaliste d'investigation à TF1, auteur de nombreux documentaires, **Pierre Abramovici**, aujourd'hui historien, a notamment publié *Le putsch des généraux* (Fayard, 2011) et *Szkolnikoff, le plus grand trafiquant de l'Occupation* (Nouveau Monde éditions, 2014 ; rééd. Chronos, 2021).

Étienne Aucouturier est chercheur en éthique au Commissariat à l'énergie atomique et aux énergies alternatives (CEA, Saclay). Philosophe et historien des sciences de formation (université Paris 1 Panthéon-Sorbonne), il s'intéresse en particulier à l'histoire de la guerre biologique.

François Audigier est professeur d'histoire contemporaine à l'Université de Lorraine, spécialiste du gaullisme et de la violence militante en France au XXe siècle.

Justine Berthod est doctorante en sociologie sous la direction de David Dumoulin, au Centre de recherche et de documentation sur les Amériques (CREDA UMR7227, Sorbonne Nouvelle, CNRS). Son travail de recherche porte sur la dimension maritime de la contamination au chlordécone en Martinique.

Maître de conférences en histoire économique à l'Université de Haute-Alsace depuis 2014, **Régis Boulat** a consacré sa thèse aux mécanismes de la croissance des Trente Glorieuses avant de s'intéresser à l'histoire des fabricants de matériels de sports d'hiver alpins.

Raphaëlle Branche est spécialiste de l'histoire de la guerre d'Algérie et des violences en situation coloniale. Professeure d'histoire contemporaine à l'Université Paris Nanterre et membre de l'Institut des sciences sociales du politique, elle préside l'association Historiennes et historiens du contemporain (H2C). Son dernier ouvrage : *« Papa, qu'as-tu fait en Algérie ? » Enquête sur un silence familial* (La Découverte, 2020).

Journaliste d'investigation issu de l'École de journalisme de l'Université de la Méditerranée, **Max Clanet** est auteur de plusieurs ouvrages d'enquêtes journalistiques, romancier et scénariste.

Historien et éditeur, spécialiste du renseignement, **Yvonnick Denoël** a dirigé (avec Jean Garrigues) *Histoire secrète de la corruption sous la Ve République* (Nouveau Monde éditions, 2014 ; rééd. poche 2016). Son dernier ouvrage paru : *Les espions du Vatican, de la Seconde Guerre mondiale à nos jours* (Nouveau Monde éditions, 2021 ; rééd. Chronos, 2023).

Louis Fagon est agrégé, doctorant et ATER en histoire contemporaine à l'Université Paris Nanterre. Il termine actuellement une thèse intitulée *Le Rhône nucléaire, des années 1950 aux années 1990*, sous la direction de Geneviève Massard-Guilbaud (EHESS-CIRED). Ses travaux portent sur l'histoire de l'énergie, l'histoire sociale et l'histoire environnementale du nucléaire.

Christine Fassert est socio-anthropologue, chercheur associée au CETCOPRA (Paris 1 Panthéon-Sorbonne) et actuellement au LAATS (Université Gustave Eiffel). Ses recherches actuelles portent sur les mondes nucléaires et les risques systémiques ; elle a coordonné une recherche sur les impacts sociaux et politiques de la catastrophe de Fukushima au Japon.

Ismaïl Ferhat est professeur à l'Université Paris Nanterre, et chargé de mission laïcité à l'INSPE de l'académie de Versailles. Ses travaux portent sur les interactions entre politique, politiques publiques et système éducatif, la laïcité scolaire, les rapports jeunes/religions. Dernier ouvrage paru : *Des discriminations sous-estimées ? Les musulmans en France* (Éditions de l'Aube, 2020).

Thomas Fraise est doctorant à Sciences Po, au sein du programme d'étude des savoirs nucléaires au Centre de recherches internationales (CERI). Son travail de thèse porte sur le secret nucléaire.

Christophe Lafaye est docteur en histoire contemporaine de l'université d'Aix-Marseille et archiviste. Chercheur associé au laboratoire interdisciplinaire de recherche « sociétés, sensibilités, soins » (LIR3S) de l'Université de Bourgogne, il est actuellement enseignant vacataire auprès du master 2 professionnel « Archives des XXe et XXIe siècles européens » de l'Université de Bourgogne.

Maxime Launay est docteur en histoire contemporaine de Sorbonne Université.

Renaud Lecadre est journaliste à *Libération* depuis trente ans, en charge des affaires juridico-politico-financières. Il est coauteur de *Histoire secrète de la Ve République* (La Découverte, 2007) et de *Histoire secrète de la corruption sous la Ve République* (Nouveau Monde éditions, 2014).

Sonia Le Gouriellec est maîtresse de conférences en science politique à l'Université catholique de Lille (faculté de droit/C3RD). Elle est l'auteure du « Que sais-je ? » *Géopolitique de l'Afrique* (PUF, 2022) et de *Pourquoi l'Afrique est entrée dans l'histoire (sans nous) ?* (Hikari, 2022).

Claude Lelièvre est professeur honoraire d'histoire de l'éducation à l'université René Descartes (Paris V). Son dernier livre paru est *L'école d'aujourd'hui à la lumière de l'histoire* (Odile Jacob, 2021).

Docteur en histoire, **Sylvain Mary** est professeur agrégé (PRAG) à Sciences Po Saint-Germain-en-Laye (CY Cergy Paris Université/UVSQ Paris-Saclay). Il est l'auteur de *Décoloniser les Antilles ? Une histoire de l'État postcolonial (1946-1982)* (Sorbonne Université Presses, 2021).

Maître de conférences à l'Université Paris 8, membre de l'IDHES (UMR 8533 du CNRS), de la mission histoire de la Société générale, du comité directeur de l'Association française d'histoire économique, **Jean-Luc Mastin** prépare une thèse d'HDR sur le contrôle bancaire (externe et interne) en France entre 1850 et 1990, en perspective européenne. Il a codirigé l'ouvrage *Des banques sous surveillance ? Pour une histoire du contrôle bancaire depuis le XIXe siècle* (Presses universitaires du Septentrion, mai 2023).

Renaud Meltz est historien, Professeur des Universités, membre Senior de l'Institut Universitaire de France. Détaché comme directeur de recherche au CNRS, il travaille sur les essais nucléaires français dans le Pacifique. En 2022 il a codirigé *Des bombes en Polynésie. Les essais nucléaires français dans le Pacifique* (Vendémiaire). Chez Nouveau Monde il a publié *Jean-Pierre Chevènement, le dernier des Jacobins* (Nouveau Monde éditions, 2021).

Teva Meyer est géographe, maître de conférences à l'Université de Haute-Alsace et chercheur au CRESAT. Ses travaux portent sur les dimensions politiques des relations entre l'espace et le nucléaire, militaire ou civil, de l'Europe à la Polynésie française.

Brice Molo est doctorant à l'EHESS (sociologie) et à l'université de Yaoundé 1 (histoire), *teacher assistant* (introduction à l'histoire de l'Afrique) à Sciences Po Paris. Il travaille sur les catastrophes et les formes de pouvoir au Cameroun de la fin du XIXe à nos jours.

Après une thèse sur l'histoire des projets d'enfouissement de déchets nucléaires soutenue en 2017 à l'EHESS, **Leny Patinaux** est désormais chercheur post-doctorant au Ceraps (Université de Lille) au sein du projet Poléol – Politisation de l'impact paysager des éoliennes en Hauts-de-France.

Frédéric Ploquin, journaliste depuis 1982, écrivain et documentariste, est spécialiste de la criminalité et de la police. Grand reporter, il a travaillé pour *Le Matin de Paris*, *L'Événement du jeudi* et *Marianne*. Aujourd'hui indépendant, il a signé plusieurs documentaires pour France TV et une trentaine d'ouvrages chez Nouveau Monde, Fayard, Albin Michel et Plon.

Jérôme Pozzi est maître de conférences en histoire contemporaine à l'Université de Lorraine, CRULH, F-54000, Nancy, spécialiste d'histoire politique de la France contemporaine. Ses recherches portent sur l'histoire des droites parlementaires et du personnel politique au XXe siècle, ainsi que sur les entourages et la communication politique.

Jenny Raflik, professeure d'histoire des relations internationales contemporaines à Nantes Université (Centre de recherche en histoire internationale et atlantique, CRHIA), est spécialiste de l'histoire des questions de sécurité et de défense aux XXe et XXIe siècles. Elle travaille notamment sur l'histoire du terrorisme et du contre-terrorisme contemporain.

Docteur en histoire contemporaine, **Christophe Ralite** est enseignant et chercheur rattaché au LARHRA. Il a soutenu sa thèse « Les processus de politisation au Cameroun : hommes et réseaux, 1944-1962 » en 2022 (Université Lumière Lyon 2 sous la direction d'Oissila Saaïdia). Ses travaux sont centrés sur les décolonisations en Afrique centrale et la formation sociohistorique des États postcoloniaux.

Tiphaine Robert est historienne, chargée de cours à UniDistance Suisse et chercheuse invitée au Rachel Carson Center (Munich). Elle travaille sur l'histoire de la motorisation et ses conséquences dans les sociétés occidentales.

Docteur en histoire de l'Institut universitaire européen de Florence, **Paul Arthur Tortosa** est spécialiste de l'histoire des épidémies et de la santé environnementale. Ses travaux actuels portent sur l'Europe de la santé et la lutte contre le bruit (années 1950-années 2000).

Béatrice Touchelay est professeure d'histoire économique et sociale contemporaine à l'Université de Lille, rattachée à l'IRHiS - UMR CNRS 8529 ; elle coordonne un programme ANR (2021-2024) et un IRN, CNRS INSHS (2023-2027), sur les chiffres en situation coloniale et postcoloniale. Afrique francophone XIXe-XXIe siècles.

Pierre Vermeren est professeur d'histoire des sociétés arabes et berbères contemporaines à l'université de Paris 1 Panthéon-Sorbonne, membre du laboratoire SIRICE. Il a récemment publié *Histoire de l'Algérie contemporaine* (Nouveau Monde éditions, 2022).

Alexis Vrignon est maître de conférences à l'université d'Orléans (laboratoire POLEN). Ses travaux portent sur l'histoire des conflits environnementaux et de l'écologie politique en France hexagonale ainsi qu'en Polynésie depuis les années 1960 jusqu'à nos jours.

Table des matières

Dans la collection Chronos

- Pierre Abramovici, *Szkolnikoff, le plus grand trafiquant de l'Occupation*
- Éric Alary (dir.), *Les Grandes affaires criminelles en France*
- Sébastien Albertelli, *Les Services secrets de la France libre*
- David Alvarez, *Espionnage au Vatican, de Napoléon à la Shoah*
- Robert Arnaut, *La Course à la bombe. Comment les scientifiques français ont empêché Hitler d'avoir la bombe*
- Agnès Arp, Élisa Goudin-Steinmann, *La RDA après la RDA. Des Allemands de l'Est racontent*
- Iman Bassalah, *La Vie sexuelle des écrivains*
- Jean-Pierre Bat, *La Fabrique des barbouzes*
- Jean-Pierre Bat, *Les Réseaux Foccart. L'homme des affaires secrètes*
- Jean-Marc Berlière, René Lévy, *Histoire des polices en France, de l'Ancien Régime à nos jours*
- Napoléon Bonaparte, *Précis des guerres de César*
- Eugène Bossard, *Gilles de Rais*
- Guillaume Bourgeois, *La Véritable Histoire de l'Orchestre rouge*
- Jean-Éric Branaa, *Kamala Harris*
- Mireille Brangé, *Delphine Seyrig. Une vie*
- Alice Bravard, *La Vie mondaine à la Belle Époque*
- Walter Bruyère-Ostells, *Dans l'ombre de Bob Denard. Les mercenaires français en Afrique (1960-1989)*
- Jacob Burckhardt, *La civilisation de la Renaissance en Italie*
- Édouard Calic, *Heydrich, l'homme clé du IIIe Reich*
- François de Callières, *L'Art de négocier sous Louis XIV*
- Joseph Calmette, *Les Grands ducs de Bourgogne*
- Fabrizio Calvi, *OSS, la guerre secrète en France*
- Jean-Jacques Cécile, *Histoire secrète des SAS*
- Gérard Chauve, *Histoire de la Milice*
- Gérard Chauvy, *Les Éminences grises du nazisme*
- Michel Ciment, *Une renaissance américaine*
- Collectif, *Avec de Gaulle (témoignages). La Guerre et la Libération*
- Collectif, *Afrique subsaharienne. Un continent d'histoires*
- Collectif, *La véritable histoire des femmes, de l'Antiquité à nos jours*
- Collectif, *Le Secret de l'État. Surveiller, protéger, informer. XVIIe-XXe siècle*
- Jean de la Cosa, *Dans l'ombre de Christophe Colomb. Journal de bord*
- Azad Cudi, *Sniper*
- Émile Dard, *L'Entourage de Napoléon*

- John Darwin, Empires. *Une histoire du monde, XVe-XXe siècle*
- Moshe Dayan, *Journal de la campagne du Sinaï*
- Frédéric Debomy, *Marilyn au-delà des mensonges*
- François Delpla, *Hitler et Pétain. Histoire d'une manipulation*
- Christian Delporte (dir.), *Médias, culture et pouvoirs depuis 1945*
- Christian Delporte et Isabelle Veyrat-Masson (dir.), *La Puissance des images, du Moyen Âge à nos jours*
- Éric Denécé, *Histoire secrète des forces spéciales, de 1939 à nos jours*
- Yvonnick Denoël, *1979, guerres secrètes au Moyen-Orient*
- Yvonnick Denoël, *Histoire secrète du XXe siècle*
- Yvonnick Denoël (dir.), *Les Dossiers noirs de Donald Trump*
- Yvonnick Denoël, *Les Espions du Vatican, de la Seconde guerre mondiale à nos jours*
- Yvonnick Denoël, *Les Guerres secrètes du Mossad*
- Yvonnick Denoël, *Le Livre noir de la CIA*, édition revue et aug
- Yvonnick Denoël, *Mémoires d'espions en guerre*
- Dominique Desanti, *La Banquière des Années folles : Marthe Hanau*
- Jean Deuve, *Stratagèmes. Duperies, tromperies, intoxications pendant la Seconde Guerre mondiale*
- Wilhelm Dietl, *Espionnes*
- Frederick Douglass, *Vie d'un esclave américain*
- Hervé Drévillon, Bertrand Fonck et Michel Roucaud (dir.), *Guerres et armées napoléoniennes*
- Régis Dubois, *Martin Scorsese, l'infiltré*
- René Duguay-Trouin, *Mémoires*
- Johann Gustav Droysen, *Alexandre le Grand*
- Dwight D. Eisenhower, *Croisade en Europe*
- A. O. Exmelin, *Histoire des Frères de la Côte*
- Roger Faligot, *Les Services secrets chinois, de Mao au Covid-19*
- Agnès Fieux, *Agatha Christie. Reine du crime*
- Fernand Fleuret, *Vies de Cartouche et Mandrin*
- Marc Francelet, *L'aventurier de la Ve République*
- Jean Garrigues, *Les Scandales de la République, de Panama à l'affaire Benalla*
- Edmond et Jules de Goncourt, *La Femme au XVIIIe siècle*
- Christophe Goffette, *Conversations avec Iggy Pop*
- René Grousset, *Gengis Khan*
- Jean Haechler, *Les Insoumises, 18 portraits de femmes exceptionnelles, de l'Antiquité à nos jours*
- Louis Halphen, *Charlemagne et l'Empire carolingien*

- Olivier Hanne, *Jeanne d'Arc*
- Henri Hauser, *Richelieu, l'argent et le pouvoir*
- Patrica Herszman, *Call-girl du Tout-Paris. Confessions d'une « fille » de Madame Claude*
- Adolf Hitler, *Propos intimes et politiques, 1941-1942*
- Adolf Hitler, *Propos intimes et politiques, 1942-1944*
- Peter Jackson, *La France et la menace nazie*
- Alex Jordanov, *Les Guerres de l'ombre de la DGSI*
- Milka Kahn, Anne Véron, *Des femmes dans la Mafia*
- Dominique Kalifa, *Histoire des détectives privés en France, 1832-1942*
- Łukasz Kamieński, *Les Drogues et la guerre, de l'Antiquité à nos jours*
- Kiki de Montparnasse, *Souvenirs retrouvés*
- Pierre-François Lacenaire, *Mémoires d'un poète-assassin*
- Jean de Lattre de Tassigny, *Histoire de la première armée française*
- Boris Laurent, *La Guerre totale à l'Est*
- Sébastien-Yves Laurent (dir.), *Les espions français parlent*
- Abel Lefranc, *La Vie quotidienne au temps de la Renaissance*
- Thierry Lentz, *L'Assassinat de John F. Kennedy, histoire d'un mystère d'État*
- Jean-Marc Le Page, *Les Services secrets en Indochine*
- Albert Londres, *Écrits sur l'Asie*
- Dominique Lormier, *Les Opérations commandos de la Seconde Guerre mondiale*
- Ferdinand Lot, *Naissance de la France*
- Wolfgang Lotz, *L'espion au champagne*
- Douglas MacArthur, *Mémoires de guerre*
- Jean-Marc Marill, *Histoire des guerres révolutionnaires et impériales, 1789-1815*
- Karl Marx, *Le 18 Brumaire de Louis Bonaparte*
- Ewen Montagu, *L'homme qui n'existait pas*
- Thierry Noël, *Pablo Escobar, trafiquant de cocaïne*
- Danny Orbach, *Fugitifs nazis*
- George Patton, *Carnets secrets*
- Friedrich Paulus, *La bataille de Stalingrad*
- Kim Philby, *Ma guerre silencieuse*
- Henri Pirenne, *Les Villes du Moyen Âge*
- Karim Piriou, *Politikon, tout ce qu'il faut savoir sur les idéologies qui ont façonné notre monde*
- Frédéric Ploquin, Michel Mary, *Les derniers seigneurs de Paris*
- Georges Poisson, *Françoise de Maintenon*

- Georges Poisson, *Monsieur de Saint-Simon*
- Liane de Pougy, *Mémoires d'une grande horizontale*
- René Prédal, *Histoire du cinéma français, des origines à nos jours*
- William H. Prescott, *Histoire de la conquête du Mexique. Tome 1 : La découverte de l'empire aztèque*
- William H. Prescott, *Histoire de la conquête du Mexique Tome 2 : La chute de l'empire aztèque*
- Jacques Raveneau de Lussan, *Journal du voyage fait à la mer du Suc*
- Erwin Rommel, *La Guerre sans haine, carnets*
- Franck Sénateur, *Les Grandes évasions de l'histoire, de la Révolution à nos jours*
- Philip Short, *François Mitterrand, portrait d'un ambigu*
- Otto Skorzeny, *Mes missions secrètes. Mémoires du plus audacieux des commandos d'Hitler*
- Andreï Soldatov, Irina Borogan, *Les héritiers du KGB. Enquête sur le renseignement russe*
- Alfred Sternbeck, *Histoire des flibustiers*
- Timothy Taylor, *La préhistoire du sexe*
- Gordon Thomas, Max Morgan-Witts, *Dans les coulisses du krach de 1929*
- Gordon Thomas, *Histoire des services secrets britanniques*
- Gordon Thomas, *Les armes secrètes de la CIA*
- Fritz Thyssen, *J'ai payé Hitler*
- Régine Torrent, *La France à l'heure américaine*
- Régine Torrent, *Jacqueline Kennedy, une icône américaine*
- Dermot Turing, *Enigma. Ou comment les Alliés ont réussi à casser le code nazi*
- Philippe Valode, *Hitler et les sociétés secrètes*
- Pierre Vermeren, *Histoire de l'Algérie contemporaine. De la Régence d'Alger au Hirak*
- Eugène-François Vidocq, *Mémoires*
- Charles Virmaître, *Paris du vice et du crime*
- Amboise Vollard, *Souvenirs d'un marchand de tableaux*
- Dennis Wainstock et Robert L. Miller, *Indochine et Vietnam. 35 années de guerre : 1940-1975*
- Thaddeus Wittlin, *Beria, chef de la police secrète de Staline*
- Jacques Zimmer, *Histoires du cinéma X*
- Émile Zola, *La Commune, 1871*